中国语言文学文库·学人文库　吴承学　彭玉平　主编

张振林学术文集

张振林　著

中山大学出版社
SUN YAT-SEN UNIVERSITY PRESS
·广州·

版权所有　翻印必究

图书在版编目（CIP）数据

张振林学术文集/张振林著．—广州：中山大学出版社，2019.12
（中国语言文学文库·学人文库/吴承学，彭玉平主编）
ISBN 978 - 7 - 306 - 06753 - 1

Ⅰ.①张⋯　Ⅱ.①张⋯　Ⅲ.①汉字—古文字学—文集　Ⅳ.①H121 - 53

中国版本图书馆 CIP 数据核字（2019）第 237283 号

出 版 人：	王天琪
策划编辑：	嵇春霞
责任编辑：	孔颖琪
封面设计：	曾　斌
版式设计：	曾　斌
责任校对：	黄雪梅
责任技编：	何雅涛
出版发行：	中山大学出版社
电　　话：	编辑部 020 - 84110283，84111996，84111997，84113349
	发行部 020 - 84111998，84111981，84111160
地　　址：	广州市新港西路 135 号
邮　　编：	510275　　传　真：020 - 84036565
网　　址：	http：//www.zsup.com.cn　E-mail：zdcbs@ mail.sysu.edu.cn
印 刷 者：	广州市友盛彩印有限公司
规　　格：	787mm×1092mm　1/16　37.25 印张　669 千字
版次印次：	2019 年 12 月第 1 版　2019 年 12 月第 1 次印刷
定　　价：	98.00 元

如发现本书因印装质量影响阅读，请与出版社发行部联系调换。

中国语言文学文库

编委会

主　编　吴承学　彭玉平

编　委（按姓氏笔画排序）

　　　　王　坤　王霄冰　庄初升

　　　　何诗海　陈伟武　陈斯鹏

　　　　林　岗　黄仕忠　谢有顺

总　序

吴承学　彭玉平

中山大学建校将近百年了。1924年，孙中山先生在万方多难之际，手创国立广东大学。先生逝世后，学校于1926年定名为国立中山大学。虽然中山大学并不是国内建校历史最长的大学，且僻于岭南一地，但是，她的建立与中国现代政治、文化、教育关系之密切，却罕有其匹。缘于此，也成就了独具一格的中山大学人文学科。

人文学科传承着人类的精神与文化，其重要性已超越学术本身。在中国大学的人文学科中，中国语言文学学科的设置更具普遍性。一所没有中文系的综合性大学是不完整的，也几乎是不可想象的。在文、理、医、工诸多学科中，中文学科特色显著，它集中表现了中国本土语言文化、文学艺术之精神。著名学者饶宗颐先生曾认为，语言、文学是所有学术研究的重要基础，"一切之学必以文学植基，否则难以致弘深而通要眇"。文学当然强调思维的逻辑性，但更强调感受力、想象力、创造力和语言表达能力。有了文学基础，才可能做好其他学问，并达到"致弘深而通要眇"之境界。而中文学科更是中国人治学的基础，它既是中国文化根基的重要组成部分，也是中国文明与世界文明的一个关键交集点。

中文系与中山大学同时诞生，是中山大学历史最悠久的学科之一。近百年中，中文系随中山大学走过艰辛困顿、辗转迁徙之途。始驻广州文明路，不久即迁广州石牌地区；抗日战争中历经三迁，初迁云南澄江，再迁粤北坪石，又迁粤东梅州等地；1952年全国高校院系调整，始定址于珠江之畔的康乐园。古人说："艰难困苦，玉汝于成。"对于中山大学中文系来说，亦是如此。百年来，中文系多番流播迁徙。其间，历经学科的离合、人物的散聚，中文系之发展跌宕起伏、曲折逶迤，终如珠江之水，浩浩荡荡，奔流入海。

康乐园与康乐村相邻。南朝大诗人谢灵运，世称"康乐公"，曾流寓广州,并终于此。有人认为,康乐园、康乐村或与谢灵运(康乐)有关。这也许只是一个美丽的传说。不过,康乐园的确洋溢着浓郁的人文气息与诗情画意。但对于人文学科而言,光有诗情是远远不够的,更重要的是必须具有严谨的学术研究精神与深厚的学术积淀。一个好的学科当然应该有优秀的学术传统。那么,中山大学中文系的学术传统是什么?一两句话显然难以概括。若勉强要一言以蔽之,则非中山大学校训莫属。1924年,孙中山先生在国立广东大学成立典礼上亲笔题写"博学、审问、慎思、明辨、笃行"十字校训。该校训至今不但巍然矗立在中山大学校园,而且深深镌刻于中山大学师生的心中。"博学、审问、慎思、明辨、笃行"是孙中山先生对中山大学师生的期许,也是中文系百年来孜孜以求、代代传承的学术传统。

一个传承百年的中文学科,必有其深厚的学术积淀,有学殖深厚、个性突出的著名教授令人仰望,有数不清的名人逸事口耳相传。百年来,中山大学中文学科名师荟萃,他们的优秀品格和学术造诣熏陶了无数学者与学子。先后在此任教的杰出学者,早年有傅斯年、鲁迅、郭沫若、郁达夫、顾颉刚、钟敬文、赵元任、罗常培、黄际遇、俞平伯、陆侃如、冯沅君、王力、岑麒祥等,晚近有容庚、商承祚、詹安泰、方孝岳、董每戡、王季思、冼玉清、黄海章、楼栖、高华年、叶启芳、潘允中、黄家教、卢叔度、邱世友、陈则光、吴宏聪、陆一帆、李新魁等。此外,还有一批仍然健在的著名学者。每当我们提到中山大学中文学科,首先想到的就是这些著名学者的精神风采及其学术成就。他们既给我们带来光荣,也是一座座令人仰止的高山。

学者的精神风采与生命价值,主要是通过其著述来体现的。正如司马迁在《史记·孔子世家》中谈到孔子时所说的:"余读孔氏书,想见其为人。"真正的学者都有名山事业的追求。曹丕《典论·论文》说:"盖文章,经国之大业,不朽之盛事。年寿有时而尽,荣乐止乎其身,二者必至之常期,未若文章之无穷。是以古之作者,寄身于翰墨,见意于篇籍,不假良史之辞,不托飞驰之势,而声名自传于后。"真正的学者所追求的是不朽之事业,而非一时之功名利禄。一个优秀学者的学术生命远远超越其自然生命,而一个优秀学科学术传统的积聚传承更具有"声名自传于后"的强大生命力。

为了传承和弘扬本学科的优秀学术传统,从2017年开始,中文系便组织编纂中山大学"中国语言文学文库"。本文库共分三个系列,即"中国语言文学文库·典藏文库""中国语言文学文库·学人文库"和"中国语言文学文库·荣休文库"。其中,"典藏文库"主要重版或者重新选编整理出版有较高学术水平并已产生较大影响的著作,"学人文库"主要出版有较高学术水平的原创性著作,"荣休文库"则出版近年退休教师的自选集。在这三个系列中,"学人文库""荣休文库"的撰述,均遵现行的学术规范与出版规范;而"典藏文库"以尊重历史和作者为原则,对已故作者的著作,除了改正错误之外,尽量保持原貌。

一年四季满目苍翠的康乐园,芳草迷离,群木竞秀。其中,尤以百年樟树最为引人注目。放眼望去,巨大树干褐黑纵裂,长满绿茸茸的附生植物。树冠蔽日,浓荫满地。冬去春来,墨绿色的叶子飘落了,又代之以郁葱青翠的新叶。铁黑树干衬托着嫩绿枝叶,古老沧桑与蓬勃生机兼容一体。在我们的心目中,这似乎也是中山大学这所百年老校和中文这个百年学科的象征。

我们希望以这套文库致敬前辈。

我们希望以这套文库激励当下。

我们希望以这套文库寄望未来。

2018 年 10 月 18 日

吴承学:中山大学中文系学术委员会主任、教授,长江学者特聘教授
彭玉平:中山大学中文系系主任、教授,长江学者特聘教授

说　　明

第一，由于文集所收论文时间跨度长达 50 多年，有一些具有明显时代特征的行文措辞和作者的用字习惯（如"那么"写作"那末"等），今为保留历史原貌计，一仍其旧，不做更改。另书中引用器物名称，或加书名号，或不加，今亦循其旧，不做统一。

第二，文中古文字字形的隶定形体，代表了作者对文字结构的分析和释读意见的，今存其旧。除此之外，则采用学术界通行的隶定形体。

第三，文集中涉及大量古文字字形，基本都是作者亲自摹录，很大程度上反映了作者对古文字原来笔势的认知。此次整理，为了字形的清晰可辨，除个别篇目外（如《试论铜器铭文形式上的时代标记》），大多依据文字编、铭文原拓、原简牍照片或摹本，做了字形替换；少数摹写字形跟作者立论有关，则予以保留，并适当加注"编按"进行说明。

第四，作者行文中为了强调、突出某些内容，往往在某些句子或词下面添加下划线或点，今予保留。

第五，文集所收各文行文格式（如提要之有无）、注释及参考文献体例多不统一，此次整理的处理方法：注释统一改为脚注，每页重新编号，注释行文格式不做整齐划一；文后参考书目不做更动；删除提要及关键词。

第六，为便于阅读，原文需要加注说明者，以"编按"形式出现。原文疑讹者以"〈　〉"注出正字，脱文以"[　]"补出。

第七，不少文章都有多个版本，其版本之差异，有的是多个正式发表本之间的不同，有的是油印本与正式发表本的不同，有的是发表本与作者原稿的不同（其中有的是发表时有删节，有的是发表时有修改），有的则是发表后又续有修改，文集收入时所据之底本及参校情况都在文末进行了说明。

目　录

一、理论・方法・综合

试谈古汉字结构方式的发展 …………………………………………… 3
试论铜器铭文形式上的时代标记 ………………………………………… 34
对族氏符号和短铭的理解 ………………………………………………… 65
古文字中的羡符
　　——与字音字义无关的笔画 ……………………………………… 78
战国期间文字异形面面观 ………………………………………………… 89
《说文》从乏之字皆为形声字说 ………………………………………… 96
谈谐声的慢声音变
　　——兼谈从由从兔等一类字的读音 ……………………………… 107
试论缓读析言在上古汉语发展中的历史作用 ………………………… 114
商周铜器铭文之校雠 ……………………………………………………… 126
篇章语法分析在铭文解读中的意义（上）
　　——谈篇章语法在西周铭文释字、解词中的作用 …………… 151
篇章语法分析在铭文解读中的意义（下）
　　——谈篇章语法在西周铭文析句、解词中的作用 …………… 156
先秦古文字材料中的语气词 …………………………………………… 167
谈江陵望山一号楚墓竹简的拼接 ……………………………………… 185
汉字的产生、性质及其构成 …………………………………………… 188
文字与符号标记 ………………………………………………………… 195
关于汉字起源的理论 …………………………………………………… 197
古文字与隶变 …………………………………………………………… 201
关于汉字发展的规律 …………………………………………………… 205

漫话篆刻 ·············· 210
关于语文工作的两分法与三分法 ·············· 216
开展词本位的汉字族群研究 ·············· 224
同音代替繁简字宜做适当调整 ·············· 228

二、古文字之字、词、铭文考释

"稽徒"与"一稽飤之"新诠 ·············· 235
释萊 ·············· 238
释龠
　　——兼议"䯤、䯤、䯤"等字及相关问题 ·············· 248
关于更正器名的意见 ·············· 254
缂丝史的珍贵资料 ·············· 255
中山靖王鸟篆壶铭之韵读
　　——兼与肖蕴同志商榷 ·············· 259
彝铭中的"日"与"易……旂×日用事"鄙见 ·············· 273
关于两件吴越宝剑铭文的释读问题 ·············· 287
郾右屋戟跋 ·············· 296
毛公㦰鼎考释 ·············· 300
先秦"要""娄"二字及相关字辨析
　　——兼议散氏盘之主人与定名 ·············· 308
《史记》《汉书》之"获若石云"解
　　——石鼓本有名，曰"陈宝" ·············· 317
金文"易"义商兑 ·············· 331
师旂鼎铭文讲疏 ·············· 338
"则釴佳"解 ·············· 354
"㝊狄不享""㝊襄不廷"与"率襄不廷方"新解
　　——兼释㝊、㝊二字 ·············· 363
释"𢆶""𢆶"
　　——兼说规、矩 ·············· 376

释"立🔲成甼"与"铸保簋用典格伯田"解 ………………………… 385
释 𠂤 ………………………………………………………………………… 394
出土文献中的"万""丂""賨""賻"等字的释读 ………………………… 404
释"🔲🔲（本）、🔲🔲（拔）"之我见 ……………………………………… 414
一组与🔲、🔲相关的疑难字释读 ………………………………… 421
清华大学藏战国竹简中罕见的合音字
　　——反切拼音的发明和文字实践的遗迹 ……………………… 424
韩阳戈铭文考释 …………………………………………………… 431
南越量铭考 ………………………………………………………… 436
汉字的故事：曲 …………………………………………………… 440

三、怀念·感恩

容庚先生的学术成就和治学方法
　　——为纪念容庚先生诞生九十周年而作 ……………………… 445
希白师治学道路初探 ……………………………………………… 457
容庚先生与书画篆刻 ……………………………………………… 473
关于容老"保守"的答辩 …………………………………………… 481
我和第四版《金文编》 …………………………………………… 488
锡永师领我进入科研门 …………………………………………… 502
老师的哪些话，让你终生难忘？
　　——为纪念中山大学古文字学研究室成立六十周年而作 …… 506

四、序　言

赵平安《隶变研究》序 …………………………………………… 515
陈双新《两周青铜乐器铭辞研究》序 …………………………… 519
朱其智《西周铭文篇章指同及其相关语法研究》序 …………… 521
何添《论〈说文〉四级声子》序 ………………………………… 524
陈英杰《西周金文作器用途铭辞研究》序 ……………………… 527

陈英杰《文字与文献研究丛稿》序 …………………………… 531
王晶《西周涉法铭文汇释及考证》序 …………………………… 535
商艳涛《西周军事铭文研究》序 …………………………… 540
陈英杰《容庚青铜器学》序 …………………………… 543

附　　录

张振林自述 …………………………………………………… 551
张振林著述年表
　　（附所指导博士学位论文目录）…………………………… 554
张振林先生的一个重要学术思想和对金文研究的两大贡献 ……… 565
张振林先生的简牍学研究 …………………………………… 574

编后记 ………………………………………………………… 582

一、理论·方法·综合

试谈古汉字结构方式的发展

一、问题的提出

在古汉字中，小篆经过秦代的整理和规范化，有许慎的《说文解字》（简称《说文》）做参考，有文献做旁证，一般都可以认识。但是，在秦以前的玺印、陶器、漆器、竹简、帛书、玉石、铜器和甲骨上的文字，便不易为人们所识了。现在已经出土的铜器和甲骨上的文字，就各有一半左右人们还不认识；竹简、帛书、玺印、陶器上的字，也还有许多等待着人们去释读它们。由于这些不认识的字在铭辞中作梗，许多文物不能充分发挥其作为原始记录的最大作用，成了中国古代社会研究中的一件极遗憾的事情。

从北宋大力收集和著录古铜器材料以来，古今学者采用过许多方法去释读文字，能认识的字也日渐增多。他们根据文义，参考文献，使用了辞例比较、与《说文》对照字形、有明显偏旁者利用偏旁分析、增加音韵通转、增加甲骨文和金文的比较等方法。但一般都停留在就一篇铭文释读的需要而一字一义的寻求上，很少有人能从方法论上去解决释读未认识的字的问题。

诚然，要认识古汉字中尚未被认识的字，存在着不少的客观困难。

（1）受出土文物的限制。商、周共有1400多年，已经出土而有文字的甲骨约10万片，青铜器约6000件，还有为数不多的竹简、帛书，字数极少的古玺、货币、陶文一类的资料。这些器物铭文，大部分是公式化的记述，因此公式化套语以外的许多字，在文辞中常常只是偶尔出现，缺乏形体和音义方面的足够例证，以供研究推勘。

（2）有些字可能是刻铸的错别字，或是使用时间很短的字，在器物上保存下来的只有单文孤例，也许永远不会出现新的文字旁证。

（3）因年代久远，有些字所记录的语词在一般文献和今天人们的口语中早已不存在，因而无可稽考。

（4）现存古代文献资料的局限性。它不可能记录下古代社会生活的每一个方面及其细节，不可能较详细地反映各地、各部族的风俗习惯和方音语词等。

(5) 考古学、古代历史学、古代语言文字学所能提供的帮助，就目前状况来说，还是很有限的。

尽管存在着许多客观困难，有些甚至是无法解决的，但我们不是不可知论者，可以相信，除了部分只能以特殊的偶然现象来解释外，许多字都将会随着出土物的日渐增加和社会主义文化科学的日益发展而逐步被人们认识。同时我觉得，在客观条件不变的情况下，是否了解研究对象的总背景、发展情况及其性质，从而确定应该采用的研究方法，是关系到研究工作有无结果和效果大小的问题。假如人们能找到正确的释读古汉字的方法，就能较快地认识一些字。这便是古汉字研究本身向我们提出的一项任务。

所谓释读古字，实际上就是根据现有材料上的文字形体和铭辞意义，去还其本来面目的工作。因此，还原的途径有两条：一条途径是从语言词义出发，通过辞例比较、文献辅助、铭文通读，进一步求其形体、语音的解释。历来的小学家，主要就是通过这条途径来释读古汉字的。另一条途径是从文字学角度出发，根据文字本身的客观存在，不是孤立静止地研究它，而是将需要释读的字，同与它相关联的文字、器物、时代联系起来，并把它当作一个历史现象看待，这样弄清楚文字本身的结构后，再寻找它的音义，并在铭辞或古籍记录的实际生活中检验。因为构成它的材料（包括象形、指事、表意的组合材料和意音字的偏旁符号①）和结构方式两方面都是发展的，除了一些字属于偶然现象外，一般都是可以在它之前，或在它之后，或在它之前后均找到形音义发展变化的轨迹的。我想只有这样，才有可能在古汉字的研究中找到客观存在的规律和进一步识字的科学方法。因为汉字不是拼音文字，所以从音出发去寻求形义解释的道路是不存在的。通转和假借，只是上述两条途径中可能使用的方法罢了。

近世许多学者常常在有绝对年代的标准青铜器基础上，利用器形、花纹、人名、国别来判断器物年代，有时还根据字体风格去识别器物的大概年

---

① 沿袭汉人的"形声"说法，是不很恰切的。"洗、濯、清、濁"与"江、河、汗、液"等在词义之产生过程与字所代表的物体表态上与水有一定的联系，因此它们从水。把水旁叫作形旁或形符便很不恰切，若把水旁分别叫作意符、类符，统称为意类符，则既有名称的概括性，又有含义的准确性。"洗、濯、清、濁、江、河、汗、液"等在造字之时，与"先、翟、青、蜀、工、可、干、夜"在语音上是完全相同或非常接近的，因此后者是标示语音的符号，可以叫作音符。意类符与音符的结合，按习惯的简称法，便当称作"意音字"。目前文字学界大多数仍沿用旧说，但语言学界已开始用"意音文字"的说法了。本文下面除引文用原说外，称"意音""意音字""意音偏旁""意音结构"等。

代。也就是说，他们感觉到了某些字的出现和繁简，是与时代有关的。但是，能有意识地从不同时代考察古汉字的整个结构方式的人却不多。历来也有不少人从字形出发去求古字的音义，但是什么情况下该把字当作象形表意符号来分析，什么情况下该用偏旁分析法，没个准则。譬如：把某些象形字肢解成几部分，当作表意或意音字，如前人对所谓熊属的"能"字的分析；将复合体的表意字当作意音字进行偏旁分析，如后面释例部分所引的"羖"字；甚至还有将几部分组成的意音字当作独体象形字理解的，如释例部分所引的"脤"字被看作飞燕形。所有这些，都是没有结构方式发展观念所造成的。

由于我的哲学理论水平有限，学习古汉字的时间也很短，还没有能力来谈论认识古汉字的两条途径上的诸问题，因此在这篇论文中，我只能在文字学角度的构成材料和结构方式两方面内，先选取其中一个方面——古汉字结构方式的发展，谈谈我的认识，附带说一说结构方式发展与认识古字的关系，并举一批前人未很好解释的字做例，加以分析和说明。当然，在谈结构方式的发展时，也不可避免地涉及构成材料某些方面的问题，例如偏旁符号的形成和发展，但具体的某个偏旁符号怎样形成和发展，其特点和造字能力如何，等等，以及象形、指事、表意字的构成材料和全面系统的认字方法之类，就不属本文所要解决的问题了。

二、古汉字结构方式的发展

自清末发现甲骨文字以后，古汉字研究便逐渐成了一门专门的学问。随之而出现的许多文字学方面的文章论著，常常腾出一定的篇幅来描述甲骨文、金文（钟鼎文）、古文、籀文、篆书等古汉字的特点，但是一般都仅限于外部表现的描述，多数研究形体的著作，都是谈书体的变迁和点画繁简方圆转折的异同比较，而对这些点画繁简的组织原则——结构方式是如何变化发展的却没有说明。

蒋维崧同志在1963年第3期的《山东大学学报》（语言文学版）上，发表了一篇题为《由隶变问题谈到汉字研究的途径和方法》的文章，把结构方式问题提出来了。他把殷商文字称作处于"图形式"的结构系统中的字，并详论了在殷商出现的对汉字发展起很大作用的形声字。他认为，形声字在西周有所发展，但"大致终西周之世形声字还没有得到长足的发展，西周金文中某些常用字还是加旁字和不加旁字并用，（原文举五例，略）但是西周形声字的表义偏旁是有所增加的，象'金'旁、'心'旁、'言'旁等,都是殷商时代所未见的,这点早就经人指出过了"。他说:"形声字的大量发展,从具体材料来看,应该是在春秋中期以至战国期间。形声字在长时期内不断增多,偏旁位置也就渐有固定的摆法。""殷商时代的汉字还不脱图形意味,即使形声字也不能不受这种拘束。由此发展到以一定数量的定型的偏旁组合成字,形声字占了绝对优势,是一个很长的过程。这个过程也就是形声字由不发达到发达的过程。"他同时指出:"任何有关形体结构的现象,只有放在整个文字系统中,放在发展过程中去考察,才能得到合理的解释。各种现象都是可以解释的。"

在有关古汉字的研究方法上,蒋特别重视形声字在殷商文字中的出现和它对汉字发展所起的作用,指出了形声字经过了相当长的发展过程后,终于在春秋中期或至战国时代改变了汉字的结构方式,也就是形声字在汉字中占了绝对优势后,汉字便进入了结构方式的新阶段。从"图形式"结构的文字到形声结构系统的文字中间存在着过渡时期。他进一步强调,不同结构方式系统中的字有不同的特征,应该用不同的方法去研究。此外,他还改正了过去学者们常用的"图画文字"这种不大恰切的说法。

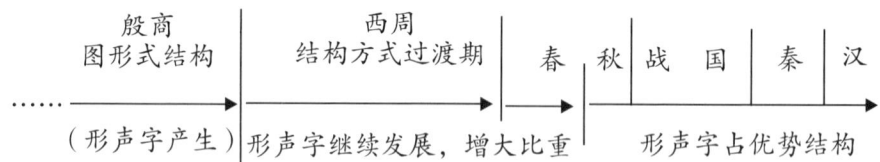

遗憾的是,蒋未能更深入一步去研究两种结构方式中间的过渡期,即现在已发现的古文字的发展史,研究其新质的产生和从量变到整个结构体系的质的飞跃的过程,从而在结构方式方面,为认识那1000多年间产生的字提出有关的还原途径。

现在来谈谈我对古汉字结构方式发展的意见吧。对于汉字特有的结构方式的形成和发展,我是从如下几方面进行观察探讨的:

1. 文字的产生和象形表意结构

文字是人们为克服语言的时间和空间局限而创造的记录符号。它是作为交际和交流思想的工具——语言的辅助工具而存在的。声音是语言的物质外壳,而文字则是与以书写符号的公认形状同语词的声音意义互为表里的。语言的产生和发展与人类的整个进化发展史联系着,是一个漫长的新陈代谢的积累过程,是不可能通过人的主观能动性在短期间产生激变的。语音的变化，需要经过很长的时间才能表现出来，基本词汇和语法，特别是后者，有着很强的稳固性。而文字的性质却决定了它后于语词的产生，决定了它的产生和发展与人的主观能动性有极大的关系，人们可以在比较短的时间内将整套文字体系改变。这是我们讨论问题的根本前提。离开了文字性质这个前提，我们就不可能正确谈论文字的产生和发展，不可能理解在文字发展变化中人的主观能动性的作用，更不能研究文字的结构方式了。

画图画，刻道道，是产生文字之前的两种表意手段，是文字的祖先，但本身还不是文字。因为同样的图画、道道，各人可以有不同的理解，它不代表一定的语词音义，不能作为交际工具被人们普遍使用。只有当它们符号化，被人们赋予规定的读音，表达一定的意义，形成了一套符号体系后，始成为文字。成了文字之后，即使是象物的字，它的雏形就已以符号性区别于素描了。因此，只能说它是表意的符号。

按照古代生产力的水平，按照人类认识能力的发展，交际所牵涉的人物关系、事情、地域等是很有限的，所以最初造字只能从表达日常生活和生产活动接触最频繁的事物、事件开始。首先"近取诸身，远取诸物"，从画图画、刻道道中蜕化出象形字、指事字（包括数字）和表示日常活动的动作的会意字。这是很合乎逻辑的。世界各古老民族的古代文化史实表明，最初人们使用的都是模拟实物体态的文字，多数有关人体、日月星辰、山水草木、常见的飞禽走兽、最常见的人物动作和当地原始生产生活用具等。最有趣的是，不同古文化中的古代象形表意文字都很接近。这就有力地说明了上面所说的文字与语言的关系，和通过语言看出文字与人类生产、生活、社会、自然、人的认识发展的联系。从文字的产生就说明了我们要解决识字问题，必须了解造字的时代，必须同语言，人们的生产、生活以及认识水平联系起来。不管时代先后，不与社会状况联系起来静止地和孤立地研究文字形体，是容易发生错误的。

人类根据人或物的表象，模拟人或物的动态，描写人与人、人与物、物与物的关系，创造出一批单体与复合体结构的象形符号（象形字）和表意符号（包括表示数量和空间位置特征的指事字和表意字），代表一定的语词的语音、意义，约定俗成，作为交际工具。这在各个古老民族的文化史上是相同的。也就是说，包括象形、指事、表意三种字的象形表意结构方式，是这些民族文字的第一种造字方式。

随着社会的发展，交际和交流思想日益频繁，所牵涉的内容范围越来越广，要求书面记录的事越来越多，文字符号的数量就必须跟着增加以应需求。能模拟的形体，能描写的动态关系，差不多都有了约定俗成的符号，而语词还在不断地发展（西方民族的语言里语词的发展还体现为音素、音节组合的变化），特别是人类认识的发展，使得表达抽象事物的语词不断产生，象形表意结构满足不了造字的需求了，怎么办？同音的语词，只好暂时借用已有的象形表意符号来表达。于是产生了形音相同而意义不同的现象，这就是假借。① 从语言角度说，是出现了一词多义现象；从文字角度说，这种现象叫作一字多义。用于假借义时，原来的文字结构关系对它来说是虚的。商代甲骨文里就有很多假借字，例如 ⩗、⩗ 原作为记录竹木编织的用具的符号，是形音义融成一体的象形字。当它在甲骨文中用作强调语气的词时，人们就再也不管它象箕形了。所以，我们可以看到一个极重要的事实：文字作为记录语言的符号，不论是在造字之初形音义一致时，还是在被假借后形音义离异时，以一定的符号记录某一固定的语音是不变的。文字的这种标音性质，是一些反对汉字改革的有老方块汉字癖的先生们所看不到和极不愿意看到的事实。然而，这种事实从祖先造字始直至现在都无情地存在着。

中国的商周时代已到了象形表意结构造出的字无法满足交际需要的时候，因此假借法被广泛地应用。但假借法毕竟是一种权宜的应急办法，它自身存在的矛盾，就说明它不能从造字的窘境中找出一条新路来。假借法一方面由于文字的标音性质，决定了它能在象形表意符号不够用时暂时满足记录语言的需要；另一方面由于同一形体记录许多同音词，在文句短小的场合下容易引起误解，它又存在着不能满足交际需要的一面。而受事物形态、特性和关系制约的有限的结构能力同语词音义的无限发展的记录需要之间产生的矛盾，是根本性的矛盾，假借法只能缓和这个矛盾，不能解决这个矛盾。随着时间的推移，矛盾便越来越尖锐。这时人们就必须打破象形表意结构的束缚，创造新的结构方式，才能真正解决矛盾，适应语词音义不断发展引起的在书面交际上的需要。否则，文字的交际作用就会逐渐缩小乃至丧失。

2. 文字的发展与汉字偏旁体系的建立

打破象形表意结构的束缚，创立新的文字结构体系，是文字发展史上带有关键性的一次变革。因为文字是记录语言的辅助交际工具，因此它朝哪个方向变革，取决于当时的语言状况和社会对书面交际的要求。

在利用有限的人类语音表达数目远远超过于它并向无限数量发展的语词

---

① 假借本来只是"本无其字，依声托事"，借同音字以通变。后来说的假借，还包括本有其字，而用字者不知或忘记，亦借同音字以应急的现象。

时，汉语与西方语言有着明显的不同。西方民族语言的语词是多音节的，音素比较活跃，语词的发展变化，很明显地体现在音素和音节的组合上，而一音多义的现象（即同音词）是很少的，且一个同音词不会有很多个意义。这样，文字符号要适应记录语音组合变化的需要，便成了很突出的课题。客观的迫切需要，促进了语音的分析研究，拼音文字就在此基础上产生了。东地中海沿岸民族，在公元前 4 至公元前 2 世纪已开始使用拼音文字。原来一个语词单位靠一个象形表意形体单位来表现，改变成用多个音素字母形体单位来表现。在一个词中，形体单位增加了，但在总的文字体系中，形体单位却是大大减少了。其关键在于几十个新的形体单位（字母）中的每一个单位，都有着无限结合能力，使具有强大生命力的拼音文字得以代替停滞不前的象形表意文字。而汉语与西方语言不同的是：音节较少，特别在商周时代的汉语中，语词多属单音节；没有多辅音和多元音的连续组合；双音节和多音节词的增加很缓慢；同音词数量多，且往往一个语音有很多个意义；语词的发展变化主要不是体现在音素音节的组合变化上。因此，交际上要解决的主要任务是在具体语言环境的词序表达中，不受一词多义的影响，明晰地知道对方的意思。这任务，在具体语言环境的帮助下是容易解决的。但从离开了具体语言环境的文字中，将同音异义分辨出来，便成了汉字急需解决的课题，于是它促使人们在文字符号中寻求区别意义的表现方法。只有解决了这个表现方法问题，才能减少假借法的使用；有了区别同音异义的方法，同时也就解决了象形表意结构与造字要求的矛盾。由于客观的需要主要在于从同一语音中辨别出不同意义，文字的表意偏旁便应时产生和发展，于是出现了析音研究落后于形体发展的局面，造字问题解决了，又进一步削弱了对语音分析研究的需要。没有语音的分析研究，就不可能有复原的拼音法，更无从谈到创造拼音字母了。此外，周以后社会的分裂割据，方音歧异大，也是人们不产生强烈的纯记音文字要求的一个原因。这就是为什么汉字在突破象形表意结构时没有走拼音化道路而走向意音结构，以及为什么在中国文字学比语音学发达得早，为什么汉字中意类符远比音符严格和有系统规律的主要原因。

商周时代，象形表意结构已几乎丧失造新字的能力了，而析音研究还没有开始。① 因此，人们不能不在广泛使用假借法以应付需要的情况下，一方面尽可能地挖掘象形表意结构的造字潜力（西周以后还陆续有为数不多的表意字出现），同时用简化或繁化的手段改进已有的符号；另一方面寻求新的造字法。在象形表意结构的文字中，意类相属的字，常有一部分结构相同，使人们发现这一部分结构是既有区别意义类属作用又具有很强的造字能力的。假借法的广泛使用，也使人们看到了象形表意结构字有将原来结构的意义虚化而改用来标音的能力。这就是说，旧结构中已准备了新结构的一些材料基础。前者是后来的意类符号系统的基础，后者是后来的音符系统的基础。同时，象形表意结构中复合式表意的结构方法，也为新的结构方式准备好了一个拼合法。武丁卜辞中出现的极少量的意音字，可能是无意识的新的结构方式试验所造出来的。从少量偏旁到大量偏旁出现，并且逐步固定化，人们便从无意识的试验发展到有意识地采用意音结构造字了，紧接着就是意音字的出现。

当旧的结构为新结构方式的产生提供了材料基础和拼合法时，从无意识到有意识，化新造字方式的可能性为现实，除了记录语音的交际需要逼迫外，还要取决于偏旁意识对人们造字的指导作用。偏旁意识是人们对事物（也包括语音）的分类概括在造字、用字上的反映。它是汉族祖先在造字、用字实践过程中逐步形成的。例如人们认识到一般动作总是与手、足、道路有关，在甲骨文的动作字中，就常常用表示手、足、道路的符号来构成复合体表意字。甲骨文中：

（1）表示手的符号有：㇏、㇏、㇏；
（2）表示足的符号有：㇏（或反书作㇏）；
（3）表示道路的符号有：㇏、㇏；
（4）表示足和道路关系的符号有：㇏、㇏；
（5）表示手持物而动的符号有：㇏、㇏。

---

① 西周铭文中的韵文用韵和《诗经》用韵都不能说是析音研究的产物，双声叠韵的使用也不是，就像没文化的民歌手可以成功地运用双声叠韵并能唱出很叶韵的歌来，所凭的是乐音感觉和用语习惯，还不是语音内部的分析。最早的析音起于汉代。东汉应劭时有"反语"，说明那时能将汉语语音分析成声、韵两部分，在此以前还未见析音记载。然而，东汉时意音结构已是牢固地建立了的造字方式，它还有着旺盛的生命力，可以满足垄断文化的统治阶级的需要，有语音理论武装的"小学家"们，不可能为被拒于文化门外的广大劳动人民创造拼音文字，他们甚至还反对群众创造的简化的俗字呢。从音韵学发展史可以看到，他们是有闲阶级，是为研究音韵而研究音韵的，只能提供给高雅的诗人骚客作诗词歌赋用。

这些符号来自每个人自身和每天要接触的事物,用它们构成字的动作见诸日常生活。因此,用这些符号构成的复合体表意字出现得很早,其数量也比其他复合体字多。人们也就是从这里开始认识偏旁的。甲骨文和商代的金文,是属于象形表意结构体系中大假借时代的文字。里面有不少符号,是在整个字的结构中,从可加可不加或偶尔附加,逐渐形成了在区别同音字上有特殊意义的符号;它在大假借中起着区别同音异义的作用,使假借字与本字区别开来。以后,许多这样的符号逐渐固定化,成为非加不可,于是就形成了偏旁体系。从偏旁体系的形成过程中,我们可以看到偏旁意识在实践中的生长和强化。人们发现了偏旁符号区别意义的作用后,便逐渐从不自觉变为自觉地使用它,于是此偏旁意识反过来又在造字和用字实践中起作用,克服着由于同音假借字太多在脱离具体语言环境时可能造成的混乱。人们有了偏旁意识,便能自觉地利用不同的意类符,附加于同音的象形表意结构字上造出新的字,众多的单音节同音词在脱离了具体的语言环境,用书面形式表现出来时,也不致产生理解上的混乱了。这样,原来同音同形的许多假借用法的字(它本来已虚化为只起标音作用的符号),在跟意类符结合时,便成了音符偏旁,而假借的意义,就让给带很大概括性的意类符和虚化了意义的音符去结合表现。

偏旁意识的产生,有三个明显的作用:其一是使人们自觉地将象形表意结构提供的可能性化为现实,创造出意音结构方式;其二是使人们利用意类符去创造新的复合式表意字和意音字,避免了假借法带来的同形同音而意义太多、不易区分的混乱现象,保证了汉字无误地完成交际任务;其三是在它指导下创造出来的意音结构方式,能冲破象形表意结构方式的局限,为汉字记录语言开辟了广阔的新途径。高度概括和虚化了的偏旁符号体系,表现了极强的造字能力。从此造字不再受原来事物形态和相互关系的束缚,只要有新的语词产生,就可以根据它的语音和意义类属,选择相应的音符和意类符拼合成了。

从造字、用字实践中产生偏旁意识,到偏旁意识再指导新的造字、用字实践,不断循环往复,每一循环都使意音偏旁系统更趋于完善固定,使意音结构方式逐渐趋于成熟。这是"实践—认识—再实践"的规律在人们造字过程中的体现。

3. 意音字的发展过程

意音字的产生,标志着汉字结构方式的第一个时期——象形表意结构的黄金时期已经过去,新的阶段开始了,这就是从象形表意向意音发展的过渡时期。作为结构方式过渡期，其特点是：旧的结构方式造字能力逐渐枯竭，旧结构的字有的被淘汰，有的按新的结构方式改造才能保存下去；而新的结构方式则逐步成熟为起支配作用的造字手段，它表现为偏旁符号产生、发展、固定化乃至成为整套的偏旁体系，意音字所占的比重从小到大，直至在汉字总数中占领优势地位。

到目前为止所发现的最早和大量的古汉字资料——商武丁以后的甲骨卜辞，就是进入了过渡时期的文字。如武丁卜辞中绝大部分的字已完全符号化；"𣪊、昌、𪓐、𠈃、𠂤、𠂊、𠃬、𢦏"等便是有了很强的偏旁意识的表意字；象形字"𣎳"（做意类符）旁边加音符H，表意字"介"（做音符）下边加意类符𰀁等开辟了意音字之先河。其后意音字陆续有所发展，但迹象不大明显。到了帝乙、帝辛（或称商末）①时的卜辞，意音偏旁才有较明显的发展。如常用的"亡𠂤"字，加上犬，作𠂤；"王𠂤曰"字，作𠂤；"𦰩"字用于假借义，由𦰩、𦰩发展为𦰩；"𤰔"字也写作𤰔、𤰔。总之到了商末，原来的独体字，有的转变为意音字，有的将结构改变为复合式表意字，以适应意音字增加的潮流。在商末的金文中，也有了"𠭁、𠭁、𠭁、𠭁"等一批意音字。

周民族继承了商文化。意音字在西周初期（包括武、成、康、昭四世约120年间）有所增加。像"絮、𠂤、右、周、商"等一些表意字，都已增加了示、言、口一类的意类符，以适应向意音偏旁拼合结构过渡的环境。按结构方式的发展观点看，这些字已从象形表意结构改造成为意音结构的字了。因为示、言、口是意类符，原来的𠂤、𠂊、又、𠂤、𠂤已从象形表意字蜕化成音符。从周初的金文中我们可以看到，除了示、艹、彳、征②、止、廾、木、女、支、页、酉等一些商代常用的意类符较多重现外，也出现了一些新的意类符，如走、言、鬼等。在同一器或同时代的各器铭文中，发现"𤰔、𤰔、周"，"𤰔、𤰔、𤰔、𤰔、𤰔"等大量异体字的存在，一方面说明偏旁意识在不断作用于人们的用字过程，人们已承认口、彳、止、征、走是一种偏旁材料而加以使用；另一方面又反映出偏旁符号在周初还未真正成

---

① 按照意音字的发展情况看，新质要素（结构材料和方法两部分）是不断增加的，不是通过突变使意音结构方式在极短时期内成功的，因此要将其发展一刀两断地分阶段实际上是不可能的。分期不过是为了帮助理解量变与质变的情况。这里将帝乙帝辛时的卜辞突出来谈和下边以昭穆为界分西周初期、中期，都是为了分析叙述的方便。其他地方用初期、中期、末期的说法，也就是不能划分绝对界限的缘故。

② 编者按：即辵旁之来源。

熟固定下来。周初的铭文中还存在着较多的图形式的象形表意字，但那些字在笔画上已比商末进一步符号化了。

穆王以后至西周末年，即西周中期至末期约230年间，铭文普遍增长，那些图形性强的表意字普遍经过了改造，笔画基本上线条化了。此时已出现了相当大量的意音字，常常是许多意音字使用着同一个意类符，也就是说，自商迁殷以来产生的许多意类符，到此时已进入了固定化时期。意音字总是包括意类符和音符两个部分，当意类符走向固定化的时候，音符也从许多象形表意字中虚化出来了，只是因为那时同音皆可假借并虚化为音符，所以音符没有意类符那么严格而有条贯。

周初平定了各地骚乱，既获得大量奴隶（见康王时的《盂鼎》）作为劳动力，又使周王朝奴隶政权得到巩固，在穆王以后较为安定的社会出现了。从《舀鼎》《善夫克鼎》《矢人盘》对禾、田的重视，从大量铜器的制作，大量车、马饰的赏赐，可以看到西周中期至末期农业生产和手工业生产都有很大的发展。生产的发展促进了交通、贸易、城邑的发展，文化科学也有所前进，对人体生理心理的认识深入了一步，因而词汇跟着有了新的发展，用革、竹、疒、虎、邑、广、尸、心、匚、金、车作意类偏旁造的字自然也跟着多起来。下面列举的便是这段时间所出现的，包括从商代积累而来的，各拥有一批意音字的意类符：

示、玉、艸、口、走、彳、辵、行、言、奴、革、殳、攴、目、隹、鸟、刀；

竹、疒、虎、皿、食、木、贝、邑、禾、宀、穴、广、人、衣、尸、欠、页；

勹、广、厂、马、犬、心、水、雨、门、戈、女、匚、弓、糸、𦥑（土）；

田、金、斤、车、阜、酉。

它们有的原是象形结构字，有的原是表意结构字，但在意音结构中，都属于意类偏旁符号。周初"甸"字假"田"为之，"醴"字假"豊"为之，到此时都加上了意类符，如《格伯毁》《克钟》均写作"甸"，《师遽方彝》《大鼎》均写作"醴"。原来象形表意结构的"帝""卸"，到此时加上了意类符"口""彳"，转化为意音字，如《剌鼎》的"啻"（用作祭祀），《遹毁》《不嬰毁》等的"御"字。至于像"司、訇、嗣""嚣、爨、鑮、鑣"

"盨、糦、鎖、鑑"等偏旁使用的复杂,"易、睗""乐、泺""朱、窚"等异体字误加意类符,这一类现象,不能据以说明偏旁未固定,相反正证明了当时的人们充分重视偏旁的作用而广泛地使用,并把鬲、司、火、金、皀、皿、须、米、目、易、水、乐、朱、穴等当作肯定的意类符或音符来使用,只是使用未纯熟而出现异体字或误字而已。过去的一些文字学著作和蒋维崧的文章,有从甲骨文到金文到小篆的进化观,也看出了西周和春秋战国文字的不同,但在对西周文字的具体分析上,如对"嗣""铸""盨"等字的说明,却又让形而上学的静止观点代替了辩证发展观点,因此他们不能从偏旁使用的不熟练中,看到偏旁符号的固定化,不能洞察到一个个单字构造的不稳定与整个文字结构方式中材料(偏旁符号)和拼合法的稳定之间的辩证关系,因而也必然将异体字多的现象进一步夸大。

从新的意类符之大增,使用的意类符数量之多,用意类符来改造借音字和象形表意字,偏旁符号被广泛使用等事实,说明了西周的中期和末期,是意音结构的偏旁符号形成系统和固定化的时期。这个时期出现的新字,绝大部分是按照意音结构方式来构造的。然而,因为造字方式是新的,使用不熟练,所以异体字纷呈,比之周初、春秋和其他各阶段都厉害,成为这一时期的特色。若不谈造字法的发展,只是静止地观看汉字的总量,那末人们就容易忽略这个时期的新字多用意音结构造成的事实,而到春秋末年战国初期意音字开始占优势时,才注意意音结构的造字作用。

春秋时代的铭文,增加了一批意音字。其使用的偏旁,基本上是西周中期以后固定下来的。人们经过了长期的造字、用字实践,在春秋中期以后,对意音结构方式的掌握已经相当熟练了。我们可以从如下事实比较中看出来。

盤、罍为器物命名甚早,"盤""罍"二字都经过了没有意类符作偏旁的假借阶段。"盤"到西周中期以后,出现了两种情况:一是沿用旧字写作"般",一是在偏旁意识的作用下,使用已经固定为意类符号的"皿"或"金"造成意音字,写作"盤""鎜"。"罍"从商末到西周末年,或写作从"皿",或写作从"金"。盨和罍的大量制作主要是在西周末期到春秋中期,它们的专名有时是只记音的假借字(须、需),有时分别加上"金""皿""米""木""缶"等意类符而成为意音字。也就是说,在偏旁符号使用还不熟练的阶段,一方面假借法还在运用,另一方面在意音造字上选取意类符还是不够严格的,各个地区的不同的用字习惯也会有一些影响。然而,在春秋中期以后出现的新器,如盆、罄、銚、鑑、盉盂、盌、鎬、鎗、鑵、镈、鏎、鏠、锯等的专名，便有固定的意音结构形体。"监、鑑""䍒、鐏、鑪"那样异体并存，便成了个别现象。少数字的异体并存现象，就是2000多年后的今天也是不能完全避免的，但这无碍于对当时的造字结构方式主流的理解。

战国时代铸器已不很重视铭文，金文资料较零星短少，多接近于手写体的刻款，简笔字特别多。从文字较多的《长沙帛书》《长沙仰天湖竹简》《信阳竹简》《鄂君启金节》看，電、震等天象从雨，水名从水，纺织物从糸从衣，其他器物字亦按其所从类属和用途，分别使用竹、木、艸、皿、缶、金等意类符造成意音字，而且某一意类符在意音字中主要占哪一方位也确定下来了。只有鼎、豆、鼓等少数"古已有之"的物件，仍用旧有的象形表意字。更值得人们注意的是，当"上""反"字用作动词时，加上了意类符"彳止"，写作"辻""返"，成为意音结构（见《鄂君启金节》）。以上这些现象充分说明了具有强大生命力的意音结构方式，已在战国中期的汉字中起着支配的作用了。综合观察这几件时代大致相近的战国中期的楚文物，我们也可以确信，当时活在人们手头的文字中，意音字已经超过总量的一半了。

可以这样说，汉字从象形表意结构到意音结构的过渡时期，到春秋末年至战国中期这段时间便宣告结束。其标志是偏旁符号已基本齐备且将偏旁方位确定下来，意音方式在造字和用字过程中完全起支配作用，意音字在当时使用的文字总量中占了优势。从武丁卜辞中少量的意音字出现，经过了850年左右新质要素（偏旁和结构方式）逐渐增加的量变，汉字的结构体系终于起了质的变化，即汉字从不标音成了基本标音的文字。

秦代统一了疆土，统一了政治。由于政治、经济、文化的交流需要，人们必须书写同一文字①。有了必要性还要有可能性才能成为现实，而汉字本身，因为意音结构方式已取得了支配地位，意音字占据优势，表意字也随着改造成为复合式结构，独体字的比重减少，因此，以意类符统摄意音字和复合式表意字，加以整理，成为可以做到的事了。只要国家订出制度做标准，便可按照偏旁系统"举一反三"地使文字就范。于是有秦代的诸刻石和李斯、赵高、胡毋敬的《仓颉》《爱历》《博学》三篇出，作为文字模板，并被称为小篆。小篆最后的系统整理是东汉许慎所完成的，但那时已进入书写隶书阶段，所以他的《说文解字》只能是为解经而作，为认识前代文化

---

① 编按："同一"即统一、规范之谓。

服务。

小篆在秦汉间使用不久便转化为隶书，偏旁符号的象形表意结构痕迹再也不存在了，但造字的结构方式则一直遵循着意音之法。这已转进今汉字范围，不必详述。

4. 意音结构的发展与笔画和书写形式的关系

象形表意结构文字中，除极少数的指事字是由简单的点线表示外，大部分的字是从图画脱胎而来的。这些字虽然已是符号化了，但符号化程度不高，还受着所表达的原来事物的约束，其笔画是与图形要求相适应的。如人头、手、足、象鼻、鹿角、马骏、虎纹、动物的身躯尾巴等，都有象征性的表现。表事的字，人与物的配合，或横或竖，或上或下，总不能离开事物的原有关系随便组合。如"祝""祀"字，不能将人形置于示上或示下；"臽"字不能将人形置于臼侧或臼下；戈戳于人是"伐"，戈不着人则成了"戌"。因而字形之长短宽狭，有时差别很大，在书写行款形式上也就比较错综，每一字所占的位置和面积不一定，不能将许多字都刻写得很小。武丁卜辞文字就是如此。按甲骨文字的五期划分，第二、三、四期的文字大致也是如此。贞人"旅""行"的卜辞也有将字刻得较小较整齐的，但比之第五期（帝乙、帝辛时）的卜辞，还是有很大差别。第五期卜辞能以刻得字小和整齐明显区别于其他各期卜辞，除了其内容更公式化外，与商末意音字有了较大发展也不无关系。因为意音字的发展，同时要求文字结构进一步符号化（即简单化和线条化），如"虎"字不再刻写成巨腹纹身，以便于同别的偏旁组合并容纳在很小的格位上，而构成统一的调和的行款风格。

虽然意音结构文字继续按照自己的内部规律向前发展，对笔画线条起着影响，但因为金文是写铸的，笔画可以填实，象形表意字和偏旁的图形性，在金文中就能保留得比甲骨文字更长久些。然而也不能长期落后于汉字意音化的发展要求，如在商末周初，表示人的偏旁普遍不再作大头状，不再将分开的手指、张开的足迹、宽阔的前胸描绘出来，比早期金文的符号化程度进了一步，写作彳、亻、㐺、㐱等形。而不作偏旁的独体字，如大、亼，改进就少一些。到了意音偏旁走向固定成熟的西周中期以后，连残存有图形意味的填实肥笔也都线条化了，只有极少数笔画简单的字，如●、🝆、十等还保留着原来的面貌。由此可见，偏旁符号形成和固定化的过程，实际上是一些表意字再进一步符号化的过程，而符号化又是和笔画线条化相辅相成、相互促进的。笔画的线条化和结构的符号化，使书写形式整体化有了基础，加上书写刻铸的重视，便形成了西周中期以后书写形式的新风。若单有书写刻铸的认真，而没有文字本身提供的基础，像《矢令彝》《大盂鼎》一样，便仍旧和商末金文差不多，只不过文辞较长罢了。这便是书写形式与它的构成材料——文字结构和笔画的关系。一般治金文者都有这种经验，即不看器形、花纹而单从铭拓来确定时代的话，要区别康、昭之前和穆、恭之后是较容易的，要在西周中期、末期间找出界限便较难了。其原因就在康、昭之前文字多表意结构，偏旁符号的应用较少，笔画与结构相适应，左撇右捺仍留肥笔痕迹的风格；由于文字结构关系，字的距离和行间布白也多数不够整齐划一。穆、恭以后的文字偏旁符号运用较广，笔画线条化，行款多整齐划一，直至春秋一脉连贯。

春秋金文的书写形式与西周中期以后的没有多大区别，是文字结构方式和笔画相同的缘故。其特点是：笔画线条化；文字多的铭文，四周基本平直；大多数的字已呈方块状；有好些铭文能做到上下左右成行，有不少铭文虽然刻铸认真，但因个别字特别长，不能做到行行字数相同、左右齐整，但是字字方块的趋势跟左右成行是正在互相促进着。

战国时代已不大重视铭文，刻款潦草，特别是兵器，刻得很草率。但从春秋末期到战国的礼器、金节、帛书看，已基本上做到了字字方块、左右成行了。在同组竹简上，每个字所占的面积也是一致的。因为这个时期意音字已占多数，意音结构方式起着支配作用。偏旁的符号化，改变了一些表意字上下拉长、左右凸出的笔势；两部拼合法也弥补了一些字太长或太短的缺陷。字与字之间也相互影响，于是连一向较为常见的占面积特宽的"铸"字，也在保留基本特征的情况下进行了适当的简化，压缩在与其他字相同的方格之内（必须说明，其简化的动力主要是在于人们要求文字成为简捷方便的交际工具，行款要求与文字的相互影响只是一个次要原因）。

从以上四方面的分析，我们可以看出古汉字是随着时间的推移不断改革它的结构方式的。意音结构方式是在改良象形表意结构方式的基础上形成的，不是彻底的革命，因而它不像彻底改变符号体系的拼音文字，在很短期间内取代象形表意结构，而是通过八九百年漫长的过渡期才取得优势地位。尽管如此，它在单音节同音词多、分析语音学未建立起来、方音差距大、部族各占一方、诸侯割据分治的社会条件下产生、发展、形成，克服了象形表意结构不可克服的障碍，解决了人们书面交际的问题，便是极大的进步。当然，由于社会和科学文化的发展，由于语词音义的变化，到了音符不谐和双音节多音节词占优势、分析语音学在我国建立起来的时候，意音结构方式便失去了它的进步作用，而变成阻碍汉字发展的框框了。前面已说过，字形结构是与音义互为表里的,当它跟语音(意义寓于其间)不相适应的矛盾趋于尖锐时,同人们掌握文字并用于交际的要求不相适的弱点——难认、难读、难写、难记便凸显出来,使得人们非改变它不可。于是产生了汉字改革,即我们一般说的文字改革。这是属于古汉字以外的事了,在此不予详述。

三、从古汉字结构方式的发展谈谈我对"六书"的认识

汉代建立的"六书"学说,先后次序各家安排并不一致,后代学者也各有不同意见。自甲骨文、金文之学兴起以后,又有了下列现象必须解释:①为什么象形、指事、表意字在甲骨文中都已基本具备?既然是"六书""四体"中那么重要的有开创汉字之功的三种,在以后的造字中为什么起的作用那么小?②甲骨文和西周金文中假借现象很普遍,这是为什么?③从四书五经到今天日常用字,我们看到的字多数属于意音字,而甲骨文和西周金文中的意音字不多,时间越早,为数越少,武丁卜辞中竟寥若晨星,又是为什么?④为什么甲骨文和金文中异体字那么多?

如果将"六书"看作造字之初就齐备,或对汉字的演变只看到是书体的变化,忽略其内部结构变化的研究,那么,上面这些现象是没办法解释的,因而就会出现两种偏向:一是把《说文》对字的解释当作标准,拿甲骨文、金文的字去迁就它,本末倒置,碰上长期沿用的"牛""马"一类的字不会产生错误解释,但使用较少的字,便有可能被穿凿附会,甚者还会把甲骨文和金文中不合《说文》的字,说成是伪造或脱误。二是看到甲骨文、金文中有许多字与小篆有差异,有的甚至相差很远,如"象"(为)字,因而认为"六书"是汉人所创,是不可靠的,全撇开它不管,另立新说,忽视《说文》的参考作用。这两种偏向都是存在的。

在汉代小篆基础上结合一部分古文、籀文形成的"六书"说,它的立足点是小篆。因此,《说文》在小篆承袭了古代文字特点的字上可能解释对了,如"人""马""牛"一类的字。对没承袭古代文字特点的字,便有两种情况:第一种是从小篆新结构来说可能是对的,而对甲骨文或金文的原结构来说则不相符,如对"讯""贮""铸"等字的分析;第二种是对小篆字形的穿凿附会,解释无可取,如对"为""龙""能"等字的分析。至于《说文》中用儒家及阴阳神道学说的思想解字部分,我们都要予以批判。《说文》除了小篆以外,仅有少数的战国和春秋的文字。在今天看来,材料是很不完整的,其说解有不少缺点,是可以理解的。小篆形体是从古代文字

发展而来，因而在追溯古代文字时，也有它一定的参考价值。我们对《说文》应采取历史的态度，予以中肯的评价。上述两种偏向，都不能说是正确的。但就"六书"理论来说，我认为基本内容还是可取的。

我同意"六书"说。不过我认为，对"六书"的内容、产生的先后、特点和作用，必须分别做明确的说明。首先是要弄清文字的性质，把文字看作可以改变，而且是从它产生起就在不断改变着的事物，并将文字同社会的生产、生活、人的认识、科学文化的发展和语词音义的变化等联系起来。这样做的话，不但以上四个问题可得到解释，就连"六书"本身的含义和先后次序等问题也得到解释了。

在上面对古汉字发展情况的分析中，已经阐述了我对第一个结构方式中的象形、指事、表意的认识。象形、指事、表意字是从上古图画和点画标记蜕化而来的，象形字是描绘事物外部特征的文字符号，指事字是用点画来标示数目或方位（如"上、下、本、末、刃、夼①"等）特征的符号，表意字是记录事物变化和相互关系的复合体象形字。它们的产生虽稍有先后，但用此三种字来记录语言，反映人、物及相互间的复杂变化关系，起交际和交流思想的作用，则几乎是同时的。因为单有图形式的象形字或用点画示意的指事字，是不能表达人或物的变化和思想、动作过程的。只有象形、指事、表意字都产生了，才能以书面表达事情的主体、时间、数量、相互关系及其地位变化等。这三种造字法，产生得早，都属于第一期结构方式，其结构能力受到事物形体、关系的限制，容易枯竭。

假借是不造字的用字法，是人掌握的字不够用时的变通法子，因此在字少的象形表意结构时期使用特别普遍，在文化程度较低的工农群众中也一直被广泛应用着。它的妙用在于记音。人们有时忘记原字，也会假借同音字以应需要。总之，只要文字没有拼音化，它就会被人们使用；但有了记音能力远远超过它的拼音文字以后，它作为用字法便会失去意义。

意音结构是较晚产生的造字法，是为解决象形表意结构的局限性而产生的改良造字法。因此，它的产生和发展的过程，是同其他造字法的使用交错着的。商代至春秋中期是处在改良过渡阶段，因此时间越早，意音字就越少；而象形表意结构的字则相反，是越到后来所占比重越小。春秋战国间意音结构已取得支配地位，意音字已在汉字中占优势。这期间产生的四书五经又是经过后代的辗转抄传、增改，所以即使是记载西周事迹的篇章，也与金

---

① 编按："夼"即"亦"字。

文不同，以意音字居多。意音字的特征是由意类符和音符两部分组成。有些字的音符本身又是另一个意音字，可以再分出两部分。因此在分析意音字的结构时，"从甲从乙乙亦声"和"从甲从乙丙声"的说法，都是不正确的。

本文未专门论述的"转注"，是在意音结构产生以后，由于语音的发展和方音歧异，造出新字与旧字并存的一种现象。认识了这一点，"转注"诸字，部居相同，语音相近，意义大致相同，可以互相注释的特点，便不难理解了。把字义注释与"转注"混淆起来，认为"异部互注"和一部《尔雅》都是"转注"，是歪曲了"转注"的原意。因此，在商代和西周意音结构方式未成熟时谈"转注"，是毫无意义的。"转注"讲的只是一种文字现象，人们说"转注"时，必然牵涉两个或两个以上的字，而其中至少必有一个是意音结构的字，它跟象形、指事、表意、假借、意音所讲的单字构造和使用迥然不同。

对于甲骨文和金文的异体字多的问题，应该做具体分析。我们可以从下面三方面来看：

（1）甲骨文是包括从武丁到帝辛200多年的商代文字资料，金文是指从商代至先秦1000多年的文字资料。在漫长的岁月里，人们要求文字书写简捷方便，不断地进行着文字简化，而当时掌握文字的主要是统治阶级，他们又不可能做文字规范化的工作。所以，如果将几百年上千年的发展的现象综合在一起静止地看，新旧一堆，异体字便显得特别多。其实就某一短暂时期来说，并存的异体字是不会有十几个、几十个的。

（2）由于甲骨文（早期金文同）基本上都是象形表意结构的字，其重要的是模拟人和物的形态和关系的特点，无关特点表现之处，多一笔、几笔或少一笔、几笔，各人写来不同，先后写来也不同，这是许多研究古文字的人指出过的。

（3）由于金文所反映的时代，大部分是意音结构方式的产生和发展的时代，在偏旁符号的产生、固定化到熟练使用的过程中，除了时间上先后不同产生异体外，同一时间内也会使用许多异体字，各个地区也有自己的习惯写法。过去的许多文字学教科书因为没有使用发展的观点来分析，常常只说甲骨文和金文的其中一个特点是异体字多，将不同时期的异体字罗列在一起举例，却解释不清甲骨文和金文中异体字多的原因。如梁东汉概括甲骨文、金文的特点时说"形体结构还没定型化"的例子（见《汉字的结构及其流变》第174页和178页）。

四、 古汉字结构方式发展分期与识字的关系

在对古汉字的结构方式发展情况进行了上述分析后，我初步得出了如下的结论：

（1）象形表意结构方式（包括象形、指事、表意造字）是汉字第一个结构方式。当它的造字能力枯竭的时候，汉字经历了一个大假借时代。在这个时代，旧结构的字在被不断改进着，而此时汉语语词音节少与同音词（字）多的特性、偏旁意识和偏旁符号的建立，成了汉字第二个结构方式——意音结构方式产生和发展的前提条件。前面已经说过，要想考知那些未识的古汉字有两条途径，即从义出发去考形、音和从形出发去寻求音、义。若从已有的形体角度出发，就必须根据意音结构偏旁的形成和发展情况进行考察，因此需要将古汉字的结构方式发展分期分阶段。

（2）古汉字在甲骨文字前有象形表意结构体系时期。从甲骨文字起到战国末年，为从象形表意结构体系向意音结构体系过渡的过渡期。秦代在战国文字基础上经过规范和成功创造的小篆，是意音结构体系最后成熟的标志。嗣后直至拼音汉字使用前，都是属于意音结构体系范围。

（3）从造字法上看，在1000多年漫长的过渡期中，又可分为四大阶段：

①按甲骨文字五期划分的一至四期（武丁、且庚、且甲、廪辛、康丁、武乙、文丁）的卜辞和早商金文，属于意音结构的萌芽阶段。在这个阶段内，象形表意结构字占优势，象形表意造字法继续使用。

②第五期（帝乙、帝辛）的甲骨文和商末周初（昭王以前）的金文，属于象形表意结构和意音结构交替阶段。在这个阶段内，两种造字法同时并用，商末一般以前者为主，周初一般以后者为主。

③西周中期（穆王以后）至春秋中期为意音结构偏旁成熟阶段，以偏旁符号基本具备并固定化以及意音结构成了主要造字法为标志。

④春秋中期至战国中期为意音结构方式成熟阶段，以偏旁方位的稳定和意音字比重占优势为标志。战国中期以后，还有地方差异问题未解决，因此到秦代"书同文"才算最后结束了过渡期。

（4）要想从形出发去认识古汉字，就要从它出现的最早年代去分析它的构造。属于早商的字，一般把它当作表意结构来分析，同时考虑其象形的图画形式符号中所表露出来的意义。古人的语音今天不能知晓，甚至有许多字只是被使用了很短的时间后即被社会发展所淘汰，但循此法以求，其字义

大致还是可以弄明白的。属于商末周初的字，既要考虑其图画形式结构所披露的意义，也要考虑其偏旁分析的可能性；商末须注重前者，周初须注重后者。西周中期以后出现的字，主要采用意音偏旁分析法。虽然利用意类符叠加表意的可能性仍旧存在，但毕竟如强弩之末，数量上是微乎其微的了。属于战国出现的字，除用偏旁分析法外，还要注意其偏旁简化。

（5）要想从形出发认识未考知的古汉字，首先要从形体结构分析入手，以结构方式的发展和识字关系为经，以铭辞文义为纬，采用辞例比较法，用历史文献记录、已知的古汉字及偏旁以及考古常识（包括唯物史观和记载文字的器物断代）互证等方法。

以上五点是我对古汉字结构方式发展分期及其与识字的关系的一般认识。在此必须再加说明的是，任何具体事物，除了遵循一般规律发展外，都还有它自身的特殊规律。字体结构在不同时代有不同的时代特征，这是文字形体在运动过程中的共同点，是矛盾的普遍性的反映。但每一个字又还有它自身产生和使用的背景和条件，即还有矛盾的特殊性存在。毛主席教导我们说："人的认识物质，就是认识物质的运动形式，因为除了运动的物质外，世界上什么也没有，而物质的运动则必取一定的形式。对于物质的每一运动形式，必须注意它和其他各种运动形式的共同点。但是，尤其重要的，成为我们认识事物的基础的东西，则是必须注意它的特殊点，就是说，注意它和其他运动形式的质的区别。只有注意了这一点，才有可能区别事物。"（见《矛盾论》"矛盾的特殊性"）对文字结构运动的一般认识可以指导人们有意识地认识未考知的字，但不能无条件地解决全部问题，将一个个的字认识（区别）出来。譬如：由于出土物的限制，有些字还不能确定其最早出现于哪个时期；有些字失去了历史联系，只作为偶然现象存在一时，不久便被淘汰（早期的象形表意字许多如此）；有些字的意类符或音符由于使用的地域和时代的不同而有差异，目前还不能找到它的发展线索；等等。也就是说，失掉了这些必要的辅助根据，一般法则还是不能有效地运用的。正如有了材料和机器，也有了能操纵机器的人，但要将从未有过的机件制造出来，没有必要的图样依据（不管是脑中设计还是画好的图纸），还是不可能的。所以对未认识的古汉字还是需要一个个做具体分析的。更由于我的哲学理论水平有限，学习古汉字时间甚短，分析论述不够全面正确之处可能会很多，因此只能当作尝试性的浅谈，希望能得到导师和其他方面的批评指正。

附： 释 例

上文主要是根据甲骨文、金文等资料，对古汉字结构方式的发展和有关的古汉字学上的各种问题提出我的浅见。我认为，对古汉字结构方式发展的分期，是有助于我们去认识未考知的古汉字的。对事物的一般认识是否正确，是否真正反映了事物的本质，还需要拿到尚未研究过的或尚未深入研究过的各种具体事物中去进行检验，找出新事物的特殊本质，丰富和发展一般认识。只有在从特殊到一般，又从一般到特殊的反复过程中，才能将对事物的认识不断提高和深化。本着这个精神和为了进一步说明我的观点，特在此对一些未很好释读的古汉字进行尝试性的分析。

（1）"戎"（商·虜戈）、"𦥑"（商·瓠），均见于《金文编》附录上第11页。它们是属于早商的文字，须放在象形表意结构中来理解。其图形意义是手持戈戮人的颈项。以西周用武字做参考，便可得知其为"伐"字的前身。靠偏旁分析法是绝不能得到其意义的。

也许有人会说：甲骨文中武丁时期已写作𢦔，已识的金文"伐"字也没有从𠂇的，释"伐"恐不可信。

我们知道：甲骨文字因是刀刻，笔画较线条化，结构较符号化；金文因是铸字，能以填实肥笔将图形性保留更长的时间。上文已说过，在此从略。甲骨文字"天"作𠀘，而康王时的《大盂鼎》"天"字仍作大头、饱腹、粗腿状；西周"伐"字还有写作𢦔的，也比200多年前武丁卜辞上的"伐"字带有较多的图形意味，均可作为旁证。此二文出现于早商的戈和瓠上，尚带有更多的原始造字特征是不难理解的。同戈之"虜"字作𢦔，尚是象形符号，"伐"字本身的"人"也作大头、屈腿、有足掌形，故加𠂇表示手持戈以戮人的动作过程，也是很自然的。况且此二器之制作，还说不定早于武丁时期呢。

甲骨文符号化较早，现在也没发现武丁以前的大批甲骨文资料，看不见"伐"字的演化过程。金文符号化较迟缓，便可以明显地看出来。"伐"字进入结构方式的交替阶段的周初，"戈"已符号化，援、内和镈上的凸起部分都改为线，"人"也只有少数字保留象征性的大头，𠂇当然也可以同屈腿、足掌等次要特征一样，没必要再存在了，但作为表意字，戈戮人之意犹存。周初多数铜器铭文上的"伐"字已经线条化。后来随着意音结构成熟程度的增加，象形表意观念淡薄后，戈戮人的关系不再表诸字面，"伐"字逐步改造成人戈分体。在意音结构方式成熟的春秋末年的《南䣙钲》上，我们所看到的"伐"字，便是人戈分开的复合表意字，已很难从结构上"会"出戈戮人之"意"了。

（2）"𦍋"，在《金文编》卷五食部养字条下共收录四文，均为商器文字，谓《说文》古文作𦍌。

早商文字还处于意音萌芽阶段，那时的字基本上属于象形表意结构。甲骨文字中"牧""𦍋"同意，"牧"不从牛声，"𦍋"亦不该从羊声，同属表意字，差别只在牧牛牧羊而已，正像"牢""宰"字一样，只在牛羊之别。因为象形表意结构文字与事物实体有较深的关系，随着意音结构的发展，象形表意的观念逐渐淡薄，"牧""牢"字便只选取其一做代表，"𦍋""宰"便消失了。这里所引的商代金文字自然也是如此，应释作牧羊之牧，是一个部族的标记。《说文》所谓古文"养"作𦍌，与信阳所出的战国楚简字体极相似，很明显是战国时期的意音结构字，与商代表意结构的牧羊字没有亲缘关系。分析"𦍋（牧）""𦍌（养）"两个相距千年的常用字，其形迹中间有四五百年以上的中断，本已足以引人注意，但若没有结构方式的发展观念，便仍会叫人失察，产生与甲骨文中"牧""𦍋"同意的解释相矛盾的误解。

又《汗简》卷一支部下收录"𦍋"字，释作养，郑珍《笺正》言出薛氏古《尚书·酒诰》。在《笺正》中《郭忠恕修汗简所得凡七十一家事迹》之古文《尚书》条下按云："自真古文亡，而有东晋梅赜所上五十八篇之伪古文出，当时群信为隶古本复显于世，即有好奇之士，依傍伪经，采辑僻异之文以当壁中经者，盖即陆氏所指斥。其本历唐及宋，薛季宣取以作训，流传迄今。郭氏尊信不疑，推之弁首，采列其文多至数百千计，今以编中所载，较薛氏书，十九符合，乃知郭氏乃据此本。"《汗简》所引之文既伪，自然也不可据《汗简》以为说。纵令《汗简》此字不伪，也不能以此意音字去衡量商器上的表意字。因此，《金文编》所引商器之"𦍋"，决为"牧"字无疑。

（3）"𤉢"，𤉢卣文，见《金文编》附录下第30页。其铭文见《贞松续》（中）、《三代》《小校》《录遗》，字均无释。日人赤塚忠的《殷金释文稿本》隶写作䫏。

从文辞及字体风格可以知其为商末器的人名字，可以把它放在结构方式交替阶段来考察，也就是既注意它的图形表意性，又考虑其偏旁分析的可能性。从图形表意上观察的结果，是一个有胡须的踞坐人向着一件三足器皿。

若理解为"卽"①"敬""祝""祈"一类意义，那么在甲骨文和西周金文中根本没有切近的字形可作参考，证明作图形表意结构来分析此字是行不通的。从偏旁分析角度看，可发现其有两个独立部分。右边可以拿后世表人形的偏旁做比较。"页"在西周初作𩒀，西周末作𩒂；𩒀加三根须即如本字偏旁，𩒂加三根须便是常见的"须"字。西周末为意音结构偏旁成熟时期，已经进一步符号化了，音义主要靠偏旁符号表达。只要是有胡须，即使长于脸面上，也还是"须"字。商末是表意和意音结构交替阶段的前期，胡须便仍带有较强的图形表意性而必须长于下巴。因此可以说，此字右边是"须"字的早期形态，绝不是"覓"。左边偏旁似鼎非鼎，似鬲非鬲，显示出它是带有较大概括性的器皿类符。商末周初，"盇"字可从鼎亦可从皿，"獻"字偏旁中的"鬳"，可从鬲亦可从鼎。又《乃孫乍且己鼎》与《戍嗣子鼎》的器名是同一个字，前者从三足器形，后者从鼎。这些现象说明了在偏旁草创时期器皿类符的不稳定性，三足器形和鼎、皿、鬲等符号还没有严格的分工。按照左右偏旁的分析，则此字当为"盨"字的早期形态。证以《兒弔盨》《弭弔盨》《鄭義羌父盨》等之"盨"字，可以看出，除了本字因时代早而带有较多的图形意味外，其他都是一致的。

金文学者们以前所以未能识者，我想有下面两个原因。首先是没有结构方式发展分期的观念，因而无从明确一个时期有一个时期的具体特征，从而采用不同的方法去分析研究。此字虽为意音字，因处在象形表意和意音结构的交替阶段，其类符和音符便仍带有较多的表意特征，不明确这一点，便无从分析。后期的"盨"字之所以容易认识，是因为处在意音偏旁成熟阶段，偏旁较符号化，表意特征少，离小篆较近。其次是卣文乃作器者名，无法推勘，而西周后期之"盨"乃器物名，有确定的器物形制作释读的参考。按事实，应该先有此卣之"盨"字，到西周后期盨器从殷分化出来，才采用其为器物专名，使"盨"字有了新的意义，成为普通名词字。

（4）"𢆉"，见《金文编》附录下第12页。出自《𢆉卣》《𢆉尊》，为作器者名。阮元《积古》释为邑；自吴式芬《攈古》改释为叉，以后的《愙斋》《缀遗》《奇觚》《三代》《小校》《吉金文选》均从之；《周金》释为丑。其实所谓"邑""叉""丑"皆非，杨树达《金文说》已辨之，并从字形的比较知为"次"字。《金文编》第三版未从杨说，大概是杨未能从"次"字出现的环境特征去分析字形的缘故。因此有必要将此字的发展情况再做详

---

① 编按：乃"即"字。

细分析。

我未见过此卣、尊二器，但从"𩰲""马""裘""𩰱"等字的写法及文辞、字体风格，已足以判断它们是周初之器。此字处于结构方式交替阶段。

从表意结构来考虑，此字是一个符号化了的人，张开了大口，从口中先后流出了两滴东西（或说吐出二物，或说呵出两道气）。其所强调的是大口和口中所出后者之将出未出形，似乎是要告知人们"第二""再""次"。

若从意音结构出发进行偏旁分析，两点可为一独立体，长短同，当为"二"；𠂊为另一独立体，从表示人的偏旁比较中，得知为"欠"（如《𨽹仲作佣生饮壶》之"𩰲"字、《鱼鼎匕》之"𩰱"字所从）。"欠"在意音结构中是当作意类符使用的，则此字为从欠、二声。《说文》从欠、二声为"次"。段玉裁注云：次"当作从二从欠，七四切"。

从两方面分析，结果相近，可确定为"次"字了。甲骨文中的"次"字作𠂊，人形屈腿踞坐，表意结构的特征较显著。同此卣、尊时代较相近的《史次鼎》的"次"字作𠂊，跟此字在形体上便很接近，是差不多同时使用的异体字。春秋末年的《婴次卢》的"次"作𠂊，因意音结构在那时已占主导地位，正像"伐"字人戈可以分体，须不一定长于下巴一样，其二点也不必固定于口边了。从这里我们可以看到"次"字形体发展的踪迹。

关于"次"字的结构解释，我以为段玉裁注释为是。理由是：①"次"字产生甚早，在意音结构还处于萌芽阶段的甲骨文中就已出现，二点在于口边，且着重强调刚出口的第二点，表意之形甚明；②"次""二"二字不同声。由此可见，出现在意音结构体系早已成熟，以小篆为对象，以"六书"为解释手段的《说文》，作为古汉字研究时的参考，帮助寻找古今字的发展线索，是有价值的，但从对具体字的分析来看，又不能迷信《说文》的解说。因此，分析造字本义，必须以古汉字材料本身为准。就从金文"次"字的两种可能的分析法比较看，也以表意结构分析的理由为充足，可见段玉裁批注《说文》之卓识。

战国时代，书写常用同音简笔字，经典子史的"旅、㳄"字均写作"次"，汉代因袭之，于是"次"字便在"其次""再""第二"义之外增加了一个"次舍"之义。这样引起了后代学者在《说文》解释的"不前不精"和"次舍"的关系上大做文章（见《说文诂林》），颇多附会之病。甲骨文中常见"㳄"字，商代的《宰甾毁》《小子射鼎》《己亥鼎》和西周宣世的《兮甲盘》的"㳄"字，即所谓"次舍"的本字，而"次"字的构成又给我们揭示了"再""其次"才是它的本义，那末，《说文》解释上的争议也可以结束了。

（5）"𠂤"，见《金文编》附录下第48页，出自《其次句鑃》。此字《攈古》释旡；《缀遗》释攴；《周金》称器为《其旡句鑃》，《吉金文选》、《大系》第二版和《通论》皆从之；《三代》按原篆名器；《善斋吉金录》所收乃伪器，名为《其旡句鑃》，《小校》亦作旡，与《攈古》所释同；《小校》于铭拓旁附徐传经（颂鱼）跋，释为即。唯《说文古籀补补》释为次，《大系》第三版从之。释次是正确的。句鑃之字全反书，若全还原为正，此字便与《婴次卢》的"次"字相同。

（6）"𩩲"，见于《陈厌因𩩲镈》；"𢍌"，见于《陈厌因𩩲戈》。《攈古》云："因𩩲，陈侯名。𩩲从肉从次，字书不载，当即资。"《奇觚》照抄其说。《簠斋》名器为《陈侯因资镈器》。《愙腾》云："陈侯因𩩲，《左氏传》作因齐。《说文》有赍无𩩲，疑𩩲赍本一字。"《古籀余论》以吴大澂《愙腾》之说为是，《吉金文选》又转引之。《善斋吉金录》《小校》、徐中舒《陈侯四器考释》《大系》均释𩩲，而未考其音义与形体结构的古今联系。至于说因𩩲为齐威王因齐，众皆无异说。

说"𩩲"从肉从次，释作资、赍，都是忽视古汉字结构方式发展分析之故。以贝代肉，也令人疑惑不解。隶写为"𩩲"，考因𩩲为历史人物因齐，完成了历史学上的任务，但从文字学上要求的形音义三方面的解释却有未备。

从文字学角度分析字，必须由形及音以联义。文字是用一定结构的形体来记音以表达语义的，所以分析形体结构，是释读全字的基础。缺乏这个依据，而靠从《说文》小篆倒推和其他旁证方法寻绎本字的形音义，就会遭到许多困难。丁山虽未能自觉地从结构方式发展的观点去分析，但他能按照先析字形再求音义的次序，并把"𩩲"字当作意音字来分析，所以他还是获得了比前人正确的结论。他在《由陈侯因𩩲镈铭黄帝论五帝》一文中说："案：资从贝，𩩲从肉，一为资斧本字，一为齋之古文。威王本名'因𩩲'，后乃由齋省为齐；《史记》之因齐，当为因𩩲之误。"（见1933年国立中央研究院历史语言研究所集刊第三本第四分）

"𩩲"字既然是战国时期所出的字，固宜用意音偏旁分析。知它为从肉次声，便可寻求其古今字间的发展联系而得其义。秦以前，齐、次同音，如新郑出土的《婴次卢》的"王子因次"，史书写作"因齐"；文献中也常见意类相同，次声（包括以次作音符的偏旁）、齐声字往往同义通用，如

"茨、薋、荠","粢（粱）、齍","瓷、饎","鏊、𪉏",等等。故可知战国时的"𦵩""𦳆"（见《十钟山房印举》卷一第39页）是同音互通的异体字。到了以秦国文字为中心的书同文制小篆时，废弃了"𦵩"字，所以后世仅见有"齍"（脐）字，而不见"𦵩"字。《金文编》将"𦵩"字置于肉部"齍"字条下是正确的。

陈侯因𦵩的另一件戈上，"𦵩"字作𦳆。咨，乃𦵩的同音假借。虽是王侯纪名，也可以用借字，说明了在封建意识未产生，或刚产生而未成为占统治地位的神圣化的意识观念时，人名本无忌讳（参考《金文丛考》的《讳辨》和《谥法之起源》）。国名尚有"鼀、邾""簠、鄟""吕、筥、邵（楚人又写作柤）"同用，人名自然亦可以用同音假借之法。

文字以一定的形体结构来表达某一语音单位，此语音单位便已包含了一定的意义。同音假借及利用意音结构孳乳新字之成为可能，是受"文字为记录语言的符号体系"这条一般规律支配的结果，也是汉字发展中标音性质的反映。战国时候常用笔画简单的字代替繁难同音字，现在也常用此办法进行汉字简化，只要不因此而产生交际上的混乱，就是正确运用了方块汉字的假借标音规律。

在这里附带谈谈与"𦵩"有关的陶文文字。

"𠻜"，见于《古匋文舂录》附编15叶，从口𦵩声，即从口脐声。它是《说文》口部"哜"字的祖先。所以知者，因"𦵩"被后来的因齐代替，故"𠻜"后来变为"哜"。战国时的从口脐声变为汉代的从口齐声，这是音符的简化。战国时候的"𦳆"发展到汉代仍是"咨"。"咨"跟"哜"的字源不同，意义有别，加上到汉代语音变异，故《说文》中"哜""咨"不作重文异体。

"𤻲"，见《舂录》卷七4叶、《铁云藏匋》52叶、《季木藏匋》卷一10叶。按字形可译写为"瘠"，乃春秋战国文字，应作意音结构分析，当为从疒咨声。音符咨又是以次为声，"齐""次"音符在汉以前本相通，则此"瘠"字与"齐"可以相通。今《说文》无"瘠""𤵸"二字，而其他典籍有"𤵸"字。

《尔雅·释诂上》："痛、瘉……𤵸，病也。"

《礼记·玉藻》："亲𤵸，色容不盛，此孝子之疏节也。"

《方言》卷十："𪖚、𧏾，短也。江湘之会谓之𪖚。凡物生而不长大亦谓之鲞，又曰𤵸。"郭璞注："今俗呼小为𤵸，音荠菜。"

今天的客家人中仍然有说"𤵸"（音挤）的。如称一种类似湿疹的皮肤病为"油痧"。人体很小，蔬菜或植物果实中异乎寻常的小者，皆可称为"痧"。

"痧"字于文献典籍无所见，是被"痧"字所代替了。

（7）"𤇾"，见于《金文编》附录下第17页，出自《𤇾所偖鼎》《楚王酓忎鼎》《𠂤勺》。《𤇾所偖鼎》，《三代》《小校》《武英殿》皆有著录。《楚王酓忎鼎》及《𠂤勺》见《楚器图释》《双剑誃吉金图录》《颂续》《小校》《十二家》《寿县所出铜器考略》，各书于此字均无释；《大系》亦著录之，释作"燕"。郭沫若同志大概是将此字当作象形结构来分析，把其外形看作展翅剪尾之飞燕。不知战国文字是用意音结构方式构造，不能用解释甲骨文燕字的同样说法。朱德熙在《寿县出土楚器铭文研究》一文中说："郭沫若先生释燕，又有人释然，并非。应该是从肉从虫从次声。战国时欠字写作𣦵。"又说："古铈有蚕字，写作𧌒（《征》附录29叶），陈侯因𦉢敦有𦉢字，写作𦉢。𦉢蚕𦠾是一个字的分化。战国时人很喜欢用这几个字作名字。"（见《历史研究》1954年第1期）

我认为应该说此字从虫肷（𦉢）声，正与《鄂君启节·舟节》上湘、滑、沅、澧的"滑"字作𣱵，从水肷声相似（该节也是战国楚器。"滑"字后世借同音字做音符讹变作"澬""资"），肷又是从肉次声。朱将此字当作意音字来分析是正确的，但把从虫从肉的关系等同起来则是有毛病的，且把"𦉢""蚕""𦠾"看作都是一字的分化，也不妥当。我们只能说以上三个字同是以"次"做音符的孳乳字。至于是不是一字的分化，还是得考察它们各自的历史。

第（6）例已说过，"𦉢"是后世的"齎"（脐），准此，"𤇾"便当作"蛴"。按上举"嚌"字《说文》将其音符简化例，"𦠾"该是《说文》中从虫齐声的"蠀"（蛴）字。"蚕"字不见于《说文》，中断了与小篆的联系线索。但从《方言》《玉篇》《广韵》和《诗经》《尔雅》等书之异文，可以知道蠀蠾（蛴螬）与蝤蠾同解，而"蛴""蝤"两字并存。《说文》失收之"蝤"，殆从"蚕"发展而来，其所收之"蠀"则从𦠾发展而来。战国时代"𦠾""蚕"异体同见，进入楷书，"蛴""蝤"并存，也是很自然的。扬雄离战国不远，又注意收集方言异语，其《方言》能保存《说文》失收的异体字，也是情理中事。此为异体双线发展而无意义分歧之例，同"哜""咨"之异体双线发展而有意义歧异以致后来两字分家不同。以列国和两汉间成书的文献、字书做辅助，追溯古今文字的联系，其意义也就在于既能了解古字本身，又能明了楷体当中有些音符能互代而有些则不能类推的历史原因。根据上述分析，"䏶""䘈"为一字分化（异体），"胬"则为另一个字。

从以上"胬""嚃""痞""䏶""䘈"诸字的分析中，都可以说明：①在古汉字中，意类符不变，同音的音符可互代；②在古今演变中，复合音符取其简。至于《说文》所谓"省声"，还包括独体音符的结构简省（如下面"楷"字例），与这里所说的复合音符取简是不同的两个方面。我个人认为，在寻找古今字的联系时，这两条是很有参考价值的。这二说，下面还将得到证明。

又古钵中有"𦱦"，见《古钵文字征》附录1叶，为从艸䘈声字。按上述古"嚃""䏶"字演化为今字的复合音符取其简例，"蠢"当为后来的"茨"字。"䘈"可演化为"蠀"，则"蠢"也可演化为"薋"，复合音符取其简则作"薋"。证以先秦古籍，"茨""薋"正相通。

《楚辞·离骚》"薋菉葹以盈室兮"，注："薋，蒺藜也……诗曰：'楚楚者茨。'"补注："今诗薋作茨，菉作绿。薋音甏。《尔雅》亦作茨，布地蔓生，细叶，子有三角，刺人。"

《说文》："茨，蒺藜①也，从艸齐声。诗曰：'墙有茨。'"查今《毛诗·鄘风·墙有茨》与《小雅·楚茨》均写作茨，同训蒺藜。

战国时，"茨""蠢""薋""茨"应是同音同训的异体字。

从古籍中"茨""薋"相通，第一可知释"蠢"为"茨""薋"无误；第二可以反证上面用演绎法论证的"䘈"即"蠀"说是对的；第三证明音符替代和取简之说，确实是有实用价值的。

《说文》"茨"字解释不用先秦古籍之"蒺藜"义，而言"以茅苇盖屋"，这大概是齐、次声音变异后出现的新义。汉以后"茨""茨"分了家，正像"咨""啡"二字一样，本来音同义通，至《说文》时代音稍异而分工表达不同意义。

（8）"𦳊"，戈铭，见《文物》1963年第9期沈之瑜的《䣄立果戈跋》。沈之瑜说此戈为巴国遗物，戈铭恐为楚人得后加刻，这一点我很同意。因戈铭的文字结构和笔画风格，与寿县所出战国楚器《鄂君启节》《信阳竹简》《长沙帛书》相类。但其铭文"蔡"字之释，我觉得值得商讨。

既是战国文字，该用意音偏旁分析；既是楚文字，可拿楚器文字做比较。此字左边从邑；右边作𢆶，与《鄂君启节》之"鄵"字所从不同，而与

---

① 编按："黎"后改为"藜"，旁批云，《说文》原作棃。

"渍"（▨）字偏旁所从的"次"正相同。本文上例所引"䑜"字中也有相同部分。则此字当为从邑次声的"䣧"字。"歈▨▨"殆是以邑为氏者。战国时楚有次姓。《吕氏春秋·恃君览·知分》："荆有次非者，得宝剑于干遂，还反涉江，至于中流，有两蛟夹绕其船。次非谓舟人曰：'子尝见两蛟绕船能活者乎？'船人曰：'未之见也。'次非攘臂袪衣拔宝剑曰：'此江中之腐肉朽骨也，弃剑以全己，余奚爱焉！'于是赴江刺蛟，杀之而复上船。舟中之人皆得活。"此英雄次非之"次"，历代古籍中或引作兹、佽。《十钟山房印举》中有汉印"次纯有"。盖初以邑为氏，后但记其音次。战国时国名姓字未固定，此又是一例。

（9）"梧"，见《金文编》附录下第 22 页，《王命传节》（或称《龙节》）及《鄂君启节》均有此字。自阮元《积古》引吴东发（侃叔）、江德量的解释以来，曾有九种说解①，均未得其真音实义。拙稿将此字作为意音字进行偏旁分析，知为从木含声字。"含"实为《国差䀇》所从"詹"之省，即《说文》所谓省声。根据长沙所出楚帛书及信阳所出竹书，知当时楚国"言"字写作▨，辅以典籍及社会上所遗之民俗，释此字为"檐"（擔）是无可怀疑的。

详见《文物》1963 年第 3 期及《文物精华》第 2 期中商承祚教授《鄂君启节考·后记》。后来于省吾《鄂君启节考释》亦释此字为"檐"（见《考古》1963 年第 8 期）。

小结：

上面所释 9 例 15 字——"▨、▨、▨、▨、▨、▨、▨、▨、▨、▨、▨、▨、▨、▨、▨"，有金文、钵文、陶文，包括从象形表意结构体系向意音结构体系过渡的整个过渡期；有的为前人未做分析者，有的为前人已做分析但属错误者，有的为前人分析得不够全备者，有的为未能找到古今字发展联系者。通过对古汉字结构方式发展的分析，通过释例，我认为：

（1）在 1000 多年的古汉字从象形表意结构体系向意音结构体系过渡的时期中，按其造字和使用文字的概况特征，可以分为四个阶段，但从结构方式与识字的关系看，只需注意第一、第二、第三阶段的界限便行了。其中第

---

① 我在《"梧徒"与"一梧㱃之"新诠》一文中曾引八说：借作倍，**梧**，读作庵；天梧之梧；梧，案板；槥，读作輴；背子；徒倍；盛物器具。加上李学勤同志《战国题铭概述》（下）的"负"（见《文物》1959 年第 9 期），共为九说。拙稿见《文物》1963 年第 3 期。

二阶段，即结构方式交替阶段，前期（商末）较偏重审察字形的图形特征，后期（周初）较需注意线条结构的符号化及偏旁分析的可能性。战国文字除了按照第三阶段（西周中期以后）以来的一般意音偏旁分析外，还需考虑其笔画简省和同音音符互代的可能性。

（2）许多战国时的异体字，本同音同训，但由于形体发展有不同的线索，并受以秦国文字为基础的"书同文"的影响，后来意义增加，音符的语音离异，到了《说文》便不相通，如释例中所说的双线发展分工表达不同意义的字，成了两个或两个以上不同的字。又《说文》的解释有些不符合造字本义，或将表意当作意音分析字形，或将引申义代本义，如释例中所举的"次""茨"。因此，《说文》在古汉字的分析上，只能当作寻绎历史联系的参考，不能当作金科玉律，必须以古汉字本身为准。

（3）在寻绎古今字发展线索的时候，时间横断面上须注意同音音符替代的可能性，纵剖面上须注意复合音符取其简现象，若拿《说文》做旁证，还要注意独体音符进一步简省的可能。

（4）在意音结构方式的形成发展的历史过程中，字的同音假借，音符的同音互代，在古汉字中已是很普遍的，并非汉魏以后有了所谓民间俗字才有。这种现象，是人们把文字只当作记音符号的思想反映，是人们对文字——语言的辅助工具的性质的认识之反映。在完成了记录语音任务，而不至于引起交际混乱的情况下，文字符号的简化也是必然的。春秋战国时，汉字进入了意音结构方式成熟阶段，标音和简化两种趋向便表露得最为明显。后来虽然劳动人民继续创造简便的文字符号（所谓"俗字"），但有了意音结构体系的束缚，分析语音学发展迟缓，双音节、多音节词虽不断增加并占了绝对优势，但同音词辨析和词的连写问题还不能彻底解决，在长期停滞的封建社会制度下，方言多、分歧大，而短期无法解决，旧社会政府腐败，及少数知识分子掌握文化，而广大群众由于生活所迫，失去学习文化的机会，也就是没有推动汉字改革的主力，等等，是过去汉字不能走向彻底简化的拼音化道路和新中国成立前汉字改革效果不著的综合原因。

"六书说"是在汉代已经整理好的小篆材料和极小部分的古文材料（基本上也是意音字）的基础上形成的。它对汉字的统一固定化以及解读当时的汉字有过积极的意义，但同时又有不够准确的缺陷，以致引起了后人许多争论。它被封建统治阶级文人利用来作为垄断文化和反对俗字（简体字）的工具，其责任不在"六书"本身，而是在剥削者占统治的阶级社会。自从人民群众掌握了政权后，共产党和人民政府为了群众在文化上的翻身，在文（汉）字改革上进行了巨大的工作，受到了广大群众和革命知识分子的热烈欢迎和拥护。几千年来，人们不断创造文字，使用文字，摸索着文字简化标音的道路，只有到了广大人民当家做主的年代，在共产党、毛主席的领导下，才能有步骤、有目的地实现汉字的彻底改革。现在文字改革分两步走：第一步，简化汉字，是在意音结构体系范围内的改良；第二步，拼音化，是冲出意音结构体系范围的彻底的符号简化。"六书说"的精华部分，也成了今天进行汉字简化的参考方法了。但我们也看到了一小部分所谓熟读经史的饱学之士，在保卫祖国古老文化遗产的幌子下，抱残守缺。他们认为象形字视而可识，表意字察而知义，形声字形声兼备有音有义，总之按六书之法造出的方块字妙不可言。他们反对文字改革，特别是反对将来走拼音化道路。这种人为数极少。他们除了不把广大人民群众的文化翻身放在心上外，便是对我们汉族祖先在几千年创造文化财富过程中使用文字的历史，没有真正的知识。他们既不能科学地了解文字的性质和对待"六书说"这份遗产，也不知道所谓"圣人"孔、孟出现的时代，诸子百家争鸣的盛世，正是同音代替和简化之风最盛的时代。

末了，让我再一次说明：我对古汉字的认识还是很肤浅的，在试谈其结构方式发展与识字的关系过程中，牵涉了不少文字学上还待探讨的问题，也不过是抛砖引玉之意。让我们学习和研究古汉字的人，大家共同努力，通过对古汉字材料的具体分析研究来逐步揭示其固有规律，同时通过对汉字发展的研究，为促进汉字改革出一份力量。

（本文是中山大学古汉字学专业研究生毕业论文，定稿于1965年12月，导师：容庚、商承祚）

试论铜器铭文形式上的时代标记

拿到一张青铜器铭文拓片,没有出土报告,也没有器形和花纹的图片做参考,古文字工作者往往即可判断它是出自商或西周前期还是春秋后期的铜器,人们常会奇怪地提出疑问:根据什么呢?根据族氏文字,根据文字的点画结构,根据铭辞的表现形式,根据一些特殊的单字和语词。虽然据此还说不准绝对年代,但可以说:虽不中,不远矣。这里有阅历和经验的关系,而主要的是文字、语词和铭辞的表现形式本身,经历从商代到战国的 1000 多年,打上了一些时代的烙印。就像是人的肤色、胖瘦、职业、美丑可以不同,但可以从眼神,从皱纹的有无、多少、粗细等时间印记,判断其是儿童还是少年、中年或是老年。其间有看人的经验问题,但主要是人在不同阶段,确实会留下经历风霜雨露的痕迹。本文即试图探索铜器铭文上的时代印记。

一

在我国历史上通常所称的青铜时代,是指从商朝初年至战国末年,约有 1400 年。此期间制作的青铜器,是研究青铜时代的物质文化和精神文化的最重要最直接的原始资料。我国学者常常统称它为商周青铜器。

要使这 1400 年间制作的青铜器,能够充分发挥其历史价值而不被当作古董鉴赏家的玩物,头一件重要的事,是确定它们各自的制作年代和地域国别。但是,青铜器在地下埋藏了二三千年,现已著录的铜器,有许多不是通过科学发掘出土的,没有出土时的地点地层和共存物的记载与研究,或是虽有而不够详尽准确,使我们在确定器物的年代和地域时产生了不少困难。

任何事物的存在(包括产生、发展和衰亡等形式),都有一定的时间、空间限制。根据这一观念,人们通常使用如下一些方法来确定青铜器的年代或地域:一是考古学方法,通过科学发掘,研究青铜器出土的墓葬或窖坑的特征、同一文化堆积层中的共存物、铜器和共存物的器类形态组合特征;二是理化分析法,用物理、化学手段对青铜器的成分、冶炼铸造特征进行分析、化验、排比;三是图像学方法,对器物的外形(包括造型和图案花纹)

特征进行分析排比；四是文字学方法，对铜器铭文的研究。这些方法都须采用综合排比和文献史实印证等手段。新中国成立以来，随着文物考古事业的发展，只要条件具备，人们都尽可能几种方法同时并用，以求取得更圆满的效果。使用这些方法，有些铜器可以准确地判别其绝对年代、国别和器物主人，较多的只能大致确定为某一时期的文物。由于资料条件的限制，仍有些铜器的大概年代和地域还不能很快地定下来，但是随着考古科研事业的发展，这些铜器正在不断减少中。

人们经过反复多次的综合研究后发现，某一方面的专业工作者，往往可以使用其中某一方法，即可大致判别某一铜器的年代或地域。古文字研究工作者，主要是根据铜器上的铭文，其次才借助于形制、花纹、出土情况等来给铜器断代，并做出自己的贡献。譬如郭沫若同志使用的确立标准器然后系联比较的方法，使原来按器类和文字多寡编排的考释研究，变成为有时间和地域国别条贯，能直接与历史文化研究相联系的科学，在金文研究史上带来了革命性的变化。其标准器的确立，就全赖于文字材料。又如吴其昌、董作宾、新城新藏等，根据铭文的纪年月相（间或也使用标准器定点），在复制历谱方面努力，虽然还未能得出一个为社会普遍接受的历谱来，但是他们的研究成果，往往给青铜断代工作提出许多需要考虑的问题。

所谓标准器，就是根据铭文记载和史实的印证，能确定其比较准确的制作年代或绝对年代的铜器。人们可以凭借它所能提供的一切因素，包括器形、花纹和铭文的字体、内容等，去判别没有明确的历史事件或纪年的铜器大概的制作年代。甚至没有铭文的铜器，也可以通过与标准器的比较，推测出其大概年代。标准器在铜器断代中的重要作用是不言而喻的。而文字的研究，则是发现和考定标准器的关键。以近10年出土和公布的材料为例：

司母辛鼎：它同司母戊鼎的大小、形制、纹饰、文字上都有很多相似之处，同甲骨材料相印证，知此后母辛即武丁妻，此鼎和司母戊鼎一样，都应是商代祖庚、祖甲期间所铸。

利殷：根据铭文中有"珷征商，隹甲子朝，岁鼎克餷，夙有商"，7天后王赐利金而作器的记载，断定它为武王十二年伐纣胜利后的作品。

何尊：根据铭文中有"隹王初迁宅于成周""隹王五祀"，知其为成王五年时制。

还有裘卫鼎、史牆盘、㝬殷、秦公镈钟、曾侯乙诸器、中山王嚳诸器等，都是依赖本身的文字资料和历史资料相印证，判断出其制作年代的。这些标准器加上以前出土的已经确定的许多标准器，就像是散布在从盘庚迁殷到秦皇统一中国这段历史旅程中的许多点桩,帮助我们将许多时代不明的青铜器,按下面一些线索罗织起来:①与标准器同坑或同墓出土;②形制、花纹与标准器相同或相近;③铭文中记有与标准器相同的历史事件;④铭文中有与标准器相同的官职人物;⑤铭文中有与标准器相同的族氏文字;⑥铭文的记事文例和词语与标准器相同或相近;⑦铭文的文体风格与标准器相类;等等。这样有其中一点或数点相关联的铜器,必同该标准器在时间上属同时或稍早、稍晚制作,如果其形制、花纹、文字书体相同或相近,在地域上也可能与该标准器属于同一国、族或邻近国、族。如春秋时期,山东的齐、鲁、邾、杞、铸书体接近,江淮诸国书体接近;战国时期,北燕、中山书体风格接近,郑韩、魏梁风格接近,江淮广大地区的铜器铭文则具有楚文字的独特风格,而秦国又另有一种较为繁缛方正的风格。于是,围绕着每一个标准器的各关联器不断组合,从时间的纵向和地域国族的横向扩展开,把青铜器网罗起来,许多无法判别其年代和地域的铜器,因而在较长一段时间和略大一些的范围内,有了它自己的位置。这样就使青铜器从个别分散状态,变成研究我国青铜时代物质文化和精神文化的有价值的史料体系。

从铭文的内容出发,对照历史文献,找出可做铜器断代依据的标准器,在铜器断代工作中,无疑起着关键性的作用。但如果从文字学角度看,这只是利用了铭文的意义部分,而铭文表达意义是通过一定的文字形体实现的。能否利用文字的形体和铭文的表现形式,找出铜器断代的标志来,这是使用文字学方法给铜器断代的另一方面。在利用文字形体和表现形式方面,曾有许多专著和论文报告谈到过如下一些特点:殷商铜器上的族氏铭文象形意味很浓,商末周初多用肥笔,吴、越、楚、蔡、宋喜用错金鸟书,春秋钟铭字多细长,越者沪钟和楚酓肯鼎用垂露(或曰蚊脚)书体,等等。不少文章在试图判断个别铜器的年代时,零散提到书体风格,或某些字的点画结构,或某些语词文例同某一标准器相似。唐兰先生在关于"康宫"问题的论文中,还把带玉的"保"字当作康王时特有的标志。但是,迄今为止,还未见比较系统的关于文字形体和铭辞表现形式的分期断代材料公布。然而笔者相信,在铜器铭文表现形式上的时代标记,是可以通过研究逐步找出来的。其理由有二:第一,任何事物都是发展变化的,铜器铭文也一样,某些字的新生和消亡,文字点画结构的变化,书体风格的改变,字词组合和文章表现形式的变更,都一直在进行着。这些变化,在三五年的短时间内虽不易被人们察觉到,但在商周1000多年内来考察,就不难发现这几方面的变化踪迹。尽管文字的结构和书写形式的变化是渐变的,不是骤变的,旧因素的继承总是多于新因素的产生,即大多数的字,经历很长时间,改变不显著,但从大的阶段上看,还是可以找出阶段性的时代印记来的,如西周前期至中期,许多字的圆点改成横画,肥笔撇捺改成均匀的细线。又由于文字内部发展的不平衡性,不同时期总是有一些变化较大的字或变化较大的偏旁,尽管其为数不会很多,但它却可以造成不同时期的文字风格。将所有这些变化收集起来,排除掉一些偶然因素(如错别字、偏旁未发展成熟期间的试用等),就可以找出带时代特征的标志来。第二,许多前辈已做了大量的铜器铭文分期断代的工作,虽然各家对某些具体器物的断代意见有分歧,但是某一器物属于某一大阶段,意见则是基本一致的。像把西周初期的效父殷、𣄒父齍、盠卣、盠尊误为孝王时器,把西周后期厉王㝬自制钟误为昭王时器,这样误差数代王长达百年者,总是个别的现象。因此,我们完全可以在求大同存小异的基础上,利用前辈铭文断代的成果,去综合归纳各个时期有代表性的文字点画结构、书体风格、字词、文辞格式等方面的特征。反过来,我们也可以把这种时代特征,用作判别新发现的青铜器年代的参考尺度。

从文字学角度看,殷商时期到战国后期1000多年的铜器铭文,保存了从图画和点画蜕变为汉字的痕迹,也保存了绝大多数偏旁从雏形、试用到成熟的史迹。在秦代整理汉字,使汉字的主体(古今基本常用字)的形体结构初步确定下来之前,数以千计的汉字的孳乳、衍生和结构变化过程,都在铜器铭文中有充分的反映。鉴于不少文字学著作,把金文笼统地、静止地当作一种书体,同甲骨文、小篆、隶书、楷书等相提并论,错误地把不同时期的字体与同一时期的异体混合在一起,因此得出金文是象形字、异体字甚多、偏旁多而不稳定等不大正确的结论,忽视了从丰富的金文史料中研究汉字偏旁和造字法的形成和发展这一重要课题,因而找出金文中形式上的时代标记,对文字学来说,也是非常必要和重要的。

二

用考古学方法给铜器断代,总是根据同地层共存物的特征,将铜器和共存物器类、器形特征进行排比分类,给器类组合和器形变化分期。用理化分析法断代,则将铜、锡、铅及其他微量成分的比例变化,按时代先后排队,定出不同比例成分为标志的分期。而图像学方法断代,则按照不同种类器物的口、颈、肩、腹、耳、足、座、流、柱、盖、底等部位形态和纹饰的变化进行分期。无论哪种方法的分期,都是在现有的材料和现有的认识基础上归纳、概括出来的。各种方法的分期是不完全相同的,而且随着材料的增加和认识的发展，可以不断修正。同样，我们也可以根据铭文的外部形态的变化，归纳出文字上具有时代特征的分期来。这种分期本身，就是铜器断代时文字在大阶段上的综合标志。有了分期，在进一步说明某些具体的字词时代标志时，也可提供方便。

我从铜器有无铭文、族氏文字情况、文字的点画结体、章法布局、文辞的常见格式等方面，对商周1000多年的标准器和关联器进行了粗略的分析，认为可以分成9期来说明。

（一）第一期：商前期

时间：从成汤至盘庚迁殷前。这300多年间所制作的铜器，在黄河中下游和江汉平原的许多商代遗址或墓葬中有发现。从铜器器类组合和器形、花纹的特征上，又可以分为商代早期铜器和商代中期铜器。早期铜器以河南偃师二里头出土的铜器为代表，其特点为薄胎粗糙平底，纹饰少而简陋。中期铜器可以郑州二里冈中层及湖北盘龙城出土的铜器为代表，其特点是制作粗糙平底，纹稍繁而素地。它们的共同特征是没有铭文，因此不属本文讨论的范围。

（二）第二期：商后期

时间：从盘庚迁殷至受辛失国。这段时间制作的铜器，可以安阳殷墟和益都苏埠屯出土的铜器为代表，铜器上已开始铸铭文。根据铭文长短、内容、字形结构的特点，还可以再分成两段。上段从盘庚至康丁，约160年，铜器大部分没有铭文；有铭文的，多数也只有一两个族氏文字，也有一些是记载人名的，如著名的"司母戊""司母辛""妇好""王乍𢦏弄"等，字数也不多。我们知道，武丁时期的甲骨刻辞中，洋洋洒洒数十言的已不鲜见，而铜器铸造不易，从采矿、运输、冶炼、造型、翻模、浇铸到修整，每一道工序都是很花时日的细致工作，所以铭文不可能像同一时期刻写的甲骨刻辞那样多那样长。下段是从武乙到受辛约110年。这期间的铜器器形庄重，花纹繁缛，铭文有的只有族氏文字，更多的是为族氏文字加祖或父或兄或母或妣的日干名。小臣艅犀尊和戍嗣子鼎的铭文在30字左右。𠄌其三卣（有的同志认为是伪器）铭文也较长，其中四祀𠄌卣铭文长达42字。小子𠂤卣铭也在40字以上。下面分族氏文字、点画结体、章法布局、文辞格式四方面做具体说明。

（1）族氏文字。铭文中大多数都有。其中表示动物、植物、人体、房屋、工具和武器的字或偏旁，往往随体诘屈，象形意味较浓。诸亚官的铜器，铭文族氏文字上常带有亚字标志，有将单独的亚字冠于族氏文字之首，有将族氏文字置于亚字之中，有将全部铭文都用亚字包括起来等几种形式。

（2）点画结体。文字点画，普遍给人以粗肥的感觉。凡表示动物、植物、人体、房屋、工具和武器的文字或偏旁，因其象形意味浓，结体长短、宽窄、疏密不定。

（3）章法布局。因有上举两方面的特点存在，章法布局较随意。字数三四个以上者，有的分行，有的不分行，整体外缘或正方形、长方形，也有很多呈不规则形的。每个字的大小不一致，字与字常互相穿插，祖或父或妣常与日干名合文书写。

（4）文辞格式。①单独的族氏文字，或单独的结体象形意味较浓的人名。此为这一期的典型特征。②族氏文字或官职名字加祖或父或母或妣带日干的名。③某乍某宝隣彝。铭前或铭后，铭下或铭上，附加族氏文字。④干支纪日，简单纪事（多为锡贝），乍宝隣彝，族氏文字。也有在铭文后，族氏文字之前系"才某月，隹王几祀"纪时的。

（三）第三期：西周前期

时间：从武王至昭王，约100年。有些西周前期或中期的墓葬，甚至是在西周后期的窖坑中，同时出土整个家族多年制器，其中往往还有些同商末风格完全一致的铜器（如周原庄白大窖藏出土的微史氏铜器，包含从商末到西周后期的铜器，其中旅、陵、商诸器则是属商末周初的制品）。这就说明许多商属方国，有着同商文化相同或相近的文化，使用文字的状况基本一致。因此，西周前期的文化，是商后期文化的延续和发展。

（1）族氏文字。有族氏文字的铭文渐少，多数系于文末。仅有族氏文字的铭文已不存在。在原属商朝的方国地区，某些近似周初的墓葬，出土有单独族氏文字的铜器（如山西泾阳高家堡一号墓），可能为殷商后期或称早周的遗物。族氏文字的下面或两旁加两册字，连续3个或6个数字置于族氏文字的位置，为西周前期的铭文所特有。3个数字或6个数字的符号，在商末的周族甲骨刻辞中已有，但铸于铜器是在周初。过去唐兰先生称它为"一种已经遗失的中国古代文字"。张政烺先生说它是卜筮记数，6个数字相连者为"文王演周易"的重卦记录的证据，见解精辟。

（2）点画结体。与商后期的特征基本相同。如表现人体的字或偏旁，头部略粗，腿作跽跽状等。只是在做整体比较时，才会给人以点画粗肥程度比商后期略减的印象。

（3）章法布局。由于铜器制作技术的发展，也随着铜器在奴隶的等级制上的价值增大，铜器多数铸有铭文，铭文字数也普遍比上一期多，开始注意文字的章法布局。字数多者都分行。通篇的外缘作正方形或长方形。但由于族氏文字的存在和点画结体上的特点，每一行的字数多寡常是不一致的，每一个字的大小长短，也还存在着较明显的差距。因此，铭拓除外缘整齐成方块外，文字错落穿插，粗圆点，两头尖中间肥的捺笔，较象形的"目"字，跪跽的腿脚，都很显眼，跟上一期没有很大区别。

（4）文辞格式。①族氏文字或官职名，加祖或父或妣配日干名。②某某乍某某宝障彝。族氏文字（可有可无）。③干支纪日（可有可无），简单纪事，赏赐贝或金，乍某某宝障彝。才某月佳王几祀或族氏文字（可有可无）。④佳某年某月月相干支纪时，较长的纪事，蔑曆（可有可无），赏赐可有人鬲臣工、鬯金、十朋以下的贝或少量车马，然后扬赐者宝（休），乍某某宝障彝。文末族氏文字（可有可无）。

此外，卣尊同铭者，多属这一期。

（四）第四期：西周中期

时间：从穆王到懿王，约 60 至 90 年。此期间的铜器，无论是器类组合、器形、花纹和文字，都常常同时带有西周前、后两期的特点，形成了一种过渡期间的独特风格。如商后期和西周前期有很多呈长形的柱腿方鼎，而西周后期无方鼎，中期的彔伯方鼎、㽙伯方鼎，四角八边呈圆弧形。又如趞曹、彔伯㺇、㽙伯的圆鼎，或附耳或直耳，柱腿，腹比前、后期圆鼎的腹浅，底扁平，有鲜明的特性。花纹上，除七年趞曹鼎等少数弦纹素身的器外，多数是在口沿饰长身长尾带冠回头的鸟（或龙）纹，腹多素，少数作瓦纹，与前期的大鸟或兽面布满器体，或以小鸟夔龙作边饰而素身的风尚有别，与后期常用窃曲纹、重环纹、环带纹作边饰也不同。彔伯㺇盂和癲器中较早的盨，都是口沿下饰回头长鸟，腹部饰几道粗犷的瓦纹，即兼有西周前后二期的特色，但又与前期的鸟和后期的细致瓦纹配重环纹带的风格不一样。这个时期的盉，就像商末周初的斝去掉柱再加上管状流，器和盖的口沿饰一圈带冠回头长鸟纹，腹多素地饰两条三角状弦纹，与西周后期的盉相比较，也有明显的过渡性。鍪、盨和高圈透花足托浅盘的簠，是这一期的新产品。这一时期铜器上的文字面貌，也带有过渡性质的特征。

（1）族氏文字。极少见。直至目前为止，能判断为西周中期铜器的铭文，绝大多数没有族氏文字，仅见格伯簋和可做其关联器的周棘生簋、周夌壶的铭末有族氏文字"囲"。扶风庄白大窖藏的铜器，也是以此时作为有无族氏文字的过渡期。其相当于西周前期的折、丰两代诸器，铭文后边都附有族氏文字"木羊册册（ ）"；但是到了西周中期，除了癲早期的盨铭末有同样族氏文字外，史牆盘和癲的其他早期器，都不再附记族氏文字了。

（2）点画结体。大多数字的笔画已为头尾均匀的线条。但仍有少数字的点画存在粗肥现象，如"天、正、古"等字的上一笔，仍以粗点为多，偶尔也有作横画的，像格伯簋的"正"字，这是过渡期的新因素。又如"王、皇、火、山"等字最下面一笔的交接处，"才"字的中间，许多字的右边捺笔，都仍有粗肥现象；但也有些器铭，如裘卫诸器和史牆盘铭，右捺笔已线条化。表现人体的单字或偏旁，如"女、母、卩、廾"，基本上不作跪跽状。字的个体外缘多作正方形。文字上残存的图像痕迹，在这一过渡期开始改变为线条化的符号。

（3）章法布局。点画的线条化，跟文字个体的工整化密切相关；而个体多作方块，又为整篇铭文竖成行、横成列、四边齐整，提供了基础条件。裘卫簋和裘卫盉为穆王时器，文字结构有前期遗风，较为松散，有的字大，有的字小，行列不甚明显，而恭王时的五祀裘卫鼎铭和九年裘卫鼎铭，便行列整齐。五祀裘卫鼎铭末行字少，有意识将"隹王五祀"各字间的距离拉开；史牆盘的末行字数多，有意识将各字间的距离挤紧。这一切都表明，西周中期在章法布局上也是有意转向工整化的过渡期。

（4）文辞格式。①某乍某某（祖、父日干名，可有可无）器名。②隹某年某月月相干支纪时，在某地，廷礼册命，蔑暦（可有可无），赏赐（贝可有十朋以上，赤金、玉佩、衣饰、车马饰比前期略丰，可有田或兵器），答谢仪式，乍某某（祖考日干名）器名，其用喜孝祖考，子=孙=万年永宝用。（此式中的任何一段，可有些繁简，另有一些仍将纪年"隹王几祀"系于铭末，这是上一期特点的孑遗）③不涉赏赐的长篇纪事、纪言体。④不涉赏赐的长篇约剂。

此外，盘和盉成一组，鼎和簋成一组，同组器或完全同铭，如宝鸡茹家庄出土的彊伯器，或基本同铭而只改器名字，如长安张家坡出土的伯百父作孟姬媵器。这又是本期的一个特色。

（五）第五期：西周后期

时间：孝王至幽王，约160年。若将西周大致三等分，孝、夷二王应当列入中期；但是，当我们把注意力放到器类、器形、花纹和文字的综合特点上来时，就发现孝、夷期间的铜器和铭文，应与厉、宣时的铜器和铭文为伍。到现在为止，还未发现铭刻本身言明属于孝、夷期间的标准器，因而各家断代列入孝、夷之器目，有较大出入，但出入基本上在前后王的范围之内。只有《两周金文辞大系图录考释》中列于孝王的䵽卣（另有同铭尊）、𢼸父斋、效父殷、陵贮殷，人们从器形、花纹、文字特点上看更接近西周前期器，时间上与孝、夷相去较远。若从同坑同族的器物排比去寻找孝、夷间器，还是可以找到的。如扶风庄白大窖藏的103件铜器，包含了微史氏从商末周初到西周后期的铜器。从器物的形制、花纹、文字特点的排比，可知癫器当居牆器之后，其中以带冠回头分尾长鸟纹作为口沿纹饰的器物，当为懿王时器，以目纹、重环纹、环带纹作为主要纹饰者，当为孝王乃至夷王时器。

（1）族氏文字。这一时期的铜器甚多，通常都铸有铭文，基本上没有族氏文字，到目前为止，仅见鬲比盨和鬲比殷有族氏文字"𢦏"。这一特殊情况，有待进一步的研究和解释。

（2）点画结构。"丁"字和"旦"字的下一画，从商至秦一直保持着粗圆点的写法。"天、正、古、干、朱、屯"等几个字（包括做偏旁），有时保留一个粗圆点的写法，有时将圆点改为横画。右捺笔基本上用粗细均匀的线条表示。"才"字中间的交接处和"王、皇、山、工"等字的下交接处略粗一点，但已很不明显，不像前几期那样粗肥显眼。字体多呈竖长方形。这种形体和点画基本线条化，增加了通篇铭文的清秀、工整、划一感。

（3）章法布局。除了钟铭铸在钲、眉、鼓部，鬲铭铸在口沿等受器物特点限制者铭文难于成方块者外，其他各种食器、水器的铭文，文字都成方块状排列，竖成行，横成列，多数对得很整齐。克器、颂器在制作铭文的模范时，就是先画好方格再作字的。在铭拓上留下明显方格痕迹者，多数为西周后期和春秋前期器。庄重的铜器，要求典雅工整的铭文，才能更好地体现奴隶制等级制的威权。按格填字，精心排列，西周前期的大字盂鼎已开其端。随着铸造工艺日精、点画线条化和字形方块化，行列整齐便成了西周后期的普遍作风。像鬲比器和师袁器那样，文字安排杂乱，铸造较为粗糙，文字笔画修整不工者，在西周后期是少见的。像三年师兑殷盖、大殷盖、卯殷盖和不㝵殷盖的铭文，在圆形的面积上，采用圆转的笔画和圆体字形，虽每行字数不等，竖行清楚而横不成列，但却没有鬲比、师袁器铭那种粗糙杂乱感。若将方正工整的三年师兑殷器铭与其盖铭相对照，便方圆各得其趣。可以说，方块和工整，是西周中期章法布局的继承和发展，在这基础上加上长方秀美的字体，则构成了此期的特征。

（4）文辞格式。①某乍某某器，其万年子=孙=永宝用。②隹某年某月月相干支纪时，廷礼册命仪式，赏赐（玉佩、衣饰、车马饰普遍比上一期丰富），答谢仪式，乍某器，其万年子=孙=永宝用。③长篇纪言体叙事（前期有沈子它毁盖，中期此格式铭文略有增加，但仍较少见），赏赐，答谢仪式，乍某器，其万年子=孙=永宝用。④约剂或诉讼铭。

此外，单数的同铭列鼎，双数的同铭毁或盨或壶，为此期的一个特色。最有说服力的证据，是铜器铭文本身所提供的。西周前期的窦鼎铭云"用为宝器鼎二、毁二"，都成双数。西周后期则已实行比较严格的单数鼎配双数毁（或盨、或壶）的列鼎制度。例如，函皇父器铭称"乍鬻嬬般盉障器鼎毁鼎，自豕鼎降十又一，毁八，两鑐，两鐼"；弔専父盨铭称"乍奠季宝钟六，金隋盨四，鼎七"；虢仲盨铭称"乍旅盨，丝盨友（有）十又二"。许多考古发掘也证明，从西周后期起至战国，陪葬铜器多者，基本上是鼎单数，毁双数（或盨双、壶双、簠双），每件器都有铭的，主要是西周后期和春秋前期器。

（六）第六期：春秋前期

时间：从周平王东迁至周匡王末定王初，约170年。可以楚公逆镈至秦公毁、钟和齐太宰归父盘间的铜器为标志。

周平王东迁后，王室衰微，诸侯国君各自称王、称公、称侯（不像鲁史所说的公侯伯子男五等爵称），也采用诸侯国君自己的纪年，国君、大夫各自择其吉金铸作祭器、用器或媵器。这一特点，在整个春秋时期的铜器铭文中都有反映。

春秋前期的铜器铭文中，已完全没有族氏文字符号了。"丁"字仍使用粗圆点，"阜"旁三个三角填实，"才"字、"山"字的交接处略粗但不明显，"天、正、干"等一些上一期还使用粗点的字，已经全改用线条横画表示。字体为长方形。章法布局与西周后期相同。西周中后期常见的廷礼、册命、赏赐及答谢的仪式，在此期的铭文中消失。文辞通常使用的格式有简繁二式：

（1）繁式。①隹某年某月月相干支纪时；②记言或记事；③国邑爵位人名，羃吉金乍某器；④作何用（多数为颂美辞）；⑤某某其万年眉寿，子=孙=永宝用享。

(2) 简式。只有繁式的第③和第⑤两段，或者只有第③段。

从此期起，簋代替西周后期盛行的盨，盘匜成组同铭（仅换器名字），始于西周后期而盛行于春秋前期。

（七）第七期：春秋后期

时间：从周定王初至周敬王末，约130年。以栾书缶、国差𦉜至陈逆毁、簠和曾姬无卹壶间的铜器为标志。

这一期铜器文字外部形态的突出特色是：①"天、下、畐、酉、正、帀、不、平"等字及偏旁，常在上面增加一短画。②铭文字体多数为瘦长方形；钟镈及兵器上的文字普遍极其长瘦。郘公华钟、攻敔臧孙和鄦平编钟、蔡侯🀄诃钟与行钟，仍保留普通的方体或长方体。③江淮诸国（如吴、越、楚、蔡、宋）的兵器（如戈、矛、剑）常用鸟书。

文辞的通常格式则与前期同。

（八）第八期：战国前期

时间：从公元前475年至公元前350年左右，约125年。以楚王酓章戈和曾侯乙器至陈侯因𬒮錞间的铜器为标志。此期的文字外部形态特点与春秋后期同。齐国的圆球形錞，铸铭严肃；晋器、燕器文字方正；越国各王和蔡侯产的兵器铭，错金秀美多鸟书；楚王酓章戈和曾侯乙墓出土的铜器群，字体瘦长。这些都可以算是地域性的特色。

（九）第九期：战国后期

从公元前约350年至公元前221年秦灭六国统一中华，约130年。以大良造戈、商鞅方升至楚王酓忎鼎、盘为标志。这一时期铜器铭文的主要特点是：①铭文多数刻成。②鼎、壶铭多为记事。量器、符节多记缘起、容量和使用规定之类。燕王和中山王兵器多铸名款和器名，文字少而方正。秦和三晋器多刻本国纪年和主持监制、冶铸人员的官职名号，字体草率。③长铭中，双合的形声字占绝大多数，与此期的竹简、帛书一致。④"天、下、畐、酉、正、帀、不、平"等字及偏旁，上面普遍加一短横画，是前期作风的继承。

此外，楚器中的垂露花体字和中山器铭文中出现的二短横画及旋涡纹羡画，属于美术装饰，可算是区别于前期鸟纹装饰的另一特色。

必须特别郑重声明，无论是铜器制作上的变化还是古文字的演化，都是渐变的，不能用一刀切的办法划分出绝对界限。首先，本文分这 9 个时期，只是为了说明问题的方便；每个时期的时间，少则 60 至 90 年，多数为一百几十年，着眼点即在这几十年或一百多年区间的特征上，而不在于具体的分界年限，因为实际上并不存在划一的分界。因此，各期所说的年数，都是为了说明问题方便的约数；处于分界间的器铭，可以表现为有些文字具有上一期的特征，而另一些字却具有下一期的特征。其次，历史纪年的模糊和各家历法推算的不一致，也是我们不能不使用约数的一个原因。再次，这是以文字形式作为主要依据的分期，同一般的历史考古学上的铜器分期不尽相同，不同学科门类的分期不同，可以并行不悖。

三

上面是按照铜器铭文的一般外部特征所做的分期。但是，一般的普遍性特征，是由许多个别的带有自己的时代特性的文字组成的。在约 1000 年的有铭铜器上反映出，有些新字在产生，有些旧字在消亡，更多的字是在继续被使用着和发展着。这种继续和发展，包括继承原有结构而只在点画形状上发生某些变化，改变原有结构，改变偏旁形状及位置，增加偏旁，含义改变或增加，构成新词，等等。所有这些产生、消亡和继续发展的变化，都是在意音体系范围内进行的，是在约 1000 年的长时间内和在辽阔的土地上逐渐地进行的，同土耳其曾经做过的利用行政命令推行使用一种新体系文字，以拉丁文字取代阿拉伯文字，是两码事，同武则天自制并用"圣旨"强令改变 19 个字也不同。因此，企图在铜器铭文中找到大批字作为推定铜器绝对年代的标准，那是异想天开的蠢事。但是，利用一些文字在发展使用过程中留下较明显的时代印记，判定铜器属于约 1000 年中的哪一段时期，则是完全可能的。另外，处于分期界限前后的铜器，其文字形态在渐变中兼有前后两期的特点（如曶鼎、壶和瘭钟、壶，秦公殷和秦公钟、镈，等等），其中某些字的特点可能被列入前一期，而另一些字的特点则被列入后一期，这也是不奇怪的。下面就根据现有的铜器铭文材料，找出一些时代色彩比较浓厚的字例，分族氏文字、点画、偏旁几类做些说明。

（一）族氏文字

族氏文字主要出现在商后期和西周前期的铜器上，在西周中、后期只是偶见。

（1）带✚、✚形的族氏文字，是属于商后期或周初的。有亚中纯为族氏文字的，有将族氏和祖、父日干名等全部铭文置于亚内的，也有在亚外加族氏文字的。这种带亚形的族氏文字，有的单独做铭文，有的附在铭首或铭末。其中亚中🔲、亚中🔲、亚中🔲（或亚中🔲医）、亚中若癸、亚中🔲（或亚🔲）等最多见，可能是商代有官职的富有的奴隶主大家族。

（2）带动、植物形或人形的，象形意味很强的族氏文字，属于商后期或西周前期之初。较多见的有鱼形、黾龟形、鸟形、蝠形、虎形、象形、猪形、犬形、马形、牛头形、有弯曲长角的羊头形、大人举抱小儿置床形（于省吾先生最近著文释为举）、大人腿下黾形、大人腿下猪形、大人两手牵马腿下猪形、大人挑串贝于舟上、人执戈盾形、人荷戈形、三人执斿形、二人豆边就食形、围圈脚趾形、双目准鼻形、刀杀猪形、戈鸟形等。1973 年（或 1974 年）在北京房山琉璃河发掘出土的复鼎、复尊，铭末有大人举抱小儿置床的族氏文字。此族为殷商巨族。匽公初到北燕时，可能得到该族中复的合作支持，复因此受赐而铸器。复鼎和复尊的文辞格式也与殷商迥异，确为西周前期器，这是目前所见众多的🔲族器中所罕见之例。扶风庄白大窖藏的微史氏铜器中，折、丰两代的器物和痶盨铭末有共同族氏文字"🔲"。折、丰属于西周前期人物。同坑出土的商卣、商尊，形制和花纹均比折器略早些，铭辞格式和文字风格都说明它们当为周初之器。商卣、商尊铭末有族氏文字"🔲"，证明其不是微史氏家族所制器。根据史墙盘铭的记载，其剌祖当是赞助并参与武王"伐殷"和"遹征四方"的有功之人，故受武王、周公之封；乙祖"🔲匹氒辟"当是成、康时期的重臣；亚祖承袭前代福禄"毄毓子孙"，则当在康、昭期间，他就是折。在武王克殷后，不少大奴隶主转而仕周受到封赐，包括🔲族中的复；但也有一些大奴隶主作为商的遗民，陆续叛周，🔲族中的商很可能也是其中一员，故其或其子孙不能保住他所铸造的卣和尊，而让宝器落入忠于周王朝的微史氏。

（3）单独的象形的房屋、器物族氏文字，属于商后期。如屋形、重屋形、屋内豕形、横舟形、横车形、立戈形、箭箙形、弯刀形、斧戊形（商末周初均有）、弓屋羊形等。单独存在为商后期铭；若是长篇铭文末附这样的族氏文字，可能为西周前期器铭，如启卣、启尊铭末有戈箙形。

（4）配有"册册"的族氏文字，属于西周前期。如暖卣的"🔲"，矢令彝和尊的"🔲"，折、丰器和痶盨上的"🔲"，臣辰毁的"🔲"。臣辰

器也有许多铭只带 ✦ 形而无"册册"标志的，大概其族氏的本来标帜为 ✦，在得到某种册命恩宠或负作册使命时，则在族氏标帜之下（或两旁）附加"册册"。❖父癸鼎和❖父癸壶属于同类情况，它们的族氏文字相同，同称父癸，当属同一人铸器。般父乙鼎有"❖"，父丁盘有"❖"，乍父戊殷有"❖"，父癸爵有"❖"，它们可能都是西周前期器。

（5）以3个数字、6个数字或两组6个数字，单独作为铭文，或系于铭末的铜器，为西周前期遗物。这种数字形式，又见于周原出土的早周和西周前期的甲骨，张政烺先生谓此为占卦记数，3个数字为单卦，6个数字为重卦。至目前为止，有 ❖（六一八）盘，董伯殷的 ❖（一五八），效父殷的 ❖（六八五），召卣的 ❖（六一八六一一），仲孜父鼎的 ❖（八五七），宋代著录之中鼎 ❖、❖（六六六六八七、六六六六七八）。

（二）圆点与短画

"丁"字作 ❖ 或 ❖，"旦"字作 ❖，"十"字作 ❖，"廿""卅"分别为 ❖、❖和❖、❖，"山"字作 ❖，"阜"旁作 ❖、❖或❖，这类粗大填实的表现方法，在整个青铜器时期不变，所以在铜器铭文的分期断代上，没有时代标志意义。

（1）"天、古、正、干、朱、矢、氏、民、土、午"等字，分别作 ❖、❖、❖、❖、❖、❖、❖、❖、❖、❖，这是从商后期至西周后期的特点，用这些字做偏旁时，也是如此。西周后期出现用短画代替圆点的苗头，如"正、矢、克"偶有作 ❖、❖、❖ 的。在春秋时期和战国时期，这些字的粗圆点，即普遍为横画所代替。春秋后期和战国时期，有些铜器铭文用小圆点做装饰，好像中山王 ❖ 鼎的"贯、仑、能"三字各增两小点，"惧"字增四小点，"年、宁、考、否、尌、邦、僖、至"等字各增一小点，不属于结构上所必需，同"火"（❖）字那样加点画成为当时特有结构也不一样，只能认为是有意加点做装饰。鬻镈、屬羌钟、鱼鼎匕、中山王 ❖ 鼎和壶、䢭鋚壶等，把"氏、民、惪、土、里、克、许"等一些字的短画继续写作圆点，都不是属于复古，而是为了与其他字的加点装饰相适应，以求统一的美术风格。

（2）"工、士、王、才、火"等字分别作 ❖、❖、❖、❖、❖，下面的交接处变粗，是商后期至西周后期的作风。在西周中期已开始出现粗笔线条化的苗头，春秋以后，这5个字都变为线条化了。这5个字做偏旁用时也是同样变化。

（3）"天、火、正、帀、不、平、畐、酉"等字，从春秋后期至战国末，普遍在上面增加一短横画。在它们作为偏旁时也是如此。不增加短横者反而较少。因此可以说，有这些字或偏旁上加一短画者，为春秋后期至战国末的铜器铭，不是春秋前期或更早的铜器铭。

（4）"宾"字在铜器铭文中常见，从商后期至春秋前期作 [字形]、[字形]、[字形]、[字形]诸形，从春秋后期至战国末，中间的 [字形] 上增一短横画，作 [字形]、[字形]、[字形]诸形。

（5）"至"字从西周前期至春秋前期作 [字形] 形，春秋后期至战国末作 [字形]、[字形] 形居多，在中间加点或短横画。战国末期的楚器又刻写作 [字形] 或 [字形]。

（6）"下"字从商后期至春秋前期，都是一长一短二画作 [字形] 形；作三画 [字形] 形者，是春秋后期出现的；又在下形上面增一短横画，是战国时的事。

（三）偏旁

从商周金文中可以看到，商后期和西周前期，用偏旁拼合的字，比重还是很小的。就像《甲骨文编》所反映的情况差不多，除了口、女、宀、人四部所统辖的字数稍多，结构较稳定，称得上较为成熟的偏旁外，许多重要偏旁，都还处于形成过程中。但是，当我们翻开《金文编》时即可以发现，凡《说文解字》中统字多的部首，在金文中大部分也已是统字较多的了，只有手、车、马、糸、衣、竹、木、山、隹、鸟等部发展较慢。从发展得快，形式较稳定，组合成新字的能力较强的 [字形]、[字形]、[字形]、[字形]、[字形]、[字形]、[字形]（肉）、[字形]、[字形]、[字形]、[字形]（攴）、[字形]、[字形]、[字形]、[字形]、[字形]等部来看，大多数的新字，是西周后期和春秋战国期间用形声法拼合起来的。也就是说，从西周后期至战国时期，是汉字偏旁逐渐成熟，有意识使某些字离开它的语音，仅带着部分意义，充当意类符（偏旁之一）去造新字，造成形声字激增的时期。如果我们将商后期的𠭯其卣铭、西周后期的毛公厝鼎铭和战国后期的中山王𪭢壶铭摆在一起，就可以明显地看到其间的发展变化。考虑到铜器铭文内容用字的限制，如果再把战国时期的盟书、竹简、帛书上的文字联系起来观察，则可以进一步发现，除了手部、山部字仍少外，车、马、糸、衣、竹、木、隹、鸟等部的字也是非常多的。这就说明上述所谓发展较慢，在金文中统字较少的偏旁，实际上在西周中、后期开始有意识地当作偏旁造新字后，到战国时期，同样已是非常常用，结合力很强的稳定的偏旁了。汉字的大量的孳乳衍生，靠的是形声法，是人们根据表达语言记录语音的需要，按照意义类属，选择了相应的意类符，然后可任意选择一个同音字（通常多取较简单而常用的同音字）结合而成新字的。因此，在汉字构成方面起着关键作用的是意类符的形成。也是偏旁的音符，原本是同音的假借，没有加上意类符时，它就相当于假借字，因此它在语音学上有极重要的意义，而在文字形体发展上，不过是旧字新用，有些音符结合力很强，也有些音符结合力很弱，其中结合力强的音符也是很值得注意的。为了说明偏旁有着自己的形成、发展和成熟的过程，下面试举"车"旁为例。

商后期，车的形态较似图画，车厢和两轮横排，车辕和衡、轭俱全。做偏旁用时，可横排，亦可竖排。（见下图①至⑤）

图①羊肌车觚　图②父己车鼎　图③买车觚　图④车卣　图⑤輦作姒癸卣

西周前期，车厢和两轮竖排，车辕和衡、轭俱全。楷伯𣪘的"车"字两轮简省；做偏旁用时，出现了简化的"车"字。（见下图⑥至⑨）

图⑥盂鼎　　图⑦楷伯𣪘　图⑧召卣　图⑨楷仲𣪘

西周中期，或作车厢简化，或作仅剩车厢和两辕的简化形式。作车具名称的字，有的还未使用"车"旁做偏旁，有的则用两轮俱全而省车厢和衡、轭的车做偏旁。从彔伯器和卫器看，"车"字有繁有简，可有偏旁，也可没有偏旁。这是字形过渡期和偏旁试用期最典型的反映。（见下图⑩至⑭）

图⑩录伯敦　图⑪卫鼎乙　图⑫卫盉　图⑬⑭录伯敦

西周后期,"车"字稳定为繁简二体;繁体也比前期、中期省略了车厢。繁简二体都被有意识地用作偏旁,构成一批新字。可以说,"车"字作为偏旁,已从试用期进入稳定成熟期。但用繁体"车"做偏旁构成新形声字,叠床架屋,繁杂臃肿,同当时工整方块化的文字风格不协调,还有待改进。(见下图⑮至㉓)

图⑮毛公厝鼎　图⑯师兑敦　图⑰番生敦　图⑱毛公厝鼎　图⑲师克盨

图⑳楸车父壶　图㉑罙车父壶　图㉒转盘　图㉓师酉敦

春秋以后繁体"车"已经淘汰,单字和偏旁都使用简体"车",作为偏旁,算是完全成熟。此后的2000多年,"车"字除了有书体笔顺的变化外,结构已没变化。由于铜器铭文的限制,春秋时期从车之字现还很少见到,但从战国初年的曾侯乙墓遣策中可以看到,以车为偏旁的字很多,可以作为反证,证明"车"字作为偏旁的稳定成熟过程,是在春秋时代完成的。

正因为汉字的许多重要偏旁,都是在商后期至战国期间形成和成熟的,因此必然有一些偏旁会有很强的时代标志,同时也必然有一些偏旁曾经被试用或被滥用,最后定型时才被抛弃的。后一种情况,在谈论偏旁的时代标志时是必须排除的。例如在殷商甲骨中,凡与走路有关的字,多数用 ㄩ 做偏旁,有些字也偶尔增加 ㄔ 或 ㄔ 或 ㄔ,到了西周,逐步分化为 ㄔ、ㄓ、辵、辵 四部。若从具体的某个字的形成直到定型化的全过程考察,就可以判断出哪一部分是被滥用的偏旁。如《金文编》中的"走、趣、赴、趱、归"等字的某些重文增加了 ㄔ;"道"字增加了 ㄔ;"复"字、"後"字增加了 ㄓ。这

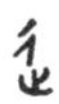

些都可以说是偏旁形成过程中被滥用的痕迹。又如"艁"和"造",原已有意类符,又再增加 ⌐ 或 ⌒,这也属于滥用。所谓滥用,实际上是不必要的错加,只是一种偶然现象,不能成为有关字或偏旁的时代标志。"庙"字的意类符,有的从广,有的从宀,说明从广、宀两部在西周后期尚未严格区分,因此当作偏旁尚未稳定看。"去、降、使"等字增 止,"旅、各、亡"等字增 辵,以表示动词性质,属于偏旁的试用,与滥用有别。

在铜器铭文形式上有时代标记性质的偏旁,指的是在漫长的岁月中,只起某些形状变化,然而始终结构稳定的偏旁。下面再选一些较常见而又时代标志突出的偏旁,略做说明。

(1) 女。女是古老的发展成熟较早的偏旁,在《甲骨文编》中它统领的字最多,结构稳定。在商金文中也是如此。

ㄓ、ㄓ 上有一横,两手相交,屈膝跽坐者,为商后期上段(盘庚至康丁)期间铜器铭文上的普遍特征。此特征可延续到商后期下段,即武乙到帝辛期间。

ㄓ、ㄓ 上无一横,交手屈膝跽坐形,为商末周初形态。

ㄓ、ㄓ、ㄓ 两手相交或相接,腰腿微弯,上无横画,下非屈膝跽坐,为西周前期至春秋前期的普遍形态。

ㄓ、ㄓ、ㄓ、ㄓ 手足均拉长,往往(不是绝对)平行且下端等长,在春秋后期和战国前期的铭文中常见。西周后期金文中也偶见长手之女(如颂鼎、克鼎),但其腰腿微弯与手不平行,同春秋后期之女绝不相混。

ㄓ、ㄓ 手作罗圈形,直身斜卧的"女"字或偏旁,为战国时楚国文字常见作风。

(2) 丮。

ㄓ 象人屈膝跽坐而两手张开有所持,为商后期和西周初的形态。

ㄓ、ㄓ 只弯膝不跽坐,两手并举连指,为西周前期之后段和西周中、后期形态。

ㄓ、ㄓ、ㄓ、ㄓ、ㄓ、ㄓ 腿部如"女"字形,或腿旁加"女",见于西周后期至战国的"执、埶、㪰(其)、㲋(扬)、孰、媵(凤)"等字。

(3) 卩、卯、邑、欠、旡、见、页、苟。这 8 个偏旁有着和女、丮类似的变化。

㐄、㐄、㐄、㐄、㐄、㐄、㐄、㐄 上部有某些象形痕迹，下部人形作屈膝跽坐状，为商后期和西周前期的普遍形态。

从西周中期至春秋前期，这些字及做偏旁用时，上部人头粗笔线条化，脸部目形逐渐地去睛竖写，下部只是腿微弯，不作屈膝跽坐状。

春秋后期至战国末，这 8 个偏旁按前期腿微弯的写法，或下部作侧面斜立人形，但更常见的是折腿跽坐，脚掌长吊的形状，分别作㐄、㐄、㐄、㐄、㐄、㐄、㐄、㐄、㐄。

（4）贝。

㐄、㐄、㐄、㐄 上作两尖角形，下开口，为商后期至西周中期的常见形态。西周后期初偶见，如孝王时的舀鼎中"卖、赏"二字所从之贝。

㐄、㐄 上平下闭口，有二竖足，为西周后期至战国末的普遍形态。在西周中期偶见，如裘卫盉之"贮"字所从。上仍作两尖角状者，见于西周后期和春秋前期之器铭。春秋后期和战国期间则再没有作尖角状者。

㐄 "贝"字无两足如"目"字形，见于战国铜器铭文。当时的鉨印文和陶文中更多见。

（5）㐄。

㐄、㐄、㐄 旗杆上端和旗子粗宽，为商后期的形态。

㐄、㐄、㐄 为商末至春秋前期的普遍形态。

㐄 旗子折直角并有向上小突，出现于西周后期和春秋前期。

㐄、㐄、㐄、㐄、㐄 无长竿，类"㐄"（之）字形，为春秋后期常见形态。

㐄、㐄、㐄 为战国时期常见形态。

（6）火。

㐄、㐄 为商后期至西周后期形态。

㐄、火 为西周后期和春秋前期形态。

㐄、㐄 为春秋后期和战国时期的普遍形态。

（7）酉。

酉、酉、酉 坛子内有竖画，是商后期至春秋前期的普遍形态。

酉、酉、酉、酉 坛子内只有二横画，没有竖画，有些还在口上加一短横画，为春秋后期至战国末的形态。只有"隣"字例外，在个别商器和西周器上，出现过中间"酉"字的坛子内无竖画的现象。

（8）心。

❀、❀、❀、❀ 下面封口作一画，象三瓣心形，上两瓣近半圆状，为西周和春秋前期形态。

❀、❀、❀、廿、廿 下面开口作二画并拖一长尾；或下面虽是封口作三瓣心形，但中间成倒心形，或上两瓣不成半圆状，较平坦，则为春秋后期和战国期间形态。

（9）食。

食、食 下面封口作一画，为商后期至春秋前期的普遍形态。

食、食、食、食 下面开口作二画，或拖一长尾，为春秋后期和战国时期的常见形态。下面封口作一画的在这段时间较少见。

（10）司。作为单字（词）的司，从商后期上段直至后来，其基本结构和外部形态极少变化。正书或反书，笔画粗或细，未能造成其时代标志性的变化。但是，当它作为"嗣"字偏旁时，则不同时代有不同的特点："司"旁无口作嗣，为西周前期形态；到西周中、后期，"司"旁或有口，或无口，两者均可；春秋以后，"司"旁必有口。

"姻"字在金文中与"姒"为一字，情况又与"嗣"字的变化不同。

（11）口。口作为单字（词），从商后期直至战国末，其基本写法不变，都是作 ⊔ 形。作为偏旁，也基本上如此。若其作为偏旁或偏旁中的某一部分，写作 廿 形，则属于春秋后期和战国期间的一种写法，如"庶"作庻、庻，"皮"作芘，"台"作㠯，"兄"作兄，"敂"作敂，"鼙"作鼙，等等。

（12）月。

♪、♪ 作半月形，为商后期至春秋前期形态。

♪、♪ 月内缘线不是同上下两边相连，而是偏于上面一角，为春秋后期和战国时期形态。

（13）囧。

囧、囧、囧、囧 圈内有三画或三画以上，并与外圈相连接，为商后期至春秋前期形态。

囧 圈内只有两画，作四字形，为春秋后期形态。

⊙ 作日字形为战国时期形态。

（14）壬。

𡈼、𡈼 作侧立人形，为西周和春秋前期形态。

𡈼、𡈼 中间加点画，为春秋后期和战国时期形态。

（15）勹。

𠃌、𠃌、𠃌 类似人形或又形，为西周和春秋前期形态。

𠃌、𠃌、𠃌 增加相接的二横画，或类人形反卧，为春秋后期和战国期间形态。

（16）宀。

𠆢、𠆢、𠆢 作屋形，是商后期至战国末都存在的通常形态。若作 入、入 形，类似"入"字，为春秋后期至战国末的一种形态。

（17）大。

大、大 作正面张手人形，是商后期至战国末都存在的通常形态。若作两层书写，作 夳、夳 形，为战国后期至西汉时期的写法。秦公毁盖器各有铸铭和刻铭。郭沫若同志在《两周金文辞大系考释》中谈到其刻铭时云："然其体例特异，所叙亦与秦本纪有出入，必后人所补窜为无疑也。"从其盖刻铭中的"盖"字作盖看，大概是战国后期商鞅变法以后，重视度量衡而加刻的。

四

除了上述3种文字形体变化情况外，还有一些单字（词），随着时代发展，在形体结构上发生着较大变化。这些单字本身也是词，因此把它们同一些词组放在一起来谈。

词汇也是随着社会的发展而发展变化的。尽管其发展速度可能比语音和字形的变化慢得多，但是随着社会事物的产生与消亡，会有一些新的语词产生，也有一些旧的语词在消亡，还有一些语词则被改造，如改变词性、改变意义、增加引申义、同别的字（词）结合成新词等。在汉字的意音体系已经建立，偏旁逐渐完善成熟的条件下，在某一时期产生了新词，往往很快可造出相应的文字符号来记录它。如西周中期出现了"盨"这种器物，器物名词跟着出现，最初是用"须"字来记录这个新字词，就使"须"字在胡须的意义外，增加了一个器物名的意义，相当于同一个字形的两个词，随后又再产生了一个专用的"盨"字，作为记录这种器物名词的文字符号。因此，有器名"盨"字的铜器，必然是西周中期以后，不可能是西周前期或更早的器物。这样就等于利用某个字（词）标志，给铜器断代划了个时间上限。又如，商末周初的"扬某赏赐者宝"，在西周前期内逐渐被"扬某赏赐者休"所代替；"宝某物多少"被"贲某物多少"或"赐某物多少"所代替。西周中期，作为赏赐意义的词"宝"，在铜器铭文中消失，因此有以"宝"作为赏赐意义的铭文，其铜器下限为西周前期。

在商后期至战国末的漫长岁月里，有些单字（词）在形体结构上曾经发生过较显著的变化，有些较为固定的词组只是见于某一时期的铭文之中，下面就对这些带有时代特征的单字（词）和常用词组，分别举例说明之。

（1）上和下。上和下是一对产生得很早的方位词。在甲骨文中，二、⌒为上，一、⌣为下，上下合文常作 (下上)，"上帝"和"上甯"常合文书写。在商后期至春秋前期的铜器铭文中，也是 二（上短下长）为上， 一（下短上长）为下，即以短画为其方位标志的指事结构。上下合文按序作 ≡。"上帝"也常合文书写。但从春秋后期开始出现新的结构，上作 上，下作 下，战国后期还有在"下"字上面增写一短画作 丅 的风气。

（2）左和右。左和右，又是一对产生得很早的方位词，其源是分别以简化了的左右手的形象符号，指示左方和右方。甲骨文中 ㄟ 为左， ㄣ 为右。在商后期的铜器铭文中也是这样，如有名的殷墟出土的左中右三盉铭。到西周，左和右的词汇意义发展了，除了表示左右方位外，增加了佐助和辅佑的意义，"ㄟ"字有时还被借作有无之有，为了防止混乱，因此又有新字出现，新旧字同时使用了好长一段时间后，新旧字的分工才逐渐明朗。从西周前期到战国后期，左右二字的使用情况大致如下：

ㄟ 从商后期至西周后期，均作左右之左。西周前期的矢令尊、矢令彝曾另加言旁作 𧧼，但是以后未能以 𧧼 代 ㄟ。前面在分析偏旁时已经说过，整个金文使用期间正是汉字偏旁产生、成熟并逐步趋于稳定期间，中间有过许多偏旁尝试，有的经过试用而被人们采纳，稳定下来了，有的则被淘汰了。"𧧼"字也是其中的被淘汰者。

𠂇 从西周后期直至后来，为左右之左的通用字形。

❀、❀　"差",从春秋后期至战国末,作为佐助之佐用。辅佑和佐助同义,故字或从左,或从右。中山王䉑壶和鼎铭之"㺇",䍚盗壶之"㹏",蔡侯■编钟之"軽",意义都与"差"相同,当作为同音异体字论。

❀　从商后期至战国末都使用。①表左右之右,出现在商后期至西周后期的铜器上。②做副词,表整数后加零数,如记十月、十年以上的时间,记十、百、千、万以上的人或物,好像大字盂鼎之"隹王廿又三祀","人鬲自駿至于庶人六百又五十又九夫"。出现于商后期至战国末的铜器上。③假借作存在动词"有"。

❀　商代未见。西周前期开始出现,以后一直使用,或作左右之右,或作辅佑之佑。

（3）皇。甲骨文和商后期的铜器铭文中,均未出现"皇"字。"皇"字始见于西周早期的铜器铭文,为王头上戴王冠形,光亮辉煌之意;作为皇帝之简称,殆秦始皇以后事。

❀、❀、❀、❀、❀　下从土形,为西周前期至春秋前期的写法。甲骨文中的"王"字有❀、❀、❀、❀、❀等形,但是,从商后期直至战国末的铜器铭文中,众多的"王"字都作平顶四画的❀、❀、❀、❀诸形,只有西周前期的趞鼎作❀。然而在"皇"字中,土字形式的王偏旁,却一直保留至春秋。

❀、❀、❀、❀、❀、❀　为"皇"字在春秋后期和战国时期的写法。它们的特点是:多数下部从平顶四画的王;有一部分可在冠上添加横画花饰;少数下部从士字形式的王,但其冠上有花饰,有别于前期无冠饰之"皇"字。

（4）玟和珷。

❀、❀　分别作为文王和武王的专用字,出现于西周前期至西周后期的铜器上。进入春秋后,周王室衰微,则不见。

（5）余。

❀、❀　为商后期至春秋前期的通常写法。

❀、❀　为春秋后期直至以后的通常写法。

（6）虡或𠭯。"虡"字在甲骨文中就已出现,商后期的铜器父丁觯中也有,直至西周后期和春秋前期的铜器铭文中,"虡"字都是被当作专有名词用。

⿁、⿁ "虘"字或从攴。它们被当作第一人称代词"吾"使用，是春秋后期和战国时期的事。

（7）其。

⿱、⿱ 作箕形无腿，见于商后期至西周后期的铜器。

丌 作箕置几上形，见于西周后期至战国末的铜器。

綦 其再增加偏旁丌，见于西周后期至战国前期的铜器。

亓 这样简省的形态，见于战国期间的铜器。楚竹简中更为常见。

（8）以。

㠯 作为介词，从商后期的甲骨文和铜器铭文至战国末的铜器铭文均作此形态。

台、台 下加口，或做介词"以"，或做第一人称代词"台"，为春秋后期至战国后期的写法。

（9）于。

于 仅见于商后期的甲骨文和商后期至西周中期的铜器铭文。

于 从商后期至战国末都以此为基本形态。

（10）姬。

姬、姬 声符仅有一格，见于西周前期至春秋前期的铜器。

姬、姬 声符分成二格，见于西周后期和春秋前期山东诸国的铜器。

姬、姬、姬、姬 声符分成不相连接的两格，见于春秋后期江淮诸姬姓国（如吴、蔡、曾等）的铜器。

（11）黄。

黄、黄 作为国邑地名、姓字和颜色形容词，或假借作"璜"，在西周前期至春秋前期的铜器常见这类形态。

黄、黄 上部形似"止"，见于春秋后期和战国期间的铜器。

（12）疆。

疆、疆 两田外均无界，见于西周前期至西周后期的铜器。

疆、疆、疆、疆、疆 两田外或一边有界，或两边有界，为西周中期至战国后期的通常形态。

[㠭] 增加意类符"土"的"疆"字，只见于春秋后期和战国时期的铜器。

（13）齐。

[字形] 见于商后期和西周初的铜器。

[字形] 见于西周前期至春秋后期的铜器。

[字形]、[字形]、[字形]、[字形] 三穗下面连茎，或下部再增加一二横画，见于战国时期的铜器。

（14）召。

[字形] 繁体，见于商后期至西周后期的铜器。

[字形] 简体，在西周后期才开始由偏旁变为单字（词）使用，并逐步取代繁体。

（15）燕、梁、吕、蔡、楚、鄂、越。这7个国邑字，在春秋前期及之前，分别作[字形]、[字形]、[字形]、[字形]、[字形]、[字形]、[字形]。从春秋后期开始，除"楚"字依旧常用原有写法，其他字都很少见。这些字若增加"邑"旁，作[字形]、[字形]、[字形]、[字形]、[字形]、[字形]，必为春秋后期或战国时期之字。

（16）兄。

[字形] 独体作兄或贶用，只见于商后期和西周前期的铜器，但作为偏旁，可一直沿用到春秋后期。

[字形]、[字形] 增加声符[字形]者，只见于春秋前、后期的铜器。

（17）穆。

[字形] 垂禾穗形，见于西周前期至春秋前期的铜器。

[字形]、[字形]、[字形] 禾与穗头分开，见于春秋后期和战国时期的铜器。

（18）保。

[字形] 大人抱子形，或以为"抱"字初文，或以为"保"字初文。见于商后期的铜器铭文。

[字形]、[字形] 为西周前期至战国后期的基本形态。侧立人耸项者，出现于西周中期以后。

[字形]、[字形]、[字形] 小儿头上有玉者，常见于西周前期的铜器铭文和春秋后期的齐国的铜器铭文。唐兰先生在其论"康宫"的论文中，把这种结构的

"保"字，当作康王时的特有写法，并据此论断某些有此字的铜器是康王时器，论据似欠充分。我想，在发现康王时有关这种用字的文诰规定之前，考虑到文字形体的渐变，还是以正侧立人形的 ⿰ 为西周前期的形态，耸项垂手的 ⿰、⿰ 为春秋期间的地域性形态，似较为妥。

（19）春、夏、秋、冬。四季纪时，到目前为止，只见于春秋后期和战国期间的铜器铭文，有 ⿰、⿰、⿰、⿰，铜器铭文中尚未见"秋"字，最早的为栾书缶中的"季春"。大概在西周和春秋前期还未有四季之称。春夏秋冬是一个时序整体，有"季春"必定即有孟仲季配四时之称。

（20）四。

⿰ 作四横画，从商后期至战国末的铜器铭文上皆可见到。

⿰、⿰、⿰、⿰ 作围内加八形，或再在其中增横画，为春秋后期和战国期间新产生的形态。相当于战国后期的长沙出土的楚帛书上，四月四晦之四作 ⿰，四神四子之四作 ⿰，异体并用，而中山王䜌的鼎和壶铭仍旧作 ⿰，说明"四"字直到战国后期尚未定型。

（21）子。

⿰ 作为子孙之子，为商后期直至战国末的通用形式。

⿰、⿰ 见于商后期和西周前期，或作子孙之子，或作十二地支之巳。

⿰、⿰ 作为十二地支之巳，见于商后期至西周后期的铜器铭文。

⿰、⿰、⿰ 人面形的"子"字，只做十二地支之"子"字用，见于商后期的甲骨文中和商后期至西周后期的铜器铭文中。

（22）肜日。

⿰ 或 ⿰ 见于商后期的铜器铭文。

（23）呜呼。

⿰ 西周前期至西周后期的铭文中作"乌虖"。

⿰ 春秋后期和战国期间的铭文中作"於虖"。

（24）蔑历（䆈曆）。或两字连用，或两字分开用，有"某某蔑曆""某蔑曆某""某蔑某曆"等形式，见于西周前期至西周后期厉王时期的铜器铭文。

（25）帅井（先王或祖考）。毋敢弗帅（先王或祖考）作井。此为西周中期和后期铜器铭文中的常用语。

（26）蘱……令（命）。蘱豪乃令。蘱[图]大令（命）。为西周中期和后期铭文中关于册命的常用语。

（27）毅嗣某（某官职事范围）。毅足某嗣某。死嗣某家。为西周中期和后期铭文中关于册命的常用语。

（28）克恧毕德，其严才上，广启某身，勖于永令（或大服）。其严才上，敷、襄，降余厚鲁多福无彊。这一类的语句，常见于西周后期的钟、鼎、毁铭。

（29）戈甫戚[图]必彤沙。这一种赏赐，见于西周中、后期的铜器铭文。

（30）大（宝）毁钟。见于西周中、后期所铸钟铭。楚公豪钟铭云"自乍宝大毁钟"，其形制与西周后期的钟相似。郭沫若同志把"豪"读作为，谓即熊罗之子熊仪，相当于周幽王时期。郭所考释时代相近，然其考"豪"字未得。我在《楚简汇编》考释中考"豪"字为家室之家。因恩固墓竹简中有"归鲍以保豪""归鲍以保室"（室又或作室）文例，家和室相对为文，得知"豪"为家。又长沙出土楚帛书上二月"如"的吉凶事语云"不可以豪女取臣妾"，以豪为嫁，以取为娶，嫁娶相对，迄今所有研究帛书者未得之文，也豁然贯通。楚公豪还有直援无胡戈传世，其形制也比常见的春秋之戈古得多。豪为何人？与若敖熊仪为一人，还是兄弟行，或是上下辈？仍需待考。但其钟制作年代早于春秋，当在西周后期，殆可无疑。

（31）几个器名。

鼎铭作[图]、[图]、[图]，这一类置鼎于火上，鼎内有匕和食物形者，为商后期鼎铭所特有。

[图]、[图] 这是西周中期特有的盉的器名字。盉的形制特征是短足、长管流、盉形，常与盘同组制作。孝王元年旨鼎铭有"赐旨赤金盉"，此"盉"字上部与伯百父盉相同，似林而非林；中间之乂稍偏；下部金旁略损，似玉而非玉，郭沫若、孙常叙、白川静等已认出其下部为金旁。因铸器时范损或笔画位移，造成字形变异，在两周铜器铭拓中不乏其例。旨鼎此字，过去的学者们释为琳、为璑、为鬱；郭沫若、白川静隶作鏊而无说；孙常叙隶作鏊，读作石（shi）；李孝定认为此字非玉非邕，疑为赤金单位词。他们都不是释为器名盉。其实在西周铜器铭中，不仅有赐赤金的，赐铜礼乐器者并不只一见，如史兽鼎有"赐方鼎一、爵一"，师毁毁有赐"钟一、磬五、金"。孝王元年赐旨赤金盉，是本文划分的西周中、后两期界限间事，其器之铸造也当是属于中期的。可以推测，盉之制作下限，顶多不会晚于

孝、夷。因为大量考古发现表明，西周后期的铜器组合是盘盉或盘匜，不再是盘盠。函皇父器铭即称"盘盉隣器鼎毁一具"，一具即成组一套。直至西汉仍称成套为具器。（江陵凤凰山一六八号汉墓出土一漆盒，内盛一套十只漆耳杯，竹简称"具器一盒"）所以，自名为盠的铜器，为西周中期所制。

须、盨，作为器名，见于西周中、后期，前面已述。

称鼎或毁为飤﨤，见于春秋。

錞为球形食器，盖、器各为半球形，始见于春秋而盛行于战国。早期可无钮与腿，为了便于放置，作扁球形。战国期间多作圆球形，盖钮和器腿常相同，将盖却置，同器一般。多无铭。春秋和战国初或自名作𦉢，稍后加意类符作錞。

钲始于商末周初，其形制如倒过来的甬钟，厚重而无名，至春秋后期和战国期间始铭。到现在为止所见有自名者，有乔君作无者俞宝𨰻盧，姑𨻛昏同之子自乍𡕥句鑃，其次句鑃（二器）、郜𢒉尹自乍征堺、郜茂子孙余㠯铸钲𩵢（南疆钲）、外卒铎、邵郢𡍽铎。名无定，但音只两类：一是征城，为钲之重言；二是盧、铎、句鑃，也是单音与重言的关系。

（32）羃其吉金鏽铝自乍某器。羃或作𢾭，其或作𠬝，吉金鏽铝或为玄鏐鏽铝、玄鏐、鈇鐈，这些词语常见于春秋前期至战国前期的铜器铭文。

（33）在铜器上刻记𥥗、𠂇、𠂉、𣂑、𨥛等容量标志，或刻记𠂇、𠂉等重量标志，见于战国后期。

（34）在铜器上刻记工师（工𠂇、𠂉）、冶（𠊱、𠊱）、执齐（𨥛𠂉、𨥛𠂉）者，常见于战国后期的铜器，其中秦和韩的兵器最为多见。

下面再附带举些时代和地域特征都显著的字例：

（1）保。𠊱为西周前期"保"字的异体，前面已说过。𠊱、𠊱、𠊱、𠊱等都是加玉的"保"字，同西周前期的结构基本相同，或增宀，或子下少一画。其主要的时代和地域特征是，立人旁的项背上耸，手曲而垂，此为春秋时期齐国文字的特色。

（2）年。西周时期"年"字的一般形态是上从禾下从人。春秋时期中原地带和江汉流域诸国作𢆉，上从禾下从千，而山东的齐、鲁、邾则多数作𢆉、𢆉，上从禾下从壬，只有少数从禾从千。

（3）老、寿、孝所从之偏旁，从西周初至战国末通常作𦒳、𦒳，但是春秋战国时期在山东地区的齐、鲁、薛、铸、杞却作 ☆、☆、☆、☆ 形，南部的滕、邿与中原同。

（4）皇作 ☆，上为古字形，为战国前期齐和鄟国特有的写法。

（5）宀作人，为春秋后期和战国期间晋、楚的写法。

（6）"壶"字的写法很多，其中壶口成弧形外反，作为盖的 ☆ 包含在其内，即盖小于器口形，见于山东地区齐、鲁、杞诸国器和命瓜（令狐）君器。

（7）鏝鋙为战国时期燕（郾）国戟名，其援胡部分如三齿锯；又称锯，作一齿刃。

（8）鼒为斜立耳平底鼎的专名，见于春秋后期和战国期间江淮一带的蔡、曾、楚诸国。

（9）以"某某立事岁"或"某某再立事岁"纪年为春秋后期至战国前期齐国使用的特殊纪年。战国期间的楚国则有以重大事件纪年者，如"大司马卲易败晋师于襄陵之岁"（鄂君启节）、"献鼎之岁"（戈铭），江陵望山和天星观出土的楚竹简均以外客问王纪年。

（10）眉寿无疆的"眉"字若从水同时又不从皿，如 ☆、☆ 形，为春秋战国期间齐国的写法。

（11）马作 ☆、☆ 形，为战国时燕和三晋的写法。

（12）☆、☆、☆ 为战国时楚国"为"字的通常写法，中原地区国家只是偶用。

（13）☆ 为战国时期楚国"言"字及偏旁的通常写法。

（14）☆ 义如容，主要见于战国时的魏、梁器。

（15）错金鸟书为春秋后期和战国前期江淮诸国（吴、越、楚、蔡、宋）兵器（戈、剑）上喜用的形式。

春秋战国期间，"诸侯力政，不统于王"，各霸一方，政治、经济、文化上的交流渐少，于是"言语异声，文字异形"，日甚于一日，这就造成了某些字形或某些词语，只产生和流行于某一地区的特征。因此，凡带有此类字形或词语的铜器，大致可以判断为春秋战国时期某一地区国家之器，时间的上下限和空间的地区外缘大概可定。

五

综上所述，可以概括成如下几点来说明本文的基本思想：

第一，文字工作者在利用铭文内容给铜器确定绝对年代，树立标准器，为商周铜器断代的基础上，根据铭文的外部形态，使用文字形体和语词的比较法给铜器分期断代，是完全可能的。这种尝试，对文字学来说，也是有意义的。

第二，文字的点画和偏旁结构，随着时间的推移，在不断地改变着，但改变只是渐变，因此不能据以判断铜器的绝对年代，而可以根据文字变化的特点，判断铜器属于哪一段时间。

第三，大多数的字在点画结构的变化过程中，外形改变微小，继承多于变异，字形变异大的只是少数。因此可以根据多数字的变化趋势分期，而根据少数变异大的字去找出可定上下时限的标志。

第四，分期的上下年限不是刀切那样绝对齐平的，因为字形、语词的变化是渐进的，同一偏旁的不同的字发展也不平衡。处于两期之间的铜器，其文字和语词可同时具有两期的某些特点，因此本文在叙述某个字、词或偏旁点画特点时，有些界限间的器在叙述中可能跨于两期。

第五，商前期为铜器无铭文期，从商后期起为铜器有铭文期。将有铭文期再分 8 期，是综合族氏文字的有无、点画、章法、文辞格式等普遍性的外形特征划分的。若将具体的变异大的字和词语的变化用分期图表来表现，那么即可发现，商后期与西周前期相似，西周后期与春秋前期相似，春秋后期与战国前期相似。每相似的两期间的差别，主要不在文字形体，而在于内容及其表现格式。西周中期则是文字点画和偏旁都处于较明显的交替变化中的过渡期。西周后期、春秋后期和战国后期，在文字形体、语词和表现格式上都发生过较为明显的变化，其原因大概是：在政权更替，新的政治经济秩序刚建立不久时，文化上也会跟着起某些变化，但主要表现在内容和格式上；当新的政治经济秩序稳定发展后，才在这种新的经济基础上和政治制度内，产生和发展起新的文化特点，推动文字表现形式的改变。

第六，必须用不断发展（动的）和分阶段（静的）相结合的观点来看待金文，不能像某些文字学著作那样简单地将其作为一种书体，同甲骨文、篆书、隶书、楷书等相提并论。金文使用时间长，其间变化大，是处在偏旁产生和稳定，汉字特有的造字法在不断实践中稳定下来，从象形、假借为主逐步走向意音（包括会意和形声这两种靠偏旁拼合的方法）为主，汉字正在急速增加字数的阶段。大量的汉字在此 1000 多年内孳乳产生。同一字的结构和笔法前后有很大差别，如"三多尹帝田"和"上下旦朋夯跡蠶震"，这两行字不会混同存在于同一时代的材料中。也就是说，金文中有许多字的某一种形体，只同某一个时期相联系。若将不同时期的不同形体当作异体字看并作为研究的出发点，是欠科学的。

附言：本文引举例子较多，为免行文累赘，不一一列出引自某一器铭，对照《金文编》及近20年出土的一些器铭，可找到引证根据。为了节省篇幅，第三、第四部分的所有分期例字表也一概从略。

（本文为中国古文字学研究会第二届年会论文，1979年；刊于《古文字研究》第五辑，中华书局1981年版；又收入中山大学中文系编《古文字学与语言学论集》，中山大学出版社1986年版）

对族氏符号和短铭的理解[①]

一、 一个薄弱环节

多年来，金文研究方面，较多的人将较多的注意力放在断代、人物、官职、史实与文献的印证、史料的考订以及单字的考释和语法研究上，而忽略了早期短铭的研究。

值得庆幸的是，在这薄弱环节有异军突起。一位东北作家和一位北京的书法篆刻家，苦心孤诣辛勤耕耘，其成果引起了古文字学界的诧异。最近西部又有位本行新人，写了一部《商周研究之批判》，在批判的同时，描绘了甲金文新体系蓝图。[②] 他认为甲骨卜辞，"其内容只卜问了祭祀，而没有用于其他方面的卜问。旧体系是建立在约定主义基础上的"。"1982年冬，我们首先发现△（图一①）是商王沃丁，并发现沃丁之沃是祭名。嗣后又发现了商周王者谥号均是祭名。……所谓贞人基本上都用于祭祀先祖之中，是为祭名。"[③] 作者推而广之，进而发现"金文中所谓族徽应是祭名"[④]，"铜铭里国君后面的那一个单字，都应是祭名，而不是君主的私名"。对"陈侯因咨造"戈，"我们认为'陈侯'后面的三个字都是祭名。这铭文是说此器用于陈侯因、咨、造合祭"[⑤]。

从该《批判》中我们可以看到，作者的最新发现是：所有铜器与所有甲骨一样，都是后人为祭祀先祖而作。在卜辞中，除了祭祀对象外，干支时间是将要举行祭祀的日期，其他文字都是祭名、祭法、祭品。（作者在结束语里说："祭名、祭法、祭品没有分清楚。"）而"金文只是一种祭祀中的祷

[①] 本文据作者1990年11月提交给在江苏省太仓市召开的中国古文字研究会第八届年会的论文《对族氏符号和短铭的理解》修改而成。
[②] 见《四川大学学报》（哲学社会科学版）1990年第4期。据作者称，学报所发论文，是40多万字的专书的提要，下省称《批判》。
[③] 《四川大学学报》（哲学社会科学版）1990年第4期，第85页。
[④] 《四川大学学报》（哲学社会科学版）1990年第4期，第88页。
[⑤] 《四川大学学报》（哲学社会科学版）1990年第4期，第92页。

告之文，这很象古印度《梨俱吠陀》是作为祷告之文存在一样"①。对甲骨和铜器只是为祭祀而作的单一理解，就是作者据以破坏"建立在约定主义基础上的""旧体系"的武器，也是他为自己设置的自我"约定主义"。世间的自然物都可以同祭祀拉上关系，各种声音和动作也都可以理解为祭祀时必有的声音、原始音乐和祭祀仪式中的动作，于是都可以成为作者分不清的祭名、祭法或祭品。又因为我们的上古祖先以"祀与戎"为大事，崇奉神鬼，生活中凡属重要的活动、事件，都要卜、祭一番，因此在这种自己约定的怪圈内转圈，无疑总是走得通的，总是似乎可以自圆其说的。问题在于商周时代留下的真实文字记录，众多的卜辞和铜器铭文所反映的生活内容和历史活动，便因此被祭时、祭名、祭法、祭品所概括取代，人们将永远转悠在怪圈之内，就是创制这个怪圈的作者，也不免晕头转向，不免要提出一系列他那个体系解释不了的问题："这些祭祀文字又怎样演变成了有广泛意义的文字的呢？""不能断定甲（骨）文的时代，谁是刻主？""重新考释的工作怎样展开才科学？"② 等等。按常规词汇语法体系人们极为明白的"陈侯因咨造"戈铭，被纳进他自己约定的怪圈后，戈成了陈侯进行因、咨、造合祭的祭品。"被祭对象（陈侯）是何时人？是历史上的哪一位？致祭者又是谁？为什么用戈？"此等问题构成了永远不可解的方程式。按此方程式，所有短铭金文都将不可解，长铭也不过是一些不知时代、不知名的人祭祀先祖时的祷告文，人们所做的断代、史实考证，都与历史文献毫无关系，卜辞和金文的历史考古价值和语言文字价值也就所剩无几了。当《批判》的作者在拟构自己的"新体系"时，就破坏了人们共同理解的词法、句法，把卜辞和铜器铭文中可与历史文献相印证的人名、地名、史实改变为祭名、祭法、祭品后，也就割断了甲骨文、金文与历史文献的联系，推倒了人们公认的行之有效的科学的"二重证据"的考据法，"重新考释的工作怎样开展才科学？"人们只能拭目以待发明"新体系"的人，去发明新方法来解决他自己制造的一系列难题了。

一位作家，一位书法篆刻家，又一位研究古史和古文字的新人，各写了四五十万字，乃至上百万字来改变"旧体系"，创造自己的"新体系"，他们的出发点和重点如此一致，即都在甲骨文和商周短铭金文的内涵和性质的理解上，他们的毅力值得我们钦佩、学习，他们提出的问题值得古文字学界

---

① 《四川大学学报》（哲学社会科学版）1990年第4期，第110页。
② 《四川大学学报》（哲学社会科学版）1990年第4期，第110页。

同行共同重视。

二、关于族氏符号的性质

在讨论问题之前，我先说明三点。首先，任何科学研究都包含着现有知识基础上的猜想推测成分，它既是引导人们走向成功的希望之星，又是陷入困境和遭受失败的缘由之一。在分析他人的不足时，同时可能显露自己另一方面的缺陷。百家争鸣应对假设论证过程中的失误不予苛求。其次，古文字学和考古学的建立都是近百年内的事，每走一步都离不开古文献资料，它们三者的关系是互相印证、补充和修正，不能无视和拒绝任何一方面的新成果。没有上述两条，就难以进行正常的讨论。例如，从一系列的考古成果发现，夏末商初才开始铸造极简陋的青铜器，商代后期的遗址、墓葬中出土的铜器才开始有简短的铭文。我们不能因铭文中某些因素，同文献中的传说时代的某些故事有近似之处，就无视综合分析考察出土共存物而得出的考古成果，以作家的丰富想象力，认定这类商代后期铜器和铭文为炎帝、黄帝时物。也不能因文献中有多处说到祭祀时陈设礼器，就认为一切铜器都是为祭祀死者而作、铭文必定为祭祀祷文，无视许多铜器经长期使用的痕迹及其使用者声明"自乍"用器或媵器的铭文，甚至无视正常的语言文字规律，把各种语词都圈定为祭名、祭法、祭品，把明白可解的文句变为不知什么时代不知什么人留下的，不知是祭名还是祭法还是祭品的文字。没有"约定"，则没有标准、法则，同时意味着在自设新"约定"。再次，就我个人而言，自知不能解决多少实际问题，所以无意全面分析他人的体系，自己也无体系，本文只想从民俗的角度，谈谈自己对族氏符号和短铭的思考，希望能为同行提供一点思路。

自从 20 世纪 30 年代初郭沫若先生在《殷周青铜器铭文研究》中提出图腾孑遗"族徽说"，伴随着他以古文字资料证古史的研究成果，曾经产生极大影响。人们知道，最能使人产生族徽联想的，莫过于商、周始祖神话（天命玄鸟，降而生商；姜嫄践迹而有娠，生子弃之野，后为农师，号后稷），而且商、周都是大族，并各有几百年天下，正当铜器盛用图形符号之时，又有地位、权力、资货可供大量铸造铜礼器。但在现存有所谓"族徽"的几千件铜器铭文中，鸟图、足迹图、蓺稼图所占比例甚小，远不如△、△、△、△（图二和图一之②③）等众多，与商、周王族地位不符；此外，商故都郑州管城、安阳小屯和周发祥地陕西周原（岐山与扶风二县北部）出土的大量王族铜器，也不见与始祖神话有关的图画样符号。从原始社会的考古材料到今天的民俗,都证明华夏各族人等偏爱龙凤,尊崇龙凤,可是在铭文中却没有大量出现龙或凤的"族徽",是因为华夏各族自古信奉自然神,信奉多神。因此,当作"图腾孑遗"意义的"族徽说",支持者日趋减少。

陈钟凡、沈兼士、唐兰等先生,据金文中的这些族氏符号,较早从文字学理论角度,提出"图缋文字""文字画""图形文字"的说法,把它们列入早期文字范畴。新近林沄先生给它定性为"用于族氏的早期文字""近似将文字图案化"。也有不少专家在解读这些符号上陆续有所收获,如裘锡圭先生释图形的"亡冬"(图一④)为古族名"无终",确凿不移地证明了一些族氏符号与文字的对应关系。

20世纪60年代初,容庚先生曾经对我们说过:"《金文编》中附录上的图形文字,有许多专家都已认识(容先生同时翻出许多著名学者的亲笔批语给我们看),但我还不认识,因此第三版保留附录上,基本不变,有少数提上正编,也有个别从正编回到附录。有的专家批评我保守和体例不严。我以为能证明图形与文字之间有联系的就提上正编,不能证明的就归附录。牛头、老虎图形(单独出现在西周器上)(图一⑤),许多人提出应入'牛'字、'虎'字,也有人认为只是族徽、商标,好像笔庄门口挂着一支大笔图形,人们知道它的意思,但不把它当字,所以我还是把牛头、虎形图放在附录。然鱼形、山形、象形等,同文字构形之间有直接联系,大家公认,所以入正编。"① 这表明容庚先生既不完全同意郭沫若先生为代表的图腾孑遗族徽说,也不完全同意陈、沈、唐等先生的图形文字说,他非常重视符号与文字二者之间的联系与区别。

在文字符号被认定之前的草创期,大约是在原始社会后期,用黑炭或赭红色矿物在岩石上画的图画和记号,当时它们不存在与文字的区别问题。例如对原始岩画的研究,人们只能分析其画了多少大人、小孩,多少男人、女人,多少人站着、跑着、跪着、躺着并且是为了什么,多少被砍头、断足者……如果撇开这些内容,说正面人是"天"字、"大"字,侧面人是"人"字、"女"字,用商、周的甲骨文、金文去证明它,这对解释岩画是牵强无益的,就像一个3岁小孩学画画,却硬说他在创制早期文字,是天才的仓颉一样。有些早期的部落,根据他们的生活环境、族人的传说及崇拜物,塑造出某一形象(通常是当地能见到的动物、植物、其他自然物或其变形)成为该部落的标志,甚至以此为部落命名,为部落旗帜。例如画一

---

① 详见拙文《希白师治学道路初探》,见《古文字研究》第十二辑,中华书局1985年版。

条马鬃蛇或一株象尾蕨,这样的"族徽"虽然有名可读,却不能说是文字。硬从汉字早期有象形,有合文,有复辅音,有多音节词的存在,曲意从形、音、义旁证"马鬃蛇""象尾蕨"为早期图形文字,是没有必要的。只有到了用于记录语言的符号初成体系以后,大约是在原始社会末期奴隶社会初期,图画、记号和文字才逐渐有了区别的必要,后人也只有在确认已到有区分之时,提出文字与图画、记号的区分命题才有意义。我们讨论的族氏符号,是在商代中后期以后的铜器和甲骨卜辞中所见到的,是文字体系早已建立,且已相当成熟完善时期,所以才有它是文字还是图画、记号的性质的讨论。这是我们讨论问题非常重要的前提。学术界有人将商周时期的文字都当作图画来进行"考释",也有人用商周甚至是春秋战国时的文字形体,与仰韶文化时期的某些刻符相比附印证,都是离开了上述的前提。

在文字体系已经建立,被当作记录语言和交流思想的工具来运用之时,根据汉语汉字的特性,一个符号与语言中的一个词(或词素)的读音、意义有约定俗成的固定联系,它就是文字符号;如果一个符号可以被理解为多个词、词语或句子、意义团,不像多音多义词那样有约定俗成的形、音、义固定联系,它就不是文字符号。例如现代交通标志中的一个圆圈中有一横,它与现代使用的文字符号形体表现手法有异,读法和含义与古文字的"日"字也毫无关联,尽管其"禁止车辆通过"的含义是约定俗成的,但理解成"严禁汽车通行""机动车不准通过"等都是准确的,所以我们不把这种交通标志叫作文字。

1978年容庚先生要我校订和补充《金文编》时,我注意到所谓"析子孙"形千姿百态,竖排、横排、倒排、省略、穿插其他语词都有(见图二),觉得与"举"字拉关系的解释太牵强。当时正在热点上的妇好墓文字材料,我在析字、释字、摹写上,也始终狐疑难决。所以我在撰写《试论铜器铭文形式上的时代标记》时,使用"族氏文字"的说法①,目的是想统括下列复杂现象:①可能是铜器生产作坊的徽号;②可能是铜器使用者(所有者)的家族徽号,当铜器所有者即铜器生产作坊拥有者时,此项和上一项合一;③可能是表现家族徽号外的职业或生活环境的特有标志;④可能是使用铜器的有关人群才知道的带有特殊含义的符号,诸如小范围人群约定的神祇、祭名、祭品、祭祀场所的代号,或是铜器的专门用途(如用于大庆典时烹煮牛头的大方鼎有牛头形铭)等;⑤有些符号与有固定读音意义

---

① 见《古文字研究》第五辑,中华书局1981年版。

的文字符号相一致,包括文字出现前的图形族徽发展成为后来的文字符号,文字出现以后用象形字或图案化的美术字,甚至是用线条化的普通文字作为家族名号。上述 5 种情况,都是出现在具有族氏意义的位置上,都有特定的含义可供称说,有的是早期指代特定族氏的图画或记号,有的永远不演进为文字,有的可能演变为文字,可作"文字萌芽""先文字"理解,有的则是不折不扣的文字或美术字。这就是我使用"族氏文字"说法时的思路。我不敢肯定它的性质必为族徽或必为文字,也不想硬性认定是"文字图画"还是"图画文字"还是"近似将文字图案化"的"族徽"。因为我们不知道较形象的符号,古人意在象征什么,如一人左右手各牵一匹马,胯下一头野猪(图一⑥),不知其是赞颂该家族祖先是驯养马、豕的英雄,还是象征该家族为畜牧部落或世职兽人、牧人、校人、趣马、圉人等,更不能从这一徽号而知该家族名号是单音、双音、三音还是四音。它不是一个象形字,不是一个字的图案化,也不是 2 个或 4 个字的组合。对一些较抽象的符号,我们也不知道其最早产生的年代及其意义指向。我们只能说这些都是与族氏有关的符号,既包括许多"用于族氏的早期文字",也含有永远不是文字的符号。用图形、记号或文字在铜器上留下家族标记,也许是陶器制作烧制的遗风的承继。能从铭文自身或文字形体演变的系列中,确认符号与语词音、义有约定俗成的固定联系,则当作文字符号置于《金文编》正编,否则就置于《金文编》的附录上,这就是《金文编》编者从文字学理论高度定下的处理原则。

三、 民俗的启示——短铭的性质内涵

客家人是祖居中州的华夏汉族人中的一支特殊民系,现包含 140 多个姓氏的 4000 多万人,其主体大抵是历史上为避战乱、灾荒和北方游牧民族的混血,东晋至南北朝时迁居鄂、皖、江淮间,唐末和南宋时分批迁入江南至南岭地带,元、明时定居在闽、赣、湘、粤的边缘山区,相对当地土著(包括苗、瑶、畲、黎等百越民族和秦汉时期开拓南蛮的早来汉人)而言,被称为"客籍""客人""客家"。客家区域长期交通闭塞,保留着中原古老的民风和话语,语言要素多与《中原音韵》相合,尽管山区贫困,清高世族重视文化教育的习尚世代相传。特殊的来历,特殊的环境,特别顽固的"文化密码"的遗传,使这些"客人"不易与土著融合同化,成为汉族中的一支特殊民系。据一些族谱记载,迁徙活动多是家族群体性的。各家族的聚居村落,几十户紧密相连,围成半圆或圆形,中间设宗族祠堂,形如北方殿

宇，有二进、三进的，可供全族祭祀、议事或教育。先人骨殖盛于陶罐的习俗，据说也是为了有朝一日返回中原故土。新中国成立前，那里还世代相传一些习俗，如每家添置新碗碟器皿，都凿上自家的记号，瓷器商店和游村小贩都提供凿字服务，记号多为圆圈、三角、方形及其不同组合；添置竹帽，扁担，各种农具、家具，也都用墨笔或油漆画上自家记号。家里不管有无人认字，也多采用此法。一般家庭都是三代四代同堂，代代沿用相同记号，分裂出去的新家才创用新号。家长名字有笔画简省易写易认者，也有采用其中一字或二字作为家庭财产标记的。只有少数拥有工场、商号的殷实大户，才会在财产上写上"某某宝号置""某某某（家长名）置"。代表大家族的祠堂灯笼，一般都署郡望姓氏，如张姓都写上"清河张"，随着张姓家族的分析和不断迁徙，"清河张"徽号可能遍及全国。各祠堂祖产家具则署"某某公""某某堂"一类该祠堂的始祖名号。祠堂祭器（如香炉、炉台、宝瓶等）以及神案、帘、幡之属，显眼处多为吉语、图案或"某某郡某（姓氏）公第几世某某祠堂"，下署立产的孝子孝孙名。而铸造制作的工场作坊名或工匠名，则在较隐蔽处。

这些民俗对我们理解古代日用器和祭器上的"族徽"和短铭，多少是有启示的：

（1）从原始社会时期的陶器制作到近代的置办家具财产，都有铭器现象，主要是为了注明所有者或制作者或他们所寄托的光宗耀祖、福禄寿喜、万年无疆、子孙永宝的期望。

（2）家族标记的表层意义是注明财产所有权或制作权，以防混淆，以明权责；其深层含义是"慎终追远"，这是几千年中华精神文化的特性之一。因为家族标记是血缘族姓绵延的神圣象征。古代贵族大家的自用器，近代家族祠堂的专用器，无须防混，即旨在慎终追远，因而标上族氏符号具有权威性和庄严肃穆气质。

（3）日用陶器较易做，较大的聚居村落都可烧制（如西安半坡的公元前4800—前4300年的村落遗址中即有陶窑），欲防各家器皿混乱，各自画个记号可也；在文字创制之后，烧陶器也可用文字作为区别记号。既然旨在区别，图画、标记、文字均可。作为工匠制器的工艺流程之一（虽然标记区别符号不是绝对必需的工艺），影响到铜器陶模的制作以及后来的铜、铁、瓷、木漆、器皿制作，也是很自然的。

（4）铜器原料来源有限制，冶炼铸造技术比陶器制作复杂很多，在"国之大事，在祀与戎"的商代和西周初期，生产数量还不多，所以一般只是王室、大贵族领主用于隆重祭典。在生产技术达到可以铸造简铭时（商代后期），家族标记和祭祀对象，就成了简铭的两个主要内容。

（5）商代后期和西周初期的简铭，可以只有家族标记，可以只有祭祀对象，也可以是两项内容的组合。两项内容间可加动词"乍"，但也不是非加动词联系不可，因此在无动词时，也不计较两项内容排列的先后，也不必标出器名，大概铭器时压根儿就没想要表现完整的语句。

（6）商代各领主贵族生前铸器奉祀先祖，死时则殉葬，带进地下继续当孝子孝孙。这一点与近代人不以祭器殉葬有别。史墙家数代祭器用器一起窖藏，说明西周时也有祭器没跟着去世的主人殉葬的。

（7）显赫旺族掌握有炼铜铸器作坊，代代可铸祭器，可沿用相同家族徽号，但对祭祀对象的称谓则不相同，即可证明窖藏数代器的关系内涵。大族扩展迁徙或变更封邑等，就可能将带其标记的祭器散向各地，于是在不同的地方可能出土相同家族标记的铜器。

（8）周灭商后，忠于殷商的贵族挟器逃亡，并把铸造技术带向各地，所以商时有几个大族徽号［如△、△、△、△（图二和图一之②③）等］的铜器，以及带有浓厚商器风格的铜器，会在极广大的地域出土，甚至在商王朝政治军事势力范围以外的辽河流域、淮南、江南出土。

（9）大族数代后的分支，可沿用原来的徽号，也可在原来徽号基础上或增或减，或在不害原意条件下改变符号排列，也可以另立新符。中国的家族性徽号不像西方某些民族部落图腾那样神圣难变，所以也很难断定单个符号必先，复合符号必后，单为姓，复为氏。①

（10）铜器作坊不是每个家族领地内都可能拥有，到了商末周初，有些作坊除了为领主铸器外，也可能代邻近的大家族领主铸器，或者铸好一部分器专供交换。例如《三代吉金文存》卷二第33～34页、卷六第19～20页、卷七第4～5页，有一批铭为"乍宝鼎（彝、簋）""乍旅鼎（彝、簋）""乍尊彝""乍从彝""白乍宝彝""叔乍宝彝"，缺少确定的器主（族氏符号或私名）和祭祀对象两项基本内容，都可能是供交换的铜器，也可能是买主没有补刻。同书卷二第49页3版"白㝨〈旅〉乍宝鼎"，后三字字正行顺，而"白㝨〈旅〉"二字字反②，间距偏紧窄，笔道也没有后三字光洁。

---

① 王恩田先生于1988年参加长春古文字学年会的论文《〈金文编·附录〉中所见的复合族徽》中曾提此说。

② 编按：严格而言，只能说"旅"字为反书，而"白"字缺乏方向性的书写特征。

又卷七第 10 页 7 版 "季叟乍旅簋"，后三字匀称工整，而前二字偏粗大，并与后三字不顺行。这两器都可能是当时的买主请工匠补刻名字的。似这类缺两项基本内容的交换器短铭，理所当然没有铸家族符号，买主通常也不会在"乍"字之后挤刻祖、父名号。同书卷六第 44 页 6 版，卷七第 24 页 4 版和 7 版，"乍宝簋其子/孙迈年永宝""乍宝尊簋孙/子其迈年用""簋子＝孙其万/年永宝用享"，算是西周早期较多字的待估〈沽〉器铭了。这也说明铜器铸造技术有了较大进步，产量也较大了，有了从少数家族的神坛走下来，被更为广泛普及使用的可能。

（11）西周中期以后，铜器铸造业有较大发展，从酒器组合为主转向食器、水器组合为主，铜器除做祭器外，也有诸侯、贵族、大夫用作宝用器（炫耀功烈门阀的陈列品和重要场合的实用器）。这类铜器在铭文上往往不提为某先祖考妣作器，多不加家族符号，而重在铭功烈，昭示子孙万年永宝用。春秋战国时期，贵族、大夫都竞相自作用器、媵器，铭文重爵位门阀的记述，一般寄托祈求万寿无疆的愿望。像这些宝用实用器铭文，根本不可能是祭祀祷告之文，所以铭文中一般是看不到先祖、神祇名号的。虽然有些礼乐器同时也可作为祭器，用享孝于皇祖皇考，但与商末到西周中期那样确定祖考名号的做法已有不同，而在铭中同时标出"子＝孙＝永宝用"。作为铜器的主流为自作用器、媵器后，既然铭中强调了显赫的门阀，家族符号随之式微，西周后期的铜器铭文也就不再使用族氏符号了。

（12）春秋战国铜兵器，多有使用磨刃痕迹，是为实用器。"陈侯因咨造"，没标出器名"戈"，就如上举民俗中的"某某某（家长名）置"一样，铭文的语法及含义是再明白不过的。此戈形状、文字、铭文格式，都与许多考古出土的战国初期文物相同，与陈（田）齐威王因齐的时代一致，怎么能说是不知时代的什么人，对不知哪位陈侯进行因、咨、造合祭呢？至于有一錞的铭文脱"咨"字，也不是奇怪事。据我统计，铜器铭文脱字者在60 例以上。若按《批判》作者的"新体系"，《攻敔王光剑》就不是历史上有名的吴王光所作，铭文"攻敔王光自作用剑"，需要理解为不知谁"光"祭"攻敔王"，而"自作"成了祭法，"用剑"成了祭品。铭文的正常语法遭破坏，也就割断了铭文与史籍的联系，无法理解铭文的含义。

（13）族氏符号除了家族专有标志外，有时又附加家族世袭职司标志，这在西周铜器中可以找到合理的印证。但这附加部分不是非加不可的。扶风庄白村窖藏出土的折器、丰器、墙器、癲器的四代系列中，折、丰、癲器的铭文末尾都有出现相同的△（图一⑦）。中间部分是微氏家族的特有符号，可能读作木羊,也可能只是代号而无读,看见此标志即知为微氏家族;两旁的册字是因为微氏家族世代为史官,附加上它,标明家族受周天子恩宠,可为族氏增添荣耀,附加符号用得久长,近似成为族氏符号的构成部分。△、△、△、△(图一⑧)等族的铜器,有的只有家族专有符号,有的附加两册字或一册字;许多家族符号带有亚字,同时又有不带亚字的。这些情况,说明官职标志只是附加的荣耀,受命之前或褫夺之后铸器,便不会使用附加官职标志。相同的符号出现于同一家族的几代人的祭器上,正好说明孝子孝孙的潜意识里,是不忘在先人神灵前显示家族的荣耀,表示自己不忘恩泽,不辱没祖先。铭文中的家族印记,能帮助我们理解从商到西周中期一些大家族的兴衰。周夅壶、周棘生簋、周雒盨铭末都有△或△(图一⑨),倗生簋(格伯簋)铭末也有相同的符号,看来倗生亦为周氏,与前三器的主人为同一家族。周氏符号的中间部分,与商代后期甲骨文的"周"字和西周初期的"周"字相同,不从口,但作为族氏符号,左右各旁出垂珠形,有别于普通文字。

(14)在文字符号被约定俗成地广泛使用之前,族氏符号的来源应属"近取诸身,远取诸物",作为族人的标志。即使非常形象,可被称说,它也只是一种标记代号。族氏的称名与其选择的标记符号的称说可能一致〔如裘锡圭先生释△(图一④)为亡冬——无终〕,也可能毫无关联〔如微氏的符号为△(图一⑦)〕。称读一致的符号可看作象形字、图案字,称读不一致的符号若要强为解读,可以说出许多见仁见智的意义团来,辩论很难有结果。有些极为抽象的族氏称号,如△、△、△、△、△、△(图一⑩)等,不知其取于何类物象,不知古人是以何种心理,遵循何种思维模式抽象出来的。这与各家各户为自己的家具画个形象或抽象的标记相似,总之是某一家族的代号。画一个圈,不必追究是否取象太阳、月亮、鸡蛋、泥丸、圆簸箕、器皿的圆口形等,也无法考定它是"日""月""蛋"或"卵""丸"等字的象形字、图案化字。以鱼做族氏符号,可以说这种符号后来发展成为"鱼"字,也可能最初就是以早期的象形字用作族氏符号,后来的"白鱼父""鱼从"等名字中的鱼字形体也基本一致,所以当作"鱼"字称读,族氏符号为象形字,就必将在文字线条化的潮流中,逐步演化成用线条笔画组成的文字来表示家族姓氏,其间必有踪迹可寻。从来源看,采用文字(经图案化)做族氏符号的必然较少,否则就会失去徽记性的价值。西周后期以降,人们都用文字来表示国名爵名姓氏,在铜器铭文中就不见使用族氏符号了。

(15)既然族氏符号来源主要是"近取诸身,远取诸物",取象于族人生活环境中最常见的事物，或最有本族特色的职业及自然环境标志物，那么，符号可能是表现单一的物象，也可能是表现一事——多种物象组合成一定的关系。例如△（图二），表现的是一个祭祀场景，由大人、尸（小孩）、主位（案）三要素组成。这个家族标记，各代人，在不同的时候，画得略有不同。正面画的案为两片，侧面画则为单片；尸进入主位前，子画在案外，尸进入主位后，则将子画在案内；大人在致祭前后，位置也有变化，或站在一旁，或正对着主位。哪一代人在特殊环境下祭祀时，无小孩为尸，或不设主案，则出现图形三缺一。说三缺一的△、△（见图二）是家族分支派后的变化也未可知。虽然图形千姿百态，但以此三要素表现祭祀场景作为一个家族标记的性质不变。这就是家族性符号，不同于神圣的图腾和国徽（《批判》一文用了此词）的灵活之处。前面说过，商代铜器作为祭器时，家族符号和祭祀对象是短铭的两项基本的重要内容。有一角铭把"父乙"（祭祀对象）置于致祭的大人和尸主之间，这是只有取材于祭祀的形象[的]家族标记和祭祀对象间，才可能出现如此巧妙的结合。在取材于其他事物的家族标记之中间，就不会穿插进祭祀的对象。此家族有某一代为祭皇考父辛及皇母而作瓠，因两祭祀对象合祭，需设两尸，所以铸铭时在家族标记中出现了两子为尸。上述所有的增、减、穿插，都说明这种图画式的族氏符号，不是形体相对稳定并与"举"这个词的读音、意义有固定联系的文字，所以把它考释为"举"字，缺乏说服力。

（16）总之，说"族徽应是祭名""国君后面那一个单字都应是祭名，而不是君主私名""铭文都是祷文"的论断，都是缺乏根据的。族氏符号可能是文字，也可能只是一种标记。

（17）至于"商周王者谥号均是祭名"之说，更是天方夜谭。"隹成王大莽才宗周，商献侯䚄贝"（献侯鼎）、"隹三月初吉丁亥，穆王才下减应。穆王卿醴……穆王蔑长甶"（长甶盉）、"隹六月既生霸，穆王才菁京，乎渔于大池。……穆王亲易遹鞞"（遹簋）、"隹十又五年五月既生霸壬午，龏王才周新宫。王射于射庐"（趞曹鼎），上引铭文，凡略有古汉语常识的人，都不难判断，是分别记述了成王、穆王、恭王在某时某地做了某事。而在这些铭文的后面，都是记述因为铸器者当时在场受到王的赏赐，在答谢了天子之后，铸器作为永久纪念，或示之于祖考，或如趞曹鼎明言"用作宝鼎，用飨朋友"，不是作为祭器，而是作为食器，用于宴飨同僚多友，以示恩宠。五祀卫鼎的"余执龏王卹工"，是裘卫在诉讼过程中直接说的话，言及他是执行恭王卹工命令。可知西周铭文中的成王、穆王、恭王等名号都是当时周天子的生称美号,绝不是死谥,更不可能是祭名。郭沫若1930年的论断"盖周初并无谥法,所谓文、武、成、康、昭、穆,均生时之王号"①,真确不诬。

图 一

---

① 见《郭沫若全集》历史编第一卷,人民出版社1982年版,第273页。

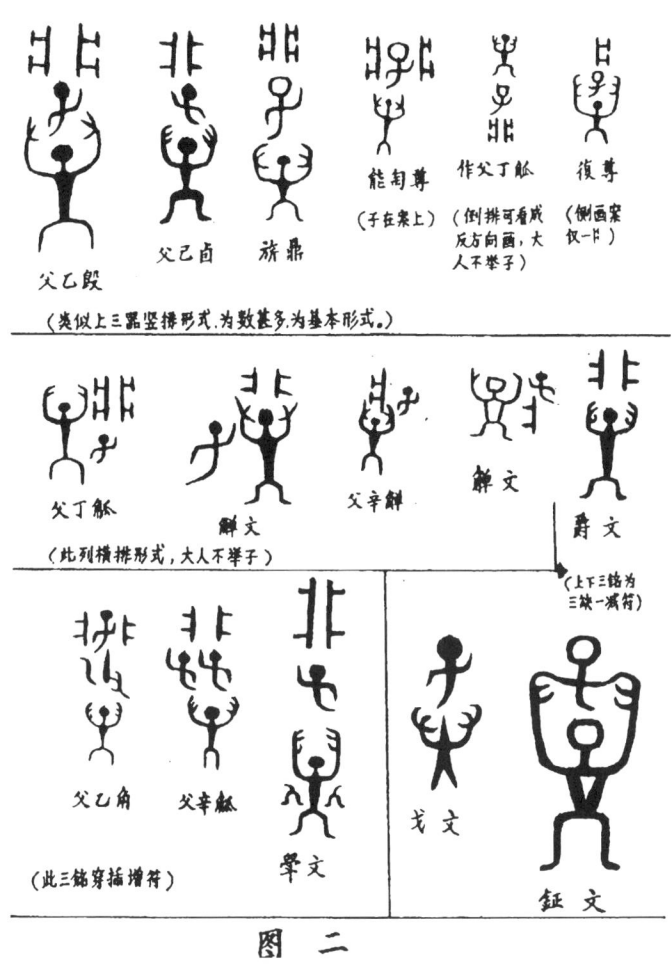

图 二

［本文原刊《中山大学学报》（社会科学版）1996 年第 3 期，人大报刊复印资料《语言文字学》1996 年 9 月转载］

古文字中的羡符

——与字音字义无关的笔画

一

最早把与音义无关的笔画当作一个专题来思考研究的，当推刘钊先生的《古文字构形研究》①。在"甲骨文中的饰笔"一节中，他说："饰笔，又称装饰笔画、羡画、赘笔，是指文字在发展演变中，出于对形体进行美化或装饰的角度添加的与字音字义都无关的笔画，是文字的羡余部分。对于饰笔的研究，以往的工作进行得不够。虽然许多古文字学者在考释文字时都接触到这一现象并在一些具体分析时加以阐述，但从无对饰笔的系统整理和研究。""古文字中的饰笔很复杂，有各种形式的饰笔，各个时期的饰笔不同，也呈现出不同的状态。有的形体添加的饰笔只保留一段时间，随后就消失了，有的形体所增加的饰笔则成为构形的一部分并被永久保存下来，有的饰笔自身从母体中分离出来，成为独立的字。""饰笔有时与区别符号两者不易辨别，有的饰笔在演变过程中也起到了区别符号的作用，成为一个字从另一个字中分离分化出来的区别标志。"文中列举分析了8类82字的饰笔。论文章节内的许多考释，也常提到使用饰笔某。第十四章"古文字构形演变条例"又立专节为饰笔定了22个条例。刘钊先生指出饰笔的作用是"美化或装饰"，它的特点是"与字音字义都无关的笔画"，但是饰笔也可能转化为与字音字义有关的符号或字，"有的饰笔在演变过程中也起到了区别符号的作用，成为一个字从另一个字中分离分化出来的区别标志"，"有的饰笔自身从母体中分离出来，成为独立的字"。刘先生利用发展的文字符号观为古文字构形的理论和方法所做的综合整理工作，以及对几百个古文字进行的构形分析考据工作，均做出了重要贡献。

李圃先生的《甲骨文文字学》将古文字构形基础分成不带字缀的字素

---

① 刘钊：《古文字构形研究》，吉林大学博士学位论文，1991年。

(238个)、带字缀的字素（86个）——以上字素可独立成字——和不独立成字的准字素（24个），共348个单位。字缀（30个），与字素不属同一结构平面，只是"用以别音别义的缀加成分"。其字素里包含着传统的象形字和指事字，字缀里也包含着原始的象形符和指事符。"有的字素带不带字缀有着严格的区别意义……有的字素带不带字缀并无分别。"① 在这个构形系统中，刘钊先生认为是羡画的东西，有的成了繁简之别，如 ᗩ、ᗨ、ᒉ、ᒈ 等；有的成了"别音别义的缀加成分"，即分化同形字的区别符号，如 ᗩ、ᗨ中的一、丨区别口（围）、D（夕），有区别作用，ᒉ、ᒈ加点表盛物容器，内点有指事作用，② 也就不是与字音字义无关的饰笔③。ᗩ、ᗨ、ᒉ 上加口（丁—顶）和 ᒈ 上加二（上），造字心理的指向不同，显示字义的字素不同，所以 ᒈ 不认为是"天"上加饰笔，而 ᒉ 为省二为一的省变造字。若按王国维之释，"ᒉ字于 ᒈ 上加一，正以识其在人之首，与上诸字④同例。此盖古六书中之指事也"⑤。"天"上加一短画，是指事符，也非饰笔。ᒈ、ᒉ、ᒊ 构形与"天"字同理。而 ᒈ 加字缀 ᒉᒊ，则成了从 ᒈ 筛下的糠稃初文。"康"的字缀是表现糠义的符号⑥，若按郭沫若《甲骨文字研究·释支干》之说，"庚"象有耳可摇之乐器，其下之点表示乐器之发声振动，⑦ 那么，那些点也非饰笔，而是象声音之符，犹"彭"字之有鼓声之符，是直接指出字之意义所在的指事符。而刘钊先生的《古文字构形研究》则以"康"为"庚"字增饰笔，后才分化出新字。⑧

考虑到甲骨文中初文的构成单位（字素）以及表词手段的分析理解有差异，刘钊先生认为是饰笔的东西，有很多可能是字素繁式的笔画，或是直接指出音义的区别符号（即指事符）。因此，在理论探讨上就需要对"羡画"（饰笔）的判断有个界说，这个界说要照顾到从初文造字到有"书同文字"的标准字形期间的演变。

---

① 李圃：《甲骨文文字学》，学林出版社1995年版，第22页。
② 参见李圃《甲骨文文字学》，学林出版社1995年版，第129页。
③ 参见李圃《甲骨文文字学》，学林出版社1995年版，第34页。
④ 按：指王国维上文提及的"二、丄、本、朱、末、帝、不"等。
⑤ 王国维：《观堂集林》，中华书局1959年版，第283页。
⑥ 参见李圃《甲骨文文字学》，学林出版社1995年版，第25页。
⑦ 郭沫若《甲骨文字研究·释支干》云："观其形制当是有耳可摇之乐器，以声类求之当即是钲。"又云："庚下之点撇，盖犹彭之作 ᒈᒉ 若 ᒊ，言之作 ᒋ 若 ᒌ。"见《沫若文集》十四卷，人民文学出版社1963年版，第377～378页。
⑧ 参见刘钊《古文字构形研究》，吉林大学博士学位论文，1991年，第34～35页。

本文重点要讨论的是关于判断是不是"羡符"时可能碰到的一些问题，以及某些"羡符"高频出现的背景及其在文字学上的意义。

二

如果从纯粹符号学的角度来理解文字，只要文字形体能被该语言社会成员所接受，不管一个字（词的代号）拥有多少个繁简异体，都是合理的，也就不存在"羡画"或"省形"之类的问题。

但是，从汉字的造字字理角度看，情况就要复杂得多。汉字在汉代以后符号化程度高，字理主要从定形了的象形为基础演变而成的基本单字和偏旁，以及会意、形声、代号符的应用理解。基础材料和组合方式已有标准可供遵循比较，非我们讨论范围。在先秦古文字中，字理判断随着主导的构成方式变更而变更。象形、表意（包括象形、指事、会意）构字方式中，象形符号作为构字的基础材料，符号的明确度、笔画多寡及互相间的关系，都直接在字理上决定该字的意义与哪类事物有关。点、块、线的大小多寡，相对位置是穿插、交接、脱离、尊卑、上下等，也可能标示读音及其意义有变化。在排除了所有这些条件后，才能判断出与造字字理毫无关系的"羡画"和省变之形。也就是说，古文字阶段，虽没有法律性的标准正字规范，却存在着造字法本身的字理，这种字理随着造字法的演进，对其构成要素有不同要求。学者们在实际操作中的标准（或是出发点）并不完全相同。有的是以《说文》以后的字典中通行正字为标准，有的是以甲骨文、金文中的初文所体现的早期造字字理为依据，有的是以甲骨文、金文等古材料中出现频率高的形体为判断依据，有的是以后来逐渐被公众选定的古文字形体为标准。不管是静态对某一字做偏旁、形体分析，还是动态考证某一字的形体变化，使用"羡画"一类的评判词时，就自觉或不自觉地应用了上述的一种或几种标准。笔者认为判断古文字中的"羡符"，最主要的标准是根据初文的构字机理，以及关注因构字法发展而改变了的字理。后世的规范字有时可供参考，但不能当作标准依据。例如：

初文中块状的粗圆点和方块，可能显示描摹事物的原形，也可能是重点表现字义的夸张形象，而后来演变中较多变成横画，也有改为轮廓线的。初文中于象形上夸张某一部位（如🦴、✳）与不夸张而加点或画（如🦴、✳）的指示，是两种常用的表意手段，所表意义往往相同，即表同一个词，应是同一个字的异体，前者被叫作象形或象形兼指事，后者称为指事。🦴、🦴等上面的一短画，与✳上的两短画都属离开象形本体的指事符，✳、✳、✳、✳

卜等上的短画或小圈，则为不离本体的指事符。初文中的象形兼指事，常发展为纯指事符指事，于商末甲骨文常见。

初文中的点，也可用短画表现。有的是象点状实物之形，有的象许多实物组合在一起之意，一点、两点至七八点，多少无定，以达意为目的，"点到为止"。⿳、⿳、⿳、⿳和⿳、⿳、⿳、⿳，前者表现形义，后者象充实容器及范围之物，对字的本义只起陪衬作用，因而可有可无，但非与本义完全无关的饰笔。在文字学上，这些点画的多少只是繁简问题，而非饰笔与省笔。至于雨，孙诒让曰："《说文》：雨，水从云下也，一象天，冂象云水零其间也。古文作⿳。……龟甲文雨字恒见，皆作⿳，与许书古文雨形近，而篆画尤肖。盖冂象穹窿下覆之形，天象之眹于其中，不必更从一。古文义实允协，殆原始象形字也。"① 按孙说，"雨"上之一横为饰笔。若从二、⿳、⿳意义有联系、构形有相同、上一短画为指事符看，也可将"雨"上短画看作指事符，指出长画为最上之天，下零其雨，那么，也不是饰笔了。天象与雨点连成穹窿天幕，只是一种变体。

初文中的描摹事物，可详可略。如"其"字，商代金文有⿳（母辛卣）、⿳（其侯父己簋），甲骨文有⿳、⿳、⿳、⿳、⿳，西周春秋金文有⿳、⿳、⿳、⿳、⿳，还有⿳（剌鼎）、⿳（秦公簋）、⿳（王孙钟）等形体。现从甲骨文、金文中所见，"其"为地名或代词或虚词。然从构形看，乃为"箕"之象形字。箕之结构的描摹，编织纹可有可寡，外框边沿较为次要，可画可不画。其繁式不算增加羡画，简式也非"省体"，状物没有标准限制，可繁可简。又可置于垫座或几案之上，或加执器之人形，而成为复合象形字，类似"果"之从木，"眉"之从目，木、目只起烘托作用，非"果、眉"之形义本体。⿳、⿳、⿳也非箕之形义本体，只是有关联的烘托，所不同者，"其"基本用作代词或虚词，箕义渐晦，久而久之，到战国期间出现以⿳代"其"，喧宾夺主；⿳上加短画，则属战国时常见羡画。

三

羡符（饰笔）之存在，是肯定的，任何时候都存在。在没有统一用字标准时，它可以是装饰、平衡美化的结果，也可能是偶然的笔误，乃至积非成是。在有"书同文字"的政策和配合推行的标准"字汇""字典"之时，

---

① 孙诒让：《名原》，1905 年自刻本，第 18 页。

也有约束不严的笔误和特殊用途（如印玺符牌）的装饰需要，而产生标准形体之外的衍笔羡符。

当整个时期管束不严，带羡符的字被广泛使用，就会被看作有某种合法性的异体字；如果管束严，政府和用字者的正字观念强，就会将衍笔、缺画之字称为不合法的错字。总之，心目中有个或宽或严的标准在起作用。这时，笔画不仅是多少（如"人、大、天"），甚至长短（如"土、士、未、末"）、形态（如"夭、夭、干、千、于、毛"）、交接位置（如"己、已、巳、矢、失"）、相对位置（如"太、犬、庆、厌"）都可能与字的意义有关联，而被公众重视，被用作判断错别字的标准。可是，在没有古文字统一标准的先秦和有篆书标准而无隶书标准的秦汉隶变时期，羡符和省笔现象，不被当作错别字的标志，就有可能广泛出现，并有可能成为一时一地的风尚，不能简单地做出正误评判，而有必要对文字所处的时代背景进行考察。

商代文字已是较成熟的以象形表意为主的文字系统，益以借形记同音词之法，便基本可以记录当时的语言了。在这样的文字大环境下，人们对语言的代用工具——文字的主要期望在于如何突破象形表意造字框框，更加自由准确地用文字记录满足表达欲望。要做的工作是：

（1）使象形表意字的取象，更加明确统一精练。在约定俗成的过程中，将已有的常用字及构件（字素）的形状，逐渐固定化。不够明确之处，用加笔、减笔、改笔形等方法改进象形符，或加注指事符，使字义更明确；在音读易生歧误的象形字旁，加注同音字，使读音更准确；或在借形记音的基础上附加象形表意字符，于是产生了早期的形声字。这是象形表意字的改进过程。这个过程应该是从初文出现到形声字成为主流阶段，都一直存在着，尤以形声构字的探索期——商代后期最为明显。原因是象形表意构字法已进入很难有重大作为的"山穷水尽"时期，既然很难有新的创造，就只有将已有的符号系统加以改进。翻开《甲骨文编》，4000多个单字，象形表意字占75%左右，使用频率高的字往往有众多的异体，帝乙、帝辛时期的字，形体构成和点画数目较为稳定，并与西周金文相衔接。而25%左右的新出形声字，多数出现在商末（即甲骨文五期划分的第三期以后），其形声偏旁则与同时期逐渐改进的象形表意符相近。所以，商代甲骨文的繁简异体，主要是符号系统改进期间的表象，增添减少的笔画，多数属于与字音字义有关的象形或指事符。

（2）急需做的是探索突破象形表意框框的新造字法。可选择的途径有两条：一是创造与固有文字性质毫无关联的新方法，这就意味着放弃象形为基础的符号，寻求只记音义的符号；二是让原有符号继续发挥作用，维持文化的延续性，又使原有的基础符号在某种情况下脱离原有"形—义"的固定关系，改造成具有表达新的音义的功能，或利用相同的点画创造一些构形相似的符号做补充，造成一种新的构字方法，保持汉字形音义一体的特性。

借同音之形记词的假借法，是脱离了原有的形义关系，使形变成只记实际用词的音义符号，可算是前者的尝试。它弥补了象形表意造字法的两个缺陷：①有形可象但差别细微的事物间难以造出区别字；②无形可象及难于用事物联想会意的抽象语词无法造字。古汉语单音节词居统治地位，同音词特多，这样就出现众多的一形记多个同音异义词的现象。据姚孝遂《古文字的形体结构及其发展阶段》的抽样分析报告，甲骨刻辞中同音假借的数量高达70%有多。[①] 在离开具体语言环境的情况下，文字的歧义理解，使文字的社会功能大受影响。若放弃固有的象形为基础的符号，新造一套只记音义的符号系统，也不能摆脱同音词众多的符号区别问题，这就注定要选择形音义一体的符号。

既然要选择形音义一体的符号，就必然要在保留原有文字符号基础上，将构件（字素）原来固定的形—音、形—义关系虚化，使之在构成新字时削弱原构件（字素）的读音和意义的影响。因为原有文字在继续通行，构件（字素）的读音和意义同时绝对虚化是较困难的。容易被用字者自觉或不自觉接受的虚化途径是：某些同音词多又常被用来假借记词的符号保其音而虚其义，成为便于缀加的声符，同音词极少的难于找到现成可借者，则依发音部位接近、读音近似者作声符；而另一些象形表意字，则保留其事物近似的类别意义而虚其音，成了便于组合运用的意类符（因其象形符居多，又常被称为形符，是以形及类之意）。于是在商代甲骨文中出现的早期形声字，有的是在原有的通行字基础上加声符的，更多的是在原来的假借同音字上添意类符的。这充分体现了形声构字法还处于摸索期的特征。它的出现立即可以解决象形表意造字法的两大缺陷：使形体相近的事物，借声符得以区分；使有声无形的抽象、半抽象词语借意类符而知其音义的连类归属关系，使大量的同音词有区别的标志。

直接用声符和意类符拼造新字，那是形声构字法成熟期后的事。其原因在于：①要有足够完善的声符系统和意类符系统；②这两个系统的完善需要

[①] 参见姚孝遂《古汉字的形体结构及其发展阶段》，见《古文字研究》第四辑，中华书局1980年版。

相当长期的积累；③有赖于全社会用字人对声类和意类符认识的增长，以及对形声构字法的自觉掌握。

形声构字法是基于象形表意造字法已基本丧失构字活力，假借法济一时之穷，却又增加许多新的语义淆乱这个背景前提下产生的新造字法。关于形声字的发展，笔者于1965年撰写研究生毕业论文时，曾将《甲骨文编》和《续甲骨文编》的正编所收字1700多个逐个分析，得出可辨形声字23%有多，疑似形声字约2.5%。又将《金文编》中西周末以前的文字分析，得出形声字约占《金文编》正编所收1804字的45%，加上春秋末年以前的形声字占57%，直到战国末年约65%。（因为当时的原始材料和论文在"文革"期间全毁，只记住约数）1985年曾指导刘乐贤先生撰写本科毕业论文，他又将新版《甲骨文编》正编1723字，参照李孝定之《甲骨文字考释》和《说文解字》，逐个标出"从某，某声"，得出《甲骨文编》正编的形声字占25%有多，疑似者有2%，即甲骨文中形声字占25%～27%的结论。以西周初的盂鼎、春秋中的叔夷镈和战国中的中山王诸器的用字统计，则如下表：

时　期	器　名	所用单字	形声字	比　例
西周初	盂　鼎	157	39	24.8%
春秋中	叔夷镈	252	118	46.8%
战国中	中山王器	505	340	67.3%

《甲骨文编》《金文编》内的字只是已出土的专项材料用字，若将未出土的甲金文，尤其是用字广泛的简帛文字估计进去，将西周后期形声字占比45%和春秋后期的形声字占比57%各提高5%～10%，也不是没有可能的。春秋末战国初期的形声字在竹简帛书等实际用字中的比例，要比《甲骨文编》《金文编》两部专项材料的统计数实际上要高许多。1979年笔者在《试论铜器铭文形式上的时代标记》中曾说"考虑到铜器铭文内容用字的限制，如果把战国时期的盟书、竹简、帛书上的文字联系起来观察，则可进一步发现……在金文中统字较少的偏旁……到战国时期同样已是非常常用，结

合力很强的稳定的偏旁了"①。商后期象形表意文字占 75%，形声字占 25%，到春秋末战国初，则倒过来。

商后期到春秋末最突出的任务是使意类符系统形成和完善，只有完善它，才能满足人们用字的需要，因此使文字符号有装饰美化作用不会成为一项任务，整个社会用字背景如此。从西周到春秋的文字材料，我们看到的演变是象形、指事、会意字比例从较高变较低，极少增加新字，相反还有不少象形专名字消亡，或被形声结构字所替代。形声结构的新字大量涌现，并突出表现为大批的象形字同时成了意义泛化和不表音的意类符。随着时代的推移，这些意类符组合的新字急速增加，标志着形声符号系统逐步完善。

文字的形体外观上的变化，从西周初到春秋中，主要是线条化和方块化，未有明显涉及装饰美的倾向。象形表意构字与形声构字之比，商后期为 3∶1，到西周后期 1∶1，再到春秋后期至战国期间发展成 1∶3。这是在象形表意字极少新增，有些甚至被形声字所取代的情况下发生的。也就是说，形声构字法从西周到春秋战国，是文字构形方式发展的绝对主流势力，是主宰用字人用字心理的主导方式。在这种被社会用字公众认可的心理策动下，促进了声符和意类符的增加、稳定和完善，反过来又加强了用字人以形声构字的自觉性。这种互动作用的直接效果，是人们用字的需要得到满足和文字符号系统日趋完善。自觉运用形声构字的心理，得不到规范用字的法律性约束时，就有可能被滥用，如口、言、欠、又、攴、攵、止、辵、足、彳、亍、行、走，分别为与口、与手、与足有关的动作表意符，或称为动符，有时出现同一字用不同的动符构字，有时则重叠使用两个动符。滥用的前一后果是，出现了许多意类符通用例；滥用的后一后果是，字中出现重叠的意类符（它与后世的增加意类符以分化多义字不同），到后世必然规范简省其中一个意类符。如"巫、胫、桓、组、纪、敘、丙、辰、念、後、逆、退、復"等字之衍口，又如《金文编》中的"走、趋、趰、蘁、归"等字的某些重文增加了彳，"道"字增加了亍，"後、復"字增加了止。这些多增加的动符，就是没有区别词义词性作用的同一层面的重复，可以判断为羡符。为了区别 大（大）而加 为 （去），为区别亡（名词）而加 为 （动词），虽然后世"去"字不加止，动词"亡"字不加辵，也不能据后世的规

---

① 张振林：《试论铜器铭文形式上的时代标记》，见《古文字研究》第五辑，中华书局 1981 年版。

范字而判为羡符。① 可见，后世的规范字，可以作为先秦文字形体有无羡符的参考，而更起作用的标准还是要看当时的用字背景，考察其对字音字义及所记词性是否真无关联。

⺁—元、禾—秂、丁—衍、屮—㞢、吾—䇂、皿—血、両—両等在商代就存在上部方位及意义指向的指事符和无指事符的初文共存的现象，西周春秋至战国延续使用。而夭、夭—天、夭、二—丅、下、丂—丂、西、酉—酉、亦、不—不—亦等的初文无指事符，西周几百年字形渐渐固定化时也无指事符，但是到了春秋中期以后，渐次于顶上长横之上加短画，它既无（或如"天"字割断了）初文的历史传承，又不合春秋后主导的形声构字字理，可以判为"类化"产生的羡符。

春秋中期以后，形声字在当时用字中的比重占了优势，满足了用字需要，于是在钟鸣鼎食之余，便有了使文字美化的特别追求，于是便产生了瘦长屈曲婉转的"蚊脚体"美术字（王孙钟、叔夷镈钟、蔡侯绅盘、畲章钟和戈、曾侯乙编钟、中山王鼎和壶、越王者旨於赐戈和矛、者沪镈钟等铭），产生了有鸟纹装饰的"鸟虫书"美术字（宋、蔡、吴、越、楚等国的部分兵器和鼎铭），还有"悬针垂露体"美术字（楚王盘铭）。由于美术装饰的需要，有的在文字主干的上、中、下位置加点或短横，有的为了对称或填空而加 ●○ーǀ＝∥，有的增加鸟饰，或借用鸟形的一部分做装饰。所有这些增加的点画，都是为了美化而与构形字理无关的羡符。所有这些现象特别集中出现在春秋中至战国期间是很耐人寻味的。

四

指事符的大量使用和象形符的渐趋固定，是象形表意构字法技穷，要求探索新的构字法以满足用字需要时的表现。而羡符的大量出现，则是形声构字法成熟并渐趋完善，用字需求得到满足时，出于装饰美化需要的表现。而伴随羡符大量出现的，还有形声构字心理驱使下的偏旁滥用。这样就使春秋后期至战国期间，出现了一个文字繁化和异化的潮流。凡是接触过曾侯乙墓竹简和近30年出土的战国楚简以及中山王墓文字材料的人，都会有鲜明的感受。用字需要得到满足时，人们也必然要寻求使文字简省便于书写的途径，形成一股与繁化、异化相对抗的潮流。于是，春秋后期到战国中期，成

---

① 参见张振林《试论铜器铭文形式上的时代标记》，见《古文字研究》第五辑，中华书局1981年版。

了文字状况最复杂的时期。滕壬生先生在《楚系简帛文字编》的序言中，对战国中期以前楚系文字的繁化（包括形体叠加、缀加偏旁和装饰符）、异化（改变笔画、偏旁和位置）与简化（简省笔画、偏旁和使用代号与借笔等），做了详尽的归纳描写。他又指出："楚简文字中还使用了许多特殊的符号，除重文号、合文号之外，有的是用来作文字中的辅助性笔画，或表示省略，或表示装饰。其中，用'＝'来省掉字形的某一部分则屡见不鲜。……其他的所谓装饰符号的'⌒''∴''ヽ''ノ''〃'等，在楚简中主要是对文字形体布局起调节作用，加与不加无别。但个别的亦要具体分析，慎重对待。"① 类似的繁化、异化与简化并存现象，在同一时期北方的三晋盟书和中山国铜器铭文中也有反映。因繁化、异化、简化造成的文字异形现象，远甚于因地域不同造成的文字异形。

很多文字学著作和论文，都引用《说文解字·叙》的话，说战国时文字异形现象的严重，主要原因是"诸侯力政，不统于王"，故秦始皇统一了六国后，就有可能"书同文字"，"罢其不与秦文合者"。但从上文的分析，我们可以知道，春秋后期至战国时期的文字异形现象，并不是诸侯分割造成的，而是文字自身发展形成的。"诸侯力政，不统于王"，顶多不过是外因之一，使繁化、异化、简化趋势缺少统一政权的遏制约束，成为范围大、时间长的现象而已。

需要特别提出的是，繁化、异化和简化，是形声构字方式逐步完善，人们用字需求得到基本满足的前提下发生的。这就透露了尚未引起人们重视的有关文字发展的一些重要信息：

（1）寻找新的构字方式以满足人们用字需求的任务基本完成，文字体系发展的方向必然转向改善符号，使之成为记录语言准确、形体简易明晰、书写方便快捷的工具。

（2）繁化、异化和过度的简化泛滥，只会增加书写和认读的困难，不符合文字发展的方向，必须予以约束。不仅是七国的政治、外交上的交流、连横、合纵呼唤文字规范，就是同一国同一地区的人们，也要求减少用字麻烦，使文字成为利于交际的工具。总之，时代呼唤文字规范。

（3）由于形声构字方式已经成熟，意类符（100个左右）和声符（500～700个）已成系统并基本完善，用字的人们已有足够的形声构字的心理自觉，对构字符号的功能也逐步形成了共识并积累了把握的能力，这就使

---

① 滕壬生：《楚系简帛文字编》，湖北教育出版社1995年版，序言第44～45页。

改善文字符号使之规范的任务，从必要变为可能。

（4）春秋期间，华夏大地各国的文字面貌是基本相同的，那些字是文字的主体，是战国七国间交流所仰赖的基础。秦国地处西北一隅，与六国交流相对较少，未受六国繁化、异化和过分简化的文字浪潮的严重冲击。秦国的用字保留着七国共同接受的基础，只是在此基础上逐步将意类符和声符标准化、固定化，并进行有限度的简化。这就为遏制违反字理和文字发展方向的潮流，提供了一个七国用字民众都容易接受的基础。

（5）秦国在战国中期经济、军事、政治、外交上崛起，频繁广泛地加强了与六国的联系交流。秦国使用的文字工具，自然拥有易被六国接受的优势，同时也吸收了六国文字合理简省和减少圆弧弯笔等便于书写的长处，使文字符号化的程度增强。秦国靠军事、政治上的优势统一天下，以法家的强权政治推行统一度量衡和"书同文"政策，这是古文字走上篆书规范道路必不可缺的外因条件。

没有前四条所述的文字发展的内因，古文字就不可能出现规范；没有秦国统一天下所推行的强力政策做外因，繁化、异化和简化的泛滥包括羡符滥用的时间，就将进一步延长，进一步增加文字的混乱。篆书的规范（"书同文字"），只是解决改善古文字符号任务的一个方面，即字素（意类符、声符）笔画及位置的固定化，在选择标准字素符号时，有限地兼顾了易于书写的原则。但是，使文字书写简便快捷的工作，更主要的是文字的符号化，需要靠全体用字民众的实践来完成，这就是由战国中期逐渐展开的古文字的隶变。隶变既然与规范的要求同时存在，则七国都易接受的以秦国篆书为基础的形体隶变，也自然成了隶变的形体主流。在这种主流形体上的隶变，主要体现为象形性的破坏和笔画的简省变直，很少产生新羡符。保持繁化、异化和简化纷呈的文字符号的手写体，只体现出起笔收笔的如隶笔势，不能说是隶变，充其量只能称为隶变潮流下有早期隶书的用笔特征。在隶变期间还存在饰笔、羡符，只是未规范的古文字的孑遗。

（本文原刊《中国文字研究》第二辑，广西教育出版社 2001 年版）

战国期间文字异形面面观

一、许慎提出战国"文字异形"

自汉代以来，虽然史书不乏出土古文竹书和民间献书的记载，但那些实物和临写复制品都早已失传，因此人们对战国期间的文字状况知之甚少，只是根据《说文解字》《正始石经》《汗简》等资料知道战国期间使用籀文和古文。

许慎《说文解字·叙》："其后①诸侯力政，不统于王，恶礼乐之害己，而皆去其典籍。分为七国，田畴异亩，车涂异轨，律令异法，衣冠异制，言语异声，文字异形。秦始皇帝初兼天下，丞相李斯乃奏同之，罢其不与秦文合者。"这段话，是许慎对战国时期没有了统一的典章制度后情况的高度概括。诸侯闹独立、废除制度典籍，既是现象，又是后面六种变异现象的原因。

许慎的这段话，一直是人们借以理解战国社会概貌和解释小篆、籀文和六国古文差异现象的经典理论武器。

二、弄清战国"文字异形"的表现

清代后期迄今100多年来，战国期间的文字资料，受到学术界的特别重视：古玺、钱币、古陶、封泥、帛书、竹简等的文字资料集，纷纷问世；文字的考释、分域、断代的研究，紧跟其后，成绩斐然。近50年来，成果更是突出，给文字学界带来极大的震撼和兴奋。原来在商、西周、春秋的甲骨文、金文到汉隶之间，除了秦代有刻石、诏版，可以断定当时通行的正体文字为小篆外，战国时"文字异形"状况和古文字向隶书转变问题，都还是混沌不清的。近50年来，文字学工作者利用出土的新材料和考释研究的新成果，先是为地区性差异找到了许多文字例证（1950—1975年，文字学界主要着力于此），接着又弄清了文字异形有繁化、简化、异化、讹变、美

---

① 按：指孔子、左丘明之后。

化、通假等多种表现，和同时出现的文字形体的隶变（1976—2000年，这两方面成为研究重点）。三个方面的形体变异，又都包含了文字笔画、偏旁、结构的增减变异和书写形体的变化，使战国期间的文字材料呈现出一种前所未见的纷繁多变形态。战国"文字异形"情况弄清了，古文字向隶书转变的过程也清楚了，既填补了从战国至西汉的实用文字状况这个极其重要的空白，又论证了许慎那段话的正确。有些学者还从中总结出简化和表音两条规律①，为文字改革政策服务。应该说，50年代李学勤先生的《战国题铭概述》，对促进战国文字的科学研究起了特别重要的推动作用。

三、 探讨战国"文字异形"的成因

理论工作者不满足于知其然，更重视弄清其所以然。对战国时期文字异形的成因，先后有如下几种看法：

（1）有人认为是"诸侯力政，不统于王"，各行其是的结果。20世纪70年代中期以前的文字学论著，多数在引用许慎的话后，即着眼于地区差异的说明，引举某些字例，说明楚、秦、三晋、燕、齐有不同写法。但是，只提到社会背景一端，只看到地区性的异体字，是远远不够的。那样还不能回答下列两个问题：①春秋300年也是"诸侯力政，不统于王"，为什么不说春秋而单说战国文字异形？②从商周甲骨文、金文到现代，个人书写异体字和出现地区性异体字，可说是无时不有，为什么偏偏战国时代异形为烈，繁化、简化、异化、讹变、美化、通假等各种现象纷呈，甚至出现牵涉全部文字符号书写形体的隶变？

（2）有人认为是随着奴隶制的瓦解，封建政治、经济、文化等方面的迅速发展，士人掌握了文字，用字的人多了，俗体字迅速发展的结果。裘锡圭先生的《文字学概要》在这方面有很透彻的论述。祝敏申的《〈说文解字〉与中国古文字学》，还在楚、秦、齐人的文化精神之差异上特别做了分析论述，认为："最根本的成因，是地域文化因素，即地域文化背景造成的文字使用习惯。""最重要的就是民俗风气不同，楚人浪漫，好想象，狂放；秦则民风淳朴。""在齐文化中，交织着两个重要因素：一个是齐鲁保存了较多的西周传统文化，一个是在广义的齐文化领域里，包罗着历史背景不一的当地文化传统。所以交织的结果，是使齐文化对西周传统的继承或背离的态度出现折中。"王凤阳的《汉字学》认为，战国时代文字"进入一个大分

---

① 按：此两条规律的提法是否妥当全面，尚可讨论。

化、大繁化、大简化、大变化的时期。给文字带来变化的主要因素是文字使用率的提高和应用范围的扩大"。"下级官吏、商人、手工业者……这些新涉足于文字应用者行列的人，他们文化水平很低；他们对文字没有思古之幽情，却有着现实的功利目的；他们不去追求字的美术价值，他们不要求当书法家，但他们却重视文字的实用价值。正因为如此，他们成为文字的主人之后，他们就不去尊重文字的什么历史传统，不尊重文字的规范，而唯求它简易、迅速、易区别、好使用了。文字就在他们的手上大变而特变了。正是民间的这种草率急就的文字成了文字发展历史上的巨大推动力。"

（3）有人认为商、周、春秋时，为王室、诸侯服务的史官、卜人，都是师徒相授，"不知则阙，问诸故老"，所以"书必同文"，而战国时诸侯各思独立称王，"是非无正，人用其私"，文字也自然不受约束了。刘又辛、方有国著的《汉字发展史纲要》就阐述了这样的观点。这可以说是班固《汉书·艺文志》的观点在新条件下的阐释。

上述对战国文字异形成因的探索说明，无疑都是正确和有益的。不过我认为，要更准确全面深入地说明战国时期文字异形的成因，还需要更全面深入地分析当时的用字人、社会背景和语言文字状况，而且要放在特定的时空中来考察是否有必要性、可能性、必然性。

四、战国时期"文字异形"成因面面观

战国所处特定的时空：春秋诸侯割据已有300年，由于各国自然环境不同、历史背景不同、人口数量和素质不同，中央政权制度的约束逐渐削弱乃至丧失，因而在春秋中后期，经济、文化、语言、文字上产生了"六异"，并逐渐有所扩大，文字异形的现象在加剧、造成异形的种类在逐渐增加，这是一方面。但另一方面，无论是春秋五霸的兼并，还是战国七雄的争斗，无论是贵族还是平民，都希望中国统一，问题只在于谁能统一。因为夏、商、周有上千年部族联盟，天子一统，互通有无，共同发展的传统，就连杂处的东夷南蛮各族群，在经济、文化、心理、语言、文字上，也基本趋于统一。长期共同使用的表形符号为主的汉字，尽管异体繁多，也主要是基本结构相同情况下笔画的增减、曲直、肥瘦的区别。商周以来，汉字所选择的形声造字发展道路，不会因诸侯的割据而变更。这是发展的主流。在辽阔地域、众多相互依存的人口中千百年所形成的传统，是不容易改变的。这就决定了"六异"不可能发展到阻碍统一的极端，文字异形未达到妨害七国间交流的地步。这是考量人、社会、语言文字的大背景。

（1）当时的用字人。一是成分的变化。从国子贵族和史卜世家，扩大到士人和平民。二是人数的变化。从贵族教育到私学兴起，用字人大量增加，私学学生水平差异甚大，出现异体俗字的概率大大增加。三是用字需要量和内容的扩大化。以往的用字，主要是由卜人史官记录天子诸侯的生活和国家大事，此时的用字人，"学而优则仕"，在群雄争霸的年代，从政治、军事、外交、经济、文化、哲学、道德、习俗等各个方面干预社会，百家争鸣，非常活跃，各种异体俗字通过多种渠道进入社会各个角落。四是用字人具有自由造字的能力和空间。形声造字法作为最能产的造字法及其常用的声符和意类符，到春秋战国之际已基本形成并为读书人普遍掌握。当时又无统一的政权和统一的用字规范约束。他们既有大量用字的需要，又有自由造字和识别的能力，且无规范约束，文字异形现象到战国时代迅速膨胀，势在必然。

（2）战国社会状况。春秋300年的诸侯力政，不统于王，而代表统一国家的周天子，形式上仍受到诸侯尊重。齐、楚、秦、晋、吴、越各国经济、文化、语言都有各自的特色，代表各国官方用字的金文，在结构上还是差别甚微的。许慎所说的战国"六异"，除了"言语异声"常见于春秋史籍外，其他"五异"似乎都不明显突出。十二诸侯和众多的城邦小国，通过兼并，至战国分为七国；奴隶制也随之瓦解崩溃，新兴地主阶级登上历史舞台；为奴隶制服务的礼乐崩坏；私学把教育普及到平民阶层，培养了各阶级、各阶层的知识分子，他们或著书立说，或游说于各国；儒、墨、兵、法、纵横、阴阳等学说并兴，百家争鸣，思想解放。而各国的统治者，不是提防着别国的入侵，就是谋划着富国强兵，进而吞并他国，统一天下，军事和外交活动很频繁，不可能制订出某一国或七国共同的文字标准。总之，战国社会没有统一的强权政治和思想文化管束，为空前增多的活跃的知识分子，提供了自由表现自己和自由用字的宽松社会环境。

（3）战国时期的语言文字背景。一是中国自古以来，地域辽阔，人口众多，方言复杂的情况没变。二是黄河下游和淮河流域，杂处着东夷和南淮夷；长江中下游则有蜀、巴、羌、僰、三苗、百越各族聚居。在商、周、春秋有效的政治管辖范围内（巴、蜀、羌、僰在此之外），表形符号为主的汉字，是共同的文字工具。三是商代主要使用表形字（象形、指事、会意）符号，并开始探索新的形声造字法。表形字的能产度是有限的，需要大量使用假借法，才能有效记录语言。由于古汉语以单音节词为主，音节只有几百个，同音词特多，因此离开具体语境，往往难于区别假借记音的词义。这是古汉字不能通过假借记音发展成为音符文字的根本原因。为了区别可能混淆的同音词，最初是在假借记音基础上，添加表示意类的形符来达到区别意义的目的，因而产生了形声字，探索出音义兼表的造字法，以济单纯表形或记音之穷。四是形声造字法的成熟，关键是意类符体系的形成。汉语中音节有限，而常用词数却是音节数的百倍以上。几百个音节的符号可通过假借表形字获得，而意类符的制定和选择，首先有赖于人们对语词意义的分类认识，这就需要一个相当长的思维认识发展过程。甲骨文中，意类符有 90 个左右，形声字占 26% 左右。商、周、春秋到战国初的金文中，意类符有近 200 个，用于区别自然、社会、精神各领域的同音词，形声字约占 60%（春秋 300 年的铜器铭文过分形式化，内容单一，如有春秋竹简、帛书、玉册出土，形声字的百分比肯定会大幅飙升）。后世常见、领字众多的意类符，在春秋战国之际已基本具备。五是形声造字法有易被人掌握和能产性特强的特点。这是战国文字异形主要表现为异体字繁多（包括增加偏旁的繁化、改变偏旁的异体）的主要原因。六是进入战国，意类符基本具备，形声造字法基本完善并为用字人掌握，表形字符不敷应用的矛盾基本解决，文字本身便从探索造字法阶段，进入以改善文字符号为主要任务的阶段。文字是携带语言信息的交际工具，改善的目标，当然是音义信息准确、符号的区别特征明晰，易认、易记、易写，即要求文字符号简单、明确、符号化。这就必然要削弱甚至背离表形造字和形声造字的"六书"理据。这不仅是战国时期文字大量地出现简化、异化、讹变的重要原因，同时也是纯符号字（如万、无等）和隶变的催产剂。美化（包括增加羡画美饰和笔画点线的美化变形）属于文字符号应用功能的改善，从春秋后期到战国期间也特别活跃，也成了战国文字异形的一种表现。七是本有其字的通假法盛行，产生一词多字现象，又增加了应用上的"文字异形"。商周时期的假借，是本无其字借同音字记词，是一字记多词。春秋战国之际，形声造字法基本完善，原来许多靠假借法记录的词，都可以为其造新的形声专用字，减少一字记多词的歧义机会。但由于新造专字不能通过统一的国家文件形式成为共同遵守的规范，由于长期积淀的借同音字记词的习惯势力的作用，就产生了大量的本有其字的通假，这是商、周、春秋时候少见，而在春秋后期和战国才大量发展起来的现象。

五、 结语

春秋 300 年漫长的"诸侯力政，不统于王"，没有产生明显的"文字异形",而战国期间文字的繁化、简化、异化、美化、通假、讹变现象却触目皆是,而且出现了隶变,成因即在于上述人、社会、语言文字三因素的共同作用,其中人和语言文字因素是决定性内因,社会条件则是外因。所以,将战国期间文字异形的成因,简单归结为"诸侯力政,不统于王",是只看到了外因;强调诸侯独立、封建政治、经济、文化迅速发展,用字人多,俗体字也迅速发展,虽然触及人和字,但尚欠具体深入,未挖掘出有关问题本质的方方面面,尤其是文字自身发展阶段的变化,带来改善文字符号的必要性、可能性和缺乏规范约束环境下文字异形现象繁杂而突出的必然性。

秦国僻处关西,文公时卜居汧渭之会,继承西周的文化和文字,初用文字记史。穆公时称霸,跟关东诸国联系渐多。春秋时,诸侯要定期朝周天子,否则要遭到他国的谴责与讨伐。周文字(即秦所用文字)是各国通行的文字,它受到大面积通行的制约,同时又有文字范本(周宣王太史籀编的《史籀篇》)在秦国流传,因而变化较小,除了形声字发展突出外,偏旁结构变化不大(学者称之为"保守")。战国时,六国文字变异明显,但诸侯贵族庄重的青铜礼器用字,相对变异较少。合纵连横的文件用字,游走于各国的知识分子的习惯用字,自然要选择各国通行的周文字,当然也难免带上一些各国创造的表意明确而又省便的字。也就是说,继承周文字传统的秦文字,在战国的特定时空中,天生具有统一文字的基础。所以,秦灭六国,统一天下,建立了中央集权政治体制后,为了政治、经济、文化、法制的统一管理,推行统一的度量衡的同时,书同文字,"罢其不与秦文合者",在周秦一脉相承的大篆基础上,吸收六国某些简便明确的符号化做法,"或颇省改",使之一字一形,偏旁形态和偏旁在每一个字中的位置基本固定,这样的文字政策,能够取得成功。

参考书目

[1] 唐兰:《中国文字学》,开明书店 1949 年版;《古文字学导论》(增订本),齐鲁书社 1981 年版。
[2] 梁东汉:《汉字的结构及其流变》,上海教育出版社 1959 年版。
[3] 蒋善国:《汉字形体学》,文字改革出版社 1959 年版。
[4] 姜亮夫:《古文字学》,浙江人民出版社 1984 年版。
[5] 李学勤:《战国题铭概述》,《文物》1959 年第 7~9 期;《古文字学初阶》,中华书局 1985 年版。

［6］高明:《中国古文字学通论》,文物出版社1987年版。
［7］龙宇纯:《中国文字学》,(台湾)学生书局1987年版。
［8］姜宝昌:《文字学教程》,山东教育出版社1987年版。
［9］裘锡圭:《文字学概要》,商务印书馆1988年版。
［10］王凤阳:《汉字学》,吉林文史出版社1989年版。
［11］祝敏申:《〈说文解字〉与中国古文字学》,复旦大学出版社1998年版。
［12］刘又辛、方有国:《汉字发展史纲要》,中国大百科全书出版社2000年版。

(本文为首届中国文字学国际学术研讨会暨纪念许慎著《说文解字》1900年会议论文,2001年;刊于《文字学论丛》第二辑,崇文书局2004年版)

《说文》从辵之字皆为形声字说

  现在大家常用的《说文解字》，是汉许慎所撰、宋徐铉等校定、清陈昌治校刊的一字一行本。卷二"辵"部"文一百一十八，重三十一"，又新附"文十三"。依《说文》体例，凡形声字称"从某①，某②声"或"从某①，某②省声"，而"从某①从某②"或"从某①某②"或"从某①从某②从某③"等则为会意字。"辵"部131字，除部首"辵"是会意字外，尚有"连""遰""逐""遱""道"不做形声字，其他皆为形声字。这5个字中，除"遰"字与所从之"豚"读音相近，其他4个字的读音，与它们所从偏旁的读音都相隔甚远，北宋时期徐铉等人校定《说文》时，大概就已深信它们是会意字，不可能是形声字。然而，"辵"是形声造字法成为主流时才诞生的彳止复合偏旁，以其为形义偏旁组合而成的字，有120多个都是形声字，为什么会有这么几个偏偏不是呢？经过清代以来许多学者的探寻论证，现在已接近可以认定，这5个字，也是形声字。下面试将一些最接近成功的论证，撮录其要，予以评述补充。

  （1）连，员连也。从辵从车。力延切。《说文解字系传》作从辵车。段玉裁曰："员连当作负车。连即古文辇字也。《周礼·乡师》'輂辇'，故书辇作连，大郑读为辇。'巾车连车'，本亦作辇车。……负车者，人挽车而行，车在后如负也。字从辵车会意，犹辇从㚘车会意也。……然则联连为古今字，连辇为古今字；假连为联，乃专用辇为连。大郑当云连今之辇字，而云读为辇者，以今字易古字，令学者易晓也。许不于车部曰连古文辇，而入之辵部者，小篆连与辇殊用。"① 马叙伦曰："员连不可通，段谓当作负车是也。然负车乃辇字义，古书借连为辇，许不明连字本义，乃以辇字义说之。负车而从辵，于义迂曲也。……连盖从辵车声。连车一字，故连声入元类。错本作从辵车，夺声字耳。钱坫本作从辵从车声，不知何据。惜其义今不可证。"②

---

  ① 〔清〕段玉裁：《说文解字注》第二篇下"连"字注。
  ② 马叙伦：《说文解字六书疏证》卷之四"连"字注。

振林按：①从商代辇卣铭文可知，"辇"为复合体象形字，两人在衡轭与车身之间，人（奴仆）如牛马负车服劳。所以段谓"员连当作负车"，马谓"负车乃辇字义，古书借连为辇"，是对的。因"辇"为名词非动词，其义在㚘外之车形，宛如"果"义在木上之果形、"眉"义在目上之眉形，故不应当作会意析字。从早期以人挽车发展为牛、马驾车，车子仍称为"辇"，因象形字辇不合牛、马驾车现实，遂将表双人挽车的㚘弃去，不再新增两牛或两马，于是产生了作为通名的"车"字，而"辇"字便由通名变为人挽车的专名。后人不明车子曾经历过一物异名阶段，也就不明"车"字曾有一字异读的辇音。所以，钱坫本作从辵从车声，大郑读"连""车"为"辇"，马叙伦谓许慎不知"连"字本义乃以"辇"字义说之，都是有道理的；而段玉裁以"连"为"辇"古文，是将古今字颠倒了。②从铜器铭文看，商代数见图形性很强的"辇"字，如▨（辇卣），当为人拉之车的象形字；商代后期至西周时期更多的是具衡轭和两轮的"车"字，如▨（宅簋），是拉辇动力泛化的表现；而作为动词从辵车（读辇 lian）声的"连"字，则见于战国初的越铎和楚连迁鼎。

（2）遯，逃也。从辵从豚。徒困切。《说文解字系传》作从辵豚声。

振林按：《说文解字系传》作从辵豚声是对的。1975年陕西扶风出土㕙簋铭曰"孚戎兵：盾①、矛、戈、弓、箙、矢、裨、胄，凡百又三十又五款"，其"盾"字作从干豚声。表明西周中期"豚""盾"同声，以豚为声。"遯"和"遁"是同音通假字。《说文》"遁，迁也。一曰逃也"，即假借作遯逃。

（3）逐，追也。从辵从豚省。直六切。《说文解字系传》："臣错曰：遯者走也，逐者追也，豚走而豕追之，此会意也。"桂馥曰："从豚省者，当从豕声。《释诂》：'逐，病也。'逐即瘃字。豕，豕绊足，故可追也。"②段玉裁曰："错本《韵会》作'豕省'二字，正'豕省声'三字之误也。"③丁福保曰："慧琳《音义》十三引作从辵豕声，盖古本如是。二徐本豕声误作豚省。《韵会》一屋引小徐本作豕省，省亦声之误。"马叙伦曰："检小徐尚有'此会意也'一句，以错本无声字也。然遯逐一字。甲文作▨，则此当从止从豕从彳；止者人足，豕逃于道而人追之，会意也，当入止部。或曰，

---

① 编按：器铭作▨，盖铭作▨。
② 〔清〕桂馥：《说文解字义证》第六"逐"字后注。
③ 〔清〕段玉裁：《说文解字注》第二篇下"逐"字注。

许书本作豕声,慧琳所引是也。豕音审三,逐音澄纽,同为舌面前音也,后人以为豕逐声远,故改为遯省。豕声亦通。豕音知纽,亦舌面前音也,则为遯之转注字。"①

振林按:①甲骨文中很多上豕下止之"𧿹"字,出现在田猎卜辞上,其后通常连接兽名,间或后跟"又隻"(有获),可以肯定它为"逐"字的古文。②又有字作上兔下止、上鹿下止,《甲骨文编》和《甲骨文字典》将它们列于"逐"字下,《甲骨文字典》袭罗振玉说谓"从趾于兽后以会追逐之意"。然"逐兔""逐鹿""逐麋"等用"𧿹"字,却不见用上兔下止、上鹿下止字,可见从兔从鹿从止之字,其音其义并不等同于"逐"。我认为岛邦男将上兔下止字释作"逸"字不作"逐"字是有道理的。②甲骨文以兽名字下加"止"造字,是读该兽之名而以"止"为动符,用以表示该动物常有的有代表性的跑动态。从商代末期以后,动符"止"逐渐增繁为"辵"。群猪在野外觅食戏耍,常见小猪在前逃遯,大猪在后追逐;长着一对美丽大角的鹿子,在山林中总是胆小地东张西望,忽左忽右地跳跃前进;野地的兔子一见到人,会忽然间轻快地消失得无影无踪。于是人们便造了从辵豚声的"遯"字,从辵豕声的"逐"字(一物异名:豕即猪,象形符号同一形;豕为古字,猪为今形声字,古音也同一声),从辵麗声的"邐"字,从辵兔声(另有一音如佚,即兔之缓读断裂之后音,详下面"逸"字条)的"逸"字。③就字源而言,马叙伦谓"遯逐一字"不无道理,早期象形造字,大猪小猪形同,只有大小之异;追逐逃遯皆为迅跑,难于在字形上别异。④桂馥等人谓逐为豕省声,取豕绊足可追之义,此说难于令人相信,因为未见追逐字含有被动义的用例,且"逐"字的常用义在追、赶,不偏于逮住。⑤马叙伦评丁福保豕声说时,以"豕音审三,逐音澄纽,同为舌面前音"作解,所据为中古音,同时又置韵于不顾,显然欠周全。⑥若从一物异名考虑,甲骨文之豕形,也可认读为猪,声纽应属舌头音,韵母应属中后元音,上古音之阴阳入常区别不严(如从帝、从意、从易、从至等得声之字,或阴声韵,或入声韵),故"逐"字是从辵豕(古读猪)声。以"豕"字古音为书纽支部,"猪"字古音为端纽鱼部,"逐"字古音为定纽觉部,都不过是今人据中古音而对上古音所做的拟测,3个字的声纽韵部都不同,拟音路线明显受到中古音变的局限,因此只可供参考而不可尽信。但是,我们改

---

① 上引丁福保、马叙伦文,均见马叙伦《说文解字六书疏证》卷之四"逐"字注。
② 见[日]岛邦男《殷墟卜辞综类》,汲古书院1967年版,第81页。

变拟音路线，注意上古音发展为中古音，存在着缓读断裂或取前音或取后音现象和舌头音后移为舌面音的现象，就不难理解"豕""猪"本来同形同音，后来才变成声韵各异，而"逐"与"猪"则读音变化不大，只有促、缓之别。（缓读断裂机理，后面还会再谈。）⑦此外，从文字形体发展看，先有从豕从止之"㞢"，后有从彳从㞢之"逐"，也可以把"逐"字看作增形之形声字。这里存在着一个潜在前提，即修甲骨卜辞的学者，坚信"㞢"为"逐"之古文，因而按"逐"为会意字的旧解，忽略其音义的探寻。

（4）邍，高平之野，人所登。从辵备录，阙。愚袁切。严可均曰："当从辵从略省象声，备阙皆校语。石鼓文作𨖉，知从象声。"① 丁山曰："以金文证之，录为象之伪。……《广雅·释地》：'原，端也。'邍，从田有平义，从夊人所登也，田之下盖从㳤。……㳤端旁纽双声，是邍从田从夊㳤声，当入田部。"② 马叙伦曰："邍，从辵夒声。此遂之异文，或遂其省文也。高平之野者夒之义。散盘有𢆉字，伦谓即夒字，从略象声。今本书无夒字耳。"③ 马又谓："伦检平原币原字作𢆉，则略即平原之原本字。"④ 张亚初谓："邍字是形声兼会意字。夊、彳、辵是表示格登的义符，田是高原的意符，象为其声。缘、篆、璩都从象声。象有缘饰隆起之意。邍从象声，声中见义。"⑤

振林按：①西周后期和春秋时期的铜器铭文中见"邍"字，而马叙伦所言之平原币为战国赵币，"备"读为原，只能把"备"看作"邍"字之省。②金文多个"邍"字都不从录，可证丁山"录为象之伪"有据，但不当作田部㳤声。③"邍"字应视为从辵夒声，所以简省之备，承继原字读音，但非略字。"邍"字与后来之"遂"字无关。④声符夒，从备象声；形义符"备"，会登高平之田野义，马谓其为平原之原本字，有理；声符"象"字本属缓读断裂的后音为"余元"，如"缘、掾、橼、蠑"等字之读音。故"邍"字是形声字。（缓读断裂的语言发展机理，作者另有专文讨论。后面"逸"字条下有简单介绍）

（5）道，所行道也。从辵从首。一达谓之道。徒皓切。《说文解字系

---

① 〔清〕严可均：《说文声类》，又《说文校议》。
② 丁山：《说文阙义笺》。
③ 马叙伦：《说文解字六书疏证》卷之四"邍"字注。
④ 马叙伦：《读金器刻词》，第169～170页。
⑤ 张亚初：《古文字源流疏证释例》，见《古文字研究》第二十一辑，第383页。

传》作"从辵首"。徐灏曰:"首下脱声字,浅人删之。"① 林义光曰:"从辵首,按首所向也,首亦声。"② 马叙伦曰:"道从首得声。《周书·芮良夫》'予小臣良夫稽道',《群书治要》引道作首;《史记·秦始皇纪》'追首高明',《索隐》曰'会稽刻石文首作道',皆其证。错本作从辵首,脱声字。"③

振林按:①今之学者拟音,"道"古音定幽,"首"古音书幽,发音部位相近,发音方法相同,"道""首"二字声音极其相近,又有古书通假例证,因此"道"字应是从辵首声之形声字。②从一物异名看,首即头,象形造字即画出头形(下可附人形作页),"首""头"古本同音,"首""头"是同源古今字。山西太原等一些地方方言,称"首""头"为"得老"④,首的缓言分音字可以切拼出"道",也许就是古音的遗存。

《说文解字》"辵"部之外,卷十"兔"部还有一个从辵之字,最令人不解。

(6) 逸,失也。从辵兔。兔谩诡善逃也。夷质切。《说文解字系传》作:"兔谩诡善逃失也。臣错曰:会意。"翟云升曰:"当入辵部。"马叙伦曰:"从辵兔声。兔音古如俛。俛音非纽。故逸音夷质切,入喻纽四等而训失也。失音审纽,非、审、喻四同为次清摩擦音,语原同也。失也以声训,逸义为逃,逃音定纽,古读喻四归定,逃从兆得声,兆从澄纽,古读归定。兔音床纽二等,古亦归定。故逃转注为定。兔下当补声字。兔谩诡善逃也,校语,字盖出《字林》。"⑤

振林按:①按照《说文》编排原则,"逸"字字义为逃失,形体从辵兔,如同"逐"字,应当入辵部。翟说是也。②马按形声结构思路析字,谓从辵兔声,一会说兔音如俛非纽,一会说逃音定纽、兔音床纽二等,试图通过"俛"字或"逃"字做桥梁,寻找兔声的根据。然而,兔既非非纽亦非床纽,俛音和逃音也跟逸之"夷质切"拉不上关系。喻四归定的说法,尚不能指定"兔"字的古音声纽韵部与"逸"字的音读关系,所以马说尚非的论。③上文我已谈及"邎、逐、逸、邋"的相同造字机理,因此,"逸"字取义于兔子逃逸迅捷,倏忽消失,取音也应与其他几字相同,读兔

---

① 〔清〕徐灏:《说文解字注笺》"道"字笺注。
② 林义光:《文源》。
③ 马叙伦:《说文解字六书疏证》卷之四"道"字注。
④ 见《语文研究》2000年第4期和2003年第1期胡双保、张领文。
⑤ 上引翟云升、马叙伦语,见马叙伦《说文解字六书疏证》卷之十九"逸"字注。

可能提供的音，即同样做形声字分析。兔音和逸音，按当代古音学家的拟音，始终相差十万八千里，但是古文字工作者却没有放弃寻找它们之间的联系。

1978年年初借阅商锡永师新获平山中山王铜器铭文摹本时，我注意到壶铭中有一句"曾亡🐭夫之救"，第三字右边从一，左边兔头鼠齿鼠爪，按文意推测，该字应读"一"或"匹"或"隻"。后来容希白师向商师要了一份摹本，给正在修订的《金文编》补字，跟我讨论此字是"一"字还是"匹"字？应该入"鼠"部、"兔"部还是"一"部？我的意见是：该字的结构，左为动物，右为"一"，不构成会意关系，是毫无疑问的。"一"为义符，则该动物为声符，音读为"一"，句子可通；若"一"为声符，则该动物为义符，假借为"一"，句子才通。既然最终意义归"一"，所以该字宜入"一"部，即该动物为声符，其名为"一"音，也就是双音字了。容师同意将该字据义归入"一"部的意见（因为第二天我看到，容师已将该字用朱笔补在《金文编》底本的"一"部后），但对将鼠形"兔"字读为"一"的说法直摇头。我只好用蹩脚的广州话辩解补充说：这字左边是画了牙齿和爪子的繁体"兔"字，不是"鼠"字；走之兔（指逸）和人失佚音义相通，和一二之"一"都读佚音。这个字又为"兔"字古代有"佚"音，增加了一个证据。（因为广州话"佚、一、逸"三字都是中低元音入声字，容师熟悉，可增古语感）容师大概记起1962年，曾经问我抄完3部字典后有何心得时，我曾以从辵之字都是形声字应对，因此又告诫我说：还是那句老话，你必须首先证明"逐"字之豕不读shi、"逸"字之兔不读tu。当时我自知还停留在1962年的汉语史知识水平上，还停留在当年的缓读断裂是上古至中古的语音词汇发展的重要途径之一的自我设想上，10多年来未进行实际研究，对老师的再一次告诫，无言以对。1978年冬，古文字学者热烈讨论过中山王器铭，但对该字左边偏旁难以得到共识。

1981年新出多友鼎拓本公布，铭文有"汤钟一嘷"，李学勤先生认为此字"即三体石经'逸'字古文，以音近假为'肆'。……'汤钟一肆'即一套编钟"①。这一发现，得到学术界一致赞同。于是我想，多友鼎"汤钟一嘷"之从"兔"字当读逸音，如同《论语·八佾》之佾，义为行列之列，不应当读作肆；文献作肆乃肄之误。卯簋"宗彝🐰宝"当读宗彝逸宝，指作祭器的一列宝器；函皇父鼎"作琱妊尊兔（象形字）鼎"读作琱妊尊逸

---

① 李学勤：《新出青铜器研究》，第129页。

鼎,指列鼎;至于中山壶铭的"兔",也是读逸若佾。"一"字那么简单,而作如此繁化,曾有人提出怀疑。① 这个问题并不难解释。从春秋后期至战国,形声造字法作为主流造字法已深入人心,教育开始从贵族走向平民,文字的繁化、简化、变异现象极其普遍,异形纷呈,并非只有简化一途,竹简帛书的大量出土,可以为证。在这个时期,极简的古文和繁难的籀文并行,是不争的事实。

后来,曹锦炎先生提出"兔"和"罜"古音相同,"兔"为透母鱼部字,从罜的"择"也是透母鱼部字,"泽"和"择"同为定母鱼部字,透、定二母同为舌音。"箨"和"泽"的古文从兔得声,三体石经的"逸"字和多友鼎的"肆"字也是从兔得声,钟铭的"彙"(彙)从兔得声,所以"彙彙"当读如"绎绎"。从形体的类联转变为谐声的类联,最后完成从兔(tu)音到(yi)音的推绎,曹先生做得最细致。② 形式逻辑推理,似已无懈可击,达到了肯定其然的地步。

然则"兔"和从罜的字为什么同时有舌头音和"佚"音呢?"喻四归定"的归纳,既没有包括端、透母,更没有指明元音的要求。我们必须从语言音理上另求解释,这才是最重要的,否则还是没有回答容希白师提出的问题。

我国古代汉语存在急读和缓读现象,这是历史事实。商周时期,黄河中下游平原地带,人口较为集中,交流比较频繁,缓读长言较少。先秦操笔之知识分子,生存于官衙、庙堂礼法森严之地,所写为一音一字。山野民间,空旷人稀,不拘礼法。高呼远唤,歌谣吟唱,成为人们日常交流和表达感情的基本形式。抑扬顿挫,或急或缓,尽随环境或曲调节奏而变。急言则两音合一,缓读则一字两音;长言之中忽然抑之顿之,则平添介音,使一字断裂成两音两字;长扬之则入声如同阴声、阳声;促挫之则阴声、阳声如同入声;为了使长言不过分单调,在中间节拍处耍花腔弹舌,便增加了来、哩、啦一类的衬音;这弹舌动作与长言的后段音联结,便产生新的来母叠韵字。人们生活在这样的环境中,从小习得对这些语言现象的理解和分辨的能力。如春秋中期以前很少与礼法森严的中原各国来往的吴、越,长言缓读现象普遍,就连吴王夫差所用铜器,都可出现"攻敔王""吴王"两种形式,在当时绝对不会引起误解。至于"钲"长言为"丁令","笔"长言为"不律",

---

① 见陈汉平《金文编订补》,第337～340页。
② 见曹锦炎《释兔》,见《古文字研究》第二十辑,第189～190页。

"茨"长言为"蒺藜",等等,都是人们熟悉不过的例子,它们就是长言中间弹舌形成后音来母字的证据。缓读断裂,一字分离为二音,先秦著作已有所反映,两汉的字书也不乏记载,它受到音义训诂学者的关注,催生出反切法。书斋理论家主张反切西来,而注重社会调查的学者则很熟悉急读缓读和双声叠韵、熟悉四字格衬来母字和流行于许多地方的分音词的现象。

  缓读,中间抬舌抑音而成介音、弹舌而成来母音,顿挫断裂而成前音和后音分离,是在以单音节词为主的条件下,推动汉语语音、词汇发展的一条重要途径。汉语语音从上古较简向中古较繁的方向发展,主要表现为,上古发音部位较简,声母主要是唇、齿、舌头、舌根四部分发的辅音,韵母主要是口腔前与后较单一的元音,发音易于分辨;为了适应日益发展的语义精密化的需要,柔软的舌头功能被充分调动,齿音、舌头、舌根音声母都有部分朝舌面音分化,韵母则通过增加介音、增加口腔中元音、增加复合元音和鼻化音等方法,而使语音变得复杂、精密。这是语音词汇发展的另一条重要途径。上古文字符号的原音,有的到中古依然保存,有的循着不同途径发生了不同的分化。如何寻找到上古和中古的语音的接合点呢?音韵学家主要是按照后一条途径,再参考谐声、押韵、通假和方言资料,从中古往前推,做了很多工作,但对前一条途径还注意不够。

  现在试以"由"字及其谐音字作为缓读断裂语音分离的例子进行分析说明。

  "由",《广韵》以周切。郭锡良先生的《汉语古音手册》拟古音"余幽"。我从缓读断裂语音分离的角度看,拟其古原音为"定幽"。以"由"为声的谐声字到中古分成几路:

①胄宙駎紬(澄宥)轴妯(澄屋)——今音 zhou
②抽(彻尤)绸袖怞(澄尤)——今音 chou
③舳(澄屋)——今音 zhu
 A. 迪笛(定锡)——今音 di B. 由油釉柚鼬蚰(余尤)——今音 you

  上举①②③字例,是"由"原音"定幽"的轻微变化。A 是"由"原音缓读至介音处断裂成入声。B 是"由"原音缓读至介音处断裂后之后音。A 为原音前段,B 为原音后段,急读即可拼合还原"由"的本音。这样的断裂分离音,西汉初还没有固定化。何以知之?《周易·颐卦》之"虎视眈眈,其欲逐逐",马王堆出土帛书《周易·颐卦》作"其容笛笛",表明当时"笛"还是读"由"原声,可以与"逐"字相通假。这也是我拟"由"字上古音为定纽的一个重要根据。

从翟、从攸、从勺、从它(也)、从台、从多、从失、从敫……许多字音的上古音分化,都可以做类似的缓读断裂分析,就会发现它们的谐声字,取前音和取后音相差是多么大,但它们都有相似的演变规律。如:耀濯、鸑翟、躍耀、條蓧、蓧潃、悠攸、钓勺、的扚、约妁,它(蛇)沱、地(金文从土陀声)池(金文作沱)、匜(金文作它)蛇(委蛇)也……它们都具有全音、前音、后音3种形式。前音是在主要元音前断裂,由声母和介音(i)组成。后音是在缓读断裂后,加上(i)介音后续读主要元音及其后之音,因受介音影响,主要元音发音有前移变细趋向。这是一种模式。

从兔之字与从罩之字的缓读断裂状况相似,在缓读长言时中间节奏点上曾经抬舌抑音并断裂为二:ta - (i) a_,ia 音顿促成 iat 入声。前音为兔(音沓),后音为逸(音佚若佾),相连缓读为沓佾。"沓"和"佾"一直继承着一叠、一队、一列、一套之类的含义。缓读的前音就是原来的全音,后音是在主要元音前加介音,因而其主要元音有前移变细趋向。由于相同的原因,从兔、从罩和从它(也)、从多、从失的后音,从中古以后便由相近变为相同,即主要元音前移变细为 i。这也是一种模式。

从象、从兆、从炎、从爱等一类的字长言时,往往是发音到韵腹(主要元音)处抬舌形成 -i 介音再连发韵腹韵尾,其缓读断裂的后音,就像采用重复除声母外整个韵母的形式。例如钟之象声词,胡钟写作"🈳"、秦公钟作"🈳"、莒叔之仲子平钟作"🈳",都是按悠长的钟声,即缓读形式记写的,应读成"锗雝锗雝",或急言之,读成"咚咚"。研究金文的学者,往往读成"锗锗雝雝"或"肃肃雝雝",就是不明缓读记音而造成的错误。好像把秦公钟的句子读成"灵音锗锗雝雝",既不能譬况钟声,也同前后众多的四字句不协。只有把它读成"灵音(锗雝)(锗雝)",才能生动和谐。其语音缓读断裂与恢复形式:咚 dung——锗雝 du - (i) ung——咚。明白此理,也就知道吴王光滕叔姬钟(残)铭文之"油̣漾̣"也不应该读为"油油漾漾",应该作"油漾油漾"读,或者用急言拼读成"当当"。(前面已说,从"由"之上古原音本为舌头音)这类形式,在现代民族歌谣的长延音中也可见到,如"姑娘就会来 ai/ai/ai 伴我 o 的琴 in/in/in 声——"所不同的是,从上古到中古缓读后音须增介音以使语言逐渐精密化,在近现代词汇以双音节和多音节为主,同时语言节奏加快的情况下,缓读长言的现象减少,继续使用分音词的地方也在缩小,延长的后音也不再增加介音。这又是一种模式。

还有一种模式是前边说过的，在缓读中间弹舌增加来母。如：茨 ji-(l)i，缓读而成蒺藜；孔 ku-(l)ung，缓读而成窟窿，有些方言（如晋、陕）取留断裂的前音"窟"，有些方言（如南方一些地方）取留断裂的后音"窿"；瓠 hu-(l)u，缓读而成葫芦；浑 hu-(l)un，缓读而成囫囵。从上古到中古，以此模式产生过许多叠韵联绵词；而这个时期，汉族与西南少数民族并未有重大的交往融合史事。大量例证证明，此类词的来母（-l-）前后之元音是相同的，表明此来母确实是在缓读至主要元音中间弹舌造成的，并非来自外部语言复辅音的影响。

综观上述同谐声偏旁字从上古到中古的 4 种变化，可以窥见语音发展的一些趋向。在辅音、元音比较简单和单纯的条件下，进入高腔慢声状态时，为了发音器官不致僵硬而能将声音拉长传远：①在辅音和主要元音之间增加介音，起蓄势作用，慢慢把口腔扩大。②如果不增介音，直接将辅音与主要元音发出，慢声至一个字的节拍时，采用两种方法调整发音器官，或抬舌蓄势（即增-i）后将主要元音后续部分发完，或振舌蓄势（即增来母）后将主要元音后续部分发完。③高腔慢声状态下，韵尾的阴阳入区分是模糊不明的。④由于抬舌、振舌的影响，唇音、齿音、舌头音、舌根音四类辅音都有部分可能舌面化，舌头音的舌面化最容易、最直接，因而数量会最多，辅音的舌面化趋势和-i介音的增加，又必然使一些字的主要元音细化和产生一些复合元音。⑤上古人口极度分散稀少，又处于自然经济状况下，生活节奏和语言节奏本已非常缓慢，除了在庙堂、城邑、村落、家庭内用缓慢的常速语言外，日常室外的呼唤、交换信息，以歌谣抒发感情，肯定多用高腔慢声。因此，当时的人们自如掌握缓读的断裂音和急读的合成音之间的转换关系，是从小生活中习得的能力。当他们要将缓读断裂的音急读合成原音时，他们自然会将增加的介音或后音的来母去除，就像拼读反切一样。所以，反切法源于华夏民族的语言实际，一旦被语言学家运用，很快就能传播、生根，直至现代西方语言拼音法传入为止。⑥上古的缓读断裂的前音、后音何时脱离原音？也许不同的词早晚不同，各有历史。当人们在语言交际中强烈感到有区别同音词的需要时，某些词则强调其前音，某些词则强调其后音，在百姓语言实践中逐渐固定化，于是就成了同一谐声偏旁的字可能有很不相同的音，有的是双声关系（前音与原音），有的是叠韵关系（后音与原音），有的声韵均无关系（某些前音与后音）。明白此理，我们才能有效地利用谐声和双声叠韵关系去寻找中古音与上古音的接合点。

过去我们按"由"的古音"余幽"去看形声字,理解"宙"字、"笛"字很费功夫,因为不知道母字"由"只是保存了缓读断裂的后音,而不是继承自身的古原音。而对"逸"字从兔却读"佚",不明缓读断裂模式也很难理解。按缓读断裂语音产生分离的角度去分析谐声字,不仅可以帮助我们寻找许多字的上古原音,对中古音的来源和许多双声叠韵字的来源,也会增加一些新的认识。

(本文为广东省语言学会年会论文,广东梅州,2003年;中国文字学会第二次年会论文,河北保定,2005年;刊于《汉字研究》第一辑,学苑出版社2005年版。今据发表后的修订稿收入)

谈谐声的慢声音变
——兼谈从由从兔等一类字的读音

一

考释古文字，有两个难关：一为知其然，二为知其所以然。过此两关，一要有足够的证据，二要有充分的理据。这其中又包含文字的本字、本音、本义和具体实际语境中的形音义根据。有时可能先有证据认出是什么字，却未能说清构字理据；有时可能先对构字理据做出合理的分析说明，却缺乏证据证明必定是什么字。这两种情况都可以说未真正完成考释任务。在这两方面，我都有过长期未能释怀的尴尬。

1962年夏天，商锡永（承祚）老师新获五幅鄂君启节原大照片，我学习后交了两份作业给老师，一为《释𢦏》，一为《释檐》[①]。《释𢦏》一文，我是根据节文所谓"茂郢"之"茂"所从声符的声符，同节文中的"岁"和"载"的声符相同（小篆将此声符变作从戈才声），因此认定该字声符不是"戉"，而是从人𢦖声，其造字原理与"哉、栽、载、裁、戴、𢦏"等相同。据《尔雅》相同读音的"哉"，始也，那么"哉郢"即为初始之郢，当为《史记·楚世家》所载，楚文王熊赀立，"始都郢"处。史笔称"始都郢"，一因此前楚居丹阳无都之称，至此时始以郢为都；二因从此楚人渐渐泛称王都为郢，文王以后曾有昭王十二年都鄀，惠王即位之初都鄢，皆曾称郢，所以特言"始都郢"。郢都在平王十年时筑城，即纪南城，是文王至顷襄王期间较固定的楚都，其间春秋后期有过郚郢、鄢郢及后来其他临时别都"×郢"，与之相对，郢都便被称为"𢦏郢"。文章除了依构字理据读"𢦏"为"哉"，还从"𢦏郢"称呼的义理推测，楚文王之后到楚灭亡，凡是楚王居住过一段时间的临时"别都"，都可称"郢"或"×郢"，除了都、鄢、

[①] 此篇在发表时，商老师替我更名为《"𣠽徒"与"一𣠽飤之"新诠》，载《文物》1963年第3期。

陈、寿春称郢已见于文献外，将来出土的竹简帛书上可能还会有别的什么郢。当时商老师对《释栽》一文的评语是：文章对"栽"字形体的分析细致有理，但是否读为初哉首基之哉，是否与"栽郢"对应还有别的郢，都只是猜测，缺乏证据。商老师明确地告诫我，写文章说道理，必须有证据！于是我按照老师的教导，将不成熟的作业藏于抽屉。1976 年年初，我在拼接望山楚简时见有 3 处"问王於栽郢之岁"的文句，"栽"字均从艸栽声，声符从人，与鄂君启节的"栽"字相同。1977 年商老从京回校，见我已用照片将望山碎简拼复，还到湖北核对拼接了原简，并写出了考释草稿，于是又交给我一包无字或字迹模糊的零碎简照片。我从中发现一小片有"栽郢"二字，不仅是能上下拼接，还可异文互证，可以此从木之"栽"证彼从人之"栽"①。虽为孤证，已足令人欣喜雀跃。后来 1987 年出土、1991 年公布的包山楚简上，有 9 处作"栽郢之岁"，也有 9 处作"栽郢之岁"，这样多稳定的异文同时存在，我认为可证定"栽"字之读音②；包山简又有蓝郢、鄀郢、戬郢等临时"别都"，又可证许多年前我认为相对于"栽郢"还会有别的郢出现的预测合理；连续多年外国来使问楚王，都不在别的郢，而在栽郢，表明"栽（栽）郢"确为楚国固定的行政中心都城郢，即纪南城。这是有理乏据的漫长等待的结果。

1961 年秋，我按容希白（庚）老师的教导，抄完一遍《说文解字》后，曾向老师请教："遊"字、"逸"字都是动词字，是否都应归入辵部才对？辵已是彳和止的复合，辵部的字是否都应该是形声字？容师不做正面回答，只是说他在《金文编》中也写了许多与《说文》不同的意见，又反问我"逸"字读兔声吗？"连"字读车或者读居吗？我明白，老师是在引导学生带着问题多读书，自己找答案。1978 年冬，受师命参与修订《金文编》工作，容师将商师新赠他的中山王器铭晒蓝摹本交付给我，令我补入《金文编》，同时跟我讨论壶铭中的"🐭"字的归部问题。当时学者或谓该字从鼠从一，或谓从黾从一；或读为一，或读为匹。我说，该字结构为一加动物，做会意字其义不明；以形声求之，或从鼠（或黾）一声，或从一鼠（或黾）声，前者显然不对，因该字意义显非动物类，"一"通常也不做声

---

① 见商承祚编著《战国楚竹简汇编》，齐鲁书社 1995 年版，第 186 页和 205 页之第 47 简。
② 有一些专家学者据天星观楚简，"栽"字左下不从木不从人而从介，于是考定此字为从戈未声，读为戚，或读为椒（郊），或读为寂，等等。我认为，应该重视众多"栽、栽"异文存在的事实，重视楚节、楚简中"栽、栽、载、岁"有相同的声符的情况，不应割裂该声符，该声符在《说文》中，变作从戈才声。该字从介戈声，宜当作从人戈声的异体解释。

符，后者即以"一"为形义符，合符文意，其声符似鼠而实非鼠，似兔而增加了牙齿，实为"兔"的异体，从辵从兔读为逸（yì），从一从兔也可读为 yī，因此该字应归入"一"部。容师听完我的意见，沉默了很久后，自言自语地问，"兔"怎么会读一呢？几天后，我见容师已将中山王壶的"㝢"字补入"一"部。于是我又建议将附录中函皇父鼎的"㝢"字、卯簋中的"㝢"字读作侢（补入卷八）或读作肆（补入卷三），都是成列成套的意思，我举出卷十二"匜"字条下鲦甫人匜的"㝢"做例，该字从它声，新增的宗仲匜、荀侯匜、贮子己父匜之器名，都是兔头与皿形相结合而成的象形字，表明兔、匜同音。容师明确地表示，中山王壶该字补入"一"部，是因为其义为"一"，兔头皿形是因其为器名象形字而列入"匜"，其他所谓从兔读肆（去声）读一（入声）之字，则须说清楚"兔"字为什么会读肆读一才行！此事说到底，就是即使搜寻、等待到有了相当的例证，如果缺乏音义理据，还是难于令人取信的。

二

1980 年多友鼎在陕西长安出土后，从兔之字可读逸，引起了众多专家的注意。首先是李学勤先生在《论多友鼎的时代及意义》中，指出铭文二十行"第十字即三体石经'逸'字古文，以音近假为'肆'"。接着举了繁卣、鼂簋的"宗彝一肆"文例，进一步说明大盂鼎的"㲋"字也当读为逸，多友鼎和繁卣量词都从月，"其从'月'可理解为从'肎'省声"。人们都同意李先生的鼎铭"汤钟一㝢"就是鍚钟一套的解释，但细心的读者会发现字形转换的漏洞：作为认字根据的石经"逸"字从匕、兔头肉身之兔、六点①，多友鼎从匕、象形兔、月，繁卣从象形兔、匕、月②，大盂鼎从象形兔、匕③，四字当作同音字读，读音根据却不是四字共有的"兔"，而是其中两字才有的"月"，还要借助"省声"来解释，理由有明显欠缺。从此学者们便在李先生"汤钟一肆（读逸）"的基础上，朝"兔"为什么读逸的方向探索。有的发表释兔或释从兔之字的专题论文，有的在相关的专著或论文中发表自己的看法。其中有些学者依据《说文》把"逸"当会意字，便只能把石经古文右下六点推测为"谷"之误，读裕音，以曲成"逸"字

---

① 编按：字作㲋。
② 编按：字作㲋。
③ 编按：字作㲋。

音义；有些学者直面古文字许多含"兔"之字读逸的现实，努力从古音学的研究成果中寻求解答，如引用"喻四归定""端透定为古舌音，知彻澄、章昌船书禅和邪读同古舌音"等。后者如曹锦炎先生之《释兔》，便是很有代表性的。该文说："根据古音知识，兔和罼古音相同。兔为透母鱼部字，从罼的蘀也是透母鱼部字，泽和择同为定母鱼部字，透、定二母同为舌音，正因为兔和罼古音相同，所以从水的^罼字才能和泽字通假。"文章并读"^罼^罼"为"绎绎"，若"驿驿"，若"奕奕"。① 然而"绎、驿、奕"三字，现今的古音学家把它们当作余母铎部字，把"逸"字当作余母质部字，而不把它们当作透母鱼部字。这又回到"兔"为什么读逸上来了。因为古音学家的"喻四归定"和"中古的舌上音上古读舌头音"，只是对一般音变现象的归纳，注意到发音部位和发音方法的重要性，但还没有接触到特殊音变的具体方式和可能途径。

两千年前的上古音早已逝去，当时的特殊音变的具体方式和可能途径，我们只能依据秦汉以后的训诂资料、中古韵书和流传于民间的相似语言现象去推测构拟。

三

从先秦出土的古文字资料分析，在秦始皇统一中国"罢其不与秦文合者"之前，基本上是处于造字阶段。有许多形声字都是以现有字做声符，加上意类符构成的。因此，段玉裁认为上古"同谐声者必同部"是基本正确的。据古音学家的研究，从殷商到汉初，语音的演变是缓慢的，汉武帝以后到魏晋音变比较明显，南北朝时语音变化加快，形成了《切韵》系统的语音。我们依据古文字的谐声系统去考察上古语音，是可行的。

据宋王观国《学林》、清顾炎武《音论》揭示，《诗》、三《礼》、《春秋》三传、《庄子》《尔雅》《方言》《淮南子》《说文》《释名》以至《南史》《北史》《广韵》等许多文献典籍中，都存在"慢声为二，急声为一"的词。顾炎武所举《周礼·士师》一例极为典型，说"五戒"，"一曰誓，用之于军旅；二曰诰，用之于会同；三曰禁，用诸田役；四曰纠，用诸国中；五曰宪，用诸都鄙"。短短五句话，两用慢声"之于"，三用急声"诸"。王观国更以亲历说事，谓"下至闾阎鄙语，亦有以音切为呼者，突鸾为'团'，屈陆为'曲'，鹘仑为'浑'，鹘卢为'壶'……咳洛为

---

① 参见曹锦炎《释兔》，见《古文字研究》第二十辑，中华书局2000年版，第190页。

'壳'。凡此类，非有师学授习之也，其天成自然，莫知所以然者"。自古及今，慢声与急声并存，都非语言的普遍现象，但都同时存在于官书和民间，也是可以肯定的。史书上有"勾吴"和"吴"，吴国自铸铜器上则有"工䓈""攻敔"和"吴"。清末民初沿海各地有所谓"切口字"，现代福建还有"切脚词"，山西和相邻的豫北、陕北、内蒙古中部部分地区的口语中有所谓"分音词"，即单音的词分成两个音节来说。如头呼得老、巷呼黑浪、摆呼薄来等，书面、口语两式并存。

20世纪50年代在我的老家粤东农村，每逢大的节日，都会有山歌擂台赛。或由区、乡政府组织，或由某一乡、村发起邀请，在大广场或大山坡上举行。擅长急才辩论的歌手，往往较近台前，对快速的歌听得清，应对快。嗓音好又富比兴双关才能的歌手，通常会有三几个好友陪伴，离台远远的，以对慢歌为主，尽显歌唱文艺才能。陪伴者往往耳朵尖，能在听完对方传来悠长的歌声后，迅速地去除衬字，准确地压缩成词句，并与歌手一起立即编出回应的歌词。有时为了防止冷场落败，歌手可能边唱边编，在适当的节拍处拉长腔耍花腔，巧妙地混过去。那时村里的农民，男的通常读过几年书，女的基本上未上过学堂。我们少年儿童爱听高亢悠长的边疆草原牧歌，但听不懂"啊哈呵伊""来来来"之类。而平时少言语看来近似木讷的大婶大妈会准确地告诉你："啊哈呵伊"就像本地的"啊嗨"，是向人打招呼的；"来来来""哩个那个""哩个郎""溜溜的"之类，是一句一句间或一段一段间弹舌头耍花腔，引人注意听后面的。她们农闲时进深山打柴火，一人一山，容易寂寞心虚，就需要经常扯开喉咙同伙伴打招呼，善于使用四字、五字、七字的两节律或三节律或四节律的句子，自然习得按照节律压缩语音成词的本领。当地清末乡贤，著名的政治家、文学家黄遵宪，就对这些没有学过音韵训诂、没有学过《诗经》的乡间妇女，在唱山歌时所表现的才华智慧，佩服得五体投地，并以此作为其提倡"诗界革命""我手写我口"的原动力之一。这就是宋代王观国所谓"其天成自然，莫知所以然者"吧！

在上述古今语言背景下，我们就容易理解，在人烟稀少、生活节奏舒缓的空间，如古代，如大草原，如山区，人们不缺乏慢声和急声的经验，能自然习得单音词缓读成前后两音的认识和拼合的能力。因此，我不怀疑慢声与急声对汉语的语音和词汇的发展有推动作用，不怀疑慢声与急声转换过程中可能出现韵尾的增加或失落（阴、阳对应和阴、入对应已有很多音韵学家论说），不怀疑慢声时可能出现前后音的独立分离（我又称它为语音缓读断裂），可能在单音慢声延长为双音或四音时，于两个节律间弹舌出现"来"

音，出现双音词、四音词的偶音节多为"来"母字的现象。这些音变被读书人看成高深莫测，在该环境下生活的普通百姓却"天成自然"地说着、听着音变中的话，天然地懂得慢声转换为急声时，重视发声的口形和后面的音韵，省略中间的抬舌弹舌动作，自然丢失慢声衍生的介音和后音的声母。这是反切术的社会语言基础。

四

前边说过，慢声急声引起音变不是汉语语音发展的普遍现象，而是一种特殊现象，但它同时又是古今都存在的一种现象。慢声可能增加或失落韵尾，有可能在中间抬舌而增加"来"母、"心"母、"余"母音，有可能前后断裂。现在试举一些例子：

滚动的车轮子，其特点是"滚"。双音节化有几种模式：武汉叫滚子；成都叫滚滚；济南叫轱轮，在拉长的"滚"音中间加了"来"，把长 u 隔成两边 gu-l-un，于是成了轱轮；北京和西安叫轱辘或轮子，gulun 失落韵尾便成 gulu，gulun 断裂后只说后音，便成了 lun；客家话、闽南话可以只说轱轮断裂后的轮；广州话有时只取轱辘断裂后的辘。

"孔" kung，慢声长读中间弹舌便成 kulung "窟窿"。古时说的"孔"，现代北方话基本上说"窟窿"，这是语音、词汇的发展。太原话也叫窟子，一些洞窟称窟，这是取缓读断裂后的前音；广州话、客家话叫窿，这是取缓读断裂后的后音，口语里同时存在全音和后音，如既可说"钻孔"，也可以说"钻窿"。

第一人称"我"，古音读 nga。客家话第一人称领格说 nga，主格便要说慢声并增加韵尾 i 而说 ngai，大概是开口大的元音慢声收口，发音部位自然向前上升的缘故。这是缓读衍 i 使语音和词汇语法功能发展的例子。

《说文》：冑，从肉由声，直又切；冑，从冃由声，直又切；轴，从车由声，徐锴曰当从冑省直六切；舳，从舟由声，臣铉等曰当从冑省乃得声直六切；䌷，从糸由声，直由切；迪，从辵由声，徒历切；笛，从竹由声，徐锴曰当从冑省乃得声徒历切；油，从水由声，以周切；柚，从木由声，余救切；鼬，从鼠由声，余救切。以上都是以由得声之字，今音分读 zhou、chou、di、you 等许多音。显然不能用徐氏兄弟"从冑省乃得声"解释得了。现在的古音韵专家（以郭锡良《汉字古音手册》古音为例）拟"冑宙䌷"为"定幽"、"笛迪"为"定觉"、"由油柚鼬"为"余幽"。余、定分立。今按《郭店楚墓竹简·缁衣》引"《君陈》云：未见圣，如其弗克见，我既见，我弗迪圣"，传世本"迪"字作"由"。表明战国时"由""迪"二字本同音，故得以通假。也就是说，当时"由""迪"等所有由声之字，都读"定幽"，因而不存在从冑省声问题。后来因慢声前后音断裂，十几个从由得声之同音字，一分为三地分化：断裂取前音者，保留了定母和细声介音短促成入声；断裂取后音者，保留了慢声悠长的整个韵母；不取断裂音者，声纽由舌头转为舌上，舌上音再分化为吐气与不吐气。

从勺、翟、兆、条得声之字的音变方式，与从由之字情况相似，同谐声偏旁字分化出全音、前音、后音三类读音。如从勺声音变分为"钓、的、约"，从翟声者分为"耀、糴、耀"，等等。

从它（也）、从多、从兔、从睪得声之字，今之音韵学者大都认为上古声纽都是舌头音，韵部则或歌或鱼，而汪荣宝以国内外的大量文字例证，论证"歌戈鱼虞模"上古读如鱼若马①，读 a 韵。这些舌头音直接与洪声韵结合而成的音，清晰响亮少曲折，慢声便显得单调，中间衍生细音 i，即抬高舌位，既有助控制和延长气流，又能增加语音节奏感。这样的衍生附加音，就像在原来的字形上披上一件语音外套，容易脱落独立，在上古时代，就可以同无 i 音的母字同时并存，形成一个字形两个读音，各自再做声符去造新字。"它（也）"既读"透歌"，又增加了"余歌"音；"多"既读"端歌"，又增加了"余歌"音；"兔"既读"透鱼"，又增加了"余鱼"音，再因受"余"影响细化为"余质"音；"睪"既读"定铎"，又增加了"余铎"音。这些分别来自端、透、定洪声韵的"喻四"，韵腹自然受前边细音影响再变细。它们同本字本音含有 -i 介音的慢声断裂取后音而成的"喻四"，表面相似，实质不同，所以认识它们颇费周章。

古文字中也不乏慢声断裂取前音的例子，明乎上述各模式，对此也就不难理解了。

（本文为第二届中国文字学国际学术研讨会论文，湖北荆门，2004年；刊于《文字学论丛》第三辑，中国戏剧出版社2006年版）

---

① 详见汪荣宝《歌戈鱼虞模古读考》，见杨树达辑录《古声韵讨论集》，北平好望书店1933年版，第79～113页。

试论缓读析言在上古汉语发展中的历史作用

一、联绵词与复辅音问题的困惑

45年前，我刚开始学习《说文解字》，向李师兄请教学习方法。师兄告诉我，"格、客、貉、洛"都是形声字，《说文解字》称从某各声，可现在并不都读"各"，其声母分别为舌根音的 g-/k-/h-和舌尖边音 l-；古代的联绵词，霹雳、曝露、朦胧、髑髅、团栾、蒺藜、葱茏、角落、葫芦等，表明中国古代汉语的唇、齿、舌、牙都有复辅音。师兄希望我关注语言学的重要的新成果。我非常虔诚地接受了师兄的启发，读《说文解字》写篆字时，特别注意上下字和解说词中的复音词。当我读完写完一遍后，既觉得联绵词中很多可以与复辅音扯上关系，又觉得全拉不上关系，因为全部都是音节字。这样的困惑，从此在我脑中挥之不去。但是，近25年来，复辅音说已经成为古汉语声韵研究和汉藏比较语言学研究的丰硕成果，被众多语言学家采信，"大致已成定论"了，而且已经进入到使用横向系联、纵向系联、溯源系联和三者综合的系联，构拟史前基础语时期的语源形式，推求出未知的语根的阶段。[①] 这更增加了我的困惑。

联绵词产生的发音机理，在汉语、汉字中未能（不等于不可能）得到解释，于是借助亲属语言的比较寻求出路。因为没有任何文献可以说明使用汉藏语系语言的非汉语民族，是在商周以后从华夏族（汉族）分离出去的，相反，在商周以后，有很多民族或全部或部分融入了汉族之中而改用汉语，所以比较亲属语言的同源关系，只能设想在史前。为此，学者们或用引申法，从一种声母组合（如 g-/l-），生发出多个义类的庞大的联绵词族群；或用归纳法，将几十、上百个联绵词归并成若干大义类，最后总成一种声母组合。系联的标准不一，各人的界域宽窄不同。善动脑、勤搜集的学者，往

---

① 参见《中国语言学大辞典》，江西教育出版社1991年版，第135页；任继昉《汉语语源学》，重庆出版社1992年版，第249页；徐振邦《联绵词概论》，大众文艺出版社1998年版，第210～263页。

往可以从周秦到近代，找到数以千计的联绵词，组成义项众多、联绵词数量庞大的树形族群。只要某一个义类中的一个联绵词，同某一亲属语言的某一复辅音词音近义近，史前基础语的语言形式便被确认，同族若干义类的语根就构拟成功。这样的论文、论著，篇幅很大很长，反正是史前，不仅亲属语言没有文献记载，就连古老的汉语汉字文献也没有，更没有录音对证，信不信由你。要知道，若干个基本义类，只要是语言就都具有；几十、上百个的大族群中，有一个词的发音，与十几种亲属语言的数十种方言的一个复辅音词音近义近，概率是很大的，因为数千年来兄弟民族不可能不受强势的汉语影响，接受附近居处的汉语词，按其民族语言形式进行改造。虽有庞大的联绵词工程，但仅靠概率很大的偶然性，甚至是倒果为因的推论，汉语史前存在复辅音的结论，有多大的说服力呢？

徐振邦先生的《联绵词概论》是宣传复辅音观点的综合性新著，里面也说到："用周秦古音来考察商周以来产生的汉字所记录下来的联绵词，从语源学的角度说，是流不是源，周秦以来的联绵词尽管大部分保留了语言产生和形成时代的联绵词的原貌，但是由于语言的发生的历史太远了，至少有数十万年的历史，从语言的产生到有文字记载的商周时代，语言的变化该是很大的，甚至面目全非。"① 既然语言产生到商周时代有数十万年，甚至面目全非，徐先生怎么知道周秦以来的联绵词"大部分保留了语言产生和形成时代的联绵词的原貌"呢？怎么知道见诸"周秦以来的"文献的联绵词非"周秦以来"才产生呢？汉语或汉藏语系语言形成时代就有联绵词吗？根据什么相信史前基础语的构拟呢？如果不讲史前，汉族和汉语对其他兄弟民族和亲属语言，肯定是强势与弱势的关系，就再也无法推导出上古汉语复辅音的结论来了，也就与徐先生整部书总结、宣传的观点和方法不合辙了。

按史前基础语的假设搞语言研究，还会有更令人困惑的问题：是否东方盘古开天地，伏羲和女娲创造了东亚民族时，同时创造了史前基础语——汉藏语系，因此有相类似的复辅音和声调？是否西方的上帝造人类同时创造了印欧语系，因此有相类似的多音节多形态变化？很多语言称呼父母，都与汉语的"爸爸""妈妈"发音近似，是否史前基础语相同，可构拟出盘古和上帝本来是同一个神仙？

所谓史前基础语无从稽考，类似"爸爸""妈妈"的语言现实问题，才是更值得研究和更具有现实意义的。

---

① 徐振邦：《联绵词概论》，大众文艺出版社1998年版，第228页。

二、 回到本体研讨

回到汉族和汉语的现实，我们可以根据文献记载、出土资料、汉语活化石（方言）和孩童语言寻找联绵词发生发展的线索。

(1) 商代的甲骨文和金文中，文字单位和音节单位基本一致，很少双音节单纯词。一个文字单位读双音、三音者有两种情况：一是有合文符号，主要是祖考庙名、官名、记时，有时也可以不用合文符号而按音节单位分开书写，为偏正式构词或词组；一是没有合文符号，主要是族氏（同时也是上古的国名、地名）文字，如"亡冬"（无终）、"句须""天黾""亚矣"等，都是两个字紧密结合成一个方块单位。只有族氏名（地名）以一个文字单位无须合文符号读双音，并与文献可互证明，表明汉语的早期双音词主要是为了便于呼唤并及时确认而产生的。

(2) 文献记载史前传说人物（往往是族氏名，同时也可能是地名、职官名），战国以前出现的不太多，《庄子·胠箧》举昔者十二皇，《上海博物馆藏战国楚竹书·容成氏》欠完整，整理者推断举上古二十一帝王。《汉书·古今人表》列有：太昊宓羲、炎帝神农、黄帝轩辕、少昊金天、颛顼高阳、帝喾高辛、陶唐、有虞、夏后、殷商、女娲、共工、容成、大庭、柏皇、中央、栗陆、骊连、赫胥、尊卢、沌浑、昊英、有巢、朱襄、葛天、阴康、亡怀、东扈、帝鸿、悉诸、少典、列山、归臧、方雷、累祖、肜鱼、嫘母、封钜、大填、大山稽等。共同特点是绝大多数为双音名词，后均可加"氏"而具有族氏性质。不同的是，有些为偏正式构词，也不乏联绵词。《汉书·古今人表》的传说人物比战国时代有数倍增长，很能体现传说故事的增多和双音词发展的时间状况与速度。

早期出现的双音词基本上是族氏专名，很耐人寻味。因为早期多单词句，专名是供人呼唤并要求立即确认做出反应的，双音肯定比单音优越。就像婴儿初学话，"爸爸""饭饭"地叫，如果精练地叫"ba""fan"，父母反而有可能误解为"宝宝要巴屎"和"什么东西翻了"。到了说话内容繁复、语法复杂、有叙事环境制约时，某些常被称说的名词，才有可能简单化，如称唐、虞、夏、商、周。

(3) 研究联绵词的学者已收集整理了相当丰富的资料，上古部分主要取资于西周后期和春秋时期的《诗》、战国楚辞、春秋后期至两汉的史书、诸子和汉赋，这与考古出土文字资料的研究基本吻合。据唐钰明先生的研究："从数量来看，甲骨文有复音词35个，而金文复音词有237个。从词类来看，甲骨文复音词只有名词，金文复音词除名词外，还有动词、形容词、副词乃至复音虚词。名词上承甲骨文，继续占压倒优势；动词崛起于周初，成为了金文复音词中最有生气而又最具特色的部分；形容词、副词产生较晚，多系西周晚期才出现；……从构成来看，甲骨文仅有合成词，金文除合成词外又产生了单纯词。不过，金文单纯词仅39个，而合成词在除去人名、地名的情况下还占83%……"① 可见，不仅是商代，就是到了西周，稳定的复音单纯词还是极其有限。就从唐先生的举例看，词形比较稳定的复音词，主要出自西周后期和春秋战国时的铭文。② 文献和出土资料明确显示，汉语复音词族氏（人名、地名）产生得早，普通用词的复音词（含部分联绵词）是西周后期以后才逐渐发展起来的。战国、秦、西汉的辞赋、诸子散文作为载体，及时生动地记录了上古汉语词汇和语音的急速发展。《尔雅》《方言》等书在这段时间问世，也绝不是偶然的。

（4）文献中传说时期的众多族氏是否都操汉藏语系之基础语？谁也不知道。从有真实文字可稽的商代后期甲骨文看，藏缅语族早就与汉语分离，古羌人在黄河中下游被殷商人赶尽杀绝，甚至有用300个羌人做祭牲的多次记载（"三百羌用于丁"③、"羌三百于祖……"④），羌人只能退处黄河上游甘、青地带；北方阿尔泰语系的匈奴、猃狁之先祖𢀛方、土方、鬼方等与殷商常发生侵扰与反侵扰战争，反映了语言、民族、生活方式的巨大差异。西周初年，吴太伯治吴，熊绎开辟荆楚，封伯禽于鲁以征徐夷、淮夷，封尚父于齐以制东夷，封召公于燕和封叔虞于晋以御北方诸戎，华夏族的疆域初定。苗瑶语族和壮侗语族的各民族先民（所谓三苗和百越），基本上生活在长江以南的山区或半山区丘陵地带中，维持着他们各自的语言和生活方式。虽然羌、蜀、髳、濮等曾出兵参与武王伐纣的战事，有功人员曾受周天子封赏，山东和淮北有东夷、南淮夷，长江中下游平原有百越苗蛮（均为采集、渔猎和畲耕为主的民族，可能与南岛语或百越之苗瑶语、壮侗语有关）杂处，晋、冀、陕、豫也有戎人（白狄、林胡、犬戎等游牧民族，可能与阿

---

① 唐钰明：《著名中年语言学家自选集·唐钰明卷》，安徽教育出版社2002年版，第123页。随着出土文物的增加和研究工作的深入发展，具体数字容有变化，但其发展态势相信不会有大的变化。
② 参见唐钰明《著名中年语言学家自选集·唐钰明卷》，安徽教育出版社2002年版，第124～134页。
③ 罗振玉：《殷虚书契续编》卷二，1933年，第16页之第3片。
④ 胡厚宣：《甲骨续存》，群联出版社1955年版，第48页之第295片。

尔泰语系有关）零散分布，但是商、周为基础的农耕民族华夏族连成大片的辖地基本清楚，政治、经济、文化、语言文字占有明显优势，处于被包围的零散状态的弱势的少数族裔，必然会逐渐放弃其原有生活方式和语言而归于同化融合。在这种背景下，出现了近300年的稳定繁荣的西周王朝。从西周到两汉，北方阿尔泰语系的猃狁—匈奴侵扰，大致局限在长城内外几百里地区；南方苗蛮、南越"不服王化"，最终在中央的讨抚政策下，加入了中华民族大家庭，加速了部分少数民族向汉族的同化融合。尽管后来也出现过鲜卑、契丹、党项、蒙古、满族统治的政权，在民族和语言的同化融合过程中，汉族和汉语始终保持着强势的地位。西周后期，汉语除专有名词外的复音词才开始产生、增长，所以汉语联绵词的发生机理，应当从汉语内部寻找。

（5）世界上许多民族都曾经有过图画记事的历史，因为语词多音节多形态变化而创造和使用拼音文字。汉语是极少形态变化、语词音节极少而分明的语言，所以一个方块单位记录一个音节（包含半拍的入声和全拍的其他声调）的文字，5000年来一直适应汉语的发展。也就是说，文字的生命力，取决于文字符号能否有效地记录语言并适应其发展。这是我们不容忽视的讨论、研究的重要依据。

语言是区分民族的重要条件之一。只要这个民族还有生存空间，不处于被包围的绝对弱势，这民族没有放弃其生活方式，它的语言就有可能保留自己的特质而不被消解，在接受外来影响时，顽强地按照自己的特色对外来语词加以改造。除非这个民族经济文化比较落后，人口又比较少且分散，处于经济文化比较先进又人口众多的民族直接影响之下，才有可能逐渐放弃其生活方式和语言，最后被先进民族同化。而处于强势的语言会较少受弱势语言影响，只有限地吸收、改造反映弱势民族生活的独有用词；未按强势语言规则改造的搬用，只会出现在相邻的有限地区中。

中国知识分子完全了解英语 blank（空白的、无聊空虚的、人名）有复辅音和只一个音节，Clindon（人名）为两个音节，但音译时就会按汉语发音特性加以改造，成了3个音节的"布兰克""克林顿"。谁要说音译不准确就由谁说去，这就是汉语固有特性在转译时的顽强表现，说白了就是汉语自身没有复辅音，语音和文字是以音节为单位的。

日本语接受了70%多的汉语词。"中国"在汉语是两个音节两个字，但日本语要发3个音节，因为按他们的语言规则，"国"字的入声阻塞要当作一个音节读出来。我们不能因为日语有大量的语词发音、意义与汉语联绵词相似，而说十几万年前东亚基础语语根相同。因为大家清楚，日本曾经接受唐、宋文化极大影响，日本语的音节性比汉语有过之而无不及，日本语不属于汉藏语系。

僻处西南，经济文化相对落后，人口相对较少的各少数民族，两千年来接受了汉语一些联绵词，并按其复辅音习惯加以改造利用，双声叠韵词最适合以复辅音形式改造，怎么能倒过来说是证明汉语本有复辅音呢？

（6）有一种理论认为，人类的孕育到出生，浓缩了38.6亿年的从单细胞到人的历史进化；婴幼儿时期，又浓缩了数百万年从猿人到智人并学会用语言交流的历史进程。婴儿刚出世，本能地哭喊，首先是喉音和全元音。三四个月后，开始会笑和发舌根音。五六个月后发唇音，这时婴儿能辨别养护人与他人的声音。半岁婴儿的发声，是没有语言意义的，但此时父母已开始努力引导婴儿说"妈妈""爸爸"并与辨认妈妈和爸爸相联系。七八个月后，婴儿无意识地学会弹舌，父母开始引导婴儿学说舌尖音、边音和齿音。在此之前，尽管婴儿开始学习发音与某种事物的联系，但只是直观的。9～12个月，婴儿才逐渐学会自主语言，如叫"妈妈""爸爸"；听懂10～20个与其生活有关的单词，如"谢谢""再见"；说一些单词句，如"饭饭""奶奶""猫猫""狗狗""抱抱""打打"类的以物名为主的重言婴儿语。1～2岁会说一些简单的主谓句或谓宾句。舌面音、齐齿呼、撮口呼类的音，往往这时才学会。2岁掌握词汇量约200个。3岁掌握词汇量约1000个，说话流利自信，奶声奶气的重言婴儿语减少或者消失。4岁掌握词汇量约1500个。5岁掌握词汇量约5000个，会使用复杂句子，有一定语法关系，用词趋简练。①

从语言学角度概而言之：单元音和喉音伴随新生儿的哭声而至，牙、唇、舌、齿是早期较容易区分和控制的发声区，舌面音、齐齿呼和撮口呼须对舌头和口形有较强的控制能力和较高的辨音能力才能掌握，齐齿呼和撮口呼实际也是增加介音 -i/-w。最早出现的语词主要是确定身份的名词和与日常生活紧密相连的名词及少量动词，以单词句和三四个音节的简单句为主。为了使对方准确辨认单词的内容，往往采用重言、双音或附加缀音的形式。以后，随着表达内容的复杂和添加语法关系的制约，语词又出现精练化、简约化。

---

① 参见林坚、李其、黄缨编著《专家谈儿童生长发育》，湖南科学技术出版社2000年版，第25～28页。

上古汉语的发展，大略如婴幼儿学话过程；若采取从中古音追溯上古音的方法，则将婴幼儿学语次序倒过来，对研究有参考意义。

（7）说汉语的人口最多，几千年来分布在连片的广袤的土地上，与周边居住的民族相比，经济优势、人口优势、文化优势、语言优势长盛不衰。地方方言多样复杂，不同时代不同地域的语言遗存非常丰富，故被誉为"语言活化石"。从西周后期到两汉，是上古联绵词大量产生的时期，中古的《文选》《玉篇》《广韵》《集韵》也提供了大量例证，以联绵词作为复辅音证据的学者，在"活化石"中并没有找到复辅音，就以晋陕方言中的"嵌音词""分音词"拿来当作活证。事实正好相反，无论是晋陕还是福州方言，"嵌音词""分音词"都是音节性的，不是复辅音性的，不能为复辅音论增加任何论据，相反，它提示我们要在研究汉语语词复音化过程中，重视嵌音和分音的机理和作用。

我曾经问过山西五台的朋友："你们说'头'，是不是说'得——老——'？"他莫名其妙直发愣。我改问："你们把'脑袋'叫作什么？""哦哦，我们叫'得老'。""叫小'孔'小'洞'呢？""叫'窟窿'。跟'得老'一样，说成一块。刚才您把'得老'分开说，怪怪的，我没听懂。"原来，第一，他们同时知道合音词和分音词的对应关系；第二，他们说分音词时，前音只用半拍立即弹舌说后音，说成很紧凑的一拍半音，前音适宜用入声字记录；第三，说合音词时则省去弹舌造成的 -l，就像反切切音时必须丢弃下字的声母一样。

其模式：孔 kung —（缓言分音）ku - lung —（急言合音）kung。

一次我在郑州上火车回广州，有几个穿"郑铁房建"工作服的男女在卡位打牌。他们一边出牌一边报数，"一'笃㐱'三"，"一'笃㐱'四"，"一'笃㐱'六"……四人两轮后，三人已出完牌，一女人还执三张牌。她自我解嘲说："刚才大家一对一对出，我出了一对四后就没法出了。牌又散又小。"他们说话时说"对"，出牌时说"笃㐱"，说分音词"笃㐱"也是用一拍半，前音说了半拍后匆忙弹舌说后音。而恢复说合音词"对"时，又自然丢掉弹舌添加的 -l。

其模式：对 duei —（缓言分音）du - lei —（急言合音）duei。

分音词、嵌音词之第二音多为舌音，是很值得我们注意的。它是弹舌造成的，在恢复合音词、原生词时是需要丢弃的。因此，它不是复辅音的组成部分。"语言活化石"给了我们最明白的答案，只是许多朋友还不够重视。同样道理，联绵词之第二音声母为舌音、唇音、齿音、喉牙音、零声母

(y-/w-)，也都是单音词复音化时的衍生物，目的只是通过调整口形和舌位，增加半拍或一拍语音以分化同源词，或增加原词的表现力。去掉此衍生物而急读之，也就是反切切音，往往可以找到一个意义与该联绵词相同或相近的单音词。因为联绵词的记录，本质上是记音的，往往一个联绵词有多个文字记录形式，所以不能以字求义（不能从"得"或"老"求出"头"义，也不能从"笃"或"絷"求出"对"义），只能以声（双音或合为一音）求义。① 因此，有些联绵词可能只在活的口语中有合音词，而在文献中没有其相对应的同义单音词，也是可以理解的了。

（8）从小在城市学校长大的人，说话做事的速度快一些；从小在人口稀少、交通闭塞的山区、大草原长大的人，说话做事的速度慢一些。在空旷地方远距离说话、对歌，人们会自动将声速放慢，将声音提高，将音节拉长，将口形和舌位的变化放缓。接受者则反过来将节律压缩。这种长言（缓读）、短言（急读）的听说能力，是在生活中自然习得的。从商周到两汉，从燕山到长江、珠江，只有1000万～5000万人，除了一些大都邑，广大地区的人民应该都习惯长言短言变化的。本人生长在粤东梅州山歌之乡，少年时不爱听本地山歌，却爱听北国悠长的民歌，然而对歌中"来来来——""啊嗄荷咿——"不理解，就像不理解常进深山打柴草的大婶大妈竟是山歌手一样。可是她们会告诉你："四周无人，不知道同伴在哪座山哪棵树下的草丛中，有点寂寞可怕，常要高声打招呼，腔调长长地唱'啊——嗨——'，中间为了换气便于拉长，那就是'啊嗄荷咿——'，当面短说便是我们常说的打'啊嗨'；唱完一句将尾音拉长，就增加了'呀呀呀——''哦哦哦——'，或弹舌换气，兼想下面要唱的词儿，就增加了'啦啦——''哩哩——''来来——''罗罗——'等有声无义的歌。我们叫耍花腔。"没有上过学的山野之人，说出的见解不亚于音韵学家，纯粹是自然习得和有生活体验的缘故。

三、缓读析言在上古汉语发展中的历史作用

陆心源说："古人之造字也，字不一义，即字有数音。是以周人解经，

---

① 诚如王念孙所言："大抵双声叠韵之字，其义即存乎其声，求诸其声则得，求诸其文则惑矣。"（见《经义述闻》卷二十九《通说上》"无虑"条）

有缓言急言之别；汉儒训释，有读为、读若之音。"① 这一见解，对先秦语言的研究很有启发。

清时所说之周，通常包括西周和东周；所说之经，是指儒家尊崇的经典——"九经"，也是两周结集成书的。通晓训诂学史的人都知道，先秦时代只有训诂的萌芽，其中许多训释材料还算不上"训故言异语"，不过是同时代还存在的名物、典章、词语、文字的解释罢了。秦、汉以后，不仅文字面貌大变，语音和用词也与先秦有所不同，逐渐产生了古文经与今文经的差异，有了训故言异语的需要，出现了训诂专著，如《尔雅》《毛诗故训传》《方言》《说文解字》《春秋公羊解诂》《毛诗注》《三礼注》《释名》等，东汉末还兴起了音义之学。陆心源就语音角度，提出周人解经的语音学要点在于缓言急言，指出了需要注意两周记录语言的方法有双音单音之别；提出汉儒训释使用了读为、读若，指出需要注意其语音的变化。我认为这种区别是有特殊意义的。如《诗·鄘风·墙有茨》3 章，每章 6 句，除 3 章首句为 3 个字外，其他 15 句均为 4 个字；将首句吟成"墙有蒺藜"，便很整齐和谐。又如《春秋左传》桓公十二年《经》称"榖丘"，《传》作"勾渎之丘"，就是急言缓言之异。《左传》中，国君常自谦"不榖"，现在通行的《辞源》《辞海》均解释为"不善"，就很勉强；若从缓言急言索解，"不榖"为"僕"，"僕"者给事者也，在诸侯国君还不敢无视周天子的存在的春秋时代，自谦为为国家办事的公"僕"，便很准确到位。

我们从段玉裁《说文解字注》中看到"短言某，长言某某""单呼某，絫呼某某"之例。这是段氏对上古汉语复音词产生方式的说明。《说文》"乌"字下，段注曰："古者短言於，长言乌呼，於乌一字也。"换句话说，急读合音为"於"，缓读析言为"乌呼"两字，"於""乌"是同音假借字。"鵠"字下段注曰："凡经史言鸿鹄者，皆谓黄鹄也。或单言鹄，或单言鸿。"说的是鹄和鸿异名同实，均可单用。"鸿"字下段注曰："单呼鹄，絫呼黄鹄、鸿鹄。黄言其色；鸿之言雄也，言其大也。"说的是偏正式双音词的构成。我认为，段玉裁过分看重假借和构成的方式，妨碍了他对长言短言的语音学功绩的发掘。其实，"黄鹄"与"鸿鹄"又正好是"鹄"的缓读析言形式，而"鹄"则为急读合音。

《说文》：鳩，鶻鵃也。鶻，鶻鳩也。鵃，鶻鵃也。鶻，鶻鵃也。

---

① 陆心源：《重刊〈明本排字九经直音〉叙》，见《明本排字九经直音》，商务印书馆 1937 年版，第 7 页。

段玉裁拘泥于"鸠为五鸠之总名",批评《说文》"以鸠名专系诸鹘鸼,则不可通矣"。在鹎、鹘、鸼三字下,段玉裁也未能看出联绵词解释与"鸠"存在着缓言与急言的关系,不知道此三字乃"鸠"字缓读析言的上字和下字。其实,"鹘鸼"急言合音为"鸠",反过来"鸠"缓言之便成"鹘鸼",甚为明显。《说文》经常使用这一种以长言释短言的方法。这是急言单音词与缓言联绵词关系的最直接说明。

从这些例证可以看出,单音词缓读长言析为二音节是联绵词的重要来源,在汉语词汇早期复音化的过程中有不可磨灭的功绩。按照这条思路,在金文研究上,我们可以解决一些难题。例如:上文提到上古语言习惯的一个现象——急言与缓言,往往为现代人忽略。我在2003年撰写的《〈说文〉从乇之字皆为形声字说》,曾对上古时代产生急言与缓言现象的社会原因,转换模式,一个单音词(原音、全音)可能出现前音、后音和缓言双音并且同时共存,提出了我的基本看法。① 我认为这些貌似复杂的语言现象,对山西及其周边地区以及福州地区等熟悉合音词和分音词现象的人们来说,是再简单不过的事情,跟文化水平和音韵学修养无关,纯粹是从小习得的语言知识。

西周、春秋时钟声之象声词,胡钟写作"☒"、秦公钟作"☒"、莒叔之仲子平钟作"☒",都是按悠长的钟声即缓言形式记写的,应读成"锗雍锗雍",或急言之,读成"咚咚"。研究金文的学者,往往读成"黍黍雍雍""雉雉雍雍""戠戠(鍴鍴)雍雍"或"肃肃雍雍""嗜嗜雍雍""杀杀雍雍"甚或"鷔鷔(嚣嚣)雍雍",② 就是不明这里乃缓读记音而造成的错误。如果把秦公钟的句子读成"灵音锗锗雍雍",既不能譬况钟声,

---

① 参见张振林《〈说文〉从乇之字皆为形声字说》,见《汉字研究》第一辑,学苑出版社2005年版,第273～278页。

② 分歧主要在上字,其次才是重文的读法。对上字的释读有:高田忠周《古籀篇》释黍,"疑用为诸",见《金文诂林附录》第1657页;郭沫若《两周金文辞大系考释》释雉,读为"鸯",见《大系》第一册第53页;饶宗颐读为"英",见《随县曾侯乙墓钟磬铭辞研究》;陈世辉释戠,见《古文字研究》第十辑;王辉释鍴,见《秦铜器铭文编年汇释》;唐兰、裴锡圭、郑刚释字稍异,但都认为读如文献之"肃肃雍雍",唐说见《唐兰先生金文论集》第34页《周王默钟考》,裴说见《保利藏金》第371～372页《戎生编钟铭文考释》,郑说见《中山大学学报》1996年第3期《古文学资料所见叠词研究》;陈汉平释从先读如"嗜",见《金文编订补》;李家浩释杀,读如"哖哖",见《湖北大学学报》1992年第3期《齐国文字中的"遂"》;胡长春释鷔,见其2004年博士学位论文《新出殷周青铜器铭文研究》第52～63页。孙常叙、伍仕谦、李学勤以该字声旁为"者",孙认为"锗雍之合音为'钟',钟是以音为名的",李则将该从者之字读为"庶"。

也同前后众多的四字句不协。只有把它读成"灵音（锗雍）（锗雍）"，才能生动和谐。其语音缓读断裂与恢复形式：咚 dung——锗雍 du－(i)－ung——dung 咚。明白此理，也就知道吴王光媵叔姬钟（残）铭文之"油̣漾̣"，也不应该读为"油油漾漾"，而应作"油漾油漾"读，或者用急言拼读成"当当"（因为"由"之上古原音本为舌头音，读"定幽"，"余幽"之说欠妥）。

如果说福州地区人多为越人后裔，山西及其周边人则为三晋人后裔，秦王居处于陕甘，那么，合音词与分音词共存，急言与缓言同在，两周时期是带有普遍性的，非局限于吴越。因此，可把关中出土的逨盘、四十二年逨鼎、四十三年逨鼎、师克盨等铭文中的"则繇"理解为古人缓言分音词，急言之就是"叡"（叡读且音，金文中"且"多假借作祖考之祖）。学术界对上举四器铭文中的"则繇隹"以为是 3 个虚词连用的难题，也就可以解释了。

叡，过去学者发现它有多种含义：①时间副词，相当于"徂""往昔""过去"；②叹词，相当于"嗟""咨嗟"；③连词，相当于"又""且"；④助词，无义。我在《师旅鼎铭文讲疏》中，除被解释的师旅鼎铭外，另又引七例含"叡"的铭文，均可用表原因的"以"置换"叡"，文意不变而通畅明晰；其中两例表结果的句子在前，其余皆结果句在后；结果句多数无标志性语词；大盂鼎以"叡……古……"形式出现，是为因果句的铁证。①可以肯定"叡"为领原因句的连词。同样可以肯定"则繇"是领原因句的连词，"隹"为表肯定之语气词，解释上述关中出土四器铭文也无不顺畅。②四十二年逨鼎和四十三年逨鼎铭文，均以"则繇隹……肆……"形式组成因果句，也应该是肯定无疑的。

缓读析言不仅推动了单音词复音化，同时也推动汉语语音向丰富精密化发展。在存在急言与缓言的语言社会里，人们对合音词和分音词，以及缓言断裂形成的前音和后音，都有约定俗成的认识理解。有些断裂后的前音或后音，与全音（包括急言之单音词和缓言之双音词）不再有意义上的继承关系，如山西人说"头"也可缓言为"得老"，而单独的"得"或"老"却

---

① 见拙作《师旅鼎铭文讲疏》，见《中山人文学术论丛》第六辑，澳门出版社 2005 年版，第 458～459 页。

② 以缓言急言关系考释金文以及西周语言因果句的新发现的详细报告，请参阅拙作《〈说文〉从乇之字皆为声符字说》，见《汉字研究》第一辑，学苑出版社 2005 年版，第 273～278 页；《师旅鼎铭文讲疏》（见上注）和《"则繇隹"解》。

不可以代替"头"。而另有一些断裂后的前音或后音，则与全音有意义上的继承关系，如山西人说"孔洞"习惯说"孔"的缓言形式"窟窿"，有时也说其前音"窟"，不说后音"窿"；广东的客家人和广府人则习惯说后音"窿"，而不说"窟"或"窟窿"。"孔"是早期的单音词，在山西、广东乃至全国，基本上属书面语范畴。缓言形成的全音、前音、后音之别，可以用不同的字记录，如头/得/老、孔/窟/窿，一音一字；也可能造成原有的一字读多音，如宙、轴、胄/迪、笛、顿/由、油、䌷，原来都读"由"（定幽）声，中古分化成三组多音，除了全音、前音、后音之别，还出现了声母舌面化造成的差异（"翟""勺""乐"等做声符时都同"由"类似）；有的则保存了全音和前音，如北方的孔/窟；有的则保存了全音和后音，如南方的孔/窿。

如上文所述，在缓言时，口形和舌位变化放慢，抬高舌位蓄气，催生了齐齿呼、撮口呼介音（–i/ –w），或为了延长发音，中途振舌或不同程度合口蓄气调息，而形成联绵词下字多为来母或其他声母。这种现象不仅存在于单音缓读成双音的过程，也突出存在于延长语句加强形容的三字格、四字格的短语嵌字中。缓读振舌衍音现象，都是音节性的，与复辅音无关。在恢复单音急言时，衍音都是要丢弃的。

单音词缓读析言为双音，双音急言合为单音，从西周到两汉使许多单音词出现相应的联绵词。《说文》中许多以长言释短言的现象，可以说就是国产反切术的滥觞。因为长言、短言（或称缓言、急言）自古至今都有群众基础和语言基础，所以反切术可能在梵僧到来之前就出现了，只是到了东汉末年音义之学崛起，魏晋南北朝新编字书时，反切上下字的挑选更加严谨，反切术才得以逐渐普及推广到每一个字的注音并被命名为"反"与"切"罢了。

2001 年 8 月提纲
2003 年 8 月初稿
2005 年 12 月 13 日修改稿

（本文为广东省语言学会年会论文，广东深圳，2005 年；刊于《学术研究》2007 年第 1 期，发表时有删节。今据原稿收入）

商周铜器铭文之校雠

一、 商周铜器铭文的重要性和校雠的必要性

商周之时无纸。缣帛极其昂贵,据西周中期的曶鼎记载,"匹马束丝"可与"五夫"等价交换,所以当时丝及丝织品,除用于赏赐馈赠和用作贵族的服章旗帜外,用于绘画书写,当在竹、木、骨、石(玉)材料之后。迄今为止的考古发现,战国至西汉的帛书远比同时期的竹简少,长沙马王堆出土的帛书,分行布局也明显仿效竹简。《尚书·多士》曰:"惟殷先人有册有典,殷革夏命。"① 这里所说的册和典,是指记录册命文告和典章制度的图书典籍。当时唯有官府贵族有文化,能藏典册,所以所说的册和典,即具有历史档案资料的性质。商周时期的册字和典字,都作编连竹简的形状,说明商周时期的文献记录,主要是用竹简、木简,或是竹木版牍。龟版、兽骨用于占卜并记录卜辞,玉石圭璋则用于盟誓并记录誓词。《周礼》的百官职掌中常提到"书契版图",如:"宫伯:掌王宫之士庶子,凡在版者。掌其政令,行其秩叙,作其徒役之事。"② "司士:掌群臣之版,以治其政令。岁登下其损益之数,辨其年岁与其贵贱,周知邦国、都家、县鄙之数,卿、大夫、士庶子之数,以诏王治。"③ "司书:掌邦之六典、八法、八则、九职、九正、九事、邦中之版、土地之图……"④ "司会:……掌国之官府、郊野、县都之百物财用凡在书契版图者之贰,以逆群吏之治而听其会计。"⑤ "司民:掌登万民之数,自生齿以上,皆书于版。……"⑥ "大胥:掌学士之版,以待致诸子。"⑦ 总之,从天子宫内到全国万民的户籍、人口、官吏、

---

① 《尚书·多士》,见《十三经注疏》卷十六,中华书局1980年影印本,第220页中。
② 《周礼·宫伯》,见《十三经注疏》卷三,中华书局1980年影印本,第658页上。
③ 《周礼·司士》,见《十三经注疏》卷三十一,中华书局1980年影印本,第848页下。
④ 《周礼·司书》,见《十三经注疏》卷七,中华书局1980年影印本,第682页上。
⑤ 《周礼·司会》,见《十三经注疏》卷六,中华书局1980年影印本,第679页中。
⑥ 《周礼·司民》,见《十三经注疏》卷三十五,中华书局1980年影印本,第878页下。
⑦ 《周礼·大胥》,见《十三经注疏》卷二十三,中华书局1980年影印本,第794页中。

财赋、徭役、土地等各种政务管理，多书写于竹木版上。至秦始皇时，天下事无论大小，皆取决于始皇帝，乃致每天批阅公文，"至以衡石量书"①。西汉武帝时，"（东方）朔初入长安，至公车上书，凡用三千奏牍。公车令两人共持举其书，仅然能胜之。人主从上方读之，止，辄乙其处，读之二月乃尽"②。湖北江陵凤凰山十号和张家山二四七号西汉墓出土过一批竹简和木质及竹质的版牍，有户籍、徭赋、约剂、各种律令性质的内容；③甘肃天水放马滩一号秦墓和五号西汉墓出土有木版地图和竹简日书，居延、敦煌也陆续出土了大批汉简文书④。以上所引的典籍和考古资料，都证明从商到西汉，竹木所制的简册版牍，一直是治理邦国，书写诏令、法典、奏议、公文、书信的主要材料。然而，竹木简牍，一则笨重；二则编绳易断，可能导致脱简、错简；三则体积大难收藏；四则经不起日晒雨淋、虫蚀火毁和磨损，加上商周之时未有私学和平民教育，册典图籍只藏于官府，随着政权更迭，或遇水、火灾害，极易散失湮没。所以，虽是殷之先人有册有典，博学的孔子，也难免发出深深的感叹："夏礼吾能言之，杞不足征也。殷礼吾能言之，宋不足征也。文献不足故也，足则吾能征之矣。"⑤

许倬云先生的《西周史·前言》说得好："自从商代遗址遗存及大量卜辞出土后，商代文化、社会及历史的研究颇有可以依据的材料。今人对殷商的知识，可说超迈太史公的时代。太史公可能见到今人无法再见的载籍，可是太史公见不着商代的居室、墓葬及遗物，也见不着商人自己书写的龟甲卜骨刻辞。春秋之世的史事，有《左传》《国语》两部大书，及诸子百家的记载，为史学工作者留下了极为丰富的史料。许多当时的事迹、人物及风俗文化，都斑斑可考。夹在中间的西周，论文献史料，只有《诗经》《尚书》中的一部分，及春秋史料中追述西周的一些材料。在近代考古学发达以前，金文铭辞已有若干资料，足以补文献之不足。但是相对的说，有关西周的史料，比之商代及春秋，都远为贫乏。……最近三十年来，中国考古资料大出。……西周史也因此添了不少新素材。大致说来，这些素材包括三类，一

---

① 《史记·秦始皇纪》，见《二十五史》卷六，上海古籍出版社1986年版，第31页上。
② 《史记·滑稽列传》，见《二十五史》卷一二六，上海古籍出版社1986年版，第349页三。
③ 参见长江流域第二期文物考古工作员训练班《湖北江陵凤凰山西汉墓发掘简报》，载《文物》1974年第6期。
④ 参见甘肃省文物考古研究所，天水市北道区文化馆《甘肃天水放马滩战国秦汉墓群的发掘》，载《文物》1989年第2期。
⑤ 《论语·八佾》，见《十三经注疏》卷三，中华书局1980年影印本，第2466页下。

是西周的遗址……一是遗址中出土的遗存……一是若干青铜器的铭辞，使金文资料的总数增加不啻倍蓰，其中有些铭文，透露了不少前所未知的消息。"① 许先生的 25 万字的《西周史》，就是采用文献、考古、金文三方面的材料，参合组织而成的。

从认识和研究商周社会历史和文化的角度看，商周铜器铭文和商周甲骨卜辞一样，都是最可靠的原始资料，其价值是任何有关商周的传世文献无法比拟的。因此，我们应该忠实地根据这些原始记录，去认识商周时期的文字、词汇和语法，进而了解和研究商周社会各个方面的实况。传世文献中，既包含有古代原始记录成分，又不可避免地渗有口口相传的后人语言成分，竹简、帛书辗转传抄过程中出现的衍、脱、讹、误和错简移位现象，以及篆、隶、楷、行的文字转变带来的形体错讹和语义差异。原则上，我们不能以传世文献作为校雠的范本，去校对商周铜器铭文，而是倒过来，应以商周原始记录作为模板，去看待传世的商周文献。而在事理的理解方面，则可以传世的商周文献为桥梁、做参考，以准确地理解和把握商周铜器铭文的含义作为努力的目标。

常见的传世文献校雠，总是强调掌握丰富的文献资料以及不同的版本，互相印证、发明，钩沉稽考，其原因是缺乏原始记录，人们只能如此，而商周铜器铭文作为原始记录，在书写稿本和刻、铸过程，也不可能绝对正确无误，此外还有数千年的锈蚀泐损和刊布过程中可能出现谬误，因此在使用这些原始记录时，也有校雠的必要。这应是肯定无疑的。但是，我们绝不能将后人的语言、理解强加给古人。校雠商周铜器铭文的最佳办法，是以同时代的铜器铭文或甲骨卜辞，选其相同内容、相同句式的文辞，相互参校，进而判断是普遍现象、特殊现象，还是伪误现象。拿内容完全相同的一家同时所铸之器铭或同一器的器铭和盖铭相比较，则可靠程度更高。时代相近的甲骨卜辞、铜器铭文和传世文献，仅能作为旁证。这是与普通常见的文献校雠最明显的差异。

二、注意铭体的特殊性

在器物上书写刻铸文字，肇端于原始社会的陶器。从考古资料看，仰韶文化时期的彩陶上，往往有一些简单的刻画，大汶口文化的陶器上则有一些线条化的图画。在 20 多年来的文字起源的讨论中，有人说是早期的汉字；

---

① 许倬云：《西周史》，生活・读书・新知三联书店 1994 年版，"前言"第 1 页。

有人说不是文字，而只是陶器制作过程的符号标记；有人认为那是汉字萌芽期的形态，或叫图画文字，或称它们是不同部落的原始文字符号，后来的汉字就是在那些零散、个别的字符基础上逐渐积累、加工，最后经过人为规范成为一种文字体系的。《说文》："铭，记也。"在原始社会陶器上的原始文字符号，可以说就是原始的铭。

青铜器的铸造，始见于夏末商初的二里头文化。"惟殷先人有册有典，殷革夏命。"也就是说是夏末商初之时，汉字已形成体系，可以记录国之大事，成为册典。而青铜器上铸铭，却要到商代中期偏后始见。由于铸造技术的限制，尽管当时汉字已经相当成熟完善，铜器上的铭文却还很少很少，且多为保守的原始的部落标识。商代后期（殷商时期），青铜铸造技术高度发展，铭文才逐渐增加字数，成为一种记事短文，成为一种文体——铭。殷商时期的甲骨卜辞，是在占卜过的龟甲或兽骨上书写刻画而成的。尽管龟甲兽骨狭小，训练有素的卜师，也可以熟练整齐地书刻许多细小美观的卜辞文字。而铸铜器是一种工艺复杂、技术要求很高、许多人花许多时日才能铸造一件成品的工作，这就使铭这种文体，从一开始就要求文简意赅，并与器物的用途产生一定的联系。

关于商周铜器铭文内容性质的发展变化，我在《对族氏符号和短铭的理解》[①] 一文中，曾对当今古文字学界流行的一些看法，提出过自己的意见。

铭作为从商至今一直存在的最古老的文体之一，我们必须根据铭物的时代、内容的性质、器物的特定用途和特定环境，注意它可能的省略表达形式，避免把正确合理的省略，误认为是错漏脱字。例如：

（一）铭物（器物本身名）的省略

（1）眴（物主）作父癸（祭祀对象示物的用途）宝尊彝（器名）。
（2）亚豚（物主）作父乙（祭祀对象示物的用途）宝尊鼎（器名）。
（3）叔攸作旅鼎。

前述（1）（2）例，完整表现了两个鼎的主人，作祭祀其父辈用的宝

[①] 参见张振林《对族氏符号和短铭的理解》，载《中山大学学报》（社会科学版）1996年第3期，第66～76页。

鼎。第（3）例也是主谓宾语俱全。

(4) 郾侯旨作父辛尊。
(5) 田告作母辛尊。
(6) 叔蛛肇作南宫宝尊。
(7) 雁□作旅。

若按（1）（2）（3）例的完整句子表述的标准，（4）（5）（6）（7）各例末都缺失器物本身的名称——鼎或彝。

以上所引都是商末周初之鼎铭。

(8) 陈𣪘（物主）𨪰（造）戋（器名）。
(9) 陈侯因咨（物主）𨪰（造）。

（8）是战国时齐国的戈铭，主谓宾俱全。（9）也是战国时齐国的戈铭，物主人为史书有名的齐威王，铭末便省略了器名戋。

从商代到周初的铜器，多用作祭祀。铭文常只说明物主和祭祀对象，这对于当时使用这些器物的主人来说，是最重要的。铭文像是不完整的句子，既没有谓语"作"，也没有器物名。这种情况，很像我们今天学校机关的桌椅物产等，只需标上使用的主人（或单位），标上摆放的地方（如某办公室或某楼某室），两个名词就足够了，桌椅上通常都是省略器物名的。买回一本书，若是盖上"×××藏书"章，当是比较准确完善的铭，要是签字，只需签上所有者的姓名就能表明所有权了，无须说明那是书。

（二）物主的省略

首先，铸造使用铜器，在商周时代是件很不容易的事，须有显赫的功绩，不寻常的贵族王臣地位和财富。拥有青铜器是当时的地位、权力、财富的象征。不是战争、意外的特大灾祸，器物主人都会努力保护这些铜器，略为长一点的铭文，文末都少不了告诫，"子子孙孙万年永宝用"。这种特殊的专门铸造和持久的宝有原因，可以使拥有者忽略刻铸物主名号，而只注意器物的用途。如商末周初的许多鼎、鬲、簋和各种酒器的铭文，常常只有享祭对象的祖、考名号，诸如"且乙""且辛""且癸""父乙""父丁""父戊""父壬""父癸"等，而省略了当时还普遍重视的家族徽号、爵位、官职、物主私名。1963年陕西扶风齐家村出土的日己觥和日己方彝,铭末都有族识,铭前都无作器者私名称号,仅言"作文考日己宝尊宗彝"。

其次,商周之际铸造技术已相当高明,但产铜地和铸造工场却不是到处都有的,因此出现了一批专供交换的商品铜器。这种铜器的铭文有个明显的特征,就是没有物主名,仅有"作宝尊彝(鼎、簋)""作宝鼎(彝、簋)""作从(鼎、簋)"等一类的铭文,通常在单行铭文的上面或双行铭文的旁边,留有适合的空位,可供补刻物主名号。我在《对族氏符号和短铭的理解》中曾指出过一些明显属于后来补刻物主名号的例子,[①] 但确有许多商周期间的铜器铭文没有补刻物主名号。

再次,由于家族内部权力的转移,或由于某种罪过,爵位官职被褫夺,以至籍没财产,或由于家族之间、国与国间的争斗以及改换政权,造成铜器易主,或由于铜器久藏地下,名号部位锈蚀过度而清理受损,上述种种原因,都可能造成物主名号阙如,这是与正常的物主省略不同的。例如:

(1) 戈□作父丙彝。(《三代》十一·20《戈父丙尊》,存5字。戈为族识。下空1字,有被挖痕迹,边缘尚留字画残余。)

(2) 卜□作宝尊彝。(《录遗》134,器铭第二字被剜。盖铭全,第二字为孟。《美帝国主义劫掠的我国殷周铜器集录》第37页说明谓:"卜是官名,西周金文仅见。孟是私名。")

(3)《蔡侯■编钟》,共9具,各81字,称"诃钟",其中有4具将蔡侯下面的私名剜成橄榄形空白。《蔡侯■编镈》共8具,其中有1具也是将蔡侯私名剜成橄榄形空白。《殷周金文集成》著录的《敬事天王钟》,也全无作者名。

(4)《三代》著录4具《叔氏钟》(又称《士父钟》),钲间铭文4行,第一行的首4字均被磨刮,首句成为"□□□□作朕皇考叔氏宝薝钟",失去物主名。

(5)《辰在寅簋》(《三代》八·5,铭4行存19字),《为甫人盨》(《三代》十·30,铭3行存13字),铭文都很方正整齐,都是作器者处空缺2字。

(6) □□□作宝甗(《录遗》105,铭文3行存9字)、《□鼎》(《三代》六·48,称"七月丁亥彝",铭文3行存17字,或称"乙彝")均是在作器

---

① 参见张振林《对族氏符号和短铭的理解》,载《中山大学学报》(社会科学版)1996年第3期,第71~72页。

者处模糊不清。许是最初的收藏家或估人，想弄清物主而剔刷锈结过甚造成的。

先师容希白教授在著名的《商周彝器通考》"除去作器人名者"条下，引《叔氏钟》《宝䵼》《辰在寅簋》《为甫人盨》四器，云："殆亦如后世不肖子孙卖祖父书画而挖其上款欤。"我认为似不肖子孙典卖祖产的可能性是存在的，但恐怕不是主要的。似蔡侯䑇墓出土铜器甚伙，多数铜器铭文上的蔡侯私名完好，只有四钟一镈挖了私名，死后陪葬却又放在一起，显然不关后世子孙事，只能认为是蔡侯生前，或因内部权力之争，或因失窃之故，曾有部分散失，以至名款被挖，局势稳定或破案后物归原主，故死时得以成套器物完整殉葬。

（三）器物特定用途的省略

商周之时，"国之大事，在祀与戎"①。无论天子、诸侯还是其他等级的贵族，许多事务、活动，都决于卜筮，求之鬼神，祭祀祠祷特别繁忙，致祭使用的铜器也因而被称为彝器。彝器有专荐于宗庙的，也有用于军旅田猎出行，在祭祀仪式以后物主与僚友、诸兄、朋友分享神福的。前者多在铭文中标出祖考及妣母的名号；而后者或在铭文中标明是旅、从、行器，或说明用于宴享、与多友饮饲，以乐嘉宾父兄朋友，而更多的是省略器物的用途说明。西周以降，鼎、簋、匝、盨、盉、盘、钟等之铭，逐渐以述己功美、叙录天子的册命赏赐、称扬先祖，以及重要约要做内容，铭文后段常缀有"用祈眉寿万年无疆子子孙孙永宝用享"一类的话。偶尔也有一些铭文，前不述己功美，不记作器因由，后也无祈求福佑、告诫子孙的话语，如"康侯丰作宝尊（鼎铭）""雁公作宝尊彝""矢王作宝尊鼎"等。到了春秋，铭文内容除了叙述功烈外，又增加一些称扬门阀的内容。同时也有不少铭文，既无作器之因的说明，也无祈求告诫的话语，仅作"某某（物主）自作某某（器名）"。《礼记·祭统》："夫鼎有铭，铭者自名也，自名以称扬其先祖之美，而明著之后世者也。……铭者，论撰其先祖之有德善、功烈、勋劳、庆赏、声名，列于天下，而酌之祭器，自成其名焉，以祀其先祖者也。"②但从出土的商周鼎铭和其他铜器铭文看，既有许多符合《祭统》所

---

① 《左传·成公十三年》，见《十三经注疏》卷二十七，中华书局1980年影印本，第1911页中。

② 《礼记·祭统》，见《十三经注疏》卷四十九，中华书局1980年影印本，第1606页下。

说明的内容，也有不少并没有显扬先祖及明示后世的文字。

(四) 特定用器环境的说明

仅有物主，或仅有器名，或仅有特定用器环境说明的铭文，可以说是最简省的铭文。殷墟侯家庄出土的 3 个方形袋足顶流盉，錾内铭文分别为"左""中""右"各 1 字，以此说明三器放置时的方位。

《右马衔》铭文为"右"，《右宫矛》铭文为"右宫"，《左宫车䡇》铭文为"左宫"，《下宫车䡇》铭文"下宫"，《大䝨匜》铭文为"大䝨之匜"，《大䝨铜牛》铭文为"大䝨之器"，《寝小室盂》铭文为"帚小室盂"。这些器物的铭文，都只记了用器的机关单位。

(五) 铜器铸铭要求精练，常采用上下文承接省略

商周时期的青铜器铸造，采用的是范铸法，铭文与器物同时铸造，铭文文字，不容易做到细小清晰。錾刻铭文的方式，主要流行于战国时期。商末，还未出现过 50 字以上的铭文。西周以后铭文才在内容、数量、形式上有大发展。在上万件先秦铜器铭文中，百字以上的铭文，见于著录的不足 125 篇，涉及 210 多件器。也就是说，98% 的铭文都是在百字以下。《文章流别传》曰："夫古之铭至约，今之铭至繁。"① 借器物上小小的地方作铭，要求铭文简约精炼，除了少数长篇内容较复杂外，商时多数只铭记作器者和致祭对象，周时多数前段简述册命受赐经过，后段祈求福寿无疆，昭示子孙永世宝有，即所谓嘏辞。册命仪式中的连续动作程序，往往省略主语。嘏辞的主语是作器者，他可以有很多的祈求和希望，上下承接之间，主语也往往省略。其他内容的铭文，也常利用人物关系清楚的特点，省略句子成分。如《钦鼎》："隹十又一月，师雍父省道，至于䣄。钦从。其父蔑钦历，易金。对扬其父休。用乍宝鼎。"第二句"钦从"，承上省句，全意应是钦从师雍父省道。第三句是其父在蔑钦历后赐钦金，承上省宾语。第四句应是钦对扬其父休，省主语钦，在人物关系中，只能是受赐者对扬赏赐者休。第五句也是省主语钦，是钦得到赏赐后，即以此金铸鼎，以名功美。五句铭文中有四句承上省略某些句子成分，而不妨害铭文内容的理解，正是利用了人物关系中的主与从、赏赐与受赐的明确关系，因而高度精简。又如《陕西金文汇编》上册，第 430 页和第 432 页所载的折觥、折方彝铭文："隹五月，王才

---

① 转引自《太平御览》第三册卷五九〇文部六，中华书局 1960 年影印本，第 2657 页上。

斥。戊子，令乍册折兄嬰土于相侯。易金。易臣。扬王休。佳王十又九祀，用乍父乙尊。其永宝。（族氏符号）"第二句承上省主语王，第三、第四句省主语王和间接宾语折，第五、第六、第七句省主语折，也是利用王与折二人的不同地位，命与受命，赏赐与受赐，受赐者感激赏赐者并作器等不言自明的关系，大量省略，而使铭义显得特别精炼。我们不应把省略误为脱字。

总之，铭文作为一种文体，特点是要在极其有限的器物空间上记事、铭功、称扬先祖功烈和赏赐者的美意、祈求福寿、申述鉴戒、寄托希望，要求文字高度概括、精炼。器物的拥有者、器物的用途、使用器物的环境，往往都是特定的，提供了一个可以不言自明的条件，因此比起其他文体和许多传世的文献，铜器铭文中使用省略手段尤为突出，在校雠铜器铭文时，不同器物的同类句子可用异文互证，但判断是否"衍字""脱字"时需特别审慎小心。

1961 年秋，我刚开始学习古文字，容师希白教授从宋代到 20 世纪 50 年代的青铜器及铭文的著作中，选了 35 种比较主要的著作，列成书单，命我等 3 名弟子一部一部地读，最好每读一部写一篇书评。要写书评，评论得失，可根据《宋代金文著录表》和《国朝金文著录表》找有关的书对照、校对、阅读，日久持之以恒，必有心得。我想，在学习期限内，还有多种课程要学，30 多种书都细致地阅读、评论，是难于做到的。而将已著录的一万件左右的铜器铭文校阅一遍，将近世影响较大并具有综合、总结前人成果和开拓未来意义的论著和图录资料，选 10 种左右阅读一过，还是可以做到的。结果，我用了一年半的时间，将宋代著录的 500 多件铭文，清代的《积古斋钟鼎彝器款识》，20 世纪出版的《三代吉金文存》《商周金文录遗》《美帝国主义所劫掠的我国青铜器集录》，20 世纪 50 年代和 60 年代初期新发表的铭文，都校阅了一遍，记下数千张卡片，并按不同事项做了初步整理。稿本搁置了 30 多年，重新翻阅，发现不少地方由于学识浅薄孤陋寡闻而判断错误，也有些错误是因当时资料不足所造成的，但也有不少至今仍值一提的收获。例如：1962 年年初校读宋代著录铭文时，见《周文王命疠鼎》（《薛氏》卷十，第 1 页；《啸堂》卷下，第 98 页），即认为无证据说明王即周文王；作器者名不是疠，应隶定为瘨或瘨，更鼎名为瘨鼎或瘨鼎；四、五行铭文间缺失一行，依西周中期的文例，很可能是脱"首敢对扬天子休"或"首敢对扬王休瘨"7 字，原因一是古时刻制铭模时"脱简"少了一行，二是铭本不脱，宋代摹写刻书时漏脱，各家辗转误传。1976 年陕西省周原科学发掘窖藏铜器一批，内有一件"三年九月"瘨壶，与宋代著录的"三年四月"瘨鼎,应是同一年同一家所铸之器,内容都有"王乎虢叔召瘨",壶铭称"拜頴首敢对扬天子休用作皇祖文考尊壶",鼎铭作"拜頴(……)用作皇祖文考盂鼎",鼎铭按壶铭例补"首敢对扬天子休"7字一行,便文句通畅,铭文外廓方块整齐。这证实了15年前的校读既必要也有理,也说明了用同时代的相同内容相同文例相校,确能发现问题,但要做得更加准确可靠,最好是用同时一家之物的相同文例互证,如有器盖同铭辞者互证则绝对准确可靠。数年前得知河南大学的李瑾教授,曾将郭沫若著作中指出过的,两周铜器铭文中的衍字、脱字、补字、勾倒、回读,分类辑录,补充了一些自己发现的事例,可说是一种专门的铜器铭文校勘记。台湾王讃源先生的《周金文释例》和广州中山大学的唐钰明教授的《异文在释读铜器铭文中的作用》[①],也是专门的铜器铭文校勘训诂之作。本文不想将30年前的校勘记全部胪列,下面只讨论校雠铭文所得的几项重要事例。

三、 古人在铸器之前对铭模做了校对修改的遗迹

商周青铜器是用范铸法浇铸的。程序是:①先做陶模;②分片翻制出陶外范,风干烧硬;③刻制铭模,拟好铭文草稿,制作一块与陶模内壁弧度相同的陶片,风干后用尖锐器"如粗鱼刺、骨针、铜锥等"刻出铭文,然后烧硬;④制作陶内范,并用铭模在未干的陶内范上揿印,风干后将铭文外围无字部分均匀磨刮去薄薄的一层(没有磨刮或磨刮不够的有铭内范,就会留下揿印的外廓[②]),将内范烧硬;⑤将内范和多片外范拼合,同时熔炼好铜锡合金液,从陶外范预设的注铜孔倒入青铜汁;⑥冷却后拆除或敲碎陶外范,挖掉陶内范;⑦修整合范缝,磨刮粗糙不平部分,新的铜器就算是制作好。西周时期铭文增长,并出现追求工整排列文字的倾向,西周中、后期尤为突出。因此,在制作铭模时,有在铭模上先划好方格后刻字的[③],也有因为器大铭长为了安排好文字,或是为了同时铸造两件或两件以上的同字数铭

---

① 参见唐钰明《异文在释读铜器铭文中的作用》,载《中山大学学报》(社会科学版)1996年第3期,第86~92页。
② 铭范上留有揿印铭模外廓的实证,以鼎铭为例,如《三代》卷二,第32页之鼎,第41页之彭鼎,第43页之𤼅鼎,第48页之雁公鼎,第49页之敏白鼎,第52页之竟鼎;卷三,第2页之刺鼎,第3页之糞白鼎,第6页之大保鼎,第8页之郾侯旨鼎,第9、10页之白鼎,第10页之乍公鼎,第20页之甚諆鈛聿鼎、霍鼎,第23页之柜白鼎,第29页之仲殷父鼎;卷四,第1页之叔单鼎。
③ 铭模上划格刻字,则方格与铭文同为阴纹。如《三代》卷四,第4、5页之腳娶鼎;卷二,第8页之须孟生鼎;卷十,第30页之为甫人盨。

文的铜器，而先在一个陶内核上，按字数多寡用薄刃器和尺划好细而直的方格线，烧制成方格印版，印在铭模上，然后在有凸线方格的铭模上刻字，这样刻制的铭模，常见阴刻笔画破坏方格的阳线。① 第一个揿印的铭模格线，必然异常清晰地凸起，第二个以后揿印的铭模格线，都较模糊。据此，我或许可以断言：凡是铭文为阳格阴字的西周铜器，除了一些七八十字以上的大器长铭，可能仅是为了安排文字而划格单独铸造外，其他应是有两件或两件以上同字数的同一家器一起铸造。尽管对铭文制作方法有种种不同看法②，但我还是相信上述的工艺过程。流行于商代的爵、觚、觯，都是内腔极小的铜器。爵铭多在鋬内，觚铭多在高圈足内，觯铭多在器内，都弧度极大，范围极小，采用铭模翻范法难度很大，所以有许多直接在爵的鋬内范、觚的圈足内范、觯的器内范上刻铭，铭文字少，有的风干后刻字，磨平了字口，然后烧硬，有的未风干刻字，又未加工字口，干后烧硬作内范。因此，商代爵、觚、觯铭的阳识和双钩阳识率比别的器铭高很多。

制作铜器铭文，要比书写镌刻甲骨卜辞时复杂得多，论理应有良好的铭稿，由文化和技艺都较高的工匠小心谨慎地刻写陶模，并经过审校，然后才翻范浇铸。但是，我们在众多著录的铭拓上，发现了一些修改的痕迹，说明是在刻好陶模后，经过校对、检查，发现有错误，经修改后才翻范铸造的。如果对刻好铭后的陶模没有检查或做必要的修改，就可能出现衍字、脱字、错字等漏洞。

铭模经过修改，有下列几种迹象：

(一) 有修改钩识

(1)《三代》卷八，页 17～18，著录 5 件鄩虢仲簠铭，其中有两件器

---

① 在有阳纹方格的陶模上刻字，铭文都在大方框内，偶尔出现一些字画超出方格限制，以《三代》所载鼎铭为例，如：卷三，第 6 页之嬴灵德鼎（卷七，第 15 页之嬴灵德簋，框格模糊不清）；卷四，第 10、11 页之师趛鬲形鼎（阳线框格一暗一明），第 13 页之井鼎，第 28～31 页 7 具善夫克鼎，8 行 5 具，9 行 2 具，各有一阳线框格特别清晰，第 35 页之兩攸比鼎，第 40～41 页之大克鼎。其他器种如西周的某些钟、簋、盨、壶、盘、盉的铭文上也有类似现象。

② 参见［日］松丸道雄《试说殷周金文的制作技法》，载台湾《故宫文物月刊》1991 年第 9 卷第 5 期；陈初生《殷周青铜器铭文制作方法刍议》，1994 年 8 月纪念容庚先生百年诞辰暨中国古文字学学术研讨会论文。后者归纳了前此学者们提出关于铭文的制作法主要有：①木板刻字印范法；②泥浆书写成模法；③内范直接刻字法；④活字印范法（根据秦公殷、吴王夫差剑等铭文）；⑤泥版刻字印范法（本文支持此法为制作多字数铭文的基本方法）；⑥肉雕法；⑦兽皮刻字印范法（即松丸道雄主张的假设）。陈文又提出第八种，为泥条作字贴范法。

铭第一句作"隹十一又月","又"字作ᛉ，下面的⌐是钩识，标明应与上面一字调位，即古籍所谓乙正。另外3件铭文为"隹十又一月"，记时正确，故"又"字下截无钩识。(见附拓图一、二)

(2)《三代》卷十，页19～20，著录齐陈曼匠一器二铭。第一铭4行22字皆正，字距行距均匀，结体严谨，作：

齐陈曼不敢般⌐
康肇堇经德作
皇考献叔饙逸
永保用匠

"般"字右上角有⌐钩识，标明"般"字应与左边的"逸"字相调，然而此器为匠而非般（西周时盘多写作般，下无皿），且匠有称饙匠的而盘绝无称饙盘之例，故铭末为补注"匠"字。第二铭4行22字作：

齐陈曼不敢逸
康肇堇经德作
皇考献叔饙⌐般
永保用匠

文句正确，但下面的"逸、作、般"3字反书，与上面的字间距离较宽，字的结体松散，与其他文字的距离均匀、结体严谨有明显差别。大概是此铭模本与上一铭模有相同错误，发现后对下3字进行挖补修改，修改时却用上一铭翻范作蓝本描摹，于是出现3字反书结体较松散，挖补镶入的距离较宽，行距也对得不直，接缝磨得不平的情况，故与上面的"敢、德、饙"3字间的距离稍宽，中间并有缝痕迹。

以上两例，郭沫若的《两周金文辞大系图录考释》都曾经指出。

(3)《三代》卷十七，页33，著录竹子启匜铭，4行15字，文右行，字全反书。改正读作：

隹竹子启
自作䀇
其它⌐万年

无疆孙享

"它"(即"匜")字右侧有钩识┗,标明它应与上面的"其"字对调,铭文应读作"隹竹子启自作盥匜,其万年无疆,孙享"。器作者名为本文初释。盘匜为盥洗器,故得称盥盘盥匜。① 铭文误作"盥其它","其"字夹在中间显然不当。(见附拓图三)

(4)《三代》卷十,页31,著录仲餒□盥铭,3行13字,文作:

中餒┓作铸
旅盥其迈年
永宝盥用

第一行第二、三字之间空隔宽大,殆将铭模误字刮削后,增刻钩识┓,第三行第二、三字之间挤插"盥"字,鼠尾两弯直至第一行空格中间。

(二)刮削误字后在旁补字

(1)《三代》卷九,页18,著录同簋铭9行91字:

隹十又二月初吉丁丑　王
才宗周各于大庙荣白右
……(略)

著录相同内容的两件拓本,都成9行方块,四边文字整齐,只有此铭第一行的"丑、王"2字之间有相当一个字的空白,殆为刻好铭模后,发现增字而刮平。

(2)《三代》卷九,页23,师酉簋第五铭,第一行末字刮平,旁补"各"字。

(3)《三代》卷八,页43,著录鄀侯少子斨簋铭6行37字,文字瘦长

---

① 弄盘、白戈盘(《薛氏》卷十六,第12页)称颙盘,虘孙殷毁盘(《三代》卷十七,第12页)、齐大宰归父盘(《三代》卷十七,第14页)和鲁伯愈父盘(《三代》卷十七,第7页)称盥盘,弄匜(《三代》卷十七,第33页)称盥盉。盥,即《说文》卷十一之沫,洒面也,古文作颒。《说文》卷九有顋,昧前也,读若昧。盘匜铭假作颒。(参见附拓图四)

美观，排列异常工整，作：

    佳五年正月丙午
    䣝侯少子斨乃𡥈（"孝孙"两字合文）
    辛壬鎬趣吉士㜣
    作皇姒剑君仲妃
    祭器八　永保用
    享　　　𣪘

铭拓第五行第三、四字之间空一字格，旁补"𣪘"（簋）字。显系刻制好铭模后，发现误字，刮平后在旁边相应位置补上正确的字。（见附拓图五）

（三）脱字旁补

在检查校对铭模，发现了脱字后，在旁边适当的地方补刻，然后翻范铸器，这类事例颇不鲜见。

（1）《美掠》拓293，妹叔昏簋铭2行9字：

    妹叔昏肇
    作
    彝用卿宾

脱"作"字，补于彝字右侧，作彝可以顺读。

（2）《三代》卷六，页24，宵彝（卣）铭，1行4字。器铭"宵乍旅彝"4字间隔均匀，而盖铭1行3字均匀，"乍"字偏小而挤于"宵、旅"两字之间的左侧，表明是脱补。

（3）《录遗》264，子殷卣铭，盖铭1行7字，为"子殷用乍父丁彝"。器铭在"子殷用父丁彝"的"用、父"两字左侧补刻"乍"字。

（4）《三代》卷十三，页42，䚷卣器铭4行45字，字距密，行款分明，全铭外廓方整。末行之"才十月̣佳子曰令望人方𦣞"，"曰"字挤在"子、令"两字的右侧行距间，当为发现脱字后所补刻。

（5）《三代》卷十三，页11，㚻父辛卣2行5字，"彝"字上半部夹在两行之间，下半部凸出在两行铭文的方块之外，当为脱补。

(6)《三代》卷六，页43，玤囟冀簋2行9字：

玤囟冀乍
　　　父
癸宝尊彝

先师商锡永先生在《十二家吉金图录·雪八》中云："铭文九字，因欲两行相齐，故将'父'字写入'作、彝'二字中间，此例罕见。"我以为作为脱补，也就并不罕见了，如本节的（1）（7）（8）（9）等例，都是将字补刻于行间。

(7)《三代》卷六，页48，再簋3行18字，作：

隹生蔑再历
用乍季日乙
　　　妻
子＝孙＝永宝用

同书同页著录另一器第二行铭作"用乍季日乙妻"，与左右两行搭配整齐。今此铭"妻"字夹在第二、三行之间，是脱补无疑。

(8)《三代》卷七，页22，冟簋2行10字：

乍父甲宝簋
冟
迈年孙子宝

作器者在草拟铭稿时，大概忘了自己而沉浸于崇敬父辈与希望告诫子孙永尽孝道的思想中，检查校对铭模时，才意识到铭中开头应录作器者名，于是补刻于紧靠"作"字的两行空隙之中。

(9)《支那古铜精华》卷一，页19，□作父庚尊2行7字：

□乍庚
　父
宝尊彝

作器者名漫漶不清,"乍、庚"两字之间脱"父"字,补于二字的左侧行间。

（10）《三代》卷六,页41,甗彝一盖、器及彝二盖共3铭,《三代》卷十七,页26,甗匜盖器共2铭,各有2行8字。其中彝、匜两件器铭,都是每行各4字平齐。而匜的盖铭和两件彝的盖铭,都是第一行4字,第二行3字,铭文外廓齐平,铭末的族氏符号夹在两行之间,应是属于脱补。

甗乍父辛

宝 尊 彝

（11）《三代》卷七,页38～39,共著录弄簋4具8铭,都是3行16字,末行铭为"其䵼寿万年用",后5字都紧密相接在同一中心线上,只有第一器铭的"年"字显得格外瘦小,偏于"迈""用"两字的右侧,当属脱补。

（12）《三代》卷八,页49～50,共著录稀簋二器一盖,全铭为5行42字,第二器缺盖。第二器铭与上一器盖两铭相校,在第二、三行间脱"邦"字,在第五行"万年以孙子宝用"脱"厥"（厥）字,"子"字极细小,插在"孙"字与上行的"自"字之间,当是脱补。

（13）《三代》卷九,页5～6,共著录追簋4铭,各7行60字,铭文外廓方正平齐。唯第一铭第二行开头"子"字凸出在方正的铭文外廓之上,字形略小,且紧贴下面的"多"字。显然系"天子多易追休"的铭文,刻模时脱了"子"字,翻范前发现后补刻到上头去的。

（14）《三代》卷九,页28～29,共著录师衰簋铭3件。第一、二铭为10行,第三铭11行。铭文外廓都方正平齐。第一铭为盖铭,脱3个字。第二铭为器铭,全铭117字。第三铭在第四行的"令"字上,有一个细小的"厥"字凸出在平齐的铭文外廓之上,是属于脱补的字。与第二铭相校,则知此"厥"字不应补于第四行上面,而应补于第三行上面。这是一个经过校补,却补错行位的例子。补于第四行上,铭文成为"今余肇厥令女率齐师……",不当中增"厥"字;补于第三行上,铭文则成为"反厥工吏",符合上下文意。

（15）《文物》1962年第6期,页31,载散伯车父鼎（丙）铭4行26字,即《陕西金文汇编》上册一四九之散伯车父鼎（丁）。（见附拓图

六、七）

隹王四年八月初
　　　　　　　　吉
丁亥揪白车父乍
邢姑尊鼎其万
年子═孙永宝

"吉"字扦插于第一行末的"初"字和第二行末的"乍"字之间，属于脱补。其他三鼎铭作"隹王四年八月初吉丁亥"不误。铭文第三行的"姑"字，其他三铭均作"姞"字。

（16）《录遗》496，林堂汤叔盘4行30字（见附拓图八）：

　　　　　初
隹正月吉壬午（此行短，旁补"初"字，"吉"字作古）
林堂汤弔白氏铸（此行长，挤插"白氏"两字）
其尊其万年无用之（此行短，"尊"下脱"盘"字，至"无"字提行）
疆子═孙═永宝（此行长，铭末回读，接上行末"用之"作结）

从铭拓上可见多个铭范与内范核固定的钉痕，铭文是古代铸器时制作，不假。但可以说，此铭的制作在谋篇布局上是欠认真的。第一行"隹正月初吉"处脱"初"字，经检查补刻在旁边；第二行在汤弔与私名间，又挤刻了"白氏"两字，故此二字极小。第一行"吉"字缺上面的中竖，第三行"尊"下缺少器名"盘"字，二者都未补。第一行字较短，第二行因"铸"字松散而增长，第三行还没有第一行长就急于提行，第四行因字距宽，文未完已有第二行长，只好将剩下的"用之"两字刻到第三行下面。

（17）《三代》卷十，页40，㝬盨铭4行22字：

㝬乍姜渼盨用
享孝于姑公用
祈眉寿　屯鲁
子═孙永宝用

第二行除"于"字外，其他 5 字大致同大等距离，唯有此"于"字极小并反书，另一相同内容铭文的文字大小粗细协调，相校可知此铭的小"于"字是发现脱漏而补刻上去的。《三代》在此补刻铭拓旁钤有"盖"字印，但方濬益《缀遗斋彝器款识考释》卷九称此铭为器，不知孰对。

（18）《三代》卷十，页 21，曾□□□匜 5 行 32 字，存 26 字，全铭反书，右行。铭作：

隹正月初吉己
亥曾□□□择
其吉金自乍簠
匜其眉寿无
疆孙₌永宝用之
子₌

铭文在末行的"疆""孙"两字之外侧，刻补了脱文"子"字及重文符。

（19）《三代》卷十七，页 36，薛侯匜 4 行 20 字：

薛侯乍叔妊敤
朕它其眉
寿　万年子₌
孙₌永宝用

"年"字细小，补在第二、三行间的"万"字下侧。

（20）《录遗》80，鄡子鼎 3 行 13 字，作：

鄡员奉
子
为其行器其
永寿用之

鼎盖与器同铭，盖铭一圈 13 字都清晰可辨，器铭 3 行锈蚀较多，但仍可清晰看到"子"字较小，斜置于"鄡""其"两字之间，属脱补。

（21）《文物》1962 年第 6 期封二，《陕西金文汇编》上册页 369，著录师克盨盖铭，14 行 128 字。其第十三行铭"（对）扬天子不显鲁休用作旅盨",中间的"子"字是脱补于"天"字左下侧的行间。

(22)《三代》卷九,页37,卯簋12行152字,其第八行下部曰"易女虜章瞉","虜"字右下侧与第七行的荼字间有"三"(四)字,应是脱补赐虜的数量。

(23)《三代》卷四,页1,叔单鼎4行23字:

  唯黄孙子蜈
  君叔单自作鼎
  其万年无疆
  子孙永宝用享

"用"字细小而在"宝"字下的偏外侧,当为脱补字。

(24)《陕西金文汇编》上册,页170~175,共著录仲枏父鬲铭6件,内容相同,各39字。除页172铭文作5行排列外,其他均7行排列。7行排列的铭文中,第四行末的"考"字左下侧,都挤刻了一个小小的"于"字,应同属脱补。而5行的铭文中的"于"字是正常地占一个字的位置的。从5件7行铭文换行情况完全相同看,大概是刻好一个铭模后,其他铭模都按其布局照抄,乃至刻在口沿上的7行首字都相同,翻范前发现脱了"于"字,又照样在第四行末的"考"字下补刻小小的"于"字。

(25)《考古与文物》1984年第3期,龠簋(残存底铭)2行8字:

  龠作父丁
  【图】
  宝 尊 彝

铭末族氏符号脱,挤补在两行之间的末端。本人曾数次在广东省博物馆目验此残底片,见此铭2行7字均笔画较深而明晰,唯所补族氏符号较浅,殆是在未烧硬铭模前挤刻,生怕刻深了会使左右两边已刻好的字崩损。

(26)《文物》1991年第6期,页64,敔簋6行存42字:

  隹十又一月既生霸
  乙亥王在康宫各齐
  室

  白召敔王易敔豚
  裘……（下略）

  "各齐白室"之"室"字脱，补于第二、三行间的顶上空隙，低于"白（伯）"字半格。
  （27）《古文字研究》第十三辑，页319，盨叔壶1行11字，作"择厥吉日盨叔尊壶永用之"，"盨、尊"两字相连，"叔"字补在此二字间的右侧。
  （28）《古文字研究》十三辑，页395，楚嬴盘4行22字：

  佳王正月初吉
  午楚嬴铸其宝
  庚
  盘其万年子
  孙永用享

  《三代》卷十七页37有楚嬴匜铭文，除器名匜外，其他都同，第二行作"庚午"开头，盘铭"午"字开头。"庚"字脱补于第二、三行之间。
  （29）《文物》1977年第12期，佣万殷2行8字：

  佣万作义妣
  宝尊彝

  第二字"万"与第三字"作"合并在一个格位。第一行像是由4个字的工整排列。大概是发现铭模脱"万"字后挤刻到"作"字右上角的空隙上，小得不到"作"字的四分之一。
  上举各例，都是发现铭模脱字后，即在邻近之处挤刻补字，然后翻范铸器的。也有发现铭模脱字后，邻近不宜补字而在远处补刻的。如下列各例。
  （30）《三代》卷十三，页37，载辜不叔卣盖器二铭各3行18字。盖铭3行文字清晰；器铭左上角锈坏4个字，可据盖铭补出。盖铭铭末"永宝"之下有族氏文字"子"，器铭以"永宝"作结，"宝"字与二行末的"家"字、一行末的"邦"字平齐，紧靠铭范片的边沿（有印范线为证），铭末所缺之"子"字，移刻到铭文方形外廓的顶上，方形外廓上端离印范线尚有一行空位可供补刻。

```
印 │ 辝不叔■乃邦 │ 印
范 │             │ 范
线 │ 子 乌呼诙帝家 │ 线 （族氏文字"子"，本该置于铭末"宝"字下）
离 │             │ 紧
开 │ 以宽子作永宝 │ 靠
铭 │             │ 铭
文 │             │ 文
```

（31）《薛氏》卷三页 13，《啸堂》34，均载有叡卣铭，盖器对铭，各 4 行 24 字。其盖铭作：

丁巳王易叡
⩙
㞢贝才⬜用
乍⬜彝才九月
隹王九祀⬜日

器铭末的"日"字下，有族氏符号⩙，而盖铭末的"日"字已与前 3 行末字平齐。依商周铭文惯例，作器者的族氏符号，可置于铭末，也可置于铭首。例如周岁壶、周棘生簋、格伯簋、周雏盨的周族符号都置于铭末，而周宅匜的族氏符号置于铭首，商代铭文的此类现象更是普遍。此卣盖铭的第一、二行间的族氏符号，当看作铭首"丁"字之前的符号，只是铭模已刻好，"丁"字上方和外侧无处可补，因而补于第一、二行间。

（32）《三代》卷十一，页 26，咏尊 2 行 7 字：

咏乍 㕇
尊彝日戊

铭文应作"咏乍㕇日戊尊彝"，"日戊"两字脱补于铭末。

（33）《三代》卷十三，页 34，盘仲⬜卣 3 行 12 字：

盘仲⬜作厥
文考宝尊

彝　日辛

按商周铭文通例，祖考后连称祖考名号，此卣铭当称"作厥文考日辛宝尊彝"。大概铭模刻好后，发现漏刻文考名号两字，于是补于铭末。

（34）《三代》卷十三，页25，囟卣2行7字：

囟作宝父
尊　彝己

按商代和西周初为祖或考作祭器铭文之通例，应为"囟作父己宝尊彝"，此卣铭原脱"父己"字，后补刻于铭末。

（35）《三代》卷十一，页42－2，者姤罍，4行8字："（族氏符号）者姤以尊彝大子。"同页有同铭罍，铭作两行，"大子"两字在"尊彝"之前。另同书卷十一页28有同铭尊一拓，卷十七页26～27有同铭匜（觥）两件共四拓，也全是两行8字，"大子"两字均在"尊彝"前，可证此罍铭末之"大子"两字，是属脱补于铭末者。

（待续）

说明：本文尚有续篇，讨论商周铜器铭拓中存在的衍、脱、误字，以及范损移位、回尾、阴阳款识、活字印范等有关校雠的问题。

附：本文引书简称对照

《薛氏》：《历代钟鼎彝器款识法帖》，〔宋〕薛尚功著，1935年于氏石印朱谋垔刻本。

《啸堂》：《啸堂集古录》，〔宋〕王俅辑，商务印书馆1922年石印淳熙本。

《三代》：《三代吉金文存》，罗振玉辑，1937年影印本。

《录遗》：《商周金文录遗》，于省吾辑，科学出版社1957年版。

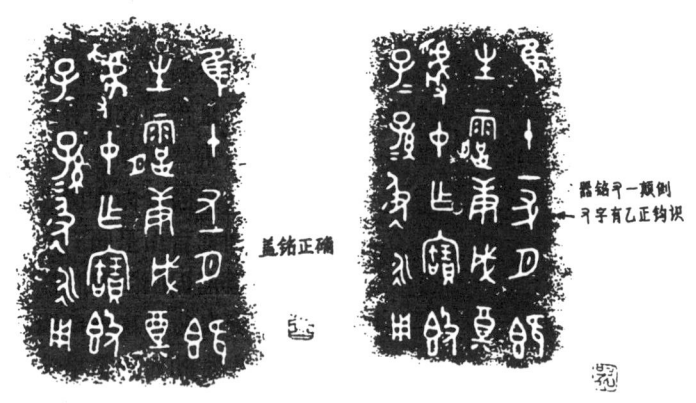

图一　　　　　图二

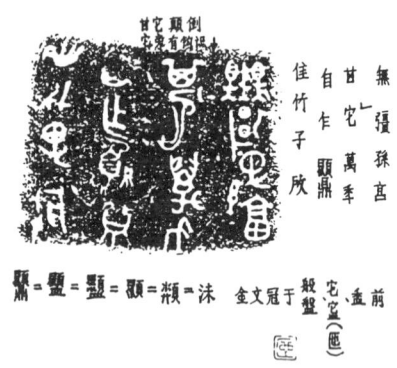

图三

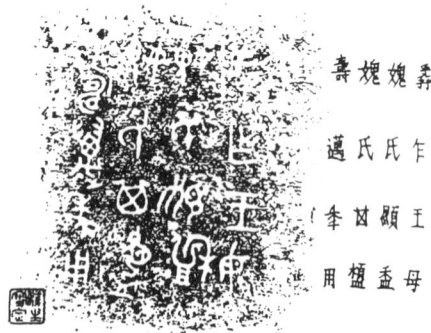

图四

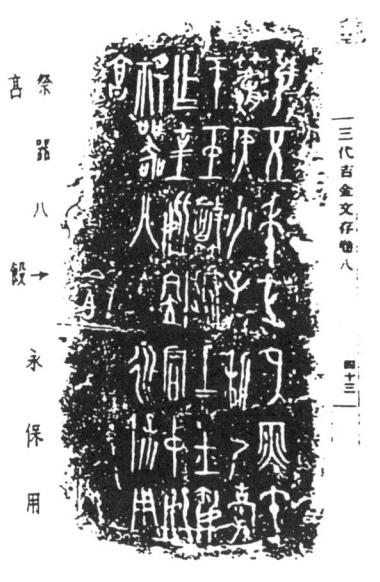

图五

图六

图七

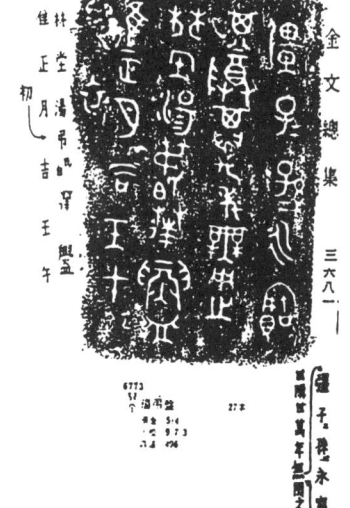

图八

［本文刊于《训诂学论丛（第三辑）·第一届国际暨第三届全国训诂学学术研讨会论文集》，台湾中山大学中国文学系、中国训诂学会1997年版。作者著有《商周铜器铭文校读记》（书稿），1963年做札记，1974年整理，1996年补充，该文为此书稿之序言］

篇章语法分析在铭文解读中的意义（上）
——谈篇章语法在西周铭文释字、解词中的作用

面对一篇古文字材料，通常都需要将"释新字、解难词、断句读、通读全文"当作一套系列工作来做。读通全文，准确把握文本意旨，是发挥古文字材料利用价值的第一要务。学者也常常将释字、解词当作独立的一项研究工作来做：释字论文务求形音义均有着落；解词论文要求弄清该词的基本意义，有时兼及本义、引申义和假借义，说明它在句中充当什么成分，句子是否顺畅，是否与全文意旨相符。常见的释字、解词论文，达到上述要求，也就具有相当的说服力了。但是，在古文字研究实践中也有不尽然的。因为要准确理解并把握住文字、词汇、语法都有距离的上古汉语，必须首先考虑古人当时想借助一个文本、一段话语表达什么信息，然后才是古人利用什么方式和手段来达到目的的。为了从意义上弄懂和语法上弄清故言，两汉魏晋的语言学家做了许多探索，创立了传注、章句、音义等训诂体式，隋唐以后又有所谓正义、注疏、校注、集解、汇注等体式。

南朝梁刘勰《文心雕龙·章句》云："夫人之立言，因字而生句，积句而为章，积章而成篇。篇之彪炳，章无疵也；章之明靡，句无玷也；句之清英，字不妄也；振本而末从，知一而万毕矣。"又云："然章句在篇，如茧之抽绪，原始要终，体必鳞次。启行之辞，逆萌中篇之意；绝笔之言，追媵前句之旨。"这些话，从理论方法上说清了为"立言""宅情"而为文的次序和章句分析的重要性。近30年来，在现代应用语言学方面，篇章语法学作为新兴学科，方兴未艾。而我国在1000多年前，就已把文字、词汇、句子、段落、篇章当作一个整体来分析研究，并运用于训故言的实践之中。以篇章为单位进行章句和语法的分析，同以句子为单位进行的语法分析是有差别的，因为后者的结构或功能分析只在句子之内，不涉及前后句子和篇章，而前者的字、词、结构和功能的分析，不仅涉及整个句子，还涉及其相关的句子和段落、篇章。近世学者比较重视句子语法分析，往往忽略篇章语法分析。下面就谈谈篇章语法分析在铭文解读中的意义。

1. 为释字提供音义指引

字形分析是释字的基础，弄清字的形音义是释字的基本任务。然而，古文字的字形分析常常会出现意想不到的艰难，或是文本模糊不清，或是笔画结构有意外缺损，或是笔画结构前所未见，都会给字形的分析和判断带来困难，需要借助于篇章中其他信息的说明。例如《散盘》铭末句"邦左执𢶒史正仲农"之第四字，阮元释"𧮫"①；孙诒让"疑当为要之变体……从糸者，疑为要约同义，故亦从糸"②；郭沫若初释"缯"，后改释为从糸从腰，最后认同孙释，谓"缏假为契要之要"③；容庚的《金文编》第一、二、三版均将该字列入附录以存疑，第四版始从孙释，将其置于"要"字之下；20 世纪 90 年代有些学者认为该字中上部为"角"，因而该字当释为"缕"。④ 此字分析判断之难，一是上部构形不明，近似"𧮫"字头；二是"糸"在左下，上部连右下成另一构件，这种结构形式极罕见；三是中上部非"角"非"西"，使得整个部件是"婁"是"要"难辨。在这种条件下，篇章章句分析，便给了很重要的指引。盘铭开头说因为矢人侵占散氏的田地故需做出赔付，接着叙述赔付的两块田地的定界过程和树封标志，跟着列出矢、散双方参与履田定界人员的官职名字及人数，订约的时间和盟誓内容，矢方宣誓付田俾散方不爽约，如爽约，愿意受鞭刑和处罚，最后记明授图地点。整篇铭文为处理土地纠纷的要约，毫无疑义。按照契约惯例，给付方执右券（即契、要、约的右部分），收受方执左券。《散盘》铭末了另署"邦左执缏史正仲农"，正是说明上述要约的左执券者为收受方散国的史官仲农。若释该字为"缕"，"左执缕"便不得其解。因为字形部件"婁""要"难辨，孤立释字难得确解，在篇章分析指引下疑难便涣然冰释。从这个典型案例可见，通常后人释字比前人强（如孙比阮强），有时也不一定（如郭等人在释此字时并不比孙强），关键区别就在释字的方法运用上。此外，甲骨文中"今者"的"者"字释读，西周、春秋金文中某些"者"字异形及从"者"之字的释读，战国竹简中多个"者"字异体及其相关字的释读，也是首先得益于章句分析，确定了"者"字在章句中的地位，有了音义指引，"者"字在各个时期的怪异形体才得到确认的。至于李零先生在带钩铭文释

---

① 参见阮元《积古斋钟鼎彝器款识》卷八，嘉庆九年（1804 年）刻本，第 8 页。
② 孙诒让：《古籀余论》卷三，燕京大学 1929 年版，第 53 页。
③ 参见郭沫若《两周金文辞大系》初版，第 138 页；《金文丛考》，第 177～178 页；《两周金文辞大系考释》，科学出版社 1957 年版，第 131 页。
④ 参见容庚著，严志斌校补《四版〈金文编〉校补》，吉林大学出版社 2001 年版，第 147 页。

读上的重大突破，我想也是同他对箴铭性质的独到认识分不开的。①

2. 为解词提供词义和功能的指引

解释古文字材料，极忌以现代人对字词意义和功能的理解，强行套用，而应从文本所提供的信息中寻求。不能满足于句中无碍，还必须与篇章相关内容贯通。例如：

商周铭文中常见的"商""易"的形音义，与"赏""赐"没有直接联系，它们具有的"赏赐"义，是通过铭文内容的章句分析而认识的。"赏赐"是上司对下属的给予行为，通常在动词"商""易""赏"之前为施动者，之后为受动者和赏赐物。这对于研究铭文的学者来说，早在宋代已成为基本常识。但人们认识"易"有"受赐"之义，在句子中有表被动的功能，却是近世之事。这认识并不是在句子语法分析中获得的，而是在篇章分析中得到的。因为"易"字本句的主语，在前面叙述事件经过的某些句子中，表明了下属身份，在后面的叙述中又往往有其答谢上司的句子，这就决定了它是受事主语，决定了该句是被动句。在这个意义上，可以说篇章语法分析，就是在篇章给出的特定语言环境下进行的语法分析。反过来说，就是这种语法分析，不仅是在句子中进行，而且是在篇章条件限制下进行的。关于"易"的"受赐"义和表被动的语法功能，已有多篇文章论述，在此不再烦举。②

这里再谈谈"蔑（或作穰）曆（或作曆）"。

"蔑曆"一词见于商末至西周晚期前段的 50 多件铜器铭文中，于西周中期铭文中最多见。在铭文中，"蔑曆"出现之前，通常皆记述器主接受王封、王命，或记器主跟从王（或上司）办事，然后器主接受王（或上司）"蔑曆"，紧跟着接受王（或上司）的赏赐，最后对赏赐者表示答谢，因而铸器云云。形式上，最多的（约三分之二）是"上蔑下曆"，上为王、公、侯、伯等上司，下是作为下属的器主名。从"蔑曆"出现的语言背景、各项内容的先后次序和表现形式考察，"蔑曆"的内涵，包括了上对下的考察审查和表彰、勉励及期望。在具体语言应用上，可能表彰、勉励、期望兼而有之，也可能有所侧重，需视语言环境而定。上司对下属的称许表扬，既是

---

① 参见李零《战国鸟书箴铭带钩考释》，见《古文字研究》第八辑，中华书局 1983 年版。

② 参见杨树达《积微居金文说》，科学出版社 1959 年版，第 26、128 页；郭沫若《两周金文辞大系考释》，科学出版社 1957 年版，第 41 页；杨五铭《西周金文被动句式简论》，见《古文字研究》第七辑，中华书局 1982 年版；张振林《金文"易"义商兑》，见《古文字研究》第二十四辑，中华书局 2002 年版。

考核下属身份和工作的结果，同时也是对下属的勉励，还包含寄予某种信任和期望，故受到上司"蔑暦"是一种荣耀，所以在册命、封赏受到特别重视的西周早中期铭文中最多见。

《趞觯》铭曰："王乎内史册命趞：更乃且考服；易趞黹衣、韨市、同黄、旂。趞拜稽首，扬王休对。趞蔑暦，用作宝尊彝。"从铭文章句内容次第分析，先是王册命和赏赐趞，接着趞行答谢颂扬礼，趞因受到王之"蔑暦"，于是制作彝器，这个次第因果关系，非常清楚明白。有些学者认为"蔑暦"前为器主名，是"自言蔑暦"（自勉自励之意）。① 我以为，不如把"蔑暦"前的器主名看作受事主语，把"蔑暦"的功能看作被动的，因为册命、蔑暦、赏赐都是王施于器主的恩荣，都是器主引以为荣的作器因由。《长甶盉》铭曰："穆王卿礼，即井白大祝射。穆王蔑长甶，以逨即井白，井白氏引不姦。长甶蔑暦，敢对扬天子不杯休，用肇作尊彝。"在穆王举行的宴飨礼上，进行井白（为宾方）大祝（为主方）的比射之礼。穆王嘉勉长甶，命其加入宾方帮助井白，井白于是恭敬援射，不敢懈怠作弊。长甶因受穆王"蔑暦"，答谢称扬天子极大的（隐含信任的）美意，于是制作此铜器以为纪念。如果单独对最后一句进行语法分析，就容易把"长甶蔑暦"看作长甶勉励自己，但那样就既与上文的射礼，也与下面"敢对扬天子"不连贯。把长甶看成"蔑暦"的受事者，则同上面隔句的"穆王蔑长甶"和下面紧接的"敢对扬天子不杯休"呼应连贯了。所以，"蔑暦"前为下属人名，词义即为受表彰勉励，前面人名即为受事主语，"蔑暦"在句中的语法功能是表被动的。这个词义和语法功能被认识，主要不是依靠句子内部分析，而是通过篇章分析取得的。由于在上古文献中尚未找到与之密合的词例，尽管讨论它的读音、词义和语法功能的文章很多，"蔑暦"词义的认识渐趋一致，也有人提出了它的被动功能②，但始终未形成理论方法上比较令

---

① 于省吾《双剑誃吉金文选》上二第 17 页："凡自言蔑暦者，亦系勉励勤劳之意。"又见《释"蔑暦"》，载《东北人民大学人文科学学报》1956 年第 2 期；又《读赵光贤先生"释蔑暦"》（载《历史研究》1957 年第 4 期）云："上对下言某蔑某暦是奖励某的辅佐；下对上言某蔑暦是某勉励辅佐。"

② 讨论"蔑暦"的论文很多，参见孙稚雏《保卣铭文汇释》之附录，见《古文字研究》第五辑，中华书局 1981 年版；又参见陈汉平《金文编订补》，中国社会科学出版社 1993 年版，第 266～283 页。提出有被动义见解者，如唐兰《西周青铜器铭文分代史征》，中华书局 1986 年版，第 377 页；孙稚雏《长甶盉铭文汇释》，见《古文字研究》第十三辑，中华书局 1986 年版。

人信服的解释。我想，这与当今学者对篇章语法分析尚欠重视有关。这里只是在众人研究成果基础上，提出自己的点滴意见，冀求讨论进一步深入。

（本文为中国古文字研究会第十四届年会论文，浙江杭州，2004 年 11 月；刊于《古文字研究》第二十五辑，中华书局 2004 年版。副标题为编者所加）

篇章语法分析在铭文解读中的意义（下）
——谈篇章语法在西周铭文析句、解词中的作用[①]

一

近百年来，汉语的语法研究，在词法、句法这两个层面上都有辉煌的成就，在语义、结构、功能三方面各有不同的进展，但在章法研究上却显得非常缺乏。这里说的章法，不是指单纯的文章编排、剪裁技巧，而是相对词法、句法而言的大于句子的更高层面，同样有语义、结构、功能三方面问题需要研究，为了避免误解成编排剪裁技巧或修辞技巧，故更多地称它为篇章语法。

当我们面对两千年前的古文字书写的原始文本时，会倍感需要篇章语法的指引说明。例如西周初的利簋铭文中的"戉鼎克昏夙又商"，学者们均识其字，析句却很不相同，词义和句子意义的解释以及结构、功能的分析说明也就很不相同。析句之难和释字解词之难，又互为因果。今将有代表性的利簋铭文释文析句列举如下。

临潼县文化馆：珷征商，隹甲子朝，岁鼎克䢻，夙又商。辛未王在阑𠂤，易又事利金，用作檀公宝尊彝。

唐兰：珷征商，隹（唯）甲子朝，戉（越）鼎，克䢻（昏），夙（《史征》作"扬"）又（有）商。辛未，王在阑（阑）𠂤（师），易（锡）又（有）事利金，用作檀（檀）公宝尊彝。

于省吾：珷（武）征商，隹（唯）甲子朝，戉（岁）鼎（贞），克䢻（闻），夙又（有）商。辛未，王在阑（管）𠂤，易（锡）又（右）吏利金，用作檀（檀）公宝尊彝。

商承祚：珷征商，隹甲子朝岁，鼎克，昏夙又商。辛未，王在阑师，锡右吏利金，用作檀公宝尊彝。

[①] 2001 年年初，作者为了给研究生讲课，写了一篇《篇章语法分析在铭文解读中的意义》，全文共四部分。2002 年在吉林大学高级论坛做了 10 分钟发言，简略报告了第一部分内容；2004 年在《古文字研究》第二十五辑正式发表了前两部分。此为该文的第三部分。

张政烺：岁鼎，克䶂（昏）夙有商。
徐中舒：岁鼎（则）克，䶂（闻），夙有商。
戚桂宴：岁鼎，克，䶂（昏）夙有商。
黄盛璋：岁鼎（贞），克，䶂（昏）夙有商。（文中声明转述了郭沫若的意见）
赵诚：岁鼎（贞），克，䶂（闻），夙有商。
吴孙权：岁，鼎（贞），克，䶂（闻），夙有商。
黄怀信：岁鼎（中），克䶂（昏），夙（始）有商。
钟凤年：戉晁，克陟侵有商。辛未，王在𣄴，闲师。
马承源：珷（武）征商，隹（唯）甲子朝岁鼎。克䶂（闻）夙又（有）商。辛未，王在𣄴𠂤，易又（有）事利金，用作旜（檀）公宝尊彝。

与析句相联系，释字、解词方面也必然存在极大差异。

1. 戉
(1) 唐兰隶作"戉"，读作"越"，谓"戉鼎"即夺鼎。
(2) 隶作"岁"。①于省吾、郭沫若、黄盛璋、赵诚、王宇信、吴孙权等解释为"岁祭"，但于省吾又不够自信，认为"也可以解为岁星"；②张政烺、戚桂宴、陈初生、马承源、黄怀信等解释为"岁星"；③徐中舒解释为"祭岁星"；④商承祚将"岁"连上读，解释为"时候"。
(3) 钟凤年释"戉"。与字不类。

2. 鼎
(1) 读作"鼎"。①唐兰解释为奴隶主们的重器、传家之宝、王权的象征；②张政烺、戚桂宴、马承源等读作"鼎"，解释为"当"，谓"岁鼎"为"岁星当空"；③商承祚读作鼎力、鼎盛之"鼎"，解释为"重大"。
(2) 徐中舒读作"则"。
(3) 于省吾、郭沫若、黄盛璋、赵诚、王宇信、陈初生等读作"贞"，解释为卜问。
(4) 黄怀信读作"中"，谓"岁鼎（中）"就是"岁星中天"。语词训释有些曲折。
(5) 钟凤年释"晁"，谓为屯戍地，读"戉鼎"为"戉晁"。与字不类。

3. 克
(1) 唐兰谓"战胜"，动词。
(2) 商承祚谓"胜利"，名词。

（3）于省吾、马承源等解释为"能"。

（4）郭沫若、黄盛璋、赵诚等以为贞问词"克?"戚桂宴以为吉兆"能克"；徐中舒以为悬拟臆度是有条件的肯定"祭岁星则克"，乃占星家预言。

4. 𢦏

（1）唐兰读作"昏"，谓指代昏君纣。

（2）于省吾、赵诚等读作"闻"。于谓通过"岁贞"将伐纣事闻于天帝；赵谓将贞卜结果"能战胜纣"传闻于牧野各路诸侯。

（3）商承祚、郭沫若、黄盛璋、张政烺、戚桂宴、马承源等读作"昏"，谓"昏夙有商"即从昏至夙一夜之间取得胜利占有商都。

（4）钟凤年释作"陟"，与字不类。

5. 夙

（1）唐兰释作对扬之"扬"，谓续也。

（2）大多数学者释作"夙"，谓早也。

（3）钟凤年释作"侵"，谓"陟侵"乃"进侵"之义。

6. 又吏

（1）唐兰谓"有事"即"有司"。张政烺也读作"有司"，谓为掌事之人。

（2）商承祚文未对"又吏"发表意见。

（3）于省吾隶作"右吏"，谓吏与事与史通；徐中舒、黄盛璋、赵诚等读为"右史"。①张亚初、刘雨认为右史是记言之史官，是内史的别名；②黄盛璋、赵诚等认为利是右史，为职掌贞卜祭祀等事的官员，由于贞卜灵验了，所以武王赏赐他黄铜。

此外，对"𠭯自"也有几种不同的解读，作为地名是较一致的。

25 年来，还有不少文章或著作提到利簋，或引用其中某一家意见，或从其中几家意见中斟酌取舍，请恕不能一一列举。上述各家，除钟凤年先生的释文离金文较远因而解词较异外，其他各家都是当今古文字学、古文献学、考古学界有影响的学者，他们的释字、训诂能力，他们的历史、文献知识，我们都无须怀疑。然而，他们对"戔鼎克𢦏夙又商"7 个字的析句、解词分歧竟是那么大，对"又事"的释读也有几种不同意见，各有语文分析和历史文献的依据。甚至牵连岁星是否即太岁，岁星如何运行，商周之际是否已有天文与九州关系分野说，岁星是当周之上空而利征伐，还是当商之上空主灭亡，周之分野是指宗周还是成周，鹑火还是鹑首，武王是顺天意还是逆天意而得民意，各自引经据典，令人云里雾里，难辨谁是谁非。

上古语言离今太远，文字记录没有标点，看来只盯住这7个字，在习惯的词法句法的框框内，寻找片词只字的诂训，是难于抉择的，需要钻研分析整个文本篇章的语法。因为作器者写作铭文的目的意义是明确的，遣词、造句、谋章都是围绕着所要表达的总义进行的。因此，释读铭文，应尽可能弄清作器的时代背景、语言环境、目的要求，把握作器者在铭文中寄托的总义指向，采用符合古文字分析及古汉语表达原则的方法去析句、解词，重视整个篇章的语言表达法则。

二

20世纪60年代初，我曾经对商、西周、春秋、战国铜器铭文进行了篇章结构的分析探索。铜器之有铭，乃作器者自名也，形成了一种独特的文体——铭。铭体的内容结构，随着铸器技术、器物材质和时代观念的发展而变化。春秋之前的铭，一部分如《礼记·祭统》所说："铭者，论撰其先祖之有德善、功烈、勋劳、庆赏、声名，列于天下，而酌之祭器，自成其名焉，以祀其先祖者也。显扬先祖，所以崇孝也。身比焉，顺也。明示后世，教也。"更多的是撰作器者承祖考明德建功立业、受封受赏。但就具体内容的结构安排而言，各个时期是有所变化的。

商代铭文主要内容：①作器者宗族徽号；②器物祭祀对象；③宗族徽号或作器者＋乍＋祭祀对象＋宝尊彝＋宗族徽号；④作器之因（含时间、事件、作器者名）＋乍＋（祭祀对象）宝尊彝＋月、祀记时或宗族徽号。

早期的铭，主要是①②式，为没有谓语动词的不完整的名词句，只显示作器者的宗族名，或器物为祭祀哪位祖先而作，或两者兼有。后期的铭，先是第③式，为包含主、谓、宾语的完整句，我称它为铜器铭文中的"作器句"；后来在③式基础上增加了"作器之因"，虽极简单，但也显示了作器者是为了向祖先夸耀自己或宗族的光荣。

西周初期的铭文主要继承了商后期的各种体式，以③和④两种体式为多。特别突出的发展，是"作器之因"部分叙述详细化，内容多样化（如参与了重要祭祀礼仪活动，参与征、战、狩、戍有功，被册命封赏、显扬祖德等均可为作器之因）；另外，从原来仅有器物祭祀对象隐含着祭器用途，引申发展出"作器之用"部分，如用享祖考、用征、用飨王出入、用对令、用飨多友、子孙永保（宝）等，用极其简约的短句说明器物用途。

西周中、后期的铭文主要继承西周初期常见的③④两式，尤以④式为多见。"作器之因"又增加被上司蔑曆而受赏、重要财货与田土交换、争讼获得较为有利结果等可以炫耀、可资为证的理由。"自作"器和赠、媵生人之器逐渐多起来。一方面是因为生产发展，社会财富增长，铜器铸造技术进了一步，可以铸造更多的铜器和更长的铭文；另一方面是因为在观念上，铜器从庄严的祭器转向诸侯贵族炫耀地位财富的宴飨器，这类器铭往往无须说明"作器之因"，而更重视"作器之用"的观念表达。于是，西周中、后期的铭文中，从"作器句"起，到"作器之用"部分，也有了新的内容变化。所谓"作器句"，过去都是"作器者+乍+祭祀对象+宝尊彝（或器名）"为句，西周中期以后也可以是"作器者+乍+赠、媵对象（自作器可缺此项）+宝尊彝（或器名）"。"作器之用"部分，除了沿用西周初期的简约短句形式外，逐渐繁化成"用享孝祖考+用祈匄多福眉寿万年+用宴飨宾客朋友婚媾+子子孙孙永宝用"等多组内容，借以表现作器者铸器的愿望。

我把西周时期最多见的铭文体式概括为："作器之因+作器句+作器之用。"作器句是基本句、关键句，它记录作器者、器主人；它同时又是承上启下的过渡句，隐含着作器之因和作器之用。若是为祖考作祭器，器主人即作器者，在"作器之因"部分，他或他的祖考先人，必定是有德、有功、受命、受封、受蔑曆、受赐、受益之人。因此，不管事件叙述如何复杂，句子的主语、谓语、宾语如何变化或省略，作器者在事件中的身份是确定的。天子受命于天，诸侯百官受命于王，下属受命于上司，下级跟从上级省视、出征，主人以礼宾报使者、君封臣、上蔑下曆、贵赏赐贱、农重于工商、拥有田土贵于持有货财等，是当时不变的礼，所以主语、宾语的省略，谓语动词的主动、被动变化，都不妨碍作器者叙事中的人物关系脉络。同时，作器者也是"作器之用"部分的祈福者。若是为生人作赠、媵器，器主人则非作器者，作器句明确显示了作器者和受赠者、被媵人，"作器之用"部分的祈福、受福者则应为器主人，即受赠者、被媵人。

西周中、后期的铭文中最常见的体式：
（1）作器之因+作器句+作器之用。
（2）作器之因+作器句。
（3）作器句+作器之用。
（4）单独作器句（作器者+乍+受祭祖考，或受赠生人，或阙如+宝尊彝、器名）。

春秋时期的铜器铭文继承西周中、后期的体式，而以（1）（3）式为多，并在作器句内增加了一些新的成分，如表现为"作器者+择其吉金+自乍+宝尊彝（器名）"，成为一个时代的特色。

综上所述，商、周、春秋青铜器铭文的篇章构成，除了基本的作器句外，还有置于其前的"作器之因"和置于其后的"作器之用"两部分内容。这个观点，到30年后的1994年年初，我才在《毛公肇鼎考释》一文中正式发表。①

三

下面以毛公旅鼎、利簋、师旂鼎铭文的解读为例，谈谈篇章语法在西周铭文的析句、解词中的作用。

我认为毛公旅鼎铭文发现百年来，专家们之所以认为它古奥难读，众说纷纭，就是因为没有弄清篇章内容的构成体式，以致析句解词各异。甚至有人推测遗失了鼎盖，盖铭是全铭的上半部分，其最后半句为"某乍"，与鼎铭开头的"毛公旅鼎"四字连成足句，借想象来满足自己解读的需要。这里不再繁举各家不同的句读和不同的解读，只谈我如何按"作器句＋作器之用"体式的自作器铭解读它。下面是我采用的句读：

毛公旅鼎亦隹簋。我用飤厚眔我友飤。其用𩚬，亦引唯考。肆毋又弗懿，是用寿老。

我以"毛公旅鼎亦隹簋"为句。因为是较早的自作用器，不像春秋惯例称"毛公自作旅鼎"，而直接指称为"毛公旅鼎"，并以之做句中主语；"亦隹簋"直译则为"也是簋"，为句子谓语，意指这个鼎既是炊煮器也可作盛食器簋来使用。将毛公旅鼎与时代相同、文字书法风格相同、同为一家之物的毛公班簋摆放在一起，就很容易理解"毛公旅鼎亦隹簋"作为一个句子，是说得准确贴切的。同样，毛公班簋因为有4个长珥立地，仿佛鼎之四足，则具有了"亦隹鼎"的功能。破解了毛公旅鼎铭第一句后，下面均为"作器之用"的叙述，可以按作器者的愿望，分层次予以析句解读。每一个愿望句的主语都是器主，或用代词"我"，或承上省略。全铭意思是：我毛公作的旅鼎也是簋。我用此鼎做丰厚的食品同我的僚友饱餐（按：在宗族社会管理机构中，僚友通常都是宗族中的兄弟）。这既是我亲爱兄弟们的表示，也可引申为是我对祖先尽孝。我希望万事如意（毋有弗顺），因此而长寿。

---

① 作者为1994年8月下旬召开的纪念容庚先生百年诞辰暨中国古文字学学术研讨会而作《毛公肇鼎考释》，参见《容庚先生百年诞辰纪念文集》，广东人民出版社1998年版。

利簋铭文的篇章内容，人们对其前章含义的理解分歧大，是因为许多学者忽略前14字在整篇中的地位，没有弄清隐去的主语；但对其后章的含义的理解是基本一致的，即在辛未那天，武王在𣾃𠂤，赏赐又吏（右史）利金，利（铭文承上省主语）用以作祭祀𣄰公的宝尊彝。很清楚，最后一句为基本句，利为作器者，其前为"作器之因"——武王赏赐他以金。因此，前章必为利受赐的原因，尽管前章的事件叙述未出现作器者名，也必定与他有功、有德分不开。篇章内容决定了语言的逻辑法则，铭者自名，绝不可能出现一半铭文与作器者无关的现象。按此语言法则来审视利簋铭文的前章，内容层次简单明晰。

"珷征商，隹甲子朝。"这是叙述作器者利立功的事件发生的时间。以大事记时，立功事件背景明确。

"岁鼎（贞）。克。䎽（昏）夙有商。"这是叙述作器者利立功的事实，也就是利受武王赏赐的原因。"岁鼎（贞）"的主语省略，但必为作器者右史利是无可疑的。利负责岁祭和贞卜事宜。贞卜结果为"克"，即能克商。这无疑给武王下决心誓师、鼓动联军将士，增加了很大的信心和勇气。事实验证了利的贞卜是正确的，"昏夙又商"是验辞。其言辞简洁类似《诗·鄘风·定之方中》"卜云其吉，终然允臧"。此乃史笔叙事法，重事实、结果，与殷墟卜辞重记录卜问过程，详具前辞、命辞不同。为了更好地理解这7个字，有必要在下面做一些历史考据。

据《史记·周本纪》："（武王）东观兵，至于盟津，为文王木主，载于车中军。武王自称太子发，言奉文王以伐，不敢自专。"这是记一次伐纣前的军事演习。可见，商周时期，重大的军事行动总指挥官是载祖先木主随军，以备祭祀和祈求祖先护佑的。大量的卜辞岁祭记录证明，岁祭是家族有大事，以刿牛或羊为牲祭先祖考，告以大事并求福佑，并非特指岁末年初求年之祭。

祭祀和贞卜的工作，通常都是史官主持操办的。铜器铭文中史官常见，但称"右史"者，仅此一见。《礼记·玉藻》云："动则左史书之，言则右史书之。"张亚初、刘雨的《西周金文官制研究》于是认为"右史是记言之史官，是内史的别名"。事实上，王除发布诰、令、誓词等重大言论可单独记录外，而王的日常言论和行动，则是难于分开的，因此《玉藻》所云，动（事）和言分工记录、各为设官是令人费解的。《老子》曰："君子居则贵左，用兵则贵右。"又说："吉事尚左，凶事尚右。"说的自然是上古社会早已形成的风俗。史官有左右分工，无论是太史僚还是内史僚，当然也按此风俗各司其职。有关用兵、灾祸、丧葬、刑杀、疾病类的祭祀、祈祷、贞卜、禳解事务，属于右史操办记录；而封爵、庆功、赏赐、宴飨、生子、降祥等喜庆的祭祀、贞卜、祈福、报赛事务，属于左史操办记录。伐纣用兵，由右史利辅助武王，具体主持岁祭和贞卜，其职宜也。

有人说："但在甲子朝，已陈师牧野，'殷商之旅，其会如林'，周武王面对强大敌人，只能决战，不容迟疑，当无再卜问鬼神的余地，而文义绝非倒述兴师前的预卜，可见此鼎字不作贞卜讲。"持岁星当位论者常以此说反驳岁贞之说。但是，许多传世文献告诉我们，武王伐纣之师，始终处于主动地位，并非处于被强大敌人包围的被动状态，武王与各路诸侯之师会齐，既有时间誓师，还命师尚父和百夫去向纣师挑战，可以证明所谓"周武王面对强大敌人，只能决战，不容迟疑，当无再卜问鬼神的余地"，只是某些学者想当然的伪命题。据各种史料记载，武王所率盟军，甲兵不足5万，所依赖的是民心归附，而殷王纣，"维妇人言是用，自弃其先祖，肆祀不答，昏弃其家国，遗其王父母弟不用，乃维四方之多罪逋逃，是崇是长，是信是使，俾暴虐于百姓，以奸宄于商国"。武王之师甲子昧爽至于商郊牧野，在与纣兵交锋之前，应知敌方有70万之众，十数倍于己，能否当天誓师进攻，是不能不考虑的。经过"岁贞"鬼神，得能克的吉兆，既有天命神鬼相助，于是誓师（有《牧誓》为证），并主动发起进攻。《史记·周本纪》云："帝纣闻武王来，亦发兵七十万人距武王。武王使师尚父与百夫致师，以大卒驰帝纣师。纣师虽众，皆无战之心，心欲武王亟入。纣师皆倒兵以战，以开武王。"由于纣兵皆崩、畔纣，因而纣走，反入登于鹿台之上，蒙衣其珠玉，自燔于火而死。《史记正义》引《周书》云："甲子夕，纣取天智玉琰五，环身以自焚。"《史记》又记当晚武王至纣死所，以黄钺斩纣头，悬于太白之旗，至纣嬖妾二女自经所，以玄钺斩二女头，悬于小白之旗，"武王已乃出，复军。其明日，除道修社及商纣宫"。明确记载纣在昏时逃入商都自焚，武王与诸侯追入商都，取纣及其嬖妾之头，于天亮前出都城返军，这些史实，利簋铭文用"昏夙又商"四字简洁而准确地做了概括，应验了战前右史利的岁贞。所以，在打扫了战场，武王安抚了殷商旧臣和民众后，第八天辛未，以黄铜赏赐了有功的右史利。用"作器之因＋作器句"体式解读利簋铭文，便很明晰。

又例如师旂鼎铭文，是目前所见最早的有关军法处置的记载，有非常重要的历史价值，所以60年来有很多专家做了研究。由于有五六个字释读困难，意见分歧较大，还有一处句读的不同，引起叙事中的人物关系混乱，严重影响了这篇铭文的理解、运用和价值开发。现录其铭文如下：

唯三月丁卯师旂众仆不/从王征于方雷使氒友引/以告于伯懋父在芳伯懋/父乃罚得🅰️（联由）三百孚今弗/克氒罚懋父令曰义戠（赦—毕）/戲氒不从氒右征今母戠/期（期）又内于师旂引以告中/史书旂对氒贅于尊彝

自1932年以来，释字和句读分歧，都未能全部解决，而两者又纠缠在一起，所以对文中涉及的案件处理，总是不够清晰。在析句方面，主要有两派：

一派主张以"师旂众仆不从王征于方"为句，"雷"是指使氒友告发的人名，"师旂众仆"就是被告，众仆是低等级奴隶，告发是指向师旂，"于方"是方国名，即卜辞所称之"盂方"，是王征伐的对象。持此断句观点的学者有郭沫若（1932、1933、1935）、周法高（1951）、陈梦家（1955）、马承源等（1988）、周何等（1993）、王世民等（1999）、华东师大文字研究中心（2001）。

另一派主张以"师旂众仆不从王征于方雷"为句，王征对象为"方雷"，使氒友告发的人是承上省略的师旂，被告是其部下众仆。持此断句观点的学者有于省吾（1932）、吴闿生（1934）、吴其昌（1936）、容庚（1936、1941）、杨树达（1949）、白川静（1966）、唐兰（1976、1986）、吴镇烽（1988）、陈公柔（1993、1994）、刘雨（1994）、张亚初（2001）。

研究或引述过师旂鼎铭的学者肯定超过上述人数。然就上引情况已足以看出，60年来，古文字学界的学者中，始终存在着两种不同的断句分歧。而严肃的法律处置，是绝不容许原告被告颠倒的，王征的对象应是肯定明确的。所以，不能停留在句子单位上讨论语法问题，必须从整篇铭文的大范围讨论语法问题。

通观这篇鼎铭，其基本的作器句是"旂对氒贅于尊彝"（师旂于尊彝上答谢他的裁决），即师旂为答谢伯懋父的裁决而作此尊彝。作器句前的铭文，均为"作器之因"。按照郭沫若等的断句，师旂是被告众仆的上司，按军法，众仆"弗用命戮于社"，作为上司负有相关"联"的罪责，大夫以上贵族，死罪可免，可以罚金代替。但以此作为师旂作器之因，是不可理解的。郭沫若也发现"受罚而铸器，此例仅见"，不能不曲为之说是伯懋父"有私于师旅（按：旅为旂之误）"。显然"有私"之说是毫无根据的，而且因徇私舞弊而铸器作铭，也未免滑稽。此其一。按照郭沫若等人的断句，以"于方"为王征伐的对象,即卜辞多见的"盂"和"盂方",这是很吸引人的假借。但是那样一来,下一句的"雷"便成了主语,成为指使僚友"引"去向伯懋父告发师旂众仆的人。雷在下文不再出现,既无受奖赏,又非作器者,成了局外人。此其二。此外,这一派基本上把"师旂众仆"解释为师旂家的奴仆,在"人有十等"中属第八等,如此低等奴仆,师旂竟然不杀不处置他们,还需要由殷八自的总司令伯懋父亲自审理,并且一再给予宽大,在"从王征"途中,军法如此儿戏,真不可思议。此其三。可见,一处析句,关联整篇铭文,一点失误会得出南辕北辙的结论。所以,对没有标点的古代语言文本,必须在弄清篇章主旨(包括全篇总义及构成总义的不同语言层次的分章义)前提下,按照当时的语言法则,寻求合理的断句和词语训释。

按照省吾等的断句,以"于"为方向处所介词,以"方雷"为王征伐的对象,下一句指使僚友"引"去向伯懋父告发的人,便成了承上省略的"师旂"。师旂是原告,他的下属"众仆"是被告,他们是有官职的"给事者"。师旂没有忿恚和包庇下属违抗军令,而是主动告发,因此师旂可免连坐之罪,只有管教不严之责。伯懋父见师旂态度正确积极,予以宽大,下属也因而免死罪,改为罚金,限期纳于师旂。这样的裁决,师旂免罪还得罚金,下属免"毙(戮于社)"之刑,也当感谢师旂。所以师旂铸器作铭赞颂伯懋父的英明裁决。由于这一派的学者对铭中的好几个关键词,同样尚未做出令人信服的训释,所以未能被众人采纳。我将有另文专题讨论师旂鼎铭文,提出我对铭中一些词语的见解,在此不赘。①

综上所述,解读没有标点的上古语言文本,仅凭句子本位的句法、词法,着力于微观的字、词考释,有时会得不到确解,甚至可能出现南辕北辙的结果;必须首先把握篇章总义,及其语言表达的层次结构,然后按当时的语言法则析句、解词,即使有个别字、词暂时未能准确释读,对通篇的理解也不会出现大错。

参考书目

[1] 临潼县文化馆:《陕西临潼发现武王征商簋》,《文物》1977年第8期。
[2] 唐兰:《西周时代最早的一件铜器利簋铭文解释》,《文物》1977年第

---

① 拙作《师旂鼎铭文讲疏》于2004年8月提交第六届两岸中山大学中国文学学术研究研讨会讨论,见《中山人文学术论丛》第六辑,澳门出版社2005年版。

8 期。
[3] 于省吾：《利簋铭文考释》，《文物》1977 年第 8 期。
[4] 商承祚：《关于利簋铭文的释读》，《中山大学学报》1978 年第 2 期。
[5] 张政烺：《"利簋"释文》，《考古》1978 年第 1 期。
[6] 钟凤年、徐中舒、戚桂宴、赵诚、黄盛璋、王宇信：《关于利簋铭文考释的讨论》，《文物》1978 年第 6 期。
[7] 陈初生：《金文常用字典》，陕西人民出版社 1987 年版。
[8] 马承源等：《商周青铜器铭文选》（三），文物出版社 1988 年版。
[9] 吴孙权：《"利簋"铭文新释》，《厦门大学学报》1998 年第 6 期。
[10] 黄怀信：《利簋铭文再认识》，《历史研究》1998 年第 6 期。
[11] 郭沫若：《两周金文辞大系考释》，科学出版社 1957 年版。
[12] 于省吾：《双剑誃吉金文选》，中华书局 1998 年版。
[13] 容庚：《商周彝器通考》，哈佛燕京学社 1941 年版。
[14] 闻一多：《璞堂杂识》，《闻一多全集》（二），开明书局 1948 年版。
[15] 杨树达：《积微居金文说》（增订本），科学出版社 1959 年版。
[16] 周法高：《金文零释》，"中研院"历史语言研究所，1951 年版。
[17] 陈梦家：《西周铜器断代》（二），《考古学报》1955 年第 10 期。
[18] 唐兰：《西周青铜器铭文分代史征》，中华书局 1986 年版。
[19] 白川静：《金文通释》第十三辑，白鹤美术馆 1966 年版。
[20] 陈公柔：《西周金文中的法制文书述例》，《容庚先生百年诞辰纪念文集》，广东人民出版社 1998 年版。
[21] 刘雨：《西周金文中的军礼》，《容庚先生百年诞辰纪念文集》，广东人民出版社 1998 年版。
[22] 张亚初：《殷周金文集成引得》，中华书局 2001 年版。
[23] 〔清〕阮元校刻：《十三经注疏》，中华书局 1980 年影印本。
[24] 王利器校笺：《文心雕龙校证》，上海古籍出版社 1980 年版。
[25] 司马迁撰、三家注：《史记》，《二十五史》（1），上海古籍出版社、上海书店 1986 年版。

（本文为纪念中国古文字研究会成立三十周年国际学术研讨会暨中国古文字研究会第十七届年会论文，吉林长春，2008 年）

先秦古文字材料中的语气词

一

现在常见的《古代汉语》《汉语史》和《文言语法》一类的书籍，在讲到先秦（或称上古）部分时，大抵选材于《易》《书》《诗》、"三礼"、《春秋》三传、《国语》《战国策》和诸子著作、《楚辞》等被称为先秦文献的书籍，直接引用地下出土的第一手材料者极为罕见。这些文献中，有的写作年代混沌不清；有的写作年代虽然可知，但往往是经过传抄和结集时的润色或窜改，已非本来面目。郭沫若同志就曾根据卜辞和铜器铭文的内容及其所用文字、词汇的时代特点，分辨过这些文献中部分作品的真伪和制作年代。① 古代语言没有录音，古文字材料则是研究先秦语言的最可靠的依据，这是毋庸置疑的。对古文字材料的词类和语法进行研究，往往会给文献材料的价值估计带来莫大的帮助，如对殷周金文进行研究后，可知当时第一人称不用"予"或"吾"，"朕"不用作主格，第二人称通常用"女"而不用"汝"，极少用"爾""尔"，等等，如果文献中有和这些情况相左的，即可判断是春秋以后所作，或是经过后人改窜的。容老师希白教授曾在50年前发表过《周金文中所见代名词释例》②。据我所知，马国权同志在20年前曾写过《两周金文辞词法初探》（未刊），对金文中的语词做了分类编排研究，其于1979年发表的《两周铜器铭文数词量词初探》③ 即为其中一部分的补充修订之作。时隔多年，出土的古文字材料已大为增加，进一步研究古文字材料中的词汇，为先秦古汉语的研究提供更多的时代确切可靠的第一手资料，是很有必要的。

在学习铜器铭文过程中，每读到韵文，音韵铿锵，朗朗上口，使人辄生读《诗》之感，而记言或叙事散文，如有名的《盂鼎》《墙盘》《舀鼎》

---

① 参见郭沫若《中国古代社会研究》和《古代研究的自我批判》。
② 参见《燕京学报》1929年第6期。
③ 参见《古文字研究》第一辑，中华书局1979年版。

《克鼎》《散盘》《毛公厝鼎》等,虽经过许多专家考释疏通,已基本可读,但总叫人觉得如读《尚书》,美言之,是"苍峻古朴""崇奥浑穆,渊古高卓""文辞凝练"①,丑言之,则实在是佶屈聱牙,拗口难读,不像前几年出土的中山王䚇诸器铭,文辞一经疏通,读起来就充满感情,如读《左传》《战国策》文选。例如:"呜呼,语不废哉!寡人闻之:蔑其溺于人也,宁溺于渊。""呜呼,哲哉!社稷其庶乎!厥业在祗。寡人闻之:事少如长,事愚如智,此易言而难行也,非恁与忠,其谁能之?其谁能之?!惟吾老**贾**是克行之。""呜呼,念之哉!"读到这样的文句,能使人感触到其思想活动,如听到动情的谆谆告诫,情意恳切,不能不说是金文中初见的绝妙好文。其所以有此效果,首先在于文章的思想内容,自不待说,而成功地使用了大量的语气词,也不能不说是金文中初见的。这一点启发了我,调查一下古文字材料中语气词的使用情况,对先秦时代古汉语的发展面貌研究,是很有帮助的。

最近看到香港中文大学 1980 年 4 月出版的《中国语文研究》创刊号,里面有一篇李达良先生的文章,名叫《若干文言语气词源出上古时期的推测》。该文"试从甲、金文、《诗》《书》时期的材料作为断限,选了十一个比较重要的语气词,作一初步探讨,考察一下这些词在这时期的一般状况和相互关系"②。其考察的结果是:①在这时期,语气词的数量比较少,在所举 11 字中,没有"耶""耳""夫"3 个字。②用法比较简单,词性、字形和字音都不大稳定。③很多词有分化现象,尚在发展阶段。古汉语语气词的发展成熟,应该是在甲骨文、金文、《诗》《书》时代以后,随着晚周两汉群经诸子的哲理散文和史传散文的长足进展,逐渐完成。李先生在"也"字条下,引举了秦铜权、新郪虎符、诅楚文、石鼓文和睡虎地秦简中的"殹",并证"猗、兮、殹、也"4 个字为描写同一声音的异体字。此外,李先生在"哉"字条下引了金文二例;认为"已、耳、与(欤)、乎、夫、者",虽然金文中都有,但不是做语气词用;而"也、邪(耶)、矣、焉"等字,在甲骨文、金文中找不到。③ 因此,李先生所举的材料,基本上来自从商到春秋的《诗》《书》,不分各篇章的具体时代。从语言发展角度看,

---

① 均见于于省吾著《双剑誃吉金文选》之眉批。
② 李达良:《若干文言语气词源出上古时期的推测》,载《中国语文研究》1980 年 4 月创刊号,第 67 页。
③ 李达良:《若干文言语气词源出上古时期的推测》,载《中国语文研究》1980 年 4 月创刊号,第 71 页。

我以为时间划分太长且失之笼统。《诗》和《书》中都包含着上千年的材料，况且它们在春秋战国间结集后，又屡经辗转传抄，加上从古文隶变到今天的楷书，其中失误、改窜不可避免。现在这两部书中的语气词，究竟有多少是原有的，多少是后来的，也很难分辨。因此，以《诗》《书》例句为主的引证，难免使人生疑。尽管李先生关于语气词"尚在发展阶段"的结论和关于发展成熟期的推测，都是审慎可取的，但我觉得，依据出土的先秦古文字材料，将语气词整理一番，也是极为必要的。

以上三端，就是我撰此文的原因和意旨。

二

在甲骨卜辞中，句首语助叀、隹是常见的，就像金文中的隹（唯）、雩一样，并不表示某种特定的感情或意图所需的语气。陈梦家先生的《殷虚卜辞综述》中所说的语气词，是指动词之前表示肯定、否定和不定语气的副词允、不、弗、弜、勿、毋、其。其所谓"偶有在句末安置语气词的"①，指的是《殷契粹编》第四二五片："丁未卜㞢咸戊󰀁󰀂。"此段卜辞，似不能肯定末一字当释为"戊乎"合文。甲骨卜辞中未见单纯语气词。对甲骨卜辞的语气判断，主要是根据动词、副词以及整段卜辞的内容推测的。同样，在商代的金文里，也未见单纯的语气词。

在语言实践中，感情最为强烈地通过语言表现的，莫过于惊呼、感叹和命令，其他感情的表现，在语气上的区别是相对细微些的。命令语气通常是用简短明确的句子表达的，所以不产生纯表语气的命令语气词。而惊呼和感叹则往往通过特殊的语音来表达，因而产生一种专门描写这类声音的惊叹词（现代语法书一般称为感叹词）。惊叹词带有较长的拍节，因此常把它当作一个独立的词类，且常常把它当作独立的句子来看待，使它同其他句末语气词成为平行的关系。但是，为了探索古汉语中语气词的产生和发展的使用情况，我在此仍把它当作语气词中的一种，姑称为句首语气词，同其他句末语气词一起加以考察。这样，我们在现在可见到的先秦古文字材料中，可以找到如下13个词：

（一）敱

"敱"在金文中多见，有的作为人名，有的与"今"对称义如徂，有的

---

① 陈梦家：《殷虚卜辞综述》，第128页。

作为句首感叹词。作为句首感叹词的有下列各例：

（1）叡！酉（酒）无敢酗，有祡烝祀无敢醹。（盂鼎）
（2）叡！吾考克渊克尸（夷）。（沈子它毁）
（3）叡！东尸（夷）大反，白（伯）懋父𠯑（以）殷八𠂤（师）征东尸（夷）。（小臣𧣪毁）
（4）王令（命）𢓊曰：叡！淮尸（夷）敢伐内国，女（汝）其𠯑（以）成周师氏戍于𠂤白。（彔𢓊卣）
（5）叡！乃仁县白（伯）室。（县妃毁）

过去有不少考释家，引《尚书·费誓》的"徂兹淮夷徐戎并兴"为证，把上述各例的"叡"字训为徂、为往、为昔。首先指出"金文之叡用为嗟字"的是柯昌济。① 杨树达认为《费誓》该句应以"徂兹"为句，"徂兹"犹"嗟兹"也，并引证了《诗》《管子》《尚书大传》《说苑》《青州牧箴》等书的例句，证明它为表声的叹词。他说："嗟字经传中无虑千百见，而金文中了无其字，正以作叡不作嗟尔。"② 将《费誓》该句同例（4）相比较，则可发现其内容是相一致的。"徂兹"或"叡"，是对淮夷徐戎并兴，胆敢侵犯中原的惊叹。"徂、叡"二字皆从且得声，声类相同，故可用来表现同一惊叹语气。

（二）繇

"繇"字在金文和帛书中做句首感叹词，与经传中的"猷"相近。

（1）王令（命）虞③侯矢曰：繇，侯于宜。（矢毁）
（2）王若曰：彔白（伯）𢓊，繇，自乃且（祖）考又（有）𤔲（勋）于周邦，右（佑）闢（辟）四方，叀𤔲天令（命）。（彔白𢓊毁）
（3）帝曰：繇，□之哉！毋弗或敬。（长沙楚帛书）

---

① 参见柯昌济《韡华阁集古录跋尾》，第17页。
② 杨树达：《积微居金文说》，第58～59页。
③ 编按：《古文字研究》本隶为"虞"，《中国语文研究》本讹为"虔"。

（三）巳

在甲骨卜辞和铜器铭文中，十二地支中的巳，均作🔣或🔣，而不作🔣。🔣在西周金文中做句首语气词，在春秋战国期间则做句末语气词。经传中的"已"，殆是"巳"字蜕变的。如长沙仰天湖第二十五号楚墓出土的竹简，即显露了这一蜕变的踪迹：以🔣、🔣、🔣表示经过清点核对，某一家赠之物到此结束，也就是后世作为终结、完了的"已"，仔细慢写则为"巳"（🔣），草率急就则为"已"（🔣）。

"巳"字作为句首语气词的有：

（1）巳，女（汝）妹辰又（有）大服，余隹（惟）即朕小学，女（汝）勿尢余乃辟一人。（盂鼎）

（2）王曰：父𣪘，巳，曰伋兹卿事寮、大史寮，于父即尹。（毛公𣪘鼎）

在郭沫若同志的《两周金文辞大系考释》中，盂鼎的"巳"字属上为句，毛公𣪘鼎的"巳"字连下为句。这里从于省吾先生的《双剑誃吉金文选》，以"巳"为叹词，就像《书·大诰》之"巳！子惟小子"，《康诰》之"巳！汝惟小子"和"巳！汝乃其速由兹义率杀"。

"巳"字做句末语气词例：

（3）往巳，吊（叔）姬！（吴王光作叔姬鉴）
（4）一䈞（享）㠯①巳，二䈞（享）忧巳。②（信阳楚竹书）
（5）䎽（闻）之於先王之法巳③。（信阳楚竹书）
（6）……立日赣🔣布巳④。（信阳楚竹书）
（7）……亓（其）欲，能又（有）弃巳⑤。（信阳楚竹书）

---

① 编按：释误，字作🔣形。
② 编按：见信阳楚竹书1-046、1-039简，字作🔣、🔣。或释"也"。参见河南省文物研究所《信阳楚墓》，见《中国田野考古报告集·考古学专刊丁种第三十号》，文物出版社1986年版。下文所引同。
③ 编按：见1-07简，字作🔣。
④ 编按：见1-010简。🔣或释"赐"。
⑤ 编按：见1-018简，字作🔣。

(8) ……䎽（闻）之巳①。（信阳楚竹书）

信阳楚竹书中尚有四处残简有"巳"字，在此从略。

（四）乌虖、乌夫、於嘑、於虖

经传中的感叹词"呜呼"，在西周金文中作"乌虖"，春秋战国期间作"乌夫"或"於嘑""於虖"，都是句首独立的感叹词。

(1) 乌虖，尔有唯㰧（小子）亡（无）戠（识）。（訇尊）
(2) 乌虖，隹考娋𠂤。（沈子它毁）
(3) 乌虖，乃沈子妹克蔑，见猒于公，休沈子肇田，𣪘、狃贮啬。（沈子它毁）
(4) 乌虖，效不敢不迈（万）年夙（夙）夜奔徒（走）扬公休。（效卣、效尊）
(5) 班拜頜首曰：乌虖，不杯孔皇公受京宗歜（懿）釐，毓文王、王姒□孙隔于大服，广成氒（厥）工（功）。（班毁）
(6) 乌虖，諫帝家，㠯（以）㝬不弔（淑）眔乃邦。（𩫏子卣）
(7) 𢦔曰：乌虖，王唯念𢦔辟剌（烈）考甲公。（𢦔方鼎）
(8) 𢦔曰：乌虖，朕文考甲公文母日庚弋休。（𢦔方鼎）
(9) 乌虖，哀哉！用天降大丧于上国。（禹鼎）
(10) 乌虖，譴余小子圂湛于囏（艰）。（毛公䯇鼎）

以上八家九器均为西周器，"乌虖"二字从西周前期到后期，写法基本不变。

(11) 於嘑，敬哉！（儠儿钟）
(12) 乌夫，戋（贱）人刚恃，天这亓（其）型（刑）。（信阳楚竹书）②
(13) 周公戒然怍（作）色曰：乌夫，戋（贱）人㝬（格）上，则型

---

① 编按：见 1-030 简，字作𠃌。
② 编按：见 1-02 简。

（刑）戮①至。（信阳楚竹书）②

(14) 於虖，语不竸（废）琴（哉）！（中山王䯧鼎）

(15) 於虖，新（哲）琴！（中山王䯧鼎）

(16) 於虖，攸（悠）琴！（中山王䯧鼎）

(17) 於虖，念（念）之琴！（中山王䯧鼎，二见）

(18) 於虖，允琴若言！（中山王䯧壶）

(19) 於虖，先王之悳（德），不可复夏（得）。（盗壶）

除（11）例为春秋器，其下均属战国作品。单是中山王䯧鼎，就5次出现"於虖"，说明到了百家争鸣的时代，文风较口语化。

（五）夫

句首"夫"字，杨树达的《词诠》把它称为提起连词，其解说却为"发言之端"③，有自相矛盾之嫌。我们通常所说的连词（连接词），是指用来连接词、词组或分句的词。而这句首"夫"字，是发议论者想提出某一重要事情并发表议论，为引起人们注意而发出的语气词，带有重点强调的意味。它在句子中只有表达这种语气的意义，而无其词汇上的具体意义。所以，新中国成立以来的许多教科书，已把它称为句首语气词。

(1) ……④则皆三代之子孙。夫□⑤……（信阳楚竹书）⑥

(2) ……。夫……（信阳楚竹书）⑦

(3) 夫古之圣王，孜（务）在夏（得）𡨄（贤），其即（次）夏（得）民。（中山王䯧壶）

信阳楚竹书都是残断简。（1）例是从文句内容推测，当于"子孙"下面断句。（2）例原简虽只残存二字，但在"夫"字上面古人留下了很明显

---

① 编按："戮"作 ，《古文字研究》本隶为戮。
② 编按：见1-01简。
③ 杨树达：《词诠》，中华书局1978年版，第36页。
④ 编按：各本隶为攵。原简蚀泐，或释"久"。
⑤ 编按：此字各本都有隶定，但难辨笔画，原简仅存上部残画，今以□代之。
⑥ 编按：见1-06简。
⑦ 编按：见1-071简。前字作 。

的句读横画，这正是为了避免将"夫"字误解为句末语气词而特别加上的符号。所以该"夫"字为句首语气词是没有疑问的。

"夫"字作为句末语气词，在已出土的古文字材料中还很少见，现仅见下面一例：

(4) ……虐戏不智也夫！（信阳楚竹书）①

(六) 才、㦵、哉、𢦏

先秦经传典籍中常见的句末语气词"哉"只有一种形体，或表感叹，或表疑问，或表反诘。但在出土古文字材料中有才、㦵、哉、𢦏等形体，均从才得声，都是在句末表感叹，表疑问和反诘语气的尚未曾见。

(1) 苟（敬）喜（享）㦵（哉）！（𤤽尊）
(2) 王曰：师訇，哀才（哉）！今日天疾畏（威）降丧，首德不克妻，古（故）亡承于先王。（师訇毁）
(3) 乌虖，哀㦵（哉）！用天降大丧于上或（国），亦唯噩侯駿方率南淮尸（夷）、东尸（夷）广伐南或（国）东或（国），至于历内。（禹鼎）
(4) 冂哉，其兵。（庚壶）
(5) 於嘑，敬哉！（儞儿钟）
(6) 述玉鱼顒曰：钦㦵（哉），出游水虫，下民无智。（鱼鼎匕）
(7) 鄘侯𪸩（载）畏夜（威夷）恖（淑）人哉！（鄘侯载毁）
(8) 帝曰：繇，□之哉，毋弗或敬。（长沙楚帛书）
(9) 於虖，语不婪（废）𢦏（哉）！（中山王䁧鼎）
(10) 於虖，新（哲）𢦏（哉）！（中山王䁧鼎）
(11) 於虖，攸（悠）𢦏（哉）！（中山王䁧鼎）
(12) 於虖，念（念）之𢦏（哉）！（中山王䁧鼎，二见）
(13) 於虖，允𢦏（哉）若言！（中山王䁧壶）

---

① 编按：见1-014简。

（七）之

"之"字在甲骨卜辞和两周金文中，通常都是做第三人称宾格或附在名词（或名词性词组）后做领格助词"的"用。在铜器铭文中，于言作器之后，文末附上"永宝用之"或"永保鼓之"（限于钟类），此类文例数以百计。这个"之"字，可作第三人称宾格看待，指代上述所作该器。但是，同样有许多铭末是以"永宝用"或"永宝用言"作结的，那么把"永宝用之"的"之"字作为句末语气词理解，似也未尝不可。此类例，在此不征引。

（1）齐三军围□，舟子𦥑（执）鼓（鼓），庚①大门之，𦥑（执）者（诸）獻（献）于霝（灵）公之所。（庚壶）

（2）隹（惟）天乍（作）福，神则各（格）之，隹（惟）天乍（作）夭，神则惠之。（长沙楚帛书）

（3）寡人䎽（闻）之：蔑其汋（溺）于人施（也），宁汋（溺）于開（渊）。（中山王𨥛鼎）

（4）寡人䎽（闻）之：事宀（少）女（如）䛊（长），事愚女（如）智，此易言而难行施（也），非恁（仁）与忠，其隹（谁）能之？其隹（谁）能之?! 隹（惟）虘（吾）老貴是克行之。（中山王𨥛鼎）

（5）㠯（以）内䜌（绝）邵公之𦫼（业），乏其先王之祭祀；外之，则將（将）遱（使）堂（上）勤（觐）于天子之庙，而退与者（诸）侯䛊（长）于遦（会）同，则堂（上）逆于天，下不懑（顺）于人施（也）。寡人非之。（中山王𨥛壶）

（6）凡兴士被甲，用兵五十人㠯（以）上，必会王符乃敢行之；燔坠事，虽无会符，行殹（也）。（新郪虎符）

以上（1）例的"大门"为大攻城门，"门"后的"之"字类似"焉"，为句末语气词。杨树达先生于《庚壶跋》一文中考之甚详②，在此从略。（4）例中最后的"是克行之"的"之"字为代词，做"行"的宾语。而"其谁能之"的"之"字是句末表感叹的语气词。句前的"其"字与疑问

---

① 编按：原隶作麻。
② 参见杨树达《积微居金文说》，第 180~181 页。

代词"谁"组成疑问句,因此"其谁能之"是疑问形式的感叹句。(5)例中的第三个"之"字为句末语气词是很明显的,第一、二、四个"之"字为领格助词,第五个"之"字为代词。

(八) 也、施、殹

在两周金文中不见"也"字。后世从"也"之字,来源于从"它",如"池"作"沱"(小篆分化为二字),"地"来源于"埅"。可见也是它分化出来的。"它"(它)在西周金文中作器物名,其造字之义,本为象匜之俯视形。西周后期偏旁开始长足发展,在西周后期和春秋时期的铜器铭文中,"它"或根据其物质性质加"金"旁,或根据其为器物加"皿"旁,或同时增加"金"旁和"皿"旁。总之,从西周至春秋,"它"字多做器名或人名,也有重言当作形况字用的,如《伯康毁》的"它=受兹永命",《齐侯盘》《齐侯敦》的"它=熙=",但还未见做语气词用的。用"它"描写语气声音作为句末语气词,形变为"也"(也),是战国以后的事。其作为语气词在战国是产生初期,字未定型,故又有作"施"(从也得声字),作"殹"(同音字)的。

在现已出土的古文字材料中,字写作"也"的有楚简:

(1) ……虐炇不智也夫。(信阳楚竹书)①
(2) ……与崩是之也。(信阳楚竹书)②
(3) ……□也。(信阳楚竹书)③

作"施"的有中山王䁭器:

(4) 寡人䎽(闻)之:蒦其洀(溺)于人施(也),宁洀(溺)于渊(渊)。(中山王䁭鼎)
(5) 寡人䎽(闻)之:事孚(少)女(如)䑕(长),事愚女(如)智,此易言而难行施(也)。(中山王䁭鼎)

---

① 编按:见1-014简,字作也。
② 编按:见1-019简,字作也。
③ 编按:辞例太短,无法确定出自哪一简,1-058和1-063残简上的字写法均与此二字有别,而与上文"巳"写法相同。

（6）惎惎（谋虑）膚（皆）从，克又（有）工（功），智施（也）。诒死辠（罪）之有若（赦），智（知）为人臣之宜（义）施（也）。（中山王罌鼎）

（7）余智（知）其忠謯（信）施（也），而溥赁之邦。（中山王罌壶）

（8）则堂（上）逆于天，下不巡（顺）于人施（也）。（中山王罌壶）

（9）酒（将）与虘（吾）君竝立于丗（世），齿镸（长）于迨（会）同，则臣不忍见施（也）。（中山王罌壶）

作"殹"的有秦器：

（10）汧殹（也）沟沟。（石鼓文）
（11）汧殹（也）涿涿。（石鼓文）
（12）……礼使介老将之，以自救殹（也）。（诅楚文）
（13）燔坠事，虽无会符，行殹（也）。（新郪虎符）

《睡虎地秦墓出土竹简》里有大量以"殹"为"也"的例子。信阳楚简用"也"字，而本为楚地之云梦，进入秦以后即用"殹"字。看来"也""施""殹"，原有地域国别上的差异。秦刻石和诏版之放弃"殹"而改用"也"，大概即属于秦统一文字时，以简代繁，"以趣约易"的一个表现。

（九）嬰（欤）

"嬰"见于春秋齐叔夷镈和龢镈铭，前器做重言形容词用，后器做连词"与"用。"嬰"作为语气词用，始见于信阳出土的楚竹书。

（1）猷（犹）苂葉（兰）嬰（欤）！（信阳楚竹书）①

信阳出土的楚竹书多为残简。然此句甚完整，"嬰"下尚有句读横画，无异标明"嬰"为句末语气词。"嬰"如"欤"，表感叹。在信阳楚竹书中，"嬰"字还有一见，因简开裂，前面的字笔画模糊，故此不再征引。

---

① 编按：见 1-024 简。

（十）者

在金文材料中，"者"字甚多，但一般都作"诸侯"之"诸"，或专名用字，如"者婦""者减""者旨於賜""者沪""者旨斟"等人名。《免毁》的"者"字则是"书"字之省上半部分。中山王䯄墓出土的铜器铭文，"者"字的用法则丰富得多：有的继续做"诸"用，如"退与者（诸）侯齿䍃（长）于遹（会）同""者（诸）侯膚（皆）贺"（均见于中山王䯄壶），"有事者（诸）官图之"（见于兆域图）；有的做结构助词，义如"……的人"，如"进退□乏者，死亡（无）若（赦），不行王命者，恭（殃）逖（联）子孙"（见于兆域图）；也有做语气词用的，置于表时间的词后边，表提顿语气，如：

（1）昔者，郾君子遹，观夲夫旃，䍃（长）为人宗，用于天下之勿（物）矣，猷（犹）親（迷）惑于子之，而迬（亡）其邦，为天下戮，而皇（况）才（在）于产（少）君虖？（中山王䯄鼎）

（2）昔者，膚（吾）先考成王鼎（早）弃群臣……（中山王䯄鼎）

（3）昔者，膚（吾）先祖趄王、邵考成王，身勤社稷行四方。（中山王䯄鼎）

（4）昔者，吴人并雩（越），雩（越）人敵教备恁（仁），五年复吴，克并之，至于含（今）。（中山王䯄鼎）

（5）昔者，先王䉤忢（慈爱）。（盗壶）

以上五例"昔者"的用法，与《易·系辞》之"昔者，圣人之作易也……"相同。

（十一）虖

"乎"是经传古籍中常见的句末语气词。甲骨卜辞和西周、春秋的铜器铭文中，经常出现"乎"字，但都是作为"呼唤""诏呼"使用，而不做语气词。其作为语气词，现只见于中山王䯄鼎，字写作"虖"。

（1）而皇（况）才（在）于产（少）君虖。（中山王䯄鼎）

（2）於虖，新（哲）𢦏（哉）! 社禝（稷）其庶虖？（中山王䯄鼎）

以上（1）例"虖"表反诘语气，（2）例句末之"虖"表委婉推断语气。

（十二）矣

到目前为止出土的先秦材料中，句中停顿语气词"矣"字，只一见：

（1）昔者，郾君子噲，觀傓夫猎，䎳（长）为人宗，闲于天下之勿（物）矣，猷（犹）䣀（迷）惑于子之，而迖（亡）其邦，为天下䫃，而皇（况）才（在）于孥（少）君虖？（中山王䥑鼎）

（十三）焉

句末语气词"焉"，见于战国文字材料：

（1）貫曰：为人臣而返臣其宗，不羊（祥）莫大焉。（中山王䥑壶）
（2）於虖，允𠦪（哉）若言！明𤆄之于壶而昔（时）观焉。（中山王䥑壶）
（3）枼万子孙，毋相为不利。亲卬（仰）丕显大神巫咸大沈久湫而质焉。（诅楚文）

如果将出现语气词的先秦古文字材料，按其时间先后次序做纵向排列，将使用的语气词做横向排列，我们就可以得出一个先秦古文字材料中语气词出现情况表（见附表）。

三

目前已经出土的先秦古文字材料，可以肯定地说，有它的局限性。首先从材料种类看，西周、春秋只限于铜器铭文，未见竹简、帛书一类较为普及常用的文书材料；其次从铜器铭文本身看，它是受到铭物的内容和体裁限制的，有不少材料是公式化的，像颂鼎、颂壶一类公式化的文辞，像墙盘、散盘一类的叙事文，即使文长100多字乃至300多字，也不能像记言体或叙事兼记言（夹叙夹议）的文体那样表现口语。春秋前期的铭文更是如此，多数为50字以下的公式化铭辞，缺乏生气，这是事情的一方面。但另一方面我们也可以看到，我们根据现已出土的古文字材料，对语气词的产生和发展的概貌做一些推测，也不算是天方夜谭。这就是：

第一，商代还未有语气词。①

第二，语气词的产生是从西周初期开始的。最初出现的是描写强烈的惊叹语气的独立的感叹词。正如附表所显示的那样，西周时期有较多的句首感叹词被使用，句末语气词很少。

第三，语气词是语言实际中极为生动的语音现象，本身没有实在的词汇意义，却有不可缺少的语法意义。若从文字记录语词的角度看，语气词在初期是同象声词差不多的，只要能将带某种感情语气的声音反映出来，使用哪一个同音字或声音相近的字，都是可以的。只有当语气词发展得较丰富成熟时，不同语气所用的字才逐渐固定下来。用这样的观点看前面所举材料，我们就可以看到：①从"乌虖"到"於虖"，"虖"字不变，"乌"变为"於"，说明从西周到春秋战国，这一感叹的语音是有所变化的。信阳楚竹书里"虖"字改用"夫"，可能在战国时期的楚国北部，此一语气发唇音而不发喉音。"乌"变"於"，主要是时代不同的音变反映；"虖"可写作"夫"，主要是地域方言的关系。② ②句末语气词"哉"在西周初期已经产生，直到战国中期，经历了700多年，都是使用从才得声的字；另从地域上看，南起长沙，北至中山，东起于徐，西至宗周，也都是使用从才得声的字。这就说明，从西周到战国，"哉"这个语气词，基本上没有时间和地域的差异，只是用字仍未固定而已。③同是在战国中期，句末语气词"也"，在楚和中原作"也"，在中山作"施"（𦮅），在秦作"殹"。秦始皇统一中国后，原属楚地的云梦（南郡）曾改用秦字"殹"；而秦权、诏版和刻石，则采用了较简便的"也"（𠃑）字。这说明某些语气词的用字，在战国时期有国别地域的差异，而秦始皇及其近臣在统一文字工作上，并没有坚持以秦字代替六国分歧的文字。④句末语气词在西周初期开始出现，但只是个别的。春秋后期有所增加，但增加仍不多，这可能是语言历史事实，有春秋中、后期叙事兼记言的长铭，如叔夷镈、𬨎镈、庚壶、洹子孟姜壶、晋姜鼎、晋公𥂁、蔡侯▨钟等可以作证。至使用铁器生产的战国时期，政治、军

---

① 参见张世超《卜辞句末语气词的再探索》，见《中国文字研究》第二辑，广西教育出版社2001年版，第206～210页。该文提出卜辞句末之"不我"是表疑问的语气词"夫"的舒缓言之。这意见可供参考。

② 祖籍中原而今居住于华南山区的客家人所说的客家话，凡从乎得声的字，仍旧不发喉音而读唇音，与"夫"字完全同音。原属楚地的汉语湘方言、赣方言和粤方言区也大致如此。这可能就是楚将"虖"读作"夫"的语音遗存。

事、外交活动都非常纷繁，思想文化也十分活跃，出现了诸子百家争鸣，纵横家游说四方，王室和卿大夫敬重知识分子，食客盈门，著述颇多的局面。这样，使用语气词准确地表达不同的思想内容和语气，成了达到政治、军事、外交、思想斗争的胜利所不可缺少的一种手段。于是语气词得到长足发展。目前所见语气词多的古文字材料主要是战国中期的，便是上述那种历史文化状况的反映。至于战国前期，现在所见较长的文字材料尚少，还不敢妄加蠡测。总之，语气词的产生是由少渐多的；有的声音和用字同地域有关，有的则与地域关系不大；有的经历长时期声音有所变化，有的则变化不大，需要区别情况，做具体分析。

第四，上面已说过，语气词在语言实际中本是一种极生动的语音现象，而我们现在据以讨论的材料，不可能是当时录下来的语音本身，而只能是记录这些语音的文字资料，这就是说，我们现在谈的语气词的发展，跟文字的表现能力也有关系。如现代普通话中的语气词有哎、唉、嗳、啊、呀、吧、呢、哩、吗、嘛等；方言区还另增加一些方言语气词，如广州话中有啵、嗱、嚟、嘞、喎、㗎等。在前人为我们准备了足够表达语音的偏旁材料基础上，各地群众都可以根据当地语音，选择一个同音字，加上口旁作为语气词用字。在说同一种话的文化人中通过约定俗成原则，还可将语气词用字相对地固定下来。但是先秦时代却不同，从有文字留存的商代中后期至秦统一中华的1000多年中，构成汉字特点的偏旁体系，还处在不断地产生、发展、成熟的过程中。我在去年（1979年）古文字研究会年会上提出的论文《试论铜器铭文形式上的时代标记》中，曾对偏旁发展大势做过简要描述：商代有少数稳定的偏旁；西周中后期有了明确的偏旁意识，使偏旁有较大发展；春秋后期至战国初期，偏旁基本成熟稳定。汉字偏旁的发展，不单纯是汉字的构字方法和造字能力重大发展的基础，同时也是汉字表达汉语的能力发展增长的反映。再查看一下语气词发展情况统计表，可发现语气词的每一次发展并有了文字记录，都刚好在偏旁的每一次发展时或稍后一点。这是一个偶然的巧合呢，还是说明语气词的发展同汉字表现能力发展有关？这是很值得研究的问题。从上述13个语气词看，多数用字还是借用已有词（包括实词和虚词）的用字，"乌虖""哉""也"等语气词用字还很不固定，这些都是语气词产生初期的现象。西周时期使用借字"才"或"𢦏"，春秋战国时期出现"哉"或"𢦏"，就明显表现出人们有意识使用偏旁为语气词造专字。用口旁加音符造的"嚤""哉""䚻"，作为语气用字，在春秋战国期间出现，这个时期既是汉字偏旁迅速发展成熟期，又正是语气词长足发展，要求相应的文字记录它，以避免单字借用过多而产生意义混乱的时期，也绝不是偶然的。语言发展的需要，推动了文字的发展、完善。文字的表现功能增长，又为记录语言的新发展提供了更大的可能性。而处于主动地位的人，则在语言、文字互相推动，既有需要也有可能的情况下，力图准确地表达不同的语意，创造和丰富语气词，并找到和使用准确描写这些语气词的文字。

第五，从出土的先秦古文字材料中的语气词发展状况，我们得出另一个关于经传文献的看法。经过对出土材料和经传文献的研究和比对，我们已初步确认，《易经》是从原始社会转换到奴隶制时代整个过程的产物，在商周时期流传、修删、增益。《易传》是春秋战国时期从奴隶制转换到封建制整个过程的产物，是对《易经》的新解说。今文《尚书》28篇中，虞书2篇和夏书《禹贡》，是春秋战国期间伪托的作品，《甘誓》和商书5篇基本上属于商的作品，周书19篇是从周武王到春秋秦穆公时的作品。这是从商书和周书的主要文辞和思想内容分析出来的。它同《诗经》一样，从商到春秋中期的作品皆有，是春秋后期辑录、整理、加工、润饰而成集的。因此，《易》《书》《诗》三书，尽管其制作年代早至商，晚到春秋，但不能说所有文字都是原来的。大量使用合体形声字，就说明已非原样，而是经过润饰传抄变了样的。从战国到秦汉，这些经传都经过经师的辗转传授解说，今天所见的《易》《书》《诗》中的许多语气词，不见于商、周、春秋的古文字材料，看来都可能是春秋末经战国、秦、汉，不断在传授、解说、修改、润色中掺进去的。

中山王墓的铜器铭文和信阳长台关一号楚墓出土的竹书，使我们看到了战国中期的许多语气词使用情况，可以预料，将来的文物出土，将提供春秋战国时使用语气词的更丰富的材料，不单数量会增加，时间上也完全可能提前。但是，在春秋中期或更早出现大量语气词的可能性，是极其小的，前引叔夷镈等一批春秋中、后期叙事兼记言体的长铭，即可为佐证。

1980年8月于中山大学

附：

先秦古文字材料中语气词出现情况表

时间	器名	出现次数	句首 乌虖	乌夫	於虖	戲	繇	已	夫	句末 才	哉	已	之	也	施	殹	譽	夫	虖	焉	句中 者	矣
西周前期	何尊	1								1												
	矢殷						1															
	盂鼎				1			1														
	沈子它殷	2			1																	
	效卣	1																				
	效尊	1																				
	班殷	1																				
	寅子卣	1																				
	小臣諌殷				1																	
西周中期	㦰方鼎	2																				
	彔㦰卣				1																	
	彔白㦰殷						1															
	县妃殷				1																	
西周后期	师訇殷									1												
	禹鼎	1								1												
	毛公厝鼎	1					1															
*																						
春秋中后期	庚壶										1	1										
	僉儿钟		1								1											
	吴王光作叔姬鉴													1								
	鱼鼎匕									1												

（续上表）

出现次数 器名\语气词 时间	句首							句末											句中	
	乌虖	乌夫	於虖	戯	繇	巳	夫	才戈	哉㦰	巳	之	也	施	殹	譽	夫	虖	焉	者	矣
战国时期 郾侯載殷								1												
信阳楚竹书	2					2			10	3				1	1					
长沙楚帛书			1					1	2											
中山王礐鼎		5						5		2	4					2			4	1
中山王礐壶		1			1					1	3						2			
盗壶		1																	1	
诅楚文											1						1			
石鼓文										2										
新郑虎符																				
29器种	11	2	8	5	3	2	3	4	10	11	7	3	7	4	1	1	2	3	5	1

*注：出土的春秋前期的文字材料，迄今为止，只有一些简短而且公式化的铜器铭文，未见语气词，暂付阙如。

（本文为中国古文字研究会第三届年会论文，1980年。先后刊于：香港《中国语文研究》1981年第2期；《古文字研究》第七辑，中华书局1982年版；中山大学中文系编《古文字学与语言学论集》，中山大学出版社1986年版；曾宪通主编《古文字与汉语史论集》，中山大学出版社2002年版。《古文字与汉语史论集》最晚出，收录的是后来的修订版，今据之收入，并与《中国语文研究》《古文字研究》本参校）

谈江陵望山一号楚墓竹简的拼接

湖北省江陵县望山一号楚墓，于1965年10月中旬至1966年1月中旬发掘。此墓为长坑木椁墓，有两椁一棺，椁室分主室、前室和边室三部分。随葬器物相当丰富。棺内骨架左侧有铜削一把，上压一柄越王勾践剑，甚精美；头部左侧有一件错金大型铜带钩。其他400余件随葬器物，分别放置在前室和边室。其中铜器有160件，陶器60余件，竹木漆器100余件，还有玉石、骨、皮、丝帛、各种动物骨骸和植物果核种子等。竹简"放置于边室东部，清理时已残断，散存于破碎器物残渣中，最长的一简为39.5厘米，最短的1厘米余，一般多在10厘米以下，宽1厘米左右，厚约0.1厘米，出土时简呈深褐色，保存情况不佳"[①]。第一批从残渣中清理出来的残断简，共编415号，10年来又陆续清理发现10枚断简，共得残断简425号。竹简残损、缺佚太甚，给拼接工作带来极大困难。我们以下列几条作为拼复的依据：

（1）残字拼整。如第1简"栽"字，第4简"固、祷"2字，第15简"为、恕、孛"3字，等等，有的上下拼，有的左右拼，有的上下左右三拼。第41、42、43简分别由4、3、5根断简拼接，9个断口都主要依据残字拼整拼合。

（2）简文文例。如第79、81、82数简靠原有断简简文互相参证，辅以断口形状等条件，不单拼复了此三段简，而且可以清楚看到这批竹简的记时方式，总结出文例："刍䣄王於茂郢之戢（代）月（干支）之日。"[②] 依据此文例，掺以其他条件，记时的断简大多数得到拼复。第1简虽漏写"於"字，不妨碍简的拼接；第46简虽缺"茂郢之戢䣄"5字，仍可知道前后两段原为同简的关系。依据简文文例，还可确定某些简足和简首有前后衔接的关系。如根据第88简的文例，使第86简一些断口崩损的碎片得以复原，并

---

① 湖北省文化局文物工作队：《湖北江陵三座楚墓出土大批重要文物》，载《文物》1966年第5期。最长的断简长度，按第13简为42.5厘米，非39.5厘米。

② 编按：此文例参见湖北省文物考古研究所、北京大学中文系编《望山楚简》5～7号简，中华书局1995年版。

可以确定第 48 与第 49 简为前后衔接关系。

（3）书写风格。这批竹简在笔画和文字结构两方面，明显表现出两种不同风格，可能为两个人所写。其一是把"之"写作 ⿰，"遗祷"写作 ⿰⿰，"为"写作 ⿰，"绿玉一环"作 ⿰①⿰⿰，"恕"写作 ⿰②，笔画多弯钩，起笔与收笔的粗细相差不很大，"之岁""之日"多合书。另一种是把"之"写作 ⿰，"遗祷"写作 ⿰⿰，"为"写作 ⿰，"绿玉一环"作 ⿰③⿰⿰，"恕"写作 ⿰④，笔画少弯钩，起笔甚粗大，笔锋明显，收笔尖细，"之岁""之日"不合书。按不同风格将断简分类，可以减少拼接上的麻烦，如果将两种不同风格的断简拼在一起，肯定是错误的。

（4）断口形状。特殊的断口，往往可以作为拼接的重要依据，如第 39、49、50、51 等简；但大多数断口都是平口或斜口，在这种情况下，残字拼合、文例、书写风格等，才是拼接的主要依据。

（5）字距疏密。大多数简字距均匀，字长平均约 0.8 厘米，间距平均约 0.7 厘米；有些简间距甚宽或甚窄。宽窄疏密配搭不当，往往是拼接错误的反映。第 120 简由 4 段断简拼成，字距有疏密变化，主要是根据上述四个条件拼接的。

（6）简面宽窄。这批竹简有的宽近 1 厘米，有的只有 0.6 厘米（简面开裂而变窄的不算在内），这也可供拼简时参考。

（7）简首、简足，有一端齐平光滑。

（8）缚组缺口和竹节，必须有一定距离。

（9）有些竹简有明显的特有的纤维纹路。

（10）有些竹简简面上有颜色深浅不一的花斑，也可以为拼简提供线索。

在上述 10 条依据中，前 3 条是主要依据，后 7 条是辅助依据。一个断口的拼接往往同时参考几个条件。当 3 个主要依据都不存在时，单靠断简外部形态上的特点拼接，更需要综合考察。如第 22、34 简，断口缺少特殊形状，亦无残字拼整的条件，除"以亓古敚之"一处有文例可据外，主要是依据后 7 条而确定每根断简的拼接位置的。为了检验照片拼接是否正确，最

---

① 编按：字今释"备"。

② 编按：或作 ⿰。

③ 编按：此据油印本。仅 28 号简一见。原简残为 ⿰，今释为"緤"，读为佩。"备玉一环"辞例参 54、109、130 号简。109 号简两种玉旁同时出现。简号据湖北省文物考古研究所、北京大学中文系编《望山楚简》。

④ 编按：或作 ⿰。

近我们在湖北省博物馆对脱水后的原简进行了一次实物拼接。实物又提供了照片上所没有的断口形态、简背篾青的颜色花斑纹路特征。限制性的条件越多，拼合的可靠性就越大。原来425号的残断简，现初步拼合成200号，其中第34简为全简。

从已拼合的简文观察，这批竹简是"刍闻王於栽郢之岁"，"荩月""刵佅之月""献马之月"3个月内，关于疾病，为悊固贞问、占卜、祭祷先王、先君、山川、神祇的记录。原简长度，依据第34简脱水前的原大照片测量为60厘米左右，脱水后的长度为59厘米左右，与邻近的望山二号楚墓遣策长度相若。按一字一间距，平均为1.5厘米计算，每简书40字左右。

编简的缚组痕迹已看不清，而缚组缺口，位置是极不固定的：现已知的27个简首30个简足中，只有第113、114、118简，距简首1厘米处的右侧有小缺口，第175简距简足0.7厘米处残留小段细绳，其他简首、简足都没有明显的缺口或绳痕；简首一般文字顶天，简足处则有的文字着地，有的留缚组空白。简中间的两个缚组缺口，分别刻在距简首或简足16.5厘米左右处，这两个缺口中间相隔27厘米左右。也有些简距简足19或23厘米处刻缺口的。第128简的中间二缺口间没有折断，实测为18厘米，起码其中有一缺口距简端超过20厘米。也有一些简是没有缺口的，例如第13简出土时有完整的42.5厘米而无缺口；第34简是由7段拼复的全简（经实物检验无误），也未见缚组缺口。同时，竹简有宽有窄。可见，这批竹简不是由一个人于同一时间削制，统一刻缚组缺口的。另从简首文字顶天、简足文字着地或不着地，中间二缺口处有时拉宽字距、有时书写文字，说明竹简可能是在几个月内陆续书写、记录，最后统一编连，而不是先编后写的。从简足处尚留缚绳看，这批竹简是纬编四道的。

现按简文时间顺序，参照两种不同书写风格，略加编排，由此得出的初步结果是："荩月"和"刵佅之月"的前半月为一人书写，凡与之相同风格的简文编列其后；"刵佅之月"的后半月和"献马之月"为另一人所写，凡与之相同风格的简文又编置其后。时间和字体风格均不明归属，或字迹不清，以及无字的白简，皆附于篇末。

（本文原刊中山大学古文字学研究室编著《战国楚简研究》（三），1977年油印本。原文章名为《江陵望山一号楚墓竹简考释》，原文尚有"简文考释"部分，今略，仅截取文前"序言"部分，并拟今题）

汉字的产生、性质及其构成

一、文字的本质

语言是人类社会的交际工具，通常是口说耳听的。语音说完即消，声波传播的距离也极有限。为了把话传到很远的地方，或留给后来的人，人们创造了一整套手写目看的记录语言的符号，这就是文字。所以说，文字是记录语言的符号体系，是辅助性的交际工具。汉字则是汉族祖先创造的记录汉语的符号体系，汉字这种目看符号从属于汉语。写错字就像听错话，轻则闹笑话，严重者可能造成同志亲朋间的误解，甚至造成政治、经济、外交、军事上的损失。因此，要学好现代汉语，还必须学好文字。只有了解汉字的过去和现状，才能更好地掌握文字这个工具。

二、汉字的产生

一套文字体系的建立，是集中群众创造性的才智，经过千百年的长时间摸索、积累才逐渐完善起来的。古书《周易》的系辞说："上古结绳而治，后世圣人易之以书契。"这是说最初人们只是用打绳结的办法来帮助记事、处理事情，后来的圣人改用在竹木甲骨上刻画文字的办法。世界上有许多民族都有结绳记事的历史传说，也有许多在竹、木、石头、陶器上刻画上横七竖八道道的文物遗存。所有这些大结、小结，长画、短线，或单独孤立，或成排成串，都只有打结者或刻画者本人才知道其所代表的内容，别人是不知道的。因为它们不代表语词，不为说同一语言的群众共同知晓，不能交际，所以不称其为文字。人们也尝试过用绘画的办法传递消息、发表意见，简单的只画一个人、一头牛或一只鹿，复杂的就如一幅复杂的连环画。但是，不在场和未听口讲的人，对图画所表示的时间、地点、事件、人物关系、结果等的理解，也是完全不同的。原因即在于图画所用的每一个符号，不代表确定的语词。

绳结、刻画、图画，只是文字产生前帮助人们记忆的符号，而不是记录语言的符号——文字。但是，结绳、契刻、绘画，却给我们汉族祖先很好的启示，经过长期创造性的运用后，某些绳结、刻画和图画符号被逐步固定下来，并赋予相应的语词意义，也就成了文字。在甲骨文和金文中，我们就可以看到这样形成的字。如图1，以一串绳结代表"十"，以相连的两串绳结代表"廿"……又如刻一画代表"一"这个抽象的数，刻两画代表"二"这个抽象数……又如图1，画个侧面人形代表"人"，画个鹿形代表"鹿"，等等。

一个文字符号，从随意性的创造，到形体、读音、意义固定，并为大家所接受（文字学上叫"约定俗成"的原则），即真正具有交际工具的功能，并非一人一时所能完成的。从个别字到能够表达复杂社会生活内容的许多字，形成一整套文字体系，更非少数人一朝一夕可以办得到，而是集中了千百年很多代人对社会生活的认识，经过他们不断创造和改进文字符号，并在使用过程中得到群众公认，最后才完成的。总之，汉字是汉族祖先群众智慧的结晶。

三、 汉字的性质

世界上有几百种文字，基本上可以分成两大类：一类是拼音文字，一类是表意文字。表意文字是用特定的符号直接表示语词或词素的意义的。对同一表意字，在不同地区或不同时期的人，往往读音可不尽相同。英文、法文、俄文以及我国的维吾尔文、僮文[①]等，都是拼音体系的文字；我们的方块汉字，则是属于表意体系的文字。汉字的表意性质，可以从如下几方面来说明：

第一，从汉字符号的来源看。虽然来源于结绳和刻画的指事字很有限，通过图画演变来的象形字、会意字也不很多，但它们是全部汉字的符号基础。它们都是纯粹表意的。

第二，从占汉字80%以上的形声字的构成符号看。形声字的构成，一半表意，一半表音。表意的形旁，不消说都是表意符号，就是表音的声旁，也还是表意性符号。如"珠江"二字都是形声字（珠，从玉朱声；江，从水工声），它们的声旁"朱"是指事字，"工"是象形字，原本都是表意符号。

---

① 编按：僮（zhuàng）族，我国少数民族之一，分布在广西、云南、广东等地，1965年改"僮族"为"壮族"。关于僮文，参梁华新《僮文的创制和推行》，载《中国民族》1958年第4期；韦庆稳《僮文》，载《文字改革》1963年第6期。

第三，从汉字中有许多多音多义字看。这些字本身不表音，它们的读音要由它们作为词或词素的意义来确定。这也是汉字属于表意性质的明证。例如"差"，作为表示"不好"或"不对"意义的词时，读 chà；作为表示"差事"意义的词素时，读 chāi；作为表示"参差不齐"的词素时，读 cī。

所以我们说，汉字是表意文字。

四、汉字的造字法

表意文字的特点，是使用笔画部件，按一定的表意方法构造成字（有的是词，有的只是词素）。汉字是从属于汉语的，一个字就念一个音节。汉字的表意方法，也就是造字法，或称结构方式，古人归纳为"六书"。

班固的《汉书·艺文志》称：象形、象事、象意、象声、转注、假借。

郑众的《〈周官·保氏〉注》为：象形、会意、转注、处事、假借、谐声。

许慎的《说文解字·叙》作：指事、象形、形声、会意、转注、假借。

上述三家的"六书"名称和排列次序稍有不同，反映出他们对"六书"特点及产生的先后理解不同。现代的文字学，基本上采用许慎的名称，排列则多按班固的顺序，即：象形、指事、会意、形声、转注、假借。

自从清代著名学者戴震提出"四体二用"说后，多数学者都倾向这一看法，即汉字的造字法主要是象形、指事、会意、形声四法，而转注和假借不是造字法，只不过是用字之法而已。因为假借就是借用同音字，按今天的说法就是同音代替法，或称写别字。这个被借用的同音字，本来就是前述四种方法之一构成的。对转注的理解历来众说纷纭：主义（主张以义出发看问题）的训诂派，把所有同义字（词）的相互关系，都称为转注；主音的声韵派则把凡是意义相近、读音相同或相近，或是双声叠韵的同义字（词）即称为转注字；主形派则认为首先必须形体上属同一部首内的字，其音义又相同或相近者，才称转注字。三派中的任何一派，都没有明确提出，转注是如何区别于象形、指事、会意、形声的新造字法。所以我们可以说，汉字的造字法，实际上就是 4 种：象形、指事、会意、形声。下面就此 4 种造字法，分别做一些说明。

1. 象形

是用简单的笔画描绘事物形状特征的造字方法。这是从绘画发展而来的一种表意方法，它同图画不同之处，在于只描绘代表性的特征，用的线条更简单，因而更符号化，同时有固定的语音和含义。如画个侧面人形，代表

"人"；画一匹马形，突出其鬃毛，代表"马"；画一只鹿形，突出其枝状角，代表"鹿"。(见图1)它们都不像图画那样详细真实地画出头面耳目和手足。象形造字法是最原始的造字法之一，凡有形体特征的事物名称，都可以用此法造字来表示。但是对差别细微的事物，如松与柏、狼与狗等，便难于用简单的几笔来表现；对动态变化、抽象事物、心理活动等，象形法也无能为力。

2. 指事

是在象形字或象征性符号的基础上，加上指示性的点画符号，表示事物的特定部位、性质或数量的造字方法。这是原始契刻和绘图相结合发展而来的表意方法。如：在刀口上加一点指示性符号即为"刃"字；在木的根部或末端做个记号，即为"本"字或"末"字；在象征性的界限线上方加点即为"上"，下方加点即为"下"；在飘着旗子的长竿加个圆点或圆圈，作为记号，两边对称，指示该处为"中"；在正面站着的人形两侧，各加一个小点，指示该处为"亦"（腋）。(见图2)一、二、三、四等数字，都是契刻和结绳遗存蜕变出来的，我们也把它们列入指事字范围。

3. 会意

是把两个或两个以上有意义关联的字组合起来，表示新的意思的造字方法。如："牧"字，由牛和攴两个字组成。《说文》"攴，小击也"，象手持鞭子扑打的形状。用一只手举鞭赶牛，使人联想到这是放牧。"解"字（见图2），商周时是用双手从牛头上将角取下来，以后改用"刀、牛、角"3个字组成，就成了用刀将牛角割下来，分解的意思可以从字的组合中体会出来。"爨"字（见图2），就像一幅复杂的图画，但它不是独体象形字，它的上部为双手放置炊具，中部为两手捧着木柴，下部火在燃烧，每个部件都与整体意义有关，组合起来会爨煮的意义。

4. 形声

是利用象形、指事、会意字提供的基础，以一个字做表示意义类属的形旁，另一字为表示读音的声旁，组成新的合体字的造字方法。例如："刊"字，《说文》："剟也，从刀干声。"其中刀是形旁，表示砍斫要用刀，字音则读如声旁的干。"授"字，《说文》："予也，从手受声。"以手拿物给人，字音读如受。形声造字法比起上面3种从图画契刻直接蜕变出来的造字法，是个极大的进步。有了这种方法，像松、柏、狼、狗等差别细微的事物，像思、想等抽象的心理活动，都可造出相应的字来表示。

五、四体的特点和区别

象形字是描绘具体事物的，都是独体字，不能再分解。指事字，除了抽象的数字外，一般都是一个独体字，加上一个指示性符号（多数是一个或两个点，也有用一个圈作为指示性符号的）。会意字和形声字都是合体字。它们的区别在于：会意字的各个组成部分的形象或意义，均与该字的意义有关联；形声字则只有一个偏旁与该字的意义有类属关系，另一偏旁与该字意义无关，只起标音的作用。如果是由3个或3个以上部件组成的形声字，其构成也只能做一分为二的多层次分析，与会意字的各个部件直接同总体意义有关是大不相同的。如："樑"，从木梁声；"梁"，从木汈声。

六、汉字的发展与"六书"

所谓"六书"，是古人对古文字形体构造分析的概括，用来分析甲骨文、金文、战国古文和小篆的构成，大体上是适用的。但是我们知道，象形、指事、会意3种造字法，都是较原始的纯粹表意造字法，它们离不开客观事物的形象，造字能力有限，反映不了复杂事物的细微区别，无法创造表现精神生活和心理活动及语言虚词方面的字，既不能表达思想、愿望和要求，也无法将文字组织成句子。当文字符号不够用来记录语言时，只好借用同音字来代替。长期这样借形借音不借义，造成大量的一字多义，交际容易混乱。这是假借的短处。假借的长处是除了可以应急外，客观上还帮助人们摆脱认字时对原事物形象的依赖，加强了人们对文字表音记词的认识，促进了文字进一步的简化和符号化，开辟了汉字形声化的前景。形声造字法于是在象形、指事、会意字的材料基础上，得到假借法借音不借义的引导而形成。尽管形声造字法全是用原有的表意字做偏旁材料，但原来的纯表意造字观念已被打破。人们不再计较字形与事物间的关系，作为形旁，只要意义类属上稍有关联就行，水旁不必画成流水状，改用三点作为代号也很快可得到公认；作为声旁，人们只要求其与新字声音一致或很相近，不致引起误解，好像"妈、骂、码"等字中的声旁，人们完全不管它是否象马形了。因而，形声造字法有无穷的造字潜力。它的出现迅速改变了汉字的面貌，从商代甲骨文到秦代"书同文字"，形声字在汉字总数中的比例从20%迅速扩展到80%以上，汉字从独体为主变为合体为主，出现了一整套的偏旁体系。

形声造字法的出现，解决了文字符号不敷使用的困难。汉语中出现什么新的语词无法记录，都可以用形声法造出新字来，根据新词的意义找个有关联的形旁字，再找个较易书写的同音字做声旁，便可组合而成。人们对待文字这种交际工具也同对待其他生产工具类似，不够用时则创造新的，有了之后则不断改进。因文字是交际用的工具，因此改进的方向，首先要求准确无误，其次则要求易写易认。于是在秦汉时期出现了从古文篆书向今文隶书的转变，我们称之为隶变。隶变使汉字形体彻底符号化，古代汉字即进入了现代汉字阶段。且看图3，"马、鹿、鱼、鸟"的头、角、尾、腿，再也找不到象形表意的痕迹；从毛从衣的"表"字，再也看不到"毛、衣"两字的影子，不能会其意；形声字"珠、海、扬"等字的偏旁，也产生程度不同的变形。所以我们说，隶变彻底改造了汉字的结构。汉字越发符号化，越不注重字形与事物的联系，越有利于简化观念的建立。于是，把汉字改进成为易认、易写、简便、快捷的工具，成了秦汉以后汉字发展的主要趋势。

汉字越是向前发展，越是与"六书"离异。古代合法的"假借"，后来为了减少一字多义的混乱，就变成错误的"写别字"了。但是，我们必须尊重汉字的客观历史事实：一方面，绝大多数常用字，是秦汉之前创造的，尽管形体和书写方法起了变化，基本结构还是可以用"六书"来分析，如把被肢解了的"马、鹿、鱼、鸟"等，继续当作完整的一个部件来看待，在识字教学和纠正错别字时，便可感到"六书"还有很大的帮助。另一方面我们也要注意到，有不少字或是经过大幅度改造，或是声符与语音脱离太远了，不宜用"六书"来分析，我们则要面对现实，改用称引偏旁、部件的方法，将文字的结构弄清。如果想要弄清某些字的造字用意，理解其本义，而现代字形又不易看出属于"六书"的哪一类，最好的办法有一个，那就是翻查工具书《说文解字》。

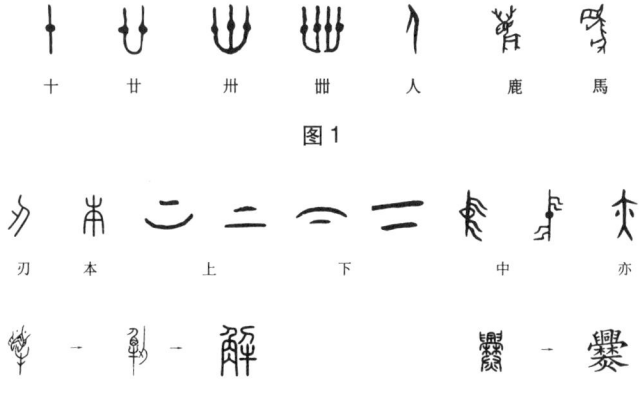

图1

图2

馬 鹿 魚 鳥 珠 海 表 揚

图3

（本文原刊《成人教育之友》1985年第3期，署名林亚璋）

文字与符号标记

电影《李双双》在说到李双双不顾丈夫喜旺的反对，把孩子托付给邻居，离家参加农业生产时，出现一个镜头：她在门上写了几个简单的字，上面画了一把锁匙，下面画了个扎羊角辫的女娃头，观众都知道那意思是说，孩子放在邻居家，锁匙挂在门上头。同样，大家都能判断，两个图画不是字。因为那几个字的读音是固定的，意义也是确定的，而那个头像呢，喜旺可能读成他娃娃的名字，村里人可能读成"喜旺他们的丫头""喜旺家的姑娘"，路人会把它看作"一个女娃头"，广东人还会说成"公仔头"。

电报"的，的——"的长短不一的讯号，用阿拉伯字母表示的电报号码，街头的红绿灯和各种交通指示标，旗语，手势，数学上的"＋－×÷"，还有各行业特定的符号标记，都能传递或多或少的信息。它们同文字符号有共同之处：一是有社会性，因社会需要而产生，能为社会服务；二是都具有表达的功能和表达的目的，起到一定的交际作用；三是都具记号性，以简单的声、光、颜色或特定的形体符号作为表达方式。但是，大家都知道这些符号不能算是文字，也不能代替文字。

文字与图画、电报、红绿灯、指示路标、旗语、手势等符号标记的不同之处，在于文字作为记录语言的符号所特具的本质。那就是：①文字在语言基础上产生，与语言有直接联系，每种文字都是受语言的语音、词汇、语法系统制约，而形成的一整套的符号体系；②文字是人类交际和交流思想的辅助工具，可以作为语言的代表者（以眼看的文字形体代表耳听的说话语音），为全社会服务；③文字是书面语的表现形式，而其他符号标记则不具备这些特点。

文字是为克服语言受时、空限制的缺陷而产生的代用交际工具。先有语言，然后才有文字。文字符号和语言中的词相联系，它能代表词或词的组成部分（词素），因而能够记录语言。每个文字符号都有相对固定的形体和相对稳定的读音，符号间容易互相区别，所以离开了特定的语言环境，仍含有相对稳定的语义。作为记录语言的符号，只要所代表的音、义明确，不易引起混淆，还可以简化。文字符号在记录语言时，按照语言的语法习惯，按说话中语音、词汇的出现先后，一个一个地做线性排列，不像图画那样全面铺开没固定的顺序。文字与语词意义有一对一的关系，而图画则没有这种关系。电报的长短讯号和数码，需译成文字才能读出大家都懂的意思。旗语可以用拼音方法传达语词，但它不能传于远方、留于异时，表现力远远不及文字，不能当作全社会的交际工具使用。手势的表现力较有限，也不能克服时空的局限。交通标志、灯光及其他专用符号标志，不仅数目有限，而且只能表示极其有限的特定内容，既不能读成固定的语词，也不能代替语言广泛地运用于交际。上述交际辅助工具，和文字有本质上的不同。

　　文字是以一定数量的可以互相区别的形体结构，约定俗成的读音规则和书写原则，组成一套完整的符号体系的。弄清文字和其他符号标记的区别，也就能抓住文字作为记录语言的符号体系的本质。

（本文原刊《刊授指导》1987年第5期，署名林亚璋）

关于汉字起源的理论

有关汉字起源的种种传说，都是汉族先民对史前帮助记忆的方法以及文字创造活动的推测，不能视作科学的文字起源理论。

东汉许慎的《说文解字》，是我国第一部关于文字学的专著。从该书的《叙》，我们可以知道作者对汉字起源的看法。在他看来，传说中的庖牺作易八卦，神农结绳为治，都还不是创造文字，至黄帝之史仓颉，才"初造书契"。他说："仓颉之初作书，盖依类象形，故谓之文，其后形声相益，即谓之字。字者，言孳乳而浸多也。著于竹帛谓之书；书者，如也。"可见，许慎是相信仓颉造字说的，不过他在此基础上提出了自己的文字起源理论。陆宗达先生认为许慎在此表达了两个论断：第一，文和字是汉字的两个发展阶段，也就是说汉字经历了由图画符号过渡为标音符号的历史过程；第二，指出文字是书写语言的工具。[①] 会意字是图画符号的组合，陆先生似乎把合体会意字列入第一阶段。但是，历来的《说文》研究者多数把许慎的理论，理解为先有独体象形之文，然后才有合体形声之字。根据是许慎在上引的那句话后，紧接着解释了"六书"，其次第为指事、象形、形声、会意、转注、假借。从会意列于形声之后，可以揣度许慎不是将会意字归入第一阶段，他可能把形声字释作"形声相益"中的益声（独体之文加声旁，成为形声字），把会意字看作"形声相益"中的益形（独体之文加形旁，成为会意字）。

南宋时的郑樵，看来也是不相信关于文字创造的神话传说的。他提出了"起一成文"说，企图说明"一"的形态改变，产生了丨、丿、乀等各种笔画，由各种笔画再组成千千万万的汉字。他的理论是在楷书基础上杜撰出来的，缺乏历史事实的根据，所以不被人们理睬。

近百年来，由于现代语言学、考古学、古文字学以及其他人文科学的兴起和发展，汉字的起源问题成了一个新的热门课题，常常引起人们的关注。1935年，唐兰在《古文字学导论》一书中论述中国文字的起源时说

---

① 见陆宗达《说文解字通论》，第46～47页。

"文字是由图画逐渐变成的,上古文字,只是从形符发展成意符,绝不会先有意符,尤其不会先有形意俱备的文字","文字的起源是图画"。20 世纪 70 年代,唐兰又进一步补充这个观点,认为半坡陶器上的刻画不是文字,而山东大汶口等地的陶文与商代金文有一脉相承的联系。

郭沫若在 1972 年《考古学报》第一期上发表《古代文字之辩证的发展》,认为汉字的起源可以以西安半坡村遗址距今的年代为指标,即"距今有六千年左右","由黄河下游以溯源于星宿海,彩陶上的那些刻划记号,可以肯定地说就是中国文字的起源,或者中国原始文字的孑遗"。他说:"中国文字的起源应当归纳为指事与象形两个系统,指事系统应当发生于象形系统之前。"

唐兰在 20 世纪 30 年代否认指事字的存在,到 70 年代探索江西吴城商代遗址的陶文时,承认当地在使用商人文字之前,有过"另一种文字"(见《关于江西吴城文化遗址与文字的初步探索》,载《文物》1975 年第 7 期)。他和郭沫若关于汉字起源于图画还是起源于刻划的争论,表明他们的汉字起源观点是单元的。唐兰从人类思维由具体到抽象的发展规律出发,认为最初的文字,应是由图画演变而来的象形字,绝不可能先有刻划性的指事字。郭沫若从人类实践中随意刻划较容易,描画物象比较难出发,联系半坡彩陶刻划出现得早的事实,而提出指事字先于象形字。各有各的理,各有一批支持者。不少内地(大陆)和港、台学者卷入了他们关于汉字起源的争论。

于是,香港的杨建芳又从民族文化学角度提出汉字起源二元说,即从古人类学考察,以西安半坡为代表的陕、豫、甘、青的中原仰韶文化居民的骨骼,属同一人种类型,他们创造了早期指事文字系统;以山东泰安大汶口为代表的山东、江苏一带龙山文化居民的骨骼,属另一人种类型,与后来的商族有相类之处,他们使用的图画文字系统也一脉相承。他认为存在着两个人种、两种文化、两个系统的文字,大约在龙山文化时期,两种文化互相影响渗透,指事文字系统和图画文字系统逐渐融合而成后来的商周文字。

我们认为不能离开文字的本质来讨论汉字的起源。文字是记录语言的符号体系,文字是为记录语言而创制的辅助交际工具,是人类发展到一定历史阶段的产物,所以也不能离开社会发展史来讨论汉字的起源。

在原始氏族公社时期,人们活动的范围窄,交际内容单纯,生产品一般不富裕,偶有交换也缺乏数的概念,所以有语言而无文字。陶器上画图是原始人爱美的表现。陶工在器物上随意刻划,没有固定的内容,或做完成某道工序的记号,或做区别未干与已干陶坯的临时性记号,或几家合窑各做记号，总之是没有确定音义的线条、简单的记号。汪宁生同志20世纪60年代在云南西双版纳地区调查，发现傣族陶工制作陶器，也往往如此在陶器坯上刻划记号，与文字没有关系。①

原始公社的后期，生产发展了，交际的范围扩大，内容也繁杂起来，开始用与连环画相类似的叙事画来描述事情。这种画以具体的人或物（包括图腾）为主，间或也出现一些标明数量或方位等意义的刻划性记号（没有数字，有多少数就划多少道线），人们只能从中知道事情的大体情况。同制作者愈密切的人，理解愈接近作者原意。如果将其中某些图形独立出来，还不能说是象形字；某些刻划记号独立出来，也不是指事字。例如其中有一匹马的图形，可以读成马，也可读成一匹马，或是根据形态读成一匹跑着的马。如果叙事画中这匹马后面还有人形，那么这个马形还可以读成放马、一匹被追赶的马等。同样，画中如有七道横画，可能指七匹马，也可能指马跑了七天，或马跑过了七座山，甚至还可能说从马尾上拔出许多毛来用，等等。而且描图法只能描绘有限的名物和动作关系，狼和狗、虎和猫、松和柏、土块和石头等，不是高明的画师是难于描绘清楚的。所以，不标音的单独的象形字阶段或指事字阶段，是不存在的。

对半坡文化陶器上的刻划，有人企图释读其中某些符号的含义，但是很快就被人们否定了。就是大汶口文化陶器上的图形以及商代铜器上的一些族徽，我们认为，也不能与今天人们所理解的文字相提并论。如钺形图，有的文字学家认定就是早期的"戊"字，民族学家则可以读为戊族图腾，历史学家又可以认为它是反映该氏族尚武、会制造并喜爱那种武器的图画……所以，只有当图画或刻划和语词挂上了钩，到了能记录简单句子，不再是意义囫囵的图画或刻划，即每个符号都与一定的词语相联系，音义相对稳定时，才能称之为文字。龙山文化时期线条化了的图形，只能说是文字前的记号，它为后来文字体系的产生创造了条件，但本身还不是文字。

随着氏族公社的解体，部落的融合，生产的进步，交往的日趋频繁，交际内容渐渐复杂，线条化的记事符号经过长期的创造和使用，逐渐增多。到了社会管理人员（包括酋长、巫、史等）更多地脱离生产活动时，这些符号才逐步被整理成为一套有较固定的形音义、能够记录日常生活中的简单语句的文字体系。像汉字那样古老的文字体系（现代新创文字体系另当别论），必产生在原始社会解体，出现阶级和国家之时。当然在古代这种进程

---

① 参见汪宁生《从原始记事到文字发明》，载《考古学报》1981年第1期。

是缓慢的，要经历很长的时间。我们认为汉字体系的建立，大概在夏朝，而我们今天能见到的商代后期的甲骨文字，已经是相当成熟的文字了。从出土的早期甲骨文和金文推测，汉字大概是以原始社会晚期的象形符号为基础，吸收和改造了当时流行的一些刻划记号，并赋予其较固定的音义发展而成的，中间还可能有过文字中夹用图画式表意符号的阶段。

(本文原刊《刊授指导》1987年第6期)

古文字与隶变

世界上其他古代文明国家的文字体系早已改制，由象形为基础的表意兼表音的文字，改为拼音文字，唯有中国的汉字体系历史悠久而源远流长，占世界四分之一的人口现在仍使用着以象形为基础的意音兼表的方块汉字。若从夏代算起，汉字体系已经有 4000 年的历史。这是从文字体系的性质而说的。

4000 年来，汉字的基本性质变化不大。但由于其源远流长，在形体上结构和笔画却几经变化，先后出现过许多书体，这就是甲骨文、金文、大篆与六国古文、小篆、隶书、草书、楷书和行书。小篆以前的古代流行通用的各种书体，汉代以后的人不经特殊训练便难于通读，我们称之为古文字。隶书以后的各种书体，直到现在还使用着，除过分简省的草书（章草和狂草只作为书法艺术而存在）不能广泛使用外，隶书、楷书、行书以及它们的美术体，都见于当代的书报、刊物、广告、铭牌、宣传品或日常文书写作，为今人所熟悉，我们称之为今文字或现代汉字。古今两个阶段的分水岭是秦代和西汉初年的篆隶，或称秦隶。它是带着篆书结构和隶书笔法的过渡性书体，是古文字的尾声。汉隶书基本摆脱了篆书结构的象形手法，是今文字的开端。

大量出土的古文字材料，记录了我国古代光辉灿烂的历史文化。释读和研究古文字，对历史学、考古学、古文献学和古代汉语等学科的发展，都具有现实意义。因为现代汉字不是现代汉语的拼音文字，而是古代汉字演变来的，字形上有继承发展关系，所以要更好地理解和掌握现代方块汉字这个工具，也必须学习一些古代汉字的基本知识。通过古、今形体的对比，掌握汉字的源流，可以帮助我们更好地区别形近字，减少错别字。通过古文字形体的分析，追溯造字本义，可以帮助我们更好地理解汉字本义与通用义的关系，这对读古书和准确使用现代汉字，无疑都有极大帮助。

现在说的古文字，对先秦的人来说，就是当时通行的文字，当时的小孩读书首先要学"六书"，实际即为识字教学。从汉代到提倡新文化的五四时期，学童学"六书"，读《说文》，主要是为了解经，因为儒家十三经都是先秦的著作。而五四以后建立的新的文字学（汉字学），讲解"六书"，是为了理解现代汉字的历史，理解历史的最终目的又是为现实服务的。这现实包括研究古史，整理古籍，减少读错字和写错字，促进现代汉字的整理、研究和改革。

汉字的古文字阶段，是汉字结构体系从产生、发展到完成的阶段。这个阶段的产生初期的情况，由于出土材料太少，我们尚不得而知。我们现在只能知道殷商甲骨文到小篆时期的情况。这个时期约1100年间出现的各种书体的差别，主要是笔画形态的差别，而结构上的变化，主要体现为偏旁体系的逐步形成，基本上可用"六书"来分析说明。古文字阶段字形的总特点，是不脱图画象形意味。至于个别书体的特点，《文字学》[①] 教科书已经做了比较详细的说明。如果对各书体共有的特点做纵向发展的观察，我们可以归纳为如下几点：

（1）从图画演变而成的象形字，既是记录汉语的基本字，也是偏旁体系的基础。许多形旁和声旁，或本来就是一个象形字，或是由象形字的局部简省而成的。发展趋势是象形意味逐渐减少。

（2）古文字阶段"六书"齐备。甲骨文时期以象形、会意字为主，形声字占当时用字的25%左右(《文字学》第135页说占20%左右，根据我们最近的分析统计为25%左右)。以后象形、会意字增加甚少，而形声字的比重不断增加，到小篆时期，形声字的比重发展到80%多一些。假借用法始终十分普遍。

（3）形体结构极不稳定，或笔画增减，或部位改变，或同义近义的偏旁互换，形成繁多的异体字。但从甲骨文到小篆，发展总趋势是逐步趋于稳定，异体字逐渐减少。

（4）能产性很强的定型偏旁逐步增加，到小篆形成了汉字特有的整套形旁体系。

（5）记录虚词的字逐渐增多。

（6）合文逐渐减少。上古汉语的词汇，基本上是单音节的。汉字作为记录汉语的符号，也应以单音节为一形体单位。但在甲骨文里，记录时间、数字、官职、人名时，常常有两个音节写在一起，甚至还有3个音节写在一起的合文，其组合方式也很多。至西周金文，合文显著减少。到了小篆，偶有十的整数合文，这些合文的两个音节也在往合音的方向发展，如廿、卅都

---

① 编按：指杨五铭《文字学》，湖南人民出版社1986年版。

读成一个音节，作为一个字存在。

（7）笔画逐渐线条化，便于书写。

（8）行款渐趋固定。早期的甲骨文和商末周初的金文，字形大小长短不一，随体诘诎的图画意味浓，有的从左往右读，有的从右往左读。西周中期金文基本奠定了横平竖直、大小均匀的方块字格式，从右至左直行书写的款式也基本确定。

战国后期，汉字的偏旁体系基本完成，形声和会意结构的合体字，占当时用字的90%以上，形声造字法解决了记录语言的需要，文字发展的任务便从以增加偏旁造新字为主的阶段，自然地转向以改进文字为主，使之简化更便于书写认读的阶段。文字本身的发展要求，同社会政治、经济、文化发展上的统一要求结合在一起，导致了秦王朝的建立、度量衡法则的统一，文字规范化为正体小篆，草体的篆隶在日常书写中流行起来。这种包含政治、经济、文化、法律、文字的统一发展的潮流，什么力量也不可抗拒，于是从战国后期至西汉初期约100年的时间内的社会大变革中，出现了小篆与篆隶（即正体与草体）并用时期。

篆隶是人们为求书写简便快捷而出现的手头草体篆书。它的基本特点是仍保持着小篆的结构，而在点画偏旁上出现某些简省、分割和书写上的顿、折、推、拉造成的形态。将象形的圈线和对称的上下左右弧线，分割改造为折线和点横撇捺，落笔收笔明确，笔顺自然，便于书写。但是，这样就逐步破坏了古文字象形表意的描画手法，使文字进一步符号化了。例如，"马"字在古文字中是个象形字，长圆的马头、马鬃、躯干、四蹄和马尾连成一体，草写起来马腿不一定连接得好，加上落笔收笔有轻重，为求草中不乱又要尽量写成方块，于是便形成了方形的马头马身，四蹄割裂为四点，成为一个不象形的"馬"字。用"马"做形旁、声旁的许许多多的字也跟着改变。

从篆书向隶书的转变，是汉字从笔画到结构的一次大转变，在文字学上通常称之为"隶变"。隶变使汉字从古文字阶段转变为今文字阶段。

隶变的主要特点有：

（1）彻底地破坏了汉字的象形基础，使汉字真正线条化、符号化。汉字的独体字，除数量有限的由刻划演变而来的字外，主要是象形字和象形为基础的指事字，90%以上的合体字又基本是由象形字、指事字为偏旁构成的。随体诘诎的象形线条的改变，也就将整个汉字体系的象形基础彻底破坏了。形旁不再是某种事物的象形符号，仅仅是某事物的意类代号而已。声旁则是某一语音的代号，更是与其形体代表的原来事物无关。

（2）偏旁经过大量的分化、混同，冲击了古汉字的"六书"结构系统，许多字很难再从形体上看出"六书"的归属了。因此在分析现代汉字时，用偏旁部件分析比用"六书"分析，更加合理方便。

（3）原来的古文字形体，经草化简省后，结构上简化了。

（4）笔画上的圆圈和对称弧线的改造，形成现代汉字的一套笔画笔顺系统，大大加快了书写的速度。

从以上的分析叙述中我们可以知道，古文字阶段汉字的特点是象形图画意味浓，"六书"齐备；那时为了适应记录语言的需要，必须不断增加偏旁，增加新字，也就是繁化。因此，这一阶段的发展是繁中有简，但以繁化为主。当汉字的偏旁体系建立完备，形声制确立，文字随时都可适应记录语言的需要时，汉字即向着现代汉字阶段转变。虽然也还创造一些新的偏旁和新字，但总的说来是以简化为主。破坏"六书"系统，使汉字彻底符号化线条化，则是为了改进文字工具，使之简化，便于书写。

我们学习汉字的各种书体知识，不仅要知道书体的发展次第，还要了解各种书体的特点和为什么会发展演变，从中看出文字发展中带规律性的东西。

（本文原刊《刊授指导》1987年第6期，署名林亚璋）

关于汉字发展的规律

近几十年来，不少关于汉字的论著，常常简单地说汉字不断发展，字数越来越多。3000年前的甲骨文只有几千字，东汉《说文解字》有9353字，到清代的《康熙字典》就有4万多字。商务印书馆20世纪30年代出版的《中山大辞典·字头篇》称，已经收集到6万多个汉字，令学习者听而生畏。在讲到几千年汉字发展的规律时，也常常简单地概括为：从繁到简，简化是发展的总趋势；从表意到表音，应走世界共同的拼音方向。但是我们认为，观察汉字发展的实际情况，总结其发展规律，应运用唯物辩证法的观点，从历史的实际出发，既纵看汉字不断发展的方面，也横看各历史阶段的汉字情况，并尽可能从形、音、义间的各种关系中观察分析其矛盾变化，总结其规律，避免以偏概全。

汉字是记录汉语的符号体系。它的发展总是和汉语的发展相适应的，否则它就会失去存在的价值，像世界上其他文明古国的古代文字一样地死亡。汉字是以其特殊的形体结构来记录汉语语词的音义的。音、义的发展变化，要求适当的形体来表现。形体的状况，直接关系到阅读时是否容易区别，音义表达是否准确明晰，书写时是否简便快捷。准确明晰地记录语言，这是人们对文字工具的基本要求；唯有准确明晰，才能完成交际、交流思想的任务。在准确明晰的前提下，人们才进一步考虑如何使文字书写起来简便快捷。总之，形体容易区别，音、义准确明晰，书写简便快捷，这就是文字发展所遵循的总原则，也是汉字发展的总规律。

一、文字的新增与淘汰

语言的发展是文字发展的基础。随着社会的发展，语言中不断增加新词，淘汰旧词，有的语词则是在音、义上起变化。增加新词或淘汰旧词，并非一定要增加新字、淘汰旧字。但为了记录新词语，也往往造新字，有时也为旧词新义造新的区别字。有时也因选取形旁、声旁的不同，造出新的异体字。这些都是使汉字不断增加的原因。有些语词在口语中消失了，代表这个语词的专用字，也会在通行文字中被淘汰。但是，在现实中被淘汰的字却保存在文献记录中。因此，文字在发展中出现了新增、淘汰与累积的问题。

在语言中，基本词汇极少变化，记录它的字因而也较稳定，这是语言文字发展中的主体。新增和淘汰则是语言文字发展中，永远不停地进行着的一对矛盾。人类为了学习和总结前人的知识与经验，保存了各个历史阶段的文献记录，编纂了字典字汇一类的工具书。这些字书包含了基本用字、各个历史阶段的新增字和淘汰字。随着时间的推移，字数堆积越来越多。但就每一个历史时期而论，通用字（包括常用字和次常用字）才不过六七千个。而各个时期的通用字的内涵，是不完全相同的，因为各个时期都会新增一些字、淘汰一些字。

二、形体的音化与意化

汉字以形体记录汉语语词的音、义，最初的着眼点，在于以形象物表义，出现了以象形为基础的象形字、指事字和会意字。这类造字法字形难相区别，则音、义不易"准确明晰"，象形表意造字法技穷，于是出现"假借"，即利用同音字记录语词。假借是纯音化的方法。它只能救一时之急。因为汉语中同音词多，一个形体兼表同音不同义的几个词，有碍"准确明晰"，在交际中容易出现混淆。于是，给借音字添加区别意义的意类符，形成形声字。这样就产生了专表意义类属的形旁体系。利用形旁加声旁的"形声法"产生后，表现出无限的能产性，而成为产生新字的主要方法。汉字的表现手法的变化，可以用下图来表示：

象形表意 —音化→ 假借字 —意化→ 借字加意类符 —意音化→ 形旁加声旁的形声字

从商代甲骨文中形声字占百分之二十几，到汉代《说文解字》中形声字占百分之八十几；从汉代到今天，产生新字的方法（如大量记录自然科学新名词的字），主要是用形声法，说明汉字表音化的趋势，在汉字发展中占着主导地位。不过，这种表音化趋势，常常受到制约，是在同意化的矛盾中发展的。

表意与表音互相结合互相制约，可以保证文字音、义的准确明晰，但如果形旁或声旁太繁复，人们又可能按"简便快捷"的原则，将其简化。如巖—岩、淚—泪、筆—笔是向会意转化；觀—观、權—权、鄧—邓、僅—仅等以简单符号代替繁复声旁，也可说是表意化；藝—艺、斃—毙、遲—迟、擔—担等则属于新造形声字。在繁复形声字的改造中，为数最多的是新形声字，而不是新表意字新会意字，这也说明表音趋势有更强大的生命力。

三、形体的分化与同化

由一个字分解为两个或两个以上不同的字，由一个偏旁变成两个或两个以上不同的写法，都叫作分化。反之，由不同的字或不同的偏旁混合为同一字或同一偏旁，叫作同化。

字的分化，主要是因词的分化引起的。原来一个词，分化成几个词，记录它的字因而跟着要区别。区别的办法，一是用异体字分别代表分化后的词，二是用改变字形中一部分结构代表分化后的词，三是增加偏旁以示区别，四是用拆字办法。而偏旁和笔画的分化，则不是由词的分化引起的，主要是由书写的习惯造成的。

字的同化，主要是因形近而混同。混同的结果是一个字代表几个不同的词。它与"准确明晰"的原则相违背。因此，这种混同的字能够存在是有条件的，一是字被混同后，需为其中一个词另造新字以示区别，也就是为假借后的本字造新字，如"暴虐"改用"暴"字后，暴晒字增加偏旁作"曝"；二是两字混合为一后，这两字所代表的词，通常不在一起使用，实践证明不会引起混淆，如"甲胄、胄裔"之"胄"。偏旁的同化主要是隶变造成的。隶变冲破了古文字象形会意的框框，将相近的偏旁混合为一，如"春、秦、奏、奉、泰"的字头本不相同，区别字形和记忆书写都不方便，混同为一后，每字保留一半易以区别的形体，音义保持准确明晰，书写起来简便快捷得多。站在"六书"的角度来看，隶变所造成的偏旁混同，属于写错字，或叫"讹变"。但因为它符合汉字发展的总原则，得到社会的普遍承认，从发展观点看，就不算错字了。草书将许多偏旁混同，虽然简便快捷，但不够准确明晰，所以得不到通行。

四、笔画的繁与简

一个字的笔画的繁与简，是相对的。一个字从二十笔减省为十笔，是简化；一个字从十笔减省为五笔，也是简化，简化前的形体都叫繁体。简化主要表现为减省笔画或偏旁，繁化主要表现为增加笔画或偏旁。当然合并和减少字数也是汉字简化的内容，而增加新字也属于繁化的一种现象。

文字作为书写符号，在准确明晰易于区别的前提下，人们总是想把它变得简省易写。但是，简省是有限度的，并不是越简就越好。用的笔画越少，组合成的字也就少，必然会出现许多类似"己、已、巳"之类的形近字，形体不易区别，音义容易搞错，造成交际中的混乱。商周时期，假借字盛行，为了使音、义准确明晰，给假借字增加意类符（形旁），于是产生形旁体系和繁化，成为这个时期的汉字发展的主要现象。那时，增加偏旁的繁化，目的是表意明确，增加笔画的繁化主要是为了构形匀称美观。

新中国成立以后，为了使广大工农群众掌握汉字工具，提高整个民族的文化科学水平，党和政府做了大量的汉字简化和整理工作，从 1956 年起，先后发布了 4 批简化字。经过几年实践，证明 2236 个简化字，符合形体易区别、准确明晰、易于书写的原则，被广大群众所接受，于 1964 年总结归纳为《简化字总表》，让全社会遵循使用。1977 年 12 月 20 日《人民日报》又公布了《第二次汉字简化方案（草案）》，引起了各界强烈的反响。有的认为汉字需要继续简化，有的认为汉字不需要再简化了，各有各的理。所以，国家语言文字工作委员会认为："今后，汉字简化应持极其慎重的态度，使文字在一个时期内相对稳定，以利社会应用。"①

五、 汉字的变异与规范

文字形体结构经常发生变化，这是文字富有生命力的表现。人们从字形容易区别、音义准确明晰出发，可能给一些字增加点画或偏旁，或改变偏旁部位；人们或从简便快捷出发，给一些字减省点画或偏旁；有时从文字结构的平衡匀称出发，也可能增减一些字的点画，于是造成众多的异体字。文字出现这种同音同义而异形的现象，就是变异。变异给文字符号的改进、发展带来无穷的活力。谁也无法阻挡在群众中创造的异体字流行。但是，异体字多又必然在社会交际中产生混乱。统一的国家，要求政令统一、文化繁荣，都必定要求文字要有规范，限制变异。秦汉时期，以小篆六书为标准来正字，删除异体。汉魏之际立"石经"作为规范化样本。唐代颜元孙著《干禄字书》，成为唐宋以后的规范。每当文字发展变异到一定时期，总会出现规范化的要求。为了适应社会发展和人们交际的需要，语言文字不断发生变化（文字上包括上述 10 种变化），同时又必须保持相对的稳定。这是语言文字演变的基本规律。

新中国成立以后，党和政府从人民群众的利益出发，在准确明晰易于区别的前提下，采用"从俗""从简"的原则，开展汉字规范化的工作，不停

---

① 刘导生：《新时期的语言文字工作》，载《语文建设》1986 年第 1～2 期，第 12 页。

地调查整理汉字，有计划有步骤地分批废除异体字，把废除异体字同简化汉字工作结合起来，取得了显著成效。

当前社会上滥用繁体字、乱造简化字的现象十分严重，商标、广告、招牌，电影和电视的字幕，报纸的标题，杂志和书籍的封面等方面用字问题很多，已经引起广大群众的不满和国内外人士的关注，纷纷提出批评意见。我们认为，应当采取包括行政办法在内的有效措施予以纠正，促进语言文字工作的规范化、标准化。

（本文原刊《刊授指导》1987年第8期，署名林亚璋）

漫话篆刻

一、篆刻的起源和分类

刻有图文的文具叫章。将章按印在泥上或纸上，可实现图文复制，因此常称章为印章。何谓"篆刻"？作为动词，就是刻印章。因为大多数都采用两千年前通用的汉字形体——篆书来刻印，所以泛称刻印章为篆刻。在中国传统文化的艺术中，"篆刻"又作为名词，指介于书法、绘画与雕刻工艺之间的一门艺术品类。篆刻集古代汉字形体、书法艺术、雕刻工艺于一体，较难被人复制，所以一直当作社会来往的身份标记和诚信根据被重视，好的篆刻作品具有特别的审美价值，代代相传不衰。

我们知道，从古至今，印章都是作为公、私身份的凭证而存在的。因此，从理论上可以认定，印章的起源，应该是在社会政治、经济、文化、手工业等各方面都有了一定程度的发展以后，也就是在社会交际中需要身份确认之时。中华文化的历史遥远悠久，我们不知道中国印章最早出现在何时，只能依据出土遗物说话。在距今3000多年的殷商王都（现在的安阳市）先后出土过3枚铜印，印面1.8～2.6厘米见方，为家族图徽，有拱形纽，可供穿带子，系于腰。这是现今能证实的最古老的印章（参见图①）。现在比较多见的古印章，是战国时候的古玺。代表官方的印章称官玺，印面多为边长2.5～4厘米的长方形，文字含有官府名，如"司徒""司马""司寇""司工"等。汉以后除少数侯王称玺外，其他官员只能称官印。（参见图②）私人印章称私玺或私印，印面多为1～2厘米的方形或长方形，文字为个人姓名，或后加"鉨"字。（参见图③）还有一类非身份凭证玺，包括"吉语印"和"肖形印"，多为1厘米左右的不规则形。常见吉语有"哲行""富昌""千秋""富贵""宜有千万"等，肖形印的印面刻有生动的动物图形。（参见图④）这类非正式身份印章，和唐、宋以后用于书法、绘画的"格言警句印""室名斋号印""鉴赏印""诗词格言印"等一起，被后人统一称为"闲印"或"闲章"。（参见图⑤）现代还有不用颜料专门给证件打凹凸印文的钢印，它归属于官印。

二、篆刻的历史文化内涵

既然印章随着社会政治、经济、文化的发展到一定程度而产生，又跟随历史发展一直到现在仍被重视和使用，历史便给印章赋予了丰富的文化内涵。

春秋、战国时期，印章是用青铜或黄铜铸造的。先在泥做的模子上用当时通行的文字精心雕刻，铸出的印面文字便是凸起的反字，钤印出来是正字，叫作阳文（朱文）。也有先铸造印章，然后在印面凿刻反写凹下的文字，钤印出来是正字，叫作阴文（白文）。当时有"物勒工名，以考其成"的政策规定，即冶金铸造、陶瓷、漆木器等制作，必须刻上主管机关、负责人和工匠的名字，作为考察其成品好坏的根据。山东的临淄和邹县等地、河南的洛阳和新郑等地、陕西的扶风和凤翔等地、山西的夏县和侯马等地，都曾出土过大量有玺印文字的陶器碎片，表明春秋战国时烧制陶器前，先在陶坯上钤过印章。例如在战国楚墓的木椁盖板上，有5.8厘米见方的"於王既正"官玺的四字烙印。当时用竹简写成的机关公文和个人书信传递，是卷起竹简，外用麻绳或丝带绑扎，然后用胶泥封住扎口，泥干前钤玺印，泥干后再送走。这种带有玺印文的陶器或泥块，叫"陶文"或"封泥"。（参见图⑥）春秋战国时期形成的用印文化特征：一是诚信负责，二是真实可靠，三是权责分明。今天的中国人对需要签字盖印的庄重感，也源于这种文化精神。

先秦时期，官印私印都叫玺（鉩）。秦始皇统一六国后，为显示皇权至高无上，规定只有天子皇帝之印才能称"玺"，官吏百姓只能称印、章、印信、印章等。秦汉时期，除以金属铸印外，以玉、石治印渐次增多。

魏晋时期，随着造纸术的改善和推广，纸张、绢帛取代了竹简、木简，不仅书写文书、书信变得方便，书法、绘画也得到快速发展。印章的使用因而也起了变化，一是从钤印封泥，转变为钤印蜡或火漆；一是改为蘸朱红印泥，钤于纸上，为中国书法、绘画和篆刻3种艺术相结合创造了条件。宋代重文轻武，宋徽宗、宋高宗等皇帝艺术造诣都很高，文人鉴赏品评收藏书画之风盛行，随之又兴起了"鉴藏印"，印文有鉴藏者原名、省略名、雅号、斋室名等。有名人鉴藏题款盖印的"诗书画印"四绝精品，最为人推崇（如元倪瓒《江亭山色图》，见图⑧）。

明代中期至现代，不少兼能诗、书、画的文人亲自操刀，他们文化艺术底蕴较厚，或精雕细刻，或率性为之，驱刀如笔，使篆刻艺术发扬光大。一是复古,仿古玺之淳厚朴实严谨,使用商周秦汉各体古文字创作;一是创新,以写意画的精神布局、写字、用刀,使印章与书法、画作艺术相交融,篆刻名家辈出。(参见图⑦)

参考书目

[1] 浙江古籍出版社编:《中国历代篆刻集粹》,浙江古籍出版社 2007 年版。
[2] 游国庆:《印象深刻》,"国立"故宫博物院 2007 年版。
[3] 吴颐人:《教你怎样学篆刻》,西泠印社出版社 2004 年版。

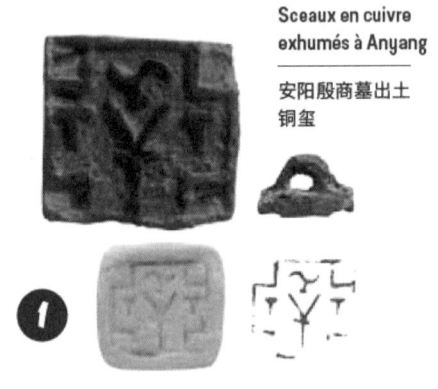

Situ de Pingyin
先秦·平阴都司徒

Roi de Weinu de Han, Han de l'Est
东汉·汉委奴国王

You Sima
右司马

Yin de Zhongshusheng, Dang
唐·中书省之印

Xi de l'impératrice, Han de l'Ouest
西汉·皇后之玺

Yin du district Pingding, Song
宋·平定县印

Yin de Dayicheng, Han de l'Est
东汉·大医丞印

Yin du calendrier de Qingtianjian, Qing
清·钦天监时宪书之印

Anciens sceaux officiels
古代官印

Anciens sceaux privés
古代私印

Zhao Mei
赵眛

Guan An Sixin
郭安私信

Gongsheng Shun Yin
公乘舜印

Zhexing
哲行

Sceau d'image des Han
汉代肖形印

Fuchang
富昌

Sceau d'image des Han
汉代肖形印

Sceau d'image des Yuan
元代肖形印

Sceau d'image des Yuan
元代肖形印

Sceaux des mots fastes ou d'images
吉语印、肖形印

Song • Anonyme
Atelier Duanju
宋•佚名。端居室

Ming • Liang Zhi
Bibelots précieux de la Chaumière de Montagne Dongshan
明•梁袠。东山草堂珍玩

Qing • Huang Jingren
Caligraphie et peinture collectionnée par Sihefujun
清•黄景仁。笥河府君遗藏书画

Sceaux portant le nom de l'atelier, le nom du collectionneur ou des vers poétiques et des sentences

室名斋号印、鉴藏印、诗词格言印

Qing • Ding Jing
« Cueillant sous la haie d'est des chrysanthèmes, à l'aise on voit les monts du sud qu'on aime. »
清•丁敬。采菊东篱下悠然见南山

Dou li ai (poterie de caractères gravés avant les Qin)
豆里隘(先秦陶文)

Xi de Hejianwang (sceaux d'argile des Qin et Han)
河间王玺(秦汉封泥)

Han ting (poterie de caractères gravés avant les Qin)
邯亭(先秦陶文)

Poterie de caractères empreints, sceau d'argile

陶文、封泥印

Yinzhang du Premier ministre (sceaux d'argile des Qin et Han)
丞相之印章(秦汉封泥)

Zuo gong kou (poterie de caractères gravés avant les Qin)
左宫寇(先秦陶文)

Qing • Zhao Zhichen
Le Roi Wenwang n'ose pas traiter ses sujets sans respect
清•赵之琛。文王不敢侮之民

Qing • Deng Shiru
La richesse et la noblesse sont toujours comme un rêve.
清•邓石如。富贵功名总如梦

Qing • Wu Changshuo
yin de Wu Junqing
清•吴昌硕。西泠印社中人

Ming • Wang Guan
yin de Wang Gua
明•汪关。汪关私印

Sceaux des écoles des Ming et Qing

明清流派印

图⑧

[本文原刊《孔子学院》（中法文对照版）2017 年 3 月总第 41 期]

关于语文工作的两分法与三分法

《中华人民共和国国家通用语言文字法》已于 2001 年 1 月 1 日起施行。它为国家通用语言文字的规范化工作指明了方向。它对国家通用语言文字的使用、管理和监督所提出的法律准则,为从事语言文字规范化工作的单位和个人提供了遵循的依据。但是,在制定具体的某一政策(如某些用字、用词在标准中增、删、分、合问题的处理,又如某一标准适用于哪些行业、地区范围之类的规定,等等),以及理解和执行这些政策规定的过程中,仍常常会产生一些争论不休的问题。现举几个例子。

例1:2002 年 6 月,教育部语言文字信息管理司与安徽大学合作举办的简化汉字问题学术研讨会上,有些学者提出,因别义而增形义符的繁体字,宜恢复其合法规范地位;因音同或音近以简代繁,造成新的多音多义字,易造成理解障碍的,可考虑在规范字表上恢复该繁体字。有的学者则提出,除了 20 世纪 70 年代的"二简"有问题外,简化汉字工作的成绩是巨大的,是受广大工农兵群众欢迎的,50 岁以下的人都是受简化字教育成长的,简化汉字工作不能倒退,还要继续前进。就在会议结束讨论的前一分钟,出现了这个有点激愤的声音,给会议留下了未能讨论的新问题:两天的讨论有无否定成绩提倡倒退的倾向?现在是否到了应该整理公布新一批简化字的时候了?

例2:2000 年 10 月至 2001 年 3 月,广州媒体将宣传国家通用语言文字法和把广州建设成为国际大都市的宣传结合起来,对广州市的路标制作开展了一次讨论。路标的作用,是给不熟悉本地街区、道路、桥梁的分布和方向的人(包括本地人、外地人和外国人)给予指引,给市政管理和民众生活带来方便。市民对当时使用着的路标,从内容、形式、功能到配置状况,发表了许多看法和建议。有人认为,在"东风路"下配写"Dongfeng Road"是半汉语拼音夹杂半英文拼音,是不中不西,既不符合中国的语言文字法,又不符合英语拼写法,应该拆除,改用上写规范汉字,下配汉语拼音的新路标。市政方面邀请了一些人士和专家开了座谈会,最终采纳了上述意见,斥资 200 万元,全面更换路标。就在这个热潮中,有个记者来到我家,据称他是法学硕士,为国际大都市的环境净化和宣传语言文字法而工作,他注意到某个汽车公司的公共汽车上,所有的"广"字都是繁体,而且里面的"黄"字,全部不是"共"字头,而是"廿"字头。他认为,用繁体已是违反文字法,又将"黄"字写"错",还每天在大街小巷奔跑,影响太坏,应该予以曝光,责令该公司限期更改。他那关注语言文字法的积极态度,令我鼓舞;而他对文字知识的了解和对法律精神的把握程度,又使我担忧,不得不花好些时间来同他讨论。

例3:最近看了几本新出版的关于语言文字规范化问题的专著①。书中的内容都很丰富具体,讨论了很多问题,其中有些问题,如"名词+地""副词+名词"、各种新奇形式的外来词、网络上的新词、一些违背汉语词汇意义的新用法、繁体字和异体字在铭牌题词广告中泛滥以及1978年下半年关于语言要不要规范化的讨论等,都给我留下了深刻印象,引起我许多思考。

对上述各例提到的问题,我想说几点意见:

1. 语言文字规范化很有必要

语言文字是全民交流、交际的工具;汉语汉字是十几亿华人交流交际的工具。汉语方言复杂;汉字历史悠久,字体字形多样,俗用变异及讹误的形体经常出现。实行改革开放政策后,东西南北人口流动量很大,新事物层出不穷,人们在生活工作中愈加注重时效,更加注意信息现代化,在此情况下,要想准确有效地达到交流交际的目的,没有语言文字的统一标准怎么行呢?应该说,标准化、规范化比以往任何时候都显得更加重要和迫切。

2. 50年来的汉字改革的成就伟大,有目共睹

我国从80%人口文盲到现在80%人口受过基础教育;50岁以下的大陆汉族人都是在汉字改革方案公布后接受教育的,他们省去了大量繁体字和异体字的困扰;近50年来的政府文件、教科书和报章杂志用字,基本上遵守了政府规定的统一用字标准。也就是说,简化汉字已是10亿人熟习的交际工具,是规范汉字。谁也不能无视这个现实。

3. 对于语言文字问题,多用三分法会比多用两分法好

例如,在回顾50年的汉字简化工作的成果时,涉及一二十个字的合并

---

① 吕冀平主编:《当前我国语言文字的规范化问题》,上海教育出版社2002年版;高更生:《现行汉字规范问题》,商务印书馆2002年版;苏培成、颜逸明、尹斌庸编:《语文现代化论文集》,商务印书馆2002年版;戴昭铭:《规范语言学探索》,上海三联书店1999年版。

处理,在教学、科研、电脑处理上引起麻烦困扰的讨论,建议有些字不做合并处理,恢复其中一些字的规范地位,好像"云"可代"雲","后"可代"後","里"可代"裏","干"可代"乾、幹、榦",等等,但在涉及古汉语需要简繁转换时,后者不能代替前者,为防错误,所以可让两套并存,不用错就行。我认为,这是对如何更好地前进提出建议,与"否定简化工作成果""倒退"没有任何关联。当然,汉字继续简化的空间也是存在的,譬如"二简"中有好些字,有很强生命力,尽管"二简"早已明令废止,那些字在大众生活中依旧常常见到。不过,提出新一批简化字的条件是否已经成熟,以什么形式和途径公布为宜,都是可以讨论的。总之,不能用"肯定或否定""倒退或前进"那样简单化地处理。又如,汉语有自己的拼音方案拼写法,英语有英语的拼写法。对汉语地名的拼写,好像"东风路",按《中国地名汉语拼音字母拼写规则》作"Dongfeng Lu"。路标加注拼音,可以起到规范读音的作用。但对认识路标方块字的人来说,这种附加信息作用不大。若从建设国际大都会角度考虑,为方便英语国家的来客,路标加注英文,也不能作"East wind road",而应该是"Dongfeng Road",或作"Dongfenglu Road",这符合英译汉语人名地名等专名的要求,不能说是"不中不西",也不能用"非中即外"的观点简单从事。不弄清楚,就可能劳民伤财。再如,1986年国务院发出了批转国家语言文字工作委员会《关于废止〈第二次汉字简化方案(草案)〉和纠正社会用字混乱现象的请示》的通知后,国家语委和各地语委都积极采取措施落实,在一些大城市(例如广州),还由省、市语委牵头,联合工商、宣传、文化、教育部门的专家和媒体,每年(实际没有年年)对一条主要街道的门牌、广告用字进行检查,要求对不规范的用字进行整改。有关商店、公司负责人,有的怕花钱,有的嫌麻烦,有的担心修改后不协调,有的推责任给书法家或广告商,尽管理由多多,但最终都会接受宣传,表示愿意修改更换,因为有主管部门的人和记者参与。这表明有法就要执行,不能放任自流,收到了宣传、阻吓的作用,正面效果是肯定的。但是,碰上文物古迹题名,已故或健在的大小领导人的题字,知名或不很知名的书法家题字和从书法作品剪集的字中有不规范的字,往往很费唇舌,只好不了了之。有些临时掩盖起来的不规范字,一两个月后照样揭盖留存。这些都会产生一定的负面效果。但如果因为一个繁体字,便要在报纸上曝光批评,要求外资公司需在短期内花巨资喷涂修改近似品牌的字,否则不能上街,同时承受名誉和经济上的损失,这样地理解宣传语言文字法,我认为是欠妥的。那位记者说,法律是"刚性"的,不守法就是违法，就需惩戒。瞧，又是简单的两分法！事实上，法律也有几个类型：①针对危害国家安全和对人民的生命财产造成严重危害的犯罪而制定的法律；②针对对他人的物质利益或精神造成损害或伤害但程度不算严重的纠纷而制定的法规；③为了维护正常的社会生活和经济秩序而制定的法规；④为了培育良好的生存环境和崇高的道德风尚而制定的法规准则。显然，对待这4种不同类型的法规，执行起来刚柔度是不同的。矛盾的性质不同、程度不同，解决的方式方法也就有区别，不能套用"不是正确路线就是错误路线，骑墙的道路是没有的"那种思想方法。我建议记者放弃批评曝光稿，改写建议信，建议外资公司在更新换旧时使用规范字。建议信可通过有关部门转达，使主管部门重视这么一回事，宣传便可收到举一反三的效果。

有些事，不能简单地用"非对即错""非进即退""不赞成即反对""不遵守法律即违反法律""不革命即反革命"一类的两分法看待处理。像上面提到的一些语言文字方面的具体问题，用简单的两分法处理，一是不解决实际问题，二是可能造成无休止的争论，三是可能造成对象反感的负面影响，四是简单处理有可能劳民伤财，等等。我认为，在对待语言文字规范化的工作问题上，多一点三分法好。理由如下：

（1）从语言文字看。我们在讨论语言文字的发展问题时，常常使用"新增与淘汰""继承与发展""规范与变异""雅言与俗语""正字与错别字"等矛盾对立的观点，因为通过对立的两端，容易显现差距，窥见事物本质的发展变化。但是，语言文字在每一个特定时期的"生存状态"，却恰恰处在两端之中，某些（极少数）旧质因素在衰亡，某些（也是极少数）新质因素在滋生，而占绝大多数的主体部分，则是相对平稳地生存着，以满足人们日常的交际使用。因此，在讨论语言文字的现实问题时，用三分法会更切合实际。即使是谈论发展变化中的那五对矛盾，随着时间的推移，也可能在一定的条件下转化，这种有条件的转化过程，也是一种中间状态。

例如，"名词+地"做状语用，在20世纪前期，是不规范的变异（以名词代形容词），是语法错误；但是经过20世纪中期有巨大影响的政治界和文学界名人的使用，通过广大群众的选择和运用，达成了共识（即有了约定："名词+地"相当于"按照该名词所具有的特点那样地"），完成了"约定俗成"的转化过程，至20世纪后期，理论学术界接纳了这种用法，错误变成了正确。也就是说，这种语言现象，从错误到正确，从不规范到规范，经历了一个逐渐被民众接纳和喜爱的中间过渡阶段，可以用"三段论"来说明其变化过程。

又如"程度副词(很、非常)+名词"的用法,近20年来,不时见诸报端或电视。这种20世纪中期以前汉语没有的用法,初听初见时感觉很刺耳、非常别扭,或被认为是"文革"一代文化水平低的结果,或被认为是生搬硬套西洋语法的结果。但是,一些作者、演员,一些广告、媒体,依然"我行我素",久而久之,人们也理解了其所表达的含义:"很"或"非常"后面的名词,当作"该名词化""有该名词味""具有该名词特色"来理解。所谓"很男人""很中国""很西方""非常女人""非常可乐""非常北京"等,都可作如是观。"非常可乐"的老板,利用语言发展过程中的特殊现象,创造出饮料品牌,可说是其高明之处,反过来,"品牌效应"也许会使该特殊语言现象得以更广泛地传播和巩固。在当前这个阶段,我们不宜用"不赞成就反对"的态度对待,应当容许第三种态度存在,即弃权、容忍、观望、等待的中间态度,正确与否让时间去检验,接纳与否让群众在实践中选择。我们可以预测,不需很长时间,"程度副词+名词(具有类型性特色的名词,不是所有名词)"的用法,将会像"名词+地"一样,被群众和学术界接纳。根据是,这两种新用法中的名词,都有活用为形容词的特性。尽管这种名词活用需要有强调显示类型性特色的语言环境,使用不广泛,但它确实存在于古今汉语的语法和构词法中,例如"人立""狗趴""火红"等,使得人们在潜意识中有"像人那样站立""像狗那样趴着""像火那样红""像(名词)那样……"的理解能力。"名词+地"和"程度副词+名词"中的名词功能,只是活用为形容词的功能延伸。

再如,近30年来一些词语的非常规用法的出现(如单位机构称"中心"、居住大厦称"花园"、大型商场称"某某城"或"某某广场"),一些新构词法与新词的出现(如"流脑"、"非典"、"巴士"与"大巴""小巴"、"的士"与"面的""摩的""的哥""的姐"、"T恤"、"IC卡"、"拜拜"、"欧佩克"、"卡拉OK"、"CD"、"WTO"之类),初进入汉语社会交际领域时,令不少人产生"破坏汉语纯洁性"的感觉,但经过一些时日后,使用面广、出现频率高的词语,也就逐渐被广大群众和媒体接纳了,被理解为汉语词汇"与时俱进",增加了新词、新义、新构词法、新表现形式。当然,其间也出现过一些使用面极窄而罕用的"新词语",最终没被大众接纳,只是成了少数人的"密码"或收藏品。上面所言,主要是说明语言在发展过程中,除了正确与错误的判断外,还存在着从出现到被认可的中间状态。文字也一样,除了"正字"与"错别字"的判断外,在很多场合中,会出现某些字,它们既非规范正字又不宜称错别字,而是有着广泛影响的繁体字、异体字或相当有生命力的俗字（其中还包含新字）。它们不仅在文献古籍和专业论著中"合法地"出现，也可能在某些领导人、书法家、作家、教师、广告人的笔下"不经意地"流出或为求艺术美感而"刻意地"冒出。我们提倡写规范字，不主张放任自流，但是我们又无法杜绝这些非规范字的出现。多年的经验证明，靠批评曝光、限时改正、罚款是无法阻止的，所以我们还是需用三分法的观点，承认存在既非规范正字又非错别字的现实，在制定、理解、执行语文政策时，实事求是地面对它正视它。这方面，我认为，唐代颜元孙所创造的经验是值得借鉴的。广东任仲夷等5位老同志给中央领导人写的《关于文字改革问题的情况反映》[①]，是很值得我们学习的。

颜元孙编写《干禄字书》[②]所创造的经验，我觉得有几点是值得我们效法的：一是实事求是的科学态度。他正视当时复杂混乱的用字现实，细致地分析不同人群不同场合的用字情况，在《颜氏字样》和《群书新定字样》的基础上，"参校是非，较量同异"，努力谋求解决应用文字的实际问题。二是与时俱进的文字规范化观点。从东汉熹平四年（175年）刻石经为隶书用字提出规范后，楷、草、行书逐渐进入了日用领域，楷书以其笔画结构的严谨清晰，逐渐取代隶书成为写经和刻碑的书体。经过日用书体的更易和四五百年异体俗字的滋生，形成"舛谬实繁，积习生常，为弊滋甚"的局面，为"五经"和"九经"正字的"字样之学"到唐初便应运而生。颜元孙继承颜师古之家学传统，以发展观点看待语言文字问题，提出"且字书源流，起于上古，自改篆行隶，渐失本真。若总据《说文》，便下笔多碍。当去泰去甚，使轻重合宜"。所以，其编写的《干禄字书》，既不泥古，又不媚俗，是汰除了"诡众而难依"的形体后，为当时惯用的楷书所做的规范化样本。三是"俗、通、正"三分法处理原则。据史鉴《颜师古的语文规范实践》[③]考证，颜师古已将《字样》体例区分为正、通、俗三项，而《干禄字书》则将三项分别做了界定，并划分了各自的使用范围："所谓俗者，例皆浅近，唯籍帐文案，券契药方，非涉雅言，用亦无爽，倘能改革，善不可加。所谓通者，相承久远，可以施表奏笺启，尺牍判状，固免诋诃。所谓正者，

---

① 任仲夷等：《关于文字改革问题的情况反映》，见陈永正主编《书艺》卷三，岭南美术出版社2000年版。

② 见施安昌编《颜真卿书干禄字书》，紫禁城出版社1992年版。文中所有关于颜元孙《干禄字书》的引文均摘自此书。

③ 载《语文建设》1995年第11期。

并有凭据，可以施著述文章，对策碑碣，将为允当。"这样，在删减了字虽正但已废而不行者和体殊浅俗于义无依者后，不仅给当时的楷书用字提出了规范的正字标准，又给相承久远的民间用字留下空间。

制订规范字表，在《国家通用语言文字法》中规定公共用字必须遵守规范标准，同时不采取"非正即错，必须删改"的做法，给特殊场合和个人用字留下一些自由空间，不是什么"削弱法律的刚性精神"，而是贯彻实事求是精神，大众容易接受，施行起来也容易。1997年4月6日广东任仲夷、吴南生、杨应彬、欧初、关山月联名写给中央领导人的《关于文字改革问题的情况反映》写得多好啊！它不仅有理论性，而且在实践上有很强的可操作性；它不仅针对现在应如何看待繁简字的问题，而且还对如何看待历史和未来提出负责任的看法。我们不仅从文章中看到了老同志实事求是的科学精神，和他们对经济、法律、历史、文化的责任感；也从他们的建议中，看到他们反对简单化、一刀切的两分法，看到"正、通、俗"处理原则在新时代的继承和发展。这是很值得制定政策者和制订字表者学习的。在《国家通用语言文字法》立法过程中，有关部门非常重视5位老人的意见，在第二章对规范汉字和非规范字的使用场合做了明确规定，也就使语言文字法增加了可操作性。

（2）从用字人看。20世纪50年代，中国受过中等以上教育的人，只占10%～20%，而占80%～90%的人属于文盲或半文盲，其成分主要是工、农、兵——建设国家和保卫国家的主力军。党和政府一方面领导全国人民积极发展国民经济，一方面坚持不懈地扫除文盲、推行九年义务教育、积极发展职业教育和高等教育，到2000年11月1日全国人口普查时，各类学校的毕业生、肄业生和在校生合计为106860万人，其中受高等教育者4500多万人，受高中（含中专）教育者14000多万人［参见国家统计局2002年3月31日版《第五次全国人口普查公报（第1号）》。第五次人口普查后，高等教育持续大发展］。也就是说，现在的用字人占中国总人口的80%。这不仅是数量和比重的翻天覆地的变化，而且也意味着受教育程度提高，语言文字的变化，直接与大多数人发生关系，意味着人们（主体）对使用语言文字工具的要求更加多元化。

50年前，扫除青壮年文盲和让少年儿童尽可能上学，是实现工农兵当家做主的最紧迫的诉求和基本保证条件之一。而对掌握语言文字工具的程度要求，就是尽快地学会（包括认、读、写）1500～2000个常用字，达到能读书、看报、写信、记账的水平，因而，推行简化汉字和整理（兼废止）

异体字,也就成为扫除学习障碍、提高民族文化素质的重要任务。自然,20世纪50年代所进行的简化汉字和整理异体字工作,不仅受到占人口绝大多数的工农兵和少年儿童的拥护,也得到知识分子中的大多数的支持;真正持反对态度的,是政治上的反对派和文化上的极端顽固保守分子,只是极少数;知识分子中有部分人不是反对简化汉字和整理异体字,而是对简化方案中某些字的处理有意见,甚至很想不通,他们在人数上也是极少数,但在知识界很有影响,从态度分析应属于中间派。如果只是按人数多与少看问题(当时在一些地方和部门,流行以5%和95%划分敌我),这样两分,就会把中间派推向反对派一边(或称右派,两派加在一起还是极少数),显然,这是不科学的。若是按三分法处理,吸收中间派的某些合理意见,让某些意见暂时搁置,待后处理,效果也许更好。

  50年后的今天,人们对掌握语言文字工具的诉求,除了读书、看报、写信、记账的要求外,借此以学习和创造先进的科学技术以发展生产,继承祖国的优秀文化遗产和发展社会主义新文化,参与各种服务或管理工作等已经越来越重要。这样面对上10亿人口,涉及古今中外,涉及城乡各行各业,涉及现在与未来的多元化需求,语言文字工作更不能简单化地以"行或不行""对或错""前进或倒退""守法或违法""革命或反动"等"非此即彼"地"刚性"处理。在制订字表、制定法规时需留有余地;在宣传、执行法规时,应视情况、环境或刚或柔。说到底,就是承认发展中的语言文字现象合理存在,承认人们认识理解执行语文法规有一个过程的现实,我们的责任是以积极的态度逐步引导走向理想的规范化。

  (本文原刊李宇明、费锦昌主编《汉字规范百家谈》,汉字规范问题研究丛书,商务印书馆2004年版)

开展词本位的汉字族群研究

一、问题的提出

汉字是记录语词的符号。每一个字都同某一个词（或词素）有相对应的联系。汉语词汇发展的历史，乃至汉语史，主要是通过汉字记录来研究的。汉代以后，我国的语言学产生了文字、音韵、训诂三门独立的学科。文字学侧重汉字的形体构造和变化的研究。汉字发展史的研究，基本上是汉字形体发展的研究，与其灵魂——语词相割裂。

一个词（或词素）可用许多个字记录。一个语词可能有多个音义，但在特定的历史语境下，必定有一个基本义。而汉字在记录语词的实践中，有本义、引申义、假借义和历史形成的基本义。在记录同一个语词的基本义时，由于不同的历史时期、不同的造字法、不同的用字人等原因，又出现了所谓正字、通用字、俗字（异体字）、通假字、错字等问题。围绕着一个语词，有许多不同的用字，以前的研究没有将其整合。8万字的字汇中，过半数是可以而且是应该归并整合的。因为过去的字典或词典，基本上是按字编纂的，同一个词的用字散落各处，不利于综合应用。

过去因为只能通过文字去研究古代语词，因而形成了字本位的语词研究。由是常产生误解：字形等同于词形；语词的音义研究，往往成为字音、字义的训释讨论。现代语言学理论告诉我们：语言是人们的交际工具；文字是记录语言的符号，它只是人们交际的辅助工具。因此，应该以词为本位去开展词语（包括它的书写形式——文字）的研究。

《尔雅》《广雅》《方言》一类著作，是属于以语言词本位立场编写的著作。它们在语言学、文献学、文化学上的经典地位和作用毋庸置疑。但它们只是在当时的历史条件下所做的异说、异字的收集、整理，是同义词汇编，人们不能从中了解当时某一个词的读音及其记录用字状况。

因此，研究汉字学、汉字史的人，不能停留在文字本身，还要研究不同时期、不同地域、不同的人为了记录语言，是如何创造字、使用字、发展字和写错字的，弄清每一个词在不同时期是怎样被人书写的，即开展词本位的汉字族群的研究。

二、现在已有的条件

有20世纪汉语词汇史研究成果做基础。传统文献归纳的词（字）汇，为我们确定一定范围的基本词汇，提供了依据。19世纪前的语词研究，主要体现为解经的训诂和字典的音义注释。20世纪语言学家们才在西方语言学理论影响下，探索现代语言学的词汇分类，建立汉语词汇学、词义学、词源学和词典学，除了进一步研究了先秦两汉的古语词，还有不少学者专门整理、研究了中古和近代的语词，并逐渐编纂了日趋完善的具有词本位意识的、能反映词义和语音发展变化的词典和字典。例如《古汉语常用字字典》《同源字典》、新版《辞源》、《新华字典》《现代汉语词典》、新版《辞海》、《汉语大字典》《汉语大词典》等，及一批断代词典和专书词典。尽管这些字典、词典基本上是按字编排，同一个词的古今异体分置各处，但其字、词释义和词条解释是力求贯彻词本位原则的。

甲骨卜辞、铜器铭文、竹简帛书、盟书和古代文书的大量出土、整理、研究，既丰富了古代语汇，也使我们看到许多与文献迥异的词语书面形式。这对描写、分析先秦词本位的汉字族群具有特别重要的意义。例如：第一人称代词，据传世文献，先秦主要用"吾、予"记录，据出土文献则主要用"余、我、朕"记录，春秋战国时也有用"遹、麕、虘、舍"等字。又如：传世文献中吴国又称勾吴，而出土的吴王铜器则自称工㦰、攻敔、吴。我们根据出土资料，可以知道第一人称"我"和"吴国"这两个词断代的读音和实际书写形式，与传世文献的书写形式略有差异。通过对同一时期同一个词的用字分析，对那个时期的语音拟构，以及了解那个时期的方言差别，都会有极大的帮助。

古文字词（字）汇类的工具书的大量出版，填补了隶书以前从商到汉的字形字源空白。《甲骨文字典》《金文编》《战国古文字典》《古文字字形表》《秦汉魏晋篆隶字形表》《简明金文词典》《上古汉语词典》《楚系简帛文字编》等一批近20年出版的竹简帛书字汇和历代碑版文书别字俗字字汇，还有正在出版的《古文字诂林》，为我们提供了丰富的文字资料。《简明金文词典》《上古汉语词典》等词典工具书，还提供了将文字与词汇相结合、出土文献与传世文献相结合解释语词的范例。

三、对研究工作的设想

这是一项巨大工程,需要多学科人才协作方能完成。工作大致如下:

(1) 挑选3000～5000个基本词汇。基本词汇的语义稳定、时跨古今、使用普遍,语音资料、文字资料也较多,包括实词和虚词,也包含单音词和复音词。分别词类。

(2) 分阶段地做。按照文字形体变化的历史阶段,划分为:殷商、西周春秋、战国、秦西汉、东汉、魏晋南北朝、隋唐五代、宋元明清。

(3) 每阶段包含词义、读音、主流正字、通用字、异体字(讹错字、俗字)、通假字等项,并注明依据出处。最早出现的正字,要说明本义本字理据或假借的来源。成果为加上拟音和理据说明的字表,是按词归并用字的"新广雅"。

(4) 先做字表,后做分析研究。从殷商到魏晋时期的字表,可在《古文字字形表》和《秦汉魏晋篆隶字形表》的基础上,分词归并整理再增补新资料。隋唐以后的文字材料,除了历代出版的字书外,还要对出土文书、传世的坊间刻本及手抄本,先做词本位的断代文字整理,做出各阶段的字表。然后根据字表显示的词义、读音、正字、通用字、异体字、通假字等方面的变化,分析研究语词的发展变化与用字的发展变化间的关系、用字变化的原因和规律。

四、意义和价值

1. 意义

将自古以来割裂的文字、音韵、训诂研究,在新的形式下结合起来。通过研究,描绘出人们利用文字记录语词的真实历史,有利于进一步揭示汉语和汉字的发展规律,推动语言文字多学科研究。

2. 价值

人们习惯于根据汉字去研究音韵、训释古语、了解历史,无形中给汉字套上了神圣的光环。通过词本位的汉字族群研究,人们将更深刻理解文字作为符号、工具的属性,摆正语言与文字的主从位置,从而更加理解文字是随着语言的发展而发展的,不是神灵创造不可变更的;文字符号的创制和改革,是为该语言社会全体成员服务的,其目标是准确、快速、明晰地记录语言,创制和改革文字符号的数量、范围、程度、速度,都要受此目标制约。

词本位的分阶段字表,对文字学、音韵学、训诂学、文献学的进一步研究，将提供方便而有力的帮助。

词本位的汉字族群研究，将进一步推动字源学、词源学、汉字文化学、用字心理学的发展。

20世纪100年间，以字本位编纂的超大型字典（海）、词典（海）、诂林已有多套，希望21世纪能出现几百年一见的"新广雅"！

（本文为古文字信息化处理国际学术研讨会论文，上海，2001年；刊于《中国文字研究》第三辑，广西教育出版社2002年版）

同音代替繁简字宜做适当调整

　　文字形体与时俱进、约定俗成，以准确快速记录语言，满足人们当前的学习和交际的需要为第一要求，同时也承担着继承历史和发展未来的文化责任。20世纪50年代所做的汉字简化和整理异体字工作，基本符合上述的原则和要求，得到中国大多数人的拥护和支持，50年来对中国社会的发展、民族文明的进步、群众文化科技素质的提高，起到了不可估量的作用。这是毋庸置疑的。

　　同音代替、以简代繁，这是老祖宗的发明。在汉字发展史上，这两种方法，一直被人们运用着。在科举考试、官家文件、正规教育中，只承认两汉以前古人和以后的一些权威写的"通假字"，普通人所写便会被认作异类的"别字""俗字"，不过它们在民众手中仍然被自由地使用着。"物竞天择"，有的异类字被淘汰，有的异类字逐渐成了正字。靠笔抄书写字的年代，操笔者选择古今字、正俗字的自由度大，对同音代替、以简代繁的用字，不必大家都来议论。近50年来，用字人一方面盛赞简化汉字和整理异体字，给社会带来极多方便和好处，另一方面又经常对同音代替、以简代繁的某些用字规定颇有意见。缘由无他，就是因为中国不再有80%的人为文盲，而是80%的人具有九年教育以上文化程度，电脑进入千家万户；就是因为人们在学习和交流的实践中，不断地碰上问题，不能不对某些用字规定的科学性产生怀疑。

　　前年，我和一些同事一起去台湾参加一个学术研讨会，行前由一位同事收集大家的文章软盘，将简体转换为繁体，发往会议筹备组。双方都没有时间找原文校对。会议开幕时，领到一本供讨论的论文集，目录中将我的论文题目印成："《史記》《漢書》之'獲若石雲'解"。我赶紧翻开内文来看，幸好还是按照我提前寄去的简体字稿打印的，文中许多"云"字没有变。但是，会议闭幕时发下的论文集正式文本校对稿，全部简体字都变成了繁体字，文中所有"云"字都变成了"雲"，所有"里"字都变成了"裏"，"发"也成了"髮"。我们这些常看古书的人，看到这样的繁体文本，只觉得怪怪的，怎么也笑不起来。就算是负责打字的文学博士生和检查把关的资深教授，若不对照《史记》《汉书》原文，单凭古文素养，恐怕也不易弄清"獲若石雲"的"雲"字，古时有无雨字头。上个月，我收到广西教育出版社寄来的校对稿，看到"隻有""隻是""復雜"等错误用字，便觉得真难为现在的打字员、排版员、校对员了。也是前不久，中山大学中文系请一位专家做学术演讲，叫一位研究生写两张海报，分别张贴在文科楼和研究生饭堂门口。其词曰：

  海報 關於當前文學藝術的幾個問題
  報告人某某某先生 主辦者中文係
  地點文科大樓四樓係會議廳 時間某月某日

一位教授站在执行政策法令的政治高度说：真是胡闹！放着那么简单明了易写易懂的简化字不写，偏要这样浪费时间，乱七八糟写一通！

一位教授说：也许是想卖弄一下吧！

一位中年教师说：也许是觉得大部分字都有繁体，很好玩；或许是想追求视觉刺激的广告效应，也不一定。

又一位教授说：作为招贴广告，写繁写简，无妨宽松一点对待。但是把"系"写作"係"，作为大学生，尤其是文科的，写错字出去张贴，太有损形象了！

于是，一场小型的学术研讨会便在广告牌前展开。焦点主要就是同音代替、以简代繁问题，其次是要不要在九年义务教育之后的高中或大学，安排繁体字学习，以及50岁以下的人文学科工作者，要不要补繁体字的课。因为我们再也不会说"把封资修文化扫进历史垃圾堆"那样愚蠢的话了，国民文化素质普遍提高之后，都会自觉勇敢地学习和继承历史文化遗产，自然希望减少阅读书写方面的麻烦。

关于同音代替、以简代繁问题，裘锡圭、王宁、史有为、许长安、李长仁等许多专家学者曾著文讨论过，有过很好的意见。[①] 例如：

  如以"才"代"纔"、以"冬"代"鼕"、以"出"代"齣"、以

---

① 参见裘锡圭《从纯文字学角度看简化字》，载《语文建设》1991年第2期；王宁《论汉字简化的必然趋势及其优化的原则》，载《语文建设》1991年第2期；史有为《汉字辩证四题》，载《语文建设》1992年第8期；许长安《实事求是地评价简化字》，载《语文研究》1991年第1期；李长仁《关于汉字规范化问题的探讨》，载《松辽学刊》1990年第3期。

"板"代"闆"等，有什么不好呢？台湾地区并未实行汉字简化，但是台湾人通常都写"台湾"而不写"臺灣"。这充分说明合理的同音代替是大家所愿意接受的。①（上为裘锡圭语）我想，以"秋千"代"鞦韆"、以"萝卜"代"蘿蔔"，也是属于不引起麻烦的字例。裘锡圭先生又指出，使用同音代替方法"增加一字多音现象显然是不合适的"，"如果被代替的字和代替它的字的意义有可能混淆，也会引起麻烦"，因此提出："我们衷心希望在今后的汉字整理工作中，不要再破坏字形的表意和表音作用，不要再给汉字增加基本结构单位，不要再增加一字多音现象，不要再把意义有可能混淆的字合并成一个字。"② 裘先生的意见，我认为是很正确的，兼顾古今的。

汉字对完全音化的符号是有"排异"作用的，设计简化方案时，除非万不得已，同音替代的方法应当慎用。特别是那些在古代文献里从未通用过的同音字，例如"谷"与"穀"、"后"与"後"、"征"与"徵"、"里"与"裏"等，为了照顾古代文献阅读的方便，一定需要简化的，似可采用其他方法来简化。当然，个别使用频率不高又没有其他更好方法来施行简化的，偶尔用同音替代，我们也可看作新假借字，并非绝对不可。但这种方法会影响汉字的别词功能，以少用为好。历史上曾通用过又加义符别异的古今字，一般也以不再简掉义符为好。③（上为王宁语）我想，"面"与"麵"、"烟"与"菸"、"干"与"乾"等也都属于古不通用字；对于古不通用字，似不存在为照顾古代文献阅读的方便而一定要简化的问题，所谓"采用其他方法来简化"，徒增新的符号罢了；像上一段所引不出现麻烦的同音代替字例和"面""烟"、"干"（代"乾湿"之"乾"，非指 qián），都算是古文中使用频率不高的，且有特殊语境，不易产生误解，即对别词功能影响不大，因此也可被人们接受；像"云"与"雲"，就如同"要"与"腰"，是加义符别异的古今字关系，我赞成王宁先生的意见——以不再简掉义符为好。

以"云"代"雲"，历来被看作借用古字、采用简体古本字的佳例。须知它被经常用作"说"义之后，阅读使用有了麻烦，蓝天白云的"云"才不得不繁化加义符以示区别。这种繁化是文字的发展进步。尽管今天表达"说"义不用"云"，这个"云"字恢复其本义，用来记录现代汉语中云彩

---

① 见前注裘锡圭文。
② 见前注裘锡圭文。
③ 见前注王宁文。

的"云"很合理,但也不应该在通用字表和字典中取消"雲"字的独立资格。因为只要你阅读古书,你就要排除无繁简难别义的麻烦,承认繁体在古时的合理性。李长仁先生说得好:"文字用于记录语言不仅要使人们克服空间上的障碍以利交际,还应该使人们克服时间上的障碍以了解历史,也使将来的人们了解现在和古代。"①

同音代替、以简代繁成功的字,看来有如下一些特点:一是被代的繁体字使用频率低;二是它须出现在特定的语境中,如"麫""荍""鞦韆""鼛""齣""闆"等都是古籍中使用频率很低的字,而且分别作为食品、植物、玩具、鼓声、戏剧中的一个独立剧目、老板身份在书面中出现,都必有相关的人或事以及场景物件伴随;三是特殊的语法地位,如"纔"作为副词,不会出现在主语或宾语位置上。而用来代替的简体同音字则本是常用字,与被代的繁体字意义差别大,出现的语境不同,所以不致产生混乱,也就是所谓新假借字,只是增加新的义项而已。

总之,同音代替、以简代繁的字,有的成功,有的失败,要具体分析,区别对待,适当调整,以利应用。之所以特别提出"适当调整",是因为40多年来,国家公布的简化字,已通过各种传媒和教科书,成为大陆10亿以上识字人熟悉的文字工具②,对大多数无须读古书的人(他们同时又是社会的主流人群)来说,被取代的繁体字已变成陌生的另一套符号。我们必须面对这个现实,从10亿人的利益出发,对现有的繁简字关系,不做太大的变化,更不宜提恢复繁体字的口号,而对同音代替容易引起错误的部分字,首先进行局部调整。调整时须考虑如下几点:

(1)利于准确快捷地记录现代汉语,又不给阅读古文增加新的麻烦。

(2)凡是以增加义符别异的古今字,不再合并;已经合并的,让带义符之字重出,给予古书用字相同的地位。如"云"可代"雲",但又让"雲"重出;"辟"可代"闢",又让"闢"重出。"里""裏"仿此处理。这是从实际需要出发,符合上一条的原则要求。

(3)不再新增一字记多音、一字记多词现象。已经通过合并成为一字记多音多词的,须区别情况分别处理。大体上,现行的一字记多音容易引起音义两方面的错误者,须重点审核、调整,如"干"可代"乾 gān"不代

---

① 见前注李长仁文。
② 据中华人民共和国国家统计局《第五次全国人口普查公报(第1号)》"七、各种受教育程度人口"资料统计,合计为106860万人。

"幹""榦","斗"不代"鬥"("鬥"已是表"争斗"的几个异体字中最简单的,同时也是古本字)。其他的同音一字记多词,若语境差异大,不易引起意义混淆,可以保留。

(4)本无音义联系而在古代又同为常用的字,予以恢复。如"后"与"後"、"斗"与"鬥"、"余"与"餘"、"谷"与"穀"。

(5)繁简的正字关系,尽量做到"一对一"为好,有利于电脑的繁简转换操作。异体字、隶古定字、地名用字、历史人名用字,另当别论,不做繁简字一对一处理,例同古书罕见书面字一样处理。

(本文为简化字问题学术研讨会论文,安徽合肥,2002年6月;刊于史定国主编《简化字研究》,汉字规范问题研究丛书,商务印书馆2004年版。今据发表后的修订稿收入)

二、古文字之字、词、铭文考释

"桮徒"与"一桮飤之"新诠

鄂君启节车节铭文里有这样一句："女（如）桮徒，屯廿桮台（以）堂（当）一车。"郭沫若先生释"桮"字为棓，谓"棓疑是背负的东西，犹今俗言背子"①。从文义上看，这种解释是可通的；至于为什么要那样解释，郭氏却没有做文字学上的说明。殷涤非、罗长铭二同志则以为"桮徒"是"空手持梃不持兵刃的士卒，《管子·乘马》作'白徒'，《墨子·非攻下》误倒作'徒倍'"②。

流火同志在1960年8、9合期的《文物》文中，介绍了长沙出土的铜龙节，谓该节背面铭文"一桮飤之"的"桮"字，与鄂君启节的"桮"字同形，当为盛物器具。究竟当为何物，未提出自己的见解。

与长沙出土的龙节形制和铭文相同的，过去也曾发现过不只一器，辗转见于各家的吉金著述，从拓墨的纹饰和文字笔画差异来互相参校，一共有四器。③ 原刻本《积古斋钟鼎彝器款识》背铭第二字作"桮"，口中多出一笔，是由于拓墨不精而误摹，其字本应作"桮"，与其他的节文相同（此器后为吴大澂所得）。对"桮"字的解释，各家是不一致的，且有很大的分歧。①江德量释棓，云"疑借作倍"；④ ②吴东发释榙，读作菴，⑤ 方濬益、吴大

---

① 郭沫若：《关于鄂君启节的研究》，载《文物参考资料》1958年第4期。
② 殷涤非、罗长铭：《寿县出土的"鄂君启金节"》，载《文物参考资料》1958年第4期。
③ 阮元《积古斋钟鼎彝器款识》卷十称"汉龙虎铜节"。刘心源《奇觚室吉金文述》（是仿制品）卷十一称"汉龙节"。冯云鹏《金石索》卷二称"周龙虎节"。方濬益《缀遗斋彝器考释》卷二十九称"龙虎节"。端方《陶斋吉金续录》卷二，邹安《周金文存》卷六，黄浚《尊古斋所见吉金图》卷四及《衡斋金石识小录》上册皆称"龙节"。刘体智《小校经阁金文》卷九称"王命车键"。罗振玉《三代吉金文存》卷十八称"王命遖车键"。此外，叶志诜编的《平安馆藏器目》有"王命道赁节"。阮元、刘心源定为汉器，刘体智和罗振玉名为车键，都是错误的。《积》《缀》《校》《代》同为一器；《金》为一器；《陶》《周》为一器；《尊》《衡》为一器；合1946年6月长沙出土的龙节共五器。唐兰《王命传考》误前四器为六器。
④ 参见阮元《积古斋钟鼎彝器款识》卷十。
⑤ 参见阮元《积古斋钟鼎彝器款识》卷十。

澂等从之;① ③冯云鹏释天枪天棓之棓，谓"天文紫薇垣外，右为天枪左为天棓，即此棓字";② ④刘心源谓为《公羊·成》二年"踊于棓而窥客"之棓，即今之案板;③ ⑤唐兰先生释为楢，读作輈;④ ⑥连同郭、殷、罗、流火三说的解释，便有8种了。

鄂君启节和龙节都是楚器，该字在此二器中的训释应该是相同的。鄂君启节出后的殷、罗及流火二说，和过去的5种解释，都不能令人首肯，在此不谈；就是郭氏的背子之说，也只能在文义上解释鄂君启节，于龙节则仍是格格不入的。那末，"𣛮"究竟当为何字，便有重新考虑的必要了。我根据学习的心得体会，认为是"檐"字，兹提出三点理由，向前辈和读者们请教。

第一，春秋以前的青铜器文字，结构一般要比小篆来得错综复杂，降至战国，特别是较晚的楚器（如畲㱃鼎、盘，铸客鼎、盘，㠯匀，等等），文字笔画多数趋于简易，甚至有些简化得很厉害，这是大家所熟知的。即以此两节的"𣛮"字而论，其声符就是《国差𦉢》的"𥃩"字之简。意即是说，由"𥃩"省而为"𠂤"，虽然仅省去一二笔，因笔势结构已变，便令人一时难于捉摸。这讲的是形。

第二，"檐"字在古籍中，除用为建筑物上的名词簷、閻、榤、楠的训释外，还有解作动词的"儋（擔）"。《管子·七法篇》"不明于则，而欲错仪画制，犹立朝夕于运均之上，擔〈檐〉竿而欲定其末"的"檐"字，据《管子集校》说，现在能看到的最古的宋杨忱本和明刻赵用贤本均作从木之"檐"，明刻的刘绩本，朱东光本和无注古本改"檐"为"擔〈擔〉"。可见古代的"檐"字同今天的"擔"字在音义上是相同的。到了王引之，乃将"擔〈檐〉"字改为"搖"，谓即"摇"字。此后，学者多沿其说（见《管子集校》第83页），我以为那是臆改，是不妥当的。《国语·齐语》有"负任擔荷"句，注云："背曰负，肩曰擔，任，抱也，荷，揭也。"很明显，《七法篇》该句的比喻，是谓竿檐于肩上，欲其两端不动是很难的，从而说明"不明于则，而欲错仪画制"一定得不到什么效果。肩不能恒静，其末

---

① 吴大澂给陈介祺的信云："侃叔（吴东发）所释甚精核也。"又其《龙节歌》云："古无菴字通阴、閻。"（均见《吴愙斋尺牍》卷四最后页）而《说文古籀补》将"𣛮"字列入附录（三四页），是后来对吴东发说又不敢肯定了。

② 参见冯云鹏《金石索》卷二。

③ 参见刘心源《奇觚室吉金文述》卷十一。

④ 参见唐兰《王命传考》，载北京大学《国学季刊》1941年第六卷第四号。

就不定止，尹知章《管子注》说的"夫欲定其末，必先静其本"，正是这个意思。这讲的是音义。

第三，《尔雅·释天》郭璞注："今荆楚人呼牵牛星为檐鼓。檐者，荷也。"《楚辞·哀时命》："负檐荷以丈尺兮，欲伸要（腰）而不可得！"王逸注："背曰负，荷曰檐。……檐一作擔。"洪兴祖补注："檐、擔并都滥切。"这是据楚方言谈的。

综上所言，檐以肩训荷，是齐语也是楚方言；若按照文字的源流和发展看，先有从木之"檐"，然后才有从手之"擔"；从古今文字形体结构转变而言，"𣐊"即"檐"字。因此，我认为以楚方言释楚器上的"𣐊"字为"檐"，再联系该国人民负重用肩擔而不用背负的习惯（鄂、湘、皖、赣诸省至今仍然如此），所释是较为恰当的。那么，鄂君启节那句铭文的读法应是"女（如）檐徒，屯廿檐台（以）堂（当）一车"。而龙节的背文则为"一檐飤之"，意义也无不可通。龙节这句的意思，乃指使者持节所至，该地官吏除按常规给以馆舍之外，还要供给"一檐"的食物。至于檐的定制，量之大小，因未载于先秦典籍，只好存以待考了。

1962 年 4 月

编者附记：关于这个字的考释，于省吾先生也有同样的结论，见 1962 年 8 月新版《双剑誃诸子新证》第 185 页；于先生对鄂君启节的研究文章不久将发表，请读者参阅。

（本文原刊《文物》1963 年第 3 期）

释 茂

　　1958年第4期的《文物参考资料》刊登了殷涤非、罗长铭的《寿县出土的"鄂君启金节"》和郭沫若的《关于鄂君启节的研究》两篇文章，介绍了战国中期楚国贵族长途水陆运输行商通行证（称为"金节"，青铜铸造，剖竹形，错金文字）。这是迄今所见我国最早的商业经营证书，对楚国当时的政治、经济制度研究和历史地理研究，都有极其重要的意义。但是，由于我们对战国时期"诸侯力政，不统于王"时"文字异形"状况知之尚少，虽然郭沫若同志对鄂君启车节和舟节做了全面释文，但其中有些释文，我以为尚需商榷。

　　鄂君启车节和舟节的第二行都有一句"王㞵於茂郢之遊宫"，郭释为"王居於茂郢之遊宫"。"㞵"字，即《说文·几部》之"尻"，"处也。从尸得几而止。孝经曰'仲尼尻'，尻谓闲居如此。九鱼切"。车节有地名"居䣜"，"居"字与"居处"义之"尻"字形有别，《说文·尸部》："居，蹲也。从尸；（'古者居从古'——段玉裁谓此乖于全书之例，浅人所窜改。）古声。踞，俗居从足。"节文是说楚怀王当时闲居（指别于上朝处理政务和燕居会宾客的寻常居处）之地，故用"尻"而不用"居"。又郭所谓"茂"字的"茷"，细审并非从艸从戌，不得读为茂；该字应是从艸从茷。而"茷"字，前所未见，以节中"茷"字例之，当为从人从茷声。再与同节的"载"（䡉）字相比较，"载"字从车茷声，古音"精之"；茷为䡉之省，茷当为从月茷声，茷为从人茷声，古音皆当读"精之"。也就是同节的"载、茷、茷"三字上古同音"精之"，今音同读为 zai，但分担着不同的意义。

　　《尔雅·释天》："载，岁也。夏曰岁。商曰祀。周曰年。唐虞曰载。岁名。""唐虞曰载"，郭璞注："取物终更始。"邢昺疏："载，始也。取物终更始。《尧典》曰'朕在位七十载'，《舜典》曰'五载一巡守'，是也。""载"字在上古文献典籍上已是一个多义字，一曰岁也，例如上。一曰始也，如《孟子·滕文公下》："汤始征，自葛载。"注："载，始也。"与《尔雅·释诂》"初、哉、首、基……始也"之"哉"相通。一曰乘也、承也，如节文"毋载金革黾箭"。一曰语词，若且、又、乃，如《诗·驰驱》

"载驰载驱"。一曰登载记录。

　　从语言学角度说,汉语用几百个音表达常用的上万计的词,同音词多,是毫无疑义的。在口语对话中,因有特定的对象、环境、话题的制约,一音多义的干扰并不大。但在离开特定环境的文字交流中,一音一字多义,便容易发生混淆和误解。汉语很长时间都是单音节为主的语言,为了解决语言上的一音多义和文字上的一字多义困扰,我们从殷商到秦汉的古代汉语和古文字的研究中,可以看到我们的祖先在千百年漫长岁月的实践中,一直在探索汉语和汉字优化发展的出路。语言上:①逐步增加音素,从较简单的喉、牙、舌、齿、唇,到增加舌面和轻唇;从突出韵腹,到增加对韵头韵尾的重视。②逐步增加对声调的重视和区别。③逐步增加双音词。文字上:①突破象形表意造字法(包括象形、指事、会意)的局限,摸索部分标音乃至全部标音的造字、用字法(包括形声、假借、一词缓读为二音用两字记写、两音急读为一和反切拼音的可能性)。②配合形声造字法的发展,推进意类偏旁体系的形成和完善,在同音字符基础上增加足够的意类符制约。③利用形声造字法的优势,选用不同的意类符或声符造新字,增加同音字量,减少一字多义的困扰。近百年来古代汉语和古文字的研究表明,上述语言和文字上的发展变化,从殷商时期局部缓慢,到西周、春秋逐步扩展加强;春秋战国之际,诸侯列国间政治、军事、外交交流频繁,文化教育从贵族下移至民间而形成士子阶层,语言文字方面出现比前代更全面和长足的发展,突出表现为双音词数量较快增长,汉字的意类符偏旁体系基本形成,形声字数量迅速飙升;到了战国时代,掌握形声造字法的士子们可各逞其能造新字,代换可能引起误解的多义字的部分功能,以不同声调区分不同词义和词性的做法进一步加强。从表面上看,七国之间"言语异声,文字异形"的现象,急剧扩大;从语言、文字的实际功能看,则是朝更为丰富和周密的方向发展,其中自然也包含着一些临时试验性现象。从现有出土的战国楚文字资料,已可感知与其他六国文字有明显区别,若是将来有更多的战国楚竹简出土,肯定可以看到更多语言文字发展的纷繁多彩景象。

　　站在上述语言文字发展的历史角度来解读鄂君启节铭文,可以发现,鄂君启节的出土,不仅在政治、经济、历史地理方面具有重大意义,在语言文字方面的意义也不可小视。

　　首先是出现了不少新字、新词。如"萩、龠、賸、叙、肌、鼠、炒、辨"等字是首次出现,萩鄀、襄陲、昜邱、兔禾、酉焚、鲶易、高邱、下蔡、居鄯、芸易、彭浐、爱陲、木关等大量双音词地名出现,且夹杂着新奇字形,也令人瞩目。

其次是让我们直观地理解到战国时人利用形声造字法造新字的热情，和摸索文字上准确记音和分化同音词的努力。车节中同时出现"凥、居"2个同音字，表明当时凥处不用蹲居之"居"，用字有别。在车节和舟节中同时出现"載、歲、蔡"3个同音字，表明3字各有其义。"载"字，车节铭作"毋载金革黾箭"，舟节铭作"如载马牛羊以出入关"，可知"载"字义为承载。"歲"字，是纪年字，学者们都读作"岁"，我认为需要商榷。因为从步从戌的"岁"字，自殷商甲骨文出现以后，一直沿用不衰，为众所熟悉，战国时期的楚文物上偏用新造的"歲"字，表明楚语纪年字的实际语音如"载"而非"岁"，故而特造从月岁声的区别字。"蔡"字初见，字形既区别于上两字，肯定其义非承载和纪年。"蔡郢"作为双音词，蔡的地位应是楚都"郢"的修饰语，若是与"栽"（灾）通假，其义不善，用于修饰"郢"，肯定不合适；若看作用"栽、裁、哉、载"共有的"初始"通假义，"蔡郢"则为始郢，即首称郢或始都郢，亦即此郢都是楚国第一次称郢的地方，有别于后来称郢的其他临时楚都，作为地名有唯一性，便极好理解。然则这个首次称为郢的"蔡郢"，究竟是何时命名？其地指何处呢？

"蔡郢"既是首见孤例，按"例不十，法不立"的原则，无须费脑考证。但是我还是愿意说出自己的想法，或能帮助后人面对新出土文物时，多一个参考，少走一些弯路，做一次"不揣浅陋"的思考推论。

《说文》："郢，故楚都，在南郡江陵北十里；从邑呈声。"我们知道，春秋战国之时，楚有过昭王去郢北徙都鄀、惠王徙都鄢、顷襄王迁都陈、考烈王迁都寿春，当时人都称楚都为"郢"，并非只有江陵北十里的纪南城一处能称为"郢"。不过作为楚都时间之长、影响之大、有代表性而言，则只有此纪南城，其他都是楚王出于管治需要或出于无奈的短期迁徙地，故许慎只选择纪南城以释楚故都。

查《史记·楚世家》："鬻熊子事文王，蚤卒。其子曰熊丽。熊丽生熊狂。熊狂生熊绎。熊绎当周成王之时，举文、武勤劳之后嗣，而封熊绎于楚蛮，封以子男之田，姓芈氏，居丹阳。楚子熊绎与鲁公伯禽、卫康叔子牟、晋侯燮、齐太公子吕伋俱事成王。"五人同事成王，但他们的爵禄分封差别是很大的：鲁、卫、晋、齐得公侯爵位，在民众地沃的黄河中下游和沿海立国兴邦，物产丰富，内有大都小邑，贡赋优厚；而许给熊绎的是在江汉之间的蛮夷百濮荒野中，受子男爵禄等级的田地，何谈都邑贡赋？所居丹阳，在今秭归县东，据《水经注》："丹阳城据山跨阜，东北两面，悉临绝涧，西带亭下溪，南枕大江，险峭壁立，信天固也。"可见当年熊绎不可能立国建都，不会有都郢之举，还得时刻防范周围土著的侵袭欺凌。楚人对不能平等分封立国的不满，经历了几百年的持续发酵，见于史书的就有多宗：先是楚熊通向周请尊吾号，不得，则自立为武王；其后是楚庄王熊侣观兵于周郊，问鼎大小轻重；再后有春秋后期楚灵王熊围伐徐次于乾溪时，与大夫析父直接评论周成王分封熊绎等人之事，提出要"使使周求鼎以为分"。自熊绎受封后处丹阳，"辟在荆山，荜露蓝蒌，以处草莽，跋涉山林"，历十一世十四主，"皆在江上楚蛮之地"，300多年苦心经营，楚国才在中原诸侯弑君夺权和相互厮杀侵略声中渐渐崛起。

《史记·楚世家》曰："当周夷王之时，王室微，诸侯或不朝，相伐。熊渠甚得江汉间民和，乃兴兵伐庸、杨粤，至于鄂。熊渠曰'我蛮夷也，不与中国之号谥'，乃立其长子康为句亶王，中子红为鄂王，少子执疵为越章王，皆在江上楚蛮之地。及周厉王之时，暴虐，熊渠畏其伐楚，亦去其王。"又曰："（楚武王熊通）三十五年，楚伐随。随曰：'我无罪！'楚曰：'我蛮夷也。今诸侯皆为叛、相侵、或相杀。我有敝甲，欲以观中国之政，请王室尊吾号。'随人为之周请尊楚，王室不听，还报。三十七年，楚熊通怒曰：'吾先鬻熊，文王之师也，早终。成王举我先公，乃以子男田令居楚。蛮夷皆率服，而王不加位，我自尊耳！'乃自立为武王，与随人盟而去。于是始开濮地而有之。五十一年，周召随侯，数以立楚为王。楚怒，以随背己，伐随。武王卒师中而兵罢。子文王熊赀立，始都郢。……六年伐蔡，虏蔡哀侯以归。已而释之。楚强，陵江汉间小国。小国皆畏之。十一年，齐桓公始霸。楚亦始大。"在"始都郢"处，《史记》正义引《括地志》云："纪南故城，在荆州江陵县北五十里。（按：五十里误，应为十里）杜预云：国都于郢，今南郡江陵县北，纪南城是。"《楚世家》这段文字，对释读"鄀郢"至为重要。

段玉裁《说文解字注》"郢"字下注曰："楚熊绎始居丹阳。顾氏舆地志：'秭归县东有丹阳城，周回八里，熊绎始封也。'按今湖北宜昌府归州州东七里丹阳城是。"段玉裁分辨了"故楚郢都"为江陵北十里的纪南城，江陵东北三里的"故郢城"非楚都，乃楚别邑，或称郊郢。又引南郡江陵志曰："江陵县故楚郢都，楚文王自丹阳徙此，后九世平王城之，后十世秦拔我郢徙东。"（按：最后句乃指《楚世家》顷襄王时事，"二十一年，秦将白起遂拔我郢，烧先王墓夷陵。楚襄王兵败，遂不复战，东北保于陈城"）

从上引历史文献可得知，楚是受封居丹阳300多年后，至春秋初楚文王熊赀时始立国定都而有"郢"。初建都城郢，《史记》称"始都郢"，很耐人寻味，令人对其建都的艰难曲折和对楚国历史的重要性，产生很多追索真实历史的联想。

芈姓楚人在大江之北险峻的山陵河谷中的丹阳，其北面、西面和隔江南面都是大山区，顺江东下百里左右即为荆州江汉平原。其周围居住着九夷、巴人和百濮等未开化部落。祖先曾受中国殷周文化熏陶的楚人，为了生存稳定，费了上百年时间，与东面江汉平原苗蛮百濮各部交好，到熊渠时甚得江汉民和，于是有了民众和平原沃野作为进一步发展扩张的根据地，为建邦立国打下基础。熊渠也曾北伐庸，东伐杨粤，以显示楚有边界，并给3个儿子起了王号，彰显其建立诸侯国的雄心，但最终还是惧怕暴虐的周厉王讨伐，而去王号作罢。后几代连续发生兄弟争立，相互追杀事件，居无定所，无从谈及立国建都大事。春秋初年熊通看准中原诸侯相侵相杀而周天子无力干预的时机，倚赖自己掌管江汉平原数十年积累的实力，三十五年他胁迫姬姓随国向周王室请封尊号，王室不听，三十七年于是自立为武王。从三十七年自立为王至五十一年武王伐随卒于师中，14年内武王肯定会不顾王室拒绝承认自己的诸侯王地位，"始开濮地而有之"，从汉水（古又称沔水）到荆山为都城选址，开发未被濮人利用的荒地，安顿随迁的楚众，在荆山南端挖沟筑台建造王宫，做了许多工作。那时武王所居之处，处理公务之地，在楚人眼中，应该就是楚国实际都城，也就是楚语中的"郢"了，《世本·居篇》说"楚鬻熊居丹阳，武王徙郢"，应是不虚，只是尚未得到外部普遍认可而已。

史笔惜墨如金，至楚文王熊赀立"始都郢"之说，既隐含楚王多世努力尚未被外界承认的沉重感，也许还含有确立都城的礼制考虑。《说文》曰："都，有先君之旧宗庙曰都；从邑，者声。《周礼》：'距国五百里为都。'"按：《说文》关于都的说明中，"旧宗庙"和"距国五百里"都颇费解，不如下引诸文清晰——《左传·庄公二十八年》："凡邑，有宗庙先君之主曰都，无曰邑。"《释名·释州国》："国城曰都者，国君所居，人所都会也。"在"国之大事，在祀与戎"的年代，无论熊渠还是熊通，即便有了江汉间百里土地、民众、城邑和强大的军队，没有置先君之主的宗庙为标志的稳定居所，也只是"山大王"式的存在。武王开濮地建宫殿过程中，濮人肯定不容而反抗骚扰，接着武王又伐随而卒于师中。所以，司马迁认定武王死后，其子熊赀立为文王，从武王建立的楚人基地出发，远征申、蔡，威震诸侯，江汉间小国皆畏服，并自丹阳携先君主来纪南城，才算完成立宗庙建都的工作，史书才能名正言顺宣称"始都郢"。

楚武王后期建都营宫，于是楚语中始出现"郢"这个语词。继立的楚文王不仅承继了武王的国土宫殿遗产，还敢于领兵北伐百里外的南阳申国，又过淮河伐颍水边的蔡国，虏蔡哀侯以归，已而释之，"陵江汉间小国，小国皆畏之"，令楚强威名远播。这样背景下的楚国诸侯地位和国都郢自然天下共知。纪南城为"郢"的最初出现和为世知晓公认，在武王、文王间经历一段时间而已。后来的楚王室曾发生多次争位杀戮，都有可能短暂徙郢，也有几次因战事临时迁都，有所谓"䣓郢""鄢郢"等，也许还有更多时间较短的离开正都到外地处理事务、田猎的"郢"，但都因时期不长很快回归纪南城而未入史书。从武王至顷襄王，春秋战国大部分时间楚国基本以纪南城为都。经历许多年后，楚国独有首都专名"郢"，逐渐泛化成普通名词，在楚人生活中，为了区别多个"郢"，就将各个原有的地名加在"郢"前，形成类似"䣓郢""鄢郢"那样的双音词，以示区别。纪南城是汉以后的称呼，武王、文王始都之郢，战国时的楚人就顺理称其为"兹郢"。楚怀王时的郢都，就是在今天的江陵北十里的纪南城，节文称"王居於兹郢之遊宫"，使"兹郢"即为文王始都郢得到了合理的印证。

参考书目

[1] 殷涤非、罗长铭：《寿县出土的"鄂君启金节"》，《文物参考资料》1958年第4期。
[2] 郭沫若：《关于鄂君启节的研究》，《文物参考资料》1958年第4期。
[3] 许慎撰、段玉裁注：《说文解字注》，上海世界书局1936年版。
[4] 司马迁撰、裴骃集解、司马贞索隐、张守节正义：《史记》，《批注史记》，大达图书供应社1935年版。

后　　记

（1）本文与另一篇《释檐》一起写于1962年7～8月，9月开学后，将两篇作业一起交给导师商先生审阅。两周后，商先生对我说："《释檐》有增补提高空间，留下让我再思考一下，以后发还给你修改，我或可以帮你寄出并推荐发表；《释兹》只是你个人对孤例的猜想推理，是否读哉，是否即为纪南城，例证不足，缺乏说服力。你拿回去留在抽屉里，待以后出土物多了,自己看书多了,就会知道属于创见还是年少不够成熟。有的人文章高产,匆忙成稿,急于发表,常有自己否定自己现象。你说他也是在进步也行,你说他是在为名而给人添乱也行。做学问态度应该谨慎!"谨遵师命。

1962 年 9 月

(2) 1975 年下半年,商师和曾宪通应国家文物局之召,离校去京参加临沂汉简整理工作。行前由曾出面主持将商师未完成的"战国楚简整理研究"项目,分拆给古文字室留校人员继续研究。我领到的是望山一号(昭固)墓的大半竹简照片及商师拼接的晒蓝图,还有未处理的五里牌简照片。两套简商师都尚未写考释稿。1976 年 1 月下旬春节前某晚,宪通从商先生家回家路过中区,见我还在研究室,询问我半年竹简研究进展情况。我说我发现望山一号墓竹简,是昭固家两个书手写的贞祷记录,笔迹明显不同,有几个多见字的结体也明显两套,商老师的断简拼接,可能要拆掉大半,事体严重,所以我请了炜湛来跟我一起拆,并请容老做见证。宪通对发现不同写手事很感兴趣,问得很仔细,知我正苦心寻找拼接途径,告诉我,商老曾对他说过,上京匆促,还有一纸袋未拼接的望山简照片锁在抽屉里,春节后取来给我。从除夕到元宵,我在同屋子同事的床上铺上两张大白报纸,将剪开的碎简照片按不同字迹分成两堆,在堆内寻找接合,一星期把能拼接的接合好,再用一星期复查、总结,写出拆简拼简的心得(我称作"10 条依据")。我同时也惊喜地发现,新拿到的只有零星单字的 19 块碎简照片中,有 1 块 4 厘米长写着"王𫵴郢"的碎简,可以拼成:

(郙客)囚 𠂤䏽 王𫵴郢 𣊫……

而另一位写手记录则有:

郙客囚 𠂤䏽王 於𫵴(郢𣊫)
(郙客囚)𠂤䏽王於𫵴郢𣊫
齐客张果䏽(王)於𫵴郢𣊫

二人同时为昭固服务,有三条同一年相同内容的记录,前者地名𫵴郢前无介词"於",时间词二字合书;后者地名𫵴郢前有介词"於",时间词二字分书，"茮""茡"同字异体。对比可知茦郢、茮郢、茡郢说的是同一地方，应该完全同音同义；"茡"字结构与鄂君启节的"茮"字完全相同，都是上从艸下从人中部声符也相同，茦郢的存在证实了我14年前读茮为"栽zai"没有错。昭固即《韩非子·内储说下》所言的邵滑，是威王、怀王间人，曾被楚怀王派往越国做反间工作，为楚灭越立下大功，死后故有勾践宝剑殉葬。竹简记有"为昭固贞，出内（入）寺（侍）王""走趣事王"等，表明昭固生前为楚怀王近臣，死后葬于纪南城北7.5公里的望山，证明楚怀王经常接见诸侯使臣的茮（茦、栽）郢，必为郢都纪南城，"茮郢"才是战国时楚人口中称郢都的真实名字。太令人兴奋了！

1976年3月

（3）自《包山楚墓》出版后，人们就竹简的茡郢、茮郢、蓝郢、茒（偝）郢、茩（鈛）郢展开了讨论，各有不同的释读，比较集中的判断，是郢之外的别都。我认为茡郢、茮郢同是各诸侯使臣拜见楚怀王和东周使臣致命怀王的地方，如此重要的外交活动，怀王应在郢都举行，非其他"×郢"别都可比。包山大墓在荆门市南距纪南城16公里处，墓主昭茮官为左尹，应为怀王近臣，所以葬于近郊并有众多相当于卿大夫的陪葬品。可以为茡郢即文王始都就是后人所称纪南城增加旁证。

另，包山2：273简"其上载"字作"茩"，为我30年前"茮为茦之省"的推想，提供了坚实的例证，"茮""茡""茩"字的声符茮读zai可敲定矣！

1992年2月

（4）《清华大学藏战国竹简》第一辑中的《楚居》，估计是战国楚悼王时期的楚人书写的，讲述楚王的居处和迁徙经历，至悼王后期止，有许多王名地名写法奇特，许多迁徙细节是《史记·楚世家》所没有的，价值非凡。

"至焚冒酓帅（《史记》作蚡冒熊眴，以为宵敖子）自箬（郢）徙居焚。至宵嚣（敖）酓鹿（《史记》作熊坎）自焚徙居宵。至武王酓瓬（《史记》作熊通）自宵徙居免，焉始□□□□／福（濮）众不容于免，乃湏（溃）疆浧之波而宇人焉，氐（抵）今曰郢。至文王自疆浧徙居茮郢_徙居茡郢_徙居为_郢_复徙居免郢，焉改名之曰福丘。"

按：竹简这段文字，可与《史记》对照研究。武王是在宵继位的。宵位于汉水南岸潜江县西，地处江汉平原中部，本为百濮（没有王主，各自聚众散居之少数民族）之地，未经开发。宵西 50 公里左右，荆山与长江之间是江汉平原西侧，濮人称其为免，荆山之南有块积水地名疆涅。疆涅南有条小河，河水东流百里在宵东侧注入汉水。武王以宵为基地经营了 30 多年，逐渐强大。三十五年敢以伐随，带甲兵士不上万起码得有数千，可以想象武王的族人和依靠的基本民众数量是相当大的。假设武王继位时 20 岁，到三十七年自立为王时也已 57 岁，已是政治、军事经验丰富的成熟领导人。既然周王室拒绝他的封尊号申请，武王又强烈要求立国建都，必然顾忌宵地的安危。宵离随近，随是周王同姓国，曾遭武王讨伐，忌随在保王名义下报仇攻宵；宵位于汉水边，忌晋、齐等称霸大国沿着汉水附近平原长驱直下，而宵之南向不远即为古云梦泽，将无处可逃。所以，武王要兴邦立国谋求长治久安，只有向西离丹阳较近之免地寻找立足点。武王带着庞大的族人和支持者队伍到免，免的土著濮人（"福众"）不愿容纳众多外来人侵占家园。武王就在无人的烂泥地疆涅放水造地，原来的岛洲成为新地，较高的土丘，就发动随同迁徙的楚族人和支持者建房屋居住安家，较低小的土堆和低洼地，平整后即成肥沃的农田和牧地。此举使楚人既与濮人相安无事，又可很快富强起来，得以动员民众挖土筑台建宫殿，于是有了楚人称呼的"郢"。因为是在免地的疆涅建立的楚人集中居住地和楚王居所，因此竹简又别称为"免郢"或"疆郢"。武王五十一年时起码已 70 开外年纪，还因怒起兵伐随，结果殁于军中。

文王熊赀继位后，继承父亲强国遗志，远征伐申、伐蔡，自疆涅出发，先后徙居⿱、⿱、为，最后"复徙居免郢，焉改名之曰福丘"。一个"复"字，说清他是回到出发地疆涅的免郢；因为战果丰硕，"虏蔡哀侯以归""陵江汉间小国，小国皆畏之"，于是将免郢改名为"福丘"，始都郢又增加了一个意义双关的美名。何以见得是双关？一是福濮同音。作者把濮人写作福众，赞扬福（濮）地之丘，是因为武王结束了弱小的楚族四处流徙的历史，在福（濮）地疆涅土丘上建立了富裕家园，连当地的福（濮）人也成为楚国立足和强大的基地民众。二是指此地给楚国和文王立国带来莫大福气。文王继位 10 来年，就是因有免郢（疆郢就楚人所居而言，范围较小；免郢则还包含免地各部落濮人共有之都意）这个富裕团结的可靠基地，能够多次远征，在江淮千里内称霸，真正实现先辈跻身诸侯的夙愿，然后回到免郢安居，所以免郢的福（濮）地土丘，是文王图强事业的出发地和归宿地，同时也是给他和楚国带来极大福气的地方。

以上是我结合《史记·楚世家》关于武王、文王的叙述，及武王自立为王后"始开濮地而有之"句，对《楚居》"福（濮）众不容于免，乃湄（溃）疆浧之波而宇人焉，氏（抵）今曰郢。至文王自疆浧徙居㪤_郢_徙居㪤_郢_徙居为_郢_复徙居免郢，焉改名之曰福丘"这段话的理解。《楚居》的记叙，丰富了我50年前对"始开濮地而有之"的推想理解。

《楚居》写至战国楚悼王时，一共出现了14个称郢的名字，始建之都已有郢、免郢、疆郢、福丘4个称呼，却未有㷒郢之说，那么㷒郢之称，当产生在肃王、宣王、威王至怀王50年间了。

2012年3月

释 𩫖

——兼议"𧶠、高、𩫖"等字及相关问题

鄂君启节中,"𩫖"字在车节出现了9次,在舟节出现了11次,无一例外地都位于陆上地名之前。根据"𩫖"字所处位置,人们很快可知其为动词,字义相当于循路至、到(达)、经(由、历)、过、适、之、往某地,然其字形却是迄今为止第一次见。郭沫若把它隶释为"庚"。"庚"字从甲骨文至小篆,非常多见,庚形结构相当稳定,顶部无一与𩫖相同者,所以释"庚"欠根据。此字形与"帝"字的古字形也有很大差别,也不可能径读作适(適)。总之,解读首先必须从字形始,然后才能讨论古音是否有据可通,最后才是字本义与引申义能否与原文假借牵就的关系。

一、析形

分析"𩫖"字字形,其上部与车节的"高"字相同,下部与常见的"庚"字相同,按照《说文》析字的表述法,"从高、从庚省",或"从高省,庚省声"。若为前者,从庚会意不明,难于成立。若为后者,则为<u>取高之义,读庚之音,与"京"字相若</u>。战国中期汉字意类符系统基本完善,形声造字法给士子们记事带来极大方便,选个合适的意类符加上一个习用的同音字,就可造出一个新的形声字,以应急需。在汉字还没有规范化的年代,他们自写自认读,造个新字,分化"京"原有高、大的形容词功能,<u>让读"京"音的新字"𩫖"表达动词经由、经过、至、到义</u>。

查西周、春秋常见的金文,"高"字作高,"京"字作京,下部有异,上部确实相同,都是在高台基上建楼观之形。《说文》:"高,崇也。象台观高之形。从冂口。""京,人所为绝高丘也。从高省,丨象高形。"这就说明"高""京"二字自古以来造字思维相近,上部相同,因而战国楚字上部变化也相同。节文书写者只是将"京"字下部的台基象形,改为音符"庚"字的主体。

二、析音

先看看"京"与"庚"的古音关系：

京	《广韵》举卿切	见庚开三平梗	上古：见阳
庚赓更（更改）	《广韵》古行切	见庚开二平梗	上古：见阳
[耕	《广韵》古茎切	见耕开二平梗	上古：见耕]

现代的古音研究说明，上古"京"与"庚、赓、更（更改）"同为"见阳"音，所以将象形字"京"改造成形声字时，<u>用"庚"做声符，是合理的</u>。从高省、庚省声的"亯"读作京，是符合文字学原则的。到中古，"京"的韵母等呼细化快，而"庚"的韵母等呼细化慢，发音近"耕"。从中我们可以看到，战国（上古后期）、秦汉（中古前期）是许多"见阳""见耕"字发音逐渐合流的时期。

既然文字是通过记音来表达意义的，那么我们可以再观察一下含有行、经、至、到义的一些同义词与"京"或"庚"古今同音、近音的字：

经	《广韵》古灵切	见青开四平梗	上古：见耕
径迳	《广韵》古定切	见径开四去梗	上古：见耕
[颈	《广韵》居郢切	见静开三上梗	上古：见耕]

同是见母梗摄的字，上古一等阳部字，到唐宋时，"庚"为二等，"京"为三等；同是见母梗摄的字，上古二等耕部字，到唐宋时，"耕"为二等，"颈"为三等，"经、径、迳"为四等；到现代，除"庚、耕"仍读 geng 外，"京、经、颈、径、迳"都读 jing，声母起了变化，主要原因是韵母元音细化，经历了阳、耕、青几个等呼变化，发音时舌尖抬高了。这些字的读音发展过程中，等呼的变化有快有慢，声调容有不同，但在上古应是区别不大可以通假的。其中"耕、颈"两字只与讨论语音发展有关，字义于本文无可取。"京、经、径、迳"4字则可以置于"×+地名"句子模式中，得出同音义通的结果。

三、释义

我们通过工具书查寻"京、经、径、迳"4字上古时期的字义，以及它们获得循路到达某地的字义的可能途径。

京：①人力所成之高地或高楼也；②高也；③大数，《玄应音义》卷六"亿载"注引《筭经》"皇帝为法，数有十等，谓亿、兆、京、垓、壤、秭、沟、涧、正、载"，又卷二十一"三兆"注"十亿曰兆，十兆曰京"；④都也，国君所居；⑤方形大仓，《说文·囗部》"困，廪之圜者，从禾在囗中。圜谓之困，方谓之京"；⑥通景、鲸。

经：①纵丝，经纬，南北；②纲也，常也，法也，理也；③营也，经营；④书也，典诰也，圣人制作；⑤历也，涉历，过也，行也，如《楚辞·招魂》"经堂入奥"；⑥与路径之"径"通；⑦与"京"通，如《国语·郑语》："……合十数以训百体，出千品，具万方，计亿事，材兆物，收经（京）入，行姟极。故王者居九畡之田，收经入以食兆民，周训而能用之，和乐如一。""经"或作"京"，为数，十亿曰兆，十兆曰京。

径、迳：去声：①步道也，小路；②步斜道求疾速，比喻达到目的的方法，如捷径；③直也，直接便易；④圆中之直者，如半径。平声：①经也，言人所经由也（见《释名》）；②古字多以径为经。

"京"字自古及今就没有经由、经过、经历等引申义。成书于春秋末战国初的《国语·郑语》在战国到秦汉的流传中，出现大数"京"被改写作"经"，说明这个阶段"京"字韵之等呼已经细化如"经"，可以通借。先秦时期，"经"字人们多用其经纬、经典义，经由、经过、经历等引申义多写作"径"。而"径"字人们多用其步道、径直义，用经由、经过、经历等引申义者较少。西周春秋常见的是使用"之、至、适、过、历"等字动词义，到战国中后期时才出现使用"经""径"之例，如：《楚辞·招魂》"经堂入奥"，《吕氏春秋·召类》"径其宫而不止"。新出之词，有音而未有确定的用字，鄂君启节书写者和同时代的士子，为了记录至、到、经由、经过、经历等引申义，可以有多种选择：

（1）直接假借"经"字，让旧字增加新的动词义。如《楚辞·招魂》"经堂入奥"。汉以后仍多用"经"字表达经由、经过、经历义。未见选择假借"京"字之例。

（2）假借"径"字，或利用"巠"做声符，加"辵"意类符造出新的形声字"迳"。这样"迳"很容易被看作"径"的异体字，使它们在步道、径直义外增加经由、经过、经历义。战国后期到秦汉，有许多士子选择此法，借用"径"或"迳"。

（3）将单音节词改造发展为双音节词，如经由、经过、经历等。这类双音词两汉以后才出现。

（4）用形声造字法改造象形的"京"成为新字，作为表达至、到、经由、经过、经历等义的专字。鄂君启节的书写者和同时代的楚国士子即选择了此法，造出了专门表达至、到、经由、经过、经历等动词义的专字"兪"，与众人熟悉的含义为高、大、国君所居的"京"相区别。"兪"某地与"经某地"虽然同音，不同处在前者专指途经路过到达，而后者在古汉语中可能产生歧义，既可理解为经过某地，也可能被理解为经营管理某地，因为持节者是王室贵族。所以，鄂君启节采用专义字"兪"某地，申明鄂君启府的车船商队经过该地出入关卡时，见到金节就不征税，也无须供应饮食；如果其出入关时不能出示金节，就要征税。

至此，我个人关于"兪"字的形音义及其造字背景来源的看法已经说完。但是按我设想的语言文字背景，与"兪"字相关联的思路并没结束。暂时没有足够证据，可以不写专文发表，且将合理的联想记录下来，不叫预言，就当作幼言稚见，先留在抽屉里吧。

（一）"賮"字的音读意义

鄂君启节铭文里，"兪"字在车节和舟节里被使用20次，以它做声符的"賮"则在两节相同句子里各出现一次。尽管"兪"字我们还是初见，但从它高频率出现并被当作声符使用看，可以说"兪"字至少在楚怀王六年之前就已经被楚国士子认可，因此可以大胆预言，<u>这个从高省、庚省声含至、到、经过义的"兪"字，在将来出土的楚竹简或帛书中，还有可能见到</u>。

"賮"，从贝兪声，而"兪"是庚省声，所以<u>"賮"是"赓"的异体字</u>。《尚书·益稷》："乃赓载歌。"孔安国传曰："赓，续；载，成也。"以"庚"音之"赓"<u>表接续义</u>，是自古有之。鄂君启节铭文称大工尹转达怀王之命"为鄂君启之府 賮 铸金节"，大概是指过去曾经为鄂君启铸发过金节，现已不合时宜，接续为他再铸新的金节，对其水陆商队运载商品、运输路线、过关要求和运输时限，提出明确的规定。

（二）推论战国时楚国有从彳、止、辵兪声之字

我认为战国中期，汉字的意类符体系基本完成，形声造字法已为士子掌握，成了当时士子听写记录过程中，解决用字困难的方便工具，因此这个时期会爆发式地出现许多新的形声字。这样，在社会变化极快、诸子百家竞出的社会和文化背景下，有许多新字既可适应记录新词的需要，又可分拆某些

一字多义的功能，这是发展进步的表现，但同时也不可避免地产生许多并非必要的异体字。在语言文字没有规范的条件下，对那时士子们用形声造字法造新字的热情，必须充分注意。为此，我又做出如下的大胆推论：

鄂君启节铸节时，已有"龺"字作为读"京"音表至、到、经（由、过、历）动词义的专字，而且还被利用作声符造了"䞷"字，那么也不可避免会以"龺"为声符，再加上彳、止、辵等表行为动作的意类符，制作新的表至、到、经等动词义的异体字。但同样也可预推，"龺"和以"龺"为声符的楚国特色文字，到秦汉大统一的时候，将会被强大的中原传统文化所吞噬。传统文献中不见其踪迹便是明证。（我真期待将来出土楚竹简，能证明我自认为科学合理的推断。）

（三）关于"𰍱"字的音义

西周后期的铜器铭文的册命辞中，常见这种句式："昔……既令女……今余唯䛁（申）𰍱乃令……""𰍱"字，王国维先释为就，后改释为京。（见《观堂古金文考释·克鼎铭考释》）郭沫若云："今按王（国维）说可信，其字盖从京，亯声，京为象形字，𰍱为形声字也。"（见《卜辞通纂》第508页）亯，古有"许两（享）""普庚（烹）""许庚（亨）"三切音，都与"京"不同音。所以，从京亯声为"京"之形声字说欠佳。

我认为"𰍱"字是从亯京声，读同京音。上古"京"与"庚、赓、更"同为"更阳"，可互通假。在铭文中"𰍱"用作賡，"䛁（申）𰍱乃令"，就是申明继续原来对你的册命。既然是继续往昔的册命，好像师兑簋铭就重复说司走马职，接着提赏赐物；蔡簋、师𠭰簋、师訇簋等则是用新的言词再表述往昔的册命内容，然后说赏赐物；而克鼎铭则云："克，昔余既令女出内朕令，今余唯䛁𰍱乃令，赐女……"可见既是继续往昔之册命，也就可以不必再重复任命职责，立即转入赏赐内容了。

1962年12月

附言：郭店简、包山简、清华简都有"龺"字；上博简、清华简都有"𢕫"字；清华简还有"𢓊"字。众多字例出现，窃喜自不可抑。朋友们对此三字的释读，都离不开"就""戚"，绕不过秦汉以后士子传抄注疏"日就月将"的框框。我愿意先从古人造字原委分析开始，从古字形入手进而探讨蕴藏的音、义。在先秦"𢓊、𢕫"都来源自"龺"，古音见纽阳韵，其义为至、到、经、行、历等动词义，将此等语义置入上列诸简相应文句中，并没干格。"日⿰迈月将"如同"如日经天，如月运行"，比喻夙夜非懈自强不息，学问就能越积越厚前途光明，这样或许更接近《诗·周颂·敬之》诗的原意。所谓"日有成就，月有进步"，含更多后人想当然的口吻。上博简有个"⿱䍓"字，也应读见纽阳韵，从攵有动作义，与"更（改）"相当，置入《周易·革卦》句中，可得确解。

放了 56 年无意发表的文章，保存着年轻时没有条条框框的探索兴趣和勇气。容师鼓励我们后辈要有所发明，商师告诫我们学问要多推敲，遵照师训，不压制自己的想象力，也不急于发表尚欠证据的文稿。私藏无关毁誉，公开则可招朋侪指教。老来回顾来路，如此而已。

2019 年 3 月

关于更正器名的意见

古器物定名，通常是根据古文献和古文物自名，按照约定俗成的原则而定名的。新出土的无自名的器物，其用途和主要特征，若与已定名的某一类器相同，一般都不再拟新名称，即用该类器器名。形态上的某一项次要特征，不能当作定名的根据。我想，这是文物考古界所遵循的惯例。

秦汉时期的鍪，用途如釜，形制极像现代的圆腹痰盂，侈口，窄颈，肩上有二环耳，无柄。汉代的鐎壶，形制一般像铜，侈口，无颈，但带有长柄和三长足。贵刊 1978 年第 9 期第 27 页，把带方柄的铜鍪称为铜鐎壶，我认为是欠妥的。此物除加有方柄外，形态与通常所见的秦汉铜鍪完全相同，而与鐎壶迥异，其底有厚烟炱，证实它即为同墓出土的"仓器志"所记的"温督（鍪）"。

（本文原刊《文物》1980 年第 7 期）

缂丝史的珍贵资料

缂丝，是我国特有的一种丝织的手工艺美术品。缂丝的特点是，经丝通贯织品，而纬丝不贯全幅，即古称"通经断纬"。它同刺绣、织锦有明显的区别。刺绣是在整幅的纱，或绸，或缎，或布上，按字和画的轮廓，用彩色丝线纳刺绣成。织锦的图案虽也是织成的，但它织时不断纬，其纬丝是通幅的，同时字和画常有经丝参与组成。因为缂丝在两色交界处断纬，能使图像带立体感，更加逼真，如同浮雕刻就一般，故宋代又转称为"刻丝"。

关于缂丝的记述，古今中外都有，但都比较零碎，且欠翔实。收辑缂丝记述最多的书籍，首推朱启钤的《丝绣笔记》①。该书卷上刻丝部分，摘录了自宋以来14种有关缂丝的资料。如宋代庄绰《鸡肋篇》卷上说"刻丝出于定州"（今保定、定县一带），并有缂丝织法的详细描述；宋代洪皓《松漠纪闻》云"刻丝在唐末自回鹘传入本朝秦州"（今甘肃天水一带）；明代陶宗仪的《辍耕录》则有关于唐代贞观、开元间书画锦褾用克丝作的记述；匡源题恭邸藏宋刻丝米芾行书卷间指出"刻丝、克丝、剋丝、缂丝文异音同"；等等。1965年版两卷本《辞海》和十六分册本《辞海》，对缂丝织法记述最为明确，且有示意图，后者还说缂丝"创始于隋唐，宋代为其极盛时期。起源于北方，南宋时才由北南移"。可是早在1958年，魏松卿就已认为缂丝"这种通经断纬的织造方法，在我国汉魏之间就已经有了，其缂制技巧也已达到相当完备的程度"，并引李杏南《小品织经图集》的看法——"刻丝是从西汉的织成演变来的"。② 魏松卿在这篇文章中还指出：新中国成立前蒙古人民共和国出土的汉丝织山石树残片，和斯坦因在我国新疆古楼兰遗址盗掘所得汉代"中希混合风格之毛织品"花边残片，即属于缂丝制品。1959年在新疆巴楚西南的脱库孜来古城的相当于北朝（386—581年）时期的遗址中，发现了一件缂丝技法织成的毛毯残片③，技艺水平已经很高，可

---

① 见《美术丛书》第16册。
② 参见魏松卿《略谈中国缂丝的起源》，载《文物》1958年第9期。
③ 见《文物》1972年第3期图版拾。

见缂丝确非"创始于隋唐",而应该更早。

关于缂丝起源一直不易弄清的原因,我想主要是缺乏记载和缺乏早期缂丝实物作证。

现在所知,最早记述缂丝的,是宋代庄绰的《鸡肋篇》和周密的《齐东野语》。而"缂"字在古籍中的出现,最早要算梁代顾野王的《玉篇》。日本刊行的唐钞本《玉篇》残本,人们多认为是基本保存了顾野王《玉篇》原貌的现存最古的版本。该书糸部有"缂,口革反,《埤苍》缂繡,緻绒也",把"缂"解释为密密缝连的意思。经唐、宋增益的《玉篇》,才在"缂"字下增补了"织纬也",即我们今天所说的缂丝的意义。《玉篇》以前的经史典籍很多,包括大量记载名物的"三礼""三仓"《尔雅》《急就篇》《方言》《释名》《春秋繁露》《白虎通》《后汉书·舆服志》《广雅》等,都没出现过"缂"字。对缂丝起源的研究来说,直接的文献材料太少了。

缂丝这样精巧的织成工艺,在早期不可能大量地生产,也不能大幅地织成,加上织物在地下本来就不易保存,新中国成立前地下文物又缺乏科学发掘,而盗掘者往往只注意值钱的硬质文物,大量的软质文物遭到破坏,使缂丝起源的研究更缺乏实物佐证。新疆地区汉、唐织物的出土,为纺织史的研究工作,提供了极其宝贵的实物资料,才使人们认识到宋代以来关于"刻丝"的记载,远没有解决中国缂丝起源的问题。

新中国成立以后在信阳长台关和江陵望山出土的战国楚竹简,把"缂"字出现的历史,一下子提前了800年以上。又因这两处的竹简和同时代的长沙仰天湖楚简,都有许多"緐"(锦)字,后者还有"绣"字,所以知道信阳和江陵楚简记载的"缂",不是提花织锦或刺绣等织物,而确指缂丝。这就不仅在文字上增加了新资料,更重要的是为我国特种工艺——缂丝发展史的研究,提供了前所未有的珍贵资料。

信阳长台关一号墓遣策中有关"缂"的记载有:第一简(见图1摹本编号1)、第三简(编号2)、第五简(编号3)、第六简(编号4)。江陵望山二号墓遣策中有关"缂"的记载有:第一简(编号5)、第二简(编号6)、第七简(编号7)、第二十简(编号8)和第二十七简(编号9)。

上引图1编号1、2、5、6简都称"缂带",表明都是缂丝织品的带子。1称"索(素)缂带",说明战国时期的缂丝织品也可以是没有彩色的。"又(有)釦钩,黄金与白金之璆",其璆",是指素缂带上尚有黄白色彩的兽形金属带钩和佩玉。2所引的"缂带"二字模糊,其叙述除少一带钩外,句式与1全同，带上也是有一组佩玉。5是革带与缂带并举。6记革带和缂带上各有一套佩玉，而缂带上所佩为璜、琥各一双，钩、镶各一枚。有的同志曾认为，郑玄《礼记·玉藻》注云"凡佩系于革带"，于是疑此处缂带假借为革带。其实此简明记革带和缂带各有一套佩玉，绝非假借缂带为革带；缂带和革带一样，都是既可束衣，也可系佩的，前引1、2两支信阳楚简也可为证，并非只有革带才能系佩，我们不必拘泥于郑玄的注解。

编号3、4、7、8、9均非"缂带"二字连文，但所言则是缂带之用：或用以系物，如3、4；或用以饰物，如9；或与革、鞁等物一起当作制𣨼之料子，如7、8。可惜这两座墓的丝麻织物已无存，要对缂丝在战国时期的特点和作用进行研究，只能寄希望于今后的文物出土了。

信阳和江陵两处出土的楚简，如此多地提到"缂"，说明缂丝工艺远在战国中期，中原一带就已有生产，不是魏晋，更非隋唐两宋时由西域创制而输入。

长沙马王堆和江陵凤凰山出土的西汉文、景时期的丰富织物，已证明两千多年前的机织提花锦和刺绣等工艺已高度发达，其时锦自称锦，绣有绣名。其中马王堆一号汉墓出土的信期绣手套和素罗绮手套，掌间的两端都有纬丝线特别引人注目的所谓"千金縧飭"压缝，其"千金"字样和边缘纹饰可能即是缂丝技法织成。① 虽然现存的两汉魏晋文献没有提到"缂"，但是上面所提到的汉山石树残片等的出土，证明从战国到魏晋，缂丝确未停止生产。只是由于缂丝织品常用于绲边修饰，故马王堆一号汉墓遣策把它称为"縧飭"；又由于缂丝有和汉代新发展的带文字、图案的织锦共同的织成特点，而且往往当作织锦衣物压缝绲边用的附属物，于是两汉魏晋又以"织成"（或写作"织絨"）之名统称织锦和缂丝制品。织锦通常是宽幅的，而缂丝制品早期通常是以带、绳的形式出现。战国时期的"缂带"，到了两汉自然也可称为"织成带"。唐钞本《玉篇》"绲"字下引古本《说文》解释为"织成带也"，因此"绲"又是"缂带"在汉代的另一别名。

《后汉书·舆服志》记孝明帝永平二年事"公侯九卿以下皆织成，陈留、襄邑献之云"，又说"襄邑岁献织成虎文"。汉代中原与西域丝绸通商甚密，不说织成由西输入，而是由陈留（今开封市境内）、襄邑（今睢县境内）岁献，这也是缂丝工艺织成产品本起源于丝绸古国，盛于中原地带的有力旁证。所谓"中希混合风格的毛织品"和新疆巴楚出土的缂丝毛织残

---

① 参见《长沙马王堆一号汉墓》下集，第73、90页。

片，说明我国兄弟民族在古代文化经济交流中，创造性地将中原缂丝法用于毛织，使之具有民族风格，在中华民族的文化发展中，做出了贡献。

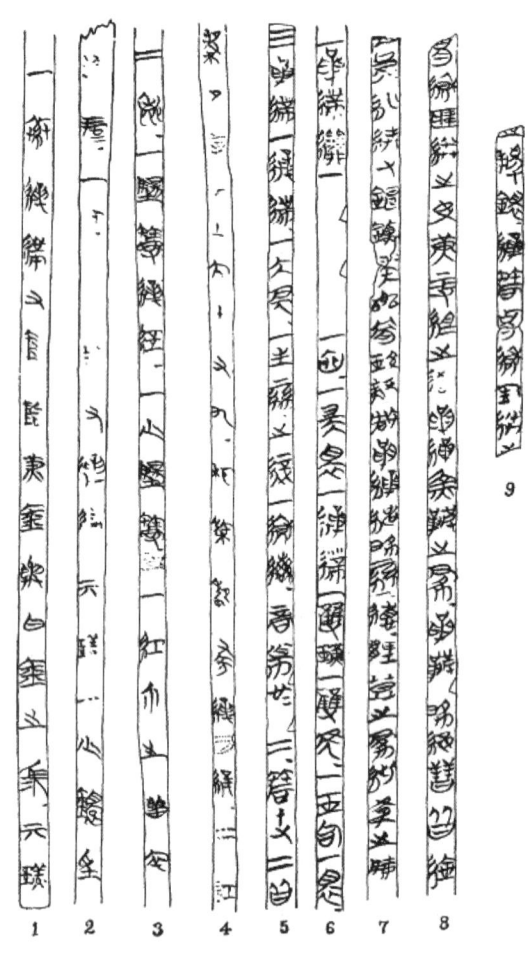

图 1　战国楚竹简摹本

注：1、2、3、4摘自信阳长台关一号楚墓出土的遣策；5、6、7、8、9摘自江陵望山二号楚墓出土的遣策

［本文原收入中山大学古文字学研究室编《战国楚简研究》（六），1977年油印本；修订后发表于《中山大学学报》（哲学社会科学版）1980年第1期。油印稿比正式发表稿多800余字，今据后者收入］

中山靖王鸟篆壶铭之韵读
——兼与肖蕴同志商榷

  1968年7月在河北省满城县发掘的两座汉墓，经考定为西汉中山靖王刘胜及其妻窦绾之墓。这两座墓出土随葬物达2800多件。其中有两个鸟篆铜壶，形制、大小、花纹和铭文都大致相同；全部篆文，或是用变形云气，或是用凤鸟和鱼纹装饰而成；每一道笔画都用金线、银线嵌错；铭文和装饰纹带成环状间歇安排，风格一致，浑成一体，在阳光下耀眼夺目，纷繁却无凌乱之感。想当年技工造此，必定是费尽苦心的。

  最早揭载这两件铜壶铭文的文章，是肖蕴同志的《满城汉墓出土的错金银鸟虫书铜壶》①（为了称引方便，下均简称为肖文）。这篇文章，对两个鸟篆壶的铭文，做了详细的考释。史树青同志在《我国古代的金错工艺》一文中，谈到这对铜壶时，将肖文的释文原样照录。② 1976年出版的《中国古青铜器选》在介绍错金银鸟篆文壶时，曾摘引了肖文中腹铭的译文。1978年2月出版的中国社会科学院考古研究所和北京仪器厂工人理论组编写的《满城汉墓》小册子，在一个注释中有壶铭的部分释文，作"盛兄盛味，于心佳都，觚于口味，充闰血肤，延寿却病，万年有余"③。在释文和句读方面，都比肖文前进了一步，但是也还有好些可商之处。我目前暂未读到其他有关这对壶铭的研究文章，因此觉得到现在为止，肖文仍是研究这对壶铭的最主要的文章，本人1972年11月所写之与肖蕴同志商榷的短文，至今尚未过时，于是检出来略加修改，以就正于同好。

一

  为着讨论的方便，现将肖文的释文及一些论点抄录于后：

---

① 参见《考古》1972年第5期。
② 参见《文物》1973年第6期。
③ 参见《满城汉墓》，第81页注释⑨。

1. 甲壶（42字壶）

盖铭：为荃盖，错书之，有言三，甫金鯀。"以上十二字，三字一句，凡四句。之与鯀押韵。"

颈铭：羲尊成壶，盖圜四叕（读作缀）。肩铭：心佳都壹（读作壹），盛兄（读作况）盛味。"以上八字，四字一句，凡二句。每句之末有空隙，加一字，似是'於'字，不知何义，大约是语助，故未算入正文，果真如此，则味字和叕字押韵……"

腹铭：口味充间，益肤；延寿谷（读作却）病，万年有余。"以上十四字，间、肤、余三字押韵，因此推断原文当有十六字，即：口味充间，□□益肤；延寿却病，万年有余。大约因为壶上的地位有限，容纳不下，临时省去了二字。"

2. 乙壶（29字壶）

盖铭：□□盖。"第一字或是髹字之省，第二字疑是从土，蜉声。……或是垩之异体。"

颈铭、肩铭皆与前一器同，不赘录。

腹铭：口味充间，益肤；延寿谷病。"少了'万年有余'四个字。……推测原文当是'口味充间，□□益肤'被节略二字。"

二

下面首先就释文方面，谈谈我个人的粗浅见解。

两个壶一共有篆字71个。甲壶盖上有12个字，笔画用鸟和鱼构成，可称为鸟鱼书。其余59字，笔画用变形云纹或变形凤纹构成。因此，统称为鸟篆也许比称鸟虫书好些。

两个壶盖，都是中间饰龙纹，3个盖钮间用一圈美术篆字填满。铭文都是从龙首所向之钮边起读。

1. 盖铭

甲壶盖铭从"为"字起读，其第十二字，肖文释作"鯀"。但细审12个字的笔画构成，除"荃"字和"有"字上有鸟鱼对口相衔连作一画者外，所有独体小鱼，都是当作一画的；因此该字右边两小鱼，只能当作二画，不得衍为五画。地下出土的大量简牍和铜器铭文，可以证实景帝、武帝时期，即中山靖王在世时期，文字通常采用篆隶之间的结构和笔法。按此，该字应作"鯀"字或"鯀"字理解，不应释作"鯀"。

乙壶盖铭3字为"髹赶盖"。第一字如肖文所说，为"髹"字之省。第二字从夭从止从干，夭即夭，夭止为走，因此它应是从走干声之"赶"字。在这里，"赶"被借作鑵或罐。这两个壶的器身铭，既称尊又称壶；甲壶盖自名"莶（假作盦）盖"，乙壶盖自名"赶"（假作鑵）。按照现在严格的器形分类法，尊、壶、盦、鑵是四种不同的器，但外形大同小异。这两个壶是把4个字当作同一物的异名了。

"为莶盖"是做一个盦盖，盦为器名，作为盖的定语。"髤赶盖"，是美饰鑵盖，同样，鑵为器名，作为盖的定语。肖文引《说文》的"盦，覆盖也"作解，似稍欠妥。

2. 颈铭

"尊"前一字为"隙"。"隙"字音义均与"巇"同。壶铭"隙"读作仪。《尔雅·释诂》："仪若祥淑……善也。""仪尊"就是好酒尊。"隙"字所从之羊略省，可说是"点画不完备"，肖文"由尊字联想可能是羲字"，可见是对此字进行结构分析时碰到了困难，只得借助于联想，而未弄清此字左旁为阝（阜）。成，善也。《礼记·王制》："锦文珠玉成器，不粥于市。"注："成犹善也。"又《礼记·少仪》："毋訾衣服成器。"注："成犹善也。""成壶"就是好酒壶。重叠使用同义词，是诗歌中常用来强调某一情、事的修辞法，如《诗·小雅·谷风》的"将恐将惧""将安将乐"；又如《诗·大雅·公刘》的"匪埸匪疆，匪积匪仓""既庶既繁，既顺乃宣"；等等。"仪尊成壶"，如用现代话表达，就像"多么美的酒尊啊多么好的壶！"表现了对壶的精美极度盛赞和宝爱的情感。"四"后一字，肖文释为"叕"，谓"从四又"，"当即缀字"。细审此字的铭文：甲壶是上从艹，下似从两寸，而乙壶是上从艹，下从付；两相参校，可知此字当释"苻"。"盖圜四苻"，指铜壶盖子圆而四周皆有错金银的花饰和文字。"苻"与"壶"押韵。

3. 肩铭

"都"下一字肖文释为"壹"，谓"亦作壹"，并引《方言笺疏》谓"壹与壹通"，"壹犹聚也，谓赴事聚食也"，又认为"都义也是聚"，"都壹就是聚会"。我认为：首先，"都"字应连上读，"佳都"，如《诗·郑风·有女同车》的"洵美且都"，为美好、娴美之辞。其次，"都"后一字不是"壹"，是左为阝（阜），右为弇，字书未见的"隌"字。从弇得声的字与从奄得声的字同音，常互相通假（参见《说文通训定声》"弇、揜、奄、掩"字条）。壶铭读"隌"为醃。《广雅·释器》"芳、醃……香也"，又《广雅·释训》"醃醃，香也"。

"盛兄盛味"，肖文当作盛大的景况和丰盛的饮食解释（见其今译）。这样说解，同制作这对错金银铜壶的作用扣得不紧，值得商榷。古时"况"多写作"兄"。《说文》："况，寒水也。"千百年来有许多小学家写过不少著作，除了将《说文》关于"况"的释义照录外，谁也未曾举出过"况"为"寒水"的例证；有些人曾怀疑"寒水"必须从仌作"况"，同样没有什么根据。（参见《说文解字诂林》水部"况"字条）我以为酒壶盛酒，此壶铭"盛兄"，其意义似为寒酒或寒水酒。寒酒之说在先秦、两汉著作中虽未见直接称说，但是《周礼》本文和两郑的注释差异，却透露了信息。《周礼·浆人》说酒府六饮为"水、浆、凉、醴、医、酏"。（《周礼·膳夫》又有饮用六清"水、浆、醴、凉、医、酏"）注："郑司农云：凉，以水和酒也。玄谓：凉，今寒粥，若糗饭杂水也。"历来的注疏家对两郑的"凉"字注释都抱有不置可否或怀疑的态度，让其两说并存。我想两郑都可说是距古不远的大学者，注释不会大错，唯各人所注意的特点、角度不同，于是出现分歧。先郑（郑众）注释描写了酒府六饮之一"凉"的基本点是酒和之以水；后郑（郑玄）注释描写"凉"的次要特征，即和以水且寒，忽略了酒府浆人所司为酒，而非膳夫那样，既司饮料又司粥饭菜肴。综合两郑注释之长处，则可将"凉"理解为寒水酒，即区别于一般水或酒的冷藏水酒。因其为酒，故有专字作"醇"；因其寒，故又取音取字为"凉"。冷藏酒之制，见于《周礼·凌人》："春始治鉴，凡外内饔之膳羞鉴焉，凡酒浆之酒醴亦如之。"注云："酒醴见温气亦失味。酒、浆，酒人浆人也。"疏云："亦如之者，亦以鉴盛冰。"《汉书·惠帝纪》记四年"秋七月乙亥，未央宫凌室灾"。凌室为藏冰之室。这说明春秋、战国至西汉，统治者都是规定有人为其冰镇美酒待夏饮用的。新近在湖北随县擂鼓墩曾侯乙墓出土有一对大铜方鉴，鉴内各有一个铜壶，壶与鉴有钩环相扣连，有些同志推测是用来加热水温酒的；若将此套设备与《周礼·凌人》相印证，说它是以鉴盛冰藏酒的实物证据，岂不是更好些吗？把两汉的"兄（况）"理解为相当于先秦的"凉"，理解为寒酒或寒水酒，那么：①壶铭的"盛兄（况）盛味"的两个"盛"字，都作装载解，便文从字顺，同这对壶的作用扣上关系；②不会出现"凉"无继者，"况"无来源；③《说文》释"况"为"寒水"，可能是"寒酒"之"酒"字酉旁损，或是"寒水酒"之"酒"字夺，不必改"况"为"况"了。

壶肩两个铺首右侧之字，笔画结构基本相同，肖文谓"似是'於'字"。云梦睡虎地秦简"於"字作𤰞，《说文》"於"字作𤰞，与之基本相同，释为"於"字可无疑。但是肖文把这两个"於"字看作"每句之末有空隙"而随意加进去的"语助","未算入正文",则为失察了。其原因在于句读错误和先后句颠倒了。肩铭的读法应该是:"盛兄盛味,於心佳都。陯於'口味(下属)'。"两个"於"字都是正文中有确切意义的介词,前者为介处所,后者是放在描写词后,为引介描写对象。"陯(醰)於口味",即口味香醇之意,其用法如同《墨子·公输》的"荆国有余於地而不足於民",指地有余而民不足。

4. 腹铭

甲壶14字,字体与颈、肩铭文相同。乙壶10字,缺铭末"万年有余"4字,字体与颈、肩铭不同,而与乙壶盖铭字体相同,结构较简单,装饰性的短画也少。此外,乙壶又假借"俦"为寿,又省去"寿"旁若干笔画。

"口味"后面的3个字为"交、闰、血"。交(交),《说文》:"交胫也。从大,象交形。"山西、山东、河南、湖北、湖南各地出土的,从春秋战国到秦汉的盟书、帛书和竹简,凡"大"字都写作两∧相叠,壶铭"口味"后一字的结构,正是从两∧相叠之大,下为两腿相交之形,是"交"字可无疑。此字上面不相贯通,非从古,下面与"兄"字所从之儿不同,因此不应释作"充"。"交"后为从门从王的"闰"字,壶铭假借作润。"闰"后一字是皿上一画,为"血"字甚明。"交闰血肤",是说喝酒后能使血脉交相往来,通畅无碍,能使肌肤润泽生光。前边"口味"2字,上属肩铭"陯於"。

"病"前一字,肖文释为"谷",谓"谷病即却病"。按:《说文》谓谷字"从水半见出於口",半见之水,是指不相连的四点。西周启卣、启尊、格伯毁的"谷"字,伯俗父鼎、永盂、师晨鼎、毛公䚵鼎的"俗"字,信阳楚简和长沙帛书上的"浴"字,口上四点全是分开的。壶铭此字不仅上部不是分开的四画,而且中间的结构,与"口、味、四、陯、寿"等字所从的"口"不同,所以释为"谷"字是欠妥的。《说文》:去,"从大凵声"。壶铭此字正是上从两∧相叠之"大",中为类似口形之凵,为"去"字无疑。"延寿去病",文从字顺,意义明显,无须多加解释。

三

要搞清壶铭的意思,除了最基本的释字工作外,还有个句读问题。上面已谈了我对壶铭的一些难字的释读意见,下面再谈谈对壶铭句读和韵读的看法。

图 1　甲、乙壶盖铭

图 2　盖铭读法示意图

古文虽缺乏标点符号，但如何读它，却不是毫无规律的。单行或多行成方块排列的读法，尽管有左行右行之分，顺读逆读或顺逆错间之异，人们都较易从文意辨别它，而环形文辞则不易分辨，但是，除了没有固定始末的所谓"回龙体"外，一般都有点画鼻钮之类作为起读（往往也是结尾）的标志，古代铜镜铭绝大多数是这样，就是中山靖王的这两个壶的盖铭，也有龙首盖钮作为标记。一篇文辞分列二环以上，环与环不相连接，即使没有点画鼻钮作为连读标记，也会用起读方向一致或上下字接近等办法，使人易于连读。肖蕴同志未注意到这一点，因此在壶铭属读上出现了漏洞。例如：将三、四句颠倒，因而认为两个"於"字是正文之外用来补空隙的语助；肩铭以"盛味"为末，与腹背相向的"口味"连接，这样的连接便带有随意性，并带来前后句的句读错误，使"交闰"（肖释为充闰）2字属上，以致"血（肖释为益）肤"当作半句，无法成文，只好说是"大约因为壶上的地位有限，容纳不下，临时省去了二字"。铜器上错金银是高度精细的工艺，事先有精心设计的字样蓝本，绝非用毛笔信手写来的东汉陶罐可比。肖文说肩铭地位有多，在正文之外加两个字以补空隙，腹铭却又地位有限而临时省去两个字，若非误分壶铭为不相关联的二段，那么，完全可以以肩铭地位之余，解决腹铭地位之缺。按常理，不够地位写字，所省者为后文，如乙壶腹铭用的字样较大，占位宽，省去铭末"万年有余"4字，整个壶铭的内容、句子仍属完整，不能再理解为中间"血肤"两个字前还省去两个字。肖文由于连文属句上的漏洞，同时不可避免地在韵读上出现混乱，那就是把短短的八句分押两韵，说"味"字和"叕"字押韵，"闰、肤、余"3字押韵，把一些真正的韵脚丢掉了。

现在根据上面的文字考释，文字与铺首的关系，颈、肩、腹三圈铭文近邻连属等条件，将壶铭释文加句读如下：

颈铭：盖圜四苻，隮尊成壶。
肩铭：盛兄盛味，於心佳都。隓於
腹铭：口味，交闰血肤。延寿去病，万年有余。

按照汉代以后的切韵分析，"苻、壶、都、肤"都是虞部字，"余"字是鱼部字，虞、鱼两部的字是通协的。若按近代音韵学家根据《诗经》《易经》《楚辞》和诸子中的韵文归纳出来的上古音韵部（参见王力《汉语音韵学》）分析，则"苻"字归于侯部（侯部字有一部分后来归入虞部，"苻"字只是其中之一），"壶、都、肤、余"属于鱼部（"壶、都、肤"后来都归入虞部），也是可以通协的。壶铭的用韵，正好处于上古诗韵和中古切韵的中间过渡阶段。几个韵脚字在上古韵和中古韵中的错综分属，为古音韵的发展研究，提供了真实的资料。

现在我们可以看出，壶铭 8 句 32 字，是一首十分整齐的四言诗；从壶的外表到壶的用途，从眼前禁不住的乐滋滋心情到长生不老的幻想，层层推进，其思想内容之空虚，则同两汉铜镜诗相仿佛。现将其试译成现代语：

盖子圆圆饰纹符，金尊精美好铜壶。
冰镇美酒盛饮料，令人心欢喜悠悠。
更喜佳酿香喷喷，流通血脉润肌肤。
延年益寿去疾病，万寿无疆我所求。

据《史记·五宗世家》和《汉书·景十三王传》记载，中山靖王刘胜是"好酒乐内"的酒色之徒，他与赵王彭祖互相攻讦时，"赵王亦曰：'中山王但奢淫。'"。众多精美的殉葬文物，可为史书的佐证，而这对鸟篆壶的铭文，也充分体现了他的阶级本质和情趣。

1972 年 11 月底初稿
1978 年 10 月修改稿

附图： 壶铭

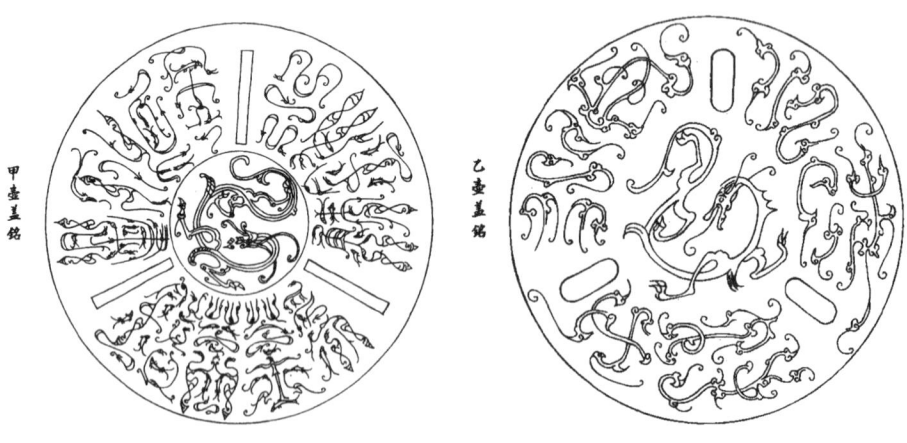

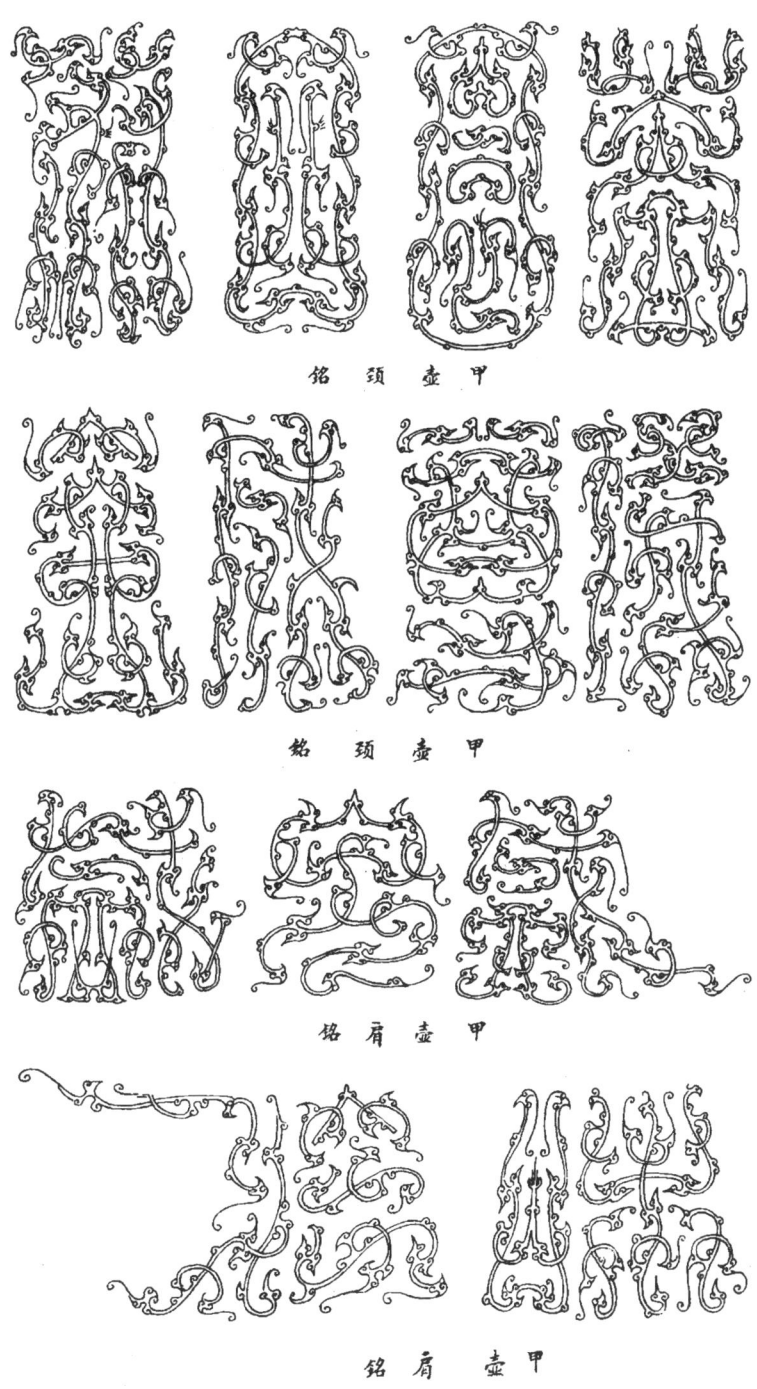

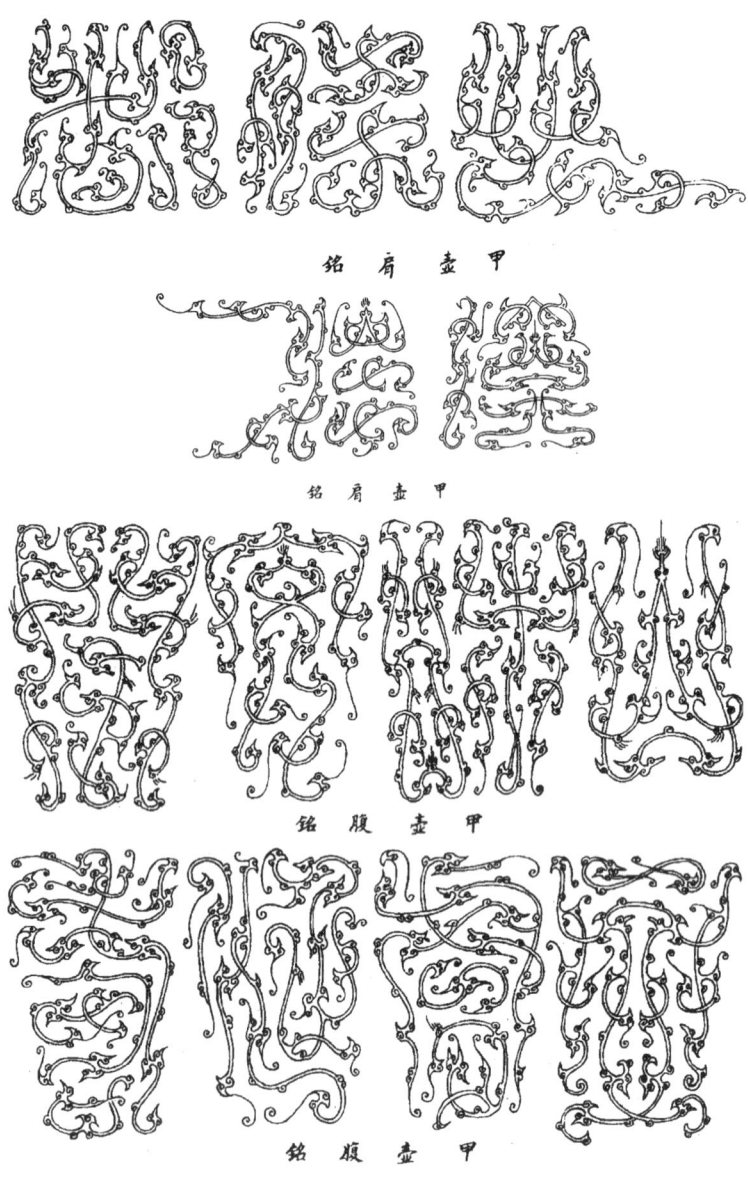

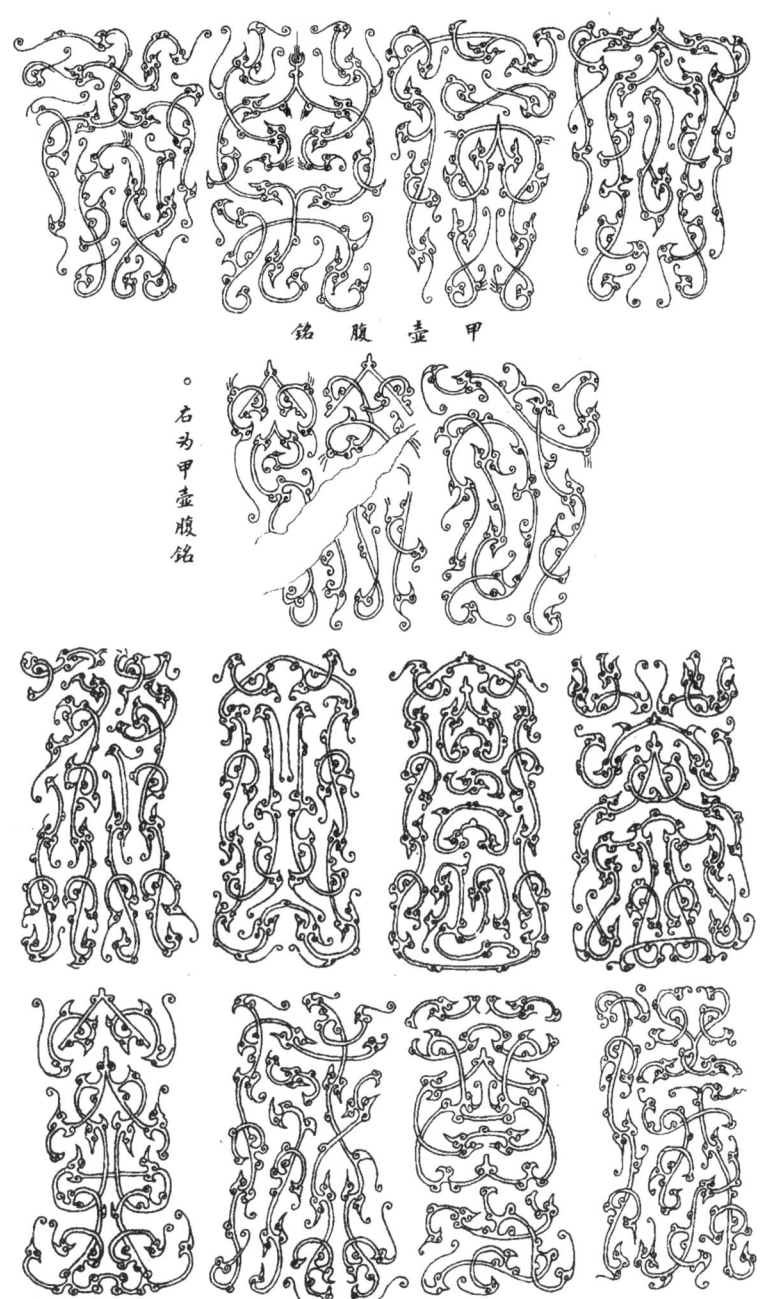

注：上二列均为乙壶颈铭

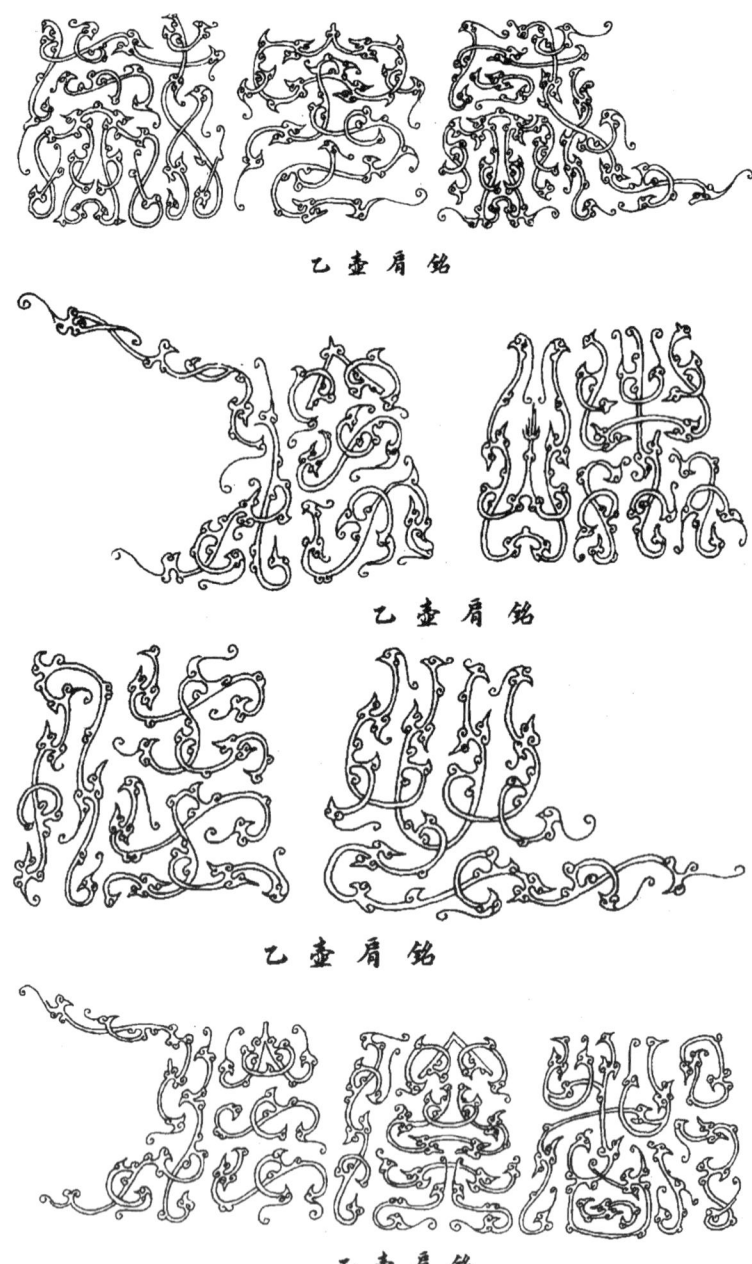

乙壶肩铭

乙壶肩铭

乙壶肩铭

乙壶肩铭

乙壶腹铭

乙壶腹铭

乙壶腹铭

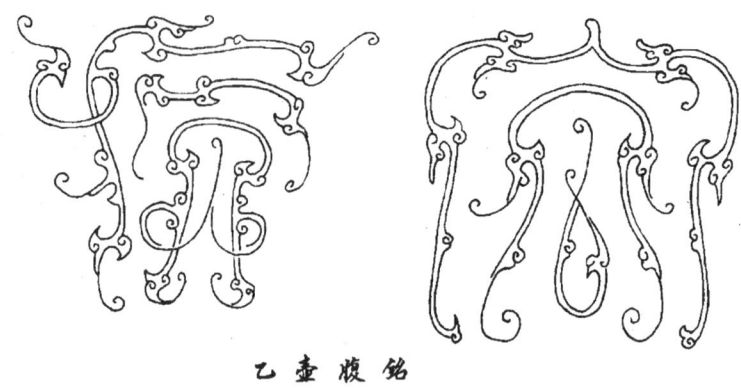

乙壶腹铭

（本文原刊《古文字研究》第一辑，中华书局1979年版；《考古》1979年第4期摘要刊登）

彝铭中的"日"与"易……旂×日用事"鄙见

《说文》:"日,实也。太阳之精不亏。从口一,象形。……⊖古文,象形。""日"字的本义为太阳,其文字构成则为象形。在古籍中,"日"字的引申用法很多:如与月相对,代表阴阳之阳,乾坤之乾,天地之天,君臣之君,德刑之德;又或指太阳之光;或代五行之火;或指一昼夜;或只指白昼;或指往日;或指许多日;或指一个时期;或指占候时日……其中有关阴阳、五行、占候及附会于自然、人事的观念,乃春秋后期或战国期间产生的,在铜器铭文中均未曾见。在已著录的铜器铭文里,粗略统计,"日"字出现近120处。[①] 有趣的是,"日"字的每一不同意义的用法出现,都大致有一个时间范围。

(1)"日"字加上一个天干字,作为祖、考、妣、姑、兄、辟的祭享名(如皇祖日丁、皇考日癸、文姑日癸、文妣日戊、兄日辛、文辟日丁等)。其数有60多,占彝铭中"日"字的一半多一点。[②] 商代和西周初期的彝铭中常见这样的日干记名。西周中期开始,日干记名逐渐少见,到了春秋则未见。

(2)祭名"卽日""肜日"在甲骨卜辞中常见,也见于商代的铜器铭文。甲骨卜辞和《尚书》中较多见的"翌日",在商代和西周前期的铭文中也有出现。

(3)"今日"之说,始见于西周中后期的彝铭。如:

县妃毁:其自今日,孙=子=毋敢望(忘)伯休。
师訇毁:哀才(哉)今日,天疾畏(威)降丧……

其意义如同现代汉语的"今天""现在",既可理解为说话的当天,也

---

① 后来《殷周金文集成》编纂后,据张亚初《引得》频度表统计,"日"字在金文中出现204次。

② 在张亚初《引得》中,"日+天干"做祭享名有107次,也是占一半多一点。

可理解为近一时期。这一用法,现代的书面语文中还继续沿用。

(4) 以"日"表示具体的某一天,在彝铭中有几种表现方法:

①某某(事)之日。如:

麦尊:眔咸之日。(西周前期)

②乎日唯×(天干字)。如:

史喜鼎:乎日隹乙。(西周前期)

③×(天干字)日。如:

女辪鼎和女辪簋:癸日,赏辪二朋。(西周前期)

④××(干支)之日。如:

郳孝子鼎:郳孝子以庚寅之日……(春秋后期)
鄂君启节:大司马昭阳败晋师於襄陵之岁顕屎之月乙亥之日。(战国中期)

⑤某月吉日××(干支或无)。如:

郐王义楚耑:隹正月吉日丁酉。
宜桐盂:隹正月吉日己酉。
拍敦盖:隹正月吉日乙丑。
令狐君嗣子壶:隹十年四月吉日。
吉日壬午剑:吉日壬午。
吴王光作弔姬鑑:吉日初庚。
越王者旨於睗钟:隹正月□春吉日丁亥。
禽志鼎和禽志盘:正月吉日。

⑥某月元日××(干支)。如:

戀书缶：正月季春元日己丑。
郐王子钟：隹正月初吉元日□亥。
陈舫毁：隹王五月元日丁亥。

⑦某月＋月相＋日在×（天干字）。如：

郐嚭尹钲：正月初吉日才（在）庚。

从上述例句中可以看出，称"元日""吉日"，用"××（干支）之日"记某一具体的日子，是春秋、战国期间的记时法，不见于商代和西周的彝铭。

（5）以"日"为时间副词，表示"每日""日日"或"常常"的意思，见于西周各个时期的彝铭：

中甗：日傳𠈌王□休。
耳尊：耳日受休。
祝毁：祝作宝毁日享。
墙盘：史墙夙夜不象，其日蔑厯。
㝢钟：㝢作协钟，万年日鼓。
　　　㝢其万年永宝日鼓。
𤼈伯归𤔲毁：归夆其迈（万）年日用享于宗室。
善夫克鼎：克其日用䔧朕辟鲁休。
克盨：克其日易（赐）休无疆。
师㯱毁：日易（赐）鲁休。
史颂鼎和史颂毁：日逫天子覯令。

"日"字置于动词前作为时间副词的用法，在春秋、战国的彝铭中尚未曾见，可能是因彝铭内容公式化的局限，但是在历代古籍文献中却一直沿用下来了，直至今天，书面语中仍继续使用。如："工厂日用电500度""汽油日耗3加仑""生活日有改善"。然而，口语中则多改用"每日""日日""常常""一天天地"等说法。

（6）"日"字在彝铭中还有另外一种颇为特殊的用法，"易（赐）……旂×（数字）日用事"，如：

辅师嫠簋：易女玄衣黹屯赤市朱黄戈彤沙琱戚旂五日用事。

弭伯（师耤）簋：易女玄衣黹屯鈌市金钪赤舄戈琱戚彤沙攸勒鑾旂五日用事。

王臣簋：易女朱黄夲親玄衣黹屯鑾旂五日戈画戚厚必彤沙用事。

殺簋：易殺玄衣黹屯旂四日用大甫于五邑𡧑屮（守堰）。①

上引 4 例，句式相同。殺簋的"用大甫于五邑守堰"，意义上与其他彝铭的"官嗣××（官职名）……用事"一样，可以说是"用事"内容的具体化。

对这种句式，现有 3 种不同的句读：

1) 在数字后断句。以郭沫若的《辅师嫠簋考释》为代表，② 作"易……旂五，日用事"。这种读法，"旂五"的意义明确，"日用事"则同别的彝铭中的"敬夙夕用事"近似。但是持这种句读者未考虑到，凡是"旂"后无数字者，"用事"之前从未出现过以"日"为时间副词的。

2) 在"旂"字后断句。以陈邦怀的《翔簋考释》为代表，作"易……旂。四日，用大甫于五邑𡧑屮（守堰）"。③ 吴镇烽和王东海的《王臣簋的出土与相关铜器的时代》所持看法基本相同。④ 吴、王二先生在文章中引举了上述四器文例，并说："我们认为从旂字之后断句，读为'五日用事'，似觉文从字顺，语意明了。殺簋铭有'四日用大甫于五邑'之语，亦可互证。王臣簋'五日'二字在第六行末，'用事'在'王臣手颔首'之前，是范模错乱所致。"他们给王臣簋做的句读是："易（锡）女（汝）朱黄（衡）、夲親（衬）、幺（玄）衣、黹屯（纯）、鑾（銮）旂，五日，戈：画戚、厚必（柲）、彤沙（绥），用事。"他们认为"五日"二字应调到下面的"沙"字和"用"字之间。按照这种读法，"五日用事"的语意似乎

---

① 按："殺"字，陈邦怀释翔，天津市文物管理处的文章作"殺"，孙稚雏、吴镇烽释作"殺"。

② 参见郭沫若《辅师嫠簋考释》，载《考古学报》1958 年第 2 期。蓝田县文化馆《记陕西蓝田县出土的西周铜簋》（弭伯簋）句读与郭相同，见《文物》1966 年第 1 期。又孙稚雏《金文释读中一些问题的商讨》[载《中山大学学报》（哲学社会科学版）1979 年第 3 期] 之"殺簋三议"，也是于数字下断句，"日"与"用事"连读。

③ 参见陈邦怀《翔簋考释》，载《天津文物简讯》1977 年第 6 期。

④ 参见吴镇烽、王东海《王臣簋的出土与相关铜器的时代》，载《文物》1980 年第 5 期。他们也主张在"旂"字之后断句，与陈邦怀意见相同，不同之处只是"日"字后无逗，引文采用天津文物管理处的"邑"字下断句的意见。

并不明了，是指赐物之后五日开始用事，还是只用事五日呢？这样做"五日"的规定同策命赏赐的目的有何相干呢？

3）在"日"字后断句。如"易……旂四日，用大蒿于五邑，𝄪拜稽首……"。这是天津市文物管理处介绍殻殷的文章所做的句读。① 文章没有说明为什么在"日"字后断句，在"邑"字后读断似亦可商。

上述3种句读，反映出他们对"旂""×（数字）""日""用事"四者间的关系，理解不同。我们可以说，最关键的是对"日"字的意义和作用的理解不同。如果没有"日"字在其中，都会毫不犹豫地在数字后断句，读作"易……旂×，用事"，不会产生句读分歧。

为了弄清"日"字在这种句式中的意义和作用，弄清"旂""×（数字）""日""用事"四者的关系，我们需要将西周彝铭中有关的记述做一比较。就笔者见闻所及，做了一个粗略的统计。四项当中，只要存在其中一项以上的，即将其铭文摘录，予以比较，共得58例（见附表）。这58例大概可以分成四类：

第一类，四者皆备，有弭伯（师耤）殷、辅师嫠殷、王臣殷、殻殷4例。

第二类，有"旂"和"用事"二者，共22例。

第三类，只有赐"旂"一项，共11例。

第四类，赐物项内无"旂"，但有"用事"项，共21例。

从58例的赐物项内我们看到：①"旂"（或附銮铃之"䜌旂"，或是附襜之"朱旂"）在西周前期和中期，可以单独当作赏赐物，即够表示荣宠，铸之于铭。西周中期和后期，也可以作为一类器物，同𦥑鬯、服饰、车、马、兵器等类物品同时赏赐。除前期的盂鼎外，尚未见其他器有"旂"和田邑、臣民、乐器、金类一起赏赐的。②"旂"通常是不计数量的。毛公厝鼎和番生殷的"朱旂"后有"二铃"，是指旂附有二铃，而不是旂的数量。唯见第一类4例在"旂"后紧跟有数字"五"或"四"，而且没有例外地在数字后都紧跟有"日"字。③凡是有"旂"的赏赐，都是周天子的赏赐。从《周礼》"司常"和"典命"等职司中可以知道，在西周，旗帜是别等级的标识之一。因此，在祭器上标明"旂"的赏赐，如果是非比寻常的一件，标明旗帜的饰物、颜色、图绘②、数量，自然也是非常重要，值得

---

① 参见天津市文物管理处《天津市发现西周殻篡盖》，载《文物》1979年第2期。

② 编按：此二字后补。

在祖考神灵之前夸美的。

从"用事"项我们可以看到：①多数铭文在赐物之后有"用事"之说，也有一部分铭文在赐物之后无"用事"之说。其条件是，凡是有封官或世官袭职的册命者则有，否则无，与赐旂与否没有直接关系。②"用事"的意义为，在册命时说明职司和赏赐物品后，勉励受封受赐者勤于政事。有一部分铭文在记述册命前先记赏赐，则在赐物后补称职司并告诫勉励之。③"用事"的内容可分为祭祀、田猎与征伐、具体职司内的工作三类。有的彝铭具体标出"用襟""用岁""用遘""用政""官嗣××（官职）""嗣××（官职）事"等，有的只是一般地说"用事"或"敬夙夕勿灋朕命"。在西周时，"国之大事在祀与戎"，除了本官具体职司外，祭祀和田猎与征伐是共同的礼制职责，所以多数铭文没有标明。

从"×（数字）日"项仅有的4例我们可以看到：①"×日"是相连在一起的。②"×日"多数在赐物之后、"用事"之前，但也可以不与"用事"相连。③"×日"必定在"旂"之后，与"旂"紧密粘连。这就非常明确地表现了"×"（数字）与"日"的关系，表现了"×日"与前面的"旂"和后面的"用事"之间的不同关系。

在58例中，赐物之后有"用事"勉励之说者有47例，"日"前面没有数字的"日用事"连文，一例也未曾见。这就表明，"日"字在这种句式中出现，是以前面"旂×（数字）"作为条件的，而不是作为"用事"的修饰语的。"×日"作为一个整体附属于"旂"，是"旂"的数量或等级的说明；"旂×日"即为旂多少面（或说多少柄），或是哪个等级规制的旂。①

西周和春秋、战国期间，是汉语量词的形成发展期。有的量词经过长期反复使用，固定成为专用量词，如彝铭中"马"后有时只有数字而无量词，量词"匹"字使用多后，就成了马所专有的量词，一直沿用到今天。有的量词则在形成发展期就半途夭折了，如彝铭中玉的量词，西周前期的尹姞鼎称"易玉五品"，西周后期的噩侯驭方鼎称"易驭方玉五瑴"，春秋的齐洹子孟姜壶又称"玉二嗣"。在西周前期，"品"既当作玉的量词，又当作"田""臣""区"的量词。② 后来田的量词用"田"，臣的量词用"家"，"品"作为多种名物的量词，结果都没有固定和继承下来。尽管如此，由于

---

① 编按：此句话手稿原为："×日"作为一个整体附属于"旂"，是"旂"的数量词；"旂×日"即为旂多少面，或说多少柄。

② 如作册友史鼎"省北田四品"、井侯毁"易臣三品"、小字盂鼎"凡区以品"。

"品"与数字紧密粘连，并一起附属于一种赏赐物名，所以我们都可判断出"品"是一个名物量词。以名物为意义中心，组成"名＋数＋量"的集团，在句子中相当于一个词，这是我们判断量词的基本方法。古文没有标点，勾识使用也很少，用这种方法有时也可能判断错误，如毛公𪔂鼎铭中"朱旂二铃"相次成句，可能误以铃为旂量。但考虑到西周彝铭描述物品的通例，是先总述后分述各个组成部分的质地、颜色、数量（战国楚简中的遣策也是如此），又有番生毁铭"朱旂""二铃"不相连的旁证，判断上的错误，还是可以得到纠正的。

郭沫若《两周金文辞大系》的番生毁铭考释云："'二铃'者，盖旂以铃计，下毛公鼎亦云'朱旂二铃'，谓朱旂二柄也。"马国权同志的《两周铜器铭文数词量词初探》承郭说，也是以铃为旂的量词。① 吴大澂的《愙斋集古录》和吴闿生的《吉金文录》的毛公鼎释文，已引注《尔雅》和《说文》，指出铃为旂上物。番生毁铭本身句读应为："朱旂：旜（大赤色帛）、金荤（锦枋）、二铃。""二铃"不是紧跟在"朱旂"之后，而是和"旜""金荤"并列作为"朱旂"的构成部分。郭沫若在释"金荤"时，总体与部分的关系是很清楚的，而后却以铃为旂的量词，不能不说是极大的疏忽。

《广雅·释诂》卷四云："双、耦、娌、匹、挛、息、日、贰、乘、媵、再、两，二也。"所说皆指举一而含二的集合名量词。② 日之为二，在经传古籍中似未曾见。车有二轮，其量曰乘曰两（后写作辆）。"车百乘"（见禹鼎）和"车十两"（见小字盂鼎），其车数实为百和十。盖因旂有二铃（如番生毁和毛公𪔂鼎铭所述），故旂量曰日。彝铭中所谓"旂五日""旂四日"，当指旂五柄、旂四柄。

赏赐旂的数量与爵位等级相关联。③《周礼·典命》曰："掌诸侯之五仪，诸臣之五等之命。上公九命为伯，其国家、宫室、车旗、衣服、礼仪皆以九为节。侯伯七命，其国家、宫室、车旗、衣服、礼仪皆以七为节。子男五命，其国家、宫室、车旗、衣服、礼仪皆以五为节。王之三公八命，其卿六命，其大夫四命；及其出封，皆加一等，其国家、宫室、车旗、衣服、礼仪亦如之。"郑玄注"四命"曰："中、下大夫也。"那么，王赐以"旂五

---

① 参见马国权《两周铜器铭文数词量词初探》，见《古文字研究》第一辑，中华书局1979年版，第133页。
② 编按："所说皆指举一而含二的集合名量词"乃后补。
③ 编按：此句后补。

日"的辅师嫠、弭伯师耤和王臣三人,应是相当于子爵或男爵的上大夫待遇,属于天子直接管辖之王臣。① 而敔受赐"旂四日",则是三公中某人所隶下的中大夫或下大夫,为某人所治之五邑的一个官,属于家臣。师毁、不嬰、柞等人作为家臣,没有直接得到周王的册命赏赐,他们的受赐物中没有旂。敔直接受到王授内史尹的册命赏赐,其中有"旂四日",实是特别的宠荣。

最后再补充一点关于敔毁的断句和解释。天津文物管理处的介绍文章,"用大菊于五邑,𤔲𤔲拜稽首敢对扬天子休"的断句,使"𤔲𤔲"成了受册命的敔的另一个名字。② 陈邦怀同志在《翔簋考释》中,根据元年师兑毁和鄔毁二器铭,指出"五邑"是地名,并与下二字连属为句,我认为是对的。但他把"𤔲𤔲"解释为堤堰名,说整句"是指修治五邑的堤堰",并誉为"金文中记述修治堤堰的事,这是首次发现",我认为这种看法值得商讨。"大菊"即孟鼎、番生毁之"大服",按照杨树达的说法,即为要职或重职。③"大菊于五邑𤔲𤔲",与"嗣左右走马、五邑走马"(元年师兑毁)、"嗣五邑祝"(鄔毁)、"嗣五邑甸人事"(柞钟)相类似,"𤔲𤔲"应和"走马""祝""甸人"一样,都属于五邑的一个官职名。师兑是接师龢父之位嗣左右走马兼职五邑走马的,职位应该较高。柞、敔、鄔三人的职位大概是相当的。柞受仲大师的封赐,说明他是家臣而非王臣。敔虽直接受王封赐,但从受四命之旂看,也是属于家臣而非王臣。由此再推及鄔,也应是属于家臣的可能性较大。

附　　论

伯晨鼎铭的赐物项中,在衣服、车、马饰物之后,兵器之前,有"旅五旅",写法与兵器中的"旅弓旅矢"之"旅"相同,释者皆读为"旅五旅"。"旅弓旅矢"即为《书·文侯之命》的"卢弓一卢矢百"之"卢",其义如《说文》之"䲣"。这一点早已有许多学者阐释,这里不赘述。而鼎铭中的"旅五旅",考释者则多避而不说。《说文》曰:"旅,军之五百人。从队从从。从,俱也。𢁁,古文旅。古文以为鲁卫之鲁。"唯林洁明先生肯定地说此"旅五旅"为"当时军旅之编制之一种,许说五百人为一旅当有所

---

① 编按:"属于天子直接管辖之王臣"原作"属于王臣"。
② 编按:"的另一个名字"六字后补。
③ 参见杨树达《积微居小学述林·释服》,中国科学院1954年版,第78页。

本"①。

按：

（1）西周彝铭赐物项的表达，有以一个"易"（或"賚"、或"令"、或"賓"）字管到底者，这是大多数；也有分不同物类，分不同的田邑、臣鬲，将内容分成多段，用多个"易"字管领者，如盂鼎、趞卣、趞尊、麦尊、史兽鼎、害鼎、克鼎。将不同人物的赏赐分列记述，用多个"易"（或"賚"）管领，如令彝、令尊、效卣、效尊、大毁等，另当别论。

（2）一个"易"管领到底者，所赐多类物品间是有先后次序的。在西周前期，贝、金、衣饰类在前，臣鬲类在后；西周中后期，通常次序是鬯卣、衣饰、车马饰、䜌旂、兵器、乐器、田邑、臣鬲（中间可以缺某些类项）。当车马饰不多时，攸勒与䜌旂的先后次序也可以对调。兵器与䜌旂、攸勒相调者也间或有之，如无叀鼎和休盘。但是，将田邑、臣鬲类插入其他物品类间是不伦不类的，所以彝铭中所未见。因此，将伯晨鼎铭车马饰类和兵器类间的"旅五旅"，理解为军旅之旅，一旅为500人，五旅为2500人，这是值得怀疑的。

（3）伯晨鼎"旅五旅"的位置，正是通常的"旂"的位置。该"旅"字作🚩，很可能是"旂"（🚩）字在铸造过程中形近错范所致。因为，"旂"字翻倒则类"旅"，"旅"字翻倒则类"旂"，从蓝本到模、范、铸造，两次反正，造成这种现象是很多的，通常需要根据文例和"斤"旁下侧的细微差别才能辨认出来，师旂鼎误称为师旅鼎，这一公案多年才弄清就很说明问题。即毁之"䜌旂"铸成"䜌旅"，也不算是很奇怪的。更何况伯晨鼎"旅五旅"之"旅"字不全，还不能肯定原来的模、范是否为"旅"字呢！

（4）"旅五旅"读为"旂五旂"，则后面的"旂"是前面的"旂"的量词。与辅师嫠毁、𤼈伯毁和王臣毁所赐的旂数相同，那么，䘏侯伯晨虽然称侯，但未受七命之赐，不是诸侯等级，只是承袭祖考世官作一采邑侯，应是属于大夫级别的。

（5）"旂五旂"如同"馘四千八百□二馘"（小字盂鼎）、"玉十玉"（乙亥毁）、"田十田"（不毁毁）、"邑二百又九十又九邑"（𪔭镈）一样，重复自然物名词本身，作为名物量词。这是量词形成过程中的较原始的现象。它们同"旂五日"一样都是汉语量词在西周和春秋战国期间处于形成阶段，还很不成熟稳定的佐证。

---

① 见于《金文诂林》第九册，第4265页。

因内容略有关系，而看法尚不成熟，故谨以此作为附论，请教于与会的各位前辈和同志。

附：

铜器铭文相关字词统计表

序号	器名	赐物	×日	用事	册命赏赐人
1	盂鼎	易女鬯一卣冂衣市舄车马，易乃且南公旂		用郰	王
		易女邦嗣四伯人鬲自驭至于庶人六百又五十又九夫			
		易尸嗣王臣十又三伯人鬲千又五十夫䢋奠□自㝿土		王曰：盂若丂乃正勿灋朕令	
2	善鼎	易乃且旂		用事	王
3	恒毁	易女䜌旂		用事	王
4	利鼎	易女赤㫃市䜌旂		用事	王
5	徒毁	易女赤［㫃市䜌］旂		用事	王
6	趩毁	易女赤市幽亢䜌旂		用事	王
7	伊毁	易女赤市幽黄䜌旂攸勒		用事	王
8	鄬毁	易女赤市同䌐黄䜌旂		用事	王
9	㫚鼎	易女赤㫃【市旂】		用事	王
10	㫚壶	易女匰鬯一卣玄袞衣赤市幽黄赤舄攸勒䜌旂		用事	王
11	颂鼎	易女玄衣黹屯赤市朱黄䜌旂攸勒		用事	王
12	颂毁	同上		同上	同上
13	颂壶	同上		同上	同上
14	訇毁	易女玄衣黹屯䵦市同黄戈琱戒彤沙䜌旂攸勒		用事	王
15	弭伯（师耤）毁	易女玄衣黹屯鉥市金钑赤舄戈琱戒彤沙攸勒䜌旂	五日	用事	王

（续上表）

序号	器名	赐物	×日	用事	册命赏赐人
16	王臣簋	易女朱黄䝙親玄衣黹屯䜌旂 戈画戌厚必彤沙	五日	用事	王
17	辅师嫠簋	易女玄衣黹屯赤市朱黄戈彤沙䇂戌旂	五日	用事	王
18	㝬簋	易㝬玄衣黹屯旂	四日	用大禘于五邑㝬䝙	王
19	师㝸鼎	易女玄袞齵屯赤市朱横䜌旂大师金雁攸勒		用丼乃圣且考䧹明耤辟前王事余一人	王
20	师至父鼎	易䡅市同黄玄衣黹屯戈䇂戌旂		用嗣乃父官友	王
21	害簋	易女䝙朱黄玄衣黹屯㦰（旂）易戈䇂戌彤沙		用餗乃且考事，官嗣尸仆小射厎鱼	王
22	即簋	命女赤市朱黄玄衣黹屯䜌旅（旂）		曰：嗣琱宫人虢䜌用事	王
23	南季鼎	王易赤⊙市玄衣黹屯䜌旂		曰：用ㄋ㐖（右左）① 俗父嗣寇	王
24	载簋	易女䣎玄衣赤⊙市䜌旂［楚走马取遣五孚］		用事	王
25	牧簋	易女鬯卣一卣金车䝙较画䡩朱虢回䩦虎冟熏里旂舍马四匹取［遣□］孚		苟妖夕勿濩朕令	王

---

① 编按：后改释为"左右"，参见《郘右㦰载跋》，见《古文字研究》第十九辑，中华书局1992年版。

（续上表）

序号	器名	赐物	×日	用事	册命赏赐人
26	毛公厝鼎	易女𩰀鬯一卣鄦圭𤔲宝朱市悤黄玉环玉瑹金车莽縟較朱鞹䡈䡈虎冟熏里右厄画轉画輯金甬䇓衡金𨍻金䇓𝧈戗金簋弻鱼箑马四匹攸勒金镳金䉪朱旂二铃易女丝		用岁用政	王
27	番生簋	易朱市悤黄鞞鞍玉环玉瑹车电轸莽縟較朱䡈䡈虎冟熏里䇓衡右厄画轉画輯金童金䇓金簠弻鱼箑朱旂䵼金䒭①二铃			王
28	𤔲簋	赐女赤⺁市䜌旂［䜌讼取遗五寽］			王（新命）
29	无𠦝鼎	易女玄衣黹屯戈琱威柲彤沙攸勒䜌旂			王
30	休盘	易休玄衣黹屯赤市朱黄戈琱威彤沙柲䜌𣃩（旂）			王（无命）
31	襄鼎	易襄玄衣黹屯赤市朱黄䜌旂攸勒戈琱威柲彤沙			王
32	襄盘	同上			同上
33	此鼎	易女玄衣黹屯赤市朱黄䜌旂			王
34	善夫山鼎	易女玄衣黹屯赤市朱黄䜌旂			王
35	𤼈簋	易𤼈赤市朱大䜌旂			王
36	师𩝐簋	易赤市朱黄旂			王
37	趞簋	易趞䚷衣䙴市冋黄旂			王
38	令彝	明公易𠭯师鬯金小牛		曰：用禋	明公
		易令鬯金小牛		曰：用禋	

① 编按：字作𦮃。或释荂。

(续上表)

序号	器名	赐物	×日	用事	册命赏赐人
39	令尊	同上		同上	同上
40	望毁	易女赤⊕巿綟		用事	王
41	免毁	易女赤⊕巿		用事	王
42	卻胳毁①	易汝哉衣赤⊕巿		曰：用訇乃且考事作嗣土	王
43	豆闭毁	易女哉衣⊕巿		用俟②乃且考事嗣⊕艅邦君嗣马矢弓〈弓矢〉	王
44	师虎毁	易女赤舄		用事	王
45	师旋毁	易女赤巿冋黄丽般		敬夙夕用事	王
46	齹毁	易女尸臣十家		用事	王（新命）
47	公臣毁	易女马乘钟五金		用事	王
48	㢭弔（师余）毁	易女赤舄攸勒		用楚㢭伯	王
49	师詢毁	易女戈戱咸［縣］必彤屋十五锡钟一磬五金③		敬乃叟夜用事	白黹父
50	不毁毁	易女弓一矢束臣五家田十田		用遚乃事	白氏

① 编按：人名用字，铭中出现两次，分别作𢼉、𢾼。
② 编按：字作𧥛。
③ 编按：此释文错误较多，当为："易女戈戱咸［縣］必彤屋、盾五、锡钟一散五金。"

（续上表）

序号	器名	赐物	×日	用事	册命赏赐人
51	柞钟	易戠朱黄䋺		嗣五邑甸人事	仲大师
52	伯晨鼎	易女䚽鬯一卣玄袞衣幽夫赤舄驹车画聑①鞧爻虎韔冟衺里幽攸勒旅五旅彤彤旅弓旅矢䍙戈䣄胄		用夙夜事勿灋朕命〈令〉	王
53	师西毁	新易女赤市朱黄中䌴攸勒		敬夙夜勿灋朕令	王
54	师㷆毁	易女叔市金黄赤舄攸勒		用事敬夙夜勿灋朕令	王
55	蔡毁	易女玄袞衣赤舄		敬夙夕勿灋朕令	王
56	㝬盨	易女䚽鬯一卣乃父市赤舄驹车莘較朱虢㡇䩵虎冟熏里画轉画輯金甬马四匹鋚勒		敬夙夕勿灋朕令	王
57	克鼎	易女叔市参冋苌悤，易女田于埜，易女田于渒，易女井家②絢田于骏吕氒臣妾，易女田于康，易女田于匽，易女田于陴原，易女田于寒山，易女史小臣霝龠钟，易女井退絢人鬲，易女井人奔于量		敬夙夜用事勿灋朕令	王
58	虢季子白盘	王赐乘马		是用左王	王
		赐用弓彤矢其央赐用戉		用政䋺方	

（本文为中国古文字研究会第四届年会论文，1981年。收入本书时，个别文句稍有修改，增加了个别注释，但基本观点未动。为尊重历史原貌，字形隶定一般依据原稿）

---

① 编按：字作 𠂤。
② 编按：字非"家"，乃"寓"。

关于两件吴越宝剑铭文的释读问题

这里所要谈的是众所周知的《攻敔王元剑》和《越王勾践之子剑》的释读问题。

一、关于《攻敔王元剑》的释读

20年前我初读郭沫若所著《两周金文辞大系图录考释》（新版）时，就很怀疑其攻敔王元即吴王诸樊的考释，经过查索，得知此所谓《攻敔王元剑》，最早见于嘉庆初年阮元、毕沅合撰的《山左金石志》，被称为《天水剑》。以后160多年，屡见于各种著录，器名五花八门，关于器主人的考证多种多样。今为清眉目，列表如下：

表1 剑器著录统计

出版时间	作者	书名	卷页	器名	铭文释文	附注
1797	阮元、毕沅	山左金石志		天水剑		《山东通志》卷百四十八前汉器末引作"天水剑"
1804	阮元	积古斋钟鼎彝器款识	十·三	汉剑宝用剑	工□王天□自作其宝用	摹本铭文有外框。说明云："黄小松藏器，据拓本摹入。案'宝用'旧释作'天水'，误也。"
1895	吴式芬	攗古录金文	二之一·五七	宝用剑	攻□王元□自作其宝用	铭文没摹外框。倒二字作"夫"，仍释为"宝"

（续上表）

出版时间	作者	书名	卷页	器名	铭文释文	附注
1899	方濬益	缀遗斋彝器款识考释	二九·六	王元䀠剑	攻□王元䀠自作其□用	
1902	刘心源	奇觚室吉金文述	十·三	王元剑	□□王元□自作其宝用	
1916	邹安	周金文存	六·九六			拓本有"甌𠁁古兵"印。同卷九五页另一剑铭拓旁注云"此即吾郡黄小松所藏之宝用剑"，与《积古斋》款识异
1920	陈介祺著、邹安校	簠斋藏古册目并题记	四十三	王元䀠鐱		题记云："旧释以'宝用'为'天水'固非，改释'元调'亦不审，𠂤之非周矣。"又于高扬三鐱题记中写作"王元訴"
1935	刘体智	小校经阁金文拓本	十·一百	攻敔王剑一	攻敔王元岁自乍其宝用	另有攻敔王剑二，与《周金文存》卷六第九五页之剑铭相同，文字古拙，摩灭不清，细辨为攻敔王夫差剑
1936	吴其昌	金文世族谱	下·十一		攻敔王元厰	排列于者减之后、攻敔王光之前
1937	罗振玉	三代吉金文存	二十·四六	攻敔王剑		

(续上表)

出版时间	作者	书名	卷页	器名	铭文释文	附注
1956	陈梦家	寿县蔡侯墓铜器	《考古学报》第2期第111页	元段剑		

因为《周金文存》和《小校经阁金文拓本》二书，都有《攻敔王夫差剑》的铭文在此《攻敔王元剑》旁可供比对，另《双剑誃古器物图录》上卷之《攻敔王夫差剑》铭文的字数和行款亦完全相同，所以我当时即认为所谓《攻敔王元剑》，实际上也是攻敔王夫差之剑，并写入我自己的读书笔记。

1964年年初，我借读容希白教授批点过的《两周金文辞大系图录考释》，见容师已将郭沫若的有关考释，用朱笔删掉，器名改为《攻敔王夫差剑》，眉批曰："以攻敔王夫差剑证之，元啟乃人名，细辨乃夫差之泐。"对这一个重要的辨析，容师未著专文公开阐述；我则无暇整理自己的读书笔记，且觉得这不过是初学者的小意见，没必要饶舌。但是，因为它是吴王的宝剑，以后继续受到专家们的重视和引证，对于王名又有新的推测和考证。例如：

表2 铭文新考证统计

出版时间	作者	书名	卷页	器名	铭文释文	附注
1963	商承祚	"姑发晋反"即吴王"诸樊"别议	《中山大学学报》第3期第70页	元讶剑	攻敔王元讶自乍其元用	"诸樊之名当作'元讶'而非名'元'，史籍作遏或谒"
1972	林巳奈夫	中国殷周时代的武器	第五章注释⑧	攻敔王元剑		以"元"为诸樊

（续上表）

出版时间	作者	书名	卷页	器名	铭文释文	附注
1973	白川静	金文通释	四十·六〇一	攻敔王元剑	攻敔王元啟自乍其元用	以"元"为吴王掩余
1981	罗福颐	三代吉金文存释文			攻敔王元□自乍□□□	

林巳奈夫的《春秋战国时代文化之基础的编年》及其补说《根据铭文可知绝对年代的春秋战国时代的青铜器》①，以及白川静的《列国器编年》（《金文通释》第四十五辑），都未引用此《攻敔王元剑》。孙稚雏的《金文著录简目》，一般都尽可能用私名为器命名，而此剑却偏不用私名而称为《攻敔王剑》。这些都说明，他们对王名元的种种推测，尚存疑虑，因而采取了上述那样谨慎的处理方法。

既然这一件最早著录的吴王自作剑，在铜器编年断代上有其特殊意义，而且至今专家们尚意见纷纭，所以我不揣浅陋，借此机会陈述我20年前的肤浅意见，并补充近20年新出土的夫差剑作为比对②，一方面寄托我对意见相同的先师希白教授的怀念，另一方面就正于前辈和专家们。

（1）所谓《攻敔王元剑》的铭文与《攻敔王夫差剑》铭文的比较。从5件铭文的比较中可以看出：图1即《攻敔王元剑》，为单字印模印范所铸造；图2和图4均无剑格，文字古拙；图3和图5均有剑格，柄有二节，剑身有斜方花纹，文字较秀美工整。这三类型剑可能分别为不同时的不同工匠所铸造。虽然文字有工拙之分，但它们的字数和行款则是完全一致的。

---

① 《春秋战国时代文化之基础的编年》和《根据铭文可知绝对年代的春秋战国时代的青铜器》二文，见于林巳奈夫所著《中国殷周时代的武器》。
② 选自《襄阳蔡坡12号墓出土吴王夫差剑等文物》和《河南辉县发现吴王夫差剑》，二文均载于《文物》1976年第11期。

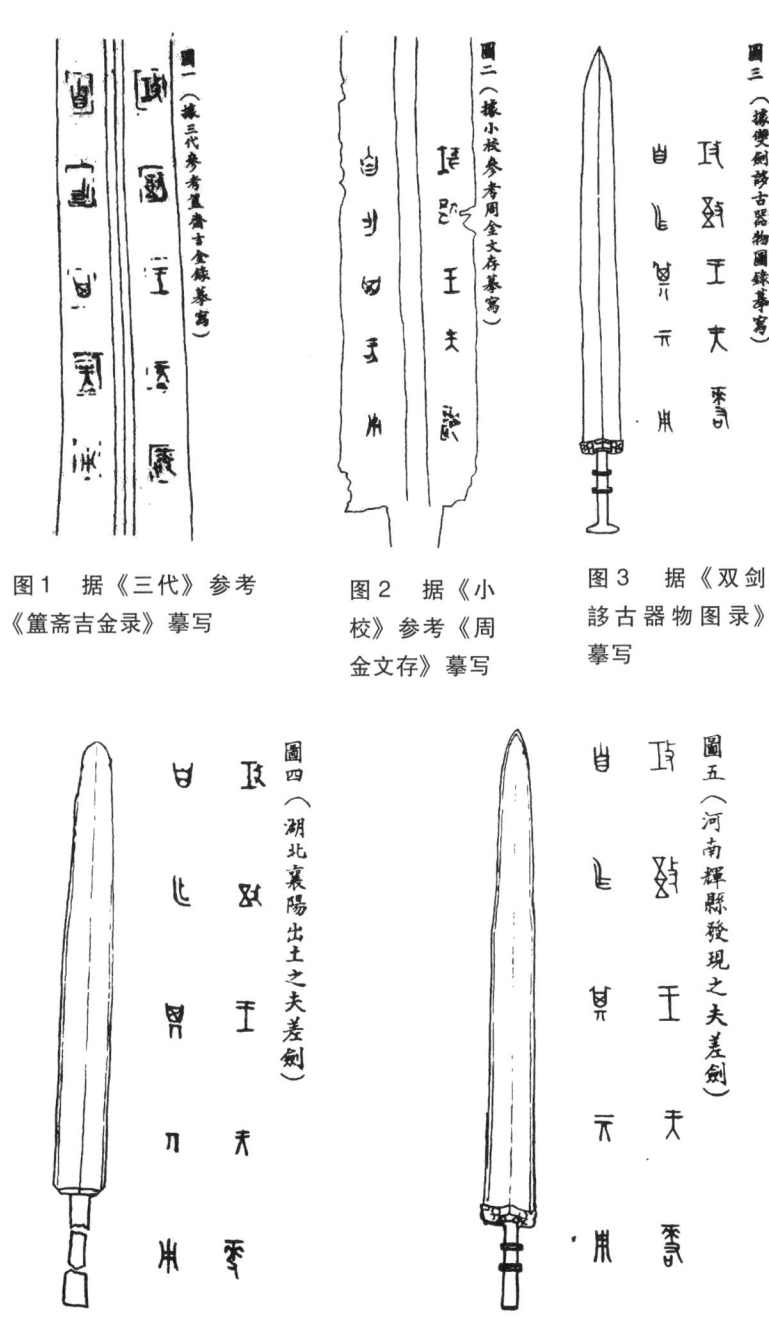

图1 据《三代》参考《簠斋吉金录》摹写

图2 据《小校》参考《周金文存》摹写

图3 据《双剑誃古器物图录》摹写

图4 湖北襄阳出土之夫差剑

图5 河南辉县发现之夫差剑

（2）排除干扰，恢复铭文真面目。所谓《攻敔王元剑》与其他夫差剑不同之处，是每个字都有一个方框，在拓本上干扰着铭文的释读。那方框是在铸造过程中，先刻阴文单字印模，钤在泥范上，再浇铜灌铸造成的。这个过程带来了两个干扰因素：其一是，由于钤印时用力不均匀，方框边线有隐有现，有的左上明显，有的右下明显，有的四边皆现，呈不规则存在，令人眼花缭乱，容易错将某些边线当作文字笔画；其二是，钤如此小的印，难免有些范泥与印模粘连，造成有些字横画不清或竖笔模糊，有许多笔画交错的地方，更容易粘连，经浇铸后，该处便会失去线条，形成笔画断缺。传世的单字印范铸造的器铭，如秦公毁、奇字钟，以及用小条形印印范铸造的陈侯因瓷戟和郾王胺、晋、职之兵器的铭文，都在不同程度上存在这些因素的干扰。像图1这件剑铭，不仅是上述两种干扰比较明显，而且还因印小，"夫"字与"元"字又极相似而钤错了。于是夫差之"夫"成为"元"字；"元用"之"元"转成"夫"字，只是中竖笔凸出不多，易被误认为"天"字，《攈古录金文》摹本作"夫"是忠实反映原剑铭的。"差"字顶划尚横平相连，中部斜笔交叉特多，因印范粘连而断裂，不能成字，因此有的考释者误以为"调"、为"讶"，有的考释者误认左上外廓边线为字画，错读为"厫"、为"啟"。我们若是仔细辨认拓片，尚可察知"差"字中部斜笔的笔势，绝不像已著录的那些刻本和摹本，作断裂的短横状。

在和《攻敔王夫差剑》铭文比较的基础上，再排除印范浇铸的干扰因素后，我们即可读此剑铭为：

攻敔王元差　自乍其夫用

纠正"元""夫"二字的误钤后，恢复铭文的真面目则为：

攻敔王夫差　自乍其元用

从此剑著录迄今180多年来，剑主人名数易。究其原因：先是误读王名，然后因史籍上不见相应的吴王而求助于通转，可说是一误再误，相距越远。众所周知，在汉字中，元韵就像东韵和阳韵一样，有着非常庞大的字群，若再加上对转、旁转，可转变的字多得不可胜计。于是一器可以推测考证为数人之物，如误"夫差"为"元"、为"元厫"、为"元啟"、为"元讶"，可考证为诸樊或掩余；也可以考不同名的数器为一人之物，如谓《者减钟》《工噄太子姑发𦘕反剑》和所谓《攻敔王元剑》同为诸樊所制。在古文字和古代史的考证中，通假之法诚然是非常重要和常用之法，正因为其重要和常用，因此在运用时也更需要谨慎，全面顾及形（偏旁构成及整体结构）、音（声纽与韵部，而不仅仅是韵部）、义（古文字材料或古代典籍的例证）。关于运用通假法应注意的问题，于思泊教授曾在5年前的中国古文字学研究会的成立大会上，特别向青年专家们强调过，先师希白教授更是经常郑重地训导我们，不能片面地随意滥用通假借以自圆已说。先师未有对所谓《攻敔王元剑》写专题驳议文章，故将其训导于此顺便提及之。

二、关于《越王勾践之子剑》的释读

所谓《越王勾践之子剑》，最早见于陈仁涛的《金匮论古初集》，该书读其铭为"越王勾践之子"。其后于思泊教授的《商周金文录遗》和先师希白教授的《鸟书考》均称为《越王之子剑》①，未释"欲哉"二字。林巳奈夫的《中国殷周时代的武器》、白化文的《关于青铜剑》②和孙稚雏的《金文著录简目》皆名此剑为《越王勾践之子剑》，李瑾在《楚器"中子化盘"作器年代管窥》论文中，读此剑铭为"越王勾践之子"。③因此，林巳奈夫定此剑年代为"越王勾践——鹿郢（前476—前459）期间"④。

铜器器名通常都遵循"名从主人"的原则。按上述各位先生的定名和释文，此剑主人为"越王勾践之子"。此子是继承勾践那位越王"者旨於睗"（即鼫与或鹿郢）呢，还是勾践的其他儿子呢？谁也拿不出任何证据可做进一步的说明。

我以为首先必须研究一下剑格铭文的阅读规律。

在现有的著录中，铭文铸于剑格两面的，除了现在要讨论的《越王勾

---

① 参见容庚《鸟书考》，载《中山大学学报》（哲学社会科学版）1964年第1期。
② 参见白化文《关于青铜剑》，载《文物》1976年第11期。该文注①提到《越王勾践之子剑》。
③ 参见李瑾《楚器"中子化盘"作器年代管窥》，见《楚史讨论会论文集》1981年版。编按："楚史讨论会"指"楚史研究会首届讨论会"，1981年12月中旬在湖北荆州召开，由湖北省楚史研究会主办。参见杨范中《楚史研究会首届讨论会简介》，载《江汉论坛》1982年第2期。
④ 见于林巳奈夫《中国殷周时代的武器》第228、第576页。

践之子剑》外，还有4件《越王者旨於睗剑》和6件《越王州句剑》① 可供比较。我们可以从比较中归纳出阅读剑格铭的规律。

图6是我们要讨论的对象，图7、图8为旁证。考虑到《越王者旨於睗剑》的时代与被证的本剑的时代最接近，铭文内容性质也相同，即一面只有"戉王"二字，另一面只有人名而无"自乍用金"之类套语，3件《越王者旨於睗剑》中有鸟书和横宽竖窄美术体两类，故摹录了两件剑的铭文。考虑到5件《越王州句剑》铭文都是字数、排列相同的鸟书，时间与被证的本剑较远，反面全是"自乍用金"套语，且成双行对称排列，作为旁证的作用大为降低，所以只选摹1件铭文做代表。

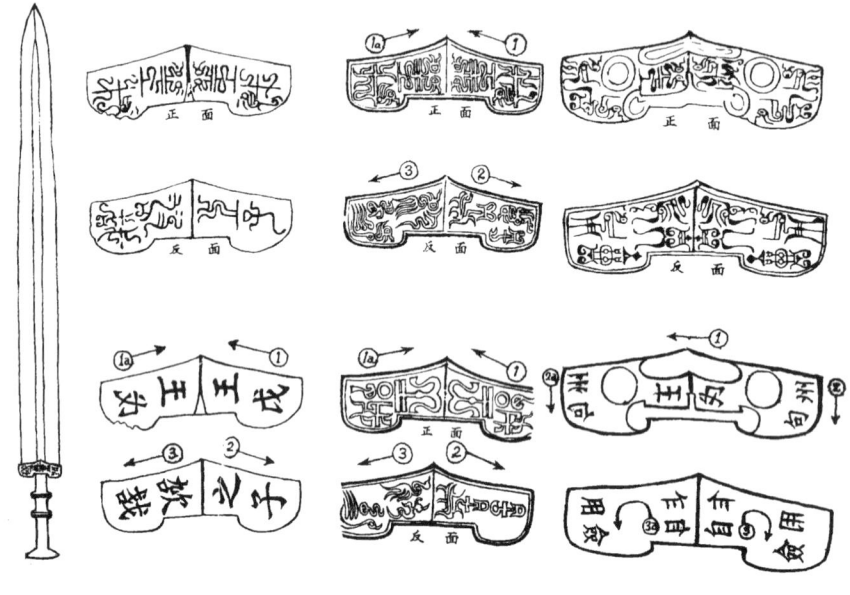

图6 《越王之子勾践剑》　　图7 《越王者旨於睗剑》　　图8 《越王州句剑》

从对比中我们可以看出它们的共同规律：①有"戉王"者为正面，应先读；无"戉王"者为背面，当后读。②同一面的铭文，右半边先读，左半边后读。③同一面的两边若文字相同，则以中脊为轴，左右两边文字对

---

① 4件《越王者旨於睗剑》分别为：①《燕京学报》第二十三期之《鸟书三考》图四；②《商周金文录遗》594；③《商周金文录遗》592；④《中国殷周时代的武器》第514页图五四，该铭文误倒。因③④二器铭拓甚模糊，文字又与①相同，故本文不摹录。6件《越王州句剑》，参见《中国殷周时代的武器》第515页和516页所刊之图六〇至图六五。

称。按照此共同规律,所谓《越王勾践之子剑》的铭文,应该读为"戉王之子欱戋",即"越王之子勾践"。

其次在春秋时期和战国初期,王侯贵族之子孙铸作铜器,有在铭文中自报家世炫耀门阀的风气,自称"某之孙某某",或"某之子某某",或"某之孙某某之子某某",总之是在关系词之后报出私名,也有先出现作器者私名然后曰"余某某之孙、某某之子"的。如《黧镈》曰"齐鞶弔之孙遱仲之子黧"①,《臧孙钟》曰"攻敔仲冬胺之外孙坪之子臧孙"②,等等,拐弯抹角,最后还是要落实到铸器者身上,整个词组的中心词是私名黧与臧孙,其他都不过是修饰语。炫耀家门的目的,在于炫耀铸器者自己。

那么,此剑的主人应该是勾践而不是勾践之子。此剑之制作年代不是勾践为王时期,而是在越始称王的允常时期,即公元前496年之前勾践尚做太子之时。它早于江陵昭固墓所出土的"越王勾践自作用剑"③,是目前所知最早的勾践剑。

(本文原刊《古文字学论文集续集》,香港中文大学1983年版;又刊《中国语文研究》(香港)1985年第7期)

---

① 上海博物馆编:《上海博物馆藏青铜器》85。
② 汪遵国等:《江苏六合程桥东周墓》,载《考古》1965年第3期。
③ 湖北省文化局文物工作队:《湖北江陵三座楚墓出土大批重要文物》,载《文物》1966年第5期。

郳右屄①戟跋

《考古》1983年第2期《山东费县发现东周铜器》一文报道，在文物拣选清查中，发现"战国时期的铜戈一件，传出土于临沂市西乡一带。……援之尖部断缺，残长13厘米。内长2厘米，胡长7.5厘米，上有二穿，上穿作半圆形，下穿为竖长方形。胡上有铭文阴文三字"。该文释铭文为"郳左**庋**"，后一字不识，待考。②

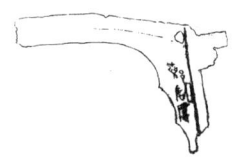 

图1　《山东费县发现东周铜器》附图③　　图2　吴镇烽《商周金文资料通鉴》拓本

郳，国名，又曰小邾。《春秋·庄公五年》："秋，郳犁来来朝。"《疏》："郳之上世出于邾，邾侠之后也。夷父颜有功于周，其子友别封为附庸，居郳。曾孙犁来附从齐桓以尊周室，命为小邾子。"

春秋时，邾为鲁之附庸小国，国君所铸铜器传世者不少。小邾又为邾国别封的附庸国，虽附从齐桓以尊周室，受封子爵，外交上与邾并立，国力毕竟有限，所以史书中所载不多，传世青铜器更是罕见。可以确切判断为郳器的，礼器仅有郳始鬲，此外就是罗福颐先生主编的《古玺汇编》中的两方古玺。这件战国式郳戟的发现，不仅仅是增添了一件郳国的文物，而且证实了郳国这样的小国，在七强争雄的战国时代，尚与附近的邹、费、郯、邳等罗［鷩］之国，存在于齐、楚两霸之间。郳国何时为楚所灭？史书无载。郦道元《水经注》说邾娄为楚宣王所灭，徙居于黄州府江夏县，朱骏声《说文通训定声》已以为"不可信"（见需部"邾"字）。

查《山东通志·疆域志·古迹二》，郳国故城在滕县东六里，而滕县西

---

① 编按：原隶作屄，今据文章对该字的偏旁释读而更换为便于输入和认读的字形。
② 编按：末字不识，该文是原形摹写。文末云："释文承蒙商承祚教授指教。"
③ 原图旁有注，云："郳，从竹，是首次发现的郳字别构。"

南十四里有滕国故城,滕县南四十里有薛国故城。邾国故城在邹县东南二十六里,则属郳国的北邻了。

《史记·鲁周公世家》:"子雠立,是为顷公。……十九年楚伐我,取徐州。二十四年楚考烈王灭鲁。"《索隐》云:"《说文》郳,邾之下邑,在鲁东。"① 又《郡国志》曰,鲁国薛县,六国时曰徐州。"从楚取郳国南部近邻的徐州,到灭郳国北部的鲁国,中间相隔只5年,郳国为楚所灭,也应在此5年之内,即楚考烈王的九年至十四年间。

按报道所说,此郳戟出土于临沂西乡一带,距原滕境仅百余里。但必须考虑,这中间隔着从平邑到枣庄之间的一片山地,这片山地可能就是当时西边诸国(鲁、邾、郳、薛)与东边诸国(费、郯、莒)的天然分界。出土地不大可能是郳国属地。因此,此郳戟可能是在楚军取徐州、灭鲁国期间(中间包含着灭郳、邾等小国),郳国贵族挟器翻山逃入东部邻国时,遗落在那里的。

"启",上从ナ,下从口,原释为左。我在摹补《金文编》时,曾几番犹豫,不知是左是右,终因赶时间而未深入分析,按西周《班殷》例,将其归入"左"下。早期的"ナ"(左)、"又"(右)二字,是象左手、右手之形。意义经过引申,又用来表示方位之左右。唯其意义代表方位,字形方位成了二字辨析的重要依据。可是在商周时期,偏旁部件未形成完整的体系,方位排列也未有严格的规范,正书、反书常常混着使用,因此辨析"ナ"(左)、"又"(右)二字的最主要的标准,是求文义无误。如卜辞中常见的"受坐又",不管其文字正刻成"又"还是反刻成"ナ",都必须读成"又",绝不能因形不同而误读害义。为了把握文义,可以用种种方法,如按照用语习惯:

伯吉父殷"唯十又二月","ナ"当为"又",非"ナ"。

季鼎"用ナ又俗父","ナ又"当读为"左右"。

利用异文互证:

元年师兑殷"嗣ナ又走马"(《代》② 九·33),《代》九·31~32有三铭均作"嗣ナ又走马",可证《代》九·33之"ナ又"当读为"左右",而不是"又左"。

利用上下文对比:

班殷:"王令吴伯曰:以乃自又比毛父。王令吕伯曰:以乃自ナ比毛父。"前后二句句式完全相同,"又ナ"二字上下相对,可知从ナ者为"左",从又者为

---

① 编按:《说文·邑部》:"郳,邾下邑地。从邑,兒声。鲁东有郳城。读若塗。"
② 编按:《代》指罗振玉《三代吉金文存》。

"右"。𠂇、又两个部件的方位，起着区别意义的作用，而部件口是没有区别意义作用的。

到了汉字的偏旁系统基本形成的战国时代，汉字象形表义的作用大大减弱，偏旁部件在区别意义上的作用越来越大。这在汉字发展史上，是具有重要意义的。在"左""右"二字的构成上则体现为：以工部件为"左"的标志，以口部件为"右"的标志，不再靠𠂇、又的象形来表意。且看中山王𰯼墓文物刻铭：

表 1 中山王𰯼墓文物刻铭

器名	左使车	啬夫	工	器名	右使车	啬夫	工
小鼎（3件）				盉			
圆壶		孙固		盉			
提练圆壶		孙固		有柄箕			
扁壶		孙固		方案			
筒形器				神兽			
灯				神兽			
升鼎				圆壶			
升鼎				圆壶			
升鼎				勺			
流鼎							
平盖豆							
方座豆							
圆壶							
壶							
小圆壶		孙固					
簋							
簋							
鬲（2件）							
勺							
勺							
匕							
神兽		孙固					
神兽		孙固					
帐杆母扣（15件）		孙固					

从上表可以看出，左使车记有啬夫孙固、□□二人，工夏、李、苏、䍙、䚦五人；右使车记有啬夫鄰瀉、吴乗二人，工有疥、昱、□三人。因为人物稳定，所以"左""右"二字可以确认。从ナ之"𠂇、㞢"和从又之"㝅、㝈"都是"左"，"左""右"二字的区别在于"左"从工，"右"从口，ナ、又的方向是无关紧要的。据此，战国时代的郒戟上的"㞢"，应该读成右。

《考古》上的报道说："'屋'字不识，待考。"细审拓本，方穿下似有竖笔短画，此字当从尸从足。战国器物"左屋壶"（二字）和"右屋胥壶"（八字），字都从尸从足。山东泰安东更道村出土的"右屋胥楚高罍"和河北赤城龙关出土的"右屋胥□敦"，也是战国器，字都从尸从正。足、正，正也。易县燕下都武阳台出土的战国铜象尊有铭曰"右廪胥"，是指司右廪之尹。而"右屋"则不像是廪库名，因右屋胥壶铭另有"西宫"二字说明置器之所。"右屋"当为官职名，司此职的官员得称"右屋胥"，故罍铭曰"右屋胥楚高"，敦铭曰"右屋胥□"。

战国时期楚、郒、鲁、燕一带的"右屋""右屋"之职所司为何，尚缺乏力证，不敢妄议，但从"屋"字从足或从正来看，其含义与西周班毁之"左比毛父""右比毛父"之"比"，善鼎之"左𠂤□庆"之"𠂤"等的辅佐相胥义，恐是一致的。因此，"左屋、右屋"，大概相当于春秋时齐景公所置的左右相，和战国时秦武王所置的左右丞相，都是属于左右辅弼，不过不同时期、不同地方的名称不同罢了。

1986年9月于中山大学

（本文原刊《古文字研究》第十九辑，中华书局1992年版）①

---

① 编按：戈铭末字释读纷歧，或认为是"居"字异体，或读为胥，但对于其所记录的词义到底为何又各有不同说法。赵平安认为戈上的"郒"当即齐国郒邑，末字从"庭"之释，认为字从广（或厂或宀）、疋声，是"库"的异体字。参见《论东周金文"庭"当为"库"字异体》，青铜器、金文与商周礼乐文化座谈会论文，北京语言大学，2019年6月3日。

毛公䏌鼎考释

一

毛公䏌鼎何时出土？不详。最早著录见于《愙斋集古录》（1896年）。《奇觚室吉金文述》（1902年）云："归安姚观察觐元器。"《周金文存》（1916年）称："向藏归安姚氏，前数年亦归陶斋，然不载吉金两录。"查姚觐元，字彦侍，是道光时举人，官至广东布政使，有家学渊源，爱好文字音韵之学。吴大澂是同治进士，官至湖南巡抚，1894年甲午战争兵败革职。端方的《陶斋吉金录》和《陶斋吉金续录》，出版于1908年和1909年，不收此鼎铭。这样看来，该鼎是1909年后由姚觐元转端方收藏的。《周金文存》除刊铭文拓本外，附有"慰祖手拓"印的鼎的全形拓本。这是上海博物馆公开其藏器之前，学者赖以认识该鼎形制的唯一图像根据。

鼎为二附耳四柱足圆角长方鼎，口下微敛腹外鼓，与穆王时期的㢭方鼎极相似，为典型穆、共时期造型。口下一圈由顾龙纹线条化演进的斜角变形云纹，四柱足上端各有一圈变形云纹，与班毁四珥足纹相似。字体与静毁、班毁、㢭方鼎的作风一致，笔画秀劲、结构严谨，布局疏朗工整。与班毁大概是同一作坊所铸的一家之物，因主体花纹不一致，不敢断定它们为同时铸器。据马承源主编的《商周青铜器铭文选》（下简称《铭文选》）记载，该鼎"高22.6、口纵15.3、口横19.3厘米"。白川静的《金文通释》所记有误。

史籍记载中，自西周初毛叔郑立功受封后，直至春秋末年，毛氏都默默无闻。班毁证实了《穆天子传》中的毛班为穆王的父辈，是"三年静东国"的王师三军总指挥。毛公䏌鼎反映了毛公䏌是宣王父辈，权倾朝野，天子优礼有加。这样就可以断定从毛叔郑至毛公䏌，受封300年来都极显赫，毛氏常在王左右，是对周史有相当影响力的。凡毛公、毛白的铜器铭文都值得注意。而毛公䏌鼎清晰秀劲的文字和"奇古"、突兀的文辞，也都吸引着人注意它。多年来我都试图考释疏通该鼎铭文，力求字字句句在词义和语法上有个说明。前人所做的释文、句读、注释、译文，虽难免或多或少地有些囿囵之处，但都有极重要的参照意义，是写此文的阶梯和信心来源。希白师向以严谨治学言传身教，只恐弟子这篇习作难以达到恩师要求也。

二

毛公肇鼎铭文 6 行 31 字（竖排），除第二行外每行 5 字，为整齐方块排列。（见图 1）第二行 6 字，末两格 3 字，有明显经过有意安排的痕迹："用"字明显靠上，"甗"字的主体在两格中间，"厚"字与"甗"字的延伸部分一起形成合文形式。这一点对断句有极端重要的提示意义，下文再详述。

检视以前的著录，《周金文存》有全形拓和铭文而无释文；《三代吉金文存》《金文总集》、《殷周金文集成》

图 1　毛公肇鼎铭文

（已出版部分）也没有释文；《奇觚室吉金文述》《小校经阁金文拓本》《缀遗斋彝器款识考释（稿本）》《三代吉金文存释文》所载释文无句读；但《奇觚室吉金文述》考释末云"铭中厚、鎣、孝、考皆韵也"，《缀遗斋彝器款识考释（稿本）》末希白师加注云："厚、友、侑、考、老五句皆韵。"

20 世纪 30 年代以来的各类文选、考释、著录，句读各家互有出入：

毛公肇鼎亦唯毀∥我用甗厚䍧（泊）我友∥鎣其用䏦（友）∥亦弘唯孝∥肆毋有弗竸①（竞）∥是用寿考∥（于省吾《双剑誃吉金文选》）

毛公肇鼎∥亦唯毀我用甗∥厚䍧我友∥鎣其用䏦∥亦弘唯孝∥肆毋有弗

---

① 编按：此字于氏《双剑誃吉金文选》实际隶为"䵻"，右旁为"竟"。

𩬱‖是用寿考‖（吴闿生《吉金文录》）

毛公肈鼎亦佳毁‖我用𩰟厚粓我友䵼（䰝）‖甘用䝼（宥）‖亦弘唯考（孝）‖綤母（毋）又（有）弗𩬱‖是用寿考‖（郭沫若《两周金文辞大系图录考释》）

毛公肈鼎亦佳（和）毁‖我用𩰟‖厚粓我友䰝‖其用䝼（侑）‖亦弘唯考‖肆母又弗𩬱（竞）‖是用寿考‖（白川静《金文通释》①）

毛公肈（旅）鼎‖亦佳（唯）毁‖我用𩰟（饪）厚‖粓（暨）我友䰝‖其用䝼（友）‖亦弘唯考（孝）‖綤（肆）母（毋）又（有）弗𩬱（竞）‖是用寿考‖（唐兰《西周青铜器铭文分代史征》）

毛公肈（旅）鼎亦佳（唯）簋‖我用饮厚粓我友‖䰝其用䝼（侑）‖亦引唯（为）考（孝）‖綤母（毋）又（有）弗𩬱（顺）‖是用寿考‖（马承源等《商周青铜器铭文选》）

《金文诂林》《金文单字引得》截句与于氏《双剑誃吉金文选》相同，《金文历朔疏证》仅摘引前二句，句读亦与《双剑誃吉金文选》同。

从上引六家释文句读可以看出，只有晚出的《铭文选》与早出的于氏《双剑誃吉金文选》句读全同；后半部分从"䝼"后逗起，六家也相同，只是释文、训读微异；而前半部分存在着5种不同的句读。我以为，上引5种不同的句读，代表着4种不同的句式理解，涉及一些关键词的意义训释和语法作用分析的歧异。

（1）吴闿生的"……毁我用𩰟……䰝其用䝼……"句式。

（2）白川静的"我用𩰟……其用䝼……"句式。

（3）于省吾的"我用𩰟厚粓我友，䰝其用䝼……"句式。

（4）郭沫若的"毛公肈鼎亦佳毁，我用𩰟厚粓我友䰝，甘用䝼，亦弘唯考"句式。唐兰在此句式基础上，于第一、第二两句的中间各增一逗。

第（1）种句式，特点是把"毁我用𩰟"与"䰝其用䝼"当作同类型句式，文辞意义上有点相对铺排扩展的作用。这样"毁"与"䰝"都是动词谓语，意义相当于"飧馔""餍饱"，或者解为同一个词的异体并用，而"我""其"便是第一人称和第三人称代词做宾语，"用𩰟""用䝼"则是意义近似的补语。这里有几个问题值得讨论。第一，按西周铭文通例，前述作器之因，后言作器之用，或前详后略，或前略后详。本铭属后详例，无作器

---

① 编按：刘浩云：《金文通释》原作"厚粓我友，䰝其用䝼（侑）"。

之因铭,仅有作器之用铭。按惯例,叙作器之用的主语为作器者、用器者。按此第(1)种句式,"我"为宾语,有违常例。第二,西周铭文中,"其"的出现律〈率〉很高,与商代甲骨卜辞相同,多数做推测、肯定、祈使的语气词,也有做句中语气词的,做代词用为第三人称的领属格,未见直接做第三人称主、宾格用的。"其"若做第三人称宾语用,则只能指代上文的"我友",以"劝宥我友饱食"连接"亦引唯考(孝)",与"友兄弟孝父母"的传统观念有扞格。如果吴闿生取王国维之说,以䏁为孝友之友,不作劝宥用,"䤿其用䏁"与"殷我用䤿"则句式不同,"䤿"便成为主语,"䏁"为谓语,插在言器用的铭辞中,也是不可思议的。

第(2)种句式,特点是明确"我"的主语地位,"其"当语气词。但从白川静的训释中得知,他是将"其用䏁"当作"我用䤿,(厚眔我友䤿)"句的补语的,而理解上则以"厚眔我、友䤿"为"用宥"的宾语。且看他的训读:

我、用て䤿し、厚く我が友と、䤿して其れ用て侑せむ。

既然白川氏以"用䤿"为祭享祖庙,以"亦弘唯考"为弘大孝享之意,中间插入加宥及于友生,岂不有点干碍祖庙祭享?

第(3)种句式,特点是以"我"为主语,"用䤿厚"为状语,"眔"为谓语;"䤿"为状语,"用"为谓语,"䏁(孝友之友)""孝"为宾语,即以祝饱食用来友兄弟并孝父母也。但在铜器铭文中,"眔"字通常都是用作连词,连接并列性质的名词及名词性词组,偶有做动词用的,其义如至、到达。

第(4)种句式,特点是第一句说明器物主人和器名,其后文辞均属言器之用,主语以"我"(器物主人)贯通到底。从肇鼎的具体实用——煮设熟食与僚友同饱,逐步远化虚化为意愿祈求——友兄弟,孝父母,求顺利,达寿老。每一小分句一个中心内容,渐次推进。这样的断句,我认为是比较正确的。唐兰在郭沫若的句读基础上增加两逗,似更接近西周语言的短句习惯,读起来节奏较一致,但从语句的完整性考虑,这两逗还是不加为好。

三

毛公肇鼎铭文,吴闿生评为"撰词奇古,巍然特出";于省吾评为"醲炼坚浑,不主故常";白川静则曰"文极奇古","语法颇异于常铭"。为了解决好释读问题，需既在宏观上把握铭文的"言器之用"的性质，明确器主"我"的主语地位，然后分析寻找各分句的谓语，又同时在微观上弄清一些关键词语的意义，尤其是几对通常被认为可以通假的字。

唐兰在毛公肇鼎译注之后，加了一段说明："此当是铭词之后半，前半疑当在盖上，本当说某人作毛公肇鼎，前半已佚。"（见《西周青铜器铭文分代史征》第345页）这是按一般常例的推测，是完全有可能的。但只是可能，在没有发现鼎盖，没有办法证实必有前半铭文之时，还是要从异于常铭的语法上去寻求解释为好。

1. 毛公肇鼎亦佳殷

《奇觚室吉金文述》将"肇"字误分释为"旅车"两字，读作旅鞏，谓"亦惟敵者言作鞏与鼎又作敵也"，后来学者都知其误。吴闿生以"殷"为动词与下文连属读，上文已议其不妥。白川静认为铭类似"成王隣"，"毛公"下省略动词"作"，"亦佳"是连词，即毛公作肇鼎和殷。唐兰疑作器者名在盖上，因此译作："……（某某乍）毛公的族众公用的鼎和簋。"可知唐兰是以"肇"为"族众"，以"亦佳"为连词"和"。马承源主编的《铭文选》，释文在"鼎"下逗，注文以"亦"为句首语词无义，"佳"为"介词，用法与以字相同"，译作"毛公旅以其鼎和簋"，便与释文句读相冲突了。以"佳"为介词，引《左传·僖公二年》"冀之既病，则亦唯君故"也欠妥。《左传》该句的"亦佳"是为表原因的"以"，而《铭文选》用来表工具，并将"鼎"后"簋"前的介词，移至"鼎"之前，另在鼎簋之间添加连词"和"，这样的译文，明显有违原文。

我认为，第一，此句无须加字求解，那是训诂大忌。在句首加"作"字求解，则此鼎作者不是毛公，后面铭文的主语"我"也不是毛公。在"毛公"之后加"作"字求解，认为是"毛公作肇鼎和殷"，也与西周中后期较常见的语言习惯不合。通常习惯是作为主要成分的动词谓语是不省略的，而次要的连词却往往是可省略的。例如，"彊白乍旅用鼎殷""彊白自乍般炎""奠白乍盘匜"等。尊重语言文字客观材料，"成王隣"应理解为成王之隣，"毛公肇鼎"应理解为毛公之旅鼎。第二，"肇"不是毛公私名，也不是族众。铜器中有旅鼎、旅殷、旅盨、旅盘、旅彝，如同称行鼎、行鬲、行盨、行匜、行盏、行盘、行匜、行器、行具。第三，"佳"是本句关键的谓语，其义和"若、象、是"差不多，考释本铭的学者似还未有人提到过。《诗·大雅·生民之什·板》："价人维藩，大师维垣，大邦维屏，大宗维翰。怀德维宁，宗子维城。"这6句6个"维"字，都是谓语动词用法。本句"毛公肇鼎亦隹毁",即毛公旅鼎也是毁,作为行旅之器,兼有煮食器和盛食器功能。最有意思的是,时代相近,字体极相似的毛公班毁,则是伸长四耳为足如鼎状,若提出"毛公旅毁亦隹鼎"(毛公旅毁也是鼎),面对班毁,恐怕人们都无异议吧?

2. 我用歆厚眔我友䬣

上文已述"用歆厚"3字的中心基本等距离,"用"字偏上,说明是有意安排。"歆厚"两字如同合文,显示着近似词团的关系。在先秦铜器铭文中,以合文形式书于同一格位的,主要有专名(人名、官名、族名、地名)、复合数词及数量词、习惯用语(如万年、永宝、宝用、无疆等),还有少量有相关联关系的用词(如至于、内门、考于、之家等)。"歆厚"两字的关系,殆即属于有相关联关系的两个词,为防人误读而有意安排在一起,谓载食丰厚,不得在"歆厚"两字中间句读,令"厚"字下属。"用歆厚"是介述补结构,充当动词"䬣"的状语。此句与下列铭文相近:

乍丝毁,用卿己公,用𠋑多公。[它毁(盖)]
用乍宝彝,命其永吕多友毁䬣。(命毁)
用乍丁公宝毁,用䠊史于皇宗,用卿王逆造,用䬣寮人。(令毁)
用乍鼎,用从井侯征事,用卿多者友。(麦鼎)
用朝夕卿氒多倗友。(先獸鼎)
用乍宝鼎,用卿倗䰜。(七年趞曹鼎、十五年趞曹鼎)

上引鼎或毁铭,时代与毛公肇鼎相差不远,都是说作鼎或毁以宴飨同僚朋友的。《铭文选》释"䬣"为饮,似不如从众释"䬣",相同文例的它毁,证明该字从𠂤不从欠。本鼎铭"我用歆厚眔我友䬣",与命毁"命其永吕(与、眔)多友毁(䬣)䭈"同意,令毁则作"用䬣寮人",说明本鼎铭应在"䬣"后断句,并以"䬣"为本句谓语,在"䬣"前断句者都是不妥的。"䬣",《说文》谓"饱也",从诸铭文文例看,其义与"卿(飨)"同,是以盛礼请宾客朋友宴饮的意思。

3. 其用䰜,亦引唯考

此句承上文省主语"我"。"其"是语气词。"䰜"字在上引两件趞曹鼎铭中用作倗友之友;但在本鼎铭中,倗友、僚友之友不从口或甘,"䰜"当为孝友之友,与下文之"考(孝)"相应。"引",旧释为弘大之"弘"。自20世纪70年代出土的马王堆汉墓帛书证实其为导引之引以后(于豪亮先生有《说引字》专文论述），墙盘铭又有"宏"字作⌀，内从弘，表明"弘""引"有别，"彳"字释引，殆为定论。但是于豪亮《说引字》读本鼎铭之㗱为侑，以引为永为长久，读唯作为，释考为合，把本鼎铭译作"既用之侑祭，又永为合祭之用"，未得铭文真意。引，有引申、更进一步、兼及等含义。此"唯"字从口，是语气词，与首句不从口之"隹"有别。"考"，在铜器铭文中常与"孝"通用。本句铭文的意思是：我用来友爱兄弟，也兼及孝享父母。

4. 繇母又弗譱，是用寿老

繇，句首语气词。母，通毋。又，通有。弗，不也。譱，以前各家多释作竞。因为猷钟有"亡竞"，《诗·抑》有"亡竞维人"，《诗·桑柔》有"秉心无竞"，《诗·烈文》有"无竞维人"，《诗·执竞》有"无竞维烈"，于是认为本铭"繇母又弗譱"即为"肆毋有亡竞"，解作"没有不自强"。唐兰进而将自强引申为优胜，译作"就没有不优胜的"，辞意有嫌勉强。高田忠周《古籀篇》曰："按：譱，此训字，从言人，或从言卩，未详。但殷（按：殷为鄎之误释）譱为韵，即是训繁文，或从二言从顺省声，或从竞省川声，而铭意当读为顺。《广雅·释诂》'训，顺也'。《乐记》'和顺积中而英华发外'，与此义近矣。"

高田忠周读"譱"为顺是对的，只是对字形提出多种假设而未得。《铭文选》注："譱，从言巟声。巟是顺的别构，字当假为顺。毋有弗顺，即没有不顺利的事。"他们的译文是对的，但"巟是顺的别构"，尚无可说。我认为，譱，从竞誩声。作为形义符的竞和页，古字初文都是侧立人行。声旁誩即训。古文从言从心常相通。"怂"字在中山王嚳器铭中读为顺。"怂、训、顺"，皆巛声。"母又弗譱"读为"毋有弗顺"，言从义顺。将"譱"释为双人并列争竞之双，或从讹变后的从誩从从之竞去索解，在形体上意义上都牵强难圆。不应因为古有"无竞（境）"之熟语，硬将"弗顺"读作"弗竞"，人为地"奇古"。

"是用"，为介宾结构，表因果关系，做状语用。是，此也，做宾语，提介词"用"之前。铭末为"老"字。希白师在20世纪20年代得《缀遗斋彝器款识考释（稿本）》时已辨明为"老"，为韵脚。可是许多考释者仍一直粗心地写作"考"。"是用寿老"，即（我）因此长寿也。

四

根据以上的语法和词语分析，毛公肇鼎铭文31字，"隹、唯"有别，

"毁、䬴"不同,"友、𢆶"有异,"考、老"各用。这些通常在铜器铭文中被认为可通用的字,在本鼎铭文中的意义和语法功用差异可辨。全铭的释文、句读为:

毛公肇鼎亦佳毁。我用甗厚眔我友䬴。其用𢆶,亦引唯考(孝)。龢母(毋)又(有)弗謣(顺),是用寿老。

以"毁、䬴、考、老"为韵。

译文:毛公旅鼎也是毁。我用来载丰厚的熟食,与我的僚友们一起饱餐。(我)用来友爱兄弟,又用来孝享父母。(我)没有不顺利的事,因此长寿。

1994 年 8 月

(本文为纪念容庚先生百年诞辰暨中国古文字学学术研讨会论文,1994年;刊于《容庚先生百年诞辰纪念文集》,广东人民出版社 1998 年版)

先秦"要""娄"二字及相关字辨析

——兼议散氏盘之主人与定名

第四版《金文编》出版至今,已有12年了。批评、校订《金文编》的专门论著很多,在论文中提及与《金文编》释字有异议的更是难于统计。我作为第四版的摹补者之一,受益匪浅,并深深地为金文研究的深入拓展感到欣慰雀跃。当然,其间也有些朋友感到某种疑惑不解:《金文编》编号字数才二三千,为什么批评、纠正的意见竟逾3000条?许多前哲时贤"所释至确""不易""可从"的意见,第四版《金文编》为什么没注意到?……往昔容师希白先生倾听过许多专家的意见,他对学生们说:"附录里的字,专家们都认识了,但我许多还不认识,所以还是保留附录。"先生自有先生的道理。就我而言,受先生重托最后独立摹补完成《金文编》,一是水平、能力、经验有限,未能全部阅读并理解透前哲时贤的论著;二是各人对工具书有不同的目标选择,我是奉命遵照先生的体例而修订摹补,许多贤哲的精彩设想和猜测只能割爱;三是本人常怀疑自己"破译"难字的功夫和判断力,虽然谨记着先生的训诫"无参验而必之者,愚也;弗能必而据之者,诬也",但我离开先生的审察、教导时,仍不免陷入愚且诬,草率选择某一家的意见者有之,狐疑而不敢抉择者亦有之。是以批评、献策者众,首先受益者是我,衷心感谢同行朋友们!

不过,事情往往是很复杂的。兹以"要""娄"二字之辨析为例,向同行朋友们请教。

一、古文字中,构成"要""娄"二字的要件讹混,由来已久

古文字中,"要""娄"二字形体相近,都是上从𦥑下从女,有《说文》《三体石经》古文和《汗简》的形体参照,二字的区别,似乎就在中间从 ◊ (西)与从 ◊、◊、◊ (丙、角)之异,像是容易分清的。但是,面对前哲时贤的众多精彩纷呈的意见,我就有些狐疑,不能像一些先生极易做出"至确""可从"的判断,甚至怀疑古今众多人(包括我在内)陷入了愚且

先秦"要""娄"二字及相关字辨析 309

诬的境地而不自觉。试先举字例,然后逐一申述之。

要 《说文》篆作🔲,古文作🔲;《三体石经》作🔲。

《汗简》作🔲,注:见《说文》。

云梦秦简·日甲作🔲、🔲。

娄 《说文》篆作🔲,古文作🔲;《三体石经》作🔲。

《汗简》作🔲,注:见《说文》;作🔲,注:出《义云章》;作🔲,注:屡,出史书。

云梦秦简·日甲作🔲、🔲,曾侯乙墓衣箱作🔲。

为了使"要""娄"二字的区别更加明晰,再列一批参照字以做旁证。

西 《说文》篆作🔲,禹鼎作🔲、🔲,多友鼎作🔲,曾侯乙镈作🔲。长沙楚帛书作🔲,云梦秦简·日乙作🔲。

廼 《说文》篆作🔲,毛公厝鼎作🔲、🔲。

云梦秦简·封作🔲。

罨 (叀通遷)《说文》篆作🔲、🔲,古文作🔲;《三体石经》作🔲。

《汗简》作🔲。

《侯马盟书》作🔲、🔲,云梦秦简·秦作🔲、🔲。

遷 《说文》篆作🔲,古文作🔲。

《汗简》作🔲。

鄹 (通遷)《说文》篆作🔲,何尊作🔲①,鄹、毁作🔲、🔲、🔲。

㭊 包山楚简作🔲②,望山二号楚墓简作🔲。

僊 《说文》篆作🔲。

---

① 编按:原字右下泐,作🔲。

② 编按:原文作🔲,今据滕壬生《楚系简帛文字编》(增订本)更换,湖北教育出版社 2008 年版,第 554 页。张守中摹作🔲,参见《包山楚简文字编》存疑字第 243 页 55 号字,文物出版社 1996 年版。

《汗简》作〇。

票　《说文》篆作〇。

《汗简》作〇，云梦秦简·日甲作〇。

剽　《说文》篆作〇。

云梦秦简·日乙作〇。

喽　长沙楚帛书作〇。

数　《说文》篆作〇，中山王譻鼎作〇。

云梦秦简·效作〇，又秦作〇。

楼　《说文》篆作〇。

云梦秦简·为作〇。

寠　《说文》篆作〇。

云梦秦简·日甲作〇。

偻　《说文》篆作〇。

云梦秦简·为作〇①。

屦　《说文》篆作〇。

云梦秦简·日甲作〇、〇②。

缕　《说文》篆作〇。

信阳长台关楚简作〇，长沙仰天湖楚简作〇、〇③。

以上举"要""娄"二字及众多参照字的形体看，似可归纳为：从〇、〇者，隶化后转变为西字头；从〇、〇者，隶化后转变为娄部件，其中部所从之〇、〇、〇可视为〇移在〇下之形变。但也不尽然，汉魏时〇已讹变为〇，

---

① 编按：原简作〇，原文作〇，张守中摹作〇（参见《睡虎地秦简文字编》，文物出版社1994年版，第128页），均有失真。今据方勇《秦简牍文字汇编》，吉林大学博士学位论文，2010年，第198页。但图片反白后亦有所失真。

② 编按：原文作〇、〇。后一字当隶为廊。

③ 编按：原文作〇、〇，今据滕壬生《楚系简帛文字编》（增订本）更换，湖北教育出版社2008年版。

《义云章》里🔲又讹变为🔲，将"要""娄"二字的区别标志混淆了。在参照字里，"罨"字在魏《三体石经》中将其所从之🔲讹变为🔲；"檴"字在望山二号楚墓简中讹作🔲；"票"字在《义云章》里将所从之🔲讹作🔲（目）；"僵"（嶃）字在《碧落文》中将所从之🔲讹作🔲；"缕"字在仰天湖楚简中又将其所从之🔲讹作🔲。

可见，古文字中"要""娄"二字的构成要件之讹混，由来已久，从战国时期到隋唐的古文字书写者，都常混淆所从之🔲与🔲。后人对有关文字的释读，就需要依赖🔲或🔲和其他构字材料（如屮、中、示等）的配搭关系以及上下文义，予以隶定和考释了。至于独立的单字和缺少旁证的人名、地名，加上当时文字写作或铸造不规范，"要""娄"二字及其相关字的释读，有时会出现困难。

二、《金文编》对相关字的处理与今天的思考

1. "🔲"（见于白🔲府毁）

吴大澂的《说文古籀补》和《愙斋集古录》释要；林义光《文源》："象女自约两手于腰形。"加藤常贤《汉字之起源》："盖由在腰部缠以腰卷，或衣服上以纽连接之处而得音者也。"高田忠周《古籀篇》释为閟。李孝定曰："吴大澂释要，说固误，高田氏以为即《说文》閟字亦无据……但当隶定作🔲，以古文孹字例之，则隶定作🔲亦可。字不可识。"高明《古文字类编》作要。第四版《金文编》置于附录下132号。

按：此字上从𦥑下从分，隶定当作🔲，显然不是"要""娄""孹"等字。如果硬要推测，我以为可以"譬"字例之，"譬"字从言𦥑声，读若数；"🔲"字从分𦥑声，也读数。字以言或分为意符，盖因人们数数习惯是一边以口念数，一边以手分点；其次，数之为用，既可供言称，亦可供分析以分别多寡也。长沙楚帛书中的"喽"字，也是同理（李零先生谓该字即"娄"而读为数）。因"🔲"在毁上为人名字，音义不好以主观推定，《说文》也只有𦥑部而无分部，故暂入附录。

2. "🔲"（见于🔲方鼎）

《汉语古文字字形表》入"要"字栏。《商周青铜器铭文选》隶作🔲。周法高《金文诂林补》谓"待考"（第4596页）。

按：此字在铭中为地名，中间非从西、从角，下部亦非从女。字象从𦥑抓举张目走动的人（鬼）形，不知当会何意？《金文编》暂列附录下516号待考。

3. "囟"（见于孟囟殷）

《金文编》据最初发表的报告称器为"是要殷"，将此字作要0422号。当时我的想法是，既然古人对囟、囟尚且容易相混，我们对于古人人名的音义很难提出确证非纠正不可，故沿用初释。今从文字发展的主流看，从囟者隶化为西，从囟者隶化为娄，此字应从高明《古文字类编》释娄为是。长陵盉囟字，马承源先生和《汉语古文字字形表》释作要，也应改释娄，从高明先生、陈汉平先生等释为是。

4. "囟"（见于囟君盂，《商周金文录遗》513）

孙诒让《籀庼述林》记得此盂之事曰："光绪丙子家大人以鄂藩入觐，诒让侍行，得此于河南项城道次。"谓："器为要君所作，篆作婴者，即要之异文。《说文》囟部囟，身中也，象人要自臼之形，从臼交省声，古文作囟。盖要字篆文以象形而兼谐交声，古文作婴，则从女从嬰省，既非身中之形，又无交省之声，于六书当为会意，然其义殊不可说。嬰本是从昷囟声，此又变囟从卤。《筠清馆金石录》伯要敦要字作囟，中亦从卤，与此同。卤与要古音同部。若然，古又疑本从卤声，今本《说文》传写讹作囟，金文可据以考证。"

朱德熙先生《战国文字研究（六种）·智屡考》在引了《三体石经》"娄"字古文作囟，《汗简》引《义云章》"娄"字作囟，《古文四声韵》引《黄庭经》"楼"字作囟后，认为王国维云《说文》"娄"字古文作囟，字形有脱误，当可信；接着引《说文》"要"字古文作囟，认为"形体与娄字无异……因此《说文》要字古文的形体是可疑的"。

孙诒让是先误认从卤之字为"要"，后疑《说文》古文"要"传写讹作囟；朱德熙先生则是先确认从卤之字为"娄"，《义云章》"娄"又作从囟，因而判《说文》"要"字古文可疑。我以为，《说文》中"要"的古文"囟"从囟（西），"娄"的古文"囟"从囟（角之变形），构形要件分别至为清楚，只是"娄"之古文脱臼有误，不宜以魏晋以后的《三体石经》《义云章》《汗简》中的某些形体讹变，去怀疑东汉的《说文》古文"要"字。

此囟君盂之"囟"字左上缺囟，殆仍为"娄"字。器主为娄君伯居，此"娄"字殆为楼氏之楼的古文。《春秋左传正义·隐公四年》："《谱》云：杞，姒姓，夏禹之苗裔。武王克殷，求禹之后，得东楼公而封之于杞，今陈留雍丘县是也。"《姓苑》谓楼"望出东阳，周封少康之裔为东楼公，子孙因氏焉"。按：雍丘县即今之河南省杞县，离项城约100公里，之间经太康、淮阳，有从鄂至北京的传统大道。孙诒让正是在离杞不远的项城道次得此娄君盂。因为盂铭拓本中文字与夹砂锈孔斑驳不清,《金文编》未采录。

5. "🅧"（见于洹子孟姜壶）

吴荣光引阮元释夏（见《筠清馆金文》）；徐同柏释庙（见《从古堂款识学》）；吴云从陈颂南说释鼟（见《两罍轩彝器图释》）；吴大澂释宴（见《说文古籀补》）；刘心源释要又从宀作宴（见《奇觚室吉金文述》）；高田忠周释宴又即宴，谓为要媱之要，为舞容（见《古籀篇》）；郭沫若谓是宴之变体，以要为声（见《两周金文辞大系考释》）；李孝定不同意诸家之说，而又认为"字但当隶定作宴"（见《金文诂林附录》）；周法高则在高田忠周说的基础上，将"宴读为妖……谓宴舞犹言妖舞"（见《金文诂林附录》）。以上各说，都是以"洹子孟姜丧其人民都邑，董🅧无，用从尔大乐"为句做前提，而提出的看法。容师对释宴、释宴、释夏、释庙、释鼟，形体上始终有疑，故《金文编》将其入附录下。

20世纪80年代学者们多认为，该壶铭是记齐侯为其女——洹子孟姜家有丧事，派太子请命于周天子，得嘉命，洹子孟姜于是乞嘉命而作壶与铭，有关句子断为："齐侯既遭洹子孟姜丧，其人民鄩邑董宴，無用从尔大乐。"对"無"字属下作为否定副词，没有疑问。而"鄩邑董宴"四字，便成了讨论的中心。

《商周青铜器铭文选》释文作："其人民都邑董（懂）宴（忧），无用从（纵）尔大乐。"注文对"都邑"未做解释，而"宴"字在注文中作"宴，假为忧，宴从要声，与忧为同声，韵部相近"。

陈汉平先生《〈金文编〉订补》和董莲池先生《〈金文编〉校补》释为"鄩邑董宴"，并读为蹙恒懂忧，均指悲愁的样子。

我同意陈、董二先生"鄩邑董宴"之释。但我以为这里上下两句话，与"無用纵尔大乐"相连，像是上对下的训诰语言，不容商讨的语气。在齐侯向洹子家吊丧之后，与其说其人民百姓悲愁忧伤，似不如说要求其人民百姓造邑（到洹子家）吊问，勤劳服事，不能放任地举行大型宴乐活动。

三、释𦄂及散氏盘的主人与定名

"🅧"①（见于散氏盘）。

此字阮元释鼟（见《积古斋钟鼎彝器款识》）；刘心源释朕（见《奇觚

---

① 编按：字原作🅧。糸右下一笔拓得墨迹很浅，但尚可分辨。

室吉金文述》);孙诒让释:"疑为要之变体……疑为要约同义,故亦从系,皆繁缛文也。"(见《古籀余论》)郭沫若曰:"余初以意推之,释缌,读为券。今案此释不确,字当是繻,乃缕之繁文。"(见《金文丛考·金文余释》)后又曰:"缕叚为契要之要。"(见《两周金文辞大系考释》)李孝定评曰:"孙诒让氏释缕,谓即要之繁文,郭氏从之是也。郭引经传要字义训,以读本铭义亦顺适。"(见《金文诂林附录》)容师对此字的形体构造有疑,故每次编撰修订《金文编》,总将它置于附录下。

按:此字从系甚明,"𦃇"与"𦃈、𦃉"之间有微小差别,不能据以定为"要"或"娄",更何况"𦃈、𦃉"形近易讹混。释繻则是无来由的增形。故朱德熙先生说:"散氏盘末行第四字旧释缕,是否可靠很难说。"(见《战国文字研究(六种)·智屦考》)但我认为在文字形体不稳定、异体纷呈的商周时代,纯用形体分析释字是不够的,往往要联系铭文的上下文,推勘该字的音义及词法、语法地位,与形体分析两相结合,才能较有把握分清文字是异词异字,或同词异字(异体),或异词同字(通假借用),还是书写铸刻时的误笔等现象。散氏盘铭辞的性质为矢、散两氏的要约,矢人需付散氏两片土地并发誓不爽约。所以,孙诒让释此字为要约之"要",繁文为"缕",是令人信服的。我在修订《金文编》时,将它附在卷三之0422号"要"字之后,注明从糸,义为要约。《说文》:"约,缠束也。"约剂、盟要的作用,在约束参与各方以为信,似以绳束腰;又或许矢、散二家要约的原稿正本即为丝麻织物,而非竹简、木方、玉石版之类的材料,而将"要"字增糸符。散氏是受田得益方,故将大事要约铸之于盘。

林沄先生1990年著《新版〈金文编〉正文部分释字商榷》,释此字为缕。陈汉平先生过录于其《〈金文编〉订补》中,并注"识此存疑"。而董莲池先生的博士论文《〈金文编〉校补》从其师说释为缕,谓"铭中之义待考"。我以为此字释缕,不仅不得铭中之义,且字形亦乏根据;而释缕读为要约之要,铭中之义顺达,字形可作从糸要声解释,要旁为𦃈之异体,⊘讹变为∧。

关于散氏盘之定名,主要有二说,一曰散盘或散氏盘,二曰矢人盘。刘心源于《奇觚室吉金文述》首提矢人盘名。郭沫若《两周金文辞大系考释》则云:"谓因矢人营业于散邑,故用田以报散氏,与翩从盨田邑对换事相仿佛,事乃和平交易,非战争赔偿也。……本盘实是矢人所作,旧称'散氏盘'者,实误也。今从刘心源正名为矢人盘。"杨树达于1942年所作之《散氏盘跋》曰:"散氏受田,以事理衡之,制盘者当为散氏而非矢人,旧题此器为散盘或散氏盘者是也。刘心源改题为矢人盘，失其理矣。"我们可以进一步补充："用矢戮散邑，迺即散用田"，就像"匡众""寇曶禾"，若匡"来岁弗偿"，"迺或即曶用田二又臣一夫，凡用即曶田七田人五夫"。匡即曶田，曶是胜诉方，制鼎以记事；矢即散田，散是胜诉方，制盘以记要约，同理。矢人付田，散氏受田，矢人参与履定田界的有司，还得为付散氏田器和湿田、啬田，分两批起誓，若有爽变，要受鞭千罚千的刑罚。显然，矢人付散氏田，不像郭氏所言，是矢人到散邑营业的报偿，绝非平等交换可比，实是矢人侵犯了散邑之后的一种处罚。曶鼎铭重点叙述了案由和诉讼判决经过，散氏盘铭则用高度概括的"用矢戮散邑，迺即散用田"两句话便将案由和判决带过去了，而将重点放在判决的执行落实上。

盘铭末行"毕左执缕史正仲农"只占下半行位，郭沫若谓："乃下款，谓其左执券乃史正之官仲农者所书也。"以致最近还有人在据出土文物谈中国文化之最时，说西周散盘铭是最早的署下款的实物证据。然无论是从古汉语文法还是从契约文书的传统习惯看，文书之末所署应为参约人持券者，盘铭末句应理解为"毕左执缕者是史正仲农"。

古之要约，或又称券、称契，原本分为左右，右要由付方所执，左要归收受方所执，各以为凭证。《周礼·春官·大史》谓："凡邦国都鄙及万民之有约剂者，藏焉，以贰六官，六官之所登。若约剂乱，则辟法；不信者刑之。"大史所藏之约剂，乃为转抄的副本（贰），存档是为了执法检查时有所根据。一次性的付受（如争讼所判的偿罚），左执要者可以之向右方索偿。《礼记·曲礼》："献粟者，执右契。"这是说献粟付出方执右契。《新郪虎符》："甲兵之符。右在王，左在新郪。"新郪欲兴土被甲用兵50人以上，得以其所执左符，去会王执之右符，秦王准许，则出右符以验证，无误才得发兵。其意义是左符方提出索兵要求，右符方批准付给。《老子》："是以圣人执左契而不责于人。"是说圣人持有向人索取的契约而不用。《马王堆老子乙本》作"是以㊣人执左芥而不以责于人"。《史记·田敬仲完世家》："公常执左券以责于秦、韩。"是苏代赞楚臣田轸的计策让秦、韩二国不出兵而得魏国土地，而田轸稳操左券地可要求秦、韩给予报偿。只有借贷关系不同，有借有还是两次付受，债权人先是付出、执右券，然后以右券为凭证索偿。由此可知，矢人是讼事负方，付田器和湿田、啬田给散氏，是毕执右缕方；而散氏是讼事胜方，属受方，是毕执左缕方。唯毕执左缕，才值得将缕辞铸上大盘。既然"毕左执缕"是史正仲农，可知散氏做史官的仲农，即为此盘的主人。若按铜器命名常例，当称此盘为"仲农盘"，称"散氏史正仲农盘"则更全面准确,但略嫌累赘。若从长期为学者所习熟考虑,仍可称"散氏盘",而称"夨人盘"是肯定不妥的。

1997 年夏

(本文原刊《第三届国际中国古文字学研讨会论文集》,香港中文大学1997 年版)

《史记》《汉书》之"获若石云"解
——石鼓本有名,曰"陈宝"

一、"获若石云"有文字音义之疑

《史记·秦本纪》:

文公元年,居西垂宫。三年,文公以兵七百人猎。四年,至汧、渭之会,曰:"昔周邑我先秦嬴于此,后卒获为诸侯。"乃卜居之,占曰吉,即营邑之。十年初为鄜畤,用三牢。十三年初有史以纪事,民多化者。十六年,文公以兵伐戎,戎败走。于是文公遂收周余民有之,地至岐。岐以东献之周。十九年,得陈宝。二十年法初有三族之罪。二十七年,伐南山大梓丰大特。四十八年,文公太子卒,赐谥为静公,静公长子为太子,是文公孙也。五十年,文公卒,葬西山。静公子立,是为宁(林按:据秦公钟铭当为宪)公。①

秦文公"十九年得陈宝"事,《史记·封禅书》有较详细的补充说明:

作鄜畤后九年,文公获若石云,于陈仓北阪城祠之。其神或岁不至,或岁数来,来也常以夜,光辉若流星,从东南来集于祠城,则若雄鸡,其声殷云,野鸡夜雊。以一牢祠,命曰陈宝。②

《汉书·郊祀志》移录这段文字无异。神来鸡鸣的神话,显然是文公以后产生的,文公时史事不载。

---

① 《史记》,见《二十五史》(1),上海古籍出版社、上海书店1986年版,第23页2、3栏。本文所引《史记》均采此版本。
② 《史记》,第173页1、2栏。

在"文公获若石云,于陈仓北阪城祠之"句下,《史记集解》引:"苏林曰:'质如石也。'服虔曰:'在北,或曰在陈仓北。'"《索隐》:"云,语辞也。"①《汉书注》作:"苏林曰:'质如石,似肝。'师古曰:'陈仓之北阪上城中也;云,语辞也。'刘敞曰:'盖于陈仓北阪上筑城作祠祠之,下文云集于祠城是也。'"②

总之,训"若"为如、为似,"云"为语辞。如此,该句之"获",便缺少了宾语名词,成为坏句。《汉书》《史记》文相同,无人会怀疑两位著名史家写坏句,更无人怀疑苏林的训释是否妥当,唯有当省略宾语来理解。于是,《白话史记》的译者,根据后文有"命曰陈宝",给"获"以意增加宾语"宝物",将此句译作:"秦文公在陈仓发现了宝物,质地和石一样,于是在陈仓县北面山坡上筑城立祠来奉祀。这位神……于是用一牲牢来祭祀,叫做陈宝(在陈仓发现的宝物)。"③ 李铁华《石鼓新响》依据苏林"质如石,似肝"的解释和宝鸡的传说,与石鼓诗相对照,认为《而师》中有"肝来"、《天虹》中有"雉血",即臆想秦文公所获之陈宝为鸡血石,甚至幻想如肝的鸡血宝石,"完全有可能还在陈仓古遗址上,兴许也能找到新的矿石资源"④。翻译者的无奈和臆想者的浪漫,都将"获若石云"的文字、音义疑问,明显地摆在了读者面前。

紧接"命曰陈宝"之后,《汉书》即将《史记》的"作鄜畤后七十八年,秦德公既立,卜居雍",改为"作陈宝祠后七十一年,秦德公立,卜居雍"。可见,班固移录司马迁的《史记》,是经过认真审慎研究的。有司马迁之博学,班固之严谨,而词句相同之"获若石云",可以相信绝非错简、脱字之类的坏句。东汉服虔、应劭二人,去班固尚不远,熟悉当时通用的简省的古文、草隶,能读懂"多有古字"的《汉书》,在此句下没有特别说解,也证明不是坏句。只是晚班固170多年后的苏林,对"后人习读,以意刊改"后古字已转写为楷书的《汉书》,不能正确校读而穿凿训解罢了。

东汉后期至三国、两晋,为《史记》《汉书》的文字、音义问题而写的著作迭出⑤,可见古文、隶书向楷书的转变,曾给古书典籍的传抄,带来过

---

① 《史记》,第173页2栏。
② 《前汉书》,见《二十五史》(1),上海古籍出版社、上海书店1986年版,第119页1栏。本文所引《汉书》均采自此版本。
③ 台湾十四院校六十教授合译:《白话史记》,岳麓书社1987年版,第253页。
④ 李铁华:《石鼓新响》,三秦出版社1994年版,第190～191页,又第199～201页。
⑤ 参见《史记》,第2页3、4栏,第3页1、2栏;《前汉书》,第365页1、2、3栏。

诸多严重问题。唐代张守节《史记正义论例》①和颜师古《前汉书叙例》②都有专门讨论。所以，对此二书的特别问题句，需要关注这段时期的文字、音义的转变。

二、 考其背景，还其本原

司马迁10岁读古文书籍，20岁以后游历全国名山大邑，采访遗闻逸事，继承父亲司马谈任太史令，在汉武帝太初、天汉年间，又时"紬史记石室金匮之书"③。那么，战国古文、秦汉篆隶所书写的宫廷典藏文籍，应是司马迁所习熟的。山东临沂银雀山出土的大量竹简和居延发现的早期汉简，可以证明司马迁时代的通用文字，乃是带有篆意的隶书及草隶（或曰章草）。汉武帝时，儒学大兴，连诏书也常用古文古字，在这种环境下，博古通今的司马迁在写史时多用古字、篆隶，匆忙间有时用草隶，也是不足为奇的。

班固是古文经学家，东汉"永平中为郎，典校秘书，专笃志于博学，以著述为业"。他所著的《汉书》，叙事详密，可是他也像东汉初年的其他古文经学家一样"信而好古"，当时社会通用的隶书已很少篆意，而他却爱用古文。例如，乃作迺，邻作厸，草作屮，和作龢，汝（第二人称）作女，等等，都是班固刻意使用古文的表现。

据唐代颜师古所撰《前汉书叙例》称：

> 《汉书》旧文，多有古字。解说之后，屡经迁易；后人习读，以意刊改；传写既多，弥更浅俗。今则曲核古本，归其真正。一往难识者，皆从而释之。④

可知《汉书》本多古字，经三国两晋南北朝的辗转传抄，《汉书》及其各种注本，已"乖舛错乱实多，或乃离析本文，隔其辞句，穿凿妄起"⑤。而颜师古集群注，校古本，意在归真。《史记》早《汉书》100多年，到东汉时期的古文经学家的传抄本，用字状况可能与《汉书》相差无几。同是

---

① 参见《史记》，第362页3、4栏。
② 参见《前汉书》，第365页1、2栏。
③ 《史记》，第358页3栏。
④ 《前汉书》，第365页1栏。
⑤ 《前汉书》，第365页1栏。

史书，同样经历古、隶、楷的转变，所以《汉书》流传中产生的问题，《史记》同样存在。两书"获若石云"的《集解》《索隐》《正义》《集注》部分，就是互相转抄、互相补充的，而且至今同是属于"以往难识者"。把"若石"理解为"质如石似肝"那样的比况成分，把"云"理解为"语辞"，就是使语句不辞的两大关键。我们现在可以从文字形体变迁、作者用字习惯和古今异言殊语的通假，去发现和纠正其乖舛的文字及穿凿的音义。

我们从战国、秦、两汉出土的帛书、竹简中都可以看到，从林、从竹、从丝、从艸偏旁的字，可以简省为从木、从个、从幺、从屮，其中以屮代草、艸、艹者较为多见。汉印"便都"之"都"作䣝，所从之"若"，上从屮下从右。① 可见，从西汉后期至东汉，古文经学盛行之时，把"若"字写成上屮下右，在当时用篆隶，认读上当不会成为障碍。但用当时已通行的草隶，屮和右的写法，则同十和石的字形非常近似，容易混淆，即极容易将连写的"十石"二字，误认为是一个"若"字。这是校读汉代著作不能不注意的。

《汉书》的《地理志》《五行志》《礼乐志》《司马相如传》《晁错传》《公孙弘传》《苏武传》《董仲舒传》《赵充国传》《贡禹传》《榖永传》《扬雄传》《王莽传》《叙传》等，就有数十处将"草"写作屮，可谓将屮的使用推广到极致，而写作"草"者反不多见。班固后几十年的许慎著《说文解字》曰："屮，古文或以为艸字。"大概班固或者还有当时的古文经学家对此古文屮有偏爱。但是在古文、篆隶偏旁中重复字素省一的写法，所涉字并不多，终未能发展成为改变偏旁体系的力量。相反，到了东汉末年和三国以楷代隶时期，大多数的单字素省代写法，又回归到原来的重复字素写法。东汉时期"屮"字的草隶写法与"十"字很少差别，后来转变为楷书时，

---

① 林简省为木，如"楚"字纵横家书137作莲、孙膑简189作𣐻，"离"字货系1060作枽、古钱326作枭；竹简省为个，如"箸"字纵横家书232作𥫗、"筍"字老子甲后224、226、343作笱；丝简省为幺，如"幾"字老子甲128作𢆯、春秋事语3作𢆶、老子乙前45上作𢆦，"機"字老子甲后246作𣐺，"璣"字马王堆一号墓简294作𤥳。艸简省为屮，如"離"字老子甲143作𨾴、睡效律28作𨾷、孙子简75作𨾶、孙膑简30作𨾸、马王堆一号墓简48作𨾹而孙膑简109作𨾺，"䊮"字睡秦律十八种180作䊮而182又写作䊭，"蘭"字包山216作𦸼，"薔"字包山169作𦺌，"苗"字郭店语丛27作苗（编按：见《语丛四》27简 字偏旁），"藥"字郭店五行8作𦽅而28作𦽆、古玺1384作𦽇，"草"字孙膑简108作草，"芩"字武威医简91甲作芩。从上可见，以艸简省为屮较多。汉印"便都"见《汉印文字征》附录第8页三行，"都"作䣝。（编按：以上字形资料，除个别外，均引自汉语大字典字形组编《秦汉魏晋篆隶字形表》，四川辞书出版社1985年版）

人们便将"屮"字都改写为"草",省写的从屮偏旁,也都一律改写为"艸"。对于偶尔大意或水平较差的传抄者来说,将某些"十"字误认为屮而改为"艸",也就不是不可能的了。

根据上述文字背景和写字的可能性,我们可以用西汉、东汉间的竹简通用字体,进行恢复"获若石云"本来面目的尝试。

①设"若"字为汉初篆隶写法,则如图1;②设"若"字为从艸之汉隶,则如图2;③设"若"字为从屮之简省汉隶,则如图3。

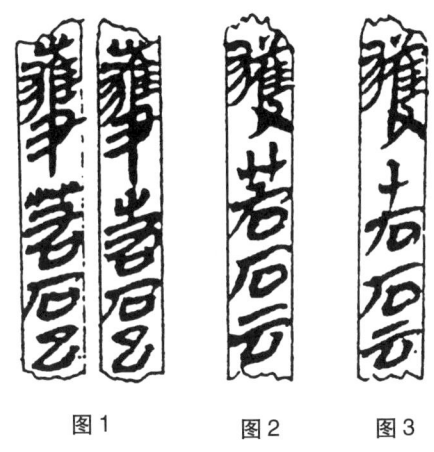

图1　　图2　　图3

按图1和图2,"获若石云"没有新读,那可能是按照传抄者误读的老路走的结果。按图3则产生了新读的可能,即读为"获十石石云",那就可发现,原来是传写者误将"十"字为草隶之屮,当作"艸"之省,并将前"石"字小误为"右",粘连成"若"。这样我们就在现有传本基础上,跳出了传抄错误的藩篱,还其真正面目了,即东汉时《史记》《汉书》的原本写法,应如图3所示,并非坏句。

"获十石石云",无论是在战国还是秦汉,都是非常浅显的词句。因为当时"云、员、圆"同音常可通假,高亨《古字通假会典》第107～108页载有大量经典古籍例证,出土战国秦汉文字材料中也不乏其例。①

---

① 上海博物馆藏荆门出楚简《缁衣》"诗云"作"寺员";曾侯乙墓简"圆"字作从匚员声或从匚云声;信阳简、包山简、望山二号墓简、长沙五里牌简的"圆"字,都是从口云声;"鄆"字,包山简作从邑云声,鄂君启节作芸。证明"云、员"作为单字或声符,都是同音可互相通假的。

在纠乖舛、正音义之后，将其置于《史记》原文中，则还原为"文公获十石，石云（圆），于陈仓北阪城祠之"。也是句通文顺，浅近易解。东汉服虔作《汉书音义》时，史书未楷化，不存在刻意改"十"为"艸"之误，自然无苏林那种想当然的"质如石似肝"的文理不通之解。后来苏林的误导，影响实在太深、太久了！

秦文公卜居汧、渭之会，位置当在古雍城之南，今宝鸡市和宝鸡县一带。文公卒，由其孙宁（宪）公继位，徙居平阳，即在今宝鸡县东，那里1978年还出土过秦公钟、镈。古之陈仓山，为宝鸡市属的秦岭鸡峰山，鸡峰山之北阪近渭水南岸现有石鼓山。因此，可以肯定地说，秦文公十九年在陈仓山所获之10个圆石，也就是后来所称的石鼓。在陈仓山上同时获得10个大小、形状都近似的硕大花岗岩圆石（既不似肝，也非鸡血石），确实神异，显然秦文公把它们看作天赐秦之神物，因而在陈仓山北阪筑城祠祀，命名曰"陈宝"。可惜现在石鼓山看不到祠城了。不过，山上原有石鼓堡、石鼓寺，也许就是古代祠城的历史延伸物。这就从历史地理上有力地验证，读"文公获十石，石云（圆），于陈仓北阪城祠之"，是正确可靠的。

三、 陈宝余韵

自秦文公十九年获十圆石并筑城祠祀后，陈宝便被蒙上了一层神秘而又神圣的色彩，在中国的文化史上增添了一些神奇的故事，留下令后来的文人墨客吟叹不已，令文、史、艺术工作者探索、争论不休的一堆问题。

1. 从陈宝神到宝鸡神的神话

秦文公三年从陇西之西垂宫，东猎至汧、渭之会，卜居营邑于此，又在此地作鄜畤以祭白帝，赶走附近杂处诸戎，城祠陈宝……直至五十年卒，在周故地为秦以后的发展和称霸，建立了可靠的根据地。这是石鼓诗的重要内容之一。僻处西方的落后游牧民族，在此学会并继承了西周原来先进的文化和农耕技术，秦国由此迅速地富强起来。在秦人看来，这既是秦文公领导的功绩，也是他们柴祭上帝和祠祀陈宝的结果。陈宝本是有些神奇之石，当它被筑城祠祀之时，陈宝也就成了神。每当春末夏初，藏在陈仓山草丛林木深处的锦鸡朱鹮，日夜飞鸣求偶，有的还在北阪陈宝祠城落脚，逢着春雷闪电之夜，野鸡们更是殷殷长鸣。秦人便把从东南方向鸡峰山飞来北阪的野鸡和闪电亮光，当作陈宝神降临祠城的征象。于是产生了《史记·封禅书》所记的野鸡夜鸣神话。《汉书》移录了《史记》相同的文字，东汉服虔、应劭和三国吴韦昭都对陈宝的神话无异词。但是，后来的《史记》《汉书》注释家，便陆续把宝鸡的神话、宝夫人祠和石鸡的传说，混杂植入陈宝的注释中。先是《史记·封禅书》集解引：

瓒曰：陈仓县有宝夫人祠，或一岁二岁与叶君合。叶神来时，天为之殷殷雷鸣，雉为雊也。在长安正西五百里。韦昭曰：在陈仓县宝而祠之，故曰陈宝。①

后来《史记·封禅书》索隐又引来神仙故事：

《列异传》云：陈仓人得异物以献之，道遇二童子云：此名为媦，在地下食死人脑。媦乃言彼二童子名陈宝，得雄者王，得雌者霸。乃逐童子，（童子）化为雉。秦穆公大猎，果获其雌，为立祠祭，有光雷电之声。雄止南阳，有赤光长十余丈，来入陈仓祠中。所以代俗谓之宝夫人祠，抑有由也。叶，县名，在南阳。叶君即雄雉之神，故时与宝夫人神合也。②

而《史记·秦本纪》正义则引作：

《括地志》云："宝鸡神在岐州陈仓县东二十里故陈仓城中。"晋太康《地志》云："秦文公时，陈仓人猎得兽若彘，不知名，牵以献之，逢二童子。童子曰：'此名为媦，常在地中食死人脑。'即欲杀之，拍捶其首。媦亦语曰：'二童子名陈宝，得雄者王，得雌者霸。'陈仓人乃逐二童子，化为雉。雌上陈仓北阪为石，秦祠之。"《搜神记》云："其雄者飞至南阳，其后光武起于南阳。"皆如其言也。③（林按：此神话又见于东晋干宝的《搜神记》卷八之七，由秦穆公时陈仓人掘地得物，叙至穆公果得其雌，接着"又化为石，置之汧渭之间。至文公时，为立祠陈宝"。穆公、文公之时序如此颠倒，真是神话！显是雍州民间为穆公所编的神话，与文公获十圆石城祠之的史实，生硬拼接的结果。因叶君非王，遂又改光武起于南阳以应故事）

---

① 《史记》，第173页2栏。
② 《史记》，第173页2栏。
③ 《史记》，第23页3栏。

后来，《史记·封禅书》正义又补上宝鸡神的故事：

《三秦记》云：太白山西有陈仓山，山有石鸡，与山鸡不别。赵高烧山，山鸡飞去，而石鸡不去。晨鸣山头，声闻三里。或言是玉鸡。《括地志》云：陈仓山在岐州陈仓县南。又云：宝鸡神祠在汉陈仓县故城中。（林按：请注意，此处引文与上面所引相同，宝鸡神祠在汉陈仓县故城中，即在渭北今宝鸡市与宝鸡县之间）今陈仓县东石鸡，在陈仓山上。祠在陈仓城。故言获若石于陈仓北阪城祠之。①（林按："于陈仓北阪城祠之"的石鼓山在渭南，祠的是陈宝神，与渭北城中宝鸡神祠显系两码事）

栖于草木的山鸡若不飞去则会被烧死，藏于石洞的石鸡却安然无恙，但因生存环境的突然改变而惊恐得晨鸣山头。秦人见石鸡不死而神之，遂以陈仓山（今鸡峰山）上突兀的山石为石鸡之保护神，于是在陈仓城中建祠祭祀，称为宝鸡神祠。这与宝夫人神话本非同一件事，却因宝夫人为雌雉而与宝鸡神混而为一了。而陈宝本是10个大圆石，也因时有陈仓山鸡落其祠城，拉上了关系。秦时赵高烧山的石鸡（宝鸡神）故事和汉末魏晋的宝夫人（童子所化雌雉神）神仙神话，不应该与公元前747年的陈宝神搅和在一起，研究者不可不察！不可不辨！！

2. 关于石鼓在隋以前未见著录之谜

著名的金石考古学家马衡先生，1929年曾写过一篇著名的论文《石鼓为秦刻石考》，对唐初发现石鼓以后1300多年的研究，做了高度概括总结，认为"自唐宋以来多称之曰石鼓，名之不正也久矣"，"特为正其名曰'秦刻石'"；从"文字之声音训诂证以为秦文"，从用词、字体认为刻石当与秦公敦（簋）同时。这都是很有见地的说法。但他开篇的两句话，只是反映了唐以来研究者的看法，今天便值得讨论了。该文开篇说：

石鼓在隋以前，未见著录。出土之时，当在唐初。其名初不甚著，自韦应物、韩愈作石鼓歌以表章之，而后始大显于世。②

韩愈见石鼓文拓本曾惊叹"如此至宝存岂多？"也因未见经史载籍而归

---

① 《史记》，第173页2栏。
② 马衡：《凡将斋金石丛稿》，中华书局1977年版，第165页。

咎于"孔子西行不到秦"。两宋金石学大盛，许多博学名儒都企图考证石鼓的来历，也苦于无史籍根据，而至众说纷纭。原来最大的障碍，还是"获若石云"的误读不能破解。

试想，传世的《春秋》经传，底本是《鲁春秋》，僻处西方的秦国，很少与鲁有什么关系，陈宝是秦文公时的祥瑞，祠祀陈宝仅为秦国的典礼，怎会成为别国春秋史记的内容？秦文公获十石而城祠之的祥瑞故事，发生在文公十三年"有史以纪事"之后，自当记录在《秦春秋》之中。司马迁长在三秦，"为太史令，䌷史记石室金匮之书"，得见宫廷库藏之秦史资料，所以《秦本纪》中多有先秦各史书未见之事。汉兴，高祖下诏曰："吾甚重祠而敬祭，今上帝之祭及山川诸神当祠者，各以其时礼祠之如故。""有司进祠，上不亲往。悉召故秦祝官，复置太祝、太宰，如其故仪礼。"① 可见西汉初年的祝官、祠祀礼仪，基本如秦。所以，《封禅书》中记陈宝之祥瑞及其祠祀，史之宜也。只可惜"获十石石云（圆）"被后人误作"获若石云"，而直到今天仍然具有权威性的《史记》《汉书》注家，如唐代的司马贞、张守节、颜师古等均未能纠正传写之伪误，乃使十石与陈宝分离而在史书中消逝，造成了千古悬案。现在我们借助出土两汉文字，恢复其本来面目，可知名不正的石鼓，从立石之始就有专名曰"陈宝"。"如此至宝"就不是隋以前"未见著录"了。

《封禅书》叙"及秦并天下，令祠官所常奉天地名山大川鬼神可得而序"时，有"陈宝节来祠，其河（林按：疑为"祠"字之误）加有尝醪。此皆（林按：古以河为黄河，与陈宝祠和雍州无直接关系，因上已误"祠"为"河"，此处改"祠"为"皆"，当以"祠"为是）在雍州之域，近天子之都，故加车一乘，骝驹四"②。在叙完名山大川日月星辰诸鬼神之祠后，举秦时最隆重祀典云：

唯雍四畤上帝为尊，（林按：指鄜畤、密畤、吴阳上畤、下畤，祠白青黄赤四帝。《索隐》以鄜畤为非雍地是错误的）其光景动人民，唯陈宝。故雍四畤，春以为岁祷，因泮冻，秋涸冻，冬赛祠，五月尝驹，及四仲之月月祠，陈宝节来一祠。春夏用骍，秋冬用骝。畤驹四匹，木偶龙栾车一驷，木偶车马一驷，各如其帝色。黄犊羔各四，圭币各有数，皆生瘗埋，无俎豆之

---

① 《史记》，第174页4栏。
② 《史记》，第174页2栏。

具。三年一郊。……诸此祠皆太祝常主，以岁时奉祠之。①

可见，秦时最隆重的祭典，是3年一次的郊祭上帝，它是政府行为；而最热闹的是陈宝节的祠祀，它是百姓参与的盛大节日。在石质的秦国异宝中，也唯有10个刻满秦国史诗颂诗的石鼓，堪受秦国百姓骄傲的隆祀。汉兴以后，新增了北畤以祠黑帝，天子幸雍五畤郊五帝的记录不断，多在四月或十月，是否同时祠陈宝，没有明言。但我们从《汉书·郊祀志》所记匡衡、刘向对成帝的奏言中，可以清楚地看到，陈宝祠与雍五畤的兴废，是命运相连的。现节录《郊祀志》文以见一斑：

衡又言："王者各以其礼制事天地，非因异世所立而继之。今雍鄜、密、上、下畤，本秦侯各以其意所立，非礼之所载术也。……诸侯所妄造，王者不当长遵。及北畤，未定时所立，不宜复修。"天子皆从焉。及陈宝祠，由是皆罢。②

明年，匡衡坐事免官爵。众庶多言不当变动祭祀者。又初罢甘泉泰畤作南郊日，大风坏甘泉竹宫，折拔畤中树木十围以上百余。天子异之，以问刘向。对曰："家人尚不欲绝种祠，况于国之神宝旧畤！且甘泉、汾阴及雍五畤始立，皆有神祇感应，然后营之，非苟而已也。武、宣之世，奉此三神，礼敬敕备，神光尤著。祖宗所立神祇旧位，诚未易动。及陈宝祠，自秦文公至今七百余岁矣，汉兴世世常来，光色赤黄，长四五丈，直祠而息，音声砰隐，野鸡皆雊。每见雍太祝祠以太牢，遣候者乘传驰诣行在所，以为福祥。高祖时五来，文帝二十六来，武帝七十五来，宣帝二十五来，初元元年以来亦二十来，此阳气旧祠也。"……后上以无继嗣故，令皇太后诏有司曰："……春秋六十，未见皇孙，食不甘味，寝不安席，朕甚悼焉。《春秋》大复古，善顺祀。其复甘泉泰畤、汾阴后土如故，及雍五畤、陈宝祠在陈仓者。"天子复亲郊礼如前。③

又后数年，成帝仍无嗣而崩，又废甘泉泰畤、汾阴后土、雍五畤和陈宝祠之祀，复长安南北郊如故。哀帝即位，寝疾，再尽复前世所常兴诸神祠

---

① 《史记》，第174页3栏。
② 《前汉书》，第488页4栏。
③ 《前汉书》，第489页1栏。

官,不五年又未得神佑而崩。平帝时,大司马王莽一再向上奏言"今五帝兆居在雍五畤,不合于古"。徙甘泉泰畤、汾阴后土皆复于南、北郊。

无论从礼制理论、地理位置远离都城、祠而无佑的后果中哪一方面看,雍五畤和陈宝祠的祠祀,最终必然会从汉朝礼仪日程表中删除。东汉徙都洛阳,离雍州更远了。雍五畤和陈宝祠便悄悄地从历史中消失,石鼓十石与陈宝的名实同一关系,遂也逐渐被人遗忘。

3. 石鼓诗与石鼓文

唐宋以来因不知俗传石鼓即史称之陈宝,促使专家学者们专注于石鼓诗和石鼓文的考证与研究,因而著作成果特多。其中以 20 世纪郭沫若的《石鼓文研究》①、李铁华的《石鼓新响》②、唐兰的《石鼓年代考》③ 和徐宝贵的《石鼓文年代考辨》④ 最有代表性。本文不拟重复引述他们的许多精彩意见,只就几个共同注意的问题,谈点粗浅的意见。

(1) 石鼓诗内容所反映的时代。宗周说和后周说,早已被文字研究成果所否定。郭沫若、裘锡圭、徐宝贵等主张诗的内容反映的是秦襄公八年攻戎救周有功的史实,及秦与周的密切关系。清末震钧首次提出是秦文公东猎时所作。马叙伦从之。李铁华更将石鼓诗 10 首与《秦本纪》中的文公史实一一相对照,认为石鼓诗反映的是秦文公四年到四十八年的史实⑤。我也认为那是一组赞颂秦文公功绩的史诗。文公东猎至于汧、渭之会,卜居于雍,于此建鄜畤,继承西周故地先进的经济和文化,使秦"民多化者"而进入有文记史时代,又"以兵伐戎,戎败走","收周余民有之"。这些都是创作石鼓诗的必要条件和基本内容的来源。襄公虽有攻戎救周、封为诸侯、被赐以岐西之地的功绩,却不懂带领族人到岐西雍地发展,仍满足于陇西文化落后的游牧生活,其时可以产生《车辚》《驷驖》《小戎》一类的秦风,尚缺乏产生雅颂诗篇的土壤。而文公则在岐西住下来,让族人都能接受西周先进文化的熏陶,为秦长期都雍和后来称霸,奠定了基础。文公时期才有了创作雅颂诗篇的土壤和社会生活条件。至于宣公,他没有文公那种带领族人到新的地方卜居开拓创业几十年的轰轰烈烈背景,创业史诗不应属于宣公。

石鼓诗《銮车》《霝雨》中两次出现的"鄜"字,王国维曾以为是

---

① 郭沫若:《石鼓文研究》,人民出版社 1955 年影印本。
② 李铁华:《石鼓新响》,三秦出版社 1994 年版。
③ 唐兰:《石鼓年代考》,载《故宫博物院刊》1958 年第 1 期。
④ 徐宝贵:《石鼓文年代考辨》,见《国学研究》第四卷,北京大学出版社 1997 年版。
⑤ 见《石鼓新响》,第 194～195 页。

"雍"之专字①；张政烺早已正确指出此字从邑以虎得声，应是从邑鹿声的"鄜"的本字，是鄜畤所在地名。② 反映从这里到汧水的渔猎诗篇，也以归属于文公为最恰当。

文公十六年把杂处之戎从岐西赶走，秦更成了东周安全的屏障，自然会像襄公时一样得到周平王的信赖。文公此时完全有理由再次歌唱卜居乐章"吾水既清，吾道既平，吾行既止，嘉树则里。天子永宁，日唯丙申"之诗。文公四十七年周平王崩桓王继位，嗣王与秦的关系，应是交好无疑的。年老的文公兴许曾亲自或派使者前往祝贺，明年文公之太子卒，改立孙为太子时，文公也许曾邀周天子来田猎宴饮，但这些都史无记载，不敢当作定论，强与石鼓诗寻找对应。总之，无论居处条件、文化条件、史实背景看，石鼓诗都应是文公时的颂歌。后来镌刻于陈宝，或许因它已成为秦人祠祀陈宝缅怀文公业绩的颂歌，实际上也是秦人的创业史诗，而享有了"秦颂"的地位。

（2）石鼓文的时代。这牵涉到一个文字书法问题，一个刻石问题。关于书法的特色、成就和地位，《石鼓新响》已经做了较全面的总结。关于文字的考察，因为徐宝贵将出土的春秋、战国秦文字做了全面的整理、排比，所得结论较令人信服，即"石鼓文与秦公磬、秦公簋为同时期所作，绝对年代当在春秋中晚期之际——秦景公时期（公元前五七六年至前五三七年）"③。然而，春秋中后期的秦国文字材料出土毕竟略嫌少些，景公之说也只是大概而已。

还有刻石问题，过去的研究者较为忽略。马衡《中国金石学概要》注意到先立石后刻石问题："碣，《史记·秦始皇本纪》言刻石颂德者凡七（邹峄山、泰山、琅琊、碣石、会稽各一刻，之罘二刻），其文必先曰立石，后曰刻石，或曰刻所立石。所谓立石者即碣，《说文·石部》'碣，特立之石'，是也。"④ 史称"文公获十石，石云（圆），于陈仓北阪城祠之"，就是先立石，但是后来没有刻石的记载。我们知道，陈宝十石是花岗岩类石头，坚韧异常，是青铜刀凿无法镌刻的，必须使用钢铁工具。虽然河北藁城商墓中出土过一件铁刃铜钺、河南浚县辛村周初墓出土过铁刃铜钺和铁援铜

---

① 转引自马衡《凡将斋金石丛稿》，中华书局1977年版，第171页。
② 参见张政烺《猎碣考释》，见《史学论丛》第一册，北京大学潜社1934年版。
③ 徐宝贵：《石鼓文年代考辨》，见《国学研究》第四卷，北京大学出版社1997年版，第428页。
④ 马衡：《凡将斋金石丛稿》，中华书局1977年版，第67页。

戈，使用的都是石锻的陨铁，但冶炼铸造和使用钢铁工具，在商周的文献和出土物中还未见过。春秋早期的文献也还没有，出土物尚不明。齐国是春秋时期经济发达最早因而最早称霸的国家。《管子·地数篇》记有探测发现各种金属包括铁的方法，《山海王篇》记有铁官之设，《轻重乙篇》和《山国轨篇》还提到炼铁技术和盐铁赋税问题。看来铁矿的发现和冶铸，在管仲之前早已出现。到春秋中期的齐国，铁工具的广泛使用，大大提高了农业效益，加上盐、铁、粮所提供的丰厚税利，这是齐桓公首先称霸的经济基础。秦列诸侯后100多年，一直很少有与各诸侯交往的记录，到秦穆公十八年（即齐桓公卒之时），地仅东至河，与晋交战也是以败为多。但是，由于穆公五年重金收揽了熟悉齐国的贤士百里奚和蹇叔，授之国政，经过十几年努力，在穆公二十年后，得以"广地益国，东服强晋，西霸戎夷"①。冶铸、使用铁工具的技术，极可能是这段时间在秦国得到推广的。据报道，秦公一号大墓出土有铁制的铲、锸、削、环等，② 可证明景公时期铸铁已有相当水平。而像石鼓文那样圆熟准确的线条，必须要刻工有相当熟练的刻石技巧才能刻成。因此，从刻石技术条件和秦国称霸后的国民心理条件看，将秦国的创业颂歌刻上隆重祠祀的陈宝，应该是在穆公后期至景公年间。要具体论定陈宝上刻诗属哪一秦公期间，条件恐未成熟。

附记：1998年宝鸡市拟在12月召开秦刻石文化研讨会，本人应邀于10月作此文初稿。后该会因故取消。1999年《文博》第1期发表李仲操先生的《石鼓山和石鼓文》，已提到"获若石云"的"质如石似肝"的"若石，应当就是指石鼓"。但是缺少论证，而且他认为"在石鼓上篆刻诗文的人是秦宣公"，与我的看法不同，所以我还是检旧稿略加修改补充，以就教于方家、读者们。2000年7月。

又记：2002年9月读王辉先生所赠新著《秦出土文献编年》，第48页曰：（四八）石鼓文（又称猎碣），约秦景公五年（前572年）后数年内，或景公三十二年（前545年）后数年内。

---

① 《史记》，第24页4栏。
② 参见韩伟、焦南峰《秦都雍城考古发掘研究综述》，载《考古与文物》1988年第5、6期，第121页。

（本文原名《石鼓研究之我见》，1999年年初为宝鸡国际秦刻石文化研讨会而作，后会议未开，原稿赠欧初博物馆。修改稿刊于《中山人文学术论丛》第四辑，台湾中山大学中国文学系2000年版。今据作者底稿收入）

金文"易"义商兑

上级对下级、长辈对幼辈有所给予,称为赏赐。赏赐的原因,通常是上级(长辈)对下级(幼辈)尽职有功时给予物质嘉奖,即所谓"赐有功""功多有厚赏"[①];或是册命封爵时对受命受封者进行表彰和勉励,即所谓"善则赏之"[②]。赏赐行为,必定是上给予下、长给予幼、尊给予卑;反之则叫"献"或"贡",绝不称为"赏"或"赐"。这是我们判断相关词的施受关系的根据。赏赐行为,在商代后期和西周早期的甲骨文和铜器铭文中,或用"商"字(字又作"行贾"之"䇂")或用"易"字表示,偶尔也用"兄(贶)""令""侪""赐"字。西周中期以后的铭文,很少使用"商"字而大多数用"易"字表示赏赐,偶尔也有用"赐"字代替。春秋后期和战国时期又使用"赏"字、"赐"字。总之,从商至战国的金文中,"易"字是使用率非常高的字,其常用义为赏赐。赏赐必有施方和受方。语法上,通常以施方为主语,受方为受事宾语(或称间接宾语、近宾语),后面跟赏赐的事物(或称直接宾语、远宾语)。

(1) 公易旅贝十朋。(旅鼎)
(2) 王女上侯。师俞从王⿱⿰矢夫功。易师俞金。俞则对扬氒德。(师俞尊)
(3) 王伐䇂侯。周公某禽祝。禽又𧗟祝。王易金百寽。禽用作宝彝。(禽簋)
(4) 隹七月王在莽京。辛卯,王鱼于𢆉池,乎井从鱼,攸,易鱼。对扬王休,用作宝尊鼎。(井鼎)
(5) 天子多易追休。(追簋)
(6) 公曰:尸,女……余易女釐都𩰲其县三百。余命女……尸敢用拜稽首,弗敢不对扬朕辟皇君之易休命。公曰:尸,女……余易女车马戎兵,釐仆三百又五十家……尸用或敢再拜稽首雁受君公之易光。(叔尸镈)

---

① 见《说文解字》贝部:"赏,赐有功也。"《尚书正义·泰誓》:"功多有厚赏。"
② 《左传·襄公十四年》:"善则赏之,过则匡之。"注:"赏谓宣扬。"

上述（1）（5）（6）例属于常例之"施+易+受+名物"（"易"用为主动句动词"赏赐"义）。"某某之易休命""某某之易光"都是做宾语的短语，里面的"易"所含的"赏赐"义承上而来，分别当其后的"休命"或"光"的定语。（2）（3）（4）例中的"易"，或前缺施动者，或后缺受动者，或前施后受均缺，但我们可以根据上下文中所反映的上下尊卑关系，判断出各例中所省略的施动者和受动者：（2）例"易"前省略施动者"王"；（3）例"易"后省略受动者"禽"；（4）例"易"前省施动者"王"，后省受动者"井"。

（7）霉嗣商易贝于司，乍父乙彝。（霉嗣鼎）
（8）乍册麦易金于辟侯，麦扬，用乍宝尊彝。（麦尊）
（9）隹十又一月，井侯舭酎于麦，麦易赤金，用乍鼎。（麦鼎）
（10）隹十又五年五月既生霸壬午，霉王才周新宫。王射于射庐。史遉曹易弓、矢、虎卢、九、胄、冊、殳。遉曹［敢对曹］拜稽首，敢对扬天子休，用乍宝鼎。（十五年遉曹鼎）
（11）王乎乍册内史册令师俞，靦嗣保氏，易赤市、朱黄、旂。俞拜稽首，天子其万年眉寿黄耉，畯才立。俞其蔑曆，日易鲁休。俞敢扬天子不显休，用乍宝。（师俞簋盖）
（12）克其日易休无疆。（克盨）
（13）耳日受休。（耳尊）

从（7）（8）例我们可以判断，它们属于受事主句，直接宾语后用介词"于"引出施动者。格式为"受+易+名物+于+施"。它们又可称为有"于"字标志的被动句①。句中的"易"义，是"受赐""被赐"。它与（1）至（6）例的"易"之关系，是施受同词同字，但它们的词汇意义和语法功能是明显不同的。杨树达、杨五铭先生早已提出②，而近15年出版的古文字字（词）典编者，似乎还未注意，没有立"受赐"义项。（9）例同（8）例记述的是同一件事，即井侯赏赐麦赤金，麦鼎作"麦易赤金"，后无"于井侯"，表明西周时期，"易"无须"于+施"的帮助，独立具有"受赐"的含义，其施受关系由现实语言环境决定。（10）例"史遉曹易弓、

---

① 详见杨五铭《西周金文被动式简论》，见《古文字研究》第七辑，中华书局1982年版。
② 详见杨五铭《西周金文被动式简论》，见《古文字研究》第七辑，中华书局1982年版。

矢……"前述龚王射于射庐的时间、地点,后记遣曹拜稽首敢对扬天子休,语言环境中的上下尊卑关系清晰,"易"为"受赐",史遣曹是受赐者,施赐者为天子,即龚王。(11)(12)例的"日易(鲁)休",都是作器者拜谢天子赏赐之后,表达心情的话语,希望自己经常受赐吉庆,即得到美好的赏赐。"易"和(13)例的"受"在句子中所处位置相同,其意义和功能应该大致相同,表明"日易休"的"易"义不是一般赏赐,而是受赐。

在铜器铭文的嘏辞中,我们也常见到"易"字。

(14) 见工敢对扬天子休,用乍朕皇且雁侯大林钟,用易眉寿永命。(雁侯见工钟)

(15) 公乍敔尊簋,敔用易眉寿永命。(公乍敔簋)

(16) 鈇弔仛姬乍宝鼎,其用享于文且考。鈇弔仛姬其易寿耇多宗永令。(鈇弔鼎)

(17) 黄君乍季嬴媵簋,用易眉寿黄耇万年。(黄君簋)

(18) 上鄀公敄人乍尊簋,用享孝于氒皇且于氒皇考,用赐眉寿迈年无疆。(上鄀公敄人簋)

(19) 蘁公緘乍旅钴,用追孝于皇且皇考,用赐眉寿万年。(蘁公緘簋)

(20) 下蘁雎公緘乍尊鼎,用追享考于皇且考,用乞眉寿万年无疆。(蘁公緘鼎)

(21) 唯曾白文自乍宝簋,用易眉寿黄耇万年。(曾白文簋)

(22) 隹白家父䢵廼用吉金自乍宝簋,用享于其皇且考,用易害眉寿黄耇霝冬万年。(白家父簋盖)

(23) 内白多父乍宝簋,用享于皇且文考,用易眉寿。(内白多父簋)

(24) 郜遣乍宝簋,用追孝于其父母,用易永寿。(郜遣簋)

(25) 余用自作旅簋,以征以行,用盛稻粱,用孝用享于我皇且文考。天赐之福。曾白㪔瑕不黄耇万年眉寿无疆。(曾白㪔簋)

(26) 对乍文考日癸宝尊罍,子子孙孙其迈年永宝,用匄眉寿敬冬。(族氏符号)(对罍)

(27) 隹六月初吉,师汤父有司中枏父乍宝鬲,用敢乡考于皇且万,用蕲眉寿,其万年子子孙孙,其永宝用。(仲枏父鬲)

(28) 追敢对天子覭扬,用乍朕皇且考尊簋,用享孝于前文人,用蕲匄眉寿永令,畯臣天子霝冬。(追簋)

(29) 无叀敢对扬天子不显鲁休,用乍尊鼎,用享于朕剌考,用割眉寿

万年，子孙永宝用。(无叀鼎)

(30) 獣其万年鼍实朕多御，用牵寿，匄永令，畯才立，乍趩才下。(獣簋)

西周春秋的铜器铭文，大体可分为叙事体和记言体。其篇章结构大体上可分为两大部分：一部分述作器之因（通常含记言、叙事、述功、颂德、颁封、行赏及礼仪、褒宣门阀、自择吉金等），一部分述作器之用（通常含以享孝祖考、以宴以乐父兄朋友嘉宾、祈求眉寿吉康、王者还求眕在位、为臣者则还求眕臣天子、求子子孙孙永远宝用等）。述作器之用部分包含的求福之辞，以往又叫嘏辞。嘏辞的主语——祈求者，应是用器者，在句子中常常承上省略。祈求的对象，即能给祈求者带来福寿吉康的祖先或是天，在嘏辞中通常也是省略的。在嘏辞中出现"祈求眉寿永命万年无疆"一类句子，最多见于西周中期到春秋中期的铭文，春秋后期以后，相对少见。

同样的篇章主题——述器之用，同样的求福之辞，同样的"祈求眉寿"句式，"祈求"这个词，在西周中期至春秋中期的铭文中，有如下不同的表现：

如例（26），用"匄"，在西周中、后期较常见。

如例（27），用"蕲"，在西周后期至春秋常见。春秋时候也简化作"旂"。

如例（28），用"蕲匄"，在西周后期较常见。

如例（29），用"割"，在西周后期偶见。

如例（14）（15）（16）（17）（18）（19）（21）（22）（23）（24），用"易""赐"，在西周中期至春秋时期常见，不少于22例。

上述各例在同一主题、同一语境、同一句式、同一位置上，变换使用不同的字（词），其基本意义相同，都是"祈求"，应是没有疑问的。同义词，可以是意义完全相同，在不同语境下都能够调换使用；也可以是基本意义相同，而有的另有附加意义，在别的语境下不能调换使用。"匄""旂""蕲""蕲匄""割"都具有"祈求""乞求"的意义，这是学者们有共识的。但是，对"易""赐"在嘏辞中的作用，却未能准确理解它，其原因在于它们和"祈""匄"不是完全同义词。在嘏辞中"易"的基本义是"乞求"，同时还有附加义"赐予"，完整的意思是"乞求（祖先或天）赐予"。"易"有"祈求""乞求"义的认识，不仅可以从大量的同一主题、语境、句式、位置的变换中得到证明，我们也可以找到异文互证的证据。且看例（19）

(20),一簋一鼎二铭,作者相同,内容、句式基本相同,一称"用赐眉寿万年",一称"用乞眉寿万年无疆","易"(赐)与"乞"异文,可以证明它们确实同义。

西周中、后期的铭文中,也有将"用祈匄眉寿永令",表述为"用㝅寿,匄永令"的,除上引例(30)訇簋外,还有癲钟、杜白盨,而卫鼎作"用㝅寿,匄永福"。这里的"㝅"与"匄"分开,是一种连用同义词的修辞手法。"㝅"义同样也是"祈求"。

无论是因功受赏、受命、受封或别的原因受赐而作器,还是自择吉金而作器,通常作器者即用器者。铭文中,作器者的名字,往往在叙述答谢赏赐而作器时出现一次,后面有关作器之用的篇章,包括里面的嘏辞,常常承上省略句子主语——作器者。例(15)里作器者为"公",用器者是"敔",所以在叙器之用时,"敔"作为主语不可省。像这样作器和用器不同一人的,除了铭中标明为某女(姓氏)作器的"媵器"者外,赠贺之品并不多见。① 这类铭文的嘏辞主语,不是作器者,应该是用器者,需要辨别清楚。例(25)的嘏辞中,出现了祈求的对象"天",并作为句子的主语,因此"天赐之福"中的"赐"就是上天对下的赏赐,而不是下对上的乞求了。所以,对嘏辞中的"易""赐",不能停留在徐中舒先生所做的逻辑情理解释上②,还必须做出词汇意义和语法功用的解释,并分辨不同主语时的差别。

(31) 此易言而难行也。(中山王鼎)

上例中的"易"义,与"难"相对,为"容易"。较为后出的《简明金文词典》释其义为"简单、方便",显然不及早出的《金文常用字典》的释义准确。③

(32) 而臣宗(一释主)雘立。(中山王壶)

---

① 除所引敔簋外,还有淮白鼎、蔡姞乍尹弔簋、楚王酓章乍曾侯乙钟等为数不多的,为朋友、兄弟、盟友铸器例。

② 参见徐中舒《金文嘏辞释例》,见国立中央研究院历史语言研究所集刊第六本第一分,商务印书馆1936年版,第8~9页。

③ 参见王文耀《简明金文词典》,上海辞书出版社1998年版,第196页;陈初生《金文常用字典》,陕西人民出版社1987年版,第893页。

上例两易相背之字，学界多作为"易"的繁文。《金文常用字典》释义为"对换"，《简明金文词典》释义为"交换"，《上古汉语词典》释义为"替代"，《金文大字典》误作一正勿一倒勿之形，认为"当为易字"，"易训变更"。① 唯《金文编》不以此字为"易"之繁文，而另立字头，注云：《说文》所无，从二易相背，义为悖。② 陈汉平先生的《金文编订补》谓《金文编》"此说未确"，"按此字乃易字会意增繁体，字在壶铭义仍为'易'。故此字仍当释易"。"1595号䚗字字头当取消。"③ 诚然，"易"字可以理解为含"对换""交换""替代"等变换意义，且与壶铭中的"君臣易位"相切合。但是，我们若从古文字的构字原理考察，就会有不同的理解。

所谓增繁问题。商代以象形会意法所造之字为主流，同一字中的同一部件，往往有多寡变化，如"莫"字所从之"屮"或"木"，其数可二可四，示意而已，但是所从之"日"只能一个。即构字的部件繁简，是受表现对象制约的。经西周、春秋到战国，形声字逐渐上升到主流地位，汉字发展的主要任务，从寻找、完善造字法以满足用字需要，转变为改善书写符号。于是增繁、简化、讹变、隶变、通假、美饰、符号化等各种手段同时杂出，形成前所未有的"文字异形"局面。这时的增繁，主要是赘加（或缀加）新的形符或声符，而非没有区别意义作用的原形叠加。而简化却包含重复部件简省，如"曹"字上省为单东（中山王壶），"楚"字上省为单木（楚王酓朏鼎、盘）。所以"䚗"字不宜视为"易"字之增繁体。

我们应该看到，在古文字阶段，用两个相同部件构字，是一种造字手段。其一，左右、上下并列或叠加结构，如"从""多"，其音义与单独的"人""夕"不同，其意义常常是附加多、厚、盛、强、并列、增加一类的意义。其二，两个相同部件一上一下结构，除读音不同于单个部件外，还产生上下前后交替的意义，如中山王鼎之"𡘋"（替），就不同于中山王壶之"竝"（並）。其三，假如两个相同部件相背构字，也会产生读音的改变和意义指向的变化。如"北"字，为两人相背，不读人而读为背，而产生背离、逃遁一类的引申附加义。其四，假如两个部件相倒构

---

① 参见陈初生《金文常用字典》，陕西人民出版社1987年版，第892页；王文耀《简明金文词典》，上海辞书出版社1998年版，第196页；许伟建《上古汉语词典》，吉林文史出版社1998年版，第185页；戴家祥主编《金文大字典》，学林出版社1995年版，第2964页。
② 参见容庚编《金文编》，中华书局1985年版，第673页。
③ 陈汉平：《金文编订补》，中国社会科学出版社1993年版，第118页。

字，如"化"为两人相倒；如"誖"或作"悖"，籀文作"䜝"，为两或相倒，《金文编》附录下 426 号"䜝"字，也就是所谓籀文"誖"；又如《金文编》0871 号之"虤"（即簋）和附录下 425 号之"虤"（弔虤簋），为两虎相倒结构，其读音也应该与单部件构字时不同。以上几个相倒结构的字，意义指向应附加反方向相对，可以有相对转化、相对调换（普通义），逆向的悖乱（不正常对换更易，贬义），逆向的矛盾冲撞搏斗，等等。上述四种结构造成的字，音义都不同于单一部件的字，道理很简单，因为它们属于象形会意造字。所以，《金文编》对"䚣"字的处理，不仅意义上切合中山王壶原文，而且有文字结构学上的根据，它应该作为一个独立的字，虽义与变易有关，但不等同于"易"字。

综上所述，金文中的"易"义：①赏赐；②受赐；③祈求；④容易。

（本文原刊《古文字研究》第二十四辑，中华书局 2002 年版）

师旂鼎铭文讲疏

一、前言

师旂鼎铭文，是西周涉讼铭文中较早的一篇，虽不长，但研究者颇多。本文通过对铭文的讲解、疏证，弄清以下几个问题：①"雷"前句读还是"雷"后句读？即提出诉讼的原告是谁？②各句省略的成分是否处罚对象、罪名、刑名？③西周案件审理程序怎样？有无成文法？④有关通读的一些词汇语法问题。显然，这些都是至为关键的问题。本文的解读路线，不是"字—句—章—篇"，而是"篇—章—句—字"，即在弄清文本语境的前提下解读。本文解读判断的结果是，以"雷"后句读为正，师旂是原告，被告众仆身份非奴隶而是师旂属下职官。本文释读词语的贡献是，首次释读出"聎由"二字，并定为罪名，义同连坐；指出"三百寽"为当时死刑赎金量；认定"敝"为刑名，指戮毙；"戠"为因果关系句表原因之连词；"期又内"指限定时间内缴纳；"对"为答谢；读"赘"为裁，指法律的裁决、裁判。

师旂鼎铭文，曾被白川静称为"难于解释的铭文"①，虽经许多古文字学界耆宿解释疏证，仍有一些问题需要讨论：

（1）"征于方"后断句，还是"征于方雷"后断句？判断句读对或错的根据是什么？

（2）判决辞中的一些词的解读问题。

（3）铭辞各句的省略成分问题。

（4）缓刑处置问题。

（5）为何铸器等等问题。

二、铭文释文

唯三月丁卯，师旂众仆不

---

① 白川静：《金文之世界》，平凡社2001年版，第83页。

从王征于方雷。使乑友引
以告于伯懋父，在芳。伯懋
父廼罚得𰀀𰀁三百孚，今弗
克乑罚。懋父令曰：义敩，
叔乑不从乑右征；今母敩，
期又内于师旂。引以告中
史书。旂对乑贁于尊彝。

（铭文拓本见文末图1。释文依原行款）

铭文共8行79字，按内容可分为6段：①从开头至"方雷"，讲案发时间和案情；②从"使"至"在芳"，讲原告向审理官告诉及告诉地点；③从"伯懋父"至"乑罚"为判词一，讲对负有责任的犯案者上司的处置；④从"懋父令曰"至"内于师旂"为判词二，讲对犯案者的法律处置；⑤从"引"至"书"，讲将审理结果告知史官记录在案；⑥从"旂"至"彝"，讲原告满意审理结果，以刻铸于鼎的方式表示谢意。文辞精练，言简意赅。两造庭审，三刺断狱，赎刑、缓刑之属，应是当时审理案件的常例，但是许多细节均予省略，也许是军中条件特殊，但却造成今天理解的困难。下面就一些疑难问题，谈谈本人看法。

三、句读问题

第一段有"不从王征于方"和"不从王征于方雷"两种不同断句。

持前一种断句的主要学者有：郭沫若（1932、1933、1935）、周法高（1951）、陈梦家（1955）、马承源等（1988）、周何等（1993）、王世民等（1999）、华东师大文字研究中心（2001）。持后一种断句的主要学者有：于省吾（1932）、吴闿生（1934）、吴其昌（1936）、容庚（1936、1941）、杨树达（1949）、白川静（1966）、唐兰（1976、1986）、吴镇烽（1988）、陈公柔（1993、1994）、刘雨（1994）、张亚初（2001）。研究或引述过师旂鼎铭的学者肯定会超过上述人数。然就上引情况已足以看出，自1932年后的60年来，古文字学界的学者中始终存在着这两种不同断句分歧。

争持不下的原因，我想主要在于学界不少人，习惯于从句子本位出发，看语法分析和词义理解是否合理。显然，两种不同的断句，会造成前后两句句式不同，从而影响句子的内容，甚至牵涉到对全篇文义的理解也不同，然而从句子本位出发看问题，那两种断句都是成立的、可解的、合理的，因而被专家学者沿用。但是,作为一个文本,特别是法律文本,其中心旨意应是唯一的,不能两可的,原告与被告是确定的,判决辞的内容及其指向应是清楚的。因此,分辨哪种断句才对,寻找到判断的依据,对于把握师旂鼎铭文,是至关重要的。

先看看两种断句的合理性及其差异:

在"不从王征于方"后断句,"于方"则为地名(方国名),是王征伐的对象,句中做"征"的宾语,句子完整晓畅;而"雷"属下句与"吏(使)"相连,作为主语,使下句句子成分完整可解。最有力之处是,"于方"作为方国名可与甲骨卜辞中的"盂方"比附。"盂方"和"盂"是卜辞中常见的方国地名。按古文通假惯例,"盂方"写作"于方"毋庸怀疑。"雷使氒友引以告于伯懋父",指雷遣使他的僚友(即助手)名叫引的人,将"师旂众仆不从王征于方"(承上省略)事告到上司伯懋父那里。句子完整,内容清楚。雷是原告,师旂众仆是被告(师旂当坐联罪),罪名是不从王征于方,案件审理官是伯懋父。

在"不从王征于方雷"后断句,则"方雷"为地名(方国名),是发生"不从王征"事情的地方,"于"为介词,以介词结构"于方雷"做补语。这是一种理解。另一种理解是,以"王征于方雷"为包孕句中的小句,介词"于"引介"方雷"做"征"的对象。周法高认为"征"和"伐"后加宾语时,从不用"于"字做介词(见《金文零释》)。刘雨反驳说,繁簋的"公令繁伐于冀伯"就是用"于"做介词,所以"方雷"为王征的地方(见《西周金文中的军礼》)。同一种断句,"于方雷"的语法地位有两种不同的理解,但"方雷"作为地名和师旂众仆不从王征的基本意义不变。按这种断句,"使氒友引以告于伯懋父",是承上省略主语"师旂",师旂遣使他的僚友引,将自己属下众仆"不从王征"之事,告到上司伯懋父那里。补充说明"告于伯懋父"的地方"在芳",表明师旂所率部队发生部属抗命事件地点在方雷,而跟从王征参赞军务的伯懋父的军次则在另一地——芳。周王亲征,无论其性质是以巡守观兵为主还是战争为主,动用的兵员肯定很多,驻扎在不同地方,发生事故,需派员前往报告。如此,师旂是原告,被告是他属下的抗命众仆,罪名是不从王征,案件审理官是伯懋父。为什么铭文未言王征讨的对象和时间在哪一年?因为周王亲征是重大的军事行动,对战争结束后铸器的人来说,自然是无须多言的。

上两种断句的结果,除了审理官相同外,原告截然不同,被告和罪名也有差异,其中必有错误是可以肯定的。如何才能判断错或对呢?古人云:

"文所以载道也。"我们可从铭文的制作意向去寻找判断对或错的根据。

《文心雕龙》曰:"夫人之立言,因字而生句,积句而成章,积章而成篇。"① 这是说"宅情""立言"写文章的过程。"句司数字,待相接以为用;章总一义,须意穷而成体。……启行之辞,逆萌中篇之意;绝笔之言,追媵前句之旨。故能外文绮交,内义脉注,跗萼相衔,首尾一体。"② 这既是说写文章的道理,同时也启发我们,应从前后贯通、首尾相应的内在意义中去把握文章的总体精神。因此我主张,在解读没有句读、词义和语法并不熟习的文本时,首先努力把握文章的总体精神,然后依据内在意义联系分段(切分段落和句子),最后解释疑难字、词。即解读路线与为文次序相反,从篇到章到句再到字(词)。也就是首先弄清语言的背景环境,了解作者为文"立言"是想告诉什么事情表达什么感情,然后在此特定的情境中断句解词,才不至于搞错原告与被告、胜诉与败诉的关系,不至于错将善意当恶意、误会赞扬为讽刺。离开篇章总义的约束,孤立地致力于训故词析句子,则有可能割断"脉注"的"内义",虽引经据典、解词合理、析句合法,最终仍与文旨南辕北辙。我想,这就是句局、章明的意思。③ 西文的篇章析句可以从形态上找到依据,而中文则须以意义表达的起承转合关系为篇章析句的依据。

通观师旂鼎铭,明确而无争议的一些内容,能使我们得知:师旂众仆是确定的被告;不从王征是其确定的罪由;本该罚而"今弗克氒罚",本宜敝(过去多误作"播"之古文)而"今母敝期又内于师旂",罪犯众仆不仅免了死罪,而且免了肉刑,师旂也不仅不负连带责任,而且众仆仍归他管辖,有罚金交纳,当然日后也不会有任何赋税徭役损失;最后师旂在尊彝上回应感谢此案的判决(即将审结情况铸为鼎铭,以此形式表达他的满意感激之情)。这是共同的理解。

按"不从王征于方"断句,原告"雷"为何人?文中悬空无交代。周法高(1951)避此尴尬,谓"雷"假为"归"。④ 然古无此通假之例。被告众仆及其上司的死罪、活罪、罚金全免,显然不合军法处置原则。西周春秋

---

① 王利器:《文心雕龙校证》,上海古籍出版社1980年版,第219页。
② 王利器:《文心雕龙校证》,上海古籍出版社1980年版,第219页。
③ 刘勰《文心雕龙·章句》:"夫设情有宅,置言有位;宅情曰章,位言曰句。故章者,明也;句者,局也。局言者,联字以分疆;明情者,总义以包体;区畛相异,而衢路交通矣。"这些话说明了篇章和句子各自的功用及它们的相互关系。
④ 参见周法高《金文零释》,"中研院"历史语言研究所1951年版,第73页。

奉为经典的《甘誓》《汤誓》《泰誓》《牧誓》，都表明出征誓师时有严明的军法宣布，"用命赏于祖，弗用命戮于社"①。《周礼·秋官司寇》则有规定，凡是王出征的"大军旅"有人抗命，由大司寇"莅戮于社"②，亲临监督刑罚的执行；凡是王未参加出征的"小师"有人违犯军法，由小司寇"莅戮"监斩；士师和乡士在国有征伐田猎大事时，都有戮犯命者之责③。自夏、商至西周、春秋，军法都是如此严厉无情。郭沫若（1935）以伯懋父"有私于师旅（旂之误）"来解释对被告不做任何处罚的理由，缺乏根据。试想，伯懋父不用面对原告"雷"，就能这样结案吗？郭既然以师旂为被告，所以只能得出连自己也无信心的结论："受罚而铸器，此例仅见。"而其他商周铜器都是因封赏、铭功、答谢、宴飨、追孝、馈赠等吉庆有益之事而铸器，用于供献祖先、昭示后人、炫耀门庭。师旂竟将受罚兼徇私枉法之事铸铭于器，师旂岂非胆大包天了吗！从恢复整个篇章的语境来考察，在"不从王征于方"后断句是错误的。那么，"于方"为地名假借为"盂方"也就不存在了，更何况卜辞中的"盂方"从来就不写作"于方"。

按"不从王征于方雷"断句，师旂作为率师长官，严守军法，属下众仆不用命，即派僚友引作代表向上司伯懋父举报，不徇私隐瞒，因此伯懋父认为不能罚师旂连坐之罪，但是明令指示：按军法，犯命众仆应当戮毙，今不处死刑，但要限期交纳赎金给师旂。表明主审官依法办案，据情缓刑，下令向犯命者发出死刑警告，以罚金赎刑处理，同时相信原告师旂从此会对部下严加监督管教。体现了《吕刑》所说的"惟察惟法""轻重诸罚有权""罚惩非死，人极于病。非佞折狱，惟良折狱，罔非在中"④的精神。事端刚起，师旂即依法行事举报，伯懋父则依法灵活处理，没产生严重后果，一切消弭在萌芽之中，真是"惟良折狱"，可喜可贺。这样的案子判决，原告师旂自然满意感激，伯懋父的审案风范，也值得师旂赞扬，于是在征战结束后，师旂以铸铭于鼎的方式表示对此案判决的谢意。这样的分析，应当比较符合当时的情境、事理、法律，亦即"不从王征于方雷"后断句才是正确的。

---

① 《尚书正义·甘誓》，见《十三经注疏》，中华书局1980年影印本，第155页。《尚书正义·汤誓》："尔不从誓言，予则孥戮汝，罔有攸赦！"同上书第160页。《尚书正义·泰誓》："功多有厚赏，不迪有显戮。"同上书第182页。《尚书正义·牧誓》："勖哉夫子，尔所弗勖，其于尔躬有戮！"同上书第183页。

② 《周礼注疏·秋官》，见《十三经注疏》，中华书局1980年影印本，第871页。

③ 参见《周礼注疏·秋官》，见《十三经注疏》，中华书局1980年影印本，第875～876页。

④ 《尚书正义·吕刑》，见《十三经注疏》，中华书局1980年影印本，第250页。

四、 语词解释

许多古代语词我们不熟悉，古代语法也与今天很不相同，又由于对古代生活的隔膜，所以必须努力恢复文本的语境，在这特定的语境下，去认识一些词语并了解它们在该语境下的含义；在这特定的语境下，去体会句子成分的省略与指向。

上面我们已对师旂鼎铭文的总义做了讨论，并据"脉注"的"内义"选择了较合理的分段分句，我们就可以对一些疑难的词语和某些句子成分的省略及其指向进行讨论了。

（1）师旂。师为官职，旂是人名。从1932年至1957年《两周金文辞大系图录考释》修订本，各家均误读作"师旅"。唯于省吾（1940）《双剑誃古器物图录》、容庚（1941）《商周彝器通考》释读为"师旂"。据白川静《金文通释》师旂鼎下所引关系器旂鼎一，旂为殷商显族所谓"冀"族的后人（见附图2），该族传世青铜器很多，可知该族人多财多权大势粗。据《周礼·地官》，军职为师者领2500人，平时则为地方官州长领2500家，由中大夫担任，等级仅次于三公六卿。因师旂为殷商旧族，其所率之师当为"殷八师"之一。小臣𧽙簋铭："𢼒东尸大反，伯懋父以殷八师征东尸。"伯懋父是殷八师的统帅，可与师旂鼎铭互证。

（2）众仆。众，多也。仆，马承源等（1988）引《左传·昭公七年》"人有十等"之文，仆在王、公、大夫、士、皂、舆、隶、僚、仆、台十等中为第九等，因而说："众仆当为师旂的家内奴隶，征调奴隶作兵员，史籍中很少见。"① 若仆为家内奴隶，敢违军令，师旂即据军令杀之可也，不需自己上告，更不会留待他人来告发、连累自己。故此处之"仆"不宜解释为第九等的奴隶。唐兰（1986）谓："仆人接近奴隶主，就容易获得权力。所以和臣一样，仆后来也发展为一种职官，穆王时有太仆，《左传·成公六年》晋国有仆大夫，《仪礼·大射礼》有仆人正、仆人师、仆人士。静簋有尸仆的官在小臣下是一起学射的，害簋也有尸仆，在小射之上。趞鼎则在𢻦师家司马之下有'仆、射、士'。那末，此处的众仆也应该是芳师下面的尸仆与仆射士之类的职官。"② 查《周礼·夏官司马》军职中比师（中大夫）低下的众仆有太仆（下大夫）、祭仆（中士）、御仆（下士）、隶仆（下士）

---

① 马承源主编：《商周青铜器铭文选》（三），文物出版社1988年版，第60页。
② 唐兰：《西周青铜器铭文分代史征》，中华书局1986年版，第314页。

等，其职责从传达王命、参与王的各种重大活动的事务安排到洒扫之责都有，所以《说文》曰："仆，给事者。"即办理具体事务的官员。平时各级官府有类似的办事员，有军事活动之时，师、旅中应有相应的给事者，有的仆职可能还有数人。这样的众仆，绝非一般所说的奴隶。这样有身份的众仆敢于不从王征，所以师旂要将他们上告到伯懋父（有多篇铭文表明其是领军统帅，相当于大司马，公卿身份）那里，师旂不敢私自处理，以防师内引起混乱或暴乱。

（3）征于方雷。方雷，地名（方国名），乃征之对象。刘雨谓："1955年陕西眉县出土的盠驹尊铭'方雷骆子''方雷雅子'是指方雷地的两匹马驹（文参1957、4），'方雷'应为地名。又《殷周金文集成》新著录的繁簋'公令繁伐于眔伯'（集成8.4146），此铭中的'于'字无法它释，只能认为是'伐'字后之介词。"①唐兰首先据《国语·晋语》提出"西陵与方雷都是氏，也都是国名"。并综理《国语》《汉书》《续汉书》《大戴礼记》《山海经》《说文》诸书有关记述和注疏文字，探寻方雷的地理位置，指出黄帝次妃为方雷氏之女，生青阳，青阳降居泜水，泜水出于赞皇西南赞皇山，东流注于泜泽（宁晋泊），在今新河县西、宁晋县东古有薄落津，"疑薄落即是古代的方雷，方（古读防）与薄，雷与落，俱一声之转"②。唐氏之说近是。今再做些补充。①方雷在文献中只见于黄帝次妃为方雷氏之女的故事，黄帝"与蚩尤战于涿鹿之野，遂禽杀蚩尤。而诸侯咸尊轩辕为天子……而邑于涿鹿之阿"。尽管他"迁徙往来无常处"，其大本营在冀州。②黄帝娶方雷氏之女为妃，所生之子青阳降居于泜水。泜水在漳河与滹沱河之间，上古注入大陆泽后再进古（黄）河出海。漳河与滹沱河之间（今邯郸与石家庄之间）为古冀州的南部。《史记·赵世家》："（敬侯）十年，与中山战于房子。"《后汉书·光武帝纪》："（更始二年）南击新市、真定、元氏、防子，皆下之，因入赵界。""防、房"古字通用。据《地名大辞典》，房子"故城在今直隶临城县西南"。其地正是泜河流经之地方，亦即方雷氏之甥青阳降居之所，可见西周时的方雷国所在，战国时已易名为房子。③《穆天子传》卷一，曰："戊寅，天子北征，乃绝漳水。……癸未，

---

① 刘雨：《西周金文中的军礼》，见《容庚先生百年诞辰纪念文集》，广东人民出版社1998年版，第327页。

② 唐兰：《西周青铜器铭文分代史征》，中华书局1986年版，第315、316页。

雨雪，天子猎于铏山之西阿，于是得绝铏山之隧，北循滹沱之阳。"① 周穆王当政初期，政事怠荒，喜游猎，滥刑罚。其所谓北征即此性质。从漳水到滹沱河，即通过方雷之境，边游边猎，花了 6 天时间。师旂鼎铭曰："唯三月丁卯，师旂众仆不从王征于方雷。吏垦友引告于伯懋父，在芳。"吕行壶铭曰："唯四月，伯懋父北征，唯还。" 3 个文件正可互相印证。三月丁卯，是周穆王北征绝漳水的前 11 天，师旂众仆不从王征于方雷事件，发生在穆王到达方雷之前 11 天。丁卯之后第十六天癸未，穆王在方雷北部的铏山（今之井陉）西坡行猎，老天还下了雪。丁卯后第二十三天庚寅，"北风雨雪。天子以寒之故，命王属休"。甲午，穆王北征至代，转为西征。而跟从北征的伯懋父，大概就是在庚寅后离开穆王远征军的，与吕行壶铭所说的四月伯懋父北征归还正好相接。

（4）罚得🅰🅱三百孚。吴闿生（1934）读"得"为贝，谓"䍙古为货贝之名"。② 各家均知读"得"为贝是误读，但都取其"䍙古"为货贝名称之说。吴其昌（1936）说"䍙古"是地名。容庚（1936）谓"䍙古未详"。闻一多（1948）读作"系居"。周法高（1951）谓："'䍙'即'䍡'或'显'，假为'茧'；古代交易赏罚往往用丝。……'古三百孚'的'古'，义为'估略'。"郭沫若（1935、1957）谓"疑䍙即显字之异，读为献"，并与"得"字连读。白川静（1966）谓"䍙恐为丝束之名，或为绢之古名亦未可知"。唐兰（1986）另出新解，谓"得、系、古是三个仆的名"③。按"🅰"字，上从首下从茲，历来解释甚伙，然多不自信。我认为，上古从首与从耳形义皆近（首作👁，耳作👂，形近。割尸之耳或首以报功同义），有可通例，如曾姬无卹壶的"职"字易从耳为从首，又《说文》"職"又或作"馘"；下半形茲上与首借笔相连应读作联，④ 所以该字可释为"聅"（联）。西周金文"由"字与"古"字形近，⑤ 如"冑"字所从，到战国时，"由"字于口中增一横与"古"字相区别。由，指因由、缘由。"联由"，

---

① 洪颐煊校正：《穆天子传》，岳麓书社 1992 年版。
② 参见吴闿生《吉金文录》卷一，1933 年邢之襄刻本，第 29 页。
③ 唐兰：《西周青铜器铭文分代史征》，中华书局 1986 年版，第 316 页。
④ 古文字有借笔合书习惯，如"三月"形如"二月"，"马四匹"形如"马三匹"，其间"三"下"月"上共用一横，"四"下"匹"上共用一横。"七十"可写成一竖中间两横，上横长下横短，共用一竖。
⑤ "由"字作口上一竖，竖中膨大近十字，竖与口紧相连。而"古"字作上十下口，可不相连。

罪名，即联坐，"坐"字之因由义殆本于此。据《周礼》，司徒佐王治民，从基层到国家，有比、闾、族、党、州、乡等级之制；军事活动则有相应的伍、两、卒、旅、师、军之制。族师之职云"各掌其族之戒令政事。……五家为比，十家为联；五人为伍，十人为联；四闾为族，八闾为联；使之相保相受，刑罚庆赏相及相共"。司寇之属士师之职云"掌乡合州党族闾比之联……以施刑罚"，就是指掌察上下左右有"联"关系的人，若有人犯禁，同"联"之人或户，也以"联由"施以刑罚。罚，是以"金作赎刑"，刑不上大夫，大夫以上身份的贵族犯禁得死罪或肉刑，可以以罚金输赎。得，取也。三百寽是指赎死刑的罚金（当时对铜的称呼）重量。

刑法的轻重详略因时而异，若据《吕刑》，有四种肉刑（墨、劓、剕、宫），一种死刑（大辟）；墨罚条例有一千，缓刑宽大的罚金为一百寽；死刑的条例二百条，死刑的赎金应为千寽。共王以后的𫷷匜铭，原定处罚牧牛鞭千加墨刑，大赦为鞭五百加罚金三百寽，比《吕刑》"五刑"增加了新的鞭刑，墨刑的赎金也从一百寽增至三百寽。更后一些的散氏盘铭文在记结案誓词中以"鞭千罚千"为誓，看来也就是以死罪为誓。从师旂鼎到《吕刑》再到𫷷匜、散氏盘铭文的刑名和赎金的由轻到重变化，可以推测师旂鼎铸于《吕刑》之前。

（5）义𢿢。义，宜也。"义"下"𢿢"字历来各家都从于省吾（1932）隶定作𢿢，释读为播，谓播迁也，理解为将众仆处以流徙之刑。吴其昌（1936）则解读为安抚。直到今天，各家仍从于说。唯李家浩（1997）在香港第三届国际中国古文字学研讨会发表《包山楚简"𢿢"字及其相关之字》论文，指出近似"米"字而中竖弯曲者非"采"字、"巫"字，从此之字都应读作敝音，简中借作毕。① 李文惜未联系师旂鼎铭。今依鼎铭文意，当释𢿢，做刑名，指戮毙。义𢿢，是指宜依军法戮毙于社。

（6）𢻻。此字右边从又，左边上作虍下作且，字可读作且。传世文献和字书释义为攄取，而铜器铭文多做人名、并列连词（相当于且）、感叹语

---

① 详见《第三届国际中国古文字学研讨会论文集》，第555～578页。后收入《著名中年语言学家自选集·李家浩卷》，安徽教育出版社2002年版，第272～288页。《九店楚简》，中华书局2000年版，第107～108页摘要引用。

气词（相当于嗟或咨嗟）使用。① 李学勤谓"读为徂，意思是过去"②。唐兰曰"与若字和如字同义"③，当作选择连词用。我想，从该字结构看固可读为且，但其意义和语法功用的确定，应取决于文本的语境和上下文之关系。且看原文：

懋父令曰：义敽，毄毕不从毕右征。

伯懋父命令说：（依据军法）应该将众仆毄毙，因为他们不跟从他们的首长出征。很明显，命令中使用的是因果句。"义敽"是应得的结果，而"毄"引出事情的原因。若用众所周知的表原因的连接词"以"来代换"毄"，其句子结构和意义完全一致，也与文本前面所提供的语境相密合。这一新认识，可以帮我们修正过去对多篇铭文的释读。例如：

王伐彔子䎗，毄毕反。王降征令于大保。（大保簋）
在雩御事，毄酉无敢酖，有紫蒸祀无敢酬，古天翼临子，法保先王，敷有四方。（二十三祀盂鼎）
毄东尸大反，伯懋父以殷八师征东尸。（小臣謎簋）
王令甦曰："毄淮尸敢伐内国，女其以成周师氏戍于古师。"（彔甦尊、卣）
伯犀父休于县妃曰："毄乃任县白室，易女妇爵……"（县妃簋）
矩取省车較輨……廸舍裘卫林舂里。毄毕佳颜林，我舍颜陈大马两，舍颜姒滕畚，舍颜有司寿商豼裘盠官。（九年卫鼎）
伯扬父廸成贤曰："牧牛！毄乃可湛，女敢以乃师讼，女上甼先誓。……"（牧匜）

大保簋铭的句式与师旂鼎铭相同，上句为果，下句为因，原因分句用"毄"引领。其他六器铭文中的因果句，都是有"毄"引领的因句在前，果句在后。二十三祀盂鼎铭文还以"毄……古（故）……"形式表现，相当

---

① 参见张振林《先秦古文字材料中的语气词》，见《古文字研究》第七辑，中华书局1982年版；陈永正《西周春秋铜器铭文中的联结词》，见《古文字研究》第十五辑，中华书局1986年版；陈永正《西周春秋铜器铭文中的语气词》，见《古文字研究》第十九辑，中华书局1992年版。
② 李学勤：《岐山董家村训匜考释》，见《古文字研究》第一辑，中华书局1979年版，第151页。
③ 唐兰：《西周青铜器铭文分代史征》，中华书局1986年版，第316页。

于后世的"因为……所以……"形式，可谓铁证。

（7）胾又内于师旅。胾，读作期，指限定的时日。又，通有。内，通纳。据前面文意，依军法，不从王征的众仆当处死刑戮毙，也许是征战的需要，也许是师旅无过错主动报案的缘故，伯懋父予以宽大处理，师旅无须连坐罚金，而犯禁者死罪可赦，赎刑罚金是不可免的，故伯懋父对众仆的命令中有"今母敄，期又内于师旅"之说，叫众仆限期将罚金交纳到师旅那里。陈公柔曰："按师旅驭下无方，以至众仆遁逃，据常理不应向师旅交纳罚款。此内，当释为纳人，即仍将众仆发交师旅统驭处理，《积微》'仍付师旅督率'较为允当。"① 今且不说铭中未见众仆遁逃之辞，就众仆犯禁不从王征而论，也不能即断定师旅驭下无方，若已断定师旅驭下无方，也就不应将众仆仍付师旅督率了。否则，伯懋父的宽容缓刑处理，便是失职和昏庸，不当将此判决铸于鼎彝了。所以，杨、陈二位"驭下无方"和"仍付督率"之说，恐不合文本旨意。将"胾"读作其，指代众仆，也是不对的。

（8）引以告中史书。中，狱讼之成要簿书，即狱讼之契券证据和判决文书。书，书写，登录。如《周礼》记小司寇之职"岁终则令群士计狱弊讼，登中于天府"，指岁末令乡士、遂士、县士、方士等各级之士统计其断狱情况，在祖庙登录于簿书。在群士职责中，也都有"狱讼成，士师受中，协日刑杀"的规定。据《周礼》记载，各级官员都配有士、史、胥、徒人员，协助料理公务和杂役。铭文中的中史，应指伯懋父军中负责法律事务文书的史官。师旅的僚友引将伯懋父的判决，告诉中史官写入簿书存档。

（9）对氒赞。"对"字右边从丮，与从又通，对，应对答谢。铜器铭文中，作器者对于上司的封赏馈赠美意的回应褒扬，常用"对扬"这个词表示衷心的谢意，有时也单用一个"对"字或一个"扬"字。赞，上从奴右上从丮，像上面的"对"字一样，变从又为从丮。赞，《说文》谓从奴从贝，当作会意字，读若概。按其构字方法与"餐、粲"相同，其声旁奴与残同音，揣其文意，盖为判决；过去有读概、质、劾、谳之说②，恐不准确。据阴阳对转原理，此字读成阴声，则与"裁"音相近，其义当为裁定、

---

① 陈公柔：《西周金文中的法制文书述例》，见《容庚先生百年诞辰纪念文集》，广东人民出版社1998年版，第311页。

② 参见于省吾《吉金文选》上二·六；周法高《金文零释》，第74页；唐兰《西周青铜器铭文分代史征》，第317页；李学勤《岐山董家村训匜考释》，陈公柔意见同。

裁判、裁决。①此字又见于𫗧匜、师衰簋，大概是西周时期法律裁决的专用字。定案则为成，𫗧匜铭"成𫗧"连文，则是做出定案裁决之意，大概是实行听讼断狱有期和三刺三讯三宥程序，相当于终审判决。师旂鼎铭没用"成"字，反映的办案经过非常简单，一可能是当时未有严格的办案程序规定，二可能是在军中不容拖延而赋予军事长官特权的缘故。"对𫊸𫗧于尊彝"，是在尊彝上答谢伯懋父的裁决，无论从本句的文法和词义看，还是从上文并非完整的判决书看，都不能理解为把判决书刻在尊彝上。

五、句子成分的省略与指向

摸不准文本篇章总义，句读就可能出现偏差，难字难辞的考释解读也不易；反过来说，难字难辞的考释解读，要能使句子合理，前后相接顺畅，内义脉注贯通，最后能组成合情理的语境。

古文尚简。在现实语境中，有特定的背景和对象，省略某些句子成分是经常发生的正常语言现象。要准确理解把握时过境迁的语言，除了要把握通过声音或文本可感知的语词外，还要把省略了的成分找回来，才能还其本来面目。

师旂鼎铭第一句是完整的。说的是三月丁卯那天，在方雷那个地方，师旂属下的多个仆官不愿跟从国王征战。在出征期间发生这样的事情，当然是违犯军法的严重事件。作为长官的师旂怎么办呢？（师旂）于是派使他的僚友名叫引的，将（众仆不从王征的）事向在芳地的上司伯懋父告发。这第二句是承上省略了"使"的主语和介词"以"的宾语亦即"告"的内容。

伯懋父听到师旂部队发生严重事件的报告后自然震怒，首先就要处罚长官，以"朕由"（即连坐）之罪名罚取（师旂）三百乎（赎刑金），但是师旂是主动派代表来告发的，并无纵容包庇姑息行为，所以可以赦免师旂连坐之罪，不能罚他（师旂）。第三句说的处罚对象是师旂，省略的"罚得"的宾语是师旂，"今弗克乎罚"的"乎"指的也是师旂。所谓师旂之罪，罪不当罚，面对作为原告师旂的代表，说一说以示提醒就是了。时代背景是，西周王朝建立后，在核心地带的中原地区，殷商贵族时常制造事端阴谋叛乱，经过严厉的镇压和怀柔安抚，至康王时候稍得平静，但是在燕代（康王后期）、在江汉（昭王时期）、在黄河下游和淮河流域（穆王前期）民族部族

---

① 前鼻音阳声韵尾 – m/ – n 弱化成韵尾 – i，音即如"裁"；从𬼃的"纔"通财、才、裁，从万的"迈"读为 mai。

的骚扰不停。特别是处于黄河下游和齐鲁之间的东尸，与殷商的关系深远，他们和南淮尸结盟作乱，成为穆王时期的心腹大患。作为殷商显族后裔的师旂，能从王征并忠于职守，从维护周王朝利益而言，应属难能可贵，有些属下不驯，也是可以理解的。何况当时是穆王不务政事，在春寒料峭之时北征巡狩。

接着第四句是伯懋父对真正犯案人的处理。懋父依据军法下令说：（依军法）应该戮毙于社，因为他们犯了不跟从首长征战的罪；现在宽大处理免除死刑，但必须限期（是指期月？期年？征战结束后？铭文未说明。将死刑赎金每人三百孚）交纳到师旂那里。据《周礼》，每年举行的田猎和练兵活动前都有隆重的誓师大会，宣布"用命赏于祖，弗用命戮于社"之类的常法。所以，伯懋父的命令中省略援引军法律令，省略了缓刑交纳罚金的限期，至于交纳免死罚金的数量，第三句已提到，于此承上省。从懋父命令内容和处理方法看，刑罚是严酷的，处理是灵活的，死刑虽免而死罪的警告犹在，沉重的罚金难忘；也许是《吕刑》公布之前没有严格的议狱讼的审察断狱程序，也可能是军中流动性大时间紧迫，长官有权直接断狱，办案的过程细节，我们还不得而知；但从中也可看到，此案牵涉连坐问题，师旂须报上司审理，而判决的执行，还是归所属单位，由师旂限期内收受罚金。

案子就如此快速判决，即刻由原告的代理人引，将情况转告专管法律簿书的史官登录存档。第五句省略了介词"以"的宾语，即引要转告的案子情况和伯懋父的判决。看来伯懋父审理此案，只是面对原告代理人，立马以口头命令形式判决，有无助手幕僚在场议案不得而知，因为铭文尚简，至少不是在有左史右吏群士参与的法庭审案，是可以肯定的。审案经过到此已交代完结。

对于师旂来说，伯懋父的这个判决，无所谓徇私，合法又合情合理，处理得聪明睿智，师旂自己免于连坐罚金，属下免了死刑肉刑只处罚金，真是被再生之德，感激不尽。故师旂用铸鼎的方式，在"尊彝"上感谢（伯懋父的）这个判决。"对毕餐于尊彝"与大保簋之"用兹彝对令"（用这个簋来答谢王命）有异曲同工之妙。

六、余论

西周的铜器铭文，大体都是器物主人自己或授意他人，以客观记事的形式写成的。所以铭文前面用"师旂"，官职与私名连在一起。铭文记事叙述绝不使用第一人称代词"余""我""朕"，只有引言内容才用。叙事完毕转入作器祈祝内容时，一般就不再称官爵，只用私名，所以本铭最后只称"旂"。

师旂鼎铭文表达的是师旂对伯懋父所做的裁决的感激之情，而不是刊刻案件判决书，这是对文本的"总义""宅情"所做的判断。所以对案件本身的许多要件，如众仆究竟是几个什么仆，他们的名字和具体表现等都省略了，裁决命令也不完整，更称不上是判决书，众仆要处多少罚金，交纳限期多长，有无执行等等也都与表达感激之情没有直接关系，可以不提。因此，我们不能把这篇铭文称为某某案件判决书，也不能将最后一句解释为"把判决书刻在鼎上"。

从伯懋父对师旂和众仆的处理看，都是先提出本应该怎么样，今改成怎么样，罚金多少孚，㝬匜所述的裁判也有类似的文句"义……今……"，即依法宣判……今据情节和刑不上大夫的赎刑规定判为……表明当时是有成文法和赎刑规定的。《吕刑》是穆王后期的产物，有五刑之属三千和刑法运用的记载，谅都不是虚言。大概是吕侯受穆王之命，总结整理了历代执行五刑的实践经验，形成三千条类似"决事比"的条文，而将五刑的来源、发展、主要内容、运用原则、刑法之意义等，以穆王的诰命词形式公布。师旂鼎也许比它稍早一点，但从其长鸟分尾花纹的形态和鼎腹上窄下宽扁平的造型看，绝不会像许多专家断定的时间（成王、康王、昭王或昭穆间）那么早，至少应是进入穆王时期的产物。师旂鼎、吕行壶铭文和《穆天子传》在时间和事件上吻合并可互作补正，进一步显示了《穆天子传》的史料价值。其他有"伯懋父"的关联器，字体相类，内容也多涉征战，也应是穆王前期器。

参考书目

[1] 郭沫若：《金文丛考》，东京文求堂书店1932年影印本。
[2] 于省吾：《双剑誃吉金文选》，北平大业印刷局1932年版。
[3] 郭沫若：《古代铭刻汇考》，东京文求堂书店1933年影印本。
[4] 吴闿生：《吉金文录》，1933年邢之襄刻本。
[5] 容庚：《善斋彝器图录》，哈佛燕京学社1936年版。
[6] 吴其昌：《金文历朔疏证》，商务印书馆1936年版。
[7] 于省吾：《双剑誃古器物图录》，1940年海城于氏影印本。
[8] 容庚：《商周彝器通考》，哈佛燕京学社1941年版。
[9] 杨树达：《积微居金文说》，科学出版社1959年增订本。
[10] 周法高：《金文零释》，"中研院"历史语言研究所1951年版。

[11] 陈梦家:《西周铜器断代二》,《考古学报》1955 年第 10 册。
[12] 郭沫若:《两周金文辞大系图录考释》,科学出版社 1957 年版。(由 1935 年东京文求堂书店影印之《两周金文辞大系图录》和《两周金文辞大系考释》合并增修而成)
[13] [日] 白川静:《金文通释》第十三辑,白鹤美术馆 1966 年版。
[14] 唐兰:《西周青铜器铭文分代史征》,中华书局 1986 年版。
[15] 马承源主编:《商周青铜器铭文选》(三),文物出版社 1988 年版。
[16] 吴镇烽:《用金文资料来研究西周政治法律制度》,《考古文选》,科学出版社 1988 年版。
[17] 周何、季旭昇、汪中文:《金文单字引得》,1993 年版。
[18] 陈公柔:《西周金文中所载约剂的研究》,《第二届国际中国古文字学研讨会论文集》,香港中文大学中国语言及文学系 1993 年版。
[19] 陈公柔:《西周金文中的法制文书述例》,《容庚先生百年诞辰纪念文集》,广东人民出版社 1998 年版。
[20] 刘雨:《西周金文中的军礼》,《容庚先生百年诞辰纪念文集》,广东人民出版社 1998 年版。
[21] 陈公柔:《西周金文诉讼辞语释例》,《第三届国际中国古文字学研讨会论文集》,香港中文大学中国语言及文学系 1997 年版。
[22] 王世民、陈公柔、张长寿:《西周青铜器分期断代研究》,文物出版社 1999 年版。
[23] 张亚初:《殷周金文集成引得》,中华书局 2001 年版。
[24] 华东师范大学中国文字研究与应用中心:《金文引得》,广西教育出版社 2001 年版。
[25] 〔清〕阮元校刻:《十三经注疏》,中华书局 1980 年影印本。
[26] 《二十五史》(1),上海古籍出版社、上海书店 1986 年版。
[27] 王利器:《文心雕龙校证》,上海古籍出版社 1980 年版。
[28] 〔晋〕郭璞注:《山海经・穆天子传》,岳麓书社 1992 年版。
[29] 容庚编著,张振林、马国权摹补:《金文编》,中华书局 1985 年版。
[30] 李孝定、周法高、张日昇编著:《金文诂林附录》,香港中文大学 1977 年版。
[31] 闻一多:《璞堂杂识》,《闻一多全集・二》,开明书局 1948 年版。
[32] 李学勤:《岐山董家村训匜考释》,《古文字研究》第一辑,中华书局 1979 年版。

 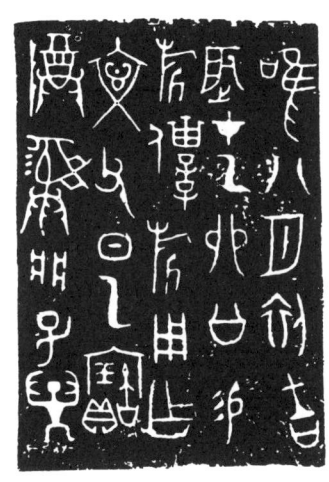

图1　师旂鼎铭文拓片（西周早期）　　图2　旂鼎铭文拓片（西周早期）

（本文为第六届两岸中山大学中国文学学术研究研讨会论文，2004年；刊于《中山人文学术论丛》第六辑，澳门出版社2005年版；又刊于《黄盛璋先生八秩华诞纪念文集》，中国教育文化出版社2005年版。今据《黄盛璋先生八秩华诞纪念文集》本收录，并与《中山人文学术论丛》本参校）

"则繇隹" 解

一

2003年1月陕西眉县杨家村窖藏27件有铭青铜器的出土，成了当年春节民众重要话题之一。到目前（2005年夏天）为止，就我所见，已发表的文章已不少于25篇。有的讨论出土发现的重大意义，包括对西周史、西周王年的推算、单氏家族史、铜器断代、群众参与文物保护等各方面的重要意义；有的着重对铭文笺释疏通，一边做语言文字的训诂工作，一边对相关史事进行讨论，为将古文字研究向前推进一步，做出了各自的贡献。

古文字工作者最关注的是逨盘、四十二年逨鼎和四十三年逨鼎3篇长铭文。3篇铭文中，除周王册命逨的开头套语近似外，其他内容不同，都含有重要的历史信息。3篇铭文的册命套语中，都含有"则繇隹"的句子，而这样的句子过去只在师克盨铭文中见到过（宋代著录的师訇簋因刻本坏字人们不知而误读）。显然，弄清这3个字的意义和功能，对理解当时这种格式化的语言表达习惯，至关重要。这些句子是：

（1）王若曰：逨，丕显文武膺受大命，尃有四方。则繇隹乃先圣祖考夹召先王，爵堇大命，今余隹巠乃先圣祖考䚄褱乃令，令女……（逨盘）

（2）王若曰：逨，丕显文武膺受大命，尃有四方。则繇隹乃先圣祖考夹召先王，爵堇大命奠周邦，余弗遐忘圣人孙子，余隹闻乃先祖考有爵于周邦，辥余乍……，余肇建……，余令女……（四十二年逨鼎）

（3）王若曰：逨，丕显文武膺受大命，尃有四方。则繇隹乃先圣祖考夹召先王，爵堇大命奠周邦，辥余弗遐忘圣人孙子。昔余既令女……，今余隹巠乃先圣祖考有爵于周邦，䚄褱乃令，令女……（四十三年逨鼎）

（4）王若曰：师克，丕显文武膺受大命，尃有四方。则繇隹乃先圣祖考有爵于周邦，干害王身乍爪牙。王曰：克，余隹巠乃先圣祖考克秝臣先王，昔余既令女，今余隹䚄褱乃令，令女……（师克盨）

其中师克盨有两盖一器三铭，陕西博物馆原藏之盖夺"繇"字，故宫所藏之盖器铭均完整。专家们对"则繇隹"三字相连，说解时都感到有些棘手，或以三字都是语词，一笔带过；或只是讨论"繇"字的语义和功能；偶有提到"则"是表顺接的连词的，但也说不清哪句和哪句在语义或逻辑上存在顺接关系。对"繇"的意见，概括起来有六种：

一是语气词、发语词、叹词。这是传统解经的看法，杨树达《彔伯𣪘𣪘跋》中认为"繇"在句首，可独立成句读，与《尚书》常见的"繇""猷"相同，彔伯𣪘铭："王若曰：彔伯𣪘，繇！自乃祖考有𠭰于周邦……"如白川静、王辉等从此说。①

二是表原因。郭沫若《师克盨铭考释》首先提出，认为"繇"从语法看有"由于……"的意义。如李零、董珊、周晓陆等从此说。②

三是"繇"即"䌛"，读为由，表来自。李学勤《眉县杨家村新出青铜器研究》取杨树达《词诠》第384页"䌛，介词，与'由'同，自也"说。③

四是"繇"与"旧"通，与"今"相对。王国维《师𡪻𣪘跋》释"繇"，首先从师𡪻𣪘与兮甲盘异文，提出"繇"与"旧"声近字通。张政烺《周厉王胡𣪘释文》再申述之。今天的逨器铭考释者认为，该句出现在王叙旧事，正好与后面"今余……"相对。如马承源、刘源、孙亚冰等从此说，江林昌的释文甚至直接写作"旧"。刘怀君、辛怡华、刘栋三人合作的鼎铭试释，"则繇"二字逗断，谓"繇"通旧；而盘铭试释以"则繇"二字连下读，不再注释。④

---

① 参见白川静《师克盨》，见《金文通释》第二十八辑卷三下，白鹤美术馆1971年版，第545页；王辉《逨盘铭文笺释》，载《考古与文物》2003年第3期，第87页；王辉《四十二年逨鼎铭文笺释》，见《第四届国际中国古文字学研讨会论文集》，香港中文大学2003年版，第76页。

② 参见李零《读杨家村出土的虞逨诸器》，载《中国历史文物》2003年第3期，第24～25页；董珊《略论西周单氏家族窖藏青铜器铭文》，载《中国历史文物》2003年第4期，第44页；周晓陆《〈徕鼎〉读笺》，载《西北大学学报》2003年第33卷第4期，第109页。

③ 参见李学勤《眉县杨家村新出青铜器研究》，见《中国古代文明研究》，华东师范大学出版社2005年版，第143页。

④ 参见张政烺《周厉王胡𣪘释文》，见《古文字研究》第三辑，中华书局1980年版，第105～106页；马承源等《师克盨》，见《商周青铜器铭文选》（三），文物出版社1988年版，第223页；刘源《逨盘铭文考释》，载《中国史研究》2003年第4期，第20页；孙亚冰《眉县杨家村卌二、卌三年逨鼎考释》，载《中国史研究》2003年第4期，第26～27页；江林昌《眉县新出青铜器与西周王室世系、年代学及相关问题》，载《文史哲》2003年第5期，第7页；刘怀君、辛怡华、刘栋《四十二年、四十三年逨鼎铭文试释又逨盘铭文试释》，载《文物》2003年第6期，第86页。

五是“繇”为强调语气的虚词。沈培在《西周金文中的“繇”和〈尚书〉中的“迪”》中同意董珊“则繇隹”与“则惟”相同之说；又认为金文中的“繇”与“迪”可通，如何乐士等《古代汉语虚词通释》所说，“迪”是用来加强语气的；金文中的“繇隹”同《尚书》中的“迪惟”。沈文中还对原因说、由自说、旧久说、发语词（叹词）说进行了辩驳。①

六是释为謬。彭曦《逨盘铭文的注释与简析》谓“謬”或作“詧”，“詧”通察，审也、知也。②

由于多数考释文章只是重点提出对“繇”字的看法，极少提及前后相连的“则”“隹”二字，因此作者对该句的实际理解，我们只能从他们的译文中窥测领略。

白川静的师克盨铭文训读作：则ちもとこれ乃の先祖考、周邦に勋あり。

王辉盘铭的笺释是：英明的文王、武王承受天命，广有天下，而你圣明的先祖、先考辅佐先王，恪谨国事，使天命得以延续。其鼎铭的笺释则简称：此句王称颂逨之祖、考。

李零曰：第二字，原铭从言，严格隶定是对应于“繇”，而不是“繇”。它在铭文中是相当于表示原因的“由”字，意思是说，这一切全是靠了你的先辈。

周晓陆谓：“繇”发语词，亦可释为“由”“因为”。“则繇隹乃先圣祖考”意为只是由于你的圣明的祖先。

马承源等师克盨该句的释文为：昔日你的先祖先考敬事周室。

刘怀君等人的译文是：从前，你的先人辅佐先王，尽心操劳大命。

彭曦则认为该句意为：我知道你圣明的先祖辅弼先王（“夹召先王”）。

有些文章只有对“繇”的看法，而无句子的串解和译文，大概是有意回避“则”“隹”难于把握的尴尬。但是，含“则繇隹”的句子，是西周后期存在的一种句子定式，谁也不会怀疑三个字中有哪个是增衍误字，因此任何一个字的作用，学者都应尽可能予以合理解释。

就我目前所见，只有董珊的《略论西周单氏家族窖藏青铜器铭文》、沈培的《西周金文中的“繇”和〈尚书〉中的“迪”》和王伟的《眉县新出

---

① 参见沈培《西周金文中的“繇”和〈尚书〉中的“迪”》，见《古文字研究》第二十五辑，中华书局 2004 年版，第 218 ～ 223 页；何乐士《古代汉语虚词通释》，北京出版社 1985 年版，第 105 页。

② 参见彭曦《逨盘铭文的注释及简析》，载《宝鸡文理学院学报》2003 年第 5 期，第 14 页。

青铜器铭文综合研究》是直面"则繇隹"并提出了意见的。董文在引举了《尚书·多士》和《尚书·多方》中含"则惟"的一些例句后说:"'则惟'的作用是承上启下,使前后两层意思的关系更为紧密。金文中所见'则繇惟'正跟文献'则惟'的用法相似,提示和强调着前后的因果关系。沈培先生又向我指出,'则繇惟'的'繇'、'惟'都是强调其后面的句法成分的,'则'则是表示其前后句子的顺承关系的。'繇惟'跟古书中'迪惟'相当,'繇'、'迪'(以及《尚书》中的一些'猷'字)都是用来加强语气的虚词。沈先生的意见更为深入而准确。"董文表达的实际是两层不同的意思:他本人原认为"则繇惟"是强调因果关系的,但缺乏深入而准确的分析说明;沈先生分析了3个字,都是虚词,其中"则"是表顺承关系的连词,"繇"和"惟"都是加强语气的语气词,董认为沈的意见"更为深入而准确",大概董便从因果关系说,转向3个字都是虚词(一个连词+两个语气词)说了。王文折中董、沈二说曰:"我们认为'则繇隹'乃虚词连用。'则'是表转接的连词;'繇'表原因,引起的下一段话是册命的原因;表原因的句子由'隹'领起。"①

二

我认为,之所以众说纷纭,莫衷一是,是因为大家都是把"则繇隹"3个字当作3个词,因而难于找到处置3个词的理想方法。对3个字,早有共识,所以难点不是文字问题。3个字固定地出现在西周后期格式化的套语中,表明是个语言问题。对于不熟悉的古老语言,通过异文互证(如《师寰簋》之"繇",《兮甲盘》作"旧"),和年代相近的文献比较(如宜侯夨簋:"王令虞侯夨曰:繇,侯于宜。"《尚书》中"繇""猷"有多种意义,其中确实不乏当作发语词的用例),都是行之有效的训诂方法,但是我们不能满足于此并局限于此。铭文文本当时的语言习惯,文本自身所提供的语言环境,对我们判断和选择语义、分析和理解语法关系都有重要的启示,可以为我们解决难题提供新思路。

关于上古的语言习惯。两汉兴起的训诂学,给我们提供了许多思考认识的线索和回归理解的方法。其中关于急言缓言这一项,杜预注《左传》时用了,颜师古注《汉书》用了,段玉裁注《说文解字》用了,从魏晋到清的许多训诂大家都注意到它对解读古语的重要性。段注还注意到缓言与联绵

---

① 王伟:《眉县新出青铜器铭文综合研究》,陕西师范大学硕士学位论文,2005年。

词之关系。很可惜,近百年来的训诂著作与古代汉语读物,提到急言与缓言的分量都很小,只有"勾吴""於越"等有限旧例,不见有新的发明,形成一种隐喻,这不过是古代僻处东南断发文身的吴越人的语言现象,没有普遍意义;研究联绵词的著作,偶然联系到急言与缓言的关系,也少有超出段注者。只有少数研究吴越青铜器铭文的学者偶尔用之,然而,对确定器物主人已起了很大的作用。

关于文本自身所提供的语言环境。两汉常以"章句"的形式,体现对古文语言背景、篇章总义的把握,字、词的训释不离章句的串解,篇章的内义脉注贯通。也就是首先把握文本作者在什么情况下,想要说什么事,表达什么情感(古称"宅情"),在特定语言环境和总义要求下,按事理逻辑发展,进行章法、句法、词法的分析。近世语法学独立后,句法分析日趋精密,人们的注意力都放在词在句中的位置、结构、功能等句法层面上,往往忽视句与句的关联,更谈不上句与章、章与章、章与篇的关系。即使是讨论复句和关联词问题,研究的也是大句子的内部问题、关联词的意义和作用问题,仍然是句法层面的事。面对古代铭文,若割裂了篇、章、句间的逻辑联系,局限于句法的分析说明,必然忽视文本自身的语言环境对语义的限制,增加铭文句子理解的不确定性。反过来,词、句不明,也直接影响对篇章总义的把握。传统的章句学训诂,有时不够精严,为个人臆测留下了空间;现代结构主义的语法,句子结构的形式分析非常严谨,但对内义逻辑关系非常重要的古今汉语实用语言来说,容易出现因形害义的结果。近 30 年在西方语言事实基础上建立的篇章语法学,注重语言形态在篇章中标示的语法作用,也与汉语事实有距离。中、西语言语法两者之间的思维模式差异,很像中医与西医的关系:一重宏观一重微观,一重篇章意义的完整把握一重句子形式的精密分析,它们的分析途径截然相反,但通过互动、串解、逻辑联系,可以得到两者统一。

在利用文本自身提供的语言环境来认识"则繇隹"的意义和作用方面,陈汉平先生的《西周册命制度研究》,做得相对较好。他在第四章第一节第二项分析册命原由时说:"册命金文于册命内容中多说明册命之原由,其用词主要要用'繇'、'则'二字。"接着列举了彔伯戜簋、师克盨、訇簋、师訇簋文例后又曰:"上列铭文中'繇自'、'则繇隹'、'则'、'亦则于',诸词于铭文中所引起之下一段话乃册命之原由。彔伯戜铭所说之册命原由有两层,一为'乃祖考有爵于周邦',一为'女肈不家'。后三例则仅述受命者之先祖有功绩于周邦或先王。""册命金文因追述前人之事或册命原由,故常出现某些时间概念词。（原文接着列举十三器铭例，此略）由此诸例可知，戠、𢕊、乡、昔等字与今字相对而言。……由卯簋文例，知时间副词之'𢕊……昔……今'为三层时间概念，𢕊早于昔，昔早于今。"①

显然，陈汉平先生是从册命内容的安排，看到含"繇""则"的四个词下面，是说册命原由的，而且从意义的逻辑联系上发现，一个表原由的词可以有多句表多层原由，同时说明了时间副词的相对关系。但是，陈先生没有对含"繇""则"的4个词（含词组）再进行分析。因此可以说，其意义把握基本准确，而语法分析失之粗疏。

三

首先，我们从大量的册命文例的内容逻辑关系，可以肯定含"则繇隹"的句子是表示原由的。从逨盘铭看，似乎可以把此句与下句看作"旧""今"相对，都当作时间副词，不作因果关系看，但是两句的主语不同（一为乃先圣祖考，一为余），逻辑不顺。其次，同一家之器的四十二年鼎铭、四十三年逨鼎铭在相同的语言环境下，都以"则繇隹……辪……"组成因果关系的复句，是毋需置疑的。再次，四十三年逨鼎铭和师克盨铭都以"昔……今……"相对，也从侧面证明把"则繇隹"当作时间副词"旧"，在这特定语言背景下是不妥的。

既然"则繇隹"是表原由的，那么3个字如何分析？

上面提到上古语言习惯中的一个现象——急言与缓言，往往被现代人忽略。我在2003年撰写的《〈说文〉从乏之字皆为形声字说》，曾对上古产生急言与缓言现象的社会原因，转换模式，一个单音词（原音、全音）可能出现前、后音和缓言双音并且同时共存，提出了我的基本看法。② 我认为这些貌似复杂的语言现象，对山西及其周边地区及福州地区等熟悉合音词和分音词现象的人们来说，是简单不过的事情，跟文化水平和音韵学修养无关，纯粹是从小的语言习得。我在该文中将秦公钟铭的"鍺₌雝₌"，按缓言读为"鍺雝鍺雝"，急言之则为"咚咚"，将吴王残钟铭的"油₌漾₌"，缓言读为"油漾油漾"，因为"由"的上古原音为"定幽"，急言之则为"当当"。这样，我认为比"鍺鍺雝雝""肃肃雝雝""戚戚雝雝""鷔鷔雝雝"

---

① 陈汉平：《西周册命制度研究》，学林出版社1986年版，第134～135页。
② 参见张振林《〈说文〉从乏之字皆为形声字说》，见《汉字研究》第一辑，学苑出版社2005年版，第273～278页。论文初稿曾在2003年广东省语言学会年会上宣读发表。

"油油漾漾"等各种解读,会更切合实际,更生动形象地描绘了青铜钟声。如果说福州地区人多为越人后裔,山西及其周边人则为三晋人后裔,秦王居处于陕甘,那么,合音词与分音词共存,急言与缓言同在,两周时期是带有普遍性的,非局限于吴越。因此,可把关中出土的铭文中的"则繇"理解为古人缓言分音词,急言之就是"虘"("虘"读且音,金文中"且"多假借作祖考之"祖");"则繇隹"急言之就是"虘隹"。

"虘",过去学者发现它有多种含义:①时间副词,相当于"徂""往昔""过去";②叹词,相当于"嗟""咨嗟";③连词,相当于"且";④助词,无义。我在《师旂鼎铭文讲疏》中,除被解释的鼎铭外,另又引7例含"虘"的铭文,均可用表原因的"以"置换,文意不变而通畅明晰;其中两例表结果的句子在前,其余皆结果句在后;结果句多数无标志性语词;大盂鼎以"虘……古……"形式出现,是为因果句的铁证。可以肯定"虘"为领起原因句的连词。①

至于"隹",学者们往往根据它在句中的不同位置灵活地随文释义。赵诚先生的《金文的隹、唯(虽、谁)》,将"隹"的作用和功能分为7大类27小类。其第一小类是"隹"用作表示强调、特指的助词……"厥日隹乙"可以释为"厥日是乙"……可释为"厥日在乙"。其第二小类是"隹"由表示强调而发展为表示一种肯定的语气……"厥隹颜林"即"厥为颜林"亦即"厥是颜林"。"隹"有"是"义非常突出。② 我在《毛公肇鼎考释》中认为,句子中只有名词而无谓语,夹在名词中间的"隹"就充当谓语动词用,"毛公肇鼎亦隹簋",即毛公肇鼎也是簋③。同样道理,"厥隹颜林"句中没有谓语动词,夹在代词和名词之间的"隹",也是当作谓语动词用,而不是助词。这种句式里的"隹",相当于判断句中的系词"是""为",语气当然是肯定的。但是,在逨盘、四十二年逨鼎、四十三年逨鼎、师克盨等铭中的"则繇隹……""余隹……"句中都另有明确的谓语存在,其中的"隹"就如赵先生第二小类所说,是表示强调和肯定语气的助词。

在存在急言与缓言的语言社会里,人们对合音词和分音词,以及缓言断

---

① 参见张振林《师旂鼎铭文讲疏》,见《中山人文学术论丛》第六辑,澳门出版社2005年版,第449～466页。

② 参见赵诚《金文的隹、唯(虽、谁)》,见《容庚先生百年诞辰纪念文集》,广东人民出版社1998年版,第417～437页。

③ 参见张振林《毛公肇鼎考释》,见《容庚先生百年诞辰纪念文集》,广东人民出版社1998年版,第293～302页。

裂形成的前音和后音，都有约定俗成的认识理解。有些断裂后的前音（或后音）与全音（包括急言之单音词和缓言之双音词）不再有意义上的继承关系，如山西人说"头"也可缓言为"得老"，而单独的"得"（或"老"）却不可以代替"头"。而另有一些断裂后的前音（或后音）则与全音有意义上的继承关系，如山西人说"孔洞"习惯说"孔"的缓言形式"窟窿"，有时也说其前音"窟"，不说后音"窿"；广东的客家人和广府人则习惯说后音"窿"，而不说"窟"或"窟窿"。"孔"是早期的单音词，在山西、在广东乃至全国，基本上属书面语范畴。同理，我们可以知道，"虩"是较早的全音单音词，缓言则为"则虩"，前音为"则"、后音为"虩"；智簋和师智簋在册命辞述原由位置用"则"，县妃簋和彔伯戜簋铭在相同位置用"虩"，证明当时的语言习惯里，"则"和"虩"同样继承了"虩""则虩"的意义和功能。

让我们回头再看由"则虩隹"引领的句子在原文篇章中的作用。

（1）逨盘："王若曰：逨，丕显文武膺受大命，溥有四方。则虩隹乃先圣祖考夹召先王，䢔堇大命，今余隹䋣乃先圣祖考䰜襄乃令，令女……""则虩隹"句强调肯定册命的原因，接着"今余隹"句强调肯定了王现在做出了决定——䰜襄乃令，令女……原因句讲的是"乃先圣祖考"有功，结果句讲的是"余"（王）决定册命回报。两句所讲并非同一主体同类事件的先后关联、变化或对比，所以把两句关系说成"旧"与"今"的对比，那是缺乏根据的。

（2）四十二年逨鼎："王若曰：逨，丕显文武膺受大命，溥有四方。则虩隹乃先圣祖考夹召先王，䢔堇大命奠周邦，余弗遐忘圣人孙子，余隹闸先祖考有䢔于周邦，肆余乍……，余肇建……，余令女……"此铭是以"则虩隹……肆……"形式表示的因果句。"则虩隹"引领的3个小分句中，第一句是起始总因，第二句、第三句既是第一句的结果，同时又是产生后面结果的原因，对后面叙述王做出决定而言，三小句均属原因。"肆"所引领的各小分句均属结果。可以看出，西周时期汉语已有包孕许多个小分句的大型因果复句。

（3）四十三年逨鼎："王若曰：逨，丕显文武膺受大命，溥有四方。则虩隹乃先圣祖考夹召先王，䢔堇大命奠周邦，肆余弗遐忘圣人孙子。昔余既令女……，今余隹䋣乃先圣祖考有䢔于周邦，䰜襄乃令，令女……"这也是以"则虩隹……肆……"形式表示的因果句。后面"昔余既令……今余……䰜襄乃令，令女……"昔、今时间相对，主语同为"余"，事类同为

"令",存在先后关联和可对比关系。

(4)师克盨:"王若曰:师克,丕显文武膺受大命,溥有四方。则繇佳乃先圣祖考有爵于周邦,干害王身乍爪牙。王曰:克,余佳坙乃先圣祖考克麟臣先王,昔余既令女,今余佳䚩䛁乃令,令女……"此铭使用的不是因果复句,而是以"则繇佳"句强调肯定册命的原因,以再次提起"王曰"表示结果,即由于过去师克之先祖对周邦和先王有功,所以有今日王对师克的册命和赏赐。

依逨器和师克盨之文例,师訇簋第一段释文当如下:"王若曰:师訇,不显文武膺受天令,亦则繇佳乃圣祖考克差右先王,乍㽙爪牙,用夹曌㽙辟奠大令,䉛䰜雩政,辥皇帝亡昊临保我有周雩四方,民亡不康静。"

(本文原刊《古文字研究》第二十六辑,中华书局2006年版)

"𫝀狄不享""𫝀褱不廷"与"率褱不廷方"新解

——兼释才、𫝀二字

前　　言

2003年1月陕西眉县杨家村出土的逑盘，铸有铭文360字，合文1字，重文12字，共计373字，因其叙述了单氏家族历代先祖考与周王的君臣关系及重要事迹，具有证史补史的特殊的历史价值，而备受学者们的重视，公布不久便有许多考释研究文章问世。其中"方狄不享"和"方褱不廷"两句，普遍引用经典对"不享"和"不廷"做了近似的解释，但对"方狄""方褱"的解释则众说纷纭，各呈己说，有极大的差异。概括起来，学者普遍以"方"做时间副词或范围副词，以"狄""褱"为动词；将"不享"解释为不祭祀或不进献、不服从的邦国；将"不廷"解释为不来朝觐见、不臣事周邦的方国。有的学者注意到"才、𫝀"二形有别，认为前为"方"字，后为"旁"字，有溥义。有的学者认为此"𫝀"字仍读方，但有贬义，专用于不服从周王朝的方国。也有学者把"方狄""方褱"当作逆序名词读，以前者为"狄方"，后者为"褱方"即"鬼方"，以"不享""不廷"为该两句的谓语。

对此，我想提出自己的新解，向学者专家们请教。为了显示这两句所在的语言背景，兹将盘铭前四段释文录出如下：

逑曰：不显朕皇高祖单公，趄克明慎厥德，夹召文王武王达殷，膺受天鲁令，匍有四方，竝宅厥堇疆土，用配上帝。

雩朕皇高祖公叔，克逑匹成王，成受大令，方狄不享，用奠四或万邦。

雩朕皇高祖新室仲，克幽明厥心，柔远能迩，会召康王，方褱不廷。

雩朕皇高祖惠仲盠父，盭龢于政，有成于猷，用会卲王、穆王，盗政四方，扑伐楚荆。

（下略）

一、关于"不享""不廷"

(1)《尔雅·释诂下》:"享,孝也。"郭璞注:"享祀,孝道。"《周礼·地官·鼓人》:"以雷鼓鼓神祀,以灵鼓鼓社祭,以路鼓鼓鬼享……"贾公彦疏:"天神称祀,地祇称祭,宗庙称享。"《诗·小雅·信南山》:"享于祖考""是烝是享,苾苾芬芬,祀事孔明。先祖是皇,报以介福,万寿无疆!"诗中的"享",都是指尽孝道,于宗庙祭先祖。据此可知,"不享"就是不祭宗庙、不尽孝道、背弃祖先的意思。

又《尔雅·释诂下》:"珍,享,献也。"《说文》:"享,献也。"徐锴《系传》:"献于上也。"《国语·周语上》:"宾服者享。"韦昭注:"享,供时享也。享,献也。《周礼》,甸圻二岁而见,男圻三岁而见,采圻四岁而见,卫圻五岁而见。其见也,必以所贡助祭于庙,《孝经》所谓'四海之内,各以其职来祭'者也。"据此可知,侯甸官员不按时进献珍物供王室祭宗庙,就是不尽其职,也叫不享。

(2)《说文》:"廷,朝中也。"又:"庭,宫中也。"先秦文献"庭""廷"二字常通用。西周金文只有"廷"字而无"庭"字。众多有关封赏、献获的铭文,都记举行仪礼时,周王各某宗庙,受封赏的臣子或进献的邦宾、侯甸官员"立中廷,北向"。西周中期九年卫鼎铭文记眉敖主来使覲见周王时称"王在周驹宫,各庙",表明诸侯、戎狄君主来朝覲见献物,也是在某个宫中举行仪式的,故又称为"来朝"或"来廷"。《诗·大雅·常武》:"四方既平,徐方来庭。"毛传:"来王庭也。"《正义》:"言来王庭,谓既降服后,朝京师而至王庭,不必在王军之庭也。"可见,远方夷蛮戎狄派使来朝周王庭为"来庭";相反,不来周王庭称臣纳贡则称"不庭",不庭之方国则称"不庭方"。古注谓"不庭"为"不直","榦不庭方"为以榦纠正不直者,此说已渐渐不被今人采用。李学勤论释戎生编钟铭文时,直译"榦不庭方"为扞拒不朝见周王的敌方。

(3)对于"不享"者和"不庭方",西周礼制是如何处置的呢?

据《尚书·皋陶谟》皋陶与禹讨论政事时说:"天讨有罪,五刑五用哉!"《尚书·吕刑》将舜帝时已建立的"五刑"法典完善为"墨罚之属千,劓罚之属千,剕罚之属五百,宫罚之属三百,大辟之罚其属二百。五刑之属三千"。五刑中最大最重的刑罚是大辟(死刑)。但是,此"五刑"的三千明细条例,文献没有记载流传。《孝经·五刑》:"子曰:五刑之属三千,而罪莫大于不孝。要君者无上,非圣人者无法,非孝者无亲,此大乱之道也。"孔子离西周不远，又是精研西周典籍之人，其言当有所本。那么，"不享"既是无上、无法，又是不供祭祀而无亲之"不孝"，其罪应当在大辟之属的二百条之中。

《国语·周语上》记祭公谋父谏周穆王时称："夫先王之制：……甸服者祭，侯服者祀，宾服者享，要服者贡，荒服者王。日祭、月祀、时享、岁贡、终王，先王之训也。有不祭则修意，有不祀则修言，有不享则修文，有不贡则修名，有不王则修德，序成而有不至则修刑。于是乎有刑不祭，伐不祀，征不享，让不贡，告不王。于是乎有刑罚之辟，有攻伐之兵，有征讨之备，有威让之令，有文告之辞。"韦昭注曰："日祭，祭于祖、考，谓上食也。月祀于曾、高也。时享于二祧也。岁贡于坛、墠也。终谓终世也，朝嗣王及即位而来见。"祭公所言之先王之制，自然是指文、武、成、康、昭各王所行之礼制。侯、甸官员不依时贡物给王室祭祀宗庙祖先，称为不享，若又不听劝谕、号令者，要受五刑法律的惩罚；较远诸侯邦君及蛮夷戎狄不按时觐见进献，而不遵法典不按名分臣服者，也就是"不庭方"，则用兵征讨攻伐之。也就是说，文、武、成、康所行之法，是根据实际需要，宽严相济的。

祭公之说，又只字不误地见诸《史记·周本纪》，且征于史实：

武王崩，三监及淮夷叛。（《尚书·大诰序》）

成王少，周初定天下，周公恐诸侯畔周，公乃摄行政当国。管叔、蔡叔群弟疑周公，与武庚作乱畔周。周公奉成王命，伐诛武庚、管叔，放蔡叔，以微子开代殷后，国于宋。……召公为保，周公为师，东伐淮夷，践奄，迁其君蒲姑。（《史记·周本纪》）

管、蔡、武庚等果率淮夷而反。周公乃奉成王命，兴师东伐作《大诰》。遂诛管叔，杀武庚，放蔡叔。收殷余民，以封康叔于卫，封微子于宋，以奉殷祀，宁淮夷东土，二年而毕定。诸侯咸服宗周。（《史记·鲁周公世家》）

成王元年……武庚以殷叛。二年奄人、徐人及淮夷入于邶以叛。……三年王师灭殷，杀武庚禄父，迁殷民于卫。遂伐奄，灭蒲姑。四年……夏四月王师伐淮夷，遂入奄。五年春正月王在奄，迁其君于蒲姑。（《竹书纪年》）

另，《史记》中之殷本纪、管蔡世家、卫康叔世家、宋微子世家都有类似的记载。

武庚禄父乃纣子，为周王所封于殷以监治殷民者，其率殷遗民叛周，属宾服之"不享"；文王、武王曾一再宣告自己是受天命伐纣建立周王朝，天下初定，管叔、蔡叔身为成王叔父，又是周武王所封以相武庚者，其叛，既有违天命，是背叛祖训之"不孝"，又属宾服之"不享"。周公奉王命兴师诛伐，诛管叔，杀武庚，正是祭公所言之"刑不祭，伐不祀，征不享"，攻伐以兵，刑罚以辟，即以法正不享，各依其罪，该诛则诛，该放则放。简言之，就是"辟不享"。

蒲姑、奄人、徐人、淮夷叛周，属于"不庭"。按先王之训，先责让，次示以兵威，不服然后讨伐之。上述四部夷人竟与武庚合伙叛乱，直接危害新建周王朝的安全，故周公奉王命征讨"不庭"。其结果，有的"灭国"（蒲姑），有的"入""践"其地并"迁其君"（奄），有的使之"宁""咸服"（徐、淮夷），也就是将他们打败，使他们降服、愿意来庭，此即"败不廷"也。

二、关于"方狄""方褱"

（1）已发表的释读速盘铭文的论文中，对"方狄""方褱"的解释，众说纷纭，莫衷一是。或谓"方狄"为狄方，"方褱"为褱方即鬼方，这一观点，明显不妥。因为"狄方不享""鬼方不廷"置于文中，与赞扬先祖功德的文意大相径庭。或谓"狄"读为逖，解作遥远，引申为驱而远之。或谓"狄"读为剔，一解作剔除，一解引申作治理。或谓"方狄"读为旁剔，意为旁击。或谓"褱"读为怀，怀柔、安抚之意。或谓"方褱"与"方狄"意义相近。或谓"方褱"读为旁褱，意为包怀。或谓"方"为"方始"，但若依铭文追述旧事看，一是过去时不宜用"方"，二若为侧重"始"义，便有功盖成王、周公之嫌。或谓此处读为旁，有广大、普遍义，解释为广泛地剔除"不享"者，广泛地怀柔"不庭方"，对先祖功烈的赞扬，便显得有些空泛，不能准确反映各依其罪进行处置的历史事实。如此意见纷纭，自然是对他人见解持有异议。因此，将所谓"方狄""方褱"之语用意义理解好，是解题的关键点。

这两处之所谓"方"字写作"㝘"，与同铭另五处"四方"之"才"明显不同，因为它们本来就是两个字。只是在殷商甲骨卜辞和西周铜器铭文中，此二字经常混用，因而被大家误认为是同一个"方"字的异体并存。因此首先要从"才、㝘"通用混用中理清各自的来龙去脉，然后从语用角度解释"㝘狄""㝘褱"的真正含义。

（2）"方"（ᇰ），《说文》："併船也。象两舟省总头形。"段玉裁、郝懿行、俞樾认为"併船"是"方"的本义。编木为引申之义，又引之为比方，又引申之为方圆、方正、方向。许慎理解为象形字，以"一"总两舟之头。然两舟之形象不显。

在甲骨文中，ᇰ（刀）、ᇰ（匕 bi）、ᇰ、ᇰ（牝 pin）、ᇰ、ᇰ、ᇰ（人）、ᇰ、ᇰ、ᇰ（耒）等字符形体非常相近，有时相同，需要借助上下文或相关组合符号，才能做出判断，于是对"方"字的造字法和其本义，产生出多种理解。

徐中舒谓："（引甲骨文、金文体'方'字'ᇰ、ᇰ'二形——略）象耒的形制，尤为完备。故方当训为一番土谓之坺之坺，初无方圆之意。方之象耒，上短横（如番生簋等ᇰ）象柄首横木，下长横即足所蹈履处，旁两短画或即饰文。……古者秉耒而耕，刺土曰推，起土曰方。方或借伐、發、墢等字为之。"今按：耒之实物，足踏之横木，位于铲之上端与柄之结合部，查甲骨文、金文之"耒"字和从耒之字，绝大多数横画在铲柄接合部，只有极少数略偏上了一点，但仍在整体物象中部偏下。而方字之横画是在刀柄之中部，位于整体物象中部偏上。这是不能不察的！

何琳仪谓："方，从刀，施一横于刀身，表示以刀分物。指事。"今按：检视所有甲骨文、金文"刀"字，"一"均横于刀柄，无横于刀身者；若谓古青铜刀，刀柄与刀面同时合铸，柄也可称为身，然则不以刀刃而用刀柄分物，也令人费解。所以，以刀分物之释不确。

白川静谓："方，象形。架尸之形。架人于横木之形，以此作边境之下咒驱邪使用。"张宗方、郭人杰谓："（方）会意字，象形会意。象一人脖子上绳索束之形，以此表示受管制的奴隶，或应该受到管制的异族人。н表示枷锁或捆束之意。"唐汉则谓"方"字中间为裸男之侧面形，中部横置的н符号表示"穿通"，"两形会意，表示男子以生殖器面对的朝向，即'方向'之义"。不按正常人扬长避短的习惯思维，不用手或持物指示方向，唐先生的想象力太丰富了！今按：甲骨文和金文中，人形的手总是在较上的部位分枝，下部腿脚，不是垂直就是跪跽状，只是在做偏旁时偶作偏斜状，而雌性符号总是有动物符号伴随。而"方"字的下部都是偏斜的，虽与雌性符号相同，也与常见的"刀"字的下部无别，然上部刀柄处有识别符号，区别于"匕"和"刀"。白川、张、郭、唐误将刀形作人形，释字依据欠确。

本文从朱芳圃说，认为"ᇰ"（方）是指事字，记号"一"的位置在刀柄之中部，显示字的本义是刀柄。"方"与"枋"为古今字，"枋"与"柄"为古今字。"併船"乃借义，其本字为"舫"。因四方形象形字"囗"

又表周围义和作为城邑的符号，发展成"围"的专用符号，所以又借"方"作"口○"（方圆之初文）之"方"，同时又借作"方向"之"方"、"方国"之"方"。"方"字以此三假借义作为常用的基本义，在殷商甲骨文中已经常见，但是"方""口"的明确分工却是西周中后期间才完成的。从"韋、衛"二字的构成和发展，可以看出早期的"口"，既是"方"字初文，同时也有围义，在口之外加两止、三止或四止，均可表示韦、围、卫的意思。然而，在甲骨文和西周中期的"衛"字中，中间的口被方（或通用的𠂤）所取代，西周后期又丢弃字中间的方，恢复用口，清楚地表明此时之"口"不再与"方"混读混用了。

（3）"𠂤"，徐同柏释旁，谓"字从𠂤方，方亦声"。今按：其所据不㪍簋铭"驭方"之"方"，从𠂤刀，为偶见形式，而𠂤才是其常见的稳定形式，其形乃从一从方。

林义光曰："方丙同音，本与丙同字，边际也。变作𠂤（不㪍敦）作𠂤（驭方鼎）。"又谓"旁"字古金文𠂤"从凡方声，方旁古通用，当即方之别体"。他的观点是，"方、丙"为同源字，本义为边际，"𠂤、才"为变形分化字，"𠂤"为"方"字之异体字。今按：从形音义的继承关系看，林义光是以"丙"为本字，边际为本义，"𠂤"为"丙"字之变形，"方"是省笔分化字，"𠂤"是后起的"方"字别体（从凡方声）。首先，甲骨文和早期金文的"丙"字作"𠂤、𠂤"形，变作"𠂤、才"形，立论根据可疑。其次，"𠂤"既为"旁"字，谓其与"方"字古通用是可以的，但谓其"当即方之别体"便令人费解。

高田忠周曰："按铭意，（𠂤）用为旁字。然审篆形，旁字作𠂤，自别。此才明方字，一与下文之△，皆为𠂤之省，从宀与从户同，此为房字，所不容疑。"今按：高田忠周认为"𠂤"字构成是从一从才，与从户从方同，是为"房"字无疑，在番生簋铭文中，"四房"用作"四旁"。高田认为"𠂤"字构成是从一从才，很有见地。然而，认为从一与从△均与从户同，缺乏根据，释𠂤为房，难于令人取信。

魏建功认为，契文"才、𠂤"（方）所从为刀，H为藏兵具，"方实防次之防本文矣"。叶玉森谓："方始象架上悬刀形。"今按：魏建功以"才、𠂤"（方）为"防"的本文，本义为防次、防卫之防，H为藏兵具是其释字的重要根据。在甲骨文和金文中，H确实常做一种象形械具之符号，然而"才、𠂤"二字除去刀形为一、𠂤，并非H，也就是释字失据了。

高鸿缙曰："按（𠂤）字原意为旁边之旁，倚刀画其靠架H形，由物形

⊟生意，故托刀倚架旁之形，以寄旁边之意。……商周借为方国之方，名词。又通假以代口员之口，久而成习，遂失其本意。甲骨文第二形（㞢）乃就原字加⊟（凡字）为声符者，传为今旁字，说解于此两形分释，均未得其本。至《说文》旁字两古文，乃晚周人由㞢传写之伪。"今按：从出土商周古刀看，柄首有作环形者而无着横木者，古文字的"刀"字也从未见柄上端加横画者，所以"㞢"字去刀，留下⊓形，并非架子⊟形，其刀倚架旁以寄旁边之意说，也就失据。

彭曦在说到"方字的异体含义"时谓："从《遹盘》等器铭文可以肯定地说，㞢专指叛周之方国，特别是对如鬼方等游牧文化地区之方国，明显含有敌视、轻视之意蕴。"今按：把"㞢"当作为游牧文化地区的方国专门制造的含有敌视、轻视意蕴的异体字，是没有文字构形学根据的推测。

本文认为，"㞢"乃"旁"之初文，其构成为从⊓从才（方）亦声。从形论，⊓源于口①，取象于四方形之边界之形，因而有旁边、边际义。从语词音义论，有方形同时就有体现方形的边旁，就像有圆形就同时有体现圆形的环圈，故上古"方、旁"同源，甲骨文、金文中"才、㞢"通用，在先秦典籍中"方、旁"通用。先有"刀"字，后有"刃、亡、方"等指事字，再后有"旁"字之初文，显示"旁"的形、音、义都是从口、方派生的。在上古，同源词、同源字有一种类似现象，先是同音同字，然后稍变其相关义或引申义的读音，然后在原字的基础上加区别符号或改变某一笔画形态，形成区别字，尽管词、字有了区别，但总会存在一个文字混用时期，例如史、使、事，兀、元，又、右、有，大、太……甲骨文和金文中，又有不少在"㞢"上增加声符⊟（凡）的"㞦"（旁）字，清楚反映了"㞢、旁"二形的古今渊源关系。但是，在甲骨文、金文中，"㞦"字只是专名用字，尚未有旁边的意义。由于"㞢、才"形近又常混用，春秋战国期间"㞢"字逐渐消亡，一方面继续以"方"表旁义，如《石鼓·霝雨》"于水一方（读旁）"，《楚帛书·甲》"降于亓方（读旁）"；另一方面又寻求表达"旁边"义新办法，如战国时的中山王鼎铭"仇人在旁"用"彷"字，《郭店楚简·穷达以时》"誉毁在旁"用"仿"字，《楚帛书·乙》"天㞦动"，借用专名用字表旁边义。累加声符的"㞦"（旁）字更具独立性，到西汉初，如马王堆出土文献，便被选择作为专门表达旁边意义的用字。《说文》之篆文"旁"、两个古文"旁"以及秦文字之"㞦"，都是甲骨文、金文"㞢、㞦"字

---

① 编按：口为四方形之象形字。

的后继承讹变体。

（4）据上述的古文字考证，可知"丣"为"旁"之初文，谓"丣"字为带有贬义的"方"字，纯是缺乏根据的一种猜测。所谓"方狄""方褱"，应该释读作"旁狄""旁褱"。对先秦、两汉文献，魏晋以来的许多训诂大家，如杜预、颜师古、杨慎、戴震、段玉裁等都注意到慢声与急声（或称缓言与急言、缓读与急读）现象。本文认为，所谓"旁狄"，急言之就是"辟"，"旁褱"急言之就是"败"。毛公鼎铭有"率褱不廷方"句，"率褱"急言之就是"杀"。下面摘录郭锡良《汉字古音手册》（简称《手册》）中有关字之析音供参考，列表如下：

字	中古音		上古音	说明
旁	（广）步光切	並唐开一平宕	並阳	
狄	（广）徒历切	定锡开四入梗	定锡	
褱	（广）户乖切	匣皆合二平蟹	匣微	阳平，与阳去音值极近
率	（广）所律切	山质合三入臻	山物	
辟	（广）房益切	並昔开三入梗	並锡	旁狄切音
败	（广）薄迈切	並夬开二去蟹	並月	旁褱切音败为阳去，《手册》作月为阳入
杀	（广）所八切	山黠开二入山	山月	率褱切音慢声高扬不急煞，韵尾成阳平

逨盘铭曰"旁狄不享"，就是"辟不享"。器主逨缅怀和夸耀先祖公叔在成王时，辅佐成王，辟不享，安定四域万邦，与诛管叔、杀武庚、宁淮夷东土的历史文献记载，可互相印证。

盘铭又曰"旁褱不廷"，就是"败不廷"。器主逨缅怀和夸耀先祖新室仲在康王时建立过"败不廷"的功绩。虽然史籍没有记载康王时与戎狄的战争，但康王时铜器臣谏簋记有"隹戎大出于軝，井侯搏戎"之事；小字盂鼎又记康王二十五年，盂率领各诸侯及侯甸邦君之师旅伐鬼方，获胜后回京师的献俘礼，向康王报告一次战役执鬼方之酋3人，获馘4800余，俘人13081人，俘马若干匹，俘车30辆、俘牛355只、俘羊28只，又报告另一次战役也有不少斩获，执酋1人，获馘237，俘人若干，俘马104匹，俘车100余辆。可见伐鬼方是一场罕见的大战，以鬼方大败告终。这是不见于史籍的真实历史。《史记》所谓"成、康之际，天下安宁，刑错四十余年不用"，或许是实，但到康王后期，"戎大出"，就非简单的不来庭贡物，而是指燕代之戎（犬戎、鬼方）大规模地入侵冀中抢掠，绝非专家们解释的"怀柔"或"安抚"政策所能阻止的，康王只能调集重兵与之对抗，大开杀戒，一战再战，直至大败"不廷方"为止。逨盘铭赞扬新室仲与康王关系的业绩，最后一句用"旁襄（急读为敗）不廷"作结，与康王二十五年大败鬼方事实正可互相印证。若解为"鬼方不廷"作为新室仲的功绩，便南辕北辙了！

三、关于"率襄"

逨盘铭文的考释文章多数不忘引述毛公鼎之"率襄不廷方"的"怀柔"旧解作为支持，那是犯了书生气的大错。我认为，"率襄"也是缓读而成的双音词，急言之即为"杀"，意指杀伐，绝非指"安抚""怀柔"。

请看毛公鼎铭内容和当时的历史实际。鼎铭前大半述宣王长篇诰命，开头曰："父厝，皇天非常满意伟大的文王、武王的德行，给了我们一个周室天下。我们膺受天命，杀伐不廷之方国，无不是捍卫文王、武王的荣光。"接着，宣王说到国事多艰，自己年少，希望父厝辅佐自己，勤劳王事，多出谋划策和办理好各种政务，不要使王陷于困难境地，率领文武百官及公族以捍卫王一人，最后予以丰厚的赏赐。整篇铭文都是宣王初亲政时恳求伯（叔）父继续忠心辅佐的口吻。宣王之所以将"膺受大命，杀不廷方"之"杀"高声延长为"率襄"，就是因为宣王成长的经历，使他要特别强调这个历史经验的重要性。据出土铜器铭文及史籍文献记载，厉王腐败淫佚，国人暴动，厉王奔彘，太子静（宣王）幼，匿召公家，国人围而执杀召公子，太子躲过一劫。东夷、徐戎、南淮夷、鄂侯（史所谓荆蛮）以及西北的猃狁曾多次侵扰抢掠，甚至有几次直迫京畿。周室王权处于内外交困、风雨飘摇之中。

"（厉）王亡奔彘。国人围王宫执召穆公之子杀之。……（两年后）猃狁侵宗周西鄙。召穆公帅师追荆蛮至于洛。"（《竹书纪年》）——按：同一年内异族南北夹攻王都危在旦夕。

"呜呼哀哉！用天降大丧于下国（按：指国人暴动，厉王奔彘，外族南北夹攻王都，王室危殆之一系列事件），亦唯鄂侯驭方率南淮夷、东夷广伐南国东国，至于厉内。王迺命西六𠂤、殷八𠂤曰：'剷伐鄂侯驭方，勿遗寿幼！'（按：厉王已逃奔，在王都发号令之王必为太子静之虚名，是摄政之周定公、召穆公等假王之名共拟王命）"（禹鼎铭）——按：异族从东南方广阔地区入侵，直迫畿内，西周王朝只能倾全部军事力量，下"勿遗寿幼"

的死命令，拼死保卫周王朝。

"（宣王）三年王命大夫仲伐西戎。五年夏六月，尹吉甫帅师伐玁狁至于太原；秋八月，方叔帅师伐荆蛮。六年召穆公帅师伐淮夷；王帅师伐徐戎；皇甫休父从王伐徐戎次于淮；王归自伐徐，锡召穆公命；西戎杀秦仲。"（《竹书纪年》）——按：几年内多次分兵征讨东南、西北的不廷方，甚至连主帅秦仲也被西戎所杀。

据禹鼎铭，为了保存周王室统治，捍卫文王、武王之光荣事业，征讨不廷方的战争杀戮，血腥残酷到不留老幼地步。这就是宣王亲政前的经历和经验。这是不见于文献的真实历史，是毛公鼎之"率褱不廷方"句的最好注脚。我们能从中找到半点"怀柔、安抚"的痕迹吗？

四、结语

逨盘铭记述了新室仲的儿辈惠仲盠父服事邵王、穆王，主要功绩也是建立武功。专家们都认为此盠父就是同是眉县出土的盠父尊和方彝之主人，他是官司六𠂤兼司八𠂤事务的最高武官。可以说，他参与"𢼄伐楚荆"，与其曾祖父参与"达殷"，叔祖父参与"辟不享"，父亲参与"败不廷"是一脉相承的。因为盘铭前半篇是赞颂历代祖先功烈的颂词，多用四、六字句，所以将重要动词"辟"与"败"，分别缓读作"旁狄"与"旁褱"，使句子"旁狄不享""旁褱不廷"读起来音韵铿锵、节奏感强，与前后颂词和谐，也使先祖在血与火中建立的勋绩得以强调。

同宣王四十三年所铸逨鼎铭文叙述的册命任职比较，知道逨盘当在宣王前期所铸，与毛公鼎的铸造有相同的时代背景。

宣王亲政前后，内忧外患，王室危殆，连年处于征讨不廷方的战火之中，这时若实行怀柔宽让政策，无异自杀。所以凡是能辅佐周王"杀不廷方""辟不享""败不廷"，便是最大的功勋。这样的族人、公卿、大臣，就会受到宣王的特别信赖和嘉奖。所以毛公鼎记宣王特别强调"杀"字；逨盘记逨夸耀祖先功烈时特别强调"辟"和"败"。翏生盨、虢仲盨、禹鼎、敔簋、不𡢁簋、多友鼎、虢季子白盘、兮甲盘、师寰簋、晋侯苏钟等许多铭文，分别有不同的征讨不廷方和京畿保卫战的记录。因杀伐不廷方而立功受奖铸造铜器，在宣王亲政前后特别密集，绝非偶然。据《竹书纪年》，从宣王三十三年至四十一年的9年间，王师曾先后讨伐太原戎（玁狁）、条戎、奔戎（西戎）、北戎（林胡）、申戎等，除有晋人参与的逐条戎、败北戎战斗外，其他几场战争都是以王师失败告终，成为宣王一块心头病。在四十二年的逨鼎，宣王盛赞逨能效法其先祖考，辟狝狁，不畏戎，执讯获馘、俘器、车、马，便是一个反映。纵观宣王的一生，前 20 多年和后 10 年都是在杀伐不廷方的刀光剑影中度过的，从中我们可以窥见宣王及其近臣的基本政策思想。当然其间的许多战争性质不完全相同，宣王亲政前 14 年，许多次是蛮夷或戎狄深入内地，直迫京畿，是生死保卫战，故特别强调搏杀不廷方；亲政以后，不廷方主要是在边境骚扰掠夺，不进献方物，破坏卤积金锡运输和市场征赋，故特别强调征讨不廷方，尃（又作榦）不廷方。《戎生编钟》之"尃不廷方"和《诗·大雅·韩奕》之"榦不庭方"，说的就是抵御不廷方的骚扰破坏。此"尃""榦"读作扞，抵御也。如《史记·韩长孺传》："吴楚反时，孝王使安国及张羽为将，扞吴兵于东界。"《后汉书·南匈奴传》："于是款五原塞，愿永为藩蔽，扞御北房。""扞"字均含有防备、抵御、清剿、驱赶出境等实际语用含义。《诗》故训"榦"为桢榦，正也，"不庭"为不直，均非的诂。

成、康时期和宣王亲政前后，许多当事人留下的征战铭文，都是非常坚硬的证据，再结合史籍记载，足可以否定成、康时期和宣王时期"怀柔、安抚不廷方"之论，为我们正确把握逨盘的"尃狄不享""尃襄不廷"和毛公鼎的"率襄不廷方"句含义，指明了方向，为纠正"榦不廷方"的故训提供了历史佐证。

参考书目

一、逨盘有关文句考释论文

[1] 马承源、曹玮等：《陕西眉县出土窖藏青铜器笔谈》，《文物》2003 年第 6 期。
[2] 李学勤：《眉县杨家村新出青铜器研究》，《文物》2003 年第 6 期。
[3] 刘怀君、辛怡华、刘栋：《逨盘铭文试释》，《文物》2003 年第 6 期。
[4] 刘军社、辛怡华：《眉县杨家村逨盘、逨鼎铭文浅析》，《宝鸡社会科学》2003 年第 2 期。
[5] 王辉：《逨盘铭文笺释》，《考古与文物》2003 年第 3 期。
[6] 李零：《读杨家村出土的虞逨诸器》，《中国历史文物》2003 年第 3 期。
[7] 董珊：《略论西周单氏家族窖藏青铜器铭文》，《中国历史文物》2003 年第 4 期。
[8] 刘源：《逨盘铭文考释》，《中国史研究》2003 年第 4 期。
[9] 何琳仪：《逨盘古辞探微》，《安徽大学学报》（哲学社会科学版）2003

年第 4 期。
[10] 周晓陆：《〈逨盘〉读笺》，《北京师范大学学报》2003 年第 5 期。
[11] 江林昌：《眉县新出青铜器与西周王室世系、年代学及相关问题》，《文史哲》2003 年第 5 期。
[12] 彭曦：《逨盘铭文的注译及简析》，《宝鸡文理学院学报》（社会科学版）2003 年第 5 期。
[13] 张润棠：《眉县杨家村窖藏青铜器述评》，《宝鸡文理学院学报》（社会科学版）2003 年第 5 期。
[14] 刘军社：《逨盘的史学价值》，《宝鸡文理学院学报》（社会科学版）2003 年第 5 期。
[15] 胡长春：《新出殷周青铜器铭文研究》，安徽大学博士学位论文，2004 年。
[16] 王伟：《眉县杨家村出土青铜器铭文研究》，陕西师范大学硕士学位论文，2005 年。

二、历史文献、工具书、相关资料

[1] 〔清〕阮元校刻：《十三经注疏》上、下册，中华书局 1980 年影印本。
[2] 左丘明作、韦昭注、上海师范大学古籍整理组校点：《国语》，上海古籍出版社 1978 年版。
[3] 司马迁：《史记》，《二十五史》（1），上海古籍出版社、上海书店 1986 年版。
[4] 范晔：《后汉书》，《二十五史》（2），上海古籍出版社、上海书店 1986 年版。
[5] 沈约注、徐位山统笺：《竹书纪年》，光绪丁酉年（1897 年）图书集成局据丹徒徐氏本校印。
[6] 宗福邦、陈世铙、萧海波主编：《故训汇纂》，商务印书馆 2003 年版。
[7] 许慎：《说文解字》，中华书局 1963 年版。
[8] 段玉裁：《说文解字注》，上海古籍出版社 1988 年版。
[9] 徐中舒主编：《甲骨文字典》，四川辞书出版社 1988 年版。
[10] 容庚编著：《金文编》，中华书局 1985 年影印本。
[11] 周法高主编：《金文诂林》，香港中文大学 1974～1975 年版。
[12] 周法高编撰：《金文诂林补》，"中研院"历史语言研究所 1982 年版。
[13] 何琳仪：《战国古文字典》，中华书局 1998 年版。

[14]［日］白川静：《字统》，平凡社1997年版。
[15] 张宗方、郭人杰编著：《金文编识读》，齐鲁书社1996年版。
[16] 唐汉：《汉字密码》，学林出版社2002年版。
[17] 郭锡良：《汉字古音手册》，北京大学出版社1986年版。
[18] 马承源主编：《商周青铜器铭文选》（三），文物出版社1988年版。
[19] 马承源：《戎生编钟铭文的探讨》，《保利藏金》，岭南美术出版社1999年版。
[20] 裘锡圭：《戎生编钟铭文考释》，《保利藏金》，岭南美术出版社1999年版。
[21] 李学勤：《戎生编钟论释》，《保利藏金》，岭南美术出版社1999年版。

2004年3月提纲，2006年6月初稿
2006年8月8日星期二修订稿

（本文为第三届中国文字学国际学术研讨会论文，河南开封，2006年；刊于《文字学论丛》第四辑，江西教育出版社2008年版）

释"🝒""🝓"
——兼说规、矩

近百年来，研究甲骨卜辞的学者，通常释读"子🝓"为子畫或子肅，也有读为子書的，以🝒为🝓的省略，即释读"🝒""🝓"同为畫或肅或書。兼攻金文的学者，除上述三说外，又有郭沫若以"🝓"为古"規"字说和丁山以"🝓"为"肄"的本字说。丁山认为"🝓"在师望鼎铭中读为燮，在凫生簠（今称禹簠）铭中读为彝。马承源直接按"🝓"隶定作叜来分析，谓"从聿乂声，当假为乂。……字之从乂甚明"。近20年的古文字出版物中，诸说并现，主要是对该字未能从文字的形音义三方面结合，做出令人信服的解释。①

一、"🝓"（叜）和"🝒"的文字学分析

"🝓"字甲骨文又写作"🝒"，或省略作"🝒"，是用法完全相同的异体字和繁简字，或做地名，或做氏族名，或做人名。学者们把它（通常被隶写作叜）释读为書、畫、肅、肄、乂，是把它当作上下结构的合体会意字，即把上聿下🝒看成都是表达本义不可或缺的构成部分。上部所从为聿，手持

---

① 徐同柏《从古堂款识学》卷十二释書，同文书局1886年石印本；王国维《戬寿堂所藏殷墟文字考释》释畫，广仓学窘丛书艺术丛编第三集，1917年；王襄《簠室殷契类纂》释肃，天津博物院1920年石印本；郭沫若《甲骨文字研究》释規，上海大东书局1931年版；丁山《甲骨文所见氏族及其制度》释肄，科学出版社1956年版；马承源等《商周青铜器铭文选》释乂谓取顺成之义，文物出版社1988年版。还有许多学者在论著中或是赞同上述某家之说，或是在其中一说的基础上有所引申，也有只是将"🝓"隶写作叜，重在地名、族名、国名之分析论述的。他们中有吴闿生（1933）、叶玉森（1934）、董作宾（1936、1956）、顾立雅（Creel, Herrlee G. 1937）、吴泽（1949）、张秉权（1957、1967）、岛邦男（1958）、白川静（1958、1976、1994）、鲁实先（1961）、池田末利（1964）、李孝定（1965）、黄然伟（1965）、刘渊临（1967）、许进雄（1977）、康殷（1979）、武者章（1980）、孟世凯（1983）、朱凤瀚（1985）、徐中舒（1988）、张亚初（2001）、李学勤（2000、2003）、孙亚冰（2003）、李零（2003）等。还有不少学者在论著中引用甲骨卜辞或金文资料时，选择其中某个隶释，难于一一列举。

笔，具有写、画义；以❽为聿下画出的笔画或文饰，或作为"肃"字所从之❽的变形，或认为是书字的声符"者"原本所象蜘蛛形。上述各种说法，都是从会意造字角度提出的不同见解。白川静的说法就显得有些神奇。他先把❽看成一幅神圣的画图，是在植笔器❽上插笔，从神圣文字工具而产生肃敬之义。① 后来他略改主意，把❽当作画圆的工具圆规，说❽为笔的初文"聿"和❽组成的会意字，谓像用规画方圆花纹那样整齐为肃。② 如此等等说法，都是以"聿"为会意字的主体部分。但在殷商时期❽、❽同时并行，表明字词的基本音义存在于简体❽中，"聿"是与本义无关的可有可无的附加成分。故百年来，以该字为合体会意字的形体分析思路，"会"出各种不同的"意"，难于使人信服。

  人们都知道，汉字最早出现的是记名词和动词的字，造字的方法是将名物或动作的特征画成简明的图像，于是成了象形字和象意字。象形字一般以独体象形符号表现名物的音义。象意字一般以两个或多个象形符号的组合，表现事物之间的关联及变化，因此又名合体会意字。用简单符号（如点或小圈）标注在象形字的某个部位，以指称该局部的名义，就成了指事字。但是，有些描绘事物形象特征的象形字，离开了语言现场，就有可能遭误解，于是人们不得不将与该事物密切相关的事物一并画出，此相关事物与原来的象形字音义无关，它只对认读该象形字有指引和限制作用。例如"眉""果""石""聿"等一些字，其中的目、木、厂、又，都跟字的本义没有直接关系，但是没有目、木、厂、又这些相关事物的指引限制，表现眉毛、果子、石块、毛笔的象形字本体部分，就会容易被误认为羽毛、蛋、日、丁、树枝或别的事物。这种有附加成分的象形字，《说文》表述为从某【a】（与本义无关的附加物），某【b】象某之形（字的音义尽寄于此），我们可称其为复体象形字。这种结构与"亦声字"近似，不同之处在于组成"亦声字"的各部分都与字本义有关，《说文》表述为从某【a】从某【b】，某【b】亦声。显然，"聿"字的结构与复体象形字相同，可以表述为从聿，❽象某之形。❽可以肯定是与用笔密切相关的一种对象，用作地名、人名，属于假借。然则❽究竟是上古何种物件之象形呢？

  郭沫若说："聿字当是规之古文，彝铭畫字从此作畵，盖谓用规以画圆，

---

① 参见白川静《殷代雄族考·其四肃》，见《甲骨金文学论丛》七，1958年自印。
② 参见白川静《字统》，平凡社1994年版，第146页规、第418页肃。

周即圆周也。"① 对所谓"规之古文"本字的结构，郭氏没有做直接分析。郭氏通过解剖"畫"字的金文形体为"用规以画圆"，暗示"规之古文"🔣是"用规以画"，即可以理解为聿下之🔣为规形。那么，🔣就是规的初文，是象形字，与🔣为"规之古文"不是同一个概念。因郭氏未明确分析"🔣"字之字形结构，于是张日昇在肯定郭说正确基础上补充说明曰："字所从乂，非即《说文》训芟草之义。芟草之农具乂作丿乀相交，象剪刀之形，与正圆之规形状相近易混，必当加义符以为区别。……畫金文作从周从🔣，🔣亦声。规畫古音并在佳部合口。"② 对"🔣"字来说，所加之聿，只是防混的区别符而已，与规本义无关。对"畫"字来说，聿则是名副其实的义符，它与乂、周三部分共同表"用规以画圆"；古"周、彤"同音，彩画的意思，金文"畫"字又有从聿从乂从琱者，琱又通彤，金文各体"畫"字当作合体会意字分析，是一种理解。我同意张日昇"畫"为会意兼形声字（亦声字）说，包山楚简的"畫"字、"劃"字，都是从🔣得声的形声字。上古"🔣"见母支韵，"畫"匣母支韵，韵相同；见、匣母字之谐声偏旁互作及通假字例甚多，"甲、夹、段、皆、戒、解、贵、冎、咼、昏、干、见、兼、咸、鐵、各、閒、臤、合、会、或"等做声旁的许多形声字，基本分属于见母和匣母；西周金文以"或"为"国"。上述诸种现象，值得研究上古音者注意，也许当时见母、匣母未有音位区别。

二、早期规、矩蠡测及相关文字之变革

从造字之初到商、周，常与用笔相关的物件，大概就是竹简、木方、玉版这些书写材料，和需要描绘加工的陶器、玉器以及竹、木、皮革加工而成的器物了。前者主要是由史官秉笔直接书写；后者则属百工之事。工匠们的描绘加工，除了持笔直接描绘外，要加工描绘正方正圆的图文物件，就得有工具辅助，得有尺子、规、矩，工才能巧。

从考古出土的许多新石器后期至夏、商时期的精美玉器上的花纹，像早期河姆渡文化遗址出土的玉璧、玉环的同心内外正圆，玉琮的内圆外方等，其线条之准确，都足以令人相信当时工匠必定是在规、矩工具帮助下，用笔描画后进行雕琢加工的。从早期陶器上的彩绘墨绘看，在新石器后期，工匠已经使用毛笔了；从当时的刻画陶文看，工匠先可能以骨针代笔，后来也可

---

① 郭沫若：《两周金文辞大系考释》，科学出版社 1956 年版，第 81 页。
② 张日昇说见《金文诂林》第四册，香港中文大学 1974 年版，第 1809 页。

能以铜针代笔。在许多地方出土的古陶文上，我们都可以看到"七"形、"工"形符号，这可能就是工匠们常用工具规和矩的初文。

在使用金属工具之前，规、矩都应该是用树枝或条形的木片、竹片制作。规用两段树枝制作，其中一段火烤煣成曲尺形，曲木与直木之"七"形交接处削成扁平，用尖状燧石或坚硬骨针各钻一个小洞，再用骨针栓紧；在曲木扁平交接处多钻几个洞，还可以用来灵活调节圆的半径；"七"形之横左端为操作把手，右端削尖或安装骨针以定圆心；"七"形竖弯之右端口，嵌上石墨或朱石，或将毛笔用纤维绑在曲柄上，早期的简便圆规便制成了。矩用三块边线平直的木片条制作，其中两块用作"工"形上下横，用与横木等长之纤维线对折以取横木之中点，第三块木的两端与上下横木中点连接成"工"形，然后用线绳测度校正，此横中点至彼横之两端距离相等为准，再用自然树胶将横竖之接口黏牢，就造成了早期的矩。

到了使用纯铜或青铜制造工具时，就可以敲打出能够弯曲的粗铜线，将"七"形的各个端口扭曲，焊接或铸造成 ⛊、∞、⟀、⚯ 等多种形态的规，利用其中一端插上铜针固定，其他端口卷笔，就可以画出多个不同半径的同心圆来。在商代一些铜器铭文中，我们可以看到族氏文字中有上述这几种规形符号，与甲骨文中的⚯族应该是同一族氏。这族的人世代从事持规制作的手工业，与商王室和别的氏族都有不少关联，所以卜辞里有不少记载，而且他们也有相当的经济实力，能铸造好多铜器。

木制的"七"形规和"工"形矩，由于其取材容易、制作方便、成本低，始终是普通工匠常用品。在青铜时代，可以在木规脚上安装铜针，利用铜钉可以将规中交叉点改造成活动点，以自由控制半径，在画圆或检查产品是否合符规范（所谓"正圆"）时，灵便许多；"工"形矩的中间可以增加曲把成"巨"形矩（西周金文中出现多个矩字都作耺，即人持有把之矩形），在画方角和检查产品是否合符规范（所谓"正方"）时，操作方便。于是反映在文字上，先有"七"形"规"字初文，接着出现了"⚯"形"规"字，为了便于认读，又在其上增加"聿"形，𦘒和⚯形正反映了伴随圆规使用的可能是毛笔，也可能用骨针或铜针的实际。而"巨"（后伪变作"巨"）字和从大从巨之"耺"（后伪变为"矩"）的出现，积极地分化了"工"字的音义，"工"字便主要指工人、工事、工巧，即指称经常持矩从事精巧手工业的人（卜辞中之"多工"，金文及文献中称"百工"类的人）以及他们的职业和技术了。

工欲善其事，必先利其器。对百工来说，除了刀斧凿钻之类利器外，就数规矩尺蔓重要了。这些工具对推动生产技术的发展进步具有同等重要意义。在古代，制造规矩尺蔓工具，最容易取得并最适宜加工的材料就是木材。因木质易朽，保存条件好的墓葬为贵族、官员的墓葬，而非工匠墓葬，所以目前未见明确的古代规矩实物出土。但是，我们可从文字和画像中得到旁证。马王堆西汉篆隶"巨"或作"柜"①。《说文》卷五："巨，规巨也。……巨或从木矢。"楷书写作"榘"。《集韵·支韵》："规，《说文》：'有法度也。'一曰正圆之器。或从木。"楷写作"槼"，上规下木（与"榘"字相对应，而与木名"槻"相区别）。"柜"字、"榘"字、"槼"字作形声结构增木旁，说明两种工具的基本材质是木。建于东汉后期桓、灵年间的山东嘉祥武氏祠中的石刻画像，有两幅女娲伏羲手执规矩图：一幅是后石室第五石第二层，画女娲伏羲卷尾相向，右边女娲持规，左边伏羲持矩；另一幅是左石室第四石第三层，画女娲伏羲卷尾相背，左边女娲持规向左，右边伏羲持矩向右。（见图1、图2）规、矩形态都像是条形木枝及木片所作。规作侧置的"七"形，表明这是远古至东汉末木质规的基本形态。矩作曲尺形，两边中间有一小木条联结固定，像直角边延长的三角架，表明汉代已经将矩从带把的"工"形巨，改进为曲尺三角形②。秦汉之际出现的《周髀算经》，开始应用勾股定理，这是制造曲尺三角形矩的算学基础。

东汉画像石画像，确凿无误地证实，"七"形规是汉代圆规的基本形态。但是，透过汉代文字，我们也可以看到改进型的两脚圆规的存在，其形殆如规，上为把，下两脚可根据半径需要用力分掰开合。《说文》："規，有法度也。从夫从见。"段注曰："会意，丈夫所见也。公父文伯之母曰：女智莫如妇，男智莫如夫。《字统》曰：丈夫识用，必合规矩。故规从夫。"重男轻女的迂腐说教，不足以为训。小篆之"规"字结构，应如金文之"規"作复体象形字分析，可称"从见，規象规之形"。規形与"夫"字易混，故又增见旁，指引注视規形而知规也，但此见旁只起指引限制作用，跟"规"的音义没有直接关系。马王堆与银雀山出土之西汉篆隶，将所从规形写成与矢形无别。东汉隶碑又或伪作从夫、从矢、从先③。可见两汉时，人们并不以为"规"是"丈夫所见"之会意字，而只是依篆隶笔法写规形，

---

① 参见陈松长编著《马王堆简帛文字编》，文物出版社2001年版，第191、231页。
② 参见朱锡禄编著《武氏祠汉画像石》，山东美术出版社1986年版，第41、42页，第50、52页。
③ 参见徐中舒主编《秦汉魏晋篆隶字形表》，四川辞书出版社1985年版，第736～737页；〔清〕顾蔼吉《隶辨》，中国书店1982年版，第43页。

令左旁走样而已。

三、铜器铭文中“〓”字的音义

在商周青铜器铭文中，约有10件带“〓”字，多数作为单独的族徽铭文，少数做人名，张亚初《殷周金文集成引得》（下面简称《引得》）均读为规；约10件含“〓”或“〓”字，《引得》均隶作叏，读作畫。例如读“子〓（规）”（6900～6901号觚），“子〓（畫）”（3073～3074号簋、10514不知名器）。尽管研究甲骨卜辞的学者，很多都注意到“〓”与“〓”、“子〓”与“子〓”作为地名或族氏名以及作为人名的一致性，但由于对字形结构分析的不同，对“〓”字的音义产生了歧异。

前面已说过，“〓”为“规”之初文，象形字，“〓”为“规”之繁文，是复体象形字，因此两个形体是音义完全相同的繁简字关系，把“〓”另读作書、畫、肅、肄、乂都是不合适的。“规”之象形初文，成了族氏名号，一直沿用到西周前期为止；而增加了帮助认读的限制符号之繁体，经过殷商时期繁简混用的比较，显示出它的优越性，西周时期又被推广使用，不止用作地名、族名、人名，还用作记录别的同音词。为了证明其音义，我们请看西周中期、后期一些铭文的用例：

（1）皃生蔑爯历，用作季日乙〓，子₌孙₌永宝用。［爯簋（3912、3913号）］

（2）望肈帅井皇考，虔夙夜出内王命，不敢不〓不〓。［师望鼎（2812号）］

（3）王曰：师訇。哀哉！今日（旻）天疾畏降喪，□德不克〓，古亡承于先王。［师訇簋（4342号）］

（4）乃専政事，毋敢不〓不中不井。［牧簋（4343号）］

（5）令女官司歷人，母敢妄宁；虔夙夕叀雝我邦小大猷；雩乃専政事，毋敢不〓不井。（四十三年逑鼎）

吴闿生曰：“按叏即肃字。又隹生敦‘隹生蔑爯歷，用作季日乙叏，子孙永宝用’，则叏又为器名。”① 按文例吴氏知叏当为器名，但读为肃便无法说通。

① 吴闿生：《吉金文录》卷一，1933年邢之襄刻本，第18页。

丁山认为"夆"字从聿从❌,"❌","乂"字古写,挚乳为艾、为嬖,师望鼎铭中"夆读为嬖",又谓"夆彝音近,此(兔生簋铭之夆)当读为彝;由西周金文所见夆字的音读测之,我认为夆即'肄,习也'之肄的本字。𰀀大概象人执笔习画形,所以又读如画"①。按:丁氏既以"❌"为"乂"之古写,以"夆"为"肄"之本字,读为嬖若彝,可见丁氏是把"夆"当作形声字分析的,却又说象人执笔习画形,读如画,以象意(会意)字析形。同一个字形,两种分析,两种读音,自相矛盾。

马承源等以"夆"为形声字,"从聿乂声,当假为乂"。接着引《后汉书·五行志》"言之(按:其引文无之字)不从,是谓不乂",谓与不遂的顺成之义相对应。② 按:上文引张日昇说,已辨"夆"所从非艾草之工具"乂",马说字形上失据。

张日昇谓:"禹簋云'用作季日乙夆',夆假作鬲也。说文云'三足釜也,有柄、喙'。古鬲之形制不必如许书所云。然夆借作食器名称,则绝无可疑。"③ 按:张日昇从郭沫若说,读"夆"为规,是有道理的,但认为禹簋"夆"假作鬲,而非《说文》所云之"鬲"古制,实在大可不必。《说文》所云"鬲"之形制用途均没有错,而是张日昇"夆假作鬲"说有问题,应更正为"夆假作殷(簋)"。

熟悉商周古器物的人都知道,鬲、簋、敦是3种不同的器物。簋在殷商及周初,通常都用"宝彝""尊彝""宝尊彝"一类的通名,昭、穆之际才开始使用专名"殷";在专名试用期间,偶然出现假借字做器名,借"夆"为"殷",也就不足为奇。同音不同声调,平声借作仄声,在上古并不罕见,例如平声的"危"与上声的"跪""诡"相借;《说文》中"婑,媞也。从女,规声。读若癸"。也就是说,规声字也可读为上声若癸。禹簋之借"夆"为"殷",证明"夆"音读规,而非画、书、肃、肄、乂。张亚初以"夆"为"畫",难于当作器名,于是将禹簋铭释为:"用作季日乙,子子孙孙永宝用。夆。"把"夆"当作铭末族徽处理。这样一来,铭文之"用作"缺少器名当宾语,变得不完整;而且从3912号铭文看,3行文字平齐,左右两行字繁各5字,中行字简安排6字,布局匀称,绝非铭末回尾;3913号铭先是安排整齐而脱器名,后补字于"乙"之后(左边)而且紧紧挤在

---

① 参见丁山《甲骨文所见氏族及其制度》,科学出版社1956年版,第78～80页。
② 参见马承源主编《商周青铜器铭文选》(三),文物出版社1988年版,第146页。
③ 张日昇说见《金文诂林》第四册,香港中文大学1974年版,第1809页。

"乙"字的空隙中。所以"茍"非铭末族徽，也绝不该读作畫。

"茍"为"⚮"的后起字，结构为复体象形字，读音为规，本义为画圆、正圆之器，即圆规。《说文》："规，有法度也。"用规画圆和用规量度，使圆正而合度，是规的引申义，有规矩、合规则的意思；合法度者又称为"规范""中规中矩"。师望鼎、牧簋、四十三年逨鼎铭文讲"出内王命"和"尃政事"，"不敢不⚮不茍""毋敢不茍不中不井"和"毋敢不茍不井"，说的是为官为政，要忠于职守，不敢违背法度、不敢不中正公平或不按型范办事。用的是"规"的引申义。

上引师訇簋铭，见于宋代刻本，有不少结构笔画不清之坏字（见图3）。第六行"德"上一字，学者们多以为形状近"首"而当作"首"字读，谓其意指君王。我认为此非"首"字，字形偏于一边，乃"戬"字之坏字，残留左偏旁；上言"今日（旻）天疾畏降丧"，乃指厉王见逐，周室王权倾危，与毛公鼎铭可互证，接着说"戬德不克茍，古亡承于先王"，是总结历史教训，指因厉王之德不合法度，故不能承继先王之大业。"戬（音祖，表因）……古（故，表果）……"句式，又见于大盂鼎铭，乃西周语言因果句的一种表现形式，我在《师旂鼎铭文讲疏》一文中已有论证，在此不赘。① 当今学界多认为师訇为恭懿间或孝夷间人，有人定簋为恭王元年器(《断代工程》简本)，有人定为懿王元年器（马承源等《商周青铜器铭文选》），有人定为孝王元年器（唐兰《西周青铜器铭文分代史征》），有人定为夷王元年之器（刘启益《西周纪年》、王占奎《西周列王纪年拟测》）。但据上引铭文"旻天疾畏降丧"事，并不适合说其前王穆王、恭王、懿王或孝王。我同意郭沫若定师訇簋为宣王时之器，册命师訇时应为宣王元年，故才有上引感叹政治形势并总结历史教训之说。因师訇簋此一句话包含释字、解词、辨语法、明断代诸重大争论问题，故特借释"茍"义而申述之。

---

① 参见张振林《师旂鼎铭文讲疏》，见《中山人文学术论丛》第六辑，澳门出版社2005年版，第458～459页。

图1　后石室第五石局部拓本　　　　图2　左石室第四石第三层伏羲、女娲拓本

图3　师訇簋铭拓本

（本文为中国文字学会第四届年会论文，陕西西安，2007年8月；刊于《中国文字学报》第二辑，商务印书馆2008年版）

释"立🈳成🈳"与"铸保簋用典格伯田"解

西周中期的倗生簋，旧称格伯簋。传世四器，其中两器有盖，共六铭。铭文或有文字缺失，或笔画缺损变形，给释读造成许多困难。经200年来专家们的努力，综合六铭文字，参照其他田土交换的铭文进行释读，其所述内容大体清楚。在此先移录簋铭（4262）释文（按原铭文排版）：

隹正月初吉癸子（巳），王才（在）成
周。格白（伯）取良马乘于倗
生，厥贮（贾）卅田则析。格白（伯）履，
殹妊伇𠂤厥从。格白（伯）安伇
甸殹，厥𢼉谷杜木、邍谷
旅桑。涉东门。厥书史戠武
立🈳成🈳。铸保簋，用典格
白（伯）田。其迈年子=孙=永保用。🈳。

铭文解读所遗问题，一是履田树封之详情，因尚有数字未得确解，不能道清；二是对"厥书史戠武立🈳成🈳。铸保簋，用典格伯田"这两句的含义，还存在许多不同看法，需要廓清。本文就后一个问题，谈谈自己的看法。

第一个难点是"立🈳成🈳"。对"🈳"字和"🈳"字，历来有不同的释读，兹将其形体录出如下：

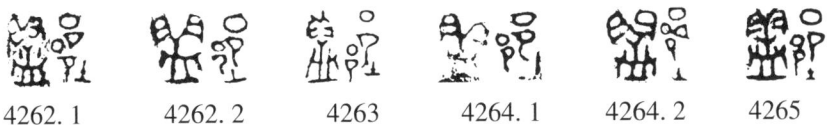

4262.1　　4262.2　　4263　　4264.1　　4264.2　　4265

关于"🈳"字。①阮元谓当是《玉篇》"盇"字，盘也。②严可均释插；孙诒让谓当为盟歃之"歃"。③刘心源隶作盇，谓此从歃省血省，会意，乃"盟"字也。④吴荣光、吴闿生释釁。⑤高田忠周认为：此字从盥省,又从干,干亦声也,古音干盥同部。然此篆亦"盥"字异文无疑也,但文义疑假借为"栞",栞者识也。⑥郭沫若释盇读作龏,谓"盇"字亦见陈肪簋及陈侯因资镈,彼二器用为虔敬义,此用为垠限义。⑦杨树达谓"盝"字从盥省矢声,疑当读为矢,誓也。"立"读为莅。莅矢,与《春秋传》言莅盟同。⑧白川静在引述了郭沫若、严可均、孙诒让、吴荣光、杨树达等人的观点后,说"盇"字是以两手握矢表演之形,从皿,表示誓约之仪礼。恭龏之义由此而生,但恭龏之词至列国器始见,这里用的是"盇"字之初义。⑨李孝定在评述阮氏、二吴、郭氏、杨氏、高田氏等人所释在形、义、声方面存在的缺陷后说:"刘心源氏释盇,谓从歃省血省会意,按刘氏所释,于字形吻合,可从。而其说仍有未安。字盖歃血为盟之象,皿上二点,所歃血也。今血字从皿上一点,此从二点,实即血之异构也,字即从卤血会意,今作歃,乃其异体,饮之故从欠也。"⑩马承源等的注释:立盇,立甾。谓起土。

关于"𨛜"字。①阮元释为"䢼土"二字,谓"䢼说文解为邻道"。②吴荣光谓"盖一字,从䢼从土,疑鄉之别体,鄉即飨省"。③刘心源曰:"说文鄉从䢼从皀,此从䢼从土,当是鄉字。"④孙诒让曰:"壆铸保簋,壆字书亦未见,疑鄉之省,言每鄉各铸一簋,而著其约剂也。"⑤高田忠周曰:"壆盖鄉古异文。说文作鄉,从皀声,为会意兼形声者,皀实鄉省也。此从䢼从土,为会意字,土犹里也。"⑥郭沫若曰:"壆当即是䢼字,说文䢼,邻道也,音与巷近。"马承源等从郭说,谓"此指田界的边道"。⑦白川静说,因为释为"成巷"的话太远离文义了,因此认为这里大概是指将约定的田土画成图而完成要约的意思。

现在先评说"盝"字的考释。"盇""釁"之说,因离字形太远,早已无人采信。学者们一直在释盇、释盥还是释盇上讨论。释盇者又有读歃与读甾(锸)之别;前者谓歃血盟誓,后者谓立锸起土为田界。据西周其他有关田物交换的铭文(如融比鼎、五祀卫鼎)得知,为免事后纠纷,出田方(多数是贵族家派出家臣及与田里直接相关的邑人代表)必须在官府人员监督下起誓。起誓目的为止讼,与事关家国性命为避灾祸而歃血为盟,性质程度上有极大差别。何况格伯以田换倗生的良马,是两相情愿,已析券成交,与隆重异常的歃血之仪,不相协调。陈公柔先生也曾对此提出疑问,但他未进一步深入考究文字的构成。其实,最要紧是6件拓本中的"盝"字,无一从甾(均不从白是明证),因此所谓歃血、起土等释盇的所有猜测、考证,也都失去了文字依据。杨树达释作盥,谓从盥省,矢声,疑当读为矢,誓也。从文字学的角度看，其结构确实近似"盥"，应为会意字，但无一字从臼，说它从盥省，便失去字形依据；此外，无论作为会意字、形声字还是会意兼形声字，其盥义也与矢（誓）义没直接关系，文字学理论上是说不过去的。郭沫若释䚄，是把该字看作形声字，上半部为双手捧倒矢之倒寅字，但为何要颠倒，没有解释。然其上半部释寅，则于字形较近。白川静释为两手握矢表演之形，从皿，表誓约之礼仪。他综合了郭沫若析形和杨树达解义的长处，又引申为誓仪。但字何以从皿？何以说是礼仪？未提出根据。

西周时期有关田里的交换转让，以及侵扰夺占犯上等的涉法铭文，多数都提到，在有司主持下，使出田方或被告方（如五祀卫鼎中的厉、𤼈比鼎中的攸卫牧、散氏盘中的矢方十五人中的六人、䚄匜中的牧牛）诅誓的事，多有誓言内容，但都没有誓仪记录。要想知道有关仪节，必须求助于文献。据《周礼·秋官大司寇》知道，西周的司法，刑事问题曰狱，民事问题曰讼，狱讼二字常连称。"以两造禁民讼，入束矢于朝，然后听之。以两剂禁民狱，入钧金三日，乃致于朝，然后听之。"郑玄注："讼，谓以财货相告者。造，至也。使讼者两至；既两至，使入束矢乃治之也。不至、不入束矢，则是自服不直者也。必入矢者，取其直也。《诗》曰：其直如矢。……狱，谓相告以罪名者。剂，今券书也。使狱者各赍券书；既两券书，使入钧金，又三日乃治之，重刑也。"郑玄对春秋之前的"讼"与"狱"的内容性质、轻重区别和审理前对双方的要求所做的说明，使我们知道：①田、里与财务交换，即使有纠纷相告，也是属于"讼"的性质，不涉刑狱，更何况自愿成交，未有纠纷，当然无须歃血发毒誓。②以"入束矢于朝"，表明自己诚意理直，是审理讼案前的仪程，那么必然同时发表誓言，因此可以看作是誓仪；这种仪程，既然意在表白自己将按理行事、理直无悔，那么在财货交换成功而未产生纠纷之前举行，就具有防止争讼的意义，所以并非只适用于产生纠纷后在法庭中的仪程。"䚄"字所显示的正是双手恭谨地捧束矢（非单手取个矢，而是从廾从倒矢，古文字的象形、会意造字，物象的上方左方右方都是兼表前方、对方的，在庄严场合矢锋向人是不敬，故字从倒矢）纳入官府设置的器皿中的形象，是纯粹会意字结构，为入束矢于朝的誓仪的专字。其读音是否因取义如矢直，而读矢声，尚未敢言必，但可能性是存在的。铭文叙述格伯及其从人（当然受田方倗生及其家人也参与）在完成履田定界后，说"涉东门，氒书史戠武立䚄，成𢆶"。是指一行人进入城邑之东门（格伯为贵族伯爵身份，方有城邑），"氒"指称格伯，应该是清楚的。格伯回到城里，就派他的下属书史名叫戠武的"立䚄"，即莅誓仪，宣誓确认换田无悔。《周礼·秋官小司寇》："凡命夫命妇，不躬坐狱讼。"大夫及其以上贵族，是不用直接参与诉讼的。虽然以田换马成交，不是诉讼，格伯也不会以其尊贵之身，参与意在止讼的宣誓礼仪的，故派其秘书参加。

再来看看对于"𨛭"字的考释。把它隶写为𨛭，基本反映了字形结构，只是两"邑"同向与反向小别，不影响"两邑之间"的意义表达。若作䢼读，谓为邻道，或为里中巷道，或田界之边道，将"成邻道（𨛭）"置于既树封定界宣誓之后和铸保簋之前，行文不伦不类。若谓𨛭为"乡"字别体，读作飨，从事理上看是合理的，如裘卫盉、五祀卫鼎铭文，在完成土地交割手续后，铸宝器之前，都有受田方宴飨相关人员事，但是以"卿"（乡）作为宴飨的专用字，从商到战国一直普遍地使用着，无理由再新造使用"别体"。又或读为行政区划之乡，谓"乡铸保簋"是言每乡各铸一簋，以著其约剂，这说法无据。据《周礼·地官司徒》文，五家为比，五比为闾，四闾为族，五族为党，五党为州，五州为乡，天下六乡；大司徒主掌六乡之事，小司徒副之；下设乡大夫、州长、党正、族师、闾胥、比长，各掌其职。格伯和倗生间的交易，析券各执其一，副贰（包含地图）藏于上级官府，便告完成手续，无每乡各铸一簋之理；若是每乡各铸一簋，而簋铭竟云"其万年子子孙孙永宝用"，岂不荒唐！白川静不相信各家之说，又对"𨛭"字的形音义提不出新见，只能据文意推测"成𨛭"是将约定的田土画成图而完成要约。可见学者们对该字的释读都尚有不足之处。

我认为，"𨛭"字从䢼从土；䢼之音、义如巷；此字从土䢼（巷）声，其读音应如从水巷声之港，古音"古项切"。铭文中假借作"讲"，与顢通。"顢"字见于五祀卫鼎和九年卫鼎铭。五祀卫鼎铭曰：

井白、白邑父、定白、琼白、白俗父乃顢，事厉誓；乃令三有司……帅履裘卫厉田四田；乃舍宇……

九年卫鼎铭曰：

矩乃眔濂彝令寿商眔意曰：顢履付裘卫林晋里，则乃成夆四夆。

1976 年岐山县董家村窖藏铜器发掘简报发表后，讨论裘卫器铭文的文章很多，其中对"顢"字明确提出解释的主要有：①《简报》的注释：

"覯"通作"讲"。有明、和、直等义。《史记·曹相国世家》:"萧何为法,讲若画一。"在这里"覯"就是说定了的意思。②唐兰《译文和注释》:原作"覯",与"构"字通。构,促成。《广雅·释诂》三:构,成也。唐氏的两鼎铭译文分别作:"邢伯、伯邑父、定伯、瘝伯、伯俗父办成了,要厉立了誓。""矩就到濂邻那里命令寿商和意办成了,踏勘付给裘卫的林舀里。"③白川静的《金文补释》认为:覯,协议的意思。④戚桂宴读为斠正之"斠",裘锡圭认为"也许是正确的。'覯履付裘卫林舀里',大概就是踏勘确定矩付给裘卫的林舀里的范围的意思"。⑤马承源等于五祀卫鼎铭文注释曰:覯,明了。译文为:"井伯、伯邑父、定伯、瘝伯、伯俗父等彼此明了换田的要求,乃使厉起誓。"于九年卫鼎铭译作"矩乃和濂粦共同命寿商和菁云,画明疆塄,把林舀里交付裘卫,……"⑥唐复年的五祀卫鼎注释谓"覯字音讲",并说"此处当作和解之义",其今译作"邢伯等五位大臣就和解了这件事,(核准了以四田耕地作为赔偿)并让厉立了誓约"。⑦陈公柔:"自'邢伯、伯邑父',至'吏厉誓',为诸有司经审判,宣判决定,并令厉诅誓。但铭中未记厉的诅誓之辞。"

上述关于"覯"的解释,多闪烁其词,用于其中一鼎铭似乎合适,用于另一鼎铭便很别扭,唯有白川静的"协议"之解,用于两鼎铭,我认为都是顺畅、明确的。因为"覯""讲"音同义通,古音都是"古项切"。《说文》:"讲,和解也。从言冓声。古项切。"在许多字(词)典中,"讲"都含有和解、讲和、谈说、讲习、谋议等义项,各有古籍例证,皆属于两方(人)或更多方(人)在一起的环境中发生的互讲动作,做动词相当于现代常用的和谈、合议、一起谈论、练习、商讨、共同谋划等,做名词则相当于现代常说的和约、协议、合约。在五祀卫鼎铭中,邢伯等五位大臣听了原告裘卫的告诉,又讯问了被告邦君厉后,五大臣"乃覯、事厉誓"(即当庭合议,并使厉起誓),紧接着"乃令三有司……帅履裘卫厉田四田;乃舍宇……"(这是议后的另两项庭外执行的决定)。在九年卫鼎铭中,矩伯和濂邻命令寿商和意,要他们合议和勘定付给裘卫的林舀里,然后垒成四至封土堆。在倗生簋铭中,"毕书史哉武立𢦔成𢨢",是说格伯派其书史哉武参加誓仪,并完成合约。

第二个难点是如何理解"铸保簋,用典格伯田。其迈年子=孙=永保用。𢦔"。这是铭文末段。首先,这段文字主语不明。谁铸保(宝)簋?谁是器主?这是解读铭文的第一要务。其次是对"用典格伯田"存在不同解释。

过去长时间称簋名为"格伯簋",原因在于铭文的前章叙事,是以尊者格伯作为主语的。以马换田的佣生，只是在叙述事由时被动地提到一次后，就再没出现，就连履田定界签约移交等都隐去了佣生名字。这样，就很容易使人认为："铸保簋"是承上省主语"格伯"，末句的"其"指代格伯，文末的族氏符号也是格伯的了。除了以格伯为叙事主语多次出现的原因外，也与某些专家误以"取"字为"受"读作授，以"贾"为租，以"典"为典当有关。但是，对比几张铭拓即可发现"取"字不当误读为受；格伯因用卅田出租或典押给佣生以换取四匹良马而铸宝簋的解释，也很令人生疑，虽有重大约剂书于盘盂之说，然出租、典押毕竟是有期限的行为，明显与紧跟在后的"其万年子子孙孙永宝用"相隔违。格伯怎会铸簋让出租或典押卅田变成万年失去田呢？显然，我们熟悉的现代有关句法和修辞的方法，在句子主语认定上遭遇了困难。

自裘卫器出土后，人们发现，裘卫盉铭与佣生簋铭在叙事上的相似：前者叙矩伯庶人取瑾璋于裘卫和矩伯又取赤琥皮革而贾田，后者叙格伯取良马乘于佣生而贾田；铭文最后，一是"卫用作朕文考惠孟宝盘，卫其万年永宝用"，一是"铸保簋，用典格伯田。其迈年子子孙永保用。"。两者叙事格式的惊人一致，使人们通过类比，很容易知道：前者是受田的裘卫铸器，后者应为得田者佣生铸宝簋。于是，学术界都毫无疑问地改称"格伯簋"为"佣生簋"。

然而，铜器主人的确认，铭文关键句的主语的确认，理论上不能依赖晚出土的他人的器物和铭文，而应该从本器物相关材料特别是自身铭文中寻找根据论证。佣生簋铭文偏偏在关键的"作器句"缺主语，而前边的全部叙事句主语都是格伯而非佣生，因此我们发现"格伯铸宝簋"与"其万年子子孙孙永宝用"情理上相矛盾后，就必须突破句子本位的语法概念和常用的修辞方法理解，在大于句子的篇章语法概念指导下，把握赋予篇章的总义，据义推导隐去的主语。

我在《篇章语法分析在铭文解读中的意义（上）》引用了《文心雕龙·章句》，作为古老的汉语篇章语法分析的理论方法依据，其特点就是在篇章给出的特定语言环境下进行语法分析，其基本方法是首先把握篇章总义及其章段分义的构成层次，根据其意义"脉注"状况分章析句，然后据总义或章义认定句子中省略的或指代的句子成分。

根据《礼记·祭统》和已知的商周青铜器铭文，我们知道，鼎彝之铭文，是作器者自名也。铭者，自己论撰先祖之有德善、功烈、勋劳、庆赏、声名，列于天下，而酌之祭器，自成其名焉，以祀其先祖者也；或是论撰自己承先祖德善、有勋劳、受封赏、在诉讼中得胜获利、在交换中得田受益，为家族争光，而铭之于器，以祀其先祖并昭示后世者也。这是铭体的主旨精神。而西周铭文的基本结构层次，是"作器之因＋作器句＋作器之用"。（拙作《篇章语法在西周铭文析句、解词中的作用》对西周铭文的结构模式有较详细的分析）上述那些值得作器者显扬之事，都可成为作器之因。享孝祖考、祈求眉寿、答谢休美、宴飨宾客朋友、用征用行、昭示子孙永宝等，都是作器者所寄予的希望用途。作器句是铭文的基本句，也是确定器主的关键句，其基本形式是"作器者＋乍＋祖考或受赠媵者＋宝尊彝（器名）"。若前有"作器之因"内容叙述，作器句中的主语不论是否省略，必为前述之有德、有功、受封、受赐、得利、得田者。不管"作器之因"的事件叙述如何复杂，句子的主语、谓语、宾语如何变化或省略，作器者在事件中的身份是确定的。因为天子受命于天，诸侯百官受命于王，下属受命于上司，下级跟从上级省视、出征，主人以礼宾报使者，君封臣，上蔑下暦，贵赏赐贱，农重于工商，拥有田土贵于持有货财，等等，是当时不变的礼。所以主语、宾语的省略，谓语动词的主动、被动变化，都不妨碍作器者叙事中的人物关系脉络。不懂篇章语法的规定性，就像不会牵牛鼻子。依据铭体的篇章语法规律，我们就不难判断伽生簋的作器句"铸保（宝）簋"省略的主语，是前面"作器之因"叙述中的得田者伽生。"铸保簋"后的内容，均属"作器之用"性质。在以拥有田土邑里为贵的农业社会西周，伽生以四匹马（乘）换取格伯卅田不动产，因而"铸保簋"，记录所得这些格伯田的缘由，使其成为不变之大典，希望"其万年子子孙孙永保用"，显示了伽生铸簋勒铭的目的，也就不难理解了。

"典"字，《说文》曰："五帝之书也。从册在丌上，尊阁之也。庄都说，典，大册也。"也就是放在丌上恭敬地收藏的写有重要内容并已编连好的简册。它的本义为典册、典籍，名词。在簋铭中作为动词用，就是使之为典的意思。林沄先生在《琱生簋新释》一文中称："立约剂称'典'（动词），所立之约剂也称'典'（名词）。"从具体运用上理解，大体上是对的。有人径译"典"的动词义为"记录"（如唐钰明），从词义学角度看，似欠细致。有人把"典"解释为主掌、统领（如刘心源、马承源等），但是铸器本身是无力解决土地所有权的，器物也不能当作统领格伯田的主体，所以"主掌""统领"的解释，不符合法律和逻辑思维。或把"典"解释为典押，认为"用"表原因，格伯是出典人，伽生是典权人，铸保簋是因为典了格伯的田（如白川静、李朝远）。一是典押乃短期、定期行为与簋铭万年永保精神相违背；二是通观西周铭文，"作器句"后的内容均属于"作器之用"性质，其"用享孝""用祈匄""用对""用卿（飨）""用乐""用从""用征""用行"等，所有"用"字都是表目的、用途的状语副词，不能理解为表原因的"用"。因此，"铸宝簋是因为典了格伯田"的解释，也是缺乏根据的。

参考书目

[1] 阮元：《积古斋钟鼎彝器款识》，嘉庆九年（1804年）自刻本。
[2] 严可均编：《全上古三代秦汉三国六朝文》，广雅书局1893年版，1929年丁福保影印本。
[3] 吴荣光：《筠清馆金文》，道光壬寅（1842年）南海吴氏校刊本。
[4] 刘心源：《奇觚室吉金文述》，光绪二十八年（1902年）石印本。
[5] [日] 高田忠周：《古籀篇》，日本古籀篇刊行会1925年印本。
[6] 孙诒让：《古籀余论》，哈佛燕京学社1929年刻本。
[7] 吴闿生：《吉金文录》，1933年邢之襄刻本。
[8] 郭沫若：《两周金文辞大系考释》，科学出版社1957年增订本。
[9] 杨树达：《积微居金文说（增订本）》，中华书局1997年版。
[10] [日] 白川静：《金文通释》第二十辑，白鹤美术馆1967年版。
[11] 周法高主编：《金文诂林》，香港中文大学1974—1975年版。
[12] 李孝定、周法高、张日昇编著：《金文诂林附录》，香港中文大学1977年版。
[13] 岐山县文化馆庞怀清，陕西省文管会镇烽、忠如、志儒：《陕西省岐山县董家村西周铜器窖穴发掘简报》，《文物》1976年第5期。
[14] 唐兰：《陕西岐山县董家村新出西周重要铜器铭辞的译文和注释》，《文物》1976年第5期；《西周青铜器铭文分代史征》，中华书局1986年版。
[15] [日] 白川静：《金文通释》第四十九辑，白鹤美术馆1978年版。
[16] 林沄：《琱生簋新释》，《古文字研究》第三辑，中华书局1980年版。
[17] 戚桂宴：《永盂铭残字考释》，《考古》1981年第5期。
[18] 裘锡圭：《西周铜器铭文中的"履"》，《古文字论集》，中华书局1992年版。
[19] 马承源主编：《商周青铜器铭文选》（三），文物出版社1988年版。
[20] 陈公柔：《西周金文中所载约剂的研究》，《第二届国际中国古文字学

研讨会论文集》，香港中文大学中国语言及文学系 1993 年版。
- [21] 李朝远：《西周土地关系论》，上海人民出版社 1997 年版。
- [22] 唐钰明：《铜器铭文释读二题》，《第二届国际中国古文字学研讨会论文集》，香港中文大学中国语言及文学系 1993 年版。
- [23] 叶正渤、李永延：《商周青铜器铭文简论》，中国矿业大学出版社 1998 年版。
- [24] 张振林：《篇章语法分析在铭文解读中的意义（上）》，《古文字研究》第二十五辑，中华书局 2004 年版。
- [25] 张振林：《篇章语法在西周铭文析句、解词中的作用》，待刊。

2001 年初稿

2008 年 6 月 10 日修订稿

（本文为第四届中国文字学国际学术研讨会论文，山东烟台，2008 年；刊于《文字学论丛》第五辑，线装书局 2010 年版）

释 丏

一

关于"丏"字的音义，学术界曾经进行了长时间的讨论。

"丏"字最先见于师望鼎，吴大澂释"豢"①，《金文编》从之，读作遂②，戴家祥、马承源等亦从此说③；郭沫若释"分"④。1976年出土的墙盘上，颂扬康王的铭曰："渊哲康王，丏尹亿疆。"裘锡圭从郭说读作分⑤，宋镇豪读作"分君亿疆"⑥；徐中舒释"丏"读为曦，训明⑦。于省吾谓甲骨文"丏"字作丏⑧；刘钊谓甲骨文从我从丏之"羲"字为"羲"，所从丏为丏，并从吴大澂"丂即丏之省文"说⑨。

李学勤认为"丏"字从丂（丏），卜辞、金文"宁"字作宁，"賓"字作賓，可证"丏"应读为賓。师望鼎铭应该读"不敢不賓不规"，賓的意思是敬；墙盘的賓，意思是服；尹，治也。⑩陈汉平谓："丏字若释读为'賓'，训为'服''伏'，考释似较为简捷，但核于铭文文义，犹有未安。丏字若释读为'沔''泗'，训为'广''大'，于铭文文义稍安，而'泗'字尚嫌冷僻。丏字若释读为'敛''颁''班'，训为'编'，或读'敛''班'本字，于铭文文义较洽。……又据师望鼎铭'不敢不丏不娄'，'丏'

---

① 参见吴大澂《愙斋集古录》第五册，涵芬楼1918年影印本，第7页。
② 参见容庚编著，张振林、马国权摹补《金文编》，中华书局1985年影印本，第49页。
③ 参见戴家祥《墙盘铭文通释》，载《上海师范大学学报》1979年第2期；马承源主编《商周青铜器铭文选》（三），文物出版社1988年版，第146页。
④ 参见郭沫若《两周金文辞大系考释》，科学出版社1956年版，第81页。
⑤ 参见裘锡圭《史墙盘铭解释》，载《文物》1978年第3期。
⑥ 参见李学勤主编《中国古代文明与国家形成研究》，云南人民出版社1997年版，第535页。
⑦ 参见徐中舒《西周墙盘铭文笺释》，载《考古学报》1978年第2期。
⑧ 参见于省吾《甲骨文字释林》，中华书局1979年版，第147页。
⑨ 参见刘钊《释甲骨文耤、羲、蟺、敖、栽诸字》，见《古文字考释丛稿》，岳麓书社2005年版，第4～7页。
⑩ 参见李学勤《论史墙盘及其意义》，载《考古学报》1978年第2期。

字以读'宾'训'敬'较妥,故疑'宫'字为从丏、从分省之双重声符文字。"① 陈世辉也认为"丂"是古"丏"字,"分"字隶定作"㝬",读作缅,作绵长讲。②

张世超同意李学勤、陈世辉"丂是古丏字"的意见,认为李学勤读"分"为宾,陈世辉读作缅,和《金文编》谓"宵"字"说文从丏声非","大约都是受了《广韵》所反映的语音现象的影响,忽略了它们与上古音的差别"。他认为"丂(丏)""分"不应读作缅,"会意字'宁'也可以省作'丂'而音义仍如'宁'。……后世'宵''丏'的读音是从上古'宁(宾)'演变而来的"。"'丂'字独立使用后,字形与'兀''元'等字有些相混,大概正是由于这个原因,人们在它上面又加了'八'作为声符,即是'分'字。古音'八'在帮母质部,而'賓'在帮母真部,声为同纽,韵为对转,读音是很近的。"③ 其意是"丂""丏""宁""宵""分"的上古音应读帮母真部的賓音,"分"是累增声符八。

何琳仪、时兵在"分"为"兮"字说的基础上,认为"兮"与"可"声系相通,进一步疑"分"在师望鼎铭文中读哥,在墙盘铭中读作可;又说"分"释"分",抑或释"豕",尚有待今后新资料中明确无疑的辞例予以敲定。④

总之,墙盘出土以来,学者们借助甲骨文的"豢"字和"宁"字为中介,围绕"丂""分"的音读,展开了读分、读兮、读可、读沔、读班、读缅还是读賓的讨论。

二

我认为,"分"字不从豕、不从刀、不从丂、不从丏,不可能为"豕"字、"分"字、"兮"字,它应是从八丂声的形声字。从八,有两分、判别、分辨诸义。甲骨卜辞中有许多"丂""丂無""丂霝"记载,屈万里、裘锡圭都读"丂"为"萬",谓"丂無""丂霝"即《诗经·邶风·简兮》中"公庭万舞"之"万舞";战国时期"千萬"字也常作"千万"⑤。《上海博

---

① 陈汉平:《金文编订补》,中国社会科学出版社1993年版,第540～544页。
② 参见陈世辉《墙盘铭文解说》,载《考古》1980年第5期。
③ 张世超:《金文考释二题》,见《于省吾教授百年诞辰纪念文集》,吉林大学出版社1996年版,第130～132页。
④ 参见何琳仪、时兵《释豕》,见《中国文字学报》第一辑,商务印书馆2006年版,第59页。
⑤ 参见裘锡圭《古文字论集》,中华书局1992年版,第207～209页。

物馆藏战国楚竹书（四）》之《曹沫之陈》"萬人"写作 🔲（按："万"字内包含"人"字，故标注重文符号）①。《郭店楚墓竹简·唐虞之道》"萬物"写作"🔲"②。"🔲"，也就是西周时期的"🔲"，只是按战国时楚国书写习惯，在"万"上增一短横，就像在"天、下、不、可、而"等笔画较少、上为长横的字上增一短横一样。可知西周时的"🔲"音读如万、萬，不读丐、兮、缅，已无可置疑，同时可知商周之"丂""賓（即后来之賓）"也是音读如万，篆书所从之"丏"乃"万"之讹，不当以后来之讹去索解"万"字之音义。

关于"万"字在上古的音值，我们需要讨论。音韵学界最普遍的看法，是认为"万"上古属元韵明母（或简写作"明元"）。但也有一部分学者注意到谐声字中部分明母字谐帮母、並母爆发音的事实：

明母	陌貊铂袹蛨緢	絔劯	棉绵	密蜜宓秘	蛮
帮母	百	伯柏		必泌愍网	变
並母		白泊	帛	驳鮁苾	

在战国竹简文字中也有类似现象：

明母	猛		冕
帮母	㤺（上博简《从政》8，丙声假作猛）		
	猷（郭店简《老子》甲33，丙声假作猛）		
並母	🔲（上博简《容成氏》52，从元弁声通冕）		

在晋中（如文水、兴县、中阳）、陕北（如安塞、延川、清涧、吴堡、绥德、米脂）、闽南（如厦门、漳州、泉州）、粤东（如汕头、潮州、揭阳）、粤西（如雷州）等一些地方方言中，存在着一些上古明母（中古明母、微母）字读爆发音的现象。如下列上古明母字，在厦门话和汕头话中读音如並母：

马码、米密蜜秘、母亩牡幕木沐、蔑篾、墨抹磨、买卖麦、眉楣、帽、曼蔓漫、无舞务雾武毋戊巫诬、尾、文纹雯闻、亡忘妄望、万

---

① 参见马承源主编《上海博物馆藏战国楚竹书（四）》，上海古籍出版社2004年版，第260页，第26简。
② 参见荆门市博物馆编《郭店楚墓竹简》，文物出版社1998年版，第41页，第27简。

还有一些字在厦门话中读明母而在汕头话中读并母（如"煤、梅"），另一些字则厦门话中读并母而汕头话中读明母（如"麻、摸、目、糜、猫、挽、梦"）。

上述诸情况有力证明，所谓上古明母字，其实有一部分并非纯粹的双唇鼻音（m-），而是带有鼻音色彩开头的爆发浊音（ᵐb-，其主要特征如并母）。胡方先生对厦门话做了声学测量，确认它为带鼻冠音的浊爆音。[①] 这种音与明母、帮母、并母的发音部位完全相同，差别只是在开口的一刹那间对鼻音和清、浊的控制。由于控制的严紧度不一，或鼻音重长而爆发音弱，或鼻音轻短而爆发音强，含有这种音素的字，两千年来不平衡地散布于明母、帮母、并母，也不平衡地表现在不同方言变化中。不说上古没有语音学，人们辨音不清，就是近代国际著名的语音学家汉学家高本汉，也把这种音当作并母浊音b-，如他记录厦门话马ba、麻ba、味bi、磨bua、模bou等[②]。这应该看作一项极其重要的历史语音学事实。伴随存在的另一项重要的历史语音学现象是，某些方言与雅言间有阴、阳、入对转的事实存在（即韵尾-m/-n或改读发音部位相近的-i，或改读促音-t，或改读主要元音细化或鼻化）。据此我们有理由认为：①上古的"万"字音值应为带鼻冠音的并纽元韵（ᵐban，据其发展为中古音的可能趋势，或拟加介音i/w，但并非上古音必定那么复杂微妙，只为表发展有分化）；②分析鼻冠音重的方言，"万"是"明元"（man或mian或mwan或mai，不同时期不同地区略有差异；西周春秋铭文中的约900处"万年"中，近四分之一作"迈年"反映了读音用字的差异）；③分析鼻冠音轻的方言则认为"万"是"并元"（ban或bian或bwan或bai，不同时期不同地区略有差异；晋、豫、陕、蒙、宁有不少地方呼堤岸为bai，或写作"泮"，阴阳对转，鼻音-n弱化为-i），自古如此，绝对不是同时同地存在复杂多样的发音，也非同时同地存在复辅音（mb-或bm-）。高本汉的厦门话记音，表明带鼻冠音的并母同他的母语中的复辅音有本质上的差别。

日本语的汉字读音，主要是以空海《篆隶万象名义》和源顺《类聚和名抄》中的反切注音为根据来定音的。日语读"萬歲"为バンザイ，"萬國"为バンコク，读"晚餐"为バンサン，"晚秋"为バンシュウ，读"勉

---

① 参见林伦伦主编《新编潮州音字典》，汕头大学出版社1997年版；胡方《论厦门话[ᵐbŋᵈ]声母的声学特征及其他》，载《方言》2005年第1期。

② 参见高本汉著、赵元任等译《中国音韵学研究》，商务印书馆1994年版。

学"为ベンガク，读"弁（辩）解"为ベンカイ，从旁证明了唐宋时期日本留学僧人记录江、河间的汉语"万"字和"晚""勉"等从免之字，以及"弁"字都是读"並元"的。这结论又和上海博物馆藏楚简《容成氏》的"冕"从弁（並元）声相一致。在郭店出土楚简中，"弁"字、"卞"字又假借作"辨""辩""变"等，皆因上古同为"並元"音之故。

"万"，上古音为带鼻冠音之"並元"，读音如"万"、如"弁"、如"辨"已明，那么，从万得声的"丂""賓""兮""𦟀"的上古音也应为带鼻冠音之"並元"。"兮"从八万声，从八之义为"分开""区别""分辨"，则"兮"之音义与"辨"之音义相若，有可能是"辨"之古字。"辨"，从刀辡声，古音读办ᵐban，与"辦"通。①

三

史墙盘铭云："渊哲康王，兮尹亿疆。""兮尹"就是区别治理；"亿疆"当指京畿之外众多分封诸侯国及臣服的蛮夷戎狄之地。评论和研究史墙盘铭的学者常苦于康王史迹欠载，难于对号入座。我以为需要综合理解去求解。《史记》说："康王即位，遍告诸侯，宣告以文、武之业以申之，作《康诰》。故成、康之际，天下安宁，刑错四十余年不用。"② 这就是说，康王即位后的首要任务，就是向诸侯申述文、武制定的政策，要求"庶邦侯甸男卫"效仿协助文、武达殷的"熊罴之士，不二心之臣，保乂王家"。③ 而文、武制定的关于诸侯的政策内容，祭公谏穆王征犬戎时，做了详细阐述：

夫先王之制：邦内甸服，邦外侯服，侯卫宾服，蛮夷要服，戎狄荒服。甸服者祭，侯服者祀，宾服者享，要服者贡，荒服者王。日祭，月祀，时享，岁贡，终王，先王之训也。有不祭则修意，有不祀则修言，有不享则修文，有不贡则修名，有不王则修德，序成而有不至则修刑。于是乎有刑不祭，伐不祀，征不享，让不贡，告不王。于是乎有刑罚之辟，有攻伐之兵，有征讨之备，有威让之令，有文告之辞，布令陈辞而又不至，则增修于德，而无勤民于远。是以近无不听，远无不服。④

---

① 参见宗福邦、陈世铙、萧海波主编《故训汇纂》，商务印书馆2003年版，第2271页。
② 《史记》，见《二十五史》（1），上海古籍出版社、上海书店1986年版，第18页。
③ 参见《尚书·康王之诰》，见《十三经注疏》，中华书局1980年影印本，第244页。
④ 《国语》上册，上海古籍出版社1978年版，第4页。

这一政策的突出特点就是有区别地治理,即"兮尹",即区别远近,规定不同的贡赋要求,根据执行状况的不同,采取不同的处置措施,其每一个环节,都强调为政者必须"辨"! 而康王从即位第一刻起,就以执行此政策为第一要务,乃至在位 20 多年天下安宁。盘铭正是赞扬渊博圣哲的康王,分辨邦内外五服,针对不同情况,采取不同政策处理王朝与诸侯各国和蛮夷戎狄的关系,治理好九州甸、侯、宾、要、荒亿万疆土,达到"近无不听,远无不服","天下安宁",这样就与《史记》所述康王之世和《国语·周语上·祭公谏穆王》所述先王之制相应。

或谓"兮尹亿疆"即为"分君亿疆"之意,本文认为不妥。因为无论从分封在定国安邦方面的重要意义还是从分封数量看,康王期都无法与武王、成王期相比,更不能独美。《左传·昭公九年》记周王使詹桓伯辞于晋,说"文武成康之建母弟,以藩屏周,亦其废队是为"。《左传·昭公二十六年》王子朝派使者通知诸侯,在叙述西周早期历史时又说:"昔武王克殷,成王靖四方,康王息民,并建母弟,以藩屏周。亦曰:吾无专享文武之功,且为后人之迷败倾覆,而溺入于难,则振救之。至于夷王……"周王子叙述其祖先历史的这段话,既说明了封建诸侯以藩屏周,是从武王时候开始,经成王、康王两世而基本完成的,又说清了武、成、康三朝不同的最主要的功绩。武王率诸侯伐殷纣胜利后,分封同姓异姓有功之臣为诸侯,镇守各方,建立起周王朝,但其在位时间短,政局也未完全稳定;周公辅佐成王平定三监,征讨东夷、淮夷、徐戎,三年静东国,疆土大扩,于是又"封建亲戚以藩屏周",包括"文之昭""武之穆""周公之胤"共 26 国,① 国内安定,作《周官》《立政》,开始进行大规模的政治制度建设,至成王二十一年天下太平"除治象",周公才去世。可考的武王、成王时的封国,都分布在西起宗周东至齐鲁的轴线及其南北,北至燕、晋,但南不及淮南、江汉。康王之世,天下太平,史书缺乏指实的封建新记录;而江苏丹徒烟墩山出土的宜侯夨簋,证明康王时有徙封夨到江南为侯的事实。《竹书纪年》又有康王十一年"王南巡狩至九江庐山"的记载,表明康王时确有封建之举,同时重点关注南方,亲自巡狩远方蛮夷之地(按:称"巡狩"而不用"征伐""征战",则是天子巡视、安抚、示武性质的出行),根据不同地区的不同情况,或派员封建管理,或宣示先王制定的分辨五服的贡赋朝觐要求的政策,或对不服王化者示武,使南方大片土地("亿疆")归于王化而安定。

---

① 参见《左传·僖公二十四年》,见《十三经注疏》,中华书局 1980 年影印本,第 1817 页。

康王末年，北方之鬼方作乱扰民，乃命盂率大军征讨，经两次大战，平定鬼方。① 这些史实说明，区别不同情况治理疆土，是文王、武王、成王未完成的事业，是康王从登基之日起贯穿始终的任务和业绩。昭王继位后，元年即复设象魏，表明邦内治安欠佳；十四年鲁人弑其君，是重要的诸侯国治理不好；十九年昭王亲伐楚荆而丧于汉，肯定没有执行好先王关于庶邦侯甸男卫的政策。所以，恭王时人以"辨尹亿疆" 4 字独赞康王。

师望鼎铭云"望肇帅井皇考，虔夙夜出内王命，不敢不分不𢧵"，是说师望我会效法先父，日夜恭敬地为天子做好上传下达的工作，不敢不分辨情况和不遵守法度。这与《周礼》设官的原则和要求相一致。西周初年，师尚父为太师，周公为太傅，召公为太保。三人共同辅佐成王。周公和召公分管陕东和陕西。朝中外内事务主要由卿事僚和太史僚分别管理。史书和铜器铭文已证明《周礼》非周公所制。《周礼》的天、地、春、夏、秋、冬六官六卿的完整官僚体制，乃春秋战国间人据历史档案、按当时人的政治理想综合编制的。但是，我们从穆王时期的《吕刑》中可以非常清楚看到以德为主、德刑相辅的为政思想。既然有"五刑之属三千"，对犯罪的性质、刑罚的等级做了极其细致的区分，就必然要求官员明辨情况、遵守法规法度处理。相对地在明德行政方面，也必然对官员的职司内容、要求，做出详细明确的规定，便于一年一度的会计校比（即今之考核）。燹公盨的发现，使学术界相信，大禹的故事在西周中期流传、为民父母行德政乃其中心思想，已无疑问。而《禹贡》描绘的辨九州山川湖海之利、土之特色、田赋之等级、贡品之异，在辨异的基础上定规范要求，对行德政有指导意义。《周礼·地官司徒》各官职司内容要求的描述，特别集中体现了在辨异基础上定为政行为规范的原则。例如：

大司徒之职：掌建邦之土地之图与人民之数，以佐王安抚邦国。以天下土地之图，周知九州之地域广轮之数，辨其山林、川泽、丘陵、坟衍、原隰之名物；而辨其邦国都鄙之数，制其畿疆而沟封之，设其社稷之壝而树之田主。各以其野之所宜木，遂以名其社与其野。以土会之法辨五地之物生：一曰山林，其动物宜毛物，其植物宜皂物，其民毛而方。二曰川泽，其动物宜鳞物，其植物宜膏物，其民黑而津。三曰……以土宜之法辨十有二土之名物，……以土均之法辨五物九等，制天下之地征，以作民职，以令地贡，以

---

① 参见《小盂鼎》，见《殷周金文集成》第五册，中华书局1985年版，2839号。

敛财赋，以均齐天下之政。

其文例，总是在职官名、职责之后，提出以什么法则，辨物、辨事、辨数、辨等、辨其所宜，以完成什么任务，达到什么目的。行文与《禹贡》极其相似。所以，尽管《周礼》成书较晚，但其设官的原则应该在西周中期大致已定，以后主要是增删不同官职、修订职司内容要求。师望职掌出入王命，佐王安抚邦国，自然需要明辨情况、遵守法规法度，不敢懈怠，故言"不敢不辨不规"。

四

下面附释"䜌、毐、憃、溝、厲、贖"6字：

《郭店楚墓竹简·语丛一》第34、35简："豊（禮）妻（齊）樂憃（靈）則戚，樂毐豊（禮）憃（靈）則䜌。"① 原书只有这样的释文而无注释。李零《郭店楚简校读记》则谓"毐"，从來从每，待考。并指出最后一字"䜌，左从言，右半与《唐虞之道》简27作'萬'用的字（从八从万）相同，待考"②。刘钊释为"礼齐乐灵则戚，乐繁礼灵则漫"。谓灵通令，乃美好之意；漫从言从丏，读为漫；并译为："礼仪庄重、音乐华美就会紧凑，音乐繁琐、礼仪华美就会放肆。"③

我认为，这是相对为说的对句，类似《礼记·仲尼燕居》的"达于礼而不达于乐，谓之素；达于乐而不达于礼，谓之偏"④。说的是礼与乐，一具一不备的事。那么，与"礼齐"相对的"乐憃"就是乐不齐、乐缺、乐少之意，从心霝声的"憃"，就是"吝"的假借字（很多方言前后鼻音韵尾合一）。礼齐乐缺，通常指办丧事，隆礼不设乐，所以哀戚。所谓"毐"，原字作毐，乃鄂君启车节"繁阳"之繁（从女），师虎簋之（从母）形的简省。与"乐繁"相对的"礼憃"就是礼不繁、礼缺、礼少之意。设乐往往指办喜事，如庆功、宴飨，但必须依礼而行，所谓"乐极则忧，礼粗则偏"⑤，若"乐繁礼吝"，就是具一半缺一半，就是偏，就是简慢、傲慢。䜌，从言兮声，上古音读如万ᵐban，与"半""偏""谩""慢"同音。

---

① 荆门市博物馆编：《郭店楚墓竹简》，文物出版社1998年版，第194页。
② 李零：《郭店楚简校读记》，北京大学出版社2002年版，第161页。
③ 刘钊：《古文字考释丛稿》，岳麓书社2005年版，第244页，又第262〜263页。
④ 《礼记·仲尼燕居》，见《十三经注疏》，中华书局1980年影印本，第1614页。
⑤ 《礼记·乐记》，见《十三经注疏》，中华书局1980年影印本，第1530页。

《上海博物馆藏战国楚竹书（四）》之《逸诗·交交鸣鷖》中第 3 简，有"交交鸣鷖，集于中漢"句，与第 1 简"【交交鸣鷖，集于中】梁"、第 2 简之"交交鸣鷖，集于中渚"相应。① 原书考释读"漢"为漫，以为即楚地"横木之下"。廖名春《鸣鸟补释》读为隅，意谓水滨、水边。秦桦林《鸣鷖劄记》引《卫风·有狐》"在彼淇厲"释为水厓。季旭昇《逸诗补释》译为水边②。本文认为，"漢"，从水萬声，古音ᵐban，与"泮""濱"上古同音。《卫风·氓》"淇则有岸，隰则有泮"，毛传：泮，坡也。郑笺云，泮读为畔，畔涯也。（按："泮、畔"皆形声字，半声。其义为半陆岸半潜水的斜坡。在晋、豫、陕、蒙、宁仍有称截面为梯形的河堤为"泮"者，其音声母不透气，有些地方写作"湃、垪"）"厲"，从厂萬声，古本读萬ᵐban 不读 lai，有散伯簋"其厲年永用"可证。《诗》"在彼淇厲"之"厲"假作泮。《卫风·有狐》之"有狐绥绥，在彼淇厲""在彼淇梁""在彼淇侧"，同"交交鸣鷖，集于中梁""集于中渚""集于中漢"相似，分别以狐或鷖停站在水边堤岸上为诗起兴。"泮、濱、漢、厲"在上述例句中可以看作读音相同（ᵐban）、意义相同（半水半陆的坡岸）的异体字。

《石鼓文·汧殹》："漢有小鱼，其游散散。""漢"字通泮。这是说汧河岸边浅水处有许多小鱼自由地游着。《郭店楚墓竹简·缁衣》："《邵型》员（云）：'一人有庆，万民購之。'"学者们多依《尚书·吕刑》和《礼记·缁衣》读作"一人有庆，万民赖之"。《十三经注疏》本之《尚书·吕刑》作"惟敬五刑，以成三德，一人有庆，兆民赖之，其宁惟永"。《礼记·缁衣》引作"一人有庆，兆民赖之"。《注》《疏》《正义》均解作"天子一人有善，兆民蒙赖之"。今按战国楚竹简本，我认为，"購"字应该其本音通賓，（"購"从贝萬声，"賓"从贝宀声，均读万音ᵐban）意谓天子一人行善，可使万民顺从宾服，天下安宁长久。窃以为，这样比"万民蒙赖受惠"的理解，更符合《缁衣》"成王之孚，下士之式"和"下之事上也，不从其所以命，而从其所行"的精神，也更切合穆王颁布《吕刑》诰命时要求"伯父、伯兄、仲叔、季弟、幼子、童孙皆听朕言，庶有格命"，做敬五刑、成三德的榜样的施政原意。诚然，天子一人行善使万民受惠，民众可能感恩而支持仁政，但是若无刑罚威慑，或民不知刑不畏刑。或执法者不慎用法，都有可能天下不宁；所以"兆民蒙赖之"的解释，同天子领着贵族

---

① 参见马承源主编《上海博物馆藏战国楚竹书（四）》，上海古籍出版社 2004 年版，第 176 页。
② 参见季旭昇主编《上海博物馆藏战国楚竹书（四）读本》，万卷楼 2007 年版，第 41 页。

做敬五刑成三德的榜样，使万民敬畏刑罚而顺从行善，两种理解有极大的差别，后者才是《吕刑》《缁衣》的主体精神。

在这次文字学讨论会上，得读李家浩先生的新作《仆儿钟铭文新释》。因该铭也有"賏"字，会间我曾与李先生做过简短的商讨，现补充申述之。李先生认为仆儿是逐之慈父；"賏"读作赖，训取；"余賏逐儿得吉金镈铝台铸龢钟"，是仆儿取其儿子所得之吉金铸钟。我觉得，读"字父"为慈父，仆儿在铭中自我称美，借儿子以彰显门阀，并取孝子所得之吉金以铸器，这样的表达方式既很生分，也有害慈父孝子一家亲之嫌。若读"字父"为季父，仆儿则是逐儿的小叔父，叔侄年龄可以相差无几，甚或侄大于叔，侄可继承大宗的权位、资财。仆儿到逐儿家做客（賓），得到逐儿敬赠（賏）之吉金，喜而铸钟，"以追孝先祖，乐我父兄，饮飤歌舞"，让"子孙用之，后民是语"，天上人间一起称赞、享受家族互敬和睦之美事，这样便顺理成章。从出土铜器铭文看，因出使、传命、安抚、巡视、处事等原因而做賓，得到主人賏（敬）赠贝、布、璋、帛、吉金、马匹等而铸器之事多见①。故此钟铭之"賏"仍以读作"賓"为宜。

总之，"万、兮、宁、賓、賓、濱、泮、萬、厲、澫、賏"等字的上古读音，当为带鼻冠音的"並元"（ᵐban），以"万、萬"做声符的其他形声字也是如此。内中音变，大概是在秦汉以后在不同地区以不同语词形态下，个别地逐步地产生的。

2006年3月初稿
2009年10月修订稿

（本文为中国文字学会第五届年会论文，福建武夷山，2009年；刊于《中国文字学报》第三辑，商务印书馆2010年版。今据发表后的修订稿收入）

---

① 如寰卣、寰尊、保卣、公贸鼎、繁簋、小臣守簋、满簋、大簋、史颂鼎、史颂簋等。

出土文献中的"万""方""㝅""賵"等字的释读

《说文·贝部》:"賵,货也。从贝萬声。無販切。"《玉篇·贝部》:"賵,亡怨切,又力制切;货也。"《篆隶万象名义·贝部》:"賵,武怨反,赠货。"《广韵·願韵》:"賵,赠货。""賵"字又作䚈。《广韵·祭部》:"䚈,货也。"《龙龛手鉴》:"賵,音万,赠货也。又音贲。"《类篇·贝部》:"䚈賵,力制切;货也。或省賵。又落盖切;又無販切。文二,重音二。"《集韵·祭韵》:"䚈,货也。或省。"《正字通·贝部》:"賵,《说文》,货也。或曰货多,故从萬。与贏字异,义通。非货名賵也。"《康熙字典》和《现代汉语大字典》都列出"賵""䚈"二字,解说则是前述各字书内容的综合。

需要特别强调的是,上引各种字书和各种研究《说文》的著作,以及《经籍籑诂》《故训汇纂》《十三经索引》《史记索引》《汉书索引》《后汉书索引》等大型工具书,都未给"賵"字的训释提供古籍书证。

出土文献中,"賵"字首先出现在春秋后期徐国仆儿钟铭文中,下面节录其相关铭文:

曰:"於嘑,敬哉!余義楚之良臣而𧦩(迖)之字父。余賵(賵)𧦩(迖)儿,得吉金鎛铝,以铸鉌钟;以追孝先祖……"

铭文最早见于《积古斋钟鼎彝器款识》,由于早期拓本和刻本都有好些字模糊不清,此"賵"字所从之"贝"偏于左下角,细小且模糊,其形近似楷书的"又"字、"只"字,学者们对此字都处于猜测之中,联系文句所做出的解释难于使人取信,因此学者们一直在探寻新的解读。

最初阮元将此字释作萬;其后吴式芬释作捝,云通俾;徐同柏从吴说;刘心源释作"萬兄"合篆;郭沫若怀疑上述诸说,据自己对文意的推测,谓该字"当是动词,殆俾使等字之义"。后来容庚师据于省吾编《商周金文录遗》之拓本,始认出该字下部从贝,但因铭中之义不明,故仍将此字置于《金文编》之附录。李孝定在《金文诂林附录》中说："字不可识。徐氏释挩，于字形为近。阮、刘二氏释萬非是。或当隶定作賢。"① 熟悉东周文字的人都知道，李氏之说虽后，然无可取；该字应隶定作"購"，至于铭中之义，需要进一步研讨。

20 世纪 90 年代在湖北荆门郭店楚墓出土的竹简《缁衣》中，再次出现了"購"字：

子曰："禹立三年，百姓以仁道，岂必【12】尽仁。《诗》员（云）：'成王之孚，下土之式。'《郘型》员（云）：'一人有庆，薑（萬）民𧝹（購）【13】之。'"

《郭店楚墓竹简》的考释，依传世《十三经注疏》之《尚书》《礼记》，直接读"購"为"赖"②。因为进入秦汉以后，从"萬"得声之字，除了"萬"字本音之外，又分化出来母阴声韵的"力制切""落盖切"二音，所以读"購"为"赖"，"購""赖"互为异体字，成了毋庸怀疑之事。于是，"我天子一人有善事，则亿兆之民蒙赖之"，或"一人行善，万民得利"，成为千百年来的标准今译，因此研究和讨论郭店《缁衣》简的学者，往往不再为"購"字多费口舌了。

2009 年 8 月中国文字学会第五届年会（武夷山会议）上，李家浩教授报告了论文《仆儿钟铭文新释》，认为"货也""赠货"皆非钟铭"購"字之义，"疑钟铭'購'跟郭店楚简《缁衣》'購'一样，也应该读为'赖'，但训为'取'"。"钟铭此句的意思是说仆儿取他儿子遴所得的'吉金镈铝'，用来铸造龢钟。"③

武夷山文字学会议上我提交的论文是《释丂》，文中重点之一是讨论了"万"字和"萬"字的上古音读，我认为两字应该同读带鼻冠音的並母元韵（ᵐban）；在出土的一些先秦文献中，"萬、邁、厲、万""丂、賓""厲、

---

① 参见阮元《积古斋钟鼎彝器款识》三·3－5；吴式芬《攈古录金文》三之一·69－71；徐同柏《从古堂款识学》十三·5；刘心源《奇觚室吉金文述》九·17；郭沫若《两周金文辞大系》考释163；李孝定《金文诂林附录》1852。
② 参见荆门市博物馆《郭店楚墓竹简》，文物出版社1998年版，第 129 页释文、第 133 页注解。
③ 李家浩：《仆儿钟铭文新释》，见《中国文字学报》第三辑，商务印书馆2010年版，第57～58 页。

满、濱、泮"三组字,是读音相同的通假字或异体字。因为文章重点在讨论释兮,有些想法没有展开;看了李家浩教授的论文后,也曾相约在会间抽空探讨,后因种种原因未进行。现在只好作此文申述己见,为下一次会议与同道切磋做准备。

一、关于"万""宁""賓"等字构形

我想,要说清"賵"字,还是得先讨论"万""宁""賓"等字的构成和发展。

我在《释兮》中已引屈万里、裘锡圭说,甲骨卜辞中的"万舞"即《诗经·邶风·简兮》"方将萬舞""公庭萬舞"之"萬舞",确不可易。但未论及"万"字的构形,人们知其然,还不知其所以然。

《甲骨文字典》把"万"(丂、丂、丂)当作"兀"字释,入卷八儿部,谓"从一在儿上",在卜辞中做人名用。在卷六贝部"賓"字条下,列出11个有差异的字形后,解字曰:"上从冂或冂、冂,皆象屋形;下从冂人或卩、女,皆为人形;下又从止,与各字所从同义,示有人自外而至,故甲骨文賓字象人在室中迎賓之形。虽字形歧出,各有增省,而其所会意则同。金文及小篆易从止为从贝者,乃后起之字。《说文》:'賓,所敬也。从贝,宁声。'"释义曰:"一、祭名。二、一期贞人名。三、子賓,人名。四、疑为賓客之义。(引例略)"①

《甲骨文简明词典》第八侯、伯、职官部谓:"丂,万。或写作丂。构形不明。甲骨文用为职官名。卜辞有'乎万舞'之记载,则万似为掌管舞之舞臣。又卜辞有'万叀美奏'、'万叀庸奏'之记载(引例略),美和庸为乐器,奏为演奏(引例略),则万又兼管音乐,很可能当时万这一类舞臣就兼管音乐。看来,乐和舞的紧密关系,商代就已如此。""冂,宁。或写作冂,左右无别。构形不明。甲骨文用作卜官之私名,则为借音字,如(引例略)。宁,有人释作賓。"又第二十祭祀部谓:"冂,宁。构形不明。或写作冂,从止宁声,隶定作宣。偶尔也有写作冂、冂、冂者,皆为冂之异体。在祭祀卜辞里,冂有两种主要的用法,均为动词。一为配享之义,如(引例略);二为商王亲自进入祭场参加祭祀,如(引例略)。"②

---

① 徐中舒主编:《甲骨文字典》,四川辞书出版社1988年版,第957～958页,又第703～704页。

② 赵诚:《甲骨文简明词典》,中华书局1988年版,第62～63页,又第232页。

《战国古文字典》元部谓:"万,甲骨文作ᒣ(《甲》3913),形义不明。或疑亥、万一字分化。西周金文作ᒣ(舟方卣),春秋金文作ᒣ(单靖戈)。战国文字承袭商周文字。《集韵》:'万,数也。通作萬。'战国文字万,典籍作萬。"又月部谓:"萬,甲骨文作ᒣ(《前》3.30.5),象蝎类之形。西周金文作ᒣ(免盘),或繁化为ᒣ(颂簋)。春秋金文作ᒣ(邾公牼钟)。战国文字承袭金文,或省上方二足(按:编著者殆指ᒣ等形,其实上方臼形即二钳足之变形,所省应是虫头)。《说文》:'萬,虫也。从内,象形。無販切。'萬或归元部,然从萬得声之蠆、厲准声首则归月部,……后因借万为萬,遂因万声而入元部。月与元入阳对转。"①

《〈古玺文编〉校订》在三九〇号"萬"字条下引ᒣ、ᒣ后,校订者按语曰:"此字应释为丐。丐字甲骨文作ᒣ(《甲》278页宁字所从),金文作ᒣ、ᒣ、ᒣ、ᒣ、ᒣ(《金》345页賓字所从),古玺作ᒣ、ᒣ(138页賓、宁二字所从),皆与此字同。萬、丐古同属明母元部,可知古玺'千萬'之萬作ᒣ乃是借丐为萬。本条下注语过简,似应作进一步说明。"②

我认为,把ᒣ释为兀或丐,都是不妥的。在商代的甲骨文和金文中,兀和元同形,侧面人形上画个人头的符号以表义;金文用粗圆实点表现,甲骨则用小圆圈、小方框或短横上加指事点来表现。ᒣ在甲骨文和金文中,稳定地在人头处用长横,或在长横上加指事点,这种结体特征,从商延续到秦汉,都是"万"字的特征,如ᒣ、ᒣ、ᒣ、ᒣ、ᒣ等。所以,它不应释兀,也不是丐;不应将一横割裂出来成为房梁;"賓"字所从一直是万,其小篆所从之丐,乃是战国文字"賓"中的ᒣ、ᒣ形的讹变。我们不当以讹变后的认识去规范先前的事实,把自古以来流传有序的"万"字,曲意隶定作丐。西周后期金文,"萬年"又作"邁年""厲年",所以疑"萬"上古音归月部,也是以后例纠前,不可信的。"邁、厲"都是萬声;"萬、邁、厲"同样借音记数,表明它们上古同读萬,無販切™ban,带鼻冠音之並母元部。

关于"万"(ᒣ、ᒣ、ᒣ、ᒣ、ᒣ、ᒣ)字的形义不明问题。我认为,该字人头上着一长横的构形特征已透露消息:头顶着大倛(又作魌)头面具,

---

① 何琳仪:《战国古文字典》,中华书局1998年版,第1077页,又第959页。

② 吴振武:《〈古玺文编〉校订》,人民美术出版社2011年版,第167页下。尚有一些学者的论文持释ᒣ为丐的观点,参见张振林《释兮》,见《中国文字学报》第三辑,商务印书馆2010年版,第63页。

正是万舞者的基本特征，象形。商周时期，国（王室、诸侯）有大事，如大祭祀、飨食诸侯、燕射、军大献、大丧等都要举行仪式，由大司乐指挥乐师、钟师、鼓师、磬师、舞师等，按仪式需要奏相应之乐，跳相应之歌舞。舞者顶戴倛头面具边唱边舞；面具彩绘或为上帝天神，或为风雨雷电山川草木动物自然神，或为祖先神，或为邪恶凶神瘟疫厉鬼之形貌。总之，通过仪式歌舞扮故事，"事喜上帝，用侃喜前文人"，祈求各界神灵"降余厚多福"，风调雨顺，驱魔消灾，"以孝以享"祖先，"以乐嘉宾父兄及我朋友"。从"万"字的构形我们便可知道，"万舞"就是戴倛头扮故事之舞，与其他不戴面具的八佾歌舞的区别也在此，而不在穿什么服饰和持什么舞器。关于"万（萬）舞"的两千年古训争讼，也可以平息了①。"万"字构形直接表现本义，简单明确，故甲骨文没有假借"萬"（虫名）记万舞的。"萬"在甲骨文中，或假借作十千之数名，或假借作地名；在西周春秋金文中，"萬、邁、厲"均被假借作"十千""长久"使用，"萬（邁、厲）年""萬（邁）寿"不下千例。到了春秋后期，人们开始又假借"万"作为"十千"的数名，与数名"萬"长期并存于世。

在甲骨文中从万之字见得最多的就是"𡨦"，又写作"𡨦"，左右不别，卜辞中或做祭名，或做人名，或做宾客义；在金文中做宾客用，又做赠宾客货财用，而且是"賓"（賔）字的构件，因此读它为賓。只是其构形从宀从

---

① 《诗·邶风·简兮》有"简兮简兮，方将萬舞""硕人俣俣，公庭萬舞"句。《诗·鲁颂·閟宫》有"萬舞洋洋，孝孙有庆"句。《诗·商颂·那》有"庸鼓有斁，萬舞有奕"句。毛诗传曰："以干、羽为萬舞，用之宗庙、山川。"本文认为不误。《春秋经·隐五年》："九月，考仲子之宫，初献六羽。"《左传》曰："九月，考仲子之宫，将萬焉，公问羽数于众仲。"为庆仲子之宫落成，隐公问及萬舞执羽之人数，表明萬舞是总名，逢喜事舞者则执羽吹籥而舞。但若逢凶事，萬舞者则执干戚而舞须撤乐。若是战争获胜举行大献礼，或经自然灾害及疫病后庆祝国泰民安和丰收，萬舞者都可先持干戚战邪恶，后出舞者持羽籥庆升平。《春秋经·宣八年》："辛巳，有事于大庙。仲遂卒于垂。壬午，犹绎；萬入，去籥。"《公羊传》曰："萬者何？干舞也。籥者何？籥舞也。"萬入是指人（萬舞队伍）进入，干戚和羽籥都是萬者所持之舞器，传来仲遂死亡消息，大庙祭祀要撤乐，所以舞者不能持籥吹奏舞蹈，祭祀时意外遇丧，这是特殊情况，不能因此得出"萬"就是"干舞"的结论。何休为《公羊传》作注曰："萬者其篇名。武王以萬人服天下民众之故名之云尔。"萬舞之名，竟然来自武王伐纣，实属离奇。《礼记·文王世子》云："春夏学干戈，秋冬学羽籥。"郑注云："干戈萬舞象武也；羽籥籥舞象文也。"郑玄与公羊高犯同样的错误，主观地缩小萬舞的内涵。《礼》经所说是指教世子两种不同舞蹈的课程安排，可以说执干戚之舞是武舞、执羽籥之舞是文舞，但并没有说萬舞就是执干戚之舞。儒家经典普遍将"万"和"萬舞"转写成"萬"和"萬舞"后，到了从小钻入书本，不知"萬舞"本写作"万舞"的汉儒，各逞主观推测解经的错误，在所难免。上引前贤诸说，参见《十三经注疏》，中华书局1980年影印本，第308页，第1726～1727页、第1873页、第2281页，第1404页。

万,是属于会意还是属于形声呢?若为会意,从宀从万,即戴供头的万舞者在室内,难于会意为"賓"(商周时含义有:①敬——动词,或对死者为致祭,或对活人宾客为以礼接待;②所敬之人——名词;③敬所敬之人以货财,即赠货。通擯、通儐、通殯是春秋以后之事),那么就只能把"穷"当作形声结构理解,即从宀万声。甲骨文中被学者们当作"穷"(賓)字的异体很多,可以归纳为如下五类(引例省去左右方向之别)。

(1) 穷、穷,从宀从卩从止,或从宀从女从止,会意,象有成熟恭谨的男人或女人从外进入家里来,会来宾之意。无论是祖先神灵还是来宾进家来,都是可敬需敬的,是要以礼敬接的。这是"賓"字各异体的基础,各体形声结构都从此承接"賓"义。

(2) 穷、穷,从穷、穷省止万声。

(3) 穷、穷,从穷、穷万声。

(4) 穷、穷,从穷、穷省卩或省女万声。或谓此为从止穷声,我以为不妥,因从止的义类太泛,凡与足有关的动作及状态都可用作形义符,而"賓"义却与从止很难联系。

(5) 穷,从宀万声。

以上五类字形都在一期卜辞里已出现,显出早期造字多方式和多角度取象的特征。但唯有既能表音、结构又最简单的"穷",一直沿用到西周中期,才逐渐被"賓"字所取代,而"穷"字的表音功能仍被完整地保留在"賓"字中。

西周王朝建立后,强调德治、礼治。凡有大事,如祭祀、燕射、出使、庆典、婚、丧等,家族外则序爵,家族内则序齿;卑对尊,少对长,主对賓,为表敬意,常有金、贝、玉帛、宝马馈赠之礼,称为賓。于是造出了从贝穷声的"賓"字,此即"賓"字赠货义的来源。如金文中有"王姜令作册睘安尸伯,尸伯賓睘贝、布"(睘卣)、"王事(使)小臣守事(使)于夷,賓马两、金十钧"(守簋)、"王命蔑罘叔肆父归吴姬饔器,师黄賓蔑章(璋)一、马两,吴姬賓帛束"(蔑簋)、"睽賓豖章(璋)、帛束;/大賓豖瓺章(璋)、马两,賓睽瓺章(璋)、帛束"(大簋)、"穌賓章(璋)、马四匹、吉金"(史颂簋)。也是礼治的缘故,畿外诸侯、侯甸小国、夷狄君主等定期来廷朝觐贡献,以示服从归顺,必当作贵宾受盛大的宴飨接待,称为臣服、宾服,于是"賓"字又在嘉宾义外增加了服从、归顺义。

西周：[图] [图] [图]　　春秋：[图]　　战国：[图] [图] [图]

图 1　不同时期的"賓"字形体

西周、春秋至战国，"賓"字的构成变化不大，都是从贝宁声。从现有金文看，"賓"字用作赠货义的多见于西周时期，用作宾客、嘉宾义的则西周、东周都普遍使用。至于用作记录乐律名"妥賓"与西周后期郑井叔钟铭"用妥賓"是否有源流关系，尚需研究讨论。

二、关于出土文献中的"賱"字的释读

到了春秋后期，随着教育的发展、各诸侯国间的战争和外交活动频繁，文字的需求大增。人们在汉字的表义偏旁体系已基本完成的背景下，对汉字的记音功能认识空前提高，于是大量采用下列几种造字用字方法以满足需求：①以形声法大量造新字，即利用已有的表义类的偏旁，加需表达词的同音字，造成新字；②以简代繁，即利用熟悉的、简约的同音字代替结构复杂的字，相互关系称通假；③以形声字代替表意字，相互关系称异体；④在原有字上加表义符号成为形声字，在原有字上加表音符号成为形声字；⑤使用简省符号代替复杂构件、随意增加羡画或减少笔画，这种现象与文字表音功能无关，只是反映人们已不重视象形表意对文字认读的约束，而是把文字只当作记录语词语音的符号了。这些方法迅速增加了汉字形体数量，在分化多音多义字、及时准确记音和简化方便书写等方面，起着积极进步的历史作用。但某些字没有必要的偏旁累加和笔画增繁、通假字异体字数量的滥增，则会给书写和阅读带来麻烦，在战国后期国家走向统一的时候，呼唤"书同文字"，促成汉字第一次规范化的到来。

上面所述以"万"做记数用，与"萬"同时并存，属第二种情况，都是通假。郭店楚简和上博馆藏楚简不少以"𦅫"记数字萬，属第四种情况。仆儿钟铭和郭店楚简《缁衣》中的"賱"字，则属第一种情况，是造新的形声字，事实上作为"賓"的异体字。"賱"，从贝萬声；"賓"，从贝宁声，"宁"，从宀万声。"賱"和"賓"义符相同，音符读音也相同（"万、萬"上古音为带鼻冠音的並元ᵐban，中古音無販切①），"賱"和"賓"在当时是读音完全相同的异体字。因"賱"在春秋战国并没有以赠货专义分化"賓"

---

① 参见张振林《释宁》，见《中国文字学报》第三辑，商务印书馆2010年版，第62～66页。

的多义，而是同等长期并用，汉以后典籍书同文字，采用了"賓"字，造成《说文》虽有"贘"字，而后世研究者不见"贘"字书例。按照文字源流关系，应该是：

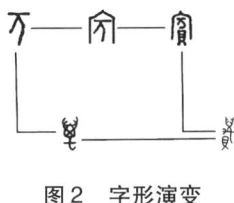

图2 字形演变

"万""萬"同音可通（如万無＝萬舞），"賓""贘"同音可通。这样，我们就摆脱了音韵学界以流推源，"贘""賓"不同音的先入之见的藩篱。弄清文字的结构及其音义的时代背景，我们可为出土材料中的"贘"字，找到相应的解读。

首先，郭店楚简《缁衣》引《吕刑》句："一人有庆，薑（萬）民贘之。"按照西周语言习惯，"一人"是指天子，"庆"是指善行，"万民"是指全国民众，"贘"同賓，有跟从、服从、顺从、臣服之义。《吕刑》首先说穆王命吕侯度时世所宜修订五刑之法，接着诰命四方，鉴于古代或无刑罚，或刑罚简单威虐，或民不知法不畏法，造成社会动乱的教训，对"伯父、伯兄、仲叔、季弟、幼子、童孙"提出"惟敬五刑，以成三德"要求，我天子一人做了立善法并告诫你们要勤谨办事和守法等善事，全国民众（万民，或云兆民）就会跟从归顺我们，国家的安宁就会长久。这样训释原句，表达了天子制定善法并带领贵族官员做好事，能收到服民心的积极效果，比起"亿兆之民蒙赖得利"的训释，会更贴近《吕刑》所述穆王诰命德治法治兼施以服民的原旨。上博藏战国楚竹简之《缁衣》作："一人有庆，薑（万）民亮之。"亮，字书不见。夐，《集韵》以为古文誇。汉儒改"贘"为"赖"，不知是否另有所本。

再次讨论仆儿钟铭。要搞清"贘"在句中的音义，必须首先弄清仆儿与逨儿（主语与宾语）的关系，才能理清"贘"和"得"两个连续动词的顺接关系。

学者们都将"余义楚之良臣而（逨）之字父"中间读断，以"而"为转折连词，以"字"为"慈"的借字；"义楚之良臣"为余（仆儿）之身份；仆儿与逨儿的关系便是慈父与亲生孝子关系。这样便出现与传统文化习惯不谐的现象：用于评价他人的"良臣""慈父"，被器主仆儿拿来自夸；慈父孝子本一家，家长"择其吉金"铸彝器，天经地义，春秋金文常见，礼本无须搬出儿子来说事；仆儿身为徐王重臣，取儿子吉金以铸器，竟然大呼"於虖，敬哉"，父子关系颠倒，更是有悖宗法社会常理。因此，仆儿与逨儿的关系，绝不能是宗法社会里亲生父子的关系，我们必须根据句义从属章义、章义从属篇义的篇章语言法则（铭文"作器句"前叙述"作器之因"，"作器句"后说明"作器用途"）重新研究两者关系。其关键，是对"字"字的理解。字，除了生育、文字、名字等常见义外，在春秋时期还具有什么意义呢？无妨翻阅一下《春秋左传》：

秋，公至自晋，欲求成于楚而叛晋。季文子曰："不可。……史佚之志有之曰：'非我族类，其心必异。'楚虽大，非吾族也，其肯<u>字</u>我乎？"公乃止。(《左传·成公四年》)①

声伯以其外弟为大夫，而嫁其外妹于施孝叔。郤犨来聘，求妇于声伯。声伯夺施氏妇以与之。妇人曰："鸟兽犹不失俪，子将若何？"曰："吾不能死亡。"妇人遂行，生二子于郤氏。郤氏亡，晋人归之施氏。施氏逆诸河，沉其二子。妇人怒曰："已不能庇其伉俪而亡之，又不能<u>字</u>人之孤而杀之，将何以终？！"遂誓施氏。(《左传·成公十一年》)②

泉丘人有女，梦以其帷幕孟氏之庙，遂奔僖子。其僚从之。盟于清丘之社，曰："有子，无相弃也。"僖子使助蘧氏之簠。反自樊祥，宿于蘧氏，生懿子及南宫敬叔于泉丘人。其僚无子，使<u>字</u>敬叔。(《左传·昭公十一年》)③

对曰："诸侯所以归晋君，礼也。礼也者，小事大、大<u>字</u>小之谓。事大，在共其时命；<u>字</u>小，在恤其所无。……"(《左传·昭公三十年》)④

对曰："禹合诸侯于涂山，执玉帛者万国。今其存者，无数十焉。唯大不<u>字</u>小，小不事大也。知必危，何故不言？"(《左传·哀公七年》)⑤

上举《成公四年》例，字为关心爱护非同姓族类之意；《成公十一年》

---

① 《十三经注疏》，中华书局1980年影印本，第1901页。
② 《十三经注疏》，中华书局1980年影印本，第1909页。
③ 《十三经注疏》，中华书局1980年影印本，第2060页。
④ 《十三经注疏》，中华书局1980年影印本，第2125页。
⑤ 《十三经注疏》，中华书局1980年影印本，第2163页。

例，字为爱护养育非亲生的孤儿之意；《昭公十一年》例，字为无嗣而收养他人之子之意；《昭公三十年》和《哀公七年》例，字为体恤扶助弱小之意。共同之处就是，春秋时期"字"字有对非亲生之弱小施以仁爱，包括收养教育他人的孩子的意思。在宗法社会里，收养他人之子是一种仁爱行为；养子可以永远留在养父家，感恩报德；养子长大后离开养父而认祖归宗，亦非不孝。从《左传》中可知，就是诸侯大夫官宦之家，也有收养非亲孩子之事。据此，与《左传》时间相近的仆儿钟铭的"字父"，其义相当于养父。"义楚之良臣"为而逐的修饰语。仆儿在铭文开头已宣扬了本家门阀，以"曰"字另起，则是为了说明自己的身份和去见逐儿得吉金的缘由。因养子而逐成为徐王义楚之良臣，作为他的养父是值得骄傲的身份。"余購逐儿"，句式与"冯谖客孟尝君"一样；購，同宾，做客义。仆儿称养子而逐为逐儿，以显亲密。仆儿做客看望已做良臣的养子，逐儿感激养父养育之恩，自当回报，于是馈赠重礼以吉金鏄铝。故仆儿用所得吉金鏄铝，来铸造一套鯀钟，是很珍贵的纪念。仆儿对这种诚信、敬谨的养父养子关系，自然感到养育之劳没白费，记铭时禁不住感叹曰"於虖，敬哉"，便是真情之流露了。总之，铭文表达的是器主为养子被徐王器重感到骄傲和去见养子得吉金馈赠而铸鯀钟的原委。

2011年6月修订稿

（本文原刊《中国文字学报》第四辑，商务印书馆2012年版）

释"☲☲(本)、☲☲(拔)"之我见

一、"夲"是古老的疑字

《说文解字》卷十夲部:"夲,疾也。从大、十声。拜从此。(呼骨切)"《说文解字》中从夲的字,卷十二手部:"拜攈,首至地也。从手、夲,夲音忽。(徐锴曰:'夲,进趣之疾也,故拜从之。'博怪切)𢪻,杨雄说:拜从两手下。𢪒,古文拜。"卷五食部:"䬳,潹饭也。从食,夲声。(臣铉等曰:'夲音忽,非声。疑奔字之误。'府文切。)𩞣馈,䬳或从贲。𩞅馫,䬳或从奔。"

许慎以汉篆立字解字,理所当然;但对字形已经讹误的汉篆如"拜"、如"馈",许之析形令徐锴、徐铉生疑,或做补充,或予修正。而二徐与许慎一样,不知"夲"字的古文字原貌,同样也无济于事。以后的《说文》研究者,不借助出土古文字,也没有新的发明。

清代后期,铜器铭文之学中兴,许多学者从众多的"拜"字和"馈"字从☲、☲、☲、☲、☲或从☲、☲、☲、☲,总结出新的认识:① "拜"字和"馈"字不从"夲",所谓从大卉声之字无据。② "☲、☲、☲、☲、☲"与"☲、☲、☲、☲"是两类不同的字,前者象植物形,后者象植物形加"廾";两者在"拜"字和"馈"字结构中,都可以互换,表明它们同音。殷墟甲骨卜辞发现后,人们知道前一类植物形符号,在卜辞中总是当作祭名被使用,于是在进入 20 世纪后,学者们都意识到,考释这两类符号形、音、义,必须同时兼顾卜辞和铜器铭文,必须均无扞格,并能说清增加"手"旁、"食"旁、"示"旁而产生"☲拜""☲馈""☲祶"的读音问题。一个半世纪过去了,学者们做了不懈努力,在其形、音、义的考释方面已有不少进展,见于《金文诂林》《金文诂林补》《甲骨文字诂林》三书和近 30 年的书刊的研究成果,真是不胜枚举。

陈英杰将有关"夲"字讨论牵涉到的全部金文形体,联系各种用法意义,做了排比分类梳理,大致综述概括了近半个世纪有关"☲、☲、夲"讨论的主流意见。他的结论是:"夲最早是幽觉部字,与之有关的部分字后转入侯屋部，一部分转入物文部，在发展过程中，物文一系字又或与月部发生关系。这些现象是不同时代层次和不同地域范围的一种交织反映。此字不传于后世，随着字形和音读的分化，其意义保留在后世的'求'和'贲'中。铭文中作祭祀名的可读为'祷'（冀小军、陈剑），与祈、匃同义的可读为'求'，车马服饰中读为'贲'，徟读为'仇匹'之'仇'。饙读为后世之饎，义同飤、进献，西周时代亦当为幽觉部字。""'拜'亦从𡴀，小徐作𡴀声，最早也应该读为幽部。"①

由后世《说文》确定的字形"𡴀"（"※"的割裂讹变体）进一步系联"贲、奔、夲、卉"去上推其音义，遵循由中古音推上古音的主流方法，借助文献训诂，在多声纽多韵部中无论如何牵转，总是与古本字形体无关。好像𡴀在上古本来就是多音多义字似的，只能随文改读，这和商周文字中"𡴀、饙、撵、襟"为同音字的前提认识相冲突。离开本字的原形和本音、本义的基础探讨，是最大的硬伤，故100多年来的诸多结论都难于令人信服。

本文原稿撮要抄录和评述了100多年来学者们的意见，以示不敢掠美和对学者们艰苦劳动的尊重，竟占了极大的篇幅。为避冗赘，无奈割爱，敬请有关作者原谅。

二、我对"※、※"字形、音、义的看法

我认为，考释先秦古文字：①必先从形体分析入手。文字是以形寄音义（记词语）的，形不明而讨论音义则陷入臆测。先秦时期是方块汉字造字法形成时期，在约定俗成的造字理据约束下，记同一个词的字符可能有多个，繁简共存，没有统一规范，分析字形不能简单地说"与某字形近"而认定为某字，必须有在同一时期字符系统（殷商甲骨文、西周春秋金文、战国文字）中的造字理据。②先弄清文字的本音、本义，然后据理谈通假、活用。③若以秦和西汉作为分界过渡期划分上古音与中古音，其主要差别如曾运乾所说："至于古本声之所以不同于今音者，则由古人之音多自然而少矫揉，多完全而少破碎。少矫揉故无舌上轻唇之音，少破碎故无齐齿撮口之呼。质言之，则古音多侈，今音多弇；古声多鸿，今声多细。"② 声纽、韵部和声调都比较简单，这符合上古小国寡民语言交流的需要（地广人稀慢

---

① 陈英杰：《西周金文作器用途铭辞研究》（上），线装书局2009年版，第457～476页。
② 曾运乾：《音韵学讲义》，中华书局1996年版，第441页。

生活，交流内容单一，大声高扬，多侈多鸿，扬声收尾是否急促或带鼻音，因人因地而异，亦即介音、韵尾、声调在实际交际中是模糊的，阴阳入可通），也被当今出土文字的谐声通假研究所证实（同一谐声偏旁字，可能分布于中古同一发音部位的各纽，分布于韵腹差别不大的中古多个韵部之中）。今人看古人，是模糊语言交际；从民族和语言的发展看，则是树形的分流。从中古音推上古音，需要删除许多矫揉、破碎的曲折因素；而不能采用多源合流法，糅合中古以后的分支因素，人为地给上古音添加细碎曲折难发的音。

1. 释形、义

从殷商甲骨文中的 ※、※、※ 的构形中，我们可以看到分别包含甲骨文中的 ψ（草）、ネ（来）、 ж（木）三类植物象形符号，其下部 ⼩、本、本 都是表草、来、木之根的象形符号，整体造字理据就像"ψ（枼）"字（从木，象枝上有叶形，为"葉"初文）一样，是复合象形字，其意义指向特别强调的标示部分，上部虽是三类不同植物，下部不论繁简标示的都是根，古汉语称"本"，应称 ※、※、※ 等为"本"之初文，或称为"本"的早期象形字。※、※、※ 等象以双手握持植物连根拔起，后者更明显强调要拔出根本，所以其构形是从本从廾的会意字，是"拔"之初文。虽然 ※、※、※ 与 ※、※、※ 读音相同，常被混用，但从文字学角度分析，它们在造字理念上却是两个字。※、※、※ 的本义是草木之根，即"本"，通常做名词用；※、※、※ 的本义是用手将植物连根拔起，即"拔"，从 ※，表明"拔"与"本"音义上或称语源上有孳乳关系，从廾，示与手部动作有关，通常做动词用。因它们同音，意义又相关联，所以在卜辞中当它们被借作祭名和祭祀仪式动作时，二者常混用。但在西周用作服饰和车马器的形容词时，只使用从廾的形体，以示花斑是人为用手造成的。

2. 释音

龙宇纯和徐中舒等从释形入手，得出相同的结论：※、※、※ 为草木之根的象形字。但是，龙是从他自己也知道的，后来为区别分化的音义而别制的形声字"茇"，去认识 ※、※、※ 的，所以其音为茇若拔若祓。徐等既认为是"本"，为了解释"捀"字，又借"贲"字为中介，谓"本、贝"音近，"贝、拜"同部。[①] 龙之音茇、拔和徐之音本、贝说，都难于跟下述各项，

---

① 参见龙宇纯《甲骨金文 ※ 字及其相关问题》，见"中研院"历史语言研究所集刊第三十四本下册，1963 年版；徐中舒主编《甲骨文字典》卷十，四川辞书出版社 1988 年版，第 1174 页。

一起做出合理的解说：如经常与❋、❋、❋、❋通用混用；参与构成"拜、馈、祓"字；从廾之字（所谓奏字）又用于服饰和车马件；解释甲骨文"奏無"、秦石鼓文的"鑾车奏次"和秦石磬的"百乐咸奏"等。所以，龙宇纯和徐中舒等的音释未被众人采纳。

根据上面所引曾运乾关于古本音特点的说法，段玉裁注《说文》常用的"合韵"说和郑张尚芳的上古元音近位通变理论等思想，我在10多年前的旧稿中，曾将上古的"萬、万、賓、分、本、賁、卞、弁、辡"等及以它们为声符的上古字，拟音为双唇爆发音、侈而鸿，主元音下移，作 ban。在旧稿基础上，先后整理发表过《释丂（ban 辨）》《出土文献中的"万""丂""賓""贖"等字的释读》①，把先秦出土文献出现过的从万、萬得声字做了字形和音义分析。今对古"❋（本）、❋（拔）"读 ban 再做申论。

《说文》"撵、饌"所从之莽乃是形体伪误，其汉代读音可与"賁、奔"相通是没有疑义的。汉代的"賁"在先秦读何音呢？

《易·賁》："賁，亨。"陆德明《释文》引傅氏云："賁，古斑字，文章貌。"又引王肃云："有文饰，黄白色。"

《方言》卷一："墳，大也。"钱绎《笺疏》："盘庚篇'用宏兹賁'，某氏传：宏、賁，皆大也。正义以为《释诂》文，引樊光曰：'《诗》曰：有賁其首。'今《小雅·鱼藻》篇作'有颁'。"

从上引牵涉上古经典《易》《书》《诗》例中可知，上古"賁、墳"与"斑、颁"是音同相通的。而且在《易》《诗》例中，分别以"斑、颁"为正字，"賁"是假借字，可见"賁"应该读"斑"若"颁"。《攈古录金文》："许印林说：款识多借❋为賁。賁，古斑字，见《易·賁》释文。斑、班、颁、攽、般古皆通用，布也。"② 并非无据。《故训汇纂》之"斑、班、颁、攽、賁、般"等字条下，尚有许多互通例证。"❋（本）、❋（拔）"在上古读音与"斑、颁、班"等字同，无可疑也。百年来的学者，除方濬益、刘心源、容师希白等少数人外③，都对许说未能重视（因为许说知为假借却

---

① 参见张振林《释丂》，见《中国文字学报》第三辑，商务印书馆2010年版；《出土文献中的"万""丂""賓""贖"等字的释读》，见《中国文字学报》第四辑，商务印书馆2012年版。
② 吴式芬：《攈古录金文》卷二之三，第3页。
③ 见方濬益《缀遗斋彝器款识考释》卷三第20页献侯鼎。刘心源《奇觚室吉金文述》卷二第49页。容庚《金文编》第1、2、3版卷十"莽"字条下均注"读若賁"，第4版改注"徐灏段注笺曰莽当读若賁卦之賁故撵以为声食部饌或作馈即其明证"。强运开盛赞"容庚说如此精确，可从"。见《说文古籀三补》卷一第3页和卷十第6页。

未及本字本义），非常可惜。⽊、⽊作为祭名、祭祀仪式动作、服饰车马器之形容，都是假借用法，皆可读"斑"若"颁"；分别加手、加食、加示作𢪒（拜）、𩚋（饋）、𥛠（祓）以别义，读音可以不变，因为商周时期，声母和主要元音相同，阴阳入可互对转，bai、ban、bat 在实际语言交流中是模糊的，至今黄河流域多地方言尚留此遗风。

《说文》取讹变的⽊为𡴅，与取讹变的⽊为奏，其形音义解说俱不可信。⽊既读"斑"若"颁""班"，从廾含动作义，那么它同样可借以表达"颁、班"等字的"布、铺、陈、展"之义，现代"奏"字所谓"陈列、上陈""表演、演示、演出"之义，也就尽在其中了。甲骨文"⽊舞"读"颁舞"，即展演舞蹈；石鼓文的"鋚车⽊次"，读"鋚车斑紱"，是颂扬秦王的鋚车有漂亮的花斑帷幄；而石磬文的"百乐咸⽊"则读"百乐咸颁"，即众乐一起都表演了。

"⽊（本）、⽊（拔）"上古都读"斑"音，中古的主流读音"本"为文韵，"拔"为月韵。按照语音发展不平衡规律，中古时理应存在"斑"音的孑遗。查《广雅·释草》："梻、杜、苃、莶、株，根也。"梻，步项切，是"斑"的鼻音后移（ban—bang）。南北朝到隋唐间从中原南下的广府人、客家人，文读"本、笨"为 bun（主元音后移，两字不同调），口语说人蠢笨，广府则称 bancat（笨贼），客家则称 niubangin（牛笨筋，指脑筋像牛一样蠢笨，不能灵活通变），"笨"尚有"斑"音余韵。广府口语谓"拔"为 mang，声母略变，与"万"音由 ban 变 man 之声母变化相同；客家口语称"拔"则为 bang，与《广雅》之"梻"同音，也是鼻音后移。客家人称所有礼神的糕点都叫 ban（粄），也许就是古"𩚋（饋）"字的遗音。今天的方言研究，常以普通话（所谓"雅言"）为标准参照物，评论曰"某方言有入声或无入声（阻塞性韵尾脱落）""某方言前鼻音韵尾脱落，代之以主元音鼻音化或主元音后加 - i""某方言前后鼻音韵尾不分，有一批前鼻音韵发成后鼻音韵，即将 - n 尾字读成 - ng"等，都是语音发展不平衡现象，包括上一阶段某语音特点的传承或变异。因此，我们要从中古音去上推上古音时，必须首先努力分清传承与变异，绝不能兼包并蓄去构拟，最好是多从时代地域分明的出土文献内部通假现象和传世文献研究相结合，去寻找消逝的古音。

西周后期的遣伯簋的出现，带来了一个极有力的新证。其铭曰："遣伯作禹宗彝，用凤夜享卲文神，用禤匄眉寿……"其"用禤匄眉寿"，与西周中后期常见的"用⽊寿"同意。我在《释丏》中已详细阐述了我读"万、萬"及以它们为声符的古字为 ban 的根据，今又新增从示萬声的"禡"字，可为米读 ban 增添有力的新证。对遣伯簋的"禡"字的猜测之说，如疑读"赖"、"奉为元部字，禡为祭部字，二者可对转"等，都难免中古音的牵绊曲折，请恕不再详举。

3. 相关字的形、音发展变化

先秦是汉字造字法形成期，记同一词的字往往有多个繁简字并存。商周时期，"本"既有图一1～7那样的象形繁体，又有图一15那样的象形简化和图一16～18那样的指事法造字简体。有人将图一17号字释为帀，是因为没有辨清此字中部不从横工"⊢⊣"，而是于来之主根上加指事符号。这些简体"本"字出现在西周中后期。图三之3、4、9，为战国和秦时的"本"字，可以看出指事简化字的先后继承关系。"拔"字在商周既有图一9～14那样的会意繁体字，又有图一8那样的简体字，春秋石文继承图一10、11并整饬化，图三之7、8则是战国时新的简化"拔"字，继承了甲骨文的简体（图一8）理念，只是将从屮改为从臼，用双手将草木从地上连根拔出的形象更明显。战国时"拜"从双手作犇，大概是从西周后期简化的"犇"字转化而来。"米"、"𥝌（拔）"和"禡（祓）"改换为从犮的"拔""祓"，大概产生在战国中后期至西汉初年，阴阳入的别义功能加强时期，其间也必定有一个交叉混读混用的过渡期。新造的形声字"莐"，见于上博简《周易·豐》和马王堆帛书之《天文云气杂占》。"拜（犇）"简化了声符米而读阴声 bai，"餗（餗）"改换声符米或米作"饙、餴、飰、饭"等诸多异体读阳声 ban，"祓（禡）"改声符米为"犮"读入声 bat。上古音无论声、韵、调都没有中古音那么纷繁复杂，利用同一声符字阴阳入可对应通转律，既可帮助释读古字，对许多字的上古音构拟也可提供参考。

2014 年 1 月修改稿

附图： 字形图例与说明

米 米 米 米 米 米 米　　米 米 米 米 米 米 米
1　2　3　4　5　6　7　　8　9　10　11　12　13　14

米　　米 米 米　　米
15　　16 17 18　　19

图一

注：1~3见于甲骨，1~7见于金文单字及偏旁，7只见于山东邾、鲁等小国。8~12见于甲骨，10~14见于金文单字及偏旁。15~19为西周中期出现的简体。"来"顶画可左可右。为表植物连根拔出土，双手可置于植物上中下各部位，不能以粗大乔木为会意字置疑。

```
  1   2   3   4     5   6     7
```
图二

注：金文之"拜、馈、祓"。1~6偏旁可以左右更换，可繁可简；"来"顶画可左可右。

```
  1   2    3   4   5    6   7   8    9
```
图三

注：1、2为春秋秦石文"拔"。3~5为战国"本"字。6为战国简文"拜"。7~8为战国简文"拔"。9为秦简"本"。

（本文原刊《古文字研究》第三十辑，中华书局2014年版）

一组与 ✦、✦ 相关的疑难字释读

我在《释"✦✦（本）、✦✦（拔）"之我见》① 一文中，认为考释古文字中的疑难字借助《说文》阶梯上推古难字的形、音、义，显得勉强而意见多歧时，最好是先把难字的本形、本义弄清楚，再研究其古代读音，然后以相同、相近时期的文例进行验证，不发生龃龉方可。✦、✦、✦、✦、✦，是用象形表意法，重点显示树木、花草、禾粟之多根，虽然多形，其义则一，古汉语称"本"。✦、✦、✦、✦，用双手或多手握在植株上往上拔举，或用双手扒土起苗，从本从廾，表其义是从土中将植物连根抽出的"拔"。在甲骨卜辞中，"本""拔"二字用法相同，同为祭名，又同可用作"拜""馈""祓"字的声旁，知为同音，古音侈而鸿，以 a 为主元音。"本""拔"二字古音均读若颁、斑、辦（ban）；"拜""馈""祓"分别读为 ban 的阴、阳、入声——bai、ban、bat。西周中后期的铜器铭文中，赏赐物大量使用✦做形容词，前人多做贲（bi）饰解，不知是假借拔（ban）作斑，《易·贲》卦名也是读斑。大概从战国至秦汉，战乱频仍，人群流动大，加速了语言发展，各地先后从上古进入中古，"本""拔"及相关字的读音、声调等产生分离。"本"字西周中期以后改用指事字，"拔"字战国时期改作✦。

依据上述对✦与✦形、音、义流变的认识，可以进而解读几个疑难字。

一、✦

"✦"这个字见于西周中期之燹公盨。铭文最初发表于《中国历史文物》2002 年第 6 期，同期还刊发了数篇考释研究文章，以后又有好些学者著文参与讨论，然而，对此字始终存疑。陈斯鹏等编著《新见金文字编》时把它置于附录下 006 号，作按语曰："此字或释'奏'，或以'廾'上所从为'莽''来''乑''求'等，读法甚多，然似尚难论定。今疑'廾'上部件同金文'述'字声旁（但不等于'求'），参卷二'述字条'。"也有人读"差"（佐）、读"擣"（捣）。

---

① 见《古文字研究》第三十辑，中华书局 2014 年版。

我们还是从分析研究疑难字的本形本义出发吧。先看看金文中的几个形体：𭆨（禾，苗上弯，顶垂穗）；𣎵（来，似禾，多蘖多穗）；𣏾（华木，枝梢有华）。𣎵、𣎵、𣎵、𣎵，以双手将植物连根拔起，是商周时"拔"字的造字理念。"𣎵"是从𣎵从廾，也是"拔"字，也应读斑若辨（ban）。上古经典中班、斑、辩、辨、辨相通假。燹公盨铭文"廼𣎵方埶征"读"乃辨方设征"，即辨别九州各地方之特点所宜而设定征赋。我们知道，这正是《禹贡》通篇所说的事，是大禹治理天下的一项重大功德。据《禹贡》，定《周礼·地官》大司徒之职："以天下土地之图，周知九州之地域广轮之数，辨其山林、川泽、丘陵、坟衍、原隰之名物；而辨其邦国都鄙之数，制其……以土会之法辨五地之物生……以土宜之法辨十有二土之名物……以土均之法辨五物九等，制天下之地征，以作民职，以令地贡，以敛财赋，以均齐天下之政。"此五辨是《禹贡》"辨方设征"精神在行政上的落实。

二、𣎵

"𣎵"这个字见于郭店楚简《唐虞之道》。简文原书释文曰："今之弋於直（德）者，未₁₇ \ \ 年不弋，君民而不喬（骄），卒王天下而不矣（疑）。……"将18简第一字释为年。

李零《郭店楚简校读记》写作："今之戴於德者，微₁₇年不戴，君民而不骄，卒王天下而不疑。"校读云："微"原作"未"（"微"是明母微部字，"未"是明母物部字，读音相近），"戴"原作"弋"，意思是无年不戴。①

首先，甲骨文和金文，以及战国竹简文，"年"字都是上从禾，下从人或千（千指人身）。此字结构分明是禾之中部根本上加指事点，应该释作"本"，读作 ban。"未本"即"未斑"。竹简文"弋"常用作"代"。其次，从简文内容看，是讲"禅而不传"的道理，讲圣人知天命顺天时，"二十而冠，三十而有家，五十而治天下，七十而致政"的经验。前面讲了尧禅舜的过程，先是"闻舜孝"，"闻舜弟"，"知其（舜）能为民主"，于是载其归，"及其为尧臣也，甚忠"，经过一系列考察和锻炼，待尧老，"四肢倦惰，耳目聪明衰，禅天下而授贤，退而养其生"，结果"尧禅天下而授之，南面而王天下，而甚君"。所以，后文在"古者舜处于草茅之中而不忧，登为天子而不骄"之后，接着说"今之代于德者，未斑不代，君民而不骄，

---

① 参见李零《郭店楚简校读记》，北京大学出版社2002年版。

卒王天下而不疑"。是说今之接替有德君王的接班人，在君王尚未斑发年老时，就不能取代，当其为君王治政时就不会骄横，最后拥有天下是不用怀疑的。这是唐虞之道和历史经验的总结语，借尧未老而舜不代的故事，讥刺春秋战国时期为争夺王位频起杀戮的现象。

三、※

"※"。《清华大学藏战国竹简》第二辑《系年》篇中，周厉王、郑厉公、晋厉公之"厉"都作"※"①，注文曰："厉王，金文作'剌王'。※，剌字所从。"诚然无错。但是，我们知道，西周后期的散伯簋、应监甗都有"其厉年永用"句，"厉"都读萬 ban。而"※"作为象形会意字为古"拔"字，音亦读 ban，故能与"厉"相通。

《谥法》曰："杀戮无辜曰厉。"谓为人跋扈，凶横自恣而嗜杀戮。跋、拔古通。西周时表崖畔的"厉"与"万"同音相通，尚无恶意；以"※"（拔）作谥，当是先秦恶谥的本来用字。西周后期宣王时的迷盘铭，称厉王为"剌王"；此"剌"字从刀※声，切合跋扈暴虐、"降大丧于周"的厉王作谥。秦汉以后，"※"字弃用，整理古籍者知道它和"厉"字本同音可通，就将古籍中带恶意的"拔"字，改用"厉"字，也能让"敬大人"的儒者心理适应。

四、※

中山王鼎和中山王壶都有从刀（刃）※声的所谓"剌"字。鼎铭曰"剌城数十"，专家们或以为"剌"读作列；我以为读为"拔"，更符合春秋以后各种典籍关于得城的用词。壶铭曰"以追庸先王之工剌"，专家们或以为"剌"读作烈，谓为"功烈"；我以为读它的本音 ban，古与"墳"音同相通，大也，意为"功大"。西周春秋金文铭辞中，很多赞扬先王或先祖"工剌"者，同是这种假借用法。总之，我们在解读难字时，尽量从分析本形、本义、本音出发，在此基础上使用假借法，才有根基。

（本文为中国古文字研究会第二十一届年会论文，北京，2016 年 10 月）

---

① 参见《清华大学藏战国竹简》第二辑下册，中西书局 2011 年版，第一章、第二章、第十六章。

清华大学藏战国竹简中罕见的合音字

——反切拼音的发明和文字实践的遗迹

一

我在撰写《试论缓读析言在上古汉语发展中的历史作用》[①]、《"于狄不享""于襄不廷"与"率襄不廷方"新解——兼释才、于二字》[②]、《"则繇佳"解》[③] 等文章时，一直在思考古汉语中的缓读与急读、析言与合音的矛盾可逆性问题。"仆"——"不穀"（诸侯会见宾客时拉长腔自谦为天子之仆，既强调了自己是替天子管理一方之政，又区别于普通贵族家里的仆人，不是前人所说"以不善自谦"）、"咚咚"——"锗₌雍₌"（读"锗雍锗雍"。不是如某些学者所说，读"肃肃雍雍"或"敖敖雍雍"以表威仪；而是赞美钟声咚咚，清亮悠长）、"辟"——"方狄"（强调对不享者施辟刑）、"败"——"方襄"、"杀"——"率襄"（强调对不进贡而来骚扰的不廷者坚决打败、杀戮，不是前人所说"对不廷方实行怀柔政策"）、"虡"——"则繇"（作为介词，强调下述原因的重要，不是前人所说"为感叹语气词"）……以上都是在特定场合为强调某一语词而高声拉长，按前后语速可切成两个音，用两个字记录，上下字都不表义，只是上字取其声下字取其韵，拼合成的单音词，其读音与原有单音词相同，借此表达原有单音词意义被强调的色彩。现代语言学把一个单音词分成两个音，用两个字记录的词，称之为分音词，古称"析言"。晋、冀、鲁、豫的许多方言中，现在都仍然存在着分音词。在交际中，与双方的文化水平无关，听、说者都能将

---

① 参见张振林《试论缓读析言在上古汉语发展中的历史作用》，2005年12月广东省语言学会年会（深圳）论文；又载《学术研究》2007年第1期。

② 参见张振林《"于狄不享""于襄不廷"与"率襄不廷方"新解——兼释才、于二字》，2006年第三届中国文字学国际学术研讨会（开封）论文；又见《文字学论丛》第四辑，江西教育出版社2008年版。

③ 参见张振林《"则繇佳"解》，见《古文字研究》第二十六辑，中华书局2006年版。

分音词的意义立即回复还原，就像能够同步翻译一样。也就是说，这些方言区里，某些词语同时存在单音和双音两种表达形式，急促场合用单音表达，闲逸而又需要强调该词义时用双音来表达。我认为，中原华夏地区普遍存在的缓读分音、急读合音的语言现象，就是反切注音方法的来源及语言社会基础。上古既然存在这样的可逆的语言现象，文字是记录语言的符号，是否有同样可逆的文字现象呢？即类似用反切的上下二字结合成一个合音字（或叫"切音字""拼音字"），古文字阶段是否存在呢？

我在《试论铜器铭文形式上的时代标记》[①] 和《战国期间文字异形面面观》[②] 中曾一再强调：汉字意类符体系的形成，是形声造字法成熟的关键。并指出春秋后期至战国时期，社会政治经济体制频繁大变革及战事频繁，引起语言交流多、语词语音发展变化快；文化教育从贵族专利向平民扩展，读书用字人数迅速增长；形声造字法成熟且为人们自觉运用。这是战国文字异形多的三项内因。它标志着汉字已从探索造字法阶段，进入以改善文字符号为主要任务的阶段。改善方向，或以表义准确清晰为主要目标，或以标音准确又紧跟语音变化为目标，或以符号简单易写而又易区别为目标。因此，在迅速增长的用字人笔下，运用刚形成但未成熟完善的偏旁体系造新的形声字时，不可避免地会出现偏旁试用、滥用、误用，形成近义、同音偏旁更换及叠床架屋现象；同时令我想到，西周、春秋已存在的分音词现象，到春秋后期和战国时期应有相反的合音字现象出现，这是符合逻辑的可逆性推论。从20世纪70年代起，我一直期待春秋战国时期书写的文书能大量出土并能提供合音（切音）字的资料。而且我推测，反切的早期形态有两种可能：①仿急读合音，将分音的上字和下字叠加在一起，形成"六书"之外新的拼音造字法；②在难读字及多音字下面或旁边添加分音的上下字，即成早期反切注音形式。只要能确定其中一种现象的存在，就可以证明反切拼音、注音方法的发明，不是学术界通常所说的，是"东汉末年翻译梵文佛经的过程中发明的"[③]，是西来文化催生的；而是在早其500年前"言语异声，文字异形"的春秋战国时期，国人为正读音就有的发明。

---

① 参见张振林《试论铜器铭文形式上的时代标记》，1979年11月中国古文字研究会第二届年会论文；又见《古文字研究》第五辑，中华书局1981年版。

② 参见张振林《战国期间文字异形面面观》，2001年8月首届中国文字学国际学术研讨会暨纪念许慎《说文解字》1900年会议论文；又见《文字学论丛》第二辑，崇文书局2004年版。

③ 季羡林主编：《中国人的国学常识全集》，陕西师范大学出版社2012年版，第254页。又，文章编著：《北大国学课》，北京联合出版公司2015年版，第32页。

二

果然，我们在战国楚简中发现了用反切拼音造成的合音字身影。

（1）《清华大学藏战国竹简》第四辑《别卦》第2简有“[illegible]”字，释文作“[illegible]”（贲）。注释曰：字从𡴀緐声。《说文·生部》：“豐，艸盛豐豐也。”“𡴀”与“丰”同“艸”与“中”的关系相似。“[illegible]”疑即繁茂的专字。马王堆帛书《周易》作“蘩”，今本作“贲”，一在元部並母，一在文部帮母，声近可通。卷末汉语拼音检索表列入bi下。

按：《别卦》用字多繁复奇特，引起我临摹分析的兴趣。发现第2简的“[illegible]”字，与第4简的“酆”字，上部所从不同。“酆”字豐旁顶上从𡴀，两竖间的上弯线，相交成一个向上尖角；而“[illegible]”字顶上，两竖间的上弯线竟有两个向上尖角，右上角的上弯线还往下折。说明此字上部是“拜”字而非从𡴀。如果将“[illegible]”字（见清华简《祭公》21）叠加到“[illegible]”字（见包山简90）之上，便成了“[illegible]”字。上古音，拜，月部帮母；緐，元部並母；拼合音为元部帮母，读如斑、班、辩。贲，《集韵》逋还切，音班。《易·贲卦》陆德明释文：“傅氏云：贲，古斑字，文章貌。”又引“王肃云：贲，有文饰，黄白色”。惠栋《周易述》谓：“贲，黄白色，文章杂也。”《周易·贲卦》爻辞：“贲其趾，舍车而徒。贲其须。贲如濡如，永贞吉。贲如皤如，白马翰如，匪寇婚媾。贲于丘园，束帛戋戋，吝，终吉。白贲，无咎。”描述的是新郎用黄白颜色涂抹双脚、胡须，将脸画得花斑湿润，头发弄得白白的，连白马也打扮成锦鸡一样，到女方部落去不是抢劫，而是完成婚事。一再用“贲”字的使动义，强调色彩斑斓喜庆地来到女方庄园，尽管“束帛戋戋，吝，终吉”（见面礼物不多，终为吉祥）；即使用白色花斑，也是无祸的。所以，以“贲”（斑）为卦名。从整个卦辞表达的意义看，“贲”也不应读bi和ben（传统注疏作“贲，饰也”解，谓以柔饰刚；或作奔走解），而应读ban若斑，正如《别卦》用“拜緐”造字形成的合音。

这是古人留下的铁打一般的文字拼音注音资料，足以息千年争讼。其实，研究人类文化学的人都知道，古今中外许多民族都经历过较原始的部族社会阶段，每逢重大喜庆节日，都会举行盛大的祭祀、狂欢活动，村寨头人和主要人物或戴五颜六色面具，或用红白黄蓝各种矿物、植物颜料，涂抹脸部胸部和手足，装扮村寨丘园。因此，为婚媾而涂抹花斑，当不难理解。

看来战国时期“贲”字已易出现多音歧义，促使《别卦》书写者用反切拼音字来代替“贲”字，以明其读音。

（2）《清华大学藏战国竹简》第四辑《别卦》第 6 简有"❀"字，释文作"㥄"（随）。注释曰："㥄"，上博简《周易》作"陸"，马王堆帛书本、阜阳汉简本作"隋"，今本作"随"。"㥄"从心毲声。声符字见于上博简《缁衣》第 14 简，亦见于《说文》見部，读若"苗"，是宵部明母字。"陸""隋""随"是歌部邪母字，与"㥄"应是通假关系。

按：宵部明母与歌部邪母，无论声韵，都嫌远隔。细察"❀"字，右上侧所谓"毛"字的下边作一横，不像是"毛"字或"手"字。若将此字分析为从视从毲（慧省），视（视）脂部禅母，慧月部匣母，合音则读月部禅母。与歌部邪母的"随"读音极其相近。两者声母发声部位极近，邪在舌齿间，禅在舌与齿龈前颚间，发音方式又同为摩擦浊音；歌部和月部主要元音相同，上古音阴、阳、入韵尾区别作用不大，可互对转是学界共识。鉴于战国时期的"随"字，不仅形体多变，同时又有"邪歌/定歌"两个读音，这大概就是《别卦》书写者用视（视）和毲（慧之省）组成合音字代替形、音多变的"随"字的缘由，明确此处"随"字不读 duo，也不应写作"陸"或"堕"。

（3）《清华大学藏战国竹简》第四辑《别卦》第 8 简有"𤯱"字，释文作"嗹"（散），注释曰："嗹"，左边漫漶不清，右边为"连"，应是从连得声的字。王家台秦简《归藏》作"散"。"散""连"同为元部字，声母一为心母，一为来母，可以通转（参看《古今声类通转表》，第 192 页）。

按：《别卦》卦序与马王堆帛书《周易》相同，此字位置在"夬"与"益"之间，当为巽上离下的"家人"卦。仔细审视原简放大照片，彩色片显示此字中间尚留黑色脏污，左侧一块明显发亮，像是为了擦去脏物，把半边字迹基本擦掉了，但从红外黑白照片上还可隐约看到"见"字的痕迹——上半部存三斜点、一横点，中间似还有灰色笔画相连（是"目"字右侧残留）；下半部存一斜点、一竖点带下垂细丝（为"卩"字右侧残留）。见，古音元部见母；连，古音元部来母；家，古音鱼部见母；人，古音真部泥母，人又可做"年"字声符，知其韵母上古开口较大，与"连"字韵母同，中古"年""连"韵都是开口三等。所以，《别卦》的书写者写的"𤯱"（见连合音），与"家人"卦名的合音相同，读元部见母 g［i］an。"家人"二字简单通俗明确，论理无须另造新字。其与"𤯱"（见连合音）相同，大概纯属偶然。

笔者疑当时与"𤯱"合音字相对应的字应是该卦爻辞初九第一个字"闲"（从门柬声，古音也是元部见母 g［i］an）。"𤯱"与"闲"同音，属异体字，只是"煙"为反切拼音造字，"阑"为形声造字而已。卦本有画无辞，有了爻辞之后，才有概括总摄要义的卦名卦辞象辞，所以卦名往往是爻辞中出现过的重点词（字）。初九爻辞曰："阑有家，悔亡。"在院墙围栏内有家庭，人们都害怕它消亡。后面五爻辞都是讲治理阑内家事的吉凶现象，所以"阑"可以作为卦名，也符合古人常以首句破题之词作为篇章命名的习惯。九三爻辞曰："家人嗃嗃，悔厉，吉；妇子嘻嘻，终吝。"管家人高声吆喝，虽恨其严厉，从治家角度看，是吉象；但是，妇女小孩嬉笑失节，家庭最终堪忧。这里提到"家人"及家内其他人的表现同吉凶间的关系，所以以"家人"做卦名，也有充足理由。最后就取决于《易》的传习者对此卦名的选择了。传习底本卦名若作"家人"，二字常见易明，则流传广，无须再造拼音字。此《别卦》的传习底本卦名或为"阑"，当时大概有异读（传世本有作"闲"者），故特造"煙"（见连合音）拼音字代替"阑"作为卦名。

(4) 《清华大学藏战国竹简》第三辑《芮良夫》第 18 简有"䀎"字，所在句释文作"龏（恭）䀎（监）亯（享）祀"，注释曰："䀎"，从见从心从臼，疑为"监"之异体。《国语·楚语下》："圣王正端冕，以其不违心，帅其群臣精物以临监享祀。"

按：用"临监享祀"同"龏（恭）䀎（监）亯（享）祀"比对，非常合理。但谓"䀎，从见从心从臼，疑为'监'之异体"用了《说文》分析会意字的表述方式，而未指明音义上与"监"有何联系。我以为：见，古音元部见母；心，古音侵部心母；监，古音谈部见母。侵部和谈部都是 -m 韵尾，一为开口三等平声，一为开口二等平声，发声的部位和音色特相近。所以，《别卦》书写者是以"见心"合音拼写平声的动词"监"，也有别于会意字名词"监"。下面增加的"ᴗ"（齿、臼），是与音义毫无关联的衍生符，在楚简中并不罕见。

三

我们在讨论战国时期合音（切音）字问题时，有几个问题必须明确：第一，合音字与双声符字的区别；第二，与语音字义无关的偏旁符号的渗入；第三，战国时期的语词的读音与字义认知问题。

合音字与双声符字不同的突出特点是：合音字中的字元（或曰字素，地位如偏旁构件）与其记录的单音词可以读音相同，也可以不同。关键是其中一个字元与其记录的单音词双声，另一个字元与其记录的单音词叠韵，用俩字合成一个结合体字,近似用反切上下字合拼成一个字。而双声符字是一个字内含有两个读音与整字相同或相近的声符构件。例如"堂"由"尚"和"上"两个构件构成,"尚"和"上"都是"堂"字的声符,它们读音相同。

与语音字义无关的偏旁符号,在上古文字中通常还和与音义无关的点画一起,被称为"羡符"。也就是说,字形上它是多余的。在春秋战国期间,汉字意类符体系基本形成,形声造字法初步成熟并为众多用字人掌握。当用字人感到掌握的字不敷应用时,都会用假借同音字或用形声法造新字来解决。因此,通假多和异体字多现象成了这个时期的突出特点。由于许多语词的属性不易辨别,许多意类符的形成时间不长,构字功能不够明晰,所以书写者在造新字时常将某些意类符试用或滥用。例如:凵(口),凵(曰),凵(齿、臼),彡(欠)、彡(次),𠚗(言),屮(心),爫(爪),又(又),止(止),宀(宀),等等,在战国楚简中常被当作文字构件使用。大概当时人们把属性不明的语词,只是当作起于心而形于言来记录,或认为该语词与手足动作、房子室内有关,故大量添加这些意类符。这种情况,同现代许多方言区的民间自造方言字一样,假借一个同音字,再赘加一个"口"旁相似。其中一部分字终因构件与字音字义无关,而不能长期流行,在《说文》《玉篇》等字书中都不再收入赘加偏旁的字形。我们在判断是否合音字时,必须把这些因素考虑进去。

判断是不是合音字,需要依据战国时期的语词的读音与字义。当今汉语上古音拟音学派,多依据中古切韵、等韵研究成果,参以方言、汉藏系少数民族语言语词语音特点来构拟,力求包罗万有,能解释可能的一切问题。他们立论的前提是,远古汉语有复辅音,前古、上古时经历了许多复杂演变,中古才消失成单辅音,而少数民族语言却仍然保留着古老的语言发音。因此,他们构拟的上古辅音是非常复杂的,由5种前冠音,4种后垫音,分别与作为声干的基辅音组合成复辅音,再因冠音和垫音的变化影响,一步步演变成单辅音。我认为百年来这些重量级大专家提出的诸多材料和问题,都是需要重视的;中古切韵、等韵资料,方言和少数民族语言的研究成果,都是值得借鉴的。但是我更相信,语言的发展同说话的人一样,都是从简单到复杂的;人口众多、经济文化发达地区的语言,比人口稀少而且经济文化较落后的民族语言更强势、更有影响力;弱势语言会较多吸收强势语言的语词,但会受到弱势语言发音规律和语法的改造。例如,汉语的入声只是表一个音节末尾短促阻塞,而日语吸收了大量汉语语词,凡是入声词末尾都要增加一个音节,如"中国"的汉语发音是两个音节,而日语发音却将"国"后的阻塞说成 ku，变成三个音节。又如，著名人物"特朗普（Trump）""贝克汉姆（Beckham）"，在美英语中只是一、两个音节。汉语翻译成"特朗普（读 Telangpu）"三音节和"贝克汉姆（读 Beikehanmu）"四音节，是经汉语普通话规则改造过的。海外华人报纸重视语言交际中的语感，不泥于细节，翻译为"川普""毕咸"，广东华侨说听起来，语感较接近。这些事例说明，我们不能用接受方的发音特点，回头去规范构拟原本语言。以弱势的某少数民族的汉语借词发音中有所谓前冠、后垫音，硬给上古汉语相应的词拟构近似少数民族的发音，岂不可笑。中古雅言和各地方言的发展变化，是上古汉语受到后来各地不同人群、不同生活环境和生活内容影响而朝不同方向变化的，是从较简单的源到较复杂的流；想要从流推源，应向较简单回复。谐声字和通假字的研究也应遵循这个原则，即在它们出现之初是读音相同、相近的原则，不能根据后来不同语词语音演变不一致，使上古谐声、通转字，到中古、近古变得关系复杂，就断言其上古来源复杂，进而去虚拟远古的语言状态。

我更多利用古文字资料文献提供的语言与文字关系，进行内部比较研究，采用郭锡良的《汉字古音手册》之上古语音作为参照，结合"古无轻唇音"，"古无舌上音"，"娘、日归泥"，"声母和韵腹元音相同，韵尾阴、阳、入可对转"，"古音多鸿侈，少介音曲折"，"声调有平、上、入，无去声"等普遍为人接受的原则。考虑到上古人口稀少，人际间缺乏大规模和频繁的交流训练，生活需要和通话内容较为单纯，外部交际可能习惯于模糊语言。双方说话在环境相同内容明确的状态下，有上下文的约束，即使发音部位或发音方法有细微差别，也不会影响语词音义的认知。因此，我在参照《汉语古音手册》的上古音时，较注重声母的发音部位和主要元音，联系上下文意来判断其音义指归。

战国竹简文书中的合音字不止上述数字。举上述数字，旨在说明反切拼音字在战国时期已发明，有其存在的必要性和可能性，而且反切拼音的试验和实践形式多样。前人认为反切拼音是在翻译梵文佛经之诱导下产生的"西来说"，是不可信的。

本文旨在抛砖引玉，提出古文字发展的特殊阶段的特殊现象，供专家学者们参考，希望得到及时的批评帮助。

（本文为首届古文字与出土文献语言研究国际学术研讨会论文，广州，2016 年 12 月）

韩阳戈铭文考释

2016年3月，深圳市南山博物馆从三水藏家中得到一件古兵器戈。据说是在北江三水河段出水，或以为是秦或西汉时为统一岭南的北方军队带进来的。戈的正面包浆完整，泥沙锈不多，胡和内上铭文都是细线刻成，颇为潦草难认；戈的背面包浆剥裂厉害，只在内上有铭文，一为用细线刻的极端草率的两个字，一为粗线錾刻的篆书"析"字。

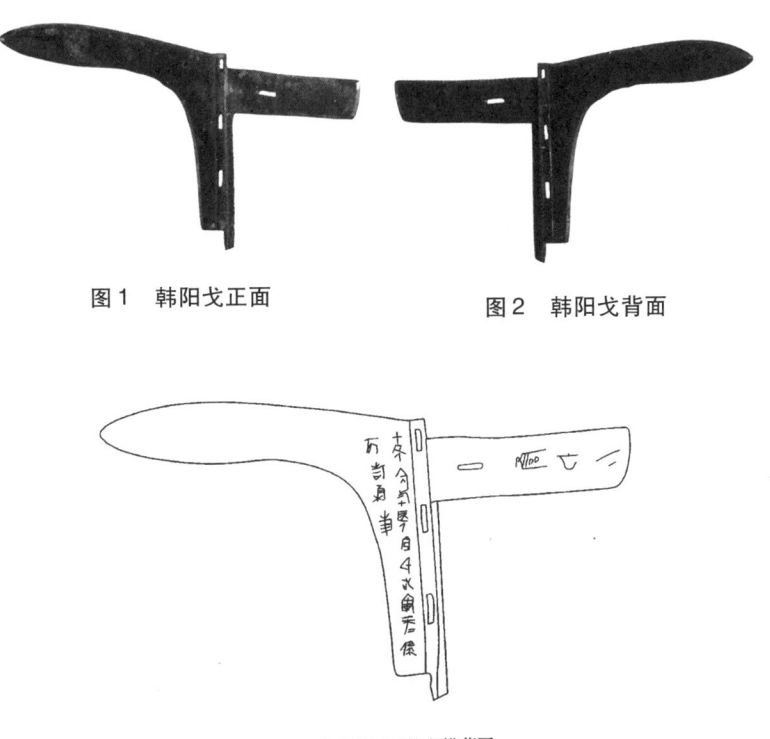

图1　韩阳戈正面　　　　图2　韩阳戈背面

韩阳戈正面铭文描摹图
Front side tracing of the Hanyang dagger-axe

图3　韩阳戈正面铭文描摹图

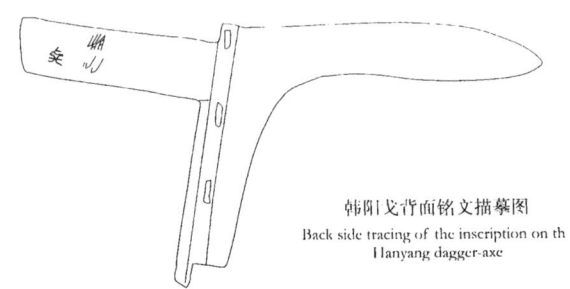

图 4　韩阳戈背面铭文描摹图

我自得到照片后,经一个多月的研究探讨,初步看法是:

(1) 释文。正面胡铭:"七年,令韩阳,雍氏右库工师备所,冶集事。"
正面内铭:"雍氏。"尾端另有随意的二刻画,非字。
背面内铭:"崤山。析(后刻)。"

(2) 考释。此戈形制与出土的战国中后期的韩戈相同,"物勒工名"内容刻于胡上及其工官等级名也与其他韩戈相同,最重要的是铭中所说的"雍氏",即为韩国当时的都城,其地在今河南省禹州市。

胡铭:七年,为韩桓惠王七年(前266年)。令,长官。韩阳,长官名。雍氏右库工师,按惯例,"雍氏"二字应置于"令"字之前,"右库工师"是令的下属工官,可不再冠地名;"工师"二字合书,是战国时的用字习惯。备所,工师名。冶,冶铸工。集事,工名。

正面内铭:雍氏,驻守军所在地名,含雍氏部队军士所用之意。

(3) 相关历史考证。战国中后期的七国态势,齐、楚、赵、魏、秦较强,燕、韩较弱。韩国夹在5个比自己强大的国家之间,为求生存,外交上没有合纵或连横的选择。前312年,楚国发方城10余万兵围雍氏,韩求救于秦,秦师越过崤山来救;前308年秦攻韩国宜阳,韩求救于楚,楚景翠来救,秦围攻5月不能拔。韩国只能艰难地在秦、楚两大国之间周旋。韩国的另一策略,是利用地处周天子都城"三川"周围之地利,以保卫周天子之名,派兵驻守三川,"挟天子以令诸侯",使周围强国不敢轻易侵韩。韩阳是韩国贵族公子,殆是桓惠王的兄弟。桓惠王七年时曾任都城雍氏令,监督铸造过一批戈,后来被派率军驻守三川,包括崤山。前256年周赧王卒,后七岁(至前249年),继位的东周君主在诸侯中已失去影响力,"秦庄襄王灭东西周",韩国三川驻守军被韩王召回,对于参与三川之役的诸公子,给予封地立为君①，以期他们保国。

（4）这支戈的流传经历。韩桓惠王七年铸造，初归"雍氏"驻军使用。后来，此戈随戍守军到崤山多年，被加刻了潦草的"崤山"二字。三川之役（前249年）或秦灭韩（前230年）时，此戈为秦虏获，秦人携戈在析驻守期间，又在其上加刻了粗厚端庄的秦篆"析"字。根据此戈的制作地点和使用年代，以及出水地点考证，应为秦始皇统一岭南时秦兵带入广东。

（本文2016年9月提交深圳南山博物馆；刊于戚鑫主编《南山博物馆藏古越族青铜兵器研究》，文物出版社2017年版）

附：

南山博物馆收藏一件秦始皇平定岭南的兵器

戚　鑫

2016年3月，深圳市南山博物馆征集到一件流散在社会上的战国晚期铭文戈，经追寻出处，藏家说是在广东北江三水河段，经捞沙工打捞出水。三水，位于珠江三角洲西北端，因西江、北江、绥江三江在境内汇流而得名。

戈体瘦长，器表颜色青黑，包浆很好，因长期在水中浸泡所致。援瘦长，微上扬，呈弧曲状，援锋为尖叶形，中脊隆起，未形成凸棱；内为长方形，内中有一长条形穿，上下缘平直，后缘下斜，上、下、后三方均具利刃，锋芒依旧；胡较长，阑有三穿，下阑突出。胡侧和内的正反两面共刻有21个铭文，除内背面的"析"字凿刻较粗较深外，其余细如发丝，很难辨认。通长22.6厘米、援长13厘米、胡长11.5厘米、宽3厘米、厚0.72厘米。

我们请中国著名考古学家、古文字学家容庚和商承祚先生的研究生、曾任中山大学古文字学研究室主任、博士生导师张振林教授考证。张振林教授

---

① 参见《史记》之《六国表》《韩世家》《樗里子甘茂传》，《战国策》之《韩策三·韩阳役于三川而欲归》。

愉快地接受了我们的委托，经过一个多月的研究，破解出尘封2000多年的密码。

正面胡铭："七年，令韩阳，雍氏右库工师备所，冶集事。"七年，为韩桓惠王七年（前266年）。令，长官。韩阳，长官名。雍氏右库工师，按惯例，"雍氏"二字应置于"令"字之前，"右库工师"是令的下属工官，可不再冠地名；"工师"二字合书，是战国时的用字习惯。备所，工师名。冶，冶铸工。集事（？），工名。

正面内铭："雍氏。"尾端另有随意的二刻画，非字。雍氏，驻守军所在地名，含雍氏部队军士所用之意。

背面内铭："崤山。析（后刻）。"

此戈与河南新郑郑韩故城出土的Ⅲ式戈相似（郝本性：《新郑"郑韩故城"发现一批战国铜兵器》，载《文物》1972年第10期）。"物勒工名"内容刻于胡上及其工官等级名也与其他韩戈相同，最重要的是铭中所说的"雍氏"，即为韩国当时的都城，其地在今河南省禹州市。

桓惠王七年（前266年），韩国公子韩阳曾任都城雍氏令，监督铸造过一批铜戈；后来被派率军驻守三川，包括崤山。戈为韩阳督造，于是张振林教授将其命名为"韩阳戈"。韩阳戈初归"雍氏"驻军使用，后来，随军到崤山戍守多年，被加刻了潦草的"崤山"二字；三川之役（前249年）或秦灭韩（前230年）时，戈为秦虏获；秦人携戈在析驻守期间，又被加刻了粗厚端庄的秦篆"析"字。此后，秦始皇统一岭南，韩阳戈随秦军挥戈南下。

"折戟沉沙铁未销，自将磨洗认前朝。"

秦始皇统一中原六国后，发五十万大军向岭南进攻。《淮南子·人间训》记载：秦始皇"使尉屠睢发卒五十万为五军：一军塞镡城之岭，一军守九嶷之塞，一军处番禺之都，一军守南野之界，一军结馀干之水。三年不解甲弛弩，使监禄无以转饷。又以卒凿渠而通粮道，以与越人战，杀西呕君译吁宋。而越人皆入丛薄中，与禽兽处，莫肯为秦虏。相置桀骏以为将，而夜攻秦人，大破之，杀尉屠睢，伏尸流血数十万，乃发适戍以备之"。秦军在翻越越城岭时遭到越人顽强抵抗，遏制了秦军来势汹汹的脚步，使战争长期胶着，秦军三年不能"解甲弛弩"。公元前214年，秦始皇命任嚣和赵佗再次进攻百越各部族，秦军终于平定了岭南，设置南海、桂林和象郡，岭南划入了秦帝国的版图。

半个多世纪以来，在岭南秦汉考古中，与韩阳戈身世、经历相同的兵器累有发现，如1974年广西平乐县银山岭出土的"二十八年""江""鱼"（楚国属地）铭文戈；1983年广州西汉南越王墓出土"王四年，相邦张仪"铭文戈（王四年，公元前352年，秦惠文王年号，张仪监造），后来由秦军带入岭南。秦军与越人双方数十万军交战数年，"折戟沉沙"之器理当不在少数。

（本文承蒙广西壮族自治区博物馆原馆长蒋廷瑜研究员指导，特表谢忱）

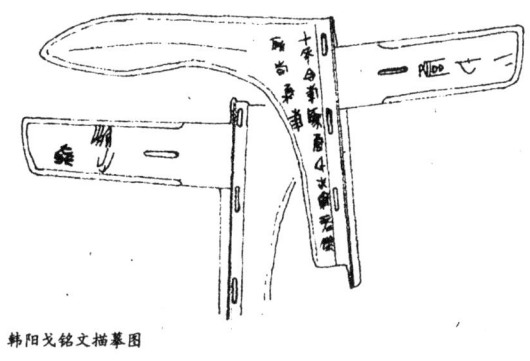

韩阳戈铭文描摹图

（戚文原刊《中国文物报》2017年5月30日第7版）

南越量铭考[①]

深圳市南山博物馆藏铜桶,形似岭南常见的水桶。这类器物,在两广和云南的战国末、秦、两汉墓葬多见,其他地方不见出土,有很强的地域性。《广州汉墓》称它为提筒(箳)、附耳提筒(箳)、樽、酒樽、铜温酒樽。值得注意的是铜桶都出于贵族官吏之墓,西汉后期和东汉时期的普通官吏及地方豪强墓中,大量增加了陶桶,常有大小相近的3个套叠在一起,桶内多空无物,且多无铭文。唯有南越王墓的铜桶盛有一点食物残骸,东汉一陶桶盛有半桶高粱米,使人们对器物的用途和定名产生很多猜想。

南山博物馆所藏铜桶,形制与广州西汉早中期墓出土铜桶近似,口沿刻有铭文4字"甲三百九",除"百"字用篆书结构,其他3字用隶体,这种用字习惯多见于西汉初年,因此可以说,此铜桶是西汉初时南越国兴盛时铸造,为当时贵族官吏用器。

 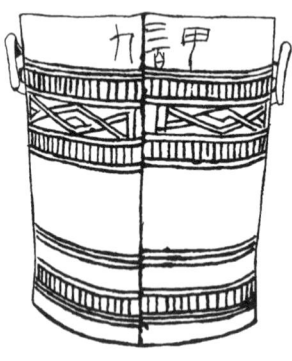

图1 铜桶

---

① 编按:原题《南越铜桶铭文考释》。

图 2 青铜桶铭文

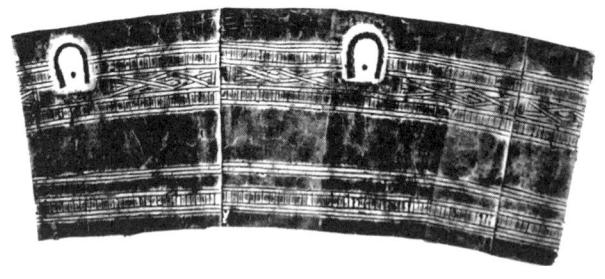

图 3 青铜桶铭器身拓片

铜桶铭"甲三百九"是什么意思呢？弄清铜桶的用途，然后寻找数字与其用途的相关联系，这就是人们首先想到的解决途径。

铜桶虽然形似水桶，但由于古代冶金铸造价格昂贵，且其自身重量大，都不适合用于手提、担挑、头顶普通用水。另外，作为下人用物也不可能与礼、乐、兵器一起，成为贵族官员的陪葬品，故非水桶。

因为多数铜桶没有铭文，有限的铭文也未提供自名和用途的信息，于是人们综合两广地区考古出土状况，提出以下几种意见：

1. 藏酒器
2. 藏粮器

广州龙生岗43号东汉墓出土的陶桶，内盛近半桶高粱米，桶盖内有墨书二行："藏酒十石，令兴寿至三百岁。"据此上推西汉桶形铜器，认为也应是藏酒或藏粮容器。藏粮也与酿酒有关。

3. 宴饮用器

广州南越王墓共出土9件铜桶，其中东耳室3件，大小相套，小桶内有1件铜钫；西耳室1件，有铜提梁和铜盖，用丝绢包裹，颇为特殊珍视；东侧室1件，桶内有陶罐、铜熏炉、铜匜和封泥各1件，成为入葬杂物容器；

后藏室4件,有2件套叠,内有蚶、龟及鸡、猪、牛骨,另两件桶内也有同样的食物残骸。与酒器铜钫为伴,盛有食物残骸,显示铜桶与宴饮的关联。

4. 量器

同样器形,大小相次,其容量有等差,与秦汉时期的斛(石)、五斗、三斗、二斗、一斗、半斗、升大抵相近。但与斛、斗、升、合、龠的等级概念不同,许多墓都有近似大小3件套叠现象,也与量器应该标准规范的观念相冲突,且缺少作为量器的其他旁证。于是,蒋廷瑜先生提出:"南越国时期的铜桶应是高级贵族用于饮宴的藏酒、酿酒之器,大小成套多件出现,可能同使用者的社会地位高低有关。"① 蒋先生的意见,涵盖面广,包容性大,但是大小成套出现,与社会地位三、六、九等同时饮宴,如何处理,真难设想。

我认为,西汉南越国铜桶是量器,闲置时及下葬时,临时当作普通容器容纳它物,应不妨碍对铜桶基本用途的判断。理由:

(1) 汉承秦制,出土发现的秦量,除作为标准的方升、椭量是铜质的,分散在各地的秦量则多为圆桶形陶量,对岭南影响最为直接的属战国晚期楚国,其青铜量器,也都是圆桶形的。② 而且南越国王和主要的官僚均来自北方,因此可以说,南越国的铜桶是仿照北方的青铜量器铸造,只是外表纹饰使用了南越少数民族常见的纹饰而已。

(2) 既为量器,为何不按斛、斗、升、合、龠之大小等级制造? 有无其他旁证? 我们知道,汉承秦制,一斛等于十斗等于一百升等于一千合等于两千龠,而出土的秦圆桶形陶量,则有一升量、二升半量、三分之一斗量、半斗量、一斗量5种。这样的量器设置,与秦兵卒的伙食配给制相适应,秦国长期用兵征战,使用率高。③ 新莽嘉量作为国家量器标准,也是分为斛、斗、升、合、龠五等,而铸造实用量器的地方作坊,可以按地方官员和土豪最常用的量度来生产,因为最有需求又有实力购买使用的就是他们,所以不必限于五等标准量。

(3) 为什么南海郡、桂林郡出土的铜桶、陶桶容量参差与秦量比较偏大,且常见大中小差别不大的套叠在一起? 北方的官吏和土豪与庶民百姓间产生的赋税及借贷,主要粮食是"粟"(小米),大量的用秤称,小量的用升斗量。南方主要粮食是稻谷,用斗以上的机会多,也就是半斗(1000 立

---

① 蒋廷瑜:《西汉南越国时期的铜桶》,载《东南文化》2002年第12期。
② 参见高至喜主编《楚国图典·量衡器》,湖北教育出版社2000年版。
③ 参见《大百科全书·考古学》,第393~394页。

方厘米)、一斗 (2000立方厘米)、二斗 (4000立方厘米)、三斗 (6000立方厘米)、五斗 (10000立方厘米) 者为多，这是量器比北方偏大，闲置时可大小套叠的一种情况。另一种情况是套叠在一起的铜通，容量差别不大，同属一个等级的大中小桶 (例如2300立方厘米、2000立方厘米、1800立方厘米容量的大中小斗)，人们容易怀疑它作为量器的价值。其实不然，掌握这样的量器，正是官吏豪强升官发财的法宝，因为外表一样所差无几，庶民百姓都蒙在鼓里。用中斗应付道德舆论，大斗收入，小斗贷出，是官吏豪强和工商老板惯用伎俩。政府工官管理的冶铸作坊据需要成套铸造，官吏豪强则成套收藏，千百年如此。春秋末战国初的"田氏伐齐"故事脍炙人口，就在于田乞、田常父子颠覆"大斗进，小斗出"的潜规则，为家族的生存发展，灵活运用家藏大小斗。"其收赋税于民，以小斗受之；其施粟于民，以大斗。行阴德于民而景公弗禁。由此田氏得齐众心，宗族益强，民思田氏。"以"小斗收大斗施"的吃小亏占大便宜策略，收服民心，终使从陈国逃亡来齐的陈完后代，既抵挡了齐国贵族的怀疑排挤，又进一步获得了齐王信任而掌丞相大权，为其后人田和取代姜齐王位，进而成为诸侯，奠定了基础。① 这则故事从侧面告诉世人，从春秋后期"礼崩乐坏"起，有势力之家，同时握有长短尺、大小斗、轻重权（秤砣），这是他们的地位、权力、财富的象征。西周春秋贵族官吏墓葬，以青铜礼、乐、兵器和车、马、服、章的陪葬多少来显示墓主的荣宠。战国以后，度量衡器也进入陪葬行列。所以，南越王墓陪葬的大小铜桶众多，还可以与礼器为伍，并不奇怪。其他官员拥有的铜桶数量，肯定会比国王少。

深圳市南山博物馆所藏的铜桶，是容量二斗的量器。"三百九"之数，与其自身的重量、容量间没有直接联系，与量酒、量稻谷等，也找不到数量联系。因此我推测，"甲三百九"可能是记作坊产出的甲类产品的第309件。战国时期青铜器铭就有"造戈五百""曹（造）戈三百""作用戈三万"等，也有于铭文处刻"廿四""廿二""八一"等，② 或为铸造总数，或记序数。

（本文2016年9月提交深圳南山博物馆；刊于戚鑫主编《南山博物馆藏古越族青铜兵器研究》，文物出版社2017年版）

---

① 参见《史记·四六·田敬仲完世家》
② 参见《殷周金文集成释文》第六卷戈戟部分。

汉字的故事：曲

中国文化有 5000 年的历史，人们现在能看到的殷商王室档案（刻在龟甲、兽骨上的卜辞），有 3300 年的历史。经学者整理，所用文字符号，在 4600 个以上；今人能释读的字，约 1000 个。内容涵盖当时的许多社会大事和很多王室生活小事，证明殷商时期的甲骨文字，已经是成体系的非常成熟的文字。

许多民族的语言，语词发展和词义的区别，是靠不同的音节组合和叠加实现的，适宜用拼音文字记录。而上古的汉语词，基本是单音节的，所以汉字的制造，总是遵循一个符号一个音的原则。但是，人们交谈中容易分辨的音节总是有限的，而常用的单音词（或作复音词的词素）在 3000～7000 个之间，即存在着一个音要负担多个词义的表达，于是便出现一字多义现象；有时为了区别同音异义词，又制造了一音多字。

另外，由于说汉语、用汉字的人多，分布也广，随着时间的推移，语词发音有所变化，用字人书写水平有差别，缺乏规范约束，等等，历史上又出现过不少异体字，即读音相同，词义相同，符号形体不一样的字。汉字每个符号都是音、义、形三者的统一体，而拼音文字的符号只是字母。以上这些状况，是每一个想了解汉字的历史文化的人，不可不知的。

一、"曲" 字字形

3000 多年前的古人，为曲（古音 kiwok）音节的语词造字，依据"近取诸身，远取诸物"原则，描绘人们身边最熟悉的事物。中国很早就已进入"男耕女织"的农业社会，家中最能表现曲折形象的东西，大概就是侧看成 L 形的养蚕器具了。我们看到的殷商甲骨文和金文的"曲"字，就是绘有编织纹的 L 形曲。这叫象形造字，看见其字形屈曲，就能联想到它的音和义，是形、音、义一体，很直观的阅读符号。

到了春秋战国时期，南方文字符号简化，省去编织纹成为空心 L，基本保留原有的外形；北方燕、赵则简作匕，与匕首之匕形混；西方秦国另作圆弯筐形，失去了挡风的廉，减少了直观的曲折形。

从西汉到东汉,书吏们都依据熟悉的养蚕器具新结构轮廓书写"曲"字,于是出现了大量的异体字。东汉后期,既像蚕曲结构又符合楷书书写规则的"曲"字出现,字形得到全社会认可,便一直沿用到今天。

二、"曲"字的历史演变

商:

春秋:

战国:

秦:

西汉:

东汉:

"曲"字的书写:①左竖;②上横折;③中横;④中左竖;⑤中右竖;⑥下横封框。

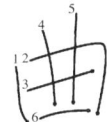

三、"曲"的意义和读音

1. 形容词

弯曲不直,与直相对。如:曲柄、曲尺、曲线、曲折、弯腰曲背、弯弯曲曲,等等。

例句:我们沿着曲折的小路登上山岗,但见一条弯弯曲曲的小溪,在山间流淌,发出音乐般的声响。

2. 动词

(1)使事、物弯折。如:弯曲、扭曲、卷曲。

(2)又引申为不走快捷的道路,不用简单直接的方法。如:曲道而行,曲成其事。

(3)又引申为故意改变事实或内容。如:歪曲、曲解。

(4)再引申为不正确、不合理。如:歪曲、理曲、是非曲直等。

例句:你不要像扭曲铜线一样,故意将我说的赞扬话,歪曲成恶意取笑,让人难分是非曲直。

3. 名词一

(1)用芦苇或竹篾编织成筐,一边立几根柱子,上有横梁,可用绳子悬挂苇编或竹编之薕，以遮强光和避风雨，可做承物器具，也可做养蚕用的器具。这种屈曲形的养蚕器具，据西汉时的《方言》记载："宋、魏、陈、楚、江淮之间谓之曲，或谓之麴。自关而西谓之薄，南楚谓之逢薄。"说的是同一物，在各地有不同的名字称呼。秦汉以后养蚕技术大发展，用芦苇或竹篾编织之筐筛，多层叠盖，底层以防尘土地湿，中层放桑叶养蚕，上层遮光避风防异物。

（2）酿酒做酱用的发酵物，用粮食做成丸子或饼块状。如：酒曲、曲酶、大曲。后来为此物又造了专用字"麴、麯、粬"，现在都当作繁体字废止了。

（3）弯曲的地方。如：河曲。

（4）姓名之姓，曲。

4. 名词二

（1）歌曲。如：作曲、曲子、高歌一曲。

（2）古代韵文的一种。如：元曲。

（3）戏曲，指歌、舞、剧综合的艺术表演形式。

这一类专指声音曲折变化、悠扬动听，与音乐有关的"曲"，与上面各种意义的"曲"，最早都是舌根阻塞的入声调。只是近 500 年中国北方话的入声逐渐消失，与音乐有关的"曲"改为 qu 上声（第三声），其他"曲"改读 qu 阴平调（第一声）。

［本文原刊《孔子学院》（中法文对照版）2016 年 5 月总第 36 期］

三、怀念·感恩

容庚先生的学术成就和治学方法
——为纪念容庚先生诞生九十周年而作

容庚先生是我国著名的古文字学家、考古学家和书法篆刻家。他离开我们已经一年了。但是，他那 800 万字的学术著作、矜慎不苟的治学态度、实事求是的科学精神和治学方法，却留在人间，与世长存，永远值得后辈学习和借鉴。

一

容庚先生原名容肇庚，字希白，号颂斋，1894 年 9 月 5 日（夏历八月初六日）出生于广东省东莞市。他是长子，父亲去世时，他才 15 岁。此后，他便在四舅邓尔雅的指导下，研读《说文解字》和学习书法、篆刻，有时跟从叔父容祖椿学画，间或与二舅和表兄一起品评外祖父搜藏的书画。于是，研治古文字，品评古书画，成了他的癖好，成了他此后 60 年治学生涯的两大内容。1917 年东莞中学毕业后，先生不复升学，潜心钻研金石文字。他日夕摹写铜器铭文，剪取每一个单字，按《说文解字》体例排列起来，每字注明来源，形体与篆文相差较大或《说文》所没有的字，则选名家考释中可信之说简要抄录，暂时不识之字，附录于后，这样几易寒暑，终于编纂成一部铜器铭文字典，取名《金文编》。这是先生通过自己努力所得的第一个成果。它给了先生极大的鼓舞，使先生对未来的事业充满信心。1922 年先生上京求学，经过天津时，携《金文编》稿本谒见古文字学家罗振玉。罗非常赞赏，去信给北京大学的马衡教授，称赞先生"治古金文，可造就也"。马衡教授接信后，即派人寻找，把刚考进朝阳大学的容庚先生，破格录为北京大学研究所国学门的研究生。先生经过 3 年的攻读，其间不断修改充实《金文编》，至 1925 年研究生毕业时，先生的第一部成名之作《金文编》也同时出版问世了。

《金文编》不仅每一个字均摹自铜器原拓，确凿可靠，其编排的科学性，也远胜前代和当时学者的《说文古籀补》《说文古籀补补》《说文古籀三补》之类的著作，因为它打破了以商周秦汉古文字补《说文》的本末倒置框框，凡金文结构和本义与《说文》相左者，均按文字发展观点做出新的说明，同一单字的异体重文按时代先后排列，同一字的不同构造分列，不同义项提行，假借、孳乳关系也尽可能注明。因此，《金文编》一出版就受到学术界极大重视。当时最著名的古文字家及金石考古学者如王国维、罗振玉、马衡等都盛赞这一新成就，为其撰写序言。《金文编》既可以作为专门家研究时的工具书和参考书，也可以作为初学者学习金文的文字学教科书。

1925 年研究生毕业后，先生留在北京大学当讲师，一年后转进燕京大学任襄教授、教授，1942 年任北京大学教授直至 1945 年。在这 20 年间，也就是先生 31 岁至 41〈51〉岁期间，他一方面给学生讲授甲骨学、金石学、文字学、考古文字学、简体字等课程，一方面从事科学研究，编撰专著、图录、讲义、论文。1926 年冬起兼任古物陈列所古物鉴定委员会委员，以后又兼任《燕京学报》的编辑和主编。为了阻止古物外流和推进我国的文物考古工作，1934 年先生又团结一些同道，倡导成立了我国第一个考古组织"考古学社"，同时主持出版《考古社刊》工作。据不完全统计，这 20 年间先生编撰出版的专著、图录、讲义有 21 种，发表了论文 30 篇。① 先生所编的图录，彻底剔除伪器，铜器器形按照片制版存真，第一次将花纹拓片独立出来，这几点都是先前的所有图录不可比拟的。20 世纪 30 年代初期，日本有位学者讥笑我国的古铜器研究只是"依自来之传说，比图录，信款识，依习惯而定其时代"②。先生一方面依据事实，指斥其"将多数之周器属于汉"，不知道者沪钟之"戊"为越，"窃疑彼于吾国人著作尚未多窥，其识乃在'比图录，信款识'之下"③；另一方面废寝忘餐地发愤著述，

---

① 1925 年至 1945 年间出版的专著、图录、讲义有：《金文编》第一版，1925 年，第二版，1938 年；《甲骨文》，燕京大学讲义，1927 年；《宝蕴楼彝器图录》，1929 年；《秦汉金文录》，1931 年；《中国文字学形篇》，燕京大学讲义，1931 年；《殷契卜辞·附释文及文编》，1933 年；《颂斋吉金图录》，1933 年；《武英殿彝器图录》，1934 年；《古石刻零拾》，1934 年；《海外吉金图录》，1935 年；《金文续编》，1935 年；《古竟景》，1935 年；《善斋彝器图录》，1936 年；《二王墨影》，1936 年；《汉武梁祠画像录》，1936 年；《颂斋书画录》，1936 年；《伏庐书画录》，1936 年；《简体字典》，1936 年；《颂斋吉金续录》，1938 年；《西清彝器拾遗》，1940 年；《商周彝器通考》，1941 年。此外有 30 篇论文散见于《国学季刊》《国学周刊》《燕京学报》《国立北平图书馆月刊》《文学年报》《考古社刊》及当时的一些报纸。

② ［日］滨田耕作：《泉屋清赏·总说》。

③ 容庚：《海外吉金图录·序》。

1934年起，经过8年艰苦的钻研和写作，于1941年完成了第一部全面、系统地论述商周青铜器的专著《商周彝器通考》。该《通考》对我国青铜器的起源、发现、分类、断代、铭文、花纹、铸造、价值、去锈、拓墨、仿造、作伪、销毁、收藏、著述等做了全面论述，综合吸收了古人和时贤的研究成果，其中关于铸造、形制、花纹、分类、断代的研究，已突破了旧金石学的框框，具备了现代考古标型学研究的水平。由于先生的著作众多，所用材料广博而可靠，图版拓片清晰上乘，分类科学，考证精审，因此先生成了名噪海内外的古文字和青铜器研究专家。

从1946年起，先生先后任广西大学、岭南大学和中山大学中文系的教授，直至1983年3月6日去世。这段时间，先生曾担负过甲骨学概况、文字学、中国文学史（先秦部分）、《说文解字》研究等课程的教学工作，招收过5批古文字学研究生。在科学研究方面，出版过3种专著，撰写发表了20篇论文，尚有100多万字关于书画方面的著述没有发表。其中，已发表的比较重要的有《记竹谱十四种》《倪瓒画之著录及其伪作》《飞白考》《论列朝诗集与明诗综》《淳化秘阁法帖考》《殷周青铜器通论》《清代吉金书籍述评》《宋代吉金书籍述评》《鸟书考》及100多万字的专著《丛帖目》。

60年来，先生在各大学任教，为我国培养了许多古文字学和考古学方面的人才，有些早已成为海内外知名的学者和有关单位的业务骨干。

60年来，先生通过宣传、著述、结社、购藏，阻止古物外流，推进古文物的研究；新中国成立以后，又将自己所购藏的古代文物、书画、图籍，分批转让给有关单位。先生不仅义正词严地批驳了"中国人不懂得保护文物和研究古代文物"的谰言，而且以满腔爱国热忱和出色的研究成果，伸张了民族正气。

先生首先把铜器花纹的研究提高到同器形、铭文研究并列的地位，开创了器形、花纹、铭文综合研究的先例。先生给商周青铜器所做的科学分类，至今仍被田野考古工作者和文物工作者所采用。先生编纂的《宝蕴楼彝器图录》和《武英殿彝器图录》，首先采用经过精心鉴别挑选的青铜器照片、独立的花纹拓本，同铭拓、说明、考证一起制版的做法，成了新中国成立前20年间铜器图录编纂的榜样。先生编写的《金文编》成了文字学、考古学和其他文物工作者必备的工具书。先生编著的《商周彝器通考》，是研究我国青铜器的一部最为全面系统的资料参考书。先生编纂的《历代书画著录目》和对各种丛帖的考证，所涉及的内容之广、鉴别考证之精，也是罕有的。先生在我国古代文化的研究方面，特别是在古文字学和青铜器的研究方面，做出了非常重大的成就。

二

每一位伟大学者在事业上的成功，同他的天赋、所处的家庭条件和社会环境、所受的教育有很大关系，也同他的治学方法分不开。在天赋和客观条件相同或相近的同龄同伴中，治学方法不同，成就可以大不相同。对天赋和客观条件很不相同的人来说，如果能选用适合于自己的前人行之有效的治学方法，也可能在事业上有所造就。因此，探讨一下有重大成就的学者的治学方法，可为后人提供借鉴。

治学方法通常包括两方面的内容：一是求学的读书方法，一是研究著述的方法。

学习和研究古文字的头一个任务就是必须识字。汉代至今2000年来通用的隶书、楷书、行书，我们今天在生活中并不陌生。可是，秦、汉之际使用的篆书（小篆），商、周、列国时使用的金文（古籀、大篆）和商代、早周的甲骨文，点画结构古朴多变，已是2000多年不做通行交际工具的老古董，非专门学习不可。先生初学古文字的方法和途径是怎样的呢？先生常对学生们说："我的方法是'土法上马'，从抄《说文解字》开始，然后抄读《说文古籀补》《缪篆分韵》等书。你们也可以先抄《说文》，抄完9351〈3〉个字后，再抄《金文编》《甲骨文编》。"先生谑称为"土法"的抄读法，是我国传统的启蒙识字法中的一种。哪怕是大学毕业生，若要认识古字，掌握古文字的结构，"抄读法"也不失为一个有效的方法。《说文解字》是东汉许慎编纂的以小篆为分析对象的我国第一部字典。它是学习古文字的初阶，也是通向释读金文和甲骨文的桥梁。按先生的"土法"，从经过规范的小篆入手，有《说文》的字形分析帮助，由近及远，由易至难，在抄读过程中，眼、手、口、脑同时并用，对小篆、金文、甲骨文的偏旁结构、主要异体，都会留下深刻的印象。有此抄读的功夫垫底，然后再看古文字的原始材料及有关考释时，就方便快捷得多，也不易被某些旁征博引和音韵通转掩盖下的臆说胡猜牵着鼻子走。除了初学时使用抄读法外，碰到自己没有而又不易借到的重要著作，先生也常常要亲自抄录一过，得到新的铜器、甲骨铭拓，总要先摹写或临写一通的。

先生喜欢问自己的学生："你准备选择什么题目来做呢？"这是指确定专业方向和选题。没有方向，没有范围，东看一本，西翻一页，碰到什么书就读什么，最后将一事无成。先生说："有了题目，就将有关的书籍、论文找来，一本本地读，每读完一本就写一篇书评，到后来就会发现先前读书理解不深，先写的书评有许多需要修改补充。读完了有关的书籍文章，就等于掌握了各种肉菜和油盐佐料，下一步则要看各人的本事了。名厨师可以凭借这些材料做出各式各样色、香、味俱全的好菜来。差一些的人，只要不懒，也可以或炒或煮做些家常菜，不至于毫无收获，若注意钻研，熟而生巧，也可成为厨师。这就是研究著述的功夫，各人奥妙不同。"先生在这里所说的是采用一书一评法，在选定攻读的范围内，详细占有资料，以及这一治学方法的目的意义。

先生说："目录索引类的工具书，是学习、研究必不可少的。在东莞自学时，所见金石书籍不多，有许多铜器著录都不知道，后来见到王国维的《宋代金文著录》和《国朝金文著录表》，大开眼界，原来还有许多书自己尚未阅读呢。这《著录表》成了读书的向导，我得益于此书不浅。"

先生1922年同其三弟元胎（肇祖）先生一起赴京求学，兄弟相约，遍观金石文字书籍，一书一评，拟编成一部金石书录。通常一书一评，写的属于简单的书目提要，包括记录书名、作者、版本、主要内容、序跋，间或加些简单的评语，借此鞭策读各书一过，以求对主要内容有所理解；对于同专业选题有较重大关系的书籍，则较详细地记录其内容，对该书的得失、优劣做出自己持之有据的评价。1926年夏天，先生选择了一些当时少见或新出版而人们未曾注意的金石书籍，在《社会日报》之"生春红"副刊介绍。后因教务日繁，先生才将编撰金石书目提要的工作，交给其妹妹容媛。这就是《金石书录目》出版的由来。先生于1932年8月所写的《宋代吉金书籍述评》和1962年首次发表的《清代吉金书籍述评》[①]，便是先生一书一评的实践记录。从中我们可以看到先生为了占有资料作为著述研究的准备，下了多少艰苦细致的功夫。

一书一评法，从积极意义上说，是一边读书一边编写目录、书评，于学习的同时即在做为他人有所贡献的事，如牛之边吃草边挤奶；从消极意义上说，可以督促人们认真读书，开动脑筋，在抄摘书名、编著者、序跋和内容目录过程中加深记忆，若不开动脑筋，则无法中肯地摘录前人序跋，提出自

---

① 容庚《宋代吉金书籍述评》最初发表于1933年国立中央研究院历史语言研究所集刊外编第一种《蔡元培先生六十五岁庆祝论文集》，1963年重修发表于《学术研究》1963年第6期。《清代吉金书籍述评》见《学术研究》1962年第2期和第3期。

己或褒或抑的评论。

先生读书的另一个常用的重要方法，就是校读法。历代学者主要是在阅读重要的经典，或是为了校订、注疏某一重要著作以便出版时，才使用此法。注疏家、考据家，是以此为看家本领的。先生则是在阅读重要的铜器图录、金文著作，以及作为科研课题的书画著作时，才采用此法的。譬如，《三代吉金文存》是收集铜器铭拓最丰富的印刷精良的资料书，先生手头使用的那部书，每一块铭文都经过同别的书籍校对，凡伪器铭、疑伪器铭、定错器名者、重复者，均一一注出，不如别书清晰者，亦予注明，表明先生对此共有20巨册、4831件铜器的6000片左右的拓本，做过详细的校读。又如郭沫若关于古文字的论著，自成科学体系，创获很多，在30年代，对我国古文字学和历史学、考古学的研究，起着开拓新局面的影响。这些著作的写成，其中也包含着先生的大力支持和帮助。当先生得到郭沫若的《中国古代社会研究》《甲骨文字研究》《殷周青铜器铭文研究》《两周金文辞大系》《金文丛考》《卜辞通纂》、《古代铭刻汇考》及《续编》、《殷契粹编》等著作后，都要逐字逐句逐图地认真校读，错别字一一予以纠正，脱漏字都给补上，引文和注释全都仔细地与原材料查核过，需要商讨的意见则写成眉批或旁注。新中国成立以后郭沫若修改再版这些著作时，就得到了先生很大的帮助。当我们阅读先生的《宋代吉金书籍述评》《清代吉金书籍述评》《倪瓒画之著录及其伪作》《论列朝诗集与明诗综》《丛帖目》和各种书画法帖考证文章时，都能发现，先生为弄清某一个文字、某一件器铭、某一幅字画、某一首诗词，往往搜尽有关著录，看遍不同版本，做过细致入微的校核。有的铜器铭文，重复见于宋代、清代的各种著录，各著录的刻本有大有小，字画或肥或瘦，所据拓本有真有假，需要做纵向校核。另外，同一种著录若有多种版本各具优劣者，还需做横向校核。如果原器物尚存于世，也要尽可能查对验证。只有这样才能进一步去粗取精、去伪存真，整理出条贯，加以评述。这种校读法，诚然是十分烦琐、工作量非常浩大而又要求聚精会神才做得了的读书方法。然而，就是这样繁重而枯燥乏味的校读法，使先生掌握了极其丰富的资料，包括古的、今的、粗的、精的、伪的、真的，包括出土的原始材料、文献记载、笔记、地志、论文、专著、图录、照片、实物等各种各样的资料，使他能在教务、编辑工作都相当繁重的30年代，编写出我国第一部全面系统地论述商周青铜器的巨著《商周彝器通考》；在政治动荡频繁的年代编写出100多万字的《丛帖目》和《历代名画著录》（未刊）。

三

先生采用"土法"——抄读法、校读法及他自己的一书一评法,广泛地阅读与专业方向有关的书籍、论文,将茫茫知识海洋中有关古文字和古书画的资料汇集起来,按先生自己的话说,是属于准备好各种肉菜材料,其间的校核、甄别、评价,就像是刮皮去毛,分离骨肉肥瘦,择菜弃草,分别嫩芽老叶,做了去伪存真和去粗取精的原材料加工。而炒出各式各样的菜色,则是属于研究著述的功夫。虽然煎炒蒸煮等基本方法,大家相同,但不同风味的名厨有不同的套数。那么,先生在研究著述上有什么套数呢?这方面,不像"一书一评"常挂在先生口上,笔者很少听说,只能凭直觉从先生的手稿和著作中,去探索体会先生的"炒菜妙诀"。由于笔者的能力和水平的限制,很可能体会错误,把握不准,在此斗胆尝试,希望能得到先生的生前好友及先生的弟子们指教。下面就从材料处理、成说选择和考证研究方面谈谈先生通常所遵循的方法和原则。

在材料处理上使用排比法。先生的重要著作,大概可分为字典、图录、通考三大类,各大类都有其独特的成就。不管是编写哪一类著作,先生都习惯于先收集丰富的文字、图片或其他有关资料,经过精心的排比、筛选、分类,然后列提纲编写。《金文编》和《金文续编》,是先生字典类的代表作。40 多年来,有不少专家批评容先生保守,认为此书①中有许多已可以认识的字,先生仍当作未认识而列于附录;另有一些专家则认为,有的图形文字入已认识的正编,又有一些图形文字置于未认识的附录,是属于体例不严,等等。笔者曾经看过先生增订第二版《金文编》时的 4 种不同的稿本,和两种《金文续编》的稿本,并在先生指导下做了 5 年修订《金文编》的工作,深感先生对单字形体的排列处置,是经过大量材料的反复比较推敲,是以文字学的基本理论为依据的,绝不是带有随意性的简单排列。譬如很多批评者提到过的极象形的虎形、牛头形置于附录问题,那是因为它们在铜器上只起一个标帜作用,不能确定它读"虎"还是"一只老虎""虎族所有",读"牛"还是"牛头""一只牛头""牛族所有"。而象形的鱼形、山形,却又分别列在正编"鱼"字和"山"字之下,那是因为在古文字中可以找到其字形发展的踪迹,在铜器铭文中作为确定的单字来读。大量的图形标帜和象形单字,在第一次排比过程中同别的字区分开来以后,又根据原来的铭文中

---

① 编按:指《金文编》。

有无确定的音义，有无其他的字形发展线索，做第二次排比，再将该入正编的字同附录字区分出来。至于图录和通考类的著述，先生也是在掌握了极其丰富的铜器图片、拓本，或法帖书画版本以后，通过反复排列比较，多层次地区别同异，发现各自的基本特征、重要特征和次要特征，才做出较为科学系统的标型学分类，定出实际可行的能辨别时代和鉴定真伪的标准来的。通过排比，在大量表面相同或相近的事物中，找出差异，发现矛盾，研究哪些是本质特征，哪些是非本质特征，找出规律，从而得出科学的定义和科学的分类，这是一种摆脱前人研究窠臼的实事求是的科学方法。采录材料广博，排比处理精密，分析考究信达，这是先生著述中最基本的特征。

选择成说的原则是，以具体事实为依据，博采通人，择善而从。科学研究，需要对前人和时贤的研究成果，加以总结和扬弃。先生的态度是以是为是，非为非，绝不趋炎附势因人定是非。按常理，后人所见的出土材料比前人多，可参考的资料和研究成果也多，后世名家的科研成就总在古人之上。但先生并不因此而简单从事。例如，博雅好古的乾隆皇帝敕命梁诗正等一批名士，利用内府丰富的古物储藏，模仿宋代《博古图录》体例，编纂了《西清古鉴》《宁寿鉴古》，后又命王杰等人修纂了《西清续鉴甲编》和《西清续鉴乙编》。从客观条件而论，乾隆敕撰的《西清古鉴》等书应比宋徽宗敕撰的《博古图录》强，而且《西清古鉴》跋中也曾列举《博古图录》考据失实者数条，自谓"兢兢乎不敢臆说以逞，以是为阙疑传信"。然而先生并不轻信声明，按常理遽定优劣，而是将《西清古鉴》同《博古图录》在绘图、铭文、考释、鉴别、排比等方面做一番比较后，最后依据事实，得出《博古图录》在上述五方面优于《西清古鉴》的结论。又如《筠清馆金文》的考释为著名诗人龚自珍和经学家陈庆镛所作，吴式芬、杨铎、许瀚、吴云蒸四人曾指正其错误达总器数的一半以上。清末的考据名家孙诒让的《古籀拾遗》，又校正了二十三器。先生对《古籀拾遗》是评价颇高的，誉为"矜慎不苟"，将清代的铭文"考证更往前推进了一步"①。但就《古籀拾遗》对应公鼎的考释而论，先生指出："'御公'二字当是'鬣享'二字的泐文。全文当为'奄肇作宝尊鼎，用夙夕鬣享'。末一'各'字尚不可晓，不知何字之误。可见吴氏固然错误，孙氏亦未必不错，我尚留一个字等待后人纠正。"② 又先生于 1927 年 1 月曾从梁启超处借观《筠清馆金文》

---

① 容庚：《清代吉金书籍述评·上》，载《学术研究》1962 年第 2 期，第 48 页。
② 容庚：《清代吉金书籍述评·下》，载《学术研究》1962 年第 3 期，第 73 页。

原稿本，梁氏跋云："款识皆荷屋自摹者，矫健朴茂，得未曾有也。"先生则"以为款识断非吴氏自摹，观款识旁所注小字可证。且所摹有工拙之异，非出自一手。惟书头上朱书'见《积古》''见《积古》可删'数字，审定系吴氏手笔"①。先生就是这样，认为纠正他人错误的名家，即令是孙诒让、梁启超等也不一定全对，必须自己亲自仔细地分析研究过，才能做出符合实际的结论。又如，郭沫若、唐兰都是著名的古文字学家，考证古文字有很多创获。先生对郭沫若联系典籍文义考证古字，对唐兰在字形分析方面的聪敏，以及他们二人的辨才，都非常推崇。我们翻阅《金文编》，可见到引用了他们不少的创见。但在先生自存本《金文编》的附录中，注满了郭、唐的许多考释意见，还有其他名家的批注。先生说："这些字他们都已认识，但我还不认识。"因为这些字，或是形体不能准确隶定，或是所释字义在此处勉强可通而在另一处不可通，或是形体省变的解说尚缺证据，或是通假之说的条件不够充分，等等，所以先生宁可让人们讥为"保守"，也要待将来出土材料丰富、研究更加深入、证据充分后再做定夺，并不因名家善辩便不细察而引用。另一方面，如果后辈学生有证据充分、言之成理的见解，先生并不因出自无名小辈而轻视，相反十分重视地乐于引用，好像②第三版《金文编》中就引用年纪小很多的高景成先生的不少意见，在行将出版的第四版中，先生还引用了一些学生的见解。先生就是这样，择善而从的。

在古文字材料考证方面采用"双重证据法"。一方面根据出土实物，对文字的形、音、义做出符合实际的分析，不用形体省变或通假来迁就假说；另一方面力求在古代文献典籍中找出佐证。在古文字研究鼎盛的宋、清两代，经学家们常没弄清古文字的结构，便附会为典籍中的某人某事，旁征博引，大加考证。先生在评述宋、清吉金书籍时，常被这样毫无根据的考证弄得哭笑不得，因此特别强调："至于考释，当以识字为先。字不能识而遽加考证，正是毫厘千里。"③ 因为商周之时，汉字字数还少，④ 汉字的偏旁还在形成过程中，许多通用字的含义和词性不够稳定，假借同音字的现象是非常普遍的。但是古文字学界常有一些人士，在处理暂时还无结论的文字材料时，喜欢从揣测文义出发，大胆假设，在形（包括全形和偏旁）、音（包括

---

① 容庚：《清代吉金书籍述评·下》，载《学术研究》1962年第3期，第73页。
② 编按：义同比如。
③ 容庚：《清代吉金书籍述评·下》，载《学术研究》1962年第3期，第70页。
④ 从《甲骨文编》和《金文编》的正编和附录看，1000多年的字数5000个左右，若分阶段看商代或西周早期，除去大量专有名词的专用字，通用字是少很多的。

古音之声、韵）未全弄清时，即单单据声纽或韵部中的某一个条件，径用双声、叠韵、旁转、对转的名义，旁征博引经史，给材料做出结论。这样滥用声韵通假，将假设轻易地变成结论，先生是很不以为然的。1977 年先生致周法高信中写道："弟于金文，只注意字形之联系，至于阴阳对转之说，不轻于引用。如谓器乃狋之初文，狋从犬斤声，古音同在文部；猥从犬畏声，古音同在微部，猥狋两字孰为器之初文，则未可知。愚意器与狋猥有何关涉而牵连及之？"① 先生虽说"只注意字形之联系"，但并非反对使用声韵通假，只是"不轻于引用"。先生的《金文编》中有不少字注明"假借为某""读为某""其义如某"，可以证明：如果是在"注意字形之联系"的基础上，把形音义当成统一体考证清楚，再详征博引典籍文献，证明材料上的文字含义（包括假借义）可靠，双重证据充分，先生认为那是脚踏实地的功夫，是乐于采纳的。

四

从上述关于先生的治学方法的分析中，我们可以感到有一种东西贯穿于这些治学方法的始终，成为这些方法的灵魂。这东西，就是矜慎不苟的治学态度和百折不挠、实事求是的科学精神。

在先生看来，盲从，随风转，甚至不顾事实，信口雌黄，为取悦于某一势力，以图达到个人某种不可告人的目的，是科学工作者和教育工作者的奇耻大辱。那还是在 10 年前的批林批孔时期，某教授秉承"四人帮"旨意，著文大谈商周奴隶社会的"仁"和"礼"时，先生收到报纸上的奇文，即找有关的甲骨材料和"四书"《左传》等书查对，原来甲骨上唯一的所谓"仁"字，不过是记有"二人"字样的断句残文，所引孔子的言论也多是断章摘句的。在"学习会"上，先生谈读后感时愤然说："那是断章取义！"并且声明如果硬要强迫他违心地跟着断章取义地参加批判，他宁可跳珠江！表现了一个严肃的科学工作者忠贞不渝地信守实事求是科学精神的大无畏气概。在"文化大革命"动乱的年代里，中山大学师生中还流传着这样的事：年逾古稀满头银丝的先生，家里只剩下他孤零零一人，白天在监督下割草扫地，晚上回到家里，放下"牛牌"，捶捶腰腿，即在灯下撰写他的《颂斋书画小记》。他那百折不挠的治学精神，不仅令广大师生十分钦佩，就连被派

---

① 李孝定、周法高、张日昇编著：《金文诂林附录》，香港中文大学出版社 1977 年版，第 2840 页。容信中所引内容参见《金文诂林》第三册第 1164～1166 页朱芳圃、张日昇说。

去监督先生的年轻学生,也深深为之感动。

世界上只有唯心主义最省力。但是,要实践先生的治学方法,却是要花很大气力的,来不得半点虚假的。先生喜欢引用《礼记·中庸》中的一句话自勉和勉励学生:"人一能之己百之,人十能之己千之,果能此道矣,虽愚必明,虽柔必强。"先生将五六千件铜器中清晰的铭文拓本,剪出单字来排比、摹写,编纂成《金文编》和《金文续编》;读完上百部数百册的吉金书籍,数十部金石志和笔记地志,摘抄经典史籍中有关商周彝器的材料,将上千件的照片图片反复排比研究,写出30多万字的《商周彝器通考》;将数百种丛帖,数以千万计的书画,细心比对,用1000多年来的史籍和野史笔记中的有关材料加以考证说明,写出几百万字的《丛帖目》和其他书画考证著作……要掌握和驾驭这么庞大众多的资料,我们完全可以想象,若非"人一己百"的精神,是难以实现的。像《金文编》和《商周彝器通考》等著作,问世四五十年,至今仍被治古文字和青铜器的学者奉为圭臬,若无矜慎不苟的严谨治学态度,也是无法达到如此高的成就的。

古文字,因它是考古出土,远离现实,而带有几分玄妙的神秘感。容庚先生从一个中学毕业生,一跃成为我国最高学府的研究生,再跃而成为国内外知名的在古文字学、考古学和书画丛帖考据方面有很高造诣的大学者,人们都把他看作自学成才的一个典范。如果著名学者本人的天资过人,过目成诵,有优越的求学条件,能顺利走完从小学至研究生的每一阶梯,他的治学方法虽有可供人参考之处,但人们常会觉得其特殊和高不可攀,相比之下,求学青年对容先生的治学方法,显然抱有更大的兴趣。因此,在先生生前,每逢新学年开始,总有不少大学一年级新生、高考落选青年和其他社会青年,前往容家拜访。他们既想一瞻景仰已久的自学成才名家的风范,更想探寻一套适合自己的能够学到的治学方法。

说也凑巧,新学年开始的9月,正是先生降生的月份。先生对问学的青年,总是笑脸相迎,极其自然地讲述治学的经过,从跟着四舅学《说文》,到一书一评、抄书、炒菜,用极其通俗的比喻,将自己的治学方法介绍给青年们,而且取出年轻时的手稿让青年们翻看。这样,抽象的治学方法,一下子就成了有形象可观看可触摸的实体。原来这位遐迩闻名的学者常自称生性愚钝,其成功的秘诀竟是一点也不神秘的"土法"。这时会使人恍然觉悟到,难处只在自己能否持之以恒地实践。起初带着三分好奇、七分担心,因而有些忐忑不安的心情进门来的青年,最后总是怀着十分满足、十分崇敬的心情向先生道别的。

多少年来，先生都是这样用追忆自己的治学经过，向青年介绍自己的治学方法，愉快而有意义地度过自己的生日的。今年的9月又快到来，我们再也不能聆听到先生用和蔼而通俗的话语，讲述他的治学方法了。我作为受业20多年的学生，谨以此篇小文，作为对先生九十周年诞辰的一点纪念，愿先生留下的精神财富，更加发扬光大！

1984年于中山大学

［本文始刊于《学术研究》1984年第4期，1986年又刊于《中国语文研究》（香港）第8期，较之始发文多2600余字，个别文句措辞也有不同。东莞市政协编《容庚容肇祖学记》乃据《中国语文研究》收入，广东人民出版社2004年出版。今据《中国语文研究》为底本收入，并据有关资料进行了勘订］

希白师治学道路初探

作为学生，是不适宜评论老师的治学道路的，尤其关于治学态度和方法问题；作为后辈，再过2年，我的年龄才够容先生的一半，所知甚少，也难于谈论容先生的治学道路。这是一方面。然而现在却斗胆选择这个题目，目的只是想将自己从学受业20多年的所见所闻，做一次初步清理，以便进一步明确应该向老师学些什么。囿于自己的闻见，只能说一些个人的感受而已，而竟郑重其事地命以"初探"之名者，是为寄抛砖之意，希望对希白师了解更多的师友们，在这方面能提供更多的资料，给我们以更多的教益。

一

我第一次拜谒希白师，是在1957年国庆前的一个晚上。一进入"九如屋"客厅，我和十几位同学，都不约而同好奇地盯着客厅和书房四壁的藏书，以及挂在大窗上面的"五千卷金石书室"横匾和壁炉上方的奖旗。就连师母和其儿媳麦先生热情地招呼大家就座、喝茶，我们也仿佛未曾听见。容先生就像看透这批渴求知识的小青年的心思，首先向我们介绍各个书架藏书的内容性质，然后才命大家就座。他告诉大家，其家中所藏，除了少数是朋友所赠的文史著作和孩子们看的说部外，多数都属金石书籍。若论藏书，则早已超过万卷。只因平生志在金石，多藏金石书籍，故称"金石书室"。金石书虽已超过5000，接近万卷之数了，因为海内外私家藏书中，如此专于金石并且富逾5000的恐怕未有，继续挂此"五千卷"的匾，也足称慰了。接着容先生便谈起他为什么偏爱金石，立志搞古文字研究，介绍他怎样从一个未读过大学的中学生，变成大学教授的，以此勉励我们努力学习。容先生说，在旧社会，一个人的事业能否成功，主要靠个人奋斗。新中国成立后情况都变了，读大学有助学金，政府把文物尽量集中管理起来了。研究甲骨、铜器，要参观实物和借阅资料也极方便，不需要个人节衣缩食一件件地购买昂贵的文物。过去铜器分散在私人手里，不断地流失到国外，需要研究，得想办法去买拓本、买实物，现在政府管得好，没有必要再将文物留在家里，于是将个人所藏半卖半赠地交给了国家，供大家参观研究。政府便发了那奖状、奖旗。容先生指着壁炉上方的旗,欣慰地笑了。这是我第一次听容先生讲述他的治学道路。

此后,我旁听过容先生给高年级讲《说文》研究课,也听过容先生给我们上的课,到广州市区听容先生做学术报告,在容先生家里听容先生对高考落选青年的谈话,当研究生时期也常听到容先生关于做学问的教导……总之,曾多次聆听容先生讲述自己的治学经过。第一次听到,无疑是最新鲜、记忆最清楚的。然而给我印象最深刻,也是最使我感动的,却是另外一次。

那是在1947年夏天,"批儒评法运动"席卷全国。对儒家学说断章取义的批判,对文化传统莫名其妙的否定,以及引而未发、指桑骂槐的政治阴谋的暗影,使得容先生沮丧、气愤。他怒斥本校那位批孔英雄违背科学家良心的断章取义行为。工宣队员动员他学习老友冯友兰。他一面指斥冯是两面派,一面对工宣队说:"如果硬要逼我批孔,我就跳珠江。"以此表明他对"四人帮"政治阴谋的反抗和抵制。那时的有关领导为了"扫清障碍",曾布置中文系的部分师生组织批判。有位工农兵学员为着找点根据,到我们古文字研究室来找容先生谈话。其时容先生正在《金文编》上补充新字。那同学原计划问一句容先生你正在做什么,然后即转进问有没有看《光明日报》上冯友兰的文章。谁知容先生见到年青学生来问,即笑呵呵地指着《金文编》,问该学生认识不认识里边的字,接着即告诉她:"这是我的第一部著作,靠着它,我从一个普通中学生变成北大研究生。这部书我吃了一辈子,已经改编过两次,现在的第三版还要继续补充修改。我现在老了,但这工作是做不完的。你们年青,读的书少,只要有心来学它,也不难,将我们研究室的书一本一本读下去,每读完一本,就写一篇书评。你要是愿意学,就每天来这里吧。"容先生在充满批判闹声的日子里,用他热爱祖国文化事业,热爱青年的炽烈感情,打动了这青年,使她安静地站在一边,转而问起容先生是怎样学起古文字来的。于是容先生又将他的治学经过向她讲述了一遍。不用说,那些话语我是听过多遍的了,但此情此景之下,我坐在容先生的一侧,心潮难于平静。于是我想:容先生的治学态度,不仅体现在他的话语上文字上,而且体现在他的感情中行动中。他对科学是那样地严谨而坚信不渝,即使是到处充满批判声的氛围中,他照样安详地讲述他踏踏实实、一步一个脚印的治学方法;对于断章取义、朝三暮四的反科学行为,却是那样地深恶痛绝,哪怕是对待名噪一时的批孔英雄或是深交多年的好友,一样毫不客气地痛斥。批判者说容先生态度顽固,而容先生则回答说自己个性顽强。是的，几十年来锲而不舍地从事科学研究，读一本书写一篇书评，读一幅画写一篇小记，踏踏实实，刻苦钻研，不随波逐流，不屈服于淫威，相信科学，坚信真理，确实是顽而且强的。于是，我想起一句古话："民不畏死，奈何以死惧之。"从1958年"拔白旗"起，容先生有关治学道路的谈话，一直受到批判，而容先生不怕受批判，在那样恶劣的气氛中，依然满腔热情地向青年学生传授，并且受到青年学生的欢迎，不是很需要认真分析、思考一下容先生的治学态度和治学方法本身吗？

二

谈到治学，首先有个立志和主攻方向问题，用容先生常用的话来说，就是"选择什么题目来做"的问题。容先生70年来的著述非常丰富。他对古文字、古铜器、古石刻、丛帖、书画、篆刻，甚至明诗、《红楼梦》、简化字等，都很有研究。那些项目，都曾经是容先生写作的题目。我发现，关于容先生立志治学和主攻方向问题，单从集中写作的时间长短和所得字数多寡，是难于骤然做出判断的，必须将他的治学经历和客观效果，同他本人表白的主观愿望结合起来考察。

容先生的童年和青少年的主要时光，是在广东省东莞市度过的。1922年夏天至1946年夏天，容先生是在北京大学研究所国学门当研究生，毕业后又先后在北京大学和燕京大学任教。这个时期，是容先生编纂创作最旺盛的时期。他除了讲授金石学、文字学、甲骨学、考古文字学、简体字等课程外，还主编过燕京大学学报和考古社刊。他的主要著作《金文编》《金文续编》《秦金文录》《汉金文录》《宝蕴楼彝器图录》《武英殿彝器图录》、《颂斋吉金图录》及《续录》、《海外吉金图录》《善斋彝器图录》《西清彝器拾遗》《商周彝器通考》《殷契卜辞》《汉武梁祠画像录》《古石刻零拾》《古镜景》等，都是在这个时期编纂出版的。作为古文字字典的《金文编》和《金文续编》，以及对青铜器的各个方面进行全面考察研究的《商周彝器通考》，都以其材料的丰富、可靠，考证的慎当、严谨，而蜚声海内外，成为治中国古文字和中国青铜器者的圭臬。

1946年夏，容先生从北京南归广东。嗣后先后在岭南大学和中山大学中文系任教，迄今共36年有奇。由于环境条件的改变，容先生在古铜器和古文字方面，主要是做修改（如宋代和清代吉金书籍述评）、补充（如《鸟书考》和《金文编》）、缩编（如《殷周青铜器通论》）等工作，而丛帖、书、画的搜集考证，占去了容先生研究工作的大部分时间，著述了近500万字，其中最主要的论文和专著有《记竹谱十四种》《倪瓒画之著录及其伪作》《倪瓒画真伪存佚考》《淳化秘阁法帖考》《丛帖考》、《颂斋书画小记》（未刊）等。

容先生年轻时曾从其从兄康泰、从叔祖椿学画，遍观其所藏画谱书籍，又得其二舅汝霖、表兄懋勋之许，尽见其所藏书画，与懋勋一起评书品画，被引以为同道。容先生到北京后，于1936年虽说"不言书画者十有五年"①，然就此15年内，与其弟元胎（肇祖）先生每临书肆，也未曾少留心于彼，故1936年夏得有《颂斋书画录》之编，于1939年又有《兰亭集刻》之举。所以无论从时间之长，还是从所得文字之多来看，在容先生的平生著述中，丛帖、书画无疑占着相当大的比重。尽管在丛帖、书画的著录和考证上，容先生都以他的博闻广见、体例严谨和见解精辟、考证矜慎的特点，为人所重，然丛帖、书画始终并非容先生的主要志趣，只不过"中心好之"，借以"销夏"或"期以此自遣"而已。②就从客观影响来看，奠定容先生在学术界崇高地位的，主要是其在古文字和古铜器研究方面取得的成就。另一方面，从容先生的主观愿望来考察，他从少年起即以研究金石古文奇字为其志，到了北京后，其志益坚，其离开北京南归，是因为当时政界和知识界对沦陷区知识分子的极端看法所逼。1950年容先生在《甲骨缀合编序》中说："余南归四年，以事务劳其神，以衣食撄其心，鲜读书之暇，无从游之人。"且难于得到古铜器和古文字材料。把许多的时间和精力放在搜集考证丛帖、书画上，对他来说，可以说是不得已的。每当同研究生或记者谈起治学生涯时，容先生总是说："我的主要著作都是在北京燕大时编写的，回广东后，没有什么成绩。"容先生不把近500万字的丛帖书画方面的著述当作成绩，固然是出于他的谦虚，两相比较而言，也正好说明他自己确是以研究古文字和古铜器为毕生之志的。有的朋友或学生，兴趣所及，研究一些古文字、古铜器以外的问题，写些文章发表，容先生即讽为不务正业，也多少从侧面说明了他对专业之志的看法。他正是希望他的朋友和学生，像他那样专一于古文字和古铜器的研究，以精益求精。

容先生选择古文字、古铜器的题目作为主攻方向，并立志毕生来做的原因，我想主要应从他的出身，以及对人生观形成起决定作用的青少年时期所处的环境条件来根寻。

---

① 见《颂斋书画录·序》。
② 见《颂斋书画录·序》。

明、清二朝，珠江三角洲地区的文化急遽兴盛起来。容先生的外祖父邓蓉镜先生是晚清翰林，曾任京官和江西巡按使，很喜爱搜集收藏金石书画。他的舅父和表兄，都受到家学的熏陶，其四舅邓尔雅先生便是书法、篆刻家。容先生的父亲是晚清拔贡，母亲是大家闺秀，都很希望把自己的儿女培养成有文化教养的、对国家民族有用的人才。容先生降世之时，其父曾赋诗以寄此情怀。

容先生是其家长男，生于1894（甲午）年秋八月，少年时曾喜欢读小说。《三国演义》和林纾翻译的《茶花女》《不如归》是他最喜爱的了。在家偶尔从书架上搜得4册《小石山房印谱》，即磨刀磨石学刻印，这是引起容先生对古文字和金石知识发生兴趣的肇端。

1909年容先生的父亲去世后，弟兄三人便跟着四舅邓尔雅先生学习《说文》。1913年，容先生在东莞中学读书，邓尔雅先生住在他家，使容先生有了"金石书籍拥置四侧"的环境。弟兄三人恒于课余"据方案而坐，或习篆，或刻印"①。得到四舅的指点，容先生不仅对金石古文字的兴趣大增，而且产生了辑补吴大澂的《说文古籀补》的想法。1917年，容先生辍学在家，在其四舅的指导下，拟与三弟一起将现存的篆籀文字，编纂成《殷周秦汉文字》（其时二弟已去世），计划已定，分类摹写，并节衣食之资，千方百计购买《愙斋集古录》《攗古录金文》《奇觚室吉金文述》等书，卒因四舅和三弟离家，计划未能实现。在其三弟进入广东高等师范学院学习英文时，容先生独自闭户数年，终于编成了该计划中的《金文编》部分。从少年兴趣，到辑补《说文古籀补》的想法，进而以研究古文字为毕生之志，自身实践的初见成效，对容先生的立志，无疑起着关键性的作用。于是邓尔雅先生将李清照所写《金石录后序》中的一句"有饭蔬衣练穷遐方绝域尽天下古文奇字之志"，刻印赠给容先生。容先生对此也"志之不敢忘"②。

因此可以说，容先生选择"殷周秦汉文字"这个题目，立下研究古文字之志，是同书法篆刻家邓尔雅先生的影响、引导、指点、鼓励分不开的。作为入门的金文，也就成了他毕生科研的主攻方向之一。其弟本在同一环境下接受四舅的影响和指导，卒因离家转学英文，没有独立编一部古文字书稿，而在专业志趣上与乃兄产生差异，以后元胎先生进入北京大学读哲学，

---

① 见《金文编·自序》。
② 见《颂斋吉金图录·序》。

从而另辟门径,在思想史研究上做出成就,这是后话。

三

理想的实现,既要有必需的客观条件,还要有导致本人不断进取的原动力。青少年时期从兴趣爱好出发,立下个志向,毕竟是较容易的,但要长期坚持下去并做出成绩,还要接受社会环境条件、个人职业生活,甚至还有嗜好和秉性的挑战。在当时的社会条件下,人事、机遇、个人的奋斗决心和毅力,往往可以极大地影响个人的生活道路。

1922年5月,28岁的容先生,同三弟元胎先生一起北游京师,拟在文物荟集之地增补《金文编》以成定稿。路过天津时,他带着3册《金文编》稿本去见古文字学家罗振玉。罗非常赞赏,去信给北京大学的马衡教授,称赞容先生"治古金文,可造就也"①。容先生到京后考入朝阳大学,弟弟考入北京大学,意先谋个栖身之地,进修之所,然后徐图修改《金文编》。马衡教授得到罗振玉的推荐信,爱才心切,辗转寻找容先生。尽管朝阳大学已经上课,马衡教授还是请容先生到北京大学研究所国学门去当研究生。于是容先生可以专攻文字音韵之学和增补修订《金文编》稿本。1925年春,《金文编》写成,商务印书馆没有接受,而罗振玉即命他儿子罗君美(福威)负责印刷出版。一方面是容先生的刻苦攻读和多年摹写排比金文拓本的严谨不苟的态度,使《金文编》的价值远远超过当时同类的《说文古籀补》和《说文古籀补补》,另一方面也是罗振玉、王国维、马衡、沈兼士等前辈和师友的鼓励和提携,容先生得以继续留在北京。他先是在北京大学任教,接着被聘为故宫古物陈列所的铜器鉴定委员,有机会摩挲奉天和热河两行宫所藏而未公布过的上千件铜器,编纂出版《宝蕴楼彝器图录》和《武英殿彝器图录》。1926年夏,容先生就聘于燕京大学,薪俸略丰,校中经费也较充足,使容先生得有余资购买参考书籍和铜器,以供学习研究,以后又担任了燕京学报的主编,编写出版专著也较为便利,不用为筹措经费和寻找出版门路到处奔走。所以到燕京大学任教后,容先生编写的图录、论著源源不断出版,经费和物质条件也是不可或缺的条件。

当然,若是容先生不北上,一直蛰居家乡,也不是不能一辈子地钻研金文,但是绝不可能出现如此出色的成就。可以想见,不到文物荟集之地,则不可能有那么多摩挲铜器的实践机会,不可能那样地见多识广;不是在

---

① 《考古学社之成立及愿望》,载《考古社刊》1934年第1期。

"茫茫人海"中找到"见知者"①，不是前辈和师友的奖掖荐扬，不是有那么多师友学艺上的切磋和资料上的支持，进修和实践机会也无从谈起，也免不了会恒有"著书难印书亦不易也"②之叹，甚至可能为职业生计，不能终其初志。容先生在北大任教时，月薪50元，不能如期领取。1925年9月，陈钟凡寄广东大学聘书给他，许以月薪240元。1927年6月，中山大学副校长朱家骅又两次电请容先生任文字专科教授，并答应为其添置4000册参考书，当时容先生复朱家骅信云：

> 忆昔在家治古代文字，苦乏参考书籍。北来五年，始略有述作，匪云有成。去年海滨校长聘庚南归，曾以购书事与觢玄先生相商，盖文字之学非同玄想，书籍不备，学生何所资以为钻研之具，而庚一旦离去北京之书库，亦无异自绝其求学之途。③

容先生终于不南归，而愿任月薪200元的燕京大学教席，南方较缺金石古籍和难以见到古铜器，是其主要原因。

单有客观环境条件还不够，还必须在主观上有实现理想的动力，才能产生不断克服自身弱点、勇于战胜困难、不断进取的气魄和决心。关于克服自身弱点，容先生在《颂斋吉金图录·序》里曾有过极其坦白的承认：

> 弱冠嗜赌博，纸牌、天九、麻雀、骰子、象棋之属靡不喜。间复吸鸦片、饮酒为乐。母知之，辄痛责，责而悔，悔而改，至于再三。余之不终于堕落者，母之教也。……
>
> 十一年五月，与弟肇祖同游京师，读书于北京大学研究所国学门，喜与乡人听戏、打牌、看电影、上馆子，每星期率一二日以为常。过此辄自责曰："汝来北京胡为乎？"未尝不废然而返。

---

① 《考古学社之成立及愿望》，载《考古社刊》1934年第1期。
② 《考古学社之成立及愿望》，载《考古社刊》1934年第1期。
③ 对1925年9月广东大学的聘请，容先生因广东研究资料缺乏，一直与之相商，未做肯定答复。年底广东大学文科教员辞职，容拟不南归，但北京大学经费不足，支薪困难，所以仍未决定行止。至第二年（1926年）1月，广东大学文科教员发表复职宣言，校方再次劝请容先生南归。当是时，容先生感到南归则专业前途渺茫，留北京大学则经济生活拮据，二者之间难做抉择，遂与马衡教授相商。马从人才前途计，极力挽留。其时正好燕京大学派人来聘，于是就聘于燕大而辞去广东大学之聘。其后广东大学改名中山大学。复朱家骅信云"去年"者，盖指广东大学之聘请延至1926年年初而言。

据了解，容先生在北京大学攻读和任教期间，确是常与同乡施少川、陈宗圻、钟苏等人往中天或真天影院看电影，到天桥听戏，夜则宿于东莞会馆，掷升官图赌博为乐。容先生同我们闲聊时也说过：在北大教书时，教职员的薪金不能按时发放，大年卅才发 10 月份的工资（一个月 50 元），（按：当为 1925 年 1 月下旬）11 月份的工资分多次发，直到 6 月份才发齐。那时赶写《金文编》交君美出版，也常以赌博消遣，每赌必赢，然未有超过 20 元的，到孙中山去世那时，已积得百多元，后来一次即输去 40 元，知道得之难而失之易，猛省这是费时失事的恶习，而决意戒赌。至暑假回乡接母亲去京，这一类的胡闹事也就少做了。容先生在《颂斋吉金图录·序》中自我评价说："其友人有誉之为精于勤，有毁之为荒于嬉者，皆观其片面而非真也。"可见容先生当做起喜爱的《金文编》等工作来，是很勤奋的，但是他经常要受到青少年时的恶习、经济生活拮据和同乡朋友的影响等方面的干扰。少年丧父后，母亲的教导规劝，有相当大的约束力。

十九年四月十九日，慈母见背，欲养不待，所以报母者，惟当自奋于学，不辱其先耳。比年以来，一意撰述，成《秦汉金文录》《武英殿彝器图录》《殷契卜辞》《金文续编》诸书，推阐文字变迁之迹，逆睹简体字终当大行于世，颇以此诏诸生。孔子自谓"其为人也，发愤忘食，乐以忘忧，不知老之将至"，庶吾志也。①

对容先生那一代知识分子来说，听从母教，报父母恩，不辱祖先，为祖宗争光，无疑是可以成为坚定意志、克服弱点、战胜困难、发愤著述的动力之一的。

四

如果说容先生少年立志，青年时接受母教，为不辱先人而使志益坚，那么爱国主义的热忱，则是他研究古文字和古铜器之后劲不衰的主要力量来源。

自 1931 年"九一八"事变起，容先生时时以军阀混战，弄得国无宁日、民生凋敝为忧，对日军入侵，外国人挟其多金，巧取豪夺我宗邦重器极为愤慨，并把购藏古器，研究和刊布我古物为己任，呼吁朋友同好共同来

---

① 见《颂斋吉金图录·序》。

做，希望我中华民族古代文化精华，尽量减少流失，得以传播、发扬。兹摘录容先生的几段文字，可见一斑。

《秦汉金文录》成于"九一八"事变两个月后，容先生在12月作序云：

> 此书成，继之而作《续金文编》，乃吾志也，不敢告劳。然吾之生正当甲午中日之战，黄海海军相遇之前，先子赋诗云："时局正需才，生男亦壮哉。高轩一再过，都为试啼来。"今者岛夷肆虐，再入国门。余不能执干戈，卫社稷，有负祖若父之期许。"国耻未雪，何由成名"，诵李白《浊浪篇》，不知涕之何从也。"雄剑挂壁，时时龙鸣"，余宁将挟毛锥以终老邪？

容先生还将日本关东军发动"九一八"事变的侵略有理布告的印件一直保存着，以示不忘国耻。

1933年5月劳动节所写的《颂斋吉金图录·序》云：

> 私念商周彝器，非寒士所敢望。然环顾宇内，干戈扰攘，发掘墟墓，所出日多，政府莫能禁。有博物馆出面购求者乎？无有也。此种种者不流海外，将安所归？抱残守缺，亦余之责也。

1934年容先生与一些朋友发起考古学社组织，于9月1日成立。他在《考古学社之成立及愿望》中写道：

> 海通以来，我国古物多增一厄。异邦豪商达官，附庸风雅，斗夸鉴藏，挟其多金，来我中土，背我法禁，蔑我舆情，巧取豪夺，捆载以去。凡名家私藏之散落者，地下故墟之发现者，岁岁流出，永不复归。……遂使嗜古之士，于宗邦重器，希世遗文，欲一望景迹而不可得。事有可慨，宁有过是？欲平此憾而弥此失，吾人亟宜申原主道义上之权利，搜集此等景本，择优重印，廉价流布。

果然容先生即着手拣选海外收藏铜器著录中较善者，编写了《海外吉金图录》。容先生于1935年4月为此书作序说：

> 民国以来，故家零落殆尽，惟攀古楼、澂秋馆两家独存，已不无散失矣。军阀构祸，国无宁岁。关、洛之民，困于饥馑，或掘墟墓，取所藏以救

死，政府莫能禁。异邦之有力者，挟其多金，来相购取。于是古器外流，遂如水之就壑。……"九一八"之难作，乃蹶然起曰："宗邦重器，希世遗文，欲求印本而不可得。人方劫掠我文物，倾覆我国家。吾不学为耻耳，乃效尾生之信，以翻印为耻乎？"于是有《海外吉金图录》之辑。

1939年4月容先生写《兰亭集刻·序》曰：

然读羲之登冶城告谢安"四郊多垒，宜思自效"之语，远想慨然。观者当于羲之登临放怀之际，不忘忧国之心而有得焉，无徒赏其书法之神逸已也。

1937年7月7日卢沟桥事变后，日军大举侵华。国难当头，蒋介石采取不抵抗政策，而民众的抗日呼号响彻全国。容先生早已是名扬国内外的研究古文字和古铜器的专家，其时已经40多岁了，也热血沸腾地办了几期《火炬》小报，呼吁抗战，并被推举为燕京大学教职员抗日委员会主席。容先生同我们说过，他当时也曾经考虑撤往西南，在日军进入北京前夕，还想同青年一起上太行山参加抗日游击队，并且已做了一些联系和准备的工作，后因家小安置问题和对书籍、专业研究的留恋犹豫而未果，结果留在沦陷区的燕京大学，继续从事《商周彝器通考》的著述。日本人滨田耕作曾在《泉屋清赏·总说》中，讥笑中国古铜器研究是"依自来之传说，比图录，信款识，依习惯而定其时代"，容先生在1935年出版的《海外吉金图录》里，曾对滨田予以驳斥，指出其"将多数之周器属之于汉，"将者沪钟的"佳戉十有九年"读为"惟岁十有□哶"，而不知道潘祖荫、郭沫若等早已正确地指出"戉"即越，"窃疑彼（指滨田）于吾国人著作尚未多窥，其识乃在'比图录，信款识'之下"。民族正气凛然，跃然纸上。某些日本学者，仗着军国主义之势，散播"中国出土，日本研究"的欺人谬论。容先生经过8年的艰苦研究和积聚，终于在1942〈0〉年编写完成的《商周彝器通考》，对中国古铜器进行了全面的考证和论述，可以说是对那谬论的最有力的回敬。日本投降后，政界和学界曾有一批人不分青红皂白地责难沦陷区的知识分子，责难容先生没有跟着到西南大后方，又没有拿枪抗战，就是为日本人服务，迫使容先生离开北京而南归广东。那样的责难显然是有失偏颇，并带着某些宗派意味的。

1949年广州解放前夕，就曾有人低估容先生爱民族爱国家的热情而劝他逃离大陆，但他拒绝了。他在1950年暑假学习会上谈感想时说："我是个研究中国古铜器和文字学的人，埋头工作，对于政治方面不大过问。但我爱我的民族，我爱我的国家，遇到日本帝国主义的侵略，使我热血沸腾起来，也曾做过了几次摇旗呐喊的抗日工作。……试拿10年前的日本和今日的美国来比较，其挑拨内战，阻碍统一，推销陈旧的军械和奢侈的商品，更是一模一样。"

新中国成立后，容先生在岭南大学和中山大学任教，除了负担本科部分文学史、文字学和《说文》研究课程外，多数时间用于研究和培养研究生。凡是听过容先生讲课的，无论是本科生还是研究生，或是到他家拜访问学的知识青年，必定会听到容先生以极大的爱国热情讲述他的古文字研究工作，都会记得他激励人们的话："我们总不能让外国人来笑话我们，说我们自己的古代文化需要外国人来研究。"每当人们听到这句话，都会油然升起中华民族子孙的责任感，同时体会到这位满头银丝的老人，为什么对古文字和古铜器研究有如此专注的感情，总是津津乐道，并非王婆卖瓜，简单地出于个人的职业爱好，里面还倾注着他对祖国文化遗产的热爱和高度的民族责任感。

五

容先生之治古文字学，若从其"从四舅邓尔雅治说文"算起，已有70年了。其治学的最大特点，恐怕要算是学术界经常称道的严谨。王国维为《金文编》初版作序说，多问阙疑之法，"希白是编与参事弟子商锡永《殷虚文字类编》用之尤严"。马衡《序》曰："其赅博矜慎之处，视吴书（按：指吴大澂编《说文古籀补》）有过之无不及也。"他们所说的主要是指"稍涉疑似即入附录"①。《金文编》的第二版、第三版以及现已修订完毕的第四版，都保持着这一特色。唐兰先生等一些专家曾不止一次地批评容先生过分保守，认为附录中有许多字已无可怀疑。容先生在第三版的附记里也曾接受这一批评。第三版吸取了于省吾、唐兰、陈梦家、张政烺、刘节、梁方仲、高景成诸先生对《金文编》提的许多意见，也吸收了一些郭沫若先生考释金文的新成果。例如将下列原属附录的字改入正编：亻、祡、祁、琩、

---

① 见《金文编·马序》。

珏、㞢、󰀀、迲、逦、嬰、󰀀、卜、鸢、雒、󰀀、󰀀、奴、耒、耟①、秄②、屮、󰀀③、仓④、窜、㤰、㥮、󰀀、伀、俯、襄、耆、螫、廎、貘、䎽、麋、麗、羋、韱、智、󰀀、󰀀⑤、憭、涉、󰀀、礻、臣、󰀀⑥、嫱、媰、纲、蠢、󰀀、冈、鷇，等等；原二版正编中的字也有修改，如："归"下的"󰀀"改作"歂"，"训"下的"󰀀"改隶"竸"，"彝"下的"󰀀"改隶"䦽"，"视"下的"󰀀"改作"眂"，"梡"改作"枴"，"贰"下的"貣"改作"貣"，"五"下的"󰀀"改作"网"，"㱕"改作"歸"，"贞"下的"󰀀"改作"真"，"人"下的"󰀀"改作"兀"或"元"，"沫"下的"頮"改作"顡"，"空"改作"㝫"，"尉"改作"厰"，"驱"下的"󰀀"改作"貙"，"燮"改作"爕"，"澶"改作"潭"，"涉"下的"󰀀"改作"颁"，"󰀀"原作"𠈌"改作"隊"，"󰀀"原作"陵"改作"陶"，等等。但是各位先生还有许多认为可以隶定和解读的字并没有被采纳。第二版本在附录的"󰀀"和"󰀀"，第三编转为正编的"鸢"和"保"，在新的第四版中又将回到附录去。所有这些变化，都说明容先生在治学上，并非保守，而是博采通人，择善而从，与时更新，一旦发现有可怀疑而不决的字，即置之附录，这正是容先生治学严谨的科学态度。20 年前，我也年轻好胜地曾向容先生提出过一批附录中的字的释读问题。当时容先生同意了几个字的看法，然后即取出他收藏的第二版，翻出各家的批语给我看，接着教导说："有的字你认为可识而我不认识，有的字他们认为认识而我不认识，怎么办？所以我还是把它放在附录。"这使我体会到容先生编纂《金文编》的矜慎态度，是在博览群书基础上，斟酌各家成说和己见，谨慎地选择，其严谨并非执偏见不改易，而是随着古文字材料的不断出土和科研的不断发展，不断吸收新的成果，无论是附录字改隶正编，或是正编字改入附录，或是正编内字的重新隶定和调整，都是根据最新研究成果，经过深思熟虑的。这样的严谨态度，是科学的态度，我想是不能称之为保守的。编纂字典的目的，主要不是参加百家争鸣，而是抉取文字科研成果供人查阅，供后辈学习，收字太滥，

---

① 编按：见第三版第 305 页 726 号"麦"字下。

② 编按：即"󰀀"，参第三版《金文编》第 313 页 756 号字。第四版改释为"秠"，第 507 页 1169 号字。

③ 编按：见第三版第 387 页 926 号"齐"字下。

④ 编按：见第三版第 407 页 958 号"宣"字下。

⑤ 编按：见第三版第 565 页 1380 号"庆"字下。

⑥ 编按：见第三版第 604 页 1507 号"聽"字下。

辨别不精，必贻误无穷。

　　有的老朋友著文，也在口头上多次向容先生提出，《金文编》中像"天、山、步、徙、寻、爵、鼎、象、鱼、蠚"等一些有填实粗笔的图形字，不归附录，是自乱体例，希望容先生接受批评，修改更正，以求严谨学风彻底贯彻，云云。① 对此，容先生总是摇头回答说："这些字的归属问题，是经考虑再三的，若放附录反不如现在好。"这是不是保守呢？近4年来，我有幸受容先生之命协助修订《金文编》，益信容先生治学之严谨。容先生所定凡例中说："图形文字之不可识者为附录上，形声之不可识者，考释犹待商榷者，为附录下。"所谓氏族图腾的图形性很强的符号，有两种不同情况：一是同后世的文字间尚未发现形体上有可靠的联系，此类只能置之附录；另一种是同后世使用的文字在形体上有明显的联系，甚至可以知道其形音义，尽管其以较原始的图像形式存在，仍该隶入正编，如"天、山、徙、寻、鼎、爵、象、鱼、蠚"等字，都属此类。这是有充分的文字学理论根据的。"鱼"字便是最典型的例子。当它在鱼鼎、鱼爵、鱼父丙爵等一些器铭里，似乎可以当作纯粹的族氏符号来看待，但它在鱼从诸器、伯鱼诸器、鱼伯器、鱼作父庚尊、鱼作父己尊等器铭中，只能认它是百分之百的"鱼"字，又有什么理由要将同样象形的"鱼"字分置正编和附录呢？虡父丁觯中的"虡"字所从之鱼是那样古朴象形，但它同虍头紧密联系在一起，融成完整的一个"虡"字，列入正编是无可怀疑的。又如商代铭文中的"车"字，两轮、车厢、车辕、衡、轭俱全，平放如画，也没有人提出必须将它改置附录，原因大概就在"车"字从繁到简从横到竖的形体变化较为清楚地连续着。从对图形性很强的象形字的处理，可以看出容先生不是简单地将图形文字来做排比，而是把铭文中的每一个形体都放置在文字发展的系列中，从文字学的角度，来决定其隶属于正编还是入于附录的。这是容先生严谨的科学态度的又一表现。当然，时代在前进，事物在发展，容先生的认识也和人类的认识一样不断发展。原先将"🇫"和"🇵"放在附录，有的朋友说前者可以分析为戈和鸟，可以隶为"鸢"，后者象大人保护小孩形为"保"字初文，容先生觉得有一定道理，三版即列入正编，而今考虑到商周铭文中前者多见，仅做族氏符号用，未发现它同后世文字发展在形体上的联系，考虑到后者象大人背负小孩形而不是保护形，与"背、负"等一类字没有形体联系，只能作族氏符号来看，它们在形音义三方面都还不能给予比较确定的

---

① 如徐中舒《对〈金文编〉的几点意见》，载《考古》1959年第7期。

说明，因此第四版再次回归附录。容先生对其著作中的每一个字，都是这样严肃认真对待的。

在《金文编》中，我们可以看到，容先生是很重视谐声偏旁字的孳乳和假借以及有文献根据的通假的。但他对古文字学界有些人滥用通假，对"有解说总比没解说好"的说法，是不以为然的。有的朋友碰上不认识的字，即根据文意推测字义类属，若在形体上找不到根据，即乞灵于音韵的通转，声纽韵都合倒也罢了，有的人不管声纽，只凭韵部便大做文章，甚至韵部不合再乞灵于旁转，非"证明"自己假设的正确不行。容先生是宁可阙如，也不同意这样做的。1975 年 7 月 27 日容先生致周法高信云：

弟于金文，只注意字形之联系，至于阴阳对转之说，不轻于引用。如谓器乃犾之初文，犾从犬斤声，古音同在文部；猥从犬畏声，古音同在微部，猥犾两字孰为器之初文，则未可知。愚意器与犾猥有何关涉而牵连及之？①

知之为知之，不知为不知，实事求是，绝不强为之说，也是容先生严谨治学的一个表现。

六

读容先生的书，给人最突出的感受，我想大概是博、专、精三个字。无论是专著还是论文，都使人感到有广博的知识做基础，有众多可靠的材料为专题服务，考据论证精深入微，所以他的书籍、文章，历数十年而基本价值并不稍减。随着出土物的不断增加和研究的不断深入，人们可以不断开辟新的研究领域，而对容先生的著作，人们只能做枝节的修改或补充，而无法改易其基本内容及主要结论。容先生的研究工作达到这样的境地，用的是什么方法呢？从容先生给问学青年的回答中，可以看到端倪。

青年后辈常常询问容先生用什么方法培养研究生，希望从中了解他本人自学成才的诀窍。我们常常听到容先生这样的回答："大匠能予人规矩而不能使人巧。老师只能指个路，走路还得靠自己。我培养研究生的方法是土法上马，先抄《说文》，抄完后抄《金文编》，然后抄《甲骨文编》，再读书架上有关甲骨金文的图录论著，读一部书写一篇书评，做多了必有所得，最

---

① 李孝定、周法高、张日昇编著：《金文诂林附录》，香港中文大学出版社 1977 年版，第 2840 页。信中所引内容参见《金文诂林》第三册第 1164～1166 页朱芳圃、张日昇说。

后写毕业论文。如何找书读呢？你选什么题目，就先找有关论著目录看看，尽量把有关的书都读完。我当年就得益于王国维的《金文著录表》。在北京大学，我把研究所有关的书都读完了，就再到北京图书馆找研究所没有的书。"先打好基础，然后博览专业群书，一书一评，大概就是容先生治学的基本方法。

　　容先生曾多次让我参观他的书库。他在北京期间所摘抄的金石书籍序跋目录和自撰的书评，用线装钉成一本一本的，就像书一样放满书架。容先生南归广州后，每得到一件碑、帖，一幅书、画，必仔细校读，写一篇小记，如此每天不辍。除已在《岭南学报》和《南国》发表的近百万字外，现在正由中华书局香港分局印刷出版的《丛帖考》共有4册100多万字，尚未出版的《颂斋书画小记》，积稿也有二尺厚，其中有一部分还是在"文革"期间，白天挨批斗受监督劳动，晚上回家写的哪！1962年至1964年广东《学术研究》上发表的《清代吉金书籍述评》和《宋代吉金书籍述评》，便是容先生一书一评的代表作。我曾借阅过容先生所藏郭沫若先生的古文字研究著作和转抄过他手头的《金文著录表》，发现郭沫若著作中的每一篇他都一字一句地校读过，所有错漏字都经过修改订补，并常以眉批或旁批形式，发表自己的看法。1963年我在读《两周金文辞大系》时，曾写了一篇短文《吴王夫差之剑》（未发），纠正阮元以来的各家误释和郭书中"攻敔王元启"的误读。1964年年初借阅容先生藏的《大系》重读时，发现容先生早已做了纠正。他的眉批曰："以攻敔王夫差剑证之，元启乃人名，细辨乃夫差之泃。"同时改正了器名和释文，删去了考释的前半部分。至于他手头的《金文著录表》，从几种不同的墨色字迹及某些铭文的分合，可以知道是经过多次校对、修改、补充的，有些备注栏里还加注有"疑伪"或"伪"字样，这是需要将有关的著录全部查对过才能做到的精细工作。

　　选定题目，将有关目录中所提到的书籍文章全部读完，写书评，用当代时兴的话来说，就是全面地占有资料。容先生所写的书评，每每包括版本装帧、作者小传、写作背景、校读的得失、优缺点及对其意义的估价，间或还有本人的新见解。这样的书评，本身就是包含着去粗取精、去伪存真、由此及彼、由表及里的艰巨的创作活动。而这样艰巨的工作，仅仅是容先生专业研究的准备工作呢。我们读容先生著作的博、专、精感受，其源大概就在此大量的艰苦的准备工作上吧。

　　记得容先生在给我们讲授《说文解字》研究专题时，有几页用白报纸写的讲授提纲，里边简要地列了《说文》内容条例和各特点的例字，以及根据甲、金文研究所得的《说文》不足之处，最后还有用毛笔专门写的两行字：

人一能之己百之，人十能之己千之，果能此道矣，虽愚必明，虽柔必强。

无疑，这是容先生勉励后学，刻苦勤奋，树立信心的话。我想，容先生完成近 700 万字的论著，还有无法统计的读书笔记和书评，大概也是在这种信念鼓舞下完成的吧？

本来结合容先生的全部论著来探讨其治学方法，可能会更为充实具体，例如容先生怎样选题，怎样搜集资料，怎样排比、鉴定、选择、处理资料，怎样考据、论证，怎样组织文章、遣词、用句等都可以展开，容先生在古代文化研究方面的贡献也需论述，然而那样，必定篇幅很大，不仅我个人的能力不能胜任如此巨大的工作，此外考虑到马国权、孙稚雏二位先生有专文评述容先生的著作，因此本文只写一些个人片段的感想，挂一漏万、看法片面的缺点是不可避免的，望前辈及师友多多批评指正。

1982 年 10 月于中山大学

（本文原刊《古文字研究》第十二辑，中华书局 1985 年版；又刊于东莞市政协编《容庚容肇祖学记》，广东人民出版社 2004 年版）

容庚先生与书画篆刻

一

容庚先生（1894—1983年）是我国著名古文字学家、考古学家和书法篆刻家。他一生有二癖好：一曰金石，二曰书画。金石得之于其舅父邓尔雅先生，书画得之于其从叔父容祖椿先生。① 容先生以古文字学和青铜彝器的研究著述名于世。其集金文释字之大成的《金文编》（1925年初版）和集古今中国青铜器流传著录研究之大成的《商周彝器通考》（1941年出版），以及将铜器器影、纹饰、铭文、考释集于一体的多种图录的编撰出版，使他蜚声海内外。于是乎，古文字学和考古学界的重名，使他癖好一生的书画篆刻方面的成就，相形逊色。但容先生一生所费时间最长，著述文字最多的，却是丛帖书画的收集和考证研究。过去学界言及容庚先生，虽多连称他古文字学家、考古学家和书法篆刻家三个荣衔，然介绍的内容多偏于古文字学和青铜器方面的成就，很少谈及他在书法篆刻方面所做的工作，更少说到绘画，因而很少知道容先生耗心血最多的书画篆刻方面的研究成果。

容庚先生出生在广东省东莞市莞城镇的书香世家。其外祖父邓蓉镜是同治十年进士，入翰林院，在京期间常与书画鉴赏家来往切磋，见名人遗迹，即购藏之，并记其人、事，品评书画。② 晚年回粤任广雅书院院长。其四舅邓尔雅，是广东近代有名的书法篆刻家，1906年曾赴日本学美术，1908年返乡于广州任教。1908年容庚先生15岁，父亲因鼠疫去世，兄妹们失学、守丧，全家遂在母亲带领下迁广州与舅为邻。是时容先生即开始在舅父指导下自学《说文》，磨石学习篆刻。5年后，容、邓两家搬回莞城比邻而居，容庚兄妹天天可得邓尔雅的教诲，学业日进。这时期，容先生一方面在邓尔雅的指导下，对篆刻和研究古文字产生了浓厚兴趣，写下了《雕虫小言》③，

---

① 见《岭南学报》1948年第八卷第二期，第29页。
② 见《颂斋书画录·序》，1936年7月。
③ 见《小说月报》1919年第十卷第三、四期。

与弟弟肇祖合著《东莞印人传》①，同时开始了编撰《金文编》的工作；另一方面在二舅邓汝霖和表兄懋勋的许可下，遍观其外祖父遗下的许多名家书画，并跟随著名岭南派画家居廉的弟子容祖椿学画。容祖椿虽比从侄容庚年长几倍，因喜欢容庚的勤奋刻苦，便指导他观摩学习《佩文斋书画谱》《画史汇传》《画学心印》《桐荫论画》及《神州国光集》诸书，操笔临摹古人山水画。二舅汝霖、表兄懋勋，从叔祖椿、从兄康泰，是容庚先生涉足书画的引路人和老师，也是青少年时期评书品画的同道挚友。

熟悉容庚先生的人，都谑誉他有一股犟牛脾气，90年经历多少世变和逆境，秉性不移。其表现在学艺上，便是中心所好成癖，锲而不舍，孜孜以求，勤耕不辍。1922年容先生就读于北京大学研究所国学门，一个中学生骤成研究生，深感于列子"大道以多歧亡羊，学者以多方丧生"的话，于金石古文字以外，不敢多所旁骛，"不言书画者十有五年，即古物陈列所及故宫博物院开书画鉴定会，亦不多往"②。专心在古文字学及青铜器方面，孜孜钻研，成就了一番事业。两个癖好中，抑一专一，使他成为著名的古文字学和青铜研究专家。自1936年春，先生拿出自藏的部分书画，共16家付印，各记谱录、传记、收藏史事，成《颂斋书画录》，压抑了15年的书画癖一经放开，便不可收拾。当年便续有《二王墨影》《伏庐书画录》印行。然不免自惭所藏所见不丰，于是每次从燕京大学进城会友，过琉璃厂，除了专约鉴赏古铜器外，更多的是流连古玩店书肆，购藏书画丛帖，时与当时中青年书画家蒋兆和、周怀民、启功等过从，品谈书画艺事，还特于《顺天时报》刊登启事，为人治印篆刻，以增购藏资费。1941年年底，容先生从北京城外迁入城内，"移居上斜街东莞新馆，密迩琉璃厂。因得时过书画肆之门，估人来者亦众。室人责我，以为奢于购画而吝于购米。……荏苒五年，箧衍转充。问余之富，将数书画以对矣"③。于此可见其对书画的嗜癖之一斑。惜这些书画藏品，于1947年运回广州时有不少霉变。

纵观容庚先生生平，1922年以前在广东家乡，是学习古文字及篆刻书画，并产生浓厚兴趣的时期；1922年至1936年是专一学习研究和著述古文字和古铜器，并因而擢列名家时期；1936年至1941年是容先生从以古文字研究为重点向以研究考评书画为重点过渡的时期。在这转变期的最主要特点

---

① 容庚、容肇祖合辑：《东莞印人传》，1921年石印。
② 《颂斋书画录·序》，1936年7月。
③ 《颂斋书画小记·序》，1948年12月。

是：在古文字学和考古学方面，做总结性的工作，对《金文编》做一次全面的补充修订，完成青铜器方面的集大成巨著《商周彝器通考》；在书画方面，则是将所藏所见初步清理出版，并为下一步的研究工作积极做准备，即不遗余力地购藏书画法帖。促成其这一转变的，大概是1934年沈凡逊为美国福开森编纂《历代著录画目》出版，福氏赠送给容先生一部，点燃了他被压抑了15年的书画癖好。容先生少年时，因得到《宋代金文著录表》和《国朝金文著录表》，而按图索骥，按表购书，参证考订，开始了《金文编》的编撰，步入了研究金文的殿堂。而中年得此《历代著录画目》，中心所好，又可按目购藏，进行新领域的参证考订工作了。而1941年后，容先生便步入了以购藏、研究考订书画为重点的时期。太平洋战争爆发后，燕京大学内迁，他在日伪统治下的北平教书，经费不如燕大执教时宽裕，复加精神苦闷，"排忧解愠，莫逾书画"①。容先生1946年春离开北平，南返广东，在广州既缺甲骨、铜器资料，又乏从游之人，岭南大学教课之余，唯面对囊中书画法帖；涉足广州文德路的古玩店和书肆，也唯有书画法帖能吸引他。这就在客观环境条件上，使容先生在1941年后，不能不把研究重心从金石古文字转向书画法帖的收藏研究上。从1941年至1983年容先生去世，42年间，容先生在金石文字领域，除了一次缩写改编旧著成《殷周青铜器通论》，二次增修《金文编》，以及补充修订旧文《鸟书考》《宋代吉金书籍述评》《清代吉金书籍述评》外，较少新的建树，而在书画著录评述方面，则完成了400多万字的写作。即使是在"文革"频遭批斗时，他以70开外高龄，还每天校自己的新著书稿《历代名画著录目》（近100万字），或撰写《颂斋书画小记》（近120万字）以自娱，其执着坚韧之精神，令看管他的年青红卫兵也为之感动。

二

容庚先生作为一位著名学者，在书画方面的主要贡献，是收藏鉴赏、考证著述、鼓励和奖掖后人。

在收藏鉴赏方面。从1941年至1965年在北京、江浙、广东各地，共购藏"得丛帖250余种，编其目为《丛帖考》（振林按：20世纪80年代交由中华书局香港分局出版时，更名为《丛帖目》，共4册）；收集明清以来书

---

① 《颂斋书画小记·序》，1948年12月。

画，得 1300 卷轴、册并及所见 500 余种，为《颂斋书画录》"①，并 "编为《颂斋书画小记》，每得一张名画，检查它有无著录，有，则载入小记中"②。他收藏的特点是："人方以大家为贵，余乃取其冷僻者；人方以名人题跋为贵，余乃取其无题跋者；人方以纸本为贵，余乃取其绫绢者；人方以立轴为贵，余乃取其卷册者。"一喜收艺苑世家之作，如收文征明之《草书诗卷》，继及其画，又及其子彭、嘉，及其犹子伯仁，弟子陈淳、钱谷等人之作。二喜收文人之作，如王世贞、顾凝远等的诗卷、手稿、扇面画。三喜收乡人之作，大抵明、清两朝的广东籍书画家之作，皆有关乡邦文献，因而努力购藏，如林良水墨禽鸟，张穆画马，明末清初众广东名贤《送胡大定之官邓川州书画册》，乃至陈澧、张维屏、梁鼎芬、居廉、居巢、康有为、梁启超等的书、画。每一作品，均记其名目、质地、尺寸、题跋、收藏经历、作者小传、品评优劣得失。

容先生对其所藏金石书画最为心赏者，有 "错金 40 字之春秋《栾书缶》；在陶斋三本之外之《华山碑》；绍兴米帖行书草书各一册，草书为清代藏家所未见；黄公望山水半幅，有恽寿平题跋；谢缙《山月亭图卷》，程南云引首，沈度书杨万里《山月亭记》；长六丈余之戴进《山水巨卷》；林良《秋树鸟雀轴》；沈周《蜀道图卷》，有文彭书《蜀道难》诗；《吴门十二景诗画册》，有张寰、朱隆禧跋；文徵明《醉翁亭图记卷》，有皇甫汸跋；不以画名之陆西星《畦菜卷》；董其昌、冯起震合作之《古木竹石图卷》；王鉴《仿吴镇吴山秋霁图大轴》；张穆《八骏图卷》；王翚《仿王蒙山水卷》《仿古山水册》；恽寿平《藕花秋雨轴》；文徵明《草书诗卷》；文彭《草书诗卷》；王宠《行书诗卷》；王世贞《行书西湖近稿诗卷》；董其昌《行书墨禅轩说卷》"③。容先生之购藏书画，目的在资研究和防止民族国宝外流。容先生素以为学术乃天下公器，因此一方面设法择优印行，一方面集中千余件分别赠送给广州市博物馆、美术馆及美术学院、广州师范学院。

在考证著述方面。数十年来，容先生笔耕不辍，积稿等身。其已发表的举其要有：

篆刻：《雕虫小言》（1919 年《小说月报》第十卷三、四期）、《东莞印人传》（1921 年石印）。

---

① 《容庚自传》，载《名家翰墨信息》1994 年 9 月第 2 期，第 24 页。
② 《颂斋书画小记·序》，1948 年 12 月。
③ 《容庚自传》，载《名家翰墨信息》1994 年 9 月第 2 期，第 24 页。

书体碑刻：《鸟书考》（1934、1935、1938、1964年），《秦始皇刻石考》（《燕京学报》1935年），《古石刻零拾》（1934年），《飞白考》（《岭南学报》第十卷第一期，1949年）。

丛帖考：《淳化秘阁法帖考》（1952年），《澄清堂帖考》（1961年），《颂斋丛帖目及凡例》《丛帖琐谈》《广东的丛帖》等（见《艺林丛录》，1973年），《丛帖目》之一、二、三、四册（1980—1987年香港中华书局出版）。

书画著录与考订：《颂斋书画录》（1936年），《伏庐书画录》（1936年），《记竹谱十四种》（《岭南学报》第八卷第一期，1947年），《倪瓒画之著录及其伪作》（《岭南学报》第八卷第二期，1948年），《历代名画著录目》（待刊。自序见广东《学术研究》1978年第二期），《颂斋书画小记》（待刊。自序见《南国》第二期，1950年）。

容庚先生在编辑第一部书画录《颂斋书画录》时，就注意到前代各种论书画之书，或失之泛，"甫学执笔即称画人"；或失之翳，"收藏家与传记家正相背驰，宁收伪作，不录冷名"；或失之瞀，真赝杂糅而不辨；或失之陋与伪，"缩寻丈于尺幅，即尺寸亦未及记焉，遑言考证。雇拙工数人加彩色于印画之上。彼拙工何曾梦见原迹？"鉴于有此五失，容先生"回思先外大父之言，欲去兹五失，合谱录、收藏、传记三者于一书，名曰《书画鉴》，分集印行"。正是开端即本此宗旨，使其以后的著录、考证，总能对有关资料广搜博览，力去五失，去伪存真，考订品评，谨慎得当。由于种种原因，容庚先生在中国书画研究方面的成果，许多未能及时出版，但在中国书画研究史上，我想是应补上这一笔的。

至于奖掖后进，京华南粤有许多友朋弟子交口称颂容先生引导、助学之恩。三四十年代，因陈垣与容先生有同乡和史学朋友关系，陈垣门下的青年启功，常有机会与容先生过从论书品画。启功先生虽晚容先生17年，容先生却以好友待之。容先生在《飞白考》末云："此文草于一九四一年，曾与启功先生言之。一九四七年五月余复至北京，启功临张燕昌飞白七言联以赠。启功善书画，能文章，余事为此，犹能上及古人，是知此体不终绝于世也。"启功后来成了一代名书家，至老对容先生执弟子礼。至于广州的麦华三、李天马、马国权等一大批有名的书家、画家，都曾受益于容先生的指导、鼓励和提供无私的资料帮助。广东书法界门派林立，容先生曾多方努力促进各派团结，共同为繁荣广东书法篆刻事业而努力。广东省书法篆刻研究会在1979年得以复会，德高望重的容先生被推选为会长。曾有一位青年，特别醉心沈寐叟的书法格调,未经介绍,带着自己的作品冒昧拜访容先生。不想容先生竟将自己收藏的仅一张沈寐叟晚年真迹相赠,使这位青年惊喜不已。这青年经反复临习,果然书法猛进。① 容庚先生将自己费一生心血购藏的书画,赠送给广州市博物馆、美术学院、师范学院,供后人参观、临摹,对培养书画人才所起的作用,更是无法估量的。

三

下面再对容庚先生在篆刻、书法、绘画方面的创作活动,谈点粗浅的看法。

容庚先生少年时是从跟随舅父邓尔雅学治印、进而学篆书,攻《说文》,再上追先秦古玺、古籀,最后成为古文字学家的;发表著作也是从关于篆刻的《雕虫小言》《东莞印人传》开始的,因此他很早就有一套关于篆刻的理论,指导他的篆刻实践,从他的篆刻实践中也映射出他的性格、治学特点。他认为,学篆刻必须首先通《说文》,正篆字;字正确是最基础的,刀法再圆熟,如果字错了也会遭天下人讥;《说文》也有不少错字,因此要学金文、甲骨文,但文字又是发展的、变化的,所以用篆入印,至少要查有根据;阳文宗古玺、封泥,阴文宗汉印,章法自然入轨。记得1961—1963年间,我和几位同窗每隔两个星期即到容家拜谒请教先生一次,常听到他对邓石如、黄士陵以及皖派、浙派的评骘,后来我才知道,先生治印就是从学习邓石如、黄士陵的章法开始的。上面说过,容先生曾登报,以治印集资。1983年先生去世时,商承祚先生曾撰文回忆,1932春天容先生从北平去天津拜访商,一日商早上醒来,容已刻好一方朱文小印放在商的案头,在7毫米见方内,"商氏吉金"4字"章法布局匀称,刀法古朴,实属佳构"②。此印即充分体现了容先生的阳文宗古玺封泥的观点。商先生对此小印十分宝爱,抗战时也带在身边辗转流离,每得到金文拓片,常钤此印于边。香港《大公报》于1983年3月27日发表马国权先生的文章介绍容庚,附有六方容先生的印。马氏谓先生"治石即从流派好尚而追前古,严整典雅,精致无匹。虽仿古玺,亦端工清丽,不作支离破碎"。此真行家又兼容弟子的真实、准确的评语。我想画蛇添足补说一句,我觉得容先生的印文笔画,似总

---

① 见马国权《容庚先生二三事》,载香港《大公报》1979年6月25日。

② 商承祚:《我与容希白》,见《古文字研究》第十二辑,中华书局1985年版;又载《广州日报》1983年3月13日第4版。

在方正之中另带一点疏朗、硬挺、古拙之气，既像他仿倪瓒、萧晨山水的笔法，又有几分他的性格特征，不知马师兄和篆刻界前辈以为然否？

容先生在二三十年代，著文、写日记都习惯使用毛笔，40年代以后则间用钢笔书写，多为蝇头小楷，少作大字。先生无论如何忙碌，论述必亲躬操笔，从不苟且。几百万字的手稿，字字方正，提顿分明，笔画凝重，偶有行草结构，亦不失端严气度。既有欧体笔画、结构的严谨，又有苏楷用笔的浑厚、凝重。这是我捧读校订先生著作的总体印象。容先生晚年眼花、手颤，所作楷书，则稍形瘦长，显清癯筋骨。我曾见先生用楷书为海南五公祠书联，用墨饱满，可说是其晚年楷书的代表作。容先生的书法作品，多为金文。他从小临摹研究金文，对商周文字体会至深，他书写的铭文，初看令人觉得方整古朴，缺少变化，但仔细品味，则见其笔力内蕴，出笔如铜流于画间，此正商周金文之精髓也。喜掷袖伸拳花俏外形者，难理解其功力。70年代，求容先生墨宝者甚伙，书画名家或非文化界官员求书，他每每推托，而普通职员、工人，或是求学青年求书，往往能如愿以偿。青年问学，容先生谈至兴起，提笔挥毫，主动赠送，也是常有的事。这可以说是容先生和许多书法家不同的一大特色。

容先生少年时曾跟随从叔容祖椿学画半年，临摹明清山水花鸟小品。40年代北平沦陷后，环境不利于学术研究，容先生为了排遣苦闷，花了不少时间整理30年代购藏的书画，校订、补充书画著录目和丛帖，间或临摹古画。凡估人索价太高，"力所不能得者，则临摹之如小儿仿本，略得形似而已。自1939年起，至1945年止，七年之间，得画一百卷轴；曾以一夕之力临沈周《苕溪碧浪图卷》，顾颉刚、陈寂题长歌以张之"。元明恬静疏淡的文人山水画，大概是知识分子从尘俗苦闷中逃逸的极佳境界，容先生临摹研究较多的也是这一类画。故容先生有二三十万字的《倪瓒画之著录及其伪作》《记竹谱十四种》等长篇论著问世。我不懂绘事，不敢妄评瞎议。我只依稀记得，60年代初，容先生曾对我和几位同窗谈论过壁上挂着的林良画的松鹰和张穆画的马，搬出他自己临摹的册页给我们看过，大抵是节临倪瓒、黄公望、沈周和清初"四王"的山水，精疏几笔，意境静雅逸淡；节临徐渭画的葡萄，用饱含水分的泼墨写意法，一嘟噜晶莹葡萄，上覆盖着三几笔勾画的叶子，须蔓下垂，用了多水的淡彩。由于我是门外青年，所以没有多少清晰记忆。记得较清楚的是有容庚先生庚戌（1970年）题记的《古木寒山图》，那是一幅仿石谷子（王翚）画的横卷，高20多公分，长约2公尺。左为简疏的远山近水，中为密林古林，右为坂坡竹林。画经吴九如补色。左部和中部多用半枯的笔画，用流畅的线条勾画瀑布花草，用披麻皴画山坡古木，远山瀑布和涧边花草给人清丽感觉，而与苍劲的古木和凝重幽深的大地浑然一体。右上角采用又粗又浓的笔触和断竿画的竹，我以为是此画的瑕疵。此外，从1982年的《书法》杂志第五期得知容先生曾在1941年临摹明末的钱叔宝（钱谷宇）《赤壁图》卷，1976年又重临以赠马达为先生。从友人处得知林祝华医师收藏有容先生临写的彩墨绢本挂轴《古柏双禽图》，容先生也曾有画馈赠卢叔度教授等人。在捐献给广州市美术馆的书画藏品中，也许会有容先生的画作。就我所知，先生之画，多为临摹之作。

容庚先生学艺兼博，著述宏富，贡献良多。惜我晚生，从游日短，兼愧愚拙，未能通先生所学之十一。上述先生在书画篆刻方面的经历与成就，难免囿于见闻，挂一漏万，遑论品评，真有不自量力之嫌，愿前辈、方家多多批评指正。

1995年10月初稿，11月补充

（本文原刊《广州书画研究院院刊》1995年12月创刊号；又刊于东莞市政协编《容庚容肇祖学记》，广东人民出版社2004年版）

关于容老"保守"的答辩

《金文编》为容庚先生萃毕生精力撰集的我国第一部专收金文（指殷周青铜器上的铸刻文字）字形的专著，该书率先收集铜器铭文中的单字，是一部内容丰富、体例严谨的商周金文工具书。自1925年初次出版以来，就一直在国内外学术界备受推崇。

此后容庚先后对《金文编》做了三次重大的修改与补充。计有1939年香港商务印书馆修订本、1959年科学出版社增订本。自1979年起，因容老年事已高，且其助手马国权调离，遂将摹补修订的后续事宜全部交由张振林承担，经过其5年的艰苦努力，第四版《金文编》于1985年7月由中华书局出版。全书共引器目3902器，正编收2420字，附录1351字，正编、附录共收3771字，连重文全书共摹录24260个字形。新增加的字五分之三由容老20余年陆续增补，其余五分之二由张振林增补。其严谨充实、与时更新，是自1959年第三次修订出版后20多年间考古与古文字学研究的新成果。于1987年获广东省社会科学优秀科研成果一等奖，1992年获国务院新闻出版署颁发全国首届古籍整理出版图书二等奖。

1958—1959年全国高举"三面红旗"，大放"卫星"；为了解放思想，扫清"大跃进"的障碍，大批"右倾保守"，"拔白旗，竖红旗"，"批白专道路，走红专道路"等名义的群众性的学习、批判运动接连不断。各个单位、学校都要自觉联系实际，提高到政治立场来认识问题。因为容庚教授在课堂上宣扬"生财有大道，成名有捷径"（其本意原是教人做人要诚信、开源节流、勤奋、刻苦，容老常以自身经历为例，说他从一个中学生变为古文字专家，说容易也很不容易，需要搜集很多资料、读很多书，还须机遇和专家提携等），于是成了中山大学中文系批判的走白专道路的活靶子。又因容先生经过20年积累修订的《金文编》第三版，正好在1959年出版发行，引起众多专家学者的关注和评论。有些字别的专家认为已识，容先生认为未识而置之附录。学术上有不同意见，本是正常现象。可在那时的舆论氛围中，所谓"认字保守"也就成为学术上不跃进的活标本、跃进的绊脚石了。

那时我还是离开农村不久的年轻学子，既希望国家全面大跃进，很快摆脱贫穷落后面貌，但对自欺欺人的吹牛皮又很反感，还与七八位来自农村的高年级同学，在虎门寨食堂门口晒谷坪上，围着基层蹲点的省委陶铸书记，质疑"人有多大胆，地有多高产"口号的科学性，对合并十亩好稻子于一亩，制造亩产5000斤的"卫星"的做法，提出"劳民伤财，反蚀几百斤稻谷"的批评。所以，当每一次学习、批判会后，要容先生表态，听到容先生总是说"你们没能说服我。要我说服气，等于说假话"，和看到容先生心里很不服气，却又没有理论的反驳，只是干着急时，年青的我心里老是有个疑问：少数服从多数，群众运动，是否总是代表真理？能用六书造字法解释的符号，好像"画成其物，随体诘诎"的牛头、老虎，是不是即可以定位为已识之字？这些疑惑只能藏在心里，是不能说出来的。于是产生了"我要学点理论，研究点理论"的幼稚愿望。直至1961年我当了容先生的研究生后，这种想法愈发强烈，既害怕将来自己认识的字少，被人批评"保守"，难于应对，也想弄清容老屡受批判、劝谕仍不妥协，除了脾气倔强外，其死命坚守的做人做学问的精神底线是什么。心想只有掌握批判的武器，才能进行武器的批判。

世事难料。想不到20多年过去后，容庚先生刚去世半个月，在国家级的立项答辩会上，就有人提出容先生的《金文编》收字保守，很多学者一致认识的字，容先生还是当作不认识，不能很好反映学术研究成果，要我当场答辩，就敢不敢违背老师，表明态度。这是环境逼出来的一次让我代替老师答辩的机会。

那是1983年3月下旬，在山西太原晋祠召开全国语言学学科规划会议，对12个语言学科"六五"计划期间国家重点研究项目，进行立项答辩和工作计划审查。会议特邀王力、吕叔湘二位老前辈为顾问。规划领导小组成员7人，以李荣、朱德熙为正副组长。还有来自国家和一些省的社科院、20所大学和7间出版编纂机构的专家学者40多人。我首次参加语言学界会议，到会者绝大多数比我年长，都是首次见面。

3月20日学习、讨论会议文件。21—23日对其他11个项目进行答辩。在国家级的答辩会上，教授、学者们都彬彬有礼，客气地提问题，积极地提建设性意见，展示出"文革"过后对同行专家特有的"乐见其成"的友情和期待。

24日早上参观晋祠。午饭后，我带着会议文件到会场，知道是最后轮到我汇报答辩了，但心情一点也不紧张。我在五层阶梯式代表席的上边第四排，随便找个位子坐下。会议厅中央有一张乒乓球台那样大的桌子，面对阶梯代表席，三面坐着领导小组成员、顾问和几位 80 多岁的老人。

领导小组组长李荣宣布开会后说："去年初定'六五'重点项目时，没有列'《金文编》增订'项目，后来知道容庚先生自《金文编》第三版出版后，20 多年来花了不少心血补充修订《金文编》，已经基本告一段落，其学术质量大家都相信有保证，目前市场上又很急需这类的工具书，所以领导小组决定新增一项专门性学术工具书项目——增订《金文编》。《金文编》大家都很熟悉，会议就省去'立项的必要性'议程。大家尊敬的容庚先生半月前已经去世，我们就邀请了容先生选定的学生、合作者张振林先生前来参加会议。看大家对此项目有什么意见和建议？"

Y 教授是领导小组成员，坐在大桌子左侧。他向着面对代表席的组长昂了一下头，以示要求发言。李荣点了一下头："先生说！"于是 Y 先生坐着，侧身向着代表席露出客气微笑的神情说开了："刚刚逝去的容庚先生，是我非常尊敬的前辈学者之一。他的著作《金文编》，是我案头必备的工具书。20 年代王国维先生曾称赞当年有 4 位青年古文字学者，又说过容希白、商锡永用阙疑待问方法尤严的话。也就是我们这几天一再强调的学风严谨。"Y 先生望了一下正副组长，李荣、朱德熙都连连点头肯定 Y 先生说得对。因为李、朱二人在西南联大读书时的导师唐兰先生，正是当年王国维赞赏的四青年之一。

接着 Y 先生话锋一转："经过'文革'，社会风气浮躁，所以对中青年学者特别提出学风要严谨。但是容先生不同，似乎严谨得过头了，以致有好些学者，包括几位与他同辈的老专家和一些中年学者，都曾批评容先生保守，学术界一致认为早已经认识的字，他还是谨慎地放在附录待问，例如大家一眼就能认识的象牛头形的象形字'牛'。"Y 先生再次将头转向李、朱二位组长，放低声音说："好像唐（兰）先生、徐（中舒）先生都发表过文章。"李、朱点头称："是！"代表席上也有几处小声议论、附和。我忽然意识到，我要答辩的对手，不只是 Y 先生，还涉及会议领导及其导师等一批老年中年专家，我必须分外谨慎对待。同时又让我想起 1958—1959 年全国开展的"红专大辩论"，以及容老不能接受"保守"批评时的愤怒和无奈的表情。

Y 先生再转过头斜眼往上瞟了一眼代表席："我想问张振林先生的是，容庚先生生前有没有给你，改变他的决定的准许？也就是你有无权力改变？"停顿一会，看看主席台各位先生后，接着又一板一眼地说："张先生，不知道你有没有水平，有没有胆量，在你导师不在的情况下，敢不敢吸纳学术界的研究成果，将附录里一些已认识的字，提到上面正编里？"当时整个会场的空气好像凝固了一般，代表们惊愕地听着几个用强调语气说的"有没有""敢不敢"，都将疑惑的眼光投向我。前几天所有项目的答辩，从未出现过如此的拷问。

当李荣组长问"张振林先生，你对 Y 先生的问题有何回答？"时，我即从座位上站起来，想到我不应为 Y 先生的无礼逼问而生气，学术上不是以敢于背师而随众就算进步，于是我定下心来，临时决定改用谈学习心得形式，心平气和地阐述我的观点。反正没有发言稿，怎么想就怎么说，控制在 20 分钟之内就是了。当人们将话筒传拿到我面前时，李组长大概是想改变过分紧张肃杀的气氛，挥手示意让我坐下说，给我以老年答辩者的特许礼遇。

"Y 先生提到的问题，我不能代表容先生答辩。容先生未对我做过任何许诺。我只知道容先生在我的毕业论文的评语中，在肯定了我对一些字的考证成果后，曾说过'言过于师，方堪承受。其他字的考释虽言之有理，但尚缺充足证据'这样谨慎的话。我作为学生和指定的合作者，深知老师字字事事都严谨，从不轻易附和他人或许诺他人以代表他的权力。因此只能就这些问题，谈谈我个人的学习感想吧。

"1958 至 1959 年，像全国一样，我们中大中文系曾开过很多次红专辩论会和大跃进会，常有师生批判容老保守顽固。容老只是说自己秉性顽强，不是顽固，因为对方未能用充足理由说服他。1961 年系领导分配我和另两位同学做容老、商老二位老教授的研究生。我们去导师家报到时，容老一面高兴地欢迎，同时又楼上楼下来回几次，搬出《金文编》三个版本及其原稿出来，对我们说：'经过几十年的研究修改补充，现在还有 1000 多字不认识。容易认识的字，会读《说文》和《古文四声韵》的人，都能认识，不算发明。专家们都不认得的字，需要有很多方面的知识积累，需要新的出土材料和聪明灵活的头脑，说不定终老一生只能考证成功几个字，对读通几篇铭文有帮助，对工业农业生产大跃进毫无帮助。当今青年厚今薄古，不屑跟着厚古薄今的老师学呢。'我们知道老师在说气话，都说我们是真心实意向老师学习的，希望老师安排学习任务，以后多批评指教。接着，容老翻出二版《金文编》的附录给我们看，里面尽是不同颜色和不同字迹的批语，年龄从大的杨树达、郭沫若到小的陈梦家、张政烺，8 位名专家考证认识的字，已占上下附录三分之二强，有好多字专家们的认识也有分歧。容老说：'他们已认识那么多字。我只采纳了两个字，第三版移至上面正编。我不能人云亦云，我不认识就是不认识！广州街上文具店门口招牌画着一杆毛笔，大家一看就明白是卖毛笔等文具的，但那是个'笔'字吗？'老师说话的意思我们都清楚，一是古文字领域还有许多未解之谜，需一代又一代的有志者接力解决；二是要求新的入室弟子，不要在保守跃进的争辩中人云亦云，要多问个为什么。

"现今在场的前辈老专家都知道，我的老师不善理论言辞，脾气倔强较真，不服批判，往往只能干着急。我当研究生期间，在抄写完《说文》和《金文编》后，就意识到《金文编》并非简单依据《说文》体例剪贴出来的金文字汇。我把它当教科书来学，发现其选字、考释的选择、位置的安排，都是遵循着某种严格的规则进行的，只是我们的老师没用理论语言说出来。于是我就寻找报刊中批评容老的文章来看，包括政治的、学术的、新闻报道或简报，了解相关的理论观点和材料，与'容老保守'的批评和容老反驳用的毛笔画比喻之间有何关联。1963年看了电影《李双双》，触动了我的灵感。李双双被选为妇女队长，要出门参加生产劳动，用粉笔在门上画了一只钥匙，下面写着'在老地方'四个简单的字，第二行又画了一个竖着羊角辫的丫头，跟商代铜器那个牛头画很相似，下面写着'在四婶家'。她的胆小怕事丈夫孙喜旺回来看了，苦涩一笑，伸手便摸着钥匙。他的伸手动作，活像画一个箭头指向右上方门框。李双双不是仓颉，古人也不可能人人是仓颉。李双双的留言，从符号学角度可以得到理论解释。钥匙画、丫头画和容老说的毛笔画以及铜器上的牛头画一样，虽是'画成其物，随体诘诎'，人们一看就懂，却非象形字，只是图画符号，不与汉语单音节产生固定的读音和词义联系，也与同时代的文字符号表现方式迥异；钥匙画不读'键'呀'钥'呀、丫头画不读'女'呀、毛笔画不读'笔'呀，更不是一个符号读两个音节，大家容易理解，牛头画既不是一个符号读成'牛头''牛族'或'牛之头'，也不是以偏代全的造字，不可读'牛'，因为它未能与象形字的'牛'组成演变的完整链条。西周后期多件虎簋中的'虎'图，使用了西周中后期龙凤花纹常见的工艺美术表现法，也只是个孤立的图画符号。而其他象形字的'象''虎''鸟''鱼''山''水''艸''木''人''口''耳''目'等，都是可以找到演变成线条化文字的过程的。况且有牛头画的大鼎，出自殷商王室墓，里头尚残存牛骨，表明该鼎是王室专门用于太牢祭天地时烹牛用的。箭头是指示标记符号，商代铜器中也有，不能读，只能理解成'箭头'或'朝这方向'，就像胡同口立的广告，'圆圈中间一横'，它不是美术体'日'字，不能读表太阳的'日'，它是交警和司机们熟悉的法定标记，意为机动车不许入内。所以不是所有'视而可识，察而可见'的就都是指事字。不错，古人用'六书'法造字，但不是所有能用'六书'法分析的符号都是文字。尽管人们能理解符号的含义，但文字符号、图画符号、标记符号还是必须区分的。其关键是，汉字是记录汉语的文字符号，是汉语民族约定俗成的，每个符号都有其与语词相联系的固定读音和意义，其符号形体发展变化也是相传有序的。

"除了上述要划清三种符号的区别外，我注意到，人人都声称自己使用二重证据法，但对具体问题的理解和把握是有差别的。好像专家们对附录中的七八百个字提出了看法，我们也可以对他们的依据提出自己的疑问，如形体变异和笔画增减是否合理？语音通假的根据是否可靠？各人对上下文语义的理解是否相同？推勘方法是否准确？学者们思维习惯不一，把握宽严各异。例如容老的老朋友郭老——郭沫若，大家都很熟悉，他考释字时常用上下文推出可能的字义，用通假法定音解字，既有很多建树，也常天马行空失之宽泛。我认为，这些都与思想解放或保守无关。学术上应容许不同意见存在，可以要求作者'言之有理，持之有据'，要求作者、编者各负其责，但不必强求定于一尊。

"上面汇报了我的学习感想，请专家领导和同道学者们批评、指正、帮助！"

静寂了一会后，李荣组长问："有没有人发言？"约莫又过了1分钟，还是鸦雀无声，于是宣布休会10分钟。

坐在上面第四、第五排的代表，多数就近登上二楼，三五人一群，在长长的走廊上，分成几群在议论着。我和多数代表都不熟悉，推测他们也许会议论我的表现，于是独自走到走廊一头，凭栏观看外面风景，缓一下刚才绷紧的神经。这次会议刚认识的武汉大学的高个子张先生，走过来对我说："Y先生那瞧人不起的斜视和特别刁难的用词和语调，令人很反感。学术讨论答辩，哪有问人有无权力、有无水平、有无胆量的？我和我旁边的人都替你捏一把汗。你的回答太好了！说的是自己的感想，但运用新的符号学理论，十几分钟就把一大批老权威都不点名驳倒了，大长了我们中青年的志气！"我说："是吗？容老被人贴了保守顽固的标签，20多年一直没有个辩白的机会。我只是想把问题说清楚，没有你想的那么多。谢谢你的关心支持！"猜想到会的中青年学者主流学风应是严谨的，老是听到浮躁的批评，心里不好受，故有那大长志气的说法。

10分钟后复会，李荣组长宣布："项目答辩已完。晚上为填写项目协议书时间。领导小组会前通知张振林带已完成的手稿来审查。我们领导小组和顾问王力先生、吕叔湘先生昨晚看后，一致决定在此会上传阅，让大家看看张先生是怎样一笔一画不苟且地搞科研的。第三版原有的字，张先生重摹过，新增的字是用摹本剪贴，可一眼看清。传阅前，请大家先检查自己的双手有无墨水或茶水，千万不能玷污人家的手稿！"传阅完，李组长宣布散会前说："填写协议书时，增补《金文编》项目的主持人，就填容庚、张振林，不要填写其他无关的人了，不要挂虚名。其他项目也一样，要填写干实事的人，有事才好找。"跟社会上急功近利邀名求财的浮躁之风迥异，领导小组这几句不客气的务实负责要求，叫人听了心里踏实，并产生随时准备接受审查的责任感！

［本文原载《中山大学报》（新）2014年4月21日第310期］

我和第四版《金文编》

今天很高兴有机会同首都师大甲骨文研究中心的同学们见面！我此次来北京是为了参加古文字学研究会的年会，没有准备讲课。你们这里的陈英杰老师临时给我出了这道题——"我和第四版《金文编》"，我想这就给了我漫谈式的自由发言机会，于是就答应下来了。

一、容庚先生和《金文编》

说起《金文编》，现在一般搞古文字研究的学者，包括上至研究甲骨文的，下至研究战国秦汉文字的，大概手头都会备上一本容庚编撰的《金文编》。类似《金文编》的金文字典，如今有了很多新的扩充的版本，但是容庚先生的《金文编》自有它的价值。

容先生活到了90岁。他生前常常跟我们这些学生说："我容庚有什么本事呢？一个东莞中学生，到北大当研究生，毕业后在北大当了一年教师，之后到燕京大学去当襄教授、教授。主编燕京大学学报，发起建立了中国第一个考古学社。然而真正让我吃了一辈子的是《金文编》！"老先生说这话的意思就是，尽管一辈子写了上千万字的东西，有《商周彝器通考》《殷周青铜器通论》等名著存世，但在他看来，花他心血最多的、体现自己的成就和贡献的代表作，首先要算《金文编》。1925年他在北京大学研究生毕业时候拿出的成果是《金文编》。过了14年，于1939年增补出版了第二版。又过了20年，于1959年出了第三版。20世纪六七十年代，群众斗争运动频繁背景下，容先生只要见到有新的铜器铭文发表或新的研究成果出现，都会及时抄录补充到第三版书上。1980年年底修订工作告一段落，剩下的主要是重新摹写誊抄工作了。1985年第四版面世时，容先生已去世2年，离第三版的出版，又已过了20多年了。为了使《金文编》与时俱进，满足有关读者的需要，容先生真的是花了一辈子的心血啊！

一部书那样多次地增修订补，是怎么回事呢？我们大家都知道，我们对古代社会的认识，是一步一步增加的。金文这个东西，从认识比较少，慢慢积累得越来越多，靠的是什么？第一点很重要的是考古发现的新材料不断增加，第二点是要有新的研究成果，第三点是要有新的研究理论和方法。这三点中，新材料的出现，对我们搞研究的人来说，是最重要最基础的东西。有了这三方面新的东西出来，我们才能创造性地研究出新成果来。所以，《金文编》跟着这些新材料、新的研究成果的出现，不停地增加、补充、修改，所以就有了初版、二版、三版。到最后容老临终时，又增补出版了第四版。可以说，容庚先生的70年学术生涯，起于斯，终于斯，一直在努力使《金文编》跟上时代发展的步伐。

记得1976年年末，容老82岁的时候，他的手开始发抖了，一拿起毛笔就会不停地颤抖，需要好长时间才能写几个字。1977、1978年的时候，他已经在他第三版的底本上增加了很多补充意见、补充材料。因为"文革"结束了，1978年科学春天到来，研究室内师生关系缓和了，容老对室内的年轻人表示要继续修订《金文编》，并征求了我们大家对修订《金文编》的意见。但是，他的抄写助手在"文革"初已经辞退，偶尔帮忙查找资料的暨南大学马国权先生，又已决定于1978年秋移居香港，而容老自己长期挨批斗的情绪没有完全消除，认定研究室内的这些年轻人都参与了提倡造反的"文化大革命"，当自己的助手会难于合作，所以找助手帮忙修订《金文编》，成了1978年容老心中最大的困扰。

二、容老选我当帮手

1978年党中央号召全面落实政策，学校的党委书记兼校长、中文系系主任一起多次找容庚先生，希望他快点将学问写出来，不要让学问烂在肚子里，同时再培养几个弟子，晚年再为国家做点贡献。容老几次都说老了，做不了了。领导先是以为容老对"文革"的怨气未消，后来见容老的手确实已经无法控制地颤抖，于是系主任说："年纪大了，手不听使唤了，就更需抓紧时间干自己想干而未完成的工作了。研究室内有你的四个弟子，外面传说中的四大金刚，任你调动，或者联合起来一起帮你做，可以快一点完成。"老先生对系主任说："人多容易扯皮，意见不统一。你主张这个意见，他主张那个意见。那怎么办呢？我只要一个人帮忙就行。但是身边的人都被我骂过了。我想请外面的人。"系主任说："外面的人要是真懂行，我们可以想法帮忙调进来。若不懂古文字，帮你摹错字写错字怎么办？"最后，容老终于说出了他的苦恼："我原来期望暨南大学马国权能帮我，没想到他很快就要移居香港。我还是要张振林吧。只是不知道他愿意不愿意帮我。因为我骂他骂得多，而且他也要有时间搞点研究，发表点文章，才能提升职称。"系主任在校长和容老面前当即许诺,做好张振林的思想工作,叫张协助容老完成修订《金文编》的任务。系主任将这些情况告诉我时,我即说:"您不用做思想工作了。两个月前容老已找我谈过修订《金文编》的意见,并将马国权用塑料笔芯摹写的墙盘和裘卫诸器增补字交给我,令我用毛笔重新摹写一遍。以后又安排我看他的增补目录,要我继续增补其目录之外的新器、新字,并用透明纸将所有增补字摹写出来。同时我已写信向多个考古队和博物馆,征集新拓本。容老对你们说那些话,可能是担心我不能专心帮到底吧?因为完成后续增补工作,并将容老原来手书字全部改为规范的繁体字,起码需要三五年时间。其实,老师手有疾,弟子服其劳,也很应该啊。何况我在收集资料和分辨各家考释差异时,也会有不少收获啊。"系主任听了很高兴地说:"从1958年到虎门劳动认识你,20年来,五六次上山下乡与你共事,知道什么新鲜工作交给你,你都会边学边干,不声不响圆满完成的。听了你后面的两句话,我可以叫容老尽管放心。同时我也要你放心,只要我和黄校长还在,就可做容老挑选你为合作修订《金文编》的见证人。至于新版水平如何,那要取决于学术界的评价。"在座的同学们,我想当你们的黄老师需要学生帮忙做点事时,你们也会帮着做的,对吧。

在此说一说容先生骂我的事。20世纪五六十年代,各种群众性的批判斗争运动不断,我在班级中因年纪小,历次运动中总是当作旁观者,身在潮流中,满脑子却有许多疑问,但不能说出来。1961年我当研究生第一次去容家报到时,容先生说的"搞科学研究,不能人云亦云;自己没主见,不会有新发现",深深印入了我的脑子,知道其话是正确善意的,同时又话中有话,包含对青年学生年年把批判资产阶级挂在嘴上,以胡适为靶子,并作为标签往教师身上贴,内心反感。1965年年底我在研究生毕业论文(初稿)第一页上,就说:"在唯物辩证法的不断发展论和发展阶段论相结合观点指导下,将甲骨文字分五阶段、金文分八阶段,对每个字的结构进行分析、统计,纯客观地看结构方式的发展变化态势。不采用选择代表性强的部分进行比较和逻辑推理的方法,认为那样做,虽有实证,亦难免陷入胡适鼓吹的杜威实用主义而不够客观。但在具体的难字考释时,在符合客观发展变化态势框框下,大胆假设推理,小心求证的原则是可取的。"我是三名研究生中最后交论文初稿的。黄昏交到老师手,第二天早饭后,中文系研究生回到宿舍尚未投入学习,忽听有人在窗边叫:"那个自行车骑得飞快的白发老头是容老吧?马上就到楼下了,出了什么大事急事呀?"我赶紧到楼梯口,把老师接进自己宿舍间。几位饭后在我室内聊天的古音韵和古代文学研究生同学,见老先生的脸色不对，立即躲到隔壁室内去。容老劈头就声色俱厉说："张振林，你写文章就写你的文章，为什么牵扯出胡适来批判？胡适先生是我在北大研究所读书时的老师，你批我老师就等于骂我！你们年轻人不懂历史，未必读过胡适的文章，只是跟着报纸上的批判文章，断章取义，人云亦云！胡适和陈独秀都是五四新文化运动的领军人物，不是什么人封的。人都有缺点，做人要隐恶扬善！"我知道容老性子急躁暴烈，多年挨批判忍气吞声，现在找到我这个发泄口，便再也憋不住了。所以一大早骑车到学生宿舍，急着登上三楼痛快骂一通。老人家发泄了十几分钟后，才慢慢坐下来，要我说话。我说："老师4年前就叫我们不要人云亦云，我一直牢记着，所以没考虑隐恶扬善，而是将各家的理论、方法，摆在一起比较，然后决定取舍。"我对老师的经历和脾气虽有些理解，但对老师如此激烈的反应，我起初也感到出乎意外。在容老发泄过后，我们之间就逐渐进入师生沟通对话了。

容老说："你那前面的1万字的理论和统计数字，我看不懂，可以不要。留下后面5000字的考证文字就行了（指我在毕业论文初稿中，用5000字写了26条考证，涉及32个字）。毕业论文不在长短，重要的是要有所发现，解决实际问题。"见老师怒气减小，我再说明自己对论文的思考："我听人说，论文或要求有理论、方法的创新，或明确使用某种理论、方法解决一些现实难题。因此我前面分阶段统计古文字结构的发展变化，它是我3年学习古文字的主要收获，借此整理了我对早期汉字发展规律的认识，我才敢于大胆分析《金文编》中的附录字，根据不同时期的构字特征，使用不同的合适的方法，才有最后那些考释成果。两部分相辅相成，作为几年学习的成果，向老师和向国家汇报。"

一位70多岁白发老先生大清早赶到学生宿舍骂学生，对躲在隔壁房间的中文系其他研究生来说，是非常震撼和难忘的。

半年后进入1966年6月，一天之内，紧跟北大学生，积极参加"文化大革命"，揪出容庚等反动学术权威的大小标语，贴满中山大学校园。过了一天，没有具体的揭发、批判大字报跟进，于是鼓动反动权威身边的青年教师和研究生站出来，革命的口号标语出来了，高音喇叭也响起来了，学校中心区都搭建了大字报棚。中文系的古文字、古音韵、古代文学的6位在校研究生，在此强大的"革命造反"氛围中，连夜集合一起，根据大家的回忆、确认，拼凑了12条"容庚先生的反动言行录"，半年前还为了胡适而气急败坏骂学生那件事，自然也列在其中。那时我不在学校，同学们给我打电话，告知他们在写大字报，要我务必在当晚12时前回去签个名，不签名或晚一天贴出大字报，都可能陷入被动。所以在这种"只争朝夕"情况下，我立马赶回中大研究生宿舍。见同学们围着两张大纸在做文字和标点的最后检查，文末签名是从底边倒向签起的，只有 6 位同学签名前面保留了一块空位。我未参加大字报的各项工作，不想在领衔位置签名。此时时间已近半夜，我在同学们的劝说声中只好在空白处签了名。谁知这份大字报在中大校园里竟成为一颗重磅炸弹，高音喇叭一天到晚号叫着中文系张某某等 7 名研究生揭发、批判反动权威的大字报。可以设想，那份大字报给了容老不知多大的压力和精神伤害！我虽然 4 月份就被省委暂调在外，但每天听到学校消息，都有做错事孩子怕回家的不安感。1972 年 10 月，我从干校回到学校，上班第一天，容老一见面就对我说："我恨死你啊！你为什么要带头写大字报批判我？"我本能地向老师一鞠躬，说："容先生，我是签过一个名，有责任向你道歉。"他说："你们提出的 12 条，确实是我说过或做过的；只是你们认为是反动的，而我认为我说的做的是正确的，这不跟你讨论。现在你既然道歉，就回答我，作为题目的两句话，'砸烂鬼锁，宰掉野马'，太狠心伤人了，是谁说的？"我说："我不知道。当时是晚上大家已写好了大字报，电话叫我从校外回来签一个名即贴出去的。"他说："虽然你第一个向我道歉了，但是你若不把情况搞清楚，我就仍把你也当作搞事情的人。"不久，容老又因对"批孔"运动不满而遭批判。直到 1978 年中央"拨乱反正"，参与过写大字报和批判过容先生的人，先后向容先生道歉，容先生才逐渐释怀。

容庚先生选我当帮手的直接原因，可能与我当研究生期间，他对我的印象有关。我在当四年制研究生的前 3 年，没有搞政治运动和到农村劳动，虽粮油不足，但特珍惜读书时间，天天泡在古文字研究室的资料室里面，大方桌上摆满了各家的考释书，以郭沫若的甲骨文和铜器铭文的考释做主读本，一篇一篇地查对过很多专家的考释书，也查过很多原著拓本。我重点把当时所有铜器铭文做过卡片，写了铭文校读记，并对郭老《大系》所用的铭文做了篇章句子语法图释（我 50 年前的这些作业，陈英杰在中大学习时都见过）。容老每次去资料室，都看到我在那里专心读书，他只是点点头，不出声，悄悄走掉，知道我能坐冷板凳，几年没有偷懒。

容先生为我的毕业论文初稿，到学生宿舍发了一通脾气后，叫我过两天后去他家取论文，转呈商承祚教授评阅。容先生对我说："你的论文前边 1 万字，你要保留就保留，我不评。我只评你后边的考证部分。我可以接受 7 个字，其他 20 多个字虽分析在理，但例证不充分。我教过多少弟子，还没有一个能像你，在刚刚学了三两年基础课，又去参加了一年的农村'四清'工作，刚回校不久就能够破解一批难字，凭这点，我可以给你打5分。"后来，容老在给我的评语里又建议学校把我留在研究室从事科研和教学工作。到了1978年消除了"文化大革命"中的误解后，容先生也曾跟我讲："我骂了你10年，你每次见到我还是像做学生时的样子，所以我让你来帮我的忙。你愿意，我高兴。"我想，这就是容先生选我帮他修订《金文编》的主要原因吧。

三、第四版《金文编》的立项答辩

1982年2月，容老夜晚在家不慎摔跤，股骨碎了，住了一年多医院，最后他不想活了，就拔掉插管，于1983年的3月6号去世了。

1982年，第六个五年计划社科部语言学科规划的领导小组，发现语言学科的重点项目都偏重于语词、语法、方言，缺少文字方面的，得知《金文编》已经基本改编修订好的消息，决定将"修订《金文编》"列入第六个五年计划之中去。1983年2月发函给中山大学通知3月20日在太原召开语言学规划会议，转知容庚等做好重大项目申请立项的准备工作。没等到开会，容老就已去世了。3月中旬领导小组就决定，通知让我做代表去参加立项会议。当时语言学科规划会议领导小组是由王力先生、吕叔湘先生两位老前辈当顾问，语言所所长李荣先生为组长，北大朱德熙先生为副组长，下边还有好几个组员，都是65岁到80岁之间的老专家。当时我40岁出头，是参加会议的小字辈。大家都知道，唐兰先生勇于开拓，在古文字方面提出过比较多的新见解。他在新中国成立以后就一直批评容老太保守，有时当面批评说："你的《金文编》太保守了。许多能用'六书'分析的字，还放在附录之中。"但容先生认为，作为字典会影响很多读者，自己觉得解释还不够圆满或缺少充足例证的，还是应该归到"阙疑待问"。老一代学人就是这样，学术上有不同意见就讲出来，批评归批评，但在个人关系中、生活当中还是你尊重我，我尊重你的老朋友。

答辩的时候，有位北师大的老先生首先发言说："容老是我很尊重的老前辈之一。他的《金文编》是常年摆在我的案头上的必备工具书。早年王国维曾赞扬过当时学习古文字的四个青年才俊（指唐兰、容庚、商承祚、柯昌济四先生）学风严谨；又说过阙疑之法，参事弟子容希白、商锡永用之尤严的话。也就是前几天会议一再强调的学风严谨。但是容先生跟你们年轻人不一样，他是过分严谨，严谨到大家都认识的字，他还当作不认识，好像牛头形的象形字，他还放在附录。唐（兰）先生、徐（中舒）先生都写过批评文章，好多学者都批评过容先生保守。"此时，主席台上的正、副组长不停点头肯定老先生没说错，同时引起了许多中老年参会者的共鸣。老先生于是更自信地放慢声速，一句一顿地发问："张振林先生，我要问的是，容先生现在不在了，你作为弟子和合作者，有没有权力、有没有胆量、有没有水平来吸收大家的意见，反映学术界研究成果，在导师不在的情况下，修改《金文编》？"参加会议的四五十位学者，多数比我年长，都知道领导小组正、副组长是唐先生在西南联大时的弟子，而且熟知五六十年代的学术批判运动，起初都跟着那位老先生的话，此起彼伏小声附和着。前几天11个项目的答辩，专家教授们都是积极善意地提些补充意见或建议，而今忽然出现连续三个"有没有"的拷问，吓得全场鸦雀无声。我也忽被孤立、压迫感所袭，想要避免出现顶牛局面，就不能针对"权力""胆量""水平"做解释，不能对批评容老的老专家指名道姓，只有以谦卑的态度、以谈自己学习感想的形式来答辩。我把答辩重点放在：第一，能用"六书"分析的符号是否就是认识的文字？第二，学术上有争论，我是否必须服从名家和大多数？

我说："《金文编》是容先生编撰的，不是我的。我作为他的弟子，只是帮助他做一些新的修改、补充和摹写。凡是我有修改意见，必先征得老师同意，否则不修改。这是我跟老师预先谈好的一个原则。我要尊重老师。老师认为牛头画虽然符合'画成其物，随体诘诎'，但并非象形字啊，不能据其物形象画为牛头就读'牛头'啊，所以容先生还是把它放在附录里。多少人批评，容先生还是不改变。大家都知道，与郭沫若和唐兰先生比较，理论方面是我老师的短板。老师1939年时就曾说过自己的不足'联系社会，能见其大，吾不如郭沫若；非非玄想，左右逢源，吾不如唐立庵'；但他在一些符号的释读方面坚持己见，我想自有他的道理。老师多次对我们几个研究生说：'他们认识很多字。但其中有许多我还是不认得，只能继续放在附录里。'老师始终未能将自己坚持的道理，用明白的语言向学生说清为什么。1963年我看了电影《李双双》，触动了我的灵感，找到了解决问题的钥匙。

"（图一）这是什么字？能说是象形字'牛'吗？容先生说，'我知道是画成牛头，随体诘诎；若说是字，我不认得，还是把它放在附录里'。（图二）这是什么字？小孩都知道不是字，这是钥匙图，对吧？（图三）这个是字吗？能读'丫头''闺女'或'妮子'吗？参加会议的人都知道，以两个图画代替两个词语，是李双双的发明，她生活的时代早就不是象形造字的年代，无缘当仓颉了。她只是一个文化不高的农村人，她被大家选为妇女队长，下地前在门板上给她很怕事的丈夫喜旺留言，钥匙在老地方，丫头在四婶家。她的丈夫从外面回家，看见门板上用粉笔写的图画加文字的留言，伸手向门框上端一摸，把钥匙拿下来开了门，然后到四婶家去接丫头。我在此问大家，这个丫头跟那个牛头的画法是否差不多？一个头脸两个角，女孩头上竖起的羊角辫，与牛角近似，两个圆圈是眼睛，旁边还有两耳朵。能算字么？不也是'画成其物，随体诘诎'，能肯定说'象形字也'吗？我们只能说那是象形图也，图不等于是字也！钥匙也是'画成其物，随体诘诎'，它的意义是明确知道的，但你肯定不能读'钥匙'两个音。古汉语钥匙叫什么？就把它读成'钥'或者'键'？也不对呀。那丫头画不读'丫头'或'女儿'就读'女'吧？它明显不是'女'字。我们说这三个都是图画符号，虽是'画成其物，随体诘诎'，所代表的意义也清楚明白，但不是文字。安阳那个大墓里出土的大鼎，鼎里面还残留着牛骨头，有这牛头符号，说明是举行重大祭典，用来烹煮牛头的。这样的图画符号，既然不是文字，那就放到非文字族氏符号一类的附录里面，不是很合理么?！我觉得容老在区别这些符号方面，算是到了一个比较高的境界了。那时候还没有现在所谓的符号学理论。然而，区别文字符号、图画符号、指事符号的意识，我们的老师一直在朦胧中不自觉遵循和运用着。

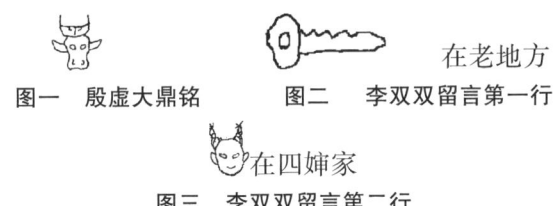

图一　殷虚大鼎铭　　图二　李双双留言第一行　在老地方

图三　李双双留言第二行　在四婶家

"判断一个符号是否文字，必须落实到形体固定，读音和意义稳定上。也就是被大家共同承认和使用，最好符号有当作文字的历史继承性，即有文字形体演变的链条，这样文字就锁定了。如果不具备这些，符号就还是符号。好像图画形态的山、虎、鱼、它（蛇）、鸟等，或单独存在，或在句子中出现，从商代甲骨文到春秋战国金文，存在着一个时代约定的线条化、简约化的过程。甲骨文中的'虎'字，从不固定的长身花斑象形'虎'字，到线条化的'虎'字。西周以后都使用线条化的'虎'字。故宫里藏有几件西周后期的虎簋,器、盖各有一个侧身花斑虎图,其虎斑与簋身花纹的表现方法一致,容老认为不是字,把它放进附录。以有些图形当作象形字进入正编,有些图形可用'六书'解说而入附录的事例,批评《金文编》自乱体例,容老不能接受,我认为容老有文字时代发展观念,他的处理是对的。有些符号,即使使用起来,形、音、义三者统一明了,能准确完成信息交流的任务,也未必就是文字,还要看所处的文字历史时代。我们年轻时候,没有手机电话,有同学约朋友但又怕打扰其他同学,于是写张纸条:'我们上午去图书馆看书,下午5时一起打球,好吗?' '书'字作两个斜口相连,'球'写作一个圆圈。两个符号都是形、音、义统一,准确互通了信息。同学们都知道那两个不是字,但很好玩,于是,下午5时不再做作业的同学,就欢乐地大叫'打圈去!'除了图画符号,还有指示符号,几何图形代号,等等,在殷商铜器铭文中也有好多,我们不一定能知道古人所赋予的准确含义,更无从知道其准确读音。近似我们在胡同口看见立着一块牌,画着一个圆圈中间一横,那是美术体的'日'字吗?不!那是表示禁止的指示符号,其意为禁止机动车进入胡同。在公共场所画这个符号再加一支点燃的烟,表示禁止吸烟。这种约定俗成的、有固定的意义和形体固定的符号,就是没有固定的读音,也没有稳定的形体历史流传,同样不能称之为文字。

"再谈谈我对吸收学术界研究成果的认识。我认为,搞研究做学问,一方面要踏踏实实,从尽可能占有相关材料,并进行精密甄别分析出发,或提升为理论,或用以解决实际难题;另一方面,也不反对有人提一些比较前卫的想法,可以互相切磋,多角度寻找问题的解释。学术成果的认定也有难有易,一时的共识或部分人的共识,未必就是终极真理。比如学者们都声称自己按照'二重证据法'考证,根据形体演变、语音通假、上下文推求、历史文献比较等多种方法考释,但由于各人的思维习惯不同,标准宽严不一,结论可能很不相同。容老的老朋友郭沫若先生,碰到铭文中的难字,常依据自己对上下文的理解,找个形体近似的字,然后求助于宽松的通假,在自己设想的语义环境中,在形、音、义三方面自圆其说。郭老在解读铭文方面既有不少贡献,其天马行空、尺度之宽,也常被学者诟病。学术研究有不同意见,本很正常,不能简单评为'解放、先进'或'保守、落后',不宜引用'少数服从多数'规则,或强求定于一尊;另外作者和编者,也应各负其责。"

我答辩完后,没有人再发言提问。休会10分钟后,领导小组拿出我带去供领导审查的300页手稿,让参会的所有人传观。手稿上,原来第三版上的金文全部重摹过，新增补的金文都采用摹本剪贴，说明文字全部改用繁体正楷，一目了然。李荣先生代表领导小组特别号召大家，学习一笔一画都不苟且的严谨科研精神。

四、关于第四版祖本和未继续修订的说明

容先生坚持让我一个人协助修订《金文编》，我就干了6年多。别的同事年年都有文章出来，我发表得很少。我一个人埋头摹写，新补充的（字）都用透明纸摹出来，然后剪贴。我觉得在这个第四版《金文编》修订方面，我算是按照我的老师既定的体例和修订意向，尽了我的努力。在答辩时，我还发挥了一些容老认定了但是还没有说出来的一些东西。学术在发展，任何个人都有局限，第四版《金文编》也同样，不如人意之处肯定不少，多听、多看别人的不同意见，可拓宽自己的思路，少走错路弯路。

第四版《金文编》出版后，有过好些评论文章，作为博士论文的也有几部。2012年出版了容老著作全集，把他家里藏的全部能够体现容老所下的功夫的著作，都印刷出来了，里面有很多批注。其中有第四版《金文编》，也有第三版《金文编》批校本，现在许多朋友说，这批校本就是四版《金文编》的祖本。有些先生注意到两者之间的差别，写了比对文章。也有人拿一、二、三、四版互校。如果拿各版本加上每一版的批注本，还有容先生所有关于铜器铭文的著作，进行联合比较，通过其增减、取舍、自我肯定与否定的转变，用来客观研究容先生学术思想和研究方法的发展变化，将是很有趣又很有益的研究工程。

这里，我想说一说批校本和出版本的问题。每位学者都有自己做学问的习惯方法。容先生特别看重他的成名之作《金文编》，每一版出版后，他都取一部放在家里书房案头，每当读书碰到对增补、修改《金文编》有价值的资料，即以朱批形式摘要登录。这就是所谓批校本，所登录的资料主要是供自己进一步做学问时备忘、参考的。我和另两位同学当研究生第一次到容老家报到时，容老楼上楼下跑了三趟，把《金文编》初稿本、剪贴本、一版批校本、二版批校本、第三版一起搬到客厅给我们看，然后手翻二版批校本，指着附录上密密麻麻的或朱或墨或蓝黑墨水写的批注对我们说："你们看，专家们把附录中的大多数字都认识了，可是我还是基本不认识，所以第三版还是没移到前边正编去。"1978年上半年科学春天到来后，容老带来一部拟作第四版底本的三版《金文编》，朱批简洁明确，置于研究室的案头，同事们常见他对着《文物》杂志上的裘卫器拓本和文稿纸上写好的选录字，核对那部《金文编》上的批注。每过一个钟头左右，他就会进旁边书库与资料员聊天一段时间。同事们私下都说，80多岁的老人，天天这样上下班，真难得。久而久之，我和资料员都发现，容老确实已老，每天翻开杂志都是从头看起，谈不上效率和效果了。容先生虽然对研究室内的年轻人都征求过修订《金文编》的意见，但都没有提出需要协助的要求。目睹老人没有助手的苦恼和无奈，我就不管他是否还在记恨我，主动问他是否可让我来帮他做校核摹写一类的工作。容老心里一高兴，愉快而又严肃地提出，要我就如何修订《金文编》先准备一下自己的设想，改天再一起谈谈两人都可接受的做法。听得出，容老不仅需要我代替他颤动的手，还希望我能作为合作者继续按照他原有体例增补，有个君子协定。这次容老考察我的谈话要点，我已写入第四版《金文编》的后记中。下半年容老通过系主任找我谈话的方式，落实了师徒合作关系后，便常常把我拉到他家去看他的藏书，叫我有需要时去他家翻阅。我就看到他家住室的靠窗边，有一张大的工作台，放着这部第三版批校本。旁边两个砚台，一个是墨的，一个是朱的。我见他家这部批注较多，新补字则比研究室那部少，问容老需不需要我将两部互相过录。容老说，家里这部是读书随笔性质，研究室那部是按照他自己的编书体例，以新增字形和修改为主，注释点到为止，尽量简单，是准备当作新版底本的。

他说：我当年作为一个农村县城的中学生，在编写《金文编》的时候，买书不容易。当时那些京师的拓本著作，不容易找到。即使有，都是很宝贵的典籍，要价很高，一般的人也买不起。所以自己出的《金文编》，主要是传承金文文字形体，说明的文字一般都是不多的。我经历过买书难的阶段，我希望我的书出版之后，不仅是历史、文物、考古方面的专家学者和大图书馆买得到，就是普通喜爱古文字和喜爱书法、篆刻的人都能够买得上，再穷的人都能买得起。所以后记里面提到老师要我谈意向时，特别表示我尊重老师这意见，不要过分扩大版面，以前1000页的书增补到大概1500页左右为目标。我说个小故事。1990年古文字研究会在太仓开国际会议，以评论新版《金文编》为一个中心议题。有的学者称考释了100多字，有的称300多字，一位新毕业的博士称他的论文对第四版《金文编》提出了2000多条意见，并重点讲述他本人创立的破译古文字密码的7条方法。当时才31岁的美国学者德国人罗泰，头一次到中国访问，参加了太仓会议，后来他到广州特来我家，说他很疑惑，像改换一些名词概念夸张声势的学术风气，德国在70年代初曾流行了几年，很快就销声匿迹了，为什么在中国现在还那么有市场？好像那位说破译密码的年轻人所说7条破译法，并没有超过唐兰所说4条考释法，而唐说又是源于孙诒让啊。我说，《金文编》正编才立2000多个字头，他的博士论文就称有2000多条意见，确实够吓人的。假如他能分清《新华字典》《汉语大字典》《汉语大词典》《说文解字》《说文解字诂林》等工具书，各有各的编纂目的和体例，取材、特色、用途均有差别，他就不会说话那么夸张了。《金文编》不是定位为诂林，除了有特殊解读外，没有必要登录文句，更无须抄录各家不同意见；与篆书形体差异不大，学者容易认识并无纷争者，没有必要注出第一个写文章的人名，存所谓引通人说；与金文形体识读无关的《说文》重文，也没有必要转录，否则《金文编》就会繁杂臃肿得多，失去自己的特性。上述各点，都寄托着容先生的编纂思想，希望既能满足学者查阅金文字形的需要，更能让广大的初学者买得起和学用简便；至于专业研究人员有更多需求，即使有诂林、索引类工具书，他们也应有能力和必须自己寻找原著、原材料。罗泰最后若有所思地说："张先生对年轻人宽容，大会上只听不说。博士生浮躁，他的导师尚未指导到位也有关。"我心里真佩服这位洋青年的学识和严谨作风。

但是容老有一个让有些专家觉得很奇怪的方面，就是乐于奖掖后辈。比如《金文编》开头就有引："高景成云。"一个侧立"人"字上顶一个脑袋这个字，高景成云："乃元字初文，与兀为一字。"这位高景成是他1941年的研究生，后来在教育出版社工作。学生的好的见解，他能接纳的，他都会写上去。但是很多名人通释，他不是都引名。他认为早已成为共识，若是研究者追寻来源，完全可以自己查找，这点恐怕普通人不会这样做。他在《金文编》底本上写上马国权、张振林摹补。马先生是我的师兄，是新中国成立后容老的第一届弟子。他1977年曾帮老师找材料，用塑料芯笔摹写了裘卫簋和墙盘铭的增补字。因为1978年马先生到香港《大公报》工作去了，所以其他工作他都没有参与。不是用毛笔摹写的摹本，不能剪贴进第四版的稿本，容老叫我重新摹写。容先生怕我不高兴，特别对我说："马国权曾经帮过我，所以写上他和你两个名。马国权是在你之前帮过我，年纪又比你大嘛，所以把他放在前面。"我说："我帮老师做，是做弟子的本分。我没意见。"后来马先生从香港回广州探望住医院的容老，又到中大来，我告诉他老师有这样的署名决定。他说："不要让后人来骂我马国权。我不过就是临写过几张纸的字，而且是弟子应该的。不应该加我的名字，你老兄才是参加全过程摹补的人。"我俩经过一番讨论，后来折中的结果，就是把我的名字放在前面，他的名字放在后面。这个我必须向社会交代清楚，因为里面包含着容老的思想。

同时我也认为,帮助老师修订著作的过程,也可以是自己的学习过程。在修编过程中,我就对各种形体变化跟时代的关系、地域的关系做了分析、归纳、清理工作,找出了金文形体发展的时代标记,完成了一篇《试论铜器铭文形式上的时代标记》,在第二届古文字研究会年会上获得好评。

按照容先生的思想,20年左右应该对《金文编》重新修订一遍。但是我没有这样做。因为我看到,第四版《金文编》出来之后,我们的古文字学习研究队伍不断扩大,后浪推前浪,同时有很多新的材料、方法出现。就如我刚才讲过的新的观念方法,新的研究成果出来,必定引起再次的增修补充,所以现在又出现了很多种字编类著作,包括《新见金文字编》《新金文编》等。至于有一些人说每个字下都应该有一句话,这个意见好不好?好!对研究者来说很方便。我查到那个字在哪个材料中,它所在的句子应该是怎么样,对研究的人来说真是好方便,但是它的篇幅就必定很大很大。这样就不是容先生所追求的《金文编》。篇幅很大,一般人不会买,除了古文字研究者。而古文字学家应该自己去找原材料,其他的比如书法家他就只需要可靠、保守、稳定的字形。为人民服务,不可能百分之百地都服务到,专业研究者你就要自己根据标明的器物自己找原材料。不是专业研究者的还有很大的人群,比如书法、篆刻爱好者,社会、历史、哲学等学科中有兴趣的科研工作者,他们希望看到简明易学而便宜的字汇,用着很方便。离开了商业赚钱的思想,离开了求全求大的要求,考虑到其他行业比如书法界和更多的业余爱好者也能够运用,使用起来方便,这个是容先生他长期思考的问题,所以他出版的几版《金文编》都维持着这样的体例。既然有许多类似体例的新书可供应用,所以我也没有再去补充修订。(就讲这些吧。谢谢大家!)

黄天树老师:听完张先生这个报告,我有很多感触。我这里提两点。第一个,张先生没有讲我们都不太清楚,这个书的价格,我们一般都没有从读者的角度去考虑。比如当时1985年,我就买了一套《金文编》。那时候一本书30块,也很贵啊。我记得当时一般的博士生的补助,一个月就四五十块,我当时是有工作,能有90块钱,但是买一本《金文编》30块钱,也很贵。另外,我很有感触,就是容先生编这本书,考虑到读者方面,还考虑到比较广的读者。我们现在做这个摹本大系[①],还没有扩大,我听说已经卖好

---

① 编按:指黄天树主编《甲骨文摹本大系》。

几万了。根本没有考虑到读者。

第二点我就感到，容先生选张老师编写《金文编》，也很不容易。现在工具书一般都不太有人愿意编了。时间很珍贵，编这个东西不会有什么研究成果。张先生编了6年，还是非常麻烦的，须一个一个字地摹写下来。现在才知道主要是张先生一个人摹写的，真是不简单，6年的时间啊。现在如果有人叫他不写论文，专门修订工具书，真是得具有奉献精神的。

张振林老师：我就是6年多沉浸在这件事里面，所以那几年没有新东西出来。人们说中大容、商门下有四大金刚，那三大金刚每年起码有一两篇文章出来。1983年评定职称了，我只是讲师，他们都是副教授，因为我当时已发表的论文只有5篇。惭愧！（四大金刚除了张振林教授之外还有：曾宪通、孙稚雏、陈炜湛三教授，这四位都是容庚和商承祚先生的高足）

黄天树老师：我们对张先生精彩的演讲表示感谢！

（讲座日期：2016年10月26日；地点：首都师范大学甲骨文研究中心会议室；整理者：齐济济）

锡永师领我进入科研门

1961年我在中山大学中文系本科毕业后，有幸在容希白（庚）、商锡永（承祚）两位著名古文字学家门下当研究生。同学有孙稚雏、杨五铭二君。与别的专业不同，学习古文字须从识字始，导师认为我们未接触过古文字，要培养成熟悉古文字材料，并具备独立进行科学研究的能力，必须先加一年用于写认篆书、金文、甲骨文，学会看专业书籍，因此向教育部申请学制定为四年，得到了教育部的批准。

我们第一次拜见导师，主要是向导师报告我们现有的基础，希望导师分别给我们上一些基础课。容先生写了一份包含宋、清、民国时出版的34种"必读书目"，并给我们安排了4年学习计划：第一年除了上公共课（政治经济学、外语）外，依次抄写《说文解字》《金文编》《甲骨文编》，每天写几十个古字并读该书内容，所写字课每两星期交老师检查一次；第二年读书目中的书，最好读一部书写一篇书评，找到自己感兴趣的题目；第三年各自按自己的题目，寻找有关的论文阅读并做笔记、卡片，写点心得；第四年写出论文，通过答辩。"至于上课嘛，不如去看我写的书。我带研究生的方法，可以叫'土法上马'。"容先生如是说。我们又去请商先生上点入门基础课，企望少走点弯路。商先生问我们容先生的意见如何？我们如实回答后，商先生说："就按照容老的计划办吧！"

两位先生都不主张像大、中学生那样上课。结果，我们用"土法"打下了比较扎实的古文字形体学基础，以后再看别人的论文，不会轻易陷入人云亦云的境地，始知导师所指，即为初学古文字者终身受用的入门捷径。商先生晚年又写了一篇《怎样研究古文字》在《中国文物报》上发表，将"以识字为先"，"必须有小篆作基础，作为沟通古今文字的桥梁"，以摹写、抄录、记诵古文字字书作为基本功的经验，向社会推广。这些经验，受到中国社科院研究生院博士生导师李学勤教授的高度肯定和赞赏。①

---

① 参见商承祚《怎样研究古文字》，载《中国文物报》1988年6月10日；李学勤《研究金文的基本功》，载《中国文物报》1988年8月12日。

1962年5～6月间，我们先后抄读完了3种字典，并读了一些专业书籍后，又去向两位导师请教读书和科研的方法。那时商先生正在从事鄂君启节的研究，将新近收到的安徽朋友寄来的3件未发表的节铭照片，审校摹写了一过。他知道我们完成抄读任务后有新的请求，便拿出3张照片给我们，要我们参照阅读1958年《文物参考资料》上郭沫若、殷涤非和罗长铭的文章[①]，各自写点自己的看法，一两个星期后，到他家讨论。当时商先生教导我们，以后应该经常注意新出土的古文字资料及新的考释研究文章；新出的东西，待研究的问题多，可写文章的机会多；得到新资料，最好亲自摹写一遍，注意笔画结构的细微差别；要看权威的文章但不要害怕权威，百家争鸣出真理。商先生还告诉我们，他在年内要完成《鄂君启节考》，是《文物精华》第2集的组稿；鄂君启节是空前重要的楚文字资料，里面的文字、历史、地理、商业经济等许多问题，都有待进一步研究，需要各方面的专家共同研究才能解决；因为解决问题必须以识字为前提，而释读难识之字又需要有相关的知识辅助，待到通读以后，再进一步挖掘、钻研里面所含的种种问题，这是不矛盾的辩证关系，所以他和研究历史地理的专家谭其骧教授经常通信，互相切磋，希望我们也经常多讨论。商先生上述关于如何治学的教导，对我们这些初学者，无疑都是非常宝贵的。

我按照商先生的指示，将车节、舟节铭文各摹写了一遍，并将3枚车节和2枚舟节的文字校核了一遍，写出了《释𡥀》和《释檐——附释澹》两篇小文，在两星期后交给商先生审阅、批改。《释𡥀》主要是说郭沫若释"茂郢"之"茂"字，缺乏文字形体根据，从甲骨文、金文至小篆，"戊"的形体演变非常清晰，绝不可能出现那样的讹变。此字上从艸无疑；下部当为声旁，其结构如同节文之"岁"字，只是左下方所从的月改为人；"岁、载"同义，作为时间词，楚文字从月不从车，其上部𢦏，即为"岁、载"的声符𢦏；"𡥀、𢦏、载、栽、𢦏、𢦏、戴、裁"等字属于相同结构，声符相同，上古的读音应相同；这批字都有"始"义，所以"𡥀郢"为楚文王初建之都城郢，它也是数百年间楚王常居办公之处，即江陵纪南城；可能楚文王以后，"郢"在楚语中就同时有了"王都"之义，凡楚王临时居住一段时间的地方都可称为"郢"，如春秋末年昭王败走，徙郢于鄀之鄢地，于是有"鄢郢"之称，怀王之前一二百年间，也许还有一些未见史书的"某郢"，（这

[①] 郭沫若《关于鄂君启节的研究》，殷涤非、罗长铭《寿县出土的"鄂君启金节"》，均载《文物参考资料》1958年第4期。

个观点有待以后有新的出土材料验证）相对而言，楚文王始都之郢，是楚国的"㝬郢"，是楚国从此走向强大的都城，故予以专称，其后，考烈王二十二年"楚东徙都寿春，命曰郢"，是不争的历史事实。《释㝬》我当时写了800字左右，除了引用了《尔雅》《左传》《史记》的一点材料外，更多是我个人的推理。至于《释檐——附释澹》，我写了约1000字，认为郭老把"檐"隶定作棓，谓"棓疑是背负的东西，犹今俗言背子"不妥。因为此字右旁不是"否"，古文字不应认作棓。此字与1960年《文物》介绍过的"铜龙节"① 上的"檐"为同一个字。其右旁上八下言，为"詹"的简写。"檐徒"为肩担之脚夫；"屯廿檐台堂一车，台毁於五十乘之中"，则是积满二十担（的重量）以当一车（的重量）折算，可以从五十乘车的总数中扣除。用背子背负是巴、蜀、夜郎和僰人的习惯，肩挑是楚人的习惯。释檐不误，舟节第七行之"资沅澧澹"也不难释读。一是洞庭湖水系从东到西，湘水之后即此四水相次；二是"资"字的声符从月次声，与"资"同音，"澹"字的构成为从水膽声，"膽"的声符与檐的声符相同，同为"詹"的简写。"资、澹"二字的结构，郭老分析错误，隶定和考证失据。

几天后，商先生召我去他家。我拿回两篇文稿一看，页页布满红圆珠笔笔迹，看得我脸发热。当时商先生给我提了几点意见，令我没齿难忘：一是写文章不要半文不白，要写简化字。里面的"之"字、"矣"字等，都给改过来了。二是写学术论文要论据充分、可靠，不能靠推论。《释㝬》的偏旁模拟分析不错，但是否读为哉或栽，是否可按《尔雅》释义为始为初，需要楚怀王之时有3个以上"某郢"同时存在，才能在比较中称其中一个属于"初、哉、首、基"，现都缺乏可靠证据，所以这篇文章不能用。三是写文章中心要突出。《释檐》能从形音义和楚俗解释楚文字，就是郭老看到你的批评，我看也会同意的。突出这个中心，附属的"资"字、"澹"字等问题，建议你割爱，因此将题目改成《"檐徒"与"一檐飤之"新诠》。四是以前的相关资料和前人的研究意见，应尽可能掌握、引用。我的印象中，从《积古斋》以来著录的"龙节"至少也有四五件，究竟有多少件，前人对铭文有多少种不同意见，你最好查核、比对清楚，充实你的论文。

我按照商先生的意见，对《释檐》做了删节和补充，并来回重抄了8次，最后由商先生寄送、推荐给《文物》杂志。那就是1963年《文物》第3期发表的《"檐徒"与"一檐飤之"新诠》。初学者的习作，难免有些稚

---

① 参见流火《铜龙节》，载《文物》1960年第8～9期。

嫩，但商先生在其重要论文《鄂君启节考》文末附注中，还是特别将我这初学弟子的看法带上了一笔①。

虽然上面介绍的，只是我初学古文字时，商先生对具体问题的即兴答复和提议，尽管后来望山一号墓和包山楚墓出土的竹简，"薮郢"与"栽郢"异文同在（证明"薮"确读为栽），包山楚简中除"栽郢"外尚有"蓝郢""鄹郢""戕郢"同现，证明我在《释薮》中的推理正确，但是，商先生关于如何做学问、如何写学术论文的意见，我认为都是正确的，有普遍性指导意义的。所以时过40年，我一直牢牢地记着它，并用于指导我的科研工作。正是商先生的这些教导和提携推荐，领我跨进了科学研究之门，令我终身铭感！

锡永师生于光绪廿八年正月廿八日（1902年3月7日）。特撰此文，以纪念恩师百年诞辰。

1998年初稿
2001年改定

（本文为纪念商承祚教授一百周年诞辰而写，2002年8月）

---

① 参见商承祚《鄂君启节考》，见《文物精华》第2集，第55页。

老师的哪些话，让你终生难忘？^①

——为纪念中山大学古文字学研究室成立六十周年而作

从 1956 年中山大学古文字学研究室成立，容庚、商承祚两位教授招收了 4 名研究生起，到今天已经六十周年。很多朋友只是知道两位老教授研究古文字，在编字典和图录方面很负盛名，但不很了解二老怎样授徒。开什么特色课呢？研究室传授的道统是什么？就是培养研究生编字典、编图录吗？

一个研究室（所）导师的特长和爱好，对这个研究室的工作取向和学风的形成，以及研究生的培养，影响至大。但是，导师的特长和爱好，不能单从其已有成果的形式来判定，其形式包裹着的精神内核会更重要，而且更能持久。因为导师会在总结成功经验的基础上，提出新的目标和要求，用于自己的新项目、建设研究室和指导研究生。容、商二位导师在建设研究室和指导研究生方面，传承着什么精神呢？研究室的每位成员，都会有自己角度的不同时空的不同感受。我想从"老师的哪些话，让你终生难忘"的小角度切入，谈谈我自己的感受。

我 1957 年到中山大学中文系读本科，1961 年在古文字学研究室读四年制研究生课程，毕业后又留在研究室工作，跟随容、商二位导师二三十年，老师的哪些教导，让我终生难忘，终生受用呢？

一、研究室初建时的授课尴尬

来到广州读中大中文系本科第一天，就听学长介绍说，容庚、商承祚二位教授是中国乃至国际著名的古文字专家，他们除了带研究生，只偶尔为高年级上选修课。我们新生自由组合拜访过名师后，就只能耐心地期待着名师课程的到来。大一、大二开中文基础课，因全系师生 1958 年秋冬在虎门劳动和课程改革讨论了半年，所以到 1960 年上半年读大三下时，才开始专业课，那时系里安排了容老的"《说文》研究"选修课。1960 年下半年，全

---

① 本文原有五部分，此为前两部分。

系师生又到揭阳农村工作了半年，1961年上半年大四时，系里才又安排了商老的"文字学"选修课。这两门课，均计划一个学期，每周两课时，语言专业12名学生必选，文学专业学生可自由选。

经历了连年的政治运动和"资产阶级"学术批判运动，又没有现成的"无产阶级"的《〈说文解字〉研究》和《中国文字学》等课本，二老几年未给本科生上课，但名教授不能不讲课呀。于是，面对授课任务，二老便各出其〈奇〉招。

容老就按他的老办法，通过举证字例，说明《说文》的特点、"六书"概念、部首编排、解说体例等。"《说文》研究"课安排在只有20张学生椅子的小课室上课。第一次课来了30多人，许多慕名而来的旁听生便从附近课室拖椅子来，挤满课室后，还有几人在门外走廊上旁听。同学们都非常专注地听着灰白头发笑容可掬的长者，用略显结巴的东莞口音普通话，卖宝似地讲课，为老师对专业授课的虔诚而感动。课间休息时，有的同学还特别好奇地翻看容老用白布方巾包来的一摞线装书。但到第二节下课后，同学们在路上便议论纷纷："容庚真是老顽固，坚持他的资产阶级的烦琐考证，头脑像他身上的唐装一样古旧！""两节课，就画了几个与楷书相去甚远的篆字叫人猜。只有指出《说文》中有几个字见于偏旁而单字失录，还给人留下点印象。""两节课就解释七八个字，9353个字何时了？"……容老虽有几页用毛笔写的讲授提纲，但是听课学生都没有读过《说文解字》，没有课本，又不知道老师的讲课计划，对名师的期望越高，失望则越大。第二次上课，课室20张椅子，有三四张无人坐。第三次上课，连必选生也未到齐，小课室稀稀拉拉，容老很失望地说："你们还没有读过《说文》，再讲作用也不大。你们若有兴趣学，可以自己买《说文解字》，或到图书馆读，有问题可以来找我。"一门课就这样流产了。没有一部马列主义《〈说文解字〉研究》教材，老师无所依遵呀。拿有特色的知识难点叫学生猜一猜，以意外的文字结构引学生产生好奇兴趣，算启发式教育还是放唯心主义毒素？严肃认真地把历史文化考证清楚，无产阶级社会主义就不需要吗？年轻的同学们也争论不出结果来。反正教学改革，上不上课，学生可以任性。强老师所难的话，容老1958年年末在虎门海军礼堂就曾写大字报表态："容庚不堪改造，勒令退休，以免毒害青年学生！"这显然不是教改追求的结果。

商老上"文字学"课，则是一本正经地用带有天津味的京腔念《文字学》油印讲义。而这本讲义，就是本系几位青年教师和部分语言专业学生于1959年合作编写的，我们这些听课学生也曾参加其中一些章节的编写。

我们一次次地听着我们已经讨论过多次的内容，好不容易才听到一次商老离开讲义，讲他自己的话："我个人认为，古文字中的'日'字、'月'字还有'井'字中间的一点，是在画了日、月、井形后，为了填补空白，使文字平衡美观而加上去的，与'本、末、上、下'等字的点，是不一样的，后者是指出字义的指事符号，绝不能省略的。书写时为了平衡美化而增加一点的现象，后世也一直有，例如写行书、草书的'土'字、'申'字、'书'字、'民'字，常在写完后在右侧加一点；写'社''杜''肚''坤''神'等字，魏晋以来不少书家也喜欢在右下侧多加一点。"老师提出自己的观点，并加以论证，虽只寥寥几句，也给学生留下深刻记忆。经过多年的批判运动，人们为避免惹来麻烦，慢慢习惯了奉（听）命思考和说话。作为老师，既然年轻人在马列主义指导下编写了新的《文字学》教材，老师不打折扣地采用、宣传，便是属于进步表现了。作为学生，期望听到老师的深刻见解，可要老师先分清知识资料是否属于"封资修"毒害，也实在强人所难。然而每周两个课时，尽由老师朗读学生作业的讲课，师生都需要耐心才能坚持下去，其实师生心里都有说不出的无奈。

二、"不能让日本人说，中国出土的文物，要他们才能研究"和"不要人云亦云"

1961年夏天，我和孙稚雏、杨五铭同学一起，被分配当研究生，跟随容庚、商承祚两位著名教授学习古文字学。起初，除了有"将要成为名专家的入室弟子"的一丁点虚荣外，不知道甲骨文和金文有什么可学，该怎么学，心里有些空虚彷徨。因为大三时的《说文》研究和大四时的文字学两门选修课，给我留下了深深的阴影。

开学前几天，中文系领导召集新研究生开会交代：四五年来，我系老专家挨了不少批判，系领导做了很多说服动员工作，才使几位老先生答应培养研究生的工作。一生形成的世界观，短时间改不了。因此要求研究生自觉抵御资产阶级世界观的入侵和影响，同时又要谦虚地向导师学习专业知识。他们都老了，你们要有抢救知识的紧迫感，努力地学习，不负重托！

我和孙、杨三人一起，在开学前两天，先后到容家、商家拜会导师，请求安排学习任务并提出目标要求。我们预测，要过容老的收徒面试关，可能会碰上一些刁难；而商老是系主任，应没有入室阻碍。晚上进入"九如屋"客厅，容老高兴地叫我们坐下，然后就一个个地叫着我们的姓，我们则一个个地站起来自报姓名相认。容老说:"当今青年学生都说要厚今薄古,批判厚古薄今,不屑跟老师学老古董呢。你们怎么还要学古而又古的古文字?"我们就谁先回答推让了一下,孙、杨二位同时要我做代表,他们视情况补充。我说:"对我们国家来说,古今中外的文化科学知识,都是需要有人学习继承的。各地的实际需要和各大学系科的师资设备状况不同,人数安排上,古、今、中、外各科可以有多有少,这要由国家统筹,但每一科都不能没有。另外还有学生是否有兴趣和愿意学的问题。我们是系里分配安排,也是自己愿意跟着老师学的,不存在厚古薄今问题。希望老师给我们安排学习任务,以后多多批评指教。"容老问孙、杨二位怎样。孙、杨都表示不介意他人会不会说厚古薄今,是自己乐意跟着老师学习古文字。接着,趁容老上楼,我们私下议论,老师没有皱眉,看来过了收徒面试第一关。

容老楼上楼下三个来回,搬出《金文编》的三个版本及其原稿出来,对我们说:"我是靠《金文编》成名成家的,也靠它吃了一辈子。经过几十年的修改研究补充,现在还有1000多字不认识。你们愿意学,有很多工作等着你们来做。一件新铜器出土,一张新铭拓出现,容易认识的字,会读《说文》和《古文四声韵》的人,都能认识,不算发明。专家们都不认得的字,需要有很多方面的知识积累,需要新的出土材料佐证和聪明灵活的头脑,说不定终老一生只能考证成功几个字。所以,胡适先生说'认识一个古文字,像发现一颗恒星那样难,那样有意义',这话也不是随便说的,不像批判的人所说那样'是用来吓唬人'。当然,就算考证成功几个字,也只是对读通几篇铭文有帮助,对工业农业生产大跃进毫无帮助。"我们知道老师又在说气话,于是又你一言我一语再次表态,综合意思是:"我们知道,人民群众除了衣食住行的需求,还有了解古今中外文化、科学技术发展的要求,同样都有直接帮助或间接帮助,有急需或缓需的理由。工人、农民、知识分子各自做好工作,都是为建设新中国贡献力量,都是为人民服务。"总之,我们都打心眼不愿意在"知识分子"头上加戴"资产阶级"帽子,都不想提到与"反右""大跃进""反右倾""红专大辩论""教改"等与运动有关的批判词语。老师仔细地观察着和听着我们的回答。我们看到容老脸部表情渐渐放松了,知道第二关过了。

接着,容老背靠沙发,手抱第一版《金文编》的手稿,开始授徒第一课。自"从四舅治《说文》"开始,到天津持《金文编》稿本拜谒罗振玉,到北大国学门当研究生,再到燕京大学当襄教授、教授,从中学生到著名大学的专家,这是中大中文人耳熟能详的故事。一讲到30年代,容老便正襟危坐,说起与滨田耕作博士晤面,滨田应允代北平图书馆和他购买《泉屋清赏》,日本书商乘机高价敲诈之事。"后来得知滨田在《泉屋清赏·总说》中就说了一些极端鄙视中国人的话,说中国研究青铜器和铭文的水平低下,远不如日本。讥笑中国学者只知道'依自来之传说,比图录,信款识'鉴定时代。'九一八'事变后,慨然认识到日本人劫掠我文物,倾覆我国家,还侮辱我出土文物,说要他们才有水平研究,是可忍孰不可忍!我们做文物研究工作的人,应以不学为耻,应以超过他人为志。你们说是不是?我于是花了几年时间,搜集被日人和其他外国人搞去的青铜器资料,汇编成《海外吉金图录》。我在书中指出滨田将众多周器属之于汉的错误,郭沫若、方濬益甚至潘祖荫早就认识的钟铭'惟戉十有九年','戉'读越,滨田竟读作'惟岁十有□和',我反笑他读中国书太少,见识在'比图录,信款识'之下。同时我又花了8年工夫,编写了《商周彝器通考》,要让他们看看,中国人能做到的,他们未必都能做到。"我们意外地受到一次爱国主义的教育激励,都表示一定认真地学习古文字和青铜器知识,希望老师给我们开一二门专业课。

接着,容老又翻出第二版《金文编·附录》给我们看,1000多字里面约有三分之二的字下有不同颜色和不同字迹的批语和多位专家考释的转录。出现最多的名字是唐兰、郭沫若,其次是于省吾、陈梦家、杨树达、张政烺、刘节等其他几人则少些。有好多字下,同时有几个人的不同意见。容老说:"唐兰、郭沫若是认字最多的人,他们已经认识了那么多字,但我只采纳了其中两个字,第三版移入前面的正编。他们批评我保守。可我不能人云亦云,我不认识就是不认识。广州街上文具店招牌画着一杆毛笔,大家一看就知道是卖毛笔等文具的,但那是个'笔'字吗?"老师说话的意思我们都清楚,一是古文字领域还有许多未解之谜,须一代又一代的有志者接力解决;二是要求新的入室弟子,不要在保守与跃进的争辩中人云亦云,搞科学研究,要独立思考,拿出自己的创见来。

最后,容老说:"课,我就不开了。听我讲还不如去读我编写的书。年轻人要学习西方启发式教育,废除中国传统的填鸭式教育。西方怎么样启发,我不知道。填鸭式有什么不好?北京鸭填得肥肥的,不比其他瘦鸭好?趁年轻记忆好,多灌输一点,长大了就能理解利用。既然你们愿意跟我和商老学,古文字不同于其他专业学生有基础,我和商老打报告给学校,申请延长一年,实行四年制,一、二年打基础,第三年出外参观实习,定下论文方向,和有目的地阅读、准备资料,第四年写论文、答辩。现在你们的学习任务是，先抄读《说文解字》，每天抄写 100～200 个篆字，两星期交来检查一次，完成后再抄《金文编》《甲骨文编》。另外有一份书单，列了 30 多种有关青铜器和铭文的著录图籍，供各人自己抽空阅读。政治、外语由学校和系里安排管理。你们最好征求一下商老的意见。"

离开"九如屋"后，我们三人在路上议论：老师不擅一套套的理论言辞，我们就要从其"来呀来呀"的口头碎语中，发现其微言大义，才能学到老师的真知。我们一起回忆这次听到的话，大致理出了头绪：老师首先提出厚古薄今和对现实的"大跃进"有无帮助问题，表明这是其收徒的首要问题。1957、1958、1959 年连年挨批判，后两年关于教育革命和课程改革，都与这两个问题有关。容老很不理解，这些问题为什么会牵扯到"反党、反社会主义、反马列主义毛泽东思想"而进行批判。年轻学生中很少党员，不知道社会主义社会是怎样的，真正的马列经典著作恐怕也学习不多，怎么就随口用"三反"作为武器来批判老师呢？岂不是无知地"人云亦云"惹的祸！有的研究生也参与其中，成了"入我室者操我戈"，就更令容老不快。容老首先抛出这两个问题来测试我们，一是想看看我们是否无知的贴标签者，能否当徒；二是关系到学生将来能否坐冷板凳，有无成才希望。

最打动我们的话是"不能让日本人说，中国出土的文物，要他们才能研究"。知道日本侵华历史的中国人，都不能忍受日人的这种侮辱。我们认为，容老的这句话及其亲身体验，就相当于培养方案的培养目标，要求研究生为国家民族而努力学习，有家国情怀，学习和研究的动力才能持久。抄读认识 3 部字典的古字和翻阅 30 多部几百卷的图籍资料，属于教学内容和方法，我们都要自觉地完成。"大家都认识的，不算发明。""还有 1000 多字不认识"，指摆在我们面前的任务还相当艰巨。别人说认识了很多字，但自己"不要人云亦云"，需要鉴别。这就给我们写文章提出了要有创见和解决实际问题的要求。我们认为，容老一再强调的"不要人云亦云"的提法，同陈寅恪的"独立之精神，自由之思想"相似，但更像焦裕禄的"吃人嚼过的馍没味道"，不能被曲解成"想摆脱领导"。

通过总结，老师激励我们的话和做人、下笔的要求，令我终生难忘、受用。

（本文原刊《古文字论坛（第二辑）·中山大学古文字学研究室成立六十周年纪念专号》，中西书局 2016 年版）

四、序言

赵平安 《隶变研究》序

在汉字5000年的历史中，最主要的大概有三件大事。

第一是汉字的产生及"六书"与汉字构形法的创造。

先民想到要把话留下来，创造了文字，这无疑是人类从野蛮时代走向文明时代的最了不起的一跃。文字作为工具的重大意义，既可与物质生产的石器、陶器、铜器、铁器、机械、电子等为标志的时代意义相匹，又胜于这些时代嬗进的意义。由于文字的出现，才使物质生产技术，从简单到复杂，从低级到高级，从粗陋到精密，不断地得到开拓；同时文字的运用也使人类自身的智慧不断推进更高层次成为可能，其影响作用及于各个时代。所以，汉字的最初创造，对中华民族5000年文明史有着至关重要的意义。尽管已经久远不清，但人们一直不忘寻根，孜孜探求早期写话的方法和汉字的构形法。

"周礼八岁入小学，保氏教国子先以六书。"（《说文解字·叙》）后世学者或称"六书"为造字之法，或称"六书"为构形之法；有的学者则认为"六书"并非都是造字构形之法，因而有"四体二用"之说，又有"'六书'为记词法"之说。在当代教科书中，因为多数立足于从构形法解释和评议"六书"，并据以分析《说文》中的篆字，故多数选择"四体二用"说；只有在把汉字当作记录汉语语词或词素的形式时，才把"六书"称为6种记词的方法。对"六书"聚讼2000年，学界归因于"六书"内涵欠详明。许慎《说文解字·叙》是第一次，也是唯一的对"六书"分别举例做了简要说明，因此学者有许慎离用古文字的时代已远，故难免解说和例字不精当之疑。我以为拘泥于从构形法去理解"六书"，争讼可能永无了期。因为产生《周礼》的时代，是使用古文字的时代，那时候说"六书"，也许就像现代人对自行车、汽车、火车、飞机一样，不需对名词做详细解释，老幼都能理解其特征和功用。将来有无可能出土详细解释"六书"的商周甲骨、铜器、竹简、帛书呢？看来不能寄予过多期望。

对"六书"，我认为还应从先秦"书"字的基本含义和当时教育的实际可能去理解。"书"字的最初意义为写，为著，是用笔书写记述的意思，其次才引申为"著于竹帛之谓书"。"六书"自然不是说 6 种书籍。汉字的产生，肇端于先民欲写话，将思想意愿记录下来，传之久远。"六书"，就是 6 种写话的方法。国子 8 岁入小学，保氏先教其"六书"，即师傅先教学童学会 6 种记言写话的方法，才好做课堂笔记，领会师傅的教诲。当然，教学 6 种写话方法的过程，认读基本用字也就包含在其中了。孔子杏坛讲学大概也是如此，才会有学生记录的《论语》。在使用古文字的商、周（含春秋战国）时代，这 6 种写话方法，8 岁学童应是容易理解、运用的。特征明显的名物，用象形法记录；与名物有关的事，可加符号以指事；用两个以上的象形字结合，以会所象诸事物间相联系的含义；以一个象形字做意类符号，同另一个做读音符号的象形字结合，组成形声字，则可记录上述 3 种方法无法准确表达的语词。在写话记言时，没有现成本字或记不清要用的字时，可借用同音字；也可选用意义相同或相近的字加注读音（后来能被公认流传的即为形声字中的累增字），或在同音字上加注意类偏旁（后来能被公认流传的即为形声字中的孳乳字）。这就是假借法和转注法。学童掌握了上述 6 种写话的方法，师傅教诲自然可无遗漏地记写下来。待课后温习，学业有所长进，再将不恰当的记录削去，在竹简上改写上正确的字。所以，我认为《周礼》那句话的意思，就是师傅教学童首先要教 6 种写话的方法，而非教学童做仓颉，去用 6 种构形法造新字，也非教学童用 4 种方法造字，用 2 种方法活用同音字和记录同义词。后代学者研究古文字的构形法，可以说只有 4 种而非 6 种，但古代师傅教学童写话、记课堂笔记的方法，还是要 6 种才能够全面应付。事实上，当今低年级小学生写的日记或私人记事本中，也可以看到这 6 种方法的灵活运用，如在一些字中间夹杂着小孩自制的象形字、形声字，还有指示标记、别字等，说明古代"保氏教国子先以六书"，利于学童写话记事，是符合教学实际的。往年在山区农村参加"四清"工作时，见半文盲的生产队长到公社开两天会，回村传达 3 小时，政策要点说得非常准确，其小笔记本也是用此 6 种方法记成的，只是我们不承认现代私人创造的象形字、指事字，将其自造的会意、形声、转注字判为生造，把假借字评为别字罢了。

第二件大事是隶变。

从 5000 年前的刻划、图画，演进到春秋战国，汉字一直是在刻划和图画的基础上繁衍、创造、加工；汉字发展的任务，主要是满足记言写话需要的数量，以及探索和完善表意表音的偏旁符号系统。在探索过程中，人们认识到，纯以形表意方法不能有区别地记录形体相近的事物，纯标音的方法则无法明确区分语言中的许多同音词，于是决定了汉字的发展，是以形意符号为基础加标音的形声字，作为基本走向。据我的粗略统计，从西周到西周末期形声字尚占有当时总字数的50%左右，到了春秋战国之际，有了大变化，春秋战国之际的文字资料中，形声字占有总字数的75%～80%，稳定的意类符和音符系统已基本形成。因此，汉字发展的客观任务和内在要求，便从发展数量和建立偏旁符号系统为主，转向以改进符号便于书写为主的阶段。春秋、战国两个历史时期，都是诸侯力政不统于王，存在着自由发展各自的经济文化的条件。但是，从出土文物看，春秋时期各国的文字形体结构是基本相同的；到了战国时期，东西南北间的文字形体结构差异，才明显表露出来。这正是春秋战国之际，汉字才转向以改进符号便于书写为主阶段的明证。

文字是记录语言的符号。它与图画的最主要区别就在于每个形体单位与语音单位相应联系和形体的符号化。战国以后，汉字便在众人的书写应用中，不断改变图画式的线条结构，顺应右手握笔，从左到右，从上到下，有节奏地运笔的写字要求，经历战国、秦、西汉，最后形成以秦字为基础的由篆至隶的转变。到西汉中期，这种形体改造基本定形，即为分隶（又称汉隶）。其最显著特征就是破坏了隶变前的象形构形，无论独体象形字还是象形偏旁，都符号化了。隶变从本质上看只是构形线画的改良，但从目治观感上，却有象形与符号化的重大差别，造成汉武帝以后，先秦文献需要博学之士解诂，先秦文字出土，便只有少数专家才能识读的结果。而在汉武帝以后，用正规分隶书写的文献，直至今天，有文化的人也是基本能认读的。所以隶变是汉字史上极其重大的一次形体变化。然而，汉魏以来，受到战国秦汉文字资料不足的限制，人们对隶变认识不深，说不清篆书如何转变为隶书，也不知在转变的200年间现实用字是如何衔接的。自20世纪六七十年代，战国秦汉的竹简帛书大量出土，年代可辨，基本衔接，人们才明白从战国到汉代，汉字由篆到隶转变的大致脉络。于是，对隶变的研究成果，近20年间远胜过去的2000年。

汉字史上的第三件大事，便是汉魏以后直到今天的汉字简化和近百年来的汉字拼音化试验。

简化是在汉字原有构形法的前提下的形体改良，意在省时易写，而拼音化则是构形法的改革。前者在2000年的群众写字实践中，在有意无意中，从无间断地进行着。后者则是近百年来由学者专家倡导、设计进行的试验。整套构形法的变革，牵涉到符号体系的建立与完善以及所碰到的理论和技术问题，也有拼音文字形式与汉语语言形式之间能否适应无碍的问题，还有原有汉字文献与文化习惯同新拼音文字与文化生活的实践衔接问题。因此，它绝不是单纯的语言文字学术的问题，而是牵涉到十几亿人所处的社会、历史、文化、语言、生活习惯和现实利益的全面性大问题，因而不是短时间凭部分人的意志或行政命令手段能实现的，需要相当长时间的探讨、试验，不宜过早过急地宣布有无拼音化的必要，更不宜过早过急地预言成败。

我想，汉字发展史中最主要的也就是上述三件大事。赵平安在中山大学攻读汉语文字学博士学位期间，选择了上述的第二件大事作为学习研究的主攻课题，非常刻苦用功，广泛收集先秦和两汉的各种文字资料，进行形体排比分析，又广泛地阅读了古今专家对隶变的研究论述，时有所获，撰写不辍。今其将博士学位论文增删修改，并附上近年所发表的与隶变有关的论文，结集成书，从中可以看出他对战国秦汉文字学习研究的轨迹和心得。他希望我写几句话，便写了上面那些曾经同他说过的一些话，盼望他能一如既往，对汉字发展史上的各个重要问题，逐个钻研，做出更多更好的成绩。

1993 年 4 月于中山大学

（本文原刊赵平安《隶变研究》，河北大学出版社 1993 年版）

陈双新 《两周青铜乐器铭辞研究》 序

  青铜器铭文的研究，自北宋真宗年间计起，正好 1000 年左右。前 900 年注重的是铭拓的收集、字词的解诂、铭文的通读和与经史文献的联系，单篇独立地进行研讨是其主要特征。20 世纪，上述这几方面的研究成果，又远远超过前 900 年。铭文的研究，也由单篇独立拓展为多篇综合联系地进行专题性研讨，同时依托现代语言文字学、考古学、历史文献学及各种技术学科的兴起和突飞猛进，而取得多学科多角度的进展。在商周铭文的断代、古文字与词汇语法、氏族与民族、祭祀、战争、商业、交通、典章制度、土地交换、法律诉讼、天文历法、音乐艺术等各个方面，都有突出的成果；在铭文研究的理论和方法方面，也有长足的发展；铭文的分地域国别研究，方兴未艾。上述各专题虽然还有扩展和深化的研究空间，但毕竟已经有了可观的成绩。可是，根据青铜器的分类来进行铭文的综合研究似乎就相对薄弱，甚至有无必要和可能也会令人怀疑。因为无论从青铜器外形分类还是从功能分类，都不易发现在铭文的用字、内容方面，或是时间和地域方面，有什么特别的引人注目的规律性东西。

  陈君双新在中山大学古文字学研究所攻读博士学位期间，有机会阅读众多青铜器铭文原始资料，又正逢子犯钟、晋侯苏钟铭文在学术界讨论热烈时期，因而对青铜钟铭文产生了兴趣，并和我进行过多次讨论，于是对青铜乐器铭文进行综合研究的必要性和可能性认识逐渐明确。

  迄今可见的青铜乐器铭文，约有五分之三是近 50 年出土发现的，其中绝大多数属于科学的考古发现，公开发布时都已经有专家进行了初步研究，这是进行综合研究的极好的前提条件。在此基础上，再将约占五分之二的过去分散传世的铭文及其研究资料整合到一块，我们就有可能描绘出青铜乐器及其铭文的产生、发展、变化的基本面貌。诸如青铜乐器的种类、各类的数目发展状况及其配搭关系、肂（我认为宜读为 yi，不当读作肆 si）和堵的内涵、肂和堵是变量还是定量、青铜乐器铭文与其他礼器铭文在内容和用词上有何异同、钟铭排列有无规律、排列形式与时代地域的关系、铭文排列与音值测定对发现失群乐器的作用、铭文中关于乐音和美感教化功能的说明词、乐律与我国独特的音乐史资料、重要铭文剩义蕴义的挖掘，等等，都需要通过全面系统的综合研究，对前贤的正确认识予以确认，对误识予以纠正，对被忽略的予以揭示和阐发。

双新为学，勤奋刻苦，多思善问，为文严谨平实，不喜空话狂言。展读其《两周青铜乐器铭辞研究》，读者自可发现其学习他人成果所做的努力和阐述己见时的矜慎，发现上面提到值得研讨的问题文中都已触及，并有其许多心得散见于各处，其中关于钟铭排列的描述及其规律和功用的揭示，更是令人倍感意外和激赏。当然，这篇学位论文也有美中不足之处，例如，曾侯乙钟数量最大，铭文最多，而且又是罕见的音乐史料，按一般常理应在本课题中占有大分量的讨论，而陈君在论文中只以很小的篇幅，做了简介性的综述。鉴于曾侯乙钟群出土以来，众多古文字学和音乐史界的专家，已从文字、训诂、测音、乐理、乐史等多方面进行了深入的探讨，已有许多专著专论面世，我们似乎也可不必苛求年轻的双新了。

《两周青铜乐器铭辞研究》包含了双新在中山大学求学的学位论文和与之有关的文章，可以看作他一个求学阶段的成绩报告，然而并非他求学期间的全部成果。青取之于蓝而青于蓝。但愿双新坚守严谨学风，在无尽的学问道路上，向前，向前，一步一个脚印，硕果累累！

（本文原刊陈双新《两周青铜乐器铭辞研究》，河北大学出版社 2002 年版）

朱其智 《西周铭文篇章指同及其相关语法研究》序

人生常有一些偶然奇遇，造成人际间永远割舍不了的缘分。1990年在中山大学中文系认识新来不久的朱其智君，只知道这高个子是汉语培训中心的教师，原先在北大对外汉语中心主修现代汉语语法。10年过去了，也只是偶然路遇打个招呼而已。一天，在学校餐厅偶遇，谈起教师升职门槛提高了，他笑问我愿不愿意招收他当博士生，我说你能通过古文字学博士生入学考试就行。说完，我有些后悔，隔行如隔山，每周有十几个课时教课任务的人，怎样抽时间去补修古文字学基本知识呐，笑话岂能当真。想不到他真的讨问甲骨卜辞、铜器铭文、竹简帛书的最低阅读量及考试要求如何，更想不到几个月后他竟然顺利通过了博士生入学考试。于是，我和朱其智君便有了几年商讨学问的特别关系。

在20世纪60年代初我初学古文字时，曾将《两周金文辞大系考释》作为基本读物，旁置《古籀拾遗》《古籀余论》《吉金文录》《吉金文选》《积微居金文说》、考古学报中的《西周铜器断代》以及《商周彝器通考》《金文编》等书，随时对照参读。发现多数铭文都有不认识的字，各家的释读、句读可以很不相同，他们很少使用句法分析术语，各自通读的意思也常能找到近似的文献佐证，在这些大专家面前，初学的小青年真易晕头转向，难于抉择。但我也发现他们有个共同点，就是将几个不太明确的句子，通读成一个意义团，然后将几个前后意义团串通起来，形成完整的意思，这同《文心雕龙·章句》表达的意思相近。于是，我以意义团为单位，将《大系》所选的铭文列成表格分段解构。在表格上，主语、宾语是否完整，有无缺项，有无位置变化，谓语性质，主动、被动等，一目了然。有的铭文只有一个意义团，即整篇只有一章或只一句，如"某（主语）＋作＋某某（定性为宾2或定语）＋宝尊彝（宾1）"。四项中任何一项都有可能缺失，即不完整句，都可以按习惯的完整句得到合理解释。有的铭文可以归纳出上十个意义团,相当于一篇分多章或段(如某些册命命辞、战争经过的叙述,便是一章分多段),每个章、段所含句子数不等。绝大多数两周铭文,可以归纳成"作器之因+作器之用",中间过渡段即铭文基本句"某作某某宝尊彝(器名)"。少数长篇记言体有论说文性质部分,以及某些"重要约剂"性质的部分,则须据其性质寻找意义团及其联系,另做篇章解构。

我在郭沫若断代基础上所做的铭文篇章语法解构表格,理论根据是:①任何一篇铭文,都是作器者目的明确、意义完整的语篇,主要是向祖先神和上帝述德、报告功烈荣宠,祈求福佑眉寿,并昭告子孙万世永保,尽管有些文字尚未能释读,而语篇总义指向可根据已知文意来把握;②汉语的语法,主要表现在围绕语篇总义,以不同层次的章段分义贯串(《文心雕龙·章句》称为"内义脉注")而成,每一个小句可能有这样那样的成分缺项,但在具体的语言环境下,有"脉注"意义制约,其语篇总义是完整明确的,极少借助具语言形态性质的虚词,这是汉语的固有特点;③语言,包括语法,是发展变化的,我们不能用近现代的句法、词法框框去套二三千年前的古汉语,我们采用10~40年为一个王世的断代语料,进行同类意义团的句子排比,去理解共时语言的表达方式,再去寻找传世文献同类意义的语词语句做比较,即使其铭文中尚有部分字未得确解,篇章的基本意义指向不会走题。总之,古人之立言,因字而生句,积句而成章,积章而成篇,无标点符号做标识,我们则可以据总义而析义分章,据章义而析句,进而考释字在章义约束下的含义及其语法功能。由于摆脱了现代小句本位的语法约束,而立足于篇章语法的分析和共时语料的比较,增强了语言分析的客观性,虽然是据郭沫若的断代而列表,也立即可以发现其将某些西周中期或后期的铭文置诸早期成王,显出某些用词或语法上的另类。

我在1964年年初完成《大系》选铭的列表解构工作,此后就常用语篇语法分析的思路,去做铭文的释字、解词、句读、通读工作。2001年我写了一篇《篇章语法分析在铭文解读中的意义》,分释字、解词、句读、通读、作器者与铜器命名等项,结合自己的实践谈谈体会。就在那时,朱其智君提出他的博士论文选题拟为《西周铜器铭文篇章语法研究》,说是受我已发表的论文启示而选的。他的选题,令我高兴,但他侃侃而谈西方语言篇章语法体系的内容,又令我不以为然。我一再强调,西方的研究成果可以做借鉴,而研究西周铭文必须立足于古汉语本身,注意篇章语义贯注的约束下,句子的相互关联和词语的性质功能分析,舍弃形态学的羁绊。在朱君的博士论文开题报告会上,有的教授说:"汉语已有完善的包括句法词法的语法体系,引进什么'篇章语法'是胡闹!"经过一番辩论,最后,教授审查小组"同意其选题,但建议适当缩小范围,能解决一些实际问题就好"。

朱君是在职博士生,每周要负担十几个课时教授留学生学汉语的任务,原先未学过古文字,开题报告又遭到重大质疑,迫使他要比常人加倍用功去阅读铜器铭文的考释论著,从中找出专家尚无定论的难点,从篇章语法的角度予以合理解释。按照审查小组"缩小范围"的建议,也是他自己时间有限,把研究论题最后定位为《西周铭文篇章指同及其相关语法研究》,重点讨论了人名的复现、代词及其指称、省略及其恢复三项问题,使不少原来语词定性不明、语义模糊、专家解读各异之处明晰化。这就是教授审查小组期望的"能解决一些实际问题就好"吧!由于朱君"半路出家"学古文字,某些文意的把握容有可商,但其不畏艰难的探索精神及其初步成果,值得称道,可喜可贺。对辟路之作,我不想在此求全责备,相信读者自能明鉴。我更期望朱君能在现有成果基础上,将研究进一步扩大和深化,使西周铭文篇章语法分析的成果变得更全面、更系统、更有说服力。

在朱其智君论著付梓之际,说说我对铭文篇章语法分析的必要性和可行性的理解,叙叙朱君做此研究的来历和艰苦曲折,权应朱君索序之请。

2007 年 6 月 24 日于中山大学

(本文原刊朱其智《西周铭文篇章指同及其相关语法研究》,河北大学出版社 2007 年版)

何添《论〈说文〉四级声子》序

我国汉字，是当今世界使用着的最古老的文字。在 5000 年历史长河的流动中，不断地有一些字消亡，也不断地有一些字产生，就是连续传承使用的字，它们各自的形、音、义，也在不同的时间或不同的地域悄悄地发生着程度不同的变化。有结构、书体、笔画的变化，有发音部位、发音方法的变化，有意义的引申、转移、假借的变化。但所有这些变化，都没有脱离汉字基本的"六书"体系和汉语基本的语音语义体系，按照一个音节一个字相对应而有序地发展变化，因而发展变化中的每一个字都是形、音、义的统一体，其变化都是有迹可循的。

许慎编撰的《说文解字》，收录了他能看到的所有的篆文、籀文和古文单字，创立部首编检法，并按 540 部首编排 9353 个篆文，把 1163 个籀文、古文形体和部分篆文异体，作为重文列于相应的篆文之后。许慎给每一个篆文的意义和形体结构做了说明。其字义，首先是字本义，本义不明者用当时解经常用的基本义，经师通人有重要的异义解释则以"一曰"或引通人说形式出之。其形体结构分析，据篆文并参照重文，按"六书"说的指事、象形、会意、形声的不同构成，分别予以说明，形旁声旁不全者则辅以"省形""省声"解说，整字构成不明者称"阙"。在读经过程容易被误读的字，加注"读若"。许慎最后在"叙目"章，还阐发了他对汉字产生、发展、构成的理论和他编撰此书的方法。由于许慎做了这些空前的工作，使《说文解字》成为空前的伟大著作，被誉为"字书鼻祖"。直到今天，凡是研究传统语言文字学的人，都需要依靠它、利用它；就是对研究古代哲学、历史、文化、典籍、风俗的人，它也是不可或缺的工具书。许慎与《说文解字》的伟大和不朽的功绩，令两千年来不少的学者，以之作为终身研究的对象，形成一门独特学问——"许学"，而被推崇备至。

但是，随着 1898 年殷商甲骨文字的发现、现代考古学的建立、许多青铜器铭文和战国秦汉的竹简帛书盟书的出土以及中国古文字学的兴起并获得巨大成就，现在人们已不再怀疑：许慎也不是圣人，也有个人见识的局限和时代的局限；《说文解字》依据的文字材料是汉字之"流"，而不是"源"；

我们可充分利用"流"的价值去寻导、认识"源",同样也要充分利用对"源"的认识,寻绎"流"的演变轨迹,肯定"流"的传承和合理演变的认识价值,纠正文字传抄之"流"的讹误和许慎自身局限的讹误。实事求是,无损许慎和《说文解字》的伟大。

把许慎和《说文解字》放在5000年中华文化(不仅是文字学)的历史长河中,不是空泛地而是具体地进行切合实际的审视和评价,将《说文解字》的科学价值更准确有效地发掘出来,为今天的文化建设服务,这是当代"许学"的一项重要任务。

近80年来,虽陆续有一些研究"许学"的学者,引用甲骨文和金文的材料以补充或匡正《说文解字》,如马叙伦著《说文解字六书疏证》、张舜徽撰《说文解字约注》等,但都难免失之枝节、零散,这既有作者个人的原因,也与古文字材料的出土、出版、研究的条件和水平有关。20世纪70、80、90年代,陆续有《金文诂林》《金文诂林补》《甲骨文字释林》《甲骨文字诂林》《甲骨文合集》《殷墟甲骨刻辞摹释总集》《殷周金文集成》《甲骨文字典》、新增订《金文编》《金文大字典》《古陶字汇》《古币文编》《古玺文编》《侯马盟书》以及许多新出土的战国、秦、汉竹简帛书资料及其文字编出版,古文字研究空前活跃,硕果累累,使人们认识到汉字的"六书"造字史已没有缺环。从殷商武丁时期基本使用古老的象形表意文字,到殷商末期象形表意文字占75%,新生25%左右的形声文字,发展到许慎所处的东汉,形声结构文字占85%而象形表意文字只占15%左右。象形表意造字受客体局限,产能差,主要是传承字,新生字越来越少。形声造字不受客体局限因而产能高,在单音节同音词众多的语言社会里,它同时具有音和义的标志因而区别性能高。我们发现,从殷商到战国,一些象形表意字因其形体带有客体属性而成为固定的形义符号(过去通常称"形旁"),另有一些象形表意字则转化为读音符号(过去通常称"声旁",又称"声子")。转化为声旁的途径有:①原字常被借用来表达与本义无关的词,于是在原字基础上增加与本义相关的形义符,以加强意义指向,原字便成了声旁,形成声旁表达本音本义现象;②原字的本义已基本不用,它的常用义是引申义或假借义,在它基础上增加与其义相关的形义符而成为形声字,声旁就具有其原字的引申义或假借义;③原字的象形表意本义或引申义依旧通行,但其读音因时地变易而变得不明确,易遭误解,于是旁加习见的同音字做声旁以明确之,构成形声字,其声旁只表读音,不含意义;④某种新事物产生与新词出现,原本没有相应的象形表意字可供记录,选择与新词内涵相关的形义符和习见的同音字做声旁，构成新的形声字，其声旁原形可以是象形表意字，也可以是形声字，其声旁在新字中可以是不表义的，也可能因选择的声旁字所代表的词同新词有某种同源关系而有意义联系。

　　何添教授在古文字材料大量出土并得到及时整理、研究、公布，认识水平和理论水平大大提高和深化的学术背景下，选择《说文解字》中含量最多的形声字进行梳理，对《说文解字》中认定的形声字逐个比对，对前贤提出的《说文解字》六级声子逐个审视，十几年来孜孜不倦地做了大量细致的工作，肯定其正确的，或提出撤销、新立、合并、分立某些声子的新见解，利用古文字学研究的新成果，做到持之有据，这是何教授对《说文解字》学的一大贡献。此外，他对四级声子在形声字中的逐个音义分析，虽然容有商讨余地，但其旁征博引，爬梳剔抉，字字认真的不懈求真努力，是有目共睹的，总体而论，对训诂学、词汇学、词源学来说，都是具有参考价值的。

　　值此何教授大著付梓之际，蒙其不弃，献一点浅见，忝为序。

2008 年 9 月 20 日于广州中山大学

（本文原刊何添《论〈说文〉四级声子》，吉林文史出版社 2008 年版）

陈英杰 《西周金文作器用途铭辞研究》 序

商周铜器铭文，虽然最常见的每篇不过几十字，但它是古代先人给我们留下的真实、坚硬的记录，在考史、证史、补史方面具有无比重要的价值。要认识和利用其价值，首先必须解字释文，正确理解铭文的意义，而语言文字功夫，是其基础中的基础。打基础的功夫，有哪些基本套路？我想，就是几代学人也不易说清。因为我们对商周时期的应用语言还了解甚少。

20世纪60年代初，我初学古文字时，大方案上置容师希白教授手批的郭沫若《两周金文辞大系考释》的最新增订本，作为主要读物，旁围一周阮元、吴荣光、吴大澂、孙诒让、方濬益、王国维、于省吾、吴闿生、杨树达、陈梦家等人的考释著作，书架上还有《三代吉金文存》等十几种铭文资料集，一一对照校读。我既被诸大家渊博的文字音韵训诂文献典籍知识深深吸引，又常常在"公说公有理，婆说婆有理"的解说面前陷入迷茫。但我相信：每一篇铭文，从1个字至500个字，不应有南辕北辙的结论；铭文作者都是有自己明确用意的；作者围绕着篇章主旨，积字以成句，积句以成章，积章以成篇，内存一种篇章语言法则；只要能弄清铭体的基本构成要素及它们间的联系，作者的思维语言脉络就可以找到，摆脱了只词单句训诂的局限，就能把握篇章大意，不会陷入解读铭文的迷茫。也就是先在宏观上把握篇章意义指归，然后才是微观上做好文字音韵训诂和文献典籍的考证。为了寻找铭体的篇章语言法则，于是我做了"铭文解构表"。

我分析了《大系》和《西周铜器断代》所录铭文（包括考释中附录的铭文）除长篇记事外的句子的语法成分，主动句与被动句，以及语法成分缺项，将每篇铭文分段后录入各类表，并在表中注明该段铭文的前后衔接关系。据此，可以概括出西周春秋铭文的基本结构模式：

(1) 只有"作器句"。
(2) "作器之因" + "作器句"。
(3) "作器句" + "作器之用"。
(4) "作器之因" + "作器句" + "作器之用"。
(5) 殷商"记时句"为铭首记日干支，或在铭末加记月、记祀。西周

"记时句"以"年+月+月相+日干支"形式置于铭首为常例,偶有一些铭文以"隹王 X 祀"形式,将记年列于铭末,也有以大事记时作为铭文首句的。有些殷商大族后裔的铜器铭文末端,可能附记族氏符号。这是殷商文化遗存与西周文化共存的表现。

"文化大革命"使我的这项研究中断了。

我在 20 世纪 90 年代,再次将研究的重点放在铜器铭文文体(铭)的形成与发展和继续探索解读铭文的篇章语法要点上。经过 10 年的科研和教学实践验证,这两方面刚取得框架性的成果,总结出各个时期铭体的基本结构模式,弄清"作器句"在篇章中的关键作用,使在"作器之因"和"作器之用"部分叙述中许多被省略的成分的恢复,乃至某些句子的逗断和主动或被动的解读,均有所依据。在《铭文选读研讨》的教学讨论实践中,有的铭文,集中各家智慧,令人越读越明,但也常出现越多专家研究越令人糊涂的状况。譬如只有 32 字的利簋铭,右史利在"作器之因"部分自述立功受赏事迹时,隐去了主语(他自己),令众多专家对前 14 字逐字猜测考证。武王征商据史书记载该取哪一年?甲子朝岁星当周顶还是当商顶,天文历法推算差异如何选择?"岁"指岁星还是指太岁?"岁鼎"是指岁星在宗周分野,还是成周分野,抑或是殷商分野?是岁星主周胜,还是太岁主商败?商末是否已有天文九州分野说?更有人引经据典地指出,周与商兵力极端悬殊,面对强大的敌人,唯有决一死战,哪有时间祭祀占卜?好像不是武王前来伐纣,而是武王陷入重围似的毫无主动权。还有人说,岁星显示不利于周,但武王虽逆天文却顺民意,以少胜多而有天下,因而西周有天命说。如此等等,为此 14 字,与利作器制铭无关的话写了何止 10 万字,争论意见之纷纭空前,使读者如掉进云里雾里。若按作器者在"作器之因"中肯定的语法地位分析铭文,其前 7 字"珷征商隹甲子朝",是记器主右史利立功的时间(大事记时,包含了立功事件背景),接着 7 字"岁鼎克昏夙又商",是以史笔精练手法叙述利的立功事迹(右史在军中的职责,以主持岁祭和贞卜起参谋作用,甲子早上贞卜得"克",于是举行牧誓,结果武王带领盟军昏时攻入商都,割下纣及二嬖女头悬于旗杆,天亮前即夙时,占有了商都后大胜回营,验证了右史祭祀贞卜的正确)。接着武王在处理完灭商后的各种事务之后,在军营论功行赏,赏赐利金,利因而用金作祭器。以篇章语法驾驭前 14 字的考释,极其简单明确,前后连接顺畅。武王出征,车载文王木主以备岁祭,甲子朝牧誓后,陈师商郊,命师尚父与百夫挑战,纣兵倒戈,纣反入城,鹿台自焚,武王入城斩纣及二女头,已乃复军,其明日除道、修社及商纣宫。史书对甲子日誓师后的活动记述甚详，可作铭文"昏夙又商"之证。盟军虽只有纣兵的十分之一，但它是主动出征的正义之师。誓师前岁祭文王祈求福佑，贞卜得吉兆"克"，对武王立即下决心进行誓师，无疑像一颗有激励作用的定心丸。胜利后，武王当然不忘赏赐右史利。

总之，不管"作器之因"叙述如何简单或复杂，作器者必为其叙述中的有德、有功、受封、受命、受蔑暦、受赏赐、诉讼中获胜、交换中得田土邑里的人；"作器之用"的主角是器主，他可能是作器者，也可能是"作器句"中的被媵赠者。铭文结构模式以及作器者和用器者的身份的确定，对把握整篇铭文的语言法则有极端重要的意义。但研究成果还显得粗疏，"作器之因"和"作器之用"以及关键的"作器句"，都还有大量细节需要深入研究，才能逐渐完善。形、音、义不明之字，层出不穷，有待考释。我把希望都寄托在陈英杰君等几位同学身上。

陈英杰君2001年从河北南下广州中山大学攻读博士学位。我从其笔试和面试得到的印象中，他是一个谦虚、恭谨、细致的人，是块读书做学问的料。入学不久，便有研究生告诉我，陈英杰君每天进入资料室，就埋头于铭文拓本中，不到管理员宣布锁门就不会离开。认识的老师们，也无不赞扬他的勤奋。

当陈英杰君同我谈论他的选题方向时，我即建议他，每一类"作器之因"（祭祀、训诂、战争、封赏、述德、土地、刑法等）都可以联系历史文献，研究其与礼仪、道德、政治制度、哲学观念、经济形态、军事状况、语言文字等的存在和发展，都可以作为研究的选题。"作器句"和"作器之用"部分也可以作为一个独立的选题，研究作器者铸造礼乐用器的目的、用途，研究不同时期寄托的观念变化，考证其所用文字、语词的准确含义。陈英杰君选择了《西周金文作器用途铭辞研究》作为博士学位论文选题。

现在即将出版的《西周金文作器用途铭辞研究》，就是陈英杰君在其博士论文基础上，经过博士后研究阶段不断补充、修改、拓展而成的6年心血结晶。原先有的教授曾提出怀疑：西周铜器铭文之后段，像是千篇一律地，享孝祖考，祈求眉寿万年无疆，子子孙孙永宝用，其求福嘏辞，徐中舒先生早就做了详细的考证，现在顶多做些修正补充而已。但是，当我们看了陈英杰君的《西周金文作器用途铭辞研究》后，就会发现绝非那么简单，既会惊叹作者的勤奋和观察分析的细致入微，又不禁为其众多的创获叫好。我想，他的研究成果，最少有几点是值得称道的：

第一，使用材料的全面，超出同类研究的前人。作者不仅充分董理了

《殷周金文集成》中的有关资料,还与时俱进地补充了《近出殷周金文集录》和 2007 年版的《商周金文资料通鉴》光盘中的最新资料,尽其可能地吸收了最新研究成果。

第二,首次对西周金文作器用途铭文做了细致的分类研究。作者在上编第三章,从用途上分 7 类进行疏释,第四章从内容性质上分 16 类(另有一些特例)进行疏释,多角度地揭示了用途铭辞的丰富内涵,使我们对西周贵族的人生价值观有了更深的认识。下编还将所辑录的西周金文作器用途铭辞文例分期类纂,既方便读者参考,也彰显出作器用途铭辞内涵的变化是越来越丰富复杂的。

第三,首次对"用作"句(我的研究中称"作器句")按不同时期、不同器类做了细致的排比,分析其作器者、受器者、动作字、器物名中的细微变化,发掘出许多易被人忽略的信息。如受器者为生者或死者在铭文中的不同地位及其隐含的社会意义,女性作器和女性受器在不同时期不同器类中的状况变化(如女性与酒器无关、作器逐渐受限制而受器则逐渐增加)显示社会地位和作用的变化,等等,上述信息的发现,均为有意义的创新。

第四,下编除汇集了作器用途铭辞文例外,还汇集了作者为了加深对作器用途铭辞的理解所做的相关资料的集释,以及相关的专题研究成果。在上编的许多文例辨释和下编的名词集释材料中,作者不仅尽可能征引前贤成果,又常在众说纷纭中,据铭文的时代和铭文的具体语境提出新的看法,使人眼前一亮,看到随文释义中的理据之光。

由于商周的语言、文字、生活、历史等离我们太远,也由于我们的研究手段和方法的限制,对古代文化的种种研究成果,除了肯定我们已经看到的创新点并为之鼓呼外,我们更多的是期待。期待更多的学人,包括陈英杰君和我,不停地审视我们所处的领域,还有哪些问题未解决,急需我们去为之努力做出新成果。

值此《西周金文作器用途铭辞研究》付梓之际,陈英杰君一再要我为之写序,念我们相处数年切磋学问,不好推辞,写了上面一些话,权当序言。

2008 年 8 月 28 日于广州中山大学之寓所

(本文原刊陈英杰《西周金文作器用途铭辞研究》,线装书局 2008 年版)

陈英杰《文字与文献研究丛稿》序

陈英杰君2001年从河北南下广州，到中山大学学习中国古文字学，2004年毕业获博士学位后到暨南大学任教，2008年离开广州去他曾经进行博士后研究的首都师范大学执教。英杰在广州7年间，几乎每月至少一次到我家促膝交谈切磋学问。倏忽10年过去，他先是捧出厚厚的两册《西周金文作器用途铭辞研究》，于今又将近10年所撰有关古文字和古文献的论文结集成册，命曰《青涩集》①，约我写序，不禁感慨系之。

回想54年前我初上大学，第一次拜访名师容庚教授，老先生搬出他的成名著作《金文编》及其两套稿本，热情地给一批小青年讲述自己的治学道路，勉励学生专心努力做自己喜欢的学问。

回想50年前我初当研究生，第一次拜访导师容希白（庚）教授，请求老师给我们上一点基础课。容老先安排我们三位学生的学习任务：一是抄读《说文》《金文编》《甲骨文编》，熟悉不同年代的文字形体，在一年级完成；二是交给我们一份必读书目（含宋、清、民国和当代的重要古文字著录及研究专著34种），在一、二年级阅读，哪种精读哪种泛读由我们自定，提倡读一种书写一篇书评，在读书过程中寻找自己的论文方向；三是老师不上课，听老师讲课不如读老师编写的书，不如读书有疑问时向老师请教，不如有心得时向老师报告并共同研讨；四是三、四年级收集研究资料、撰写毕业论文，其间安排一次到各地文博部门参观学习。

"大匠只能授人以规矩而不能使人巧。选什么题目做？甲骨文方面还是金文方面，你们自己选。"接着容老搬出《金文编》说："你们没有读过《说文解字》，只是听人说古文字很难学。我只是一个中学生，跟着舅父学习《说文》和《说文古籀补》，编出了《金文编》，得到罗（振玉）先生的推荐，当上北大研究生。要说易，也确实不易，因为容易认的字，一出现大家都认得，不算发明；甲骨、青铜器上常有一些专家都不认得的字，你要认

---

① 英杰按：本书原名《青涩集——陈英杰文字与文献研究丛稿》，张师序文乃据此而言。后听从有关方面的意见，出版时改为今名《文字与文献研究丛稿》。

得它就很难，非有很好的语言、文字、历史、文献功底和聪敏的头脑不可。所以胡适先生才说认识一个古文字就像天文学上发现一颗恒星那样难。许慎编《说文》碰到自己无法解释的字形构造，或字音、字义不明，就注个'阙'字；我编《金文编》遇到不认识的字，就把它放在附录。你们看，'附录上'收图形文字500多，'附录下'收未识字600多；这600多字中，唐兰认识一大半，郭沫若认识一半，于省吾、陈梦家、杨树达、刘节等又各认识一些，你们看这些不同字迹就知道，没有批注的字已经所剩无几了；有的字下同时有几个人批注，各人认识各不相同，而我只采纳了他们对其中两个字的意见，在改编《金文编》时将其转入正编。其他的字，他们认识而我不认识，说我保守，由他们说去！假如都很容易认识，也就不需要你们来学习研究了。"

于是我想，这不就是"老师不开课"的第一课吗？以后我可以在阅读铭文考释时，同时比较各家看法；到老师家问学时，注意老师的答疑评论；发现各家理论方法之不足而进一步使之完善，并用之释读一批附录字，写一篇理论方法与实践互相发明的论文，这就是我的研究生毕业论文的选题方向了。夏、商、周1000多年的语言、文字，因各种条件限制，也许永远无人能参透，破译全部古文字的说法都是吹牛。我们不必理会保守还是跃进，只要努力后有所前进，工作就非白费。这就是聆听容老第一课得到的启迪。

于是我慢慢地明白了一些道理：虽然容老说自己在古文字学界，比理论方法上头头是道不如唐兰，比联系文献能从社会历史大处着眼不如郭沫若，比绵针密缕的文字音义训诂功夫不如省吾、杨树达，但在考释文字方面容老却不人云亦云，是因为附录里的那些字，或者偏旁、"六书"结构尚难认定，或者专家通过文献对比、文义推勘、同音假借等法所得的音义放在铭文中不能坐实。通过抄读3种字典，我注意到古文字形体分析，必须有"不断发展论和发展阶段论"观念，某一种形态、偏旁、结构方式只与某一阶段相联系。通过校读所有铭文和比较各家考释，我认识到在使用文献对照、文义推勘、同音假借等方法时，不能满足于片词只句的音义可通，不能满足于"古韵同部"和"古音相近"，必须在字形分析有据的前提下，根据篇章语法要求，在铭体总义叙述指引下正确断句，借以锁定该字词在句中应有之音义和功能。

回想10年前英杰等来问学，我除了希望他们能坐冷板凳而不受浮躁之风影响外，就是宣传容老重视基础训练和学术研究自由的理念；为了让他们少走些弯路，我将数十年的感悟传授给他们。我要他们学习和评述唐兰、杨树达、张亚初等人的古文字考释方法，然后做两种作业：一是分析商代金文中的点、横、竖、弧、圈，经过西周、春秋、战国，其形态、含义、功能各有什么变化；二是了解各个时期新增字"六书"构造比重的消长。通过上述两种作业，牢固树立文字形体不断发展论和发展阶段论的观念，牢固掌握文字形体的时代特征。然后再通过一些有代表性的铭文的释译研讨，认识铜器铭文的铭体构成种类和铭体的篇章语言法则。常有一些语词，众人争论不休甚至出现完全相反的意见，但只要把它置于考古锁定的时代来分析构字依据，把它置于铭文篇章的"作器之因""作器句"或"作器之用"的特定语言环境中，再联系前后语句的起承转合关系，这个语词的音义指向就会趋于明确，所谓"大胆假设"，也就不会无边无际。然后综合运用各种方法"小心求证"，即使可资参照的资料不够充分不能坐实，也不致南辕北辙。至于某一字词上古是否与另一个字词同音，是否可互通，牵涉到上千年的时代变化，涉及广阔地域的差异和人群活动的闭塞与迁徙，专家们对古音韵的探讨意见可做参考，而铭文文本设定的语言环境才是最具决定性的判定标准。当接触到战国文字问题时，我要强调的是汉字已发展到形声造字法成熟（以意类符基本齐备并被用字人所掌握为标志）的时期，不是以造更多的字以满足需要为主要任务，而是以改进汉字的书写和表音表意效能为主要任务。具体体现为：一方面充分利用形声法构字以提升汉字准确表音表意的功能，造成字数增多或繁化；另一方面由于私学兴起，用字人数急剧增加，同时掌握形声法，在形声字占绝对优势的环境下，人们认字逐渐摆脱"看图识字"的习惯，构成汉字的点画线条逐渐脱离象形的羁绊，人们可以通过裁弯取直、连笔书写、省笔共笔、符号代繁等手段，有效地加快了书写效能而不影响交际认读。这就是战国文字异形严重和出现隶变的内在原因。

  王国维据研究甲骨文的经验，提出著名的"二重证据法"。20 世纪 50 年代以后，陆续有战国、秦、汉竹简出土，其中有不少是遣策。我见导师商锡永（承祚）教授很重视同墓葬的出土物清单和图片，使用"二重证据法"并借助实物图片，给战国遣策竹简文写出了较为详细的考释。70 年代中期，我也曾根据商老提供的资料，查核望山二号墓遣策并对照出土清单和图片，发现商老考释的"四金匕"的"匕"字是尾巴卷曲的，与常见"匕"字有别，而实物清单有四铜勺，没有四铜匕，因此知道该字为"勺"字，进而又知道望山一号墓竹简中一个商老认为从鼠从匕的不认识的字，应为从鼠从勺即在《汗简》中被读作"豹"的字。据此经验，我把发掘报告、出土清单和图片，当作第三种可用于互相发明的证据，要求跟我学习古文字的学生，要经常关注考古资料。

回想英杰在广州7年与我的相处切磋，他每一次都会带一些问题同我讨论，检验与我的观点方法有无出入或相左。发现我上述各种感悟成了他前进的助力并不断用于探索新问题的实践，我每一次都为他的勤敏而暗自高兴，鼓励他写下心得。但我往往又劝他不要匆忙发表，待半年一年后拿出来修改补充，会成熟全面一些，减少成果的青涩味，这也是商老曾经对我的谆谆教导。许多次告别，我都将商老的教导传送给他。我更乐意看到他的学问远远地超过我。

现在摆在我们面前的《青涩集》，汇集了英杰近10年所写的22篇论文，其中16篇已发表过，经再审阅或做了些修改补充，另6篇则是第一次发表。内容上除了古文字的考释和一批相关字的形、音、义辨正的专业文章外，又有一些普通文字学和古文献学方面的论文，处处都强烈地透露出作者努力用"不断发展论和发展阶段论相结合"的观点来阐述自己的看法；在辨析古文字的形、音、义过程中，也往往注意字词的时代特性与篇章总体意义的关联，综合运用"二重证据法"和其他的文字形、音、义考证法，处处都体现出作者的字词考证与辨析在朝精微化努力。

但愿青涩的果子越来越成熟香甜，期待越来越多熟果面世！

2011年2月于中山大学

（本文原刊陈英杰《文字与文献研究丛稿》，社会科学文献出版社2011年版）

王晶 《西周涉法铭文汇释及考证》 序

  王晶博士在 20 世纪末闯进了古文字学领域，2004 年考入中山大学攻读博士学位。这个时期，先是《郭店楚墓竹简》发表，长期冷僻沉寂的古文字学一下子热闹起来，引来了文献学、历史学、哲学、考古学、文字学等各界学者参与研究讨论；古文字学研究队伍本来就不大，原来主攻甲骨文字和铜器铭文的学者，这时也纷纷转入战国楚简文字的研讨，他们不仅研究有文献参照的郭店竹书，还联系数十年来楚地出土的各类竹简进行多学科研究。紧接着《上海博物馆藏战国楚竹书》在进入新世纪后分期分批陆续面世，清华大学也购藏了大批楚竹简，亦将陆续整理出版。战国楚简文书，往往有相同或近似的传世文献可供参照，借助相同或近似的思想内容和词汇语法，为释读新字和解读文句，带来很大帮助，没有解读甲骨文和金文那样的先天性的材料和认识限制。一时间战国竹简文字研究成为显学，相形之下，学习、研究甲骨文和金文的人更显少得可怜，研究成果的发表自然不多，于是行内流行"学习研究甲骨文、金文，下功夫多而收获少"的说法，对研究生和年轻学者的职业方向的选择，起了不小的影响。王晶选学金文，难免对此说法不能忘怀。

  其实，"学习研究甲骨文、金文，下功夫多而收获少"，在战国楚简大量出土之前早已存在。50 年前我初学古文字时就有过这种想法。当时导师容庚先生就对我们说过："铜器铭文的整理和研究有两次高潮时期，宋朝和晚清。那些学者都是饱读诗书、精通训诂考据之学的人，如阮元、吴大澂、孙诒让等。一件新铭拓出现，容易认识的字，大家都认识，不算发明；经他们解读后，还有不认识的字和难读懂的句子，其他人便很难前进一步，除非掌握有他们没注意到的资料，并有特别聪明灵活的头脑，才会有新发现。所以，胡（适）先生说认识一个古文字就像发现一颗恒星一样难。这不是故弄玄虚吓唬人。研究生最后要写论文才能毕业。我不讲课，不给你们出题目，只给你们开列书单。你们先抄写《说文解字》《金文编》《甲骨文编》，然后读书单中的书，边读边思考，自找题目写文章。"因此我当时就想，学习研究甲骨文、金文之难，其深层原因是先天性的，枯燥乏味难出成绩是肯定的。首先，殷商甲骨卜辞，是王室贵族日常活动的占卜记录，商周铜器铭文则是贵族因某种大事可以为家族祖先争光、告慰祖先之灵并祈求福佑而制作，传世文献缺乏可直接参照的文字和文体，我们对当时的生活细节、习俗以及思维习惯了解甚少。其次，商周时期的语音、常用语词和语法，我们知道的甚少，依赖传世《十三经》和诸子百家研究上古语言的成果，离商周甲骨卜辞和铜器铭文解读，尚存一定的距离。而历史文献提供的主要是大事脉络，对商周时期人们的生活真实细节的认识，只能依赖出土物的不断增加和研究的不断深入，慢慢积累。更何况我们还有后天性的不足：没有受过四书五经的启蒙教育，求学过程中与商周典籍和古史接触甚少，不熟谙音韵训诂考据之术。

鉴于我自己的经历，为了使后来者在学习时增加信心和兴趣，少走弯路，我改变老师不讲课、不给题目的激励自学教法，开设了青铜器通论、金文通论等课程，先是在介绍基本知识过程中，经常提出尚未解决的问题，出题目供学生课后思考，师生共同探讨，学生一旦发表了第一篇专业论文，信心必然大增；后又开设铭文选读研讨课，在研讨中增加兴趣和信心，同时训练学生独立研究的能力。

我训练学生独立研究能力的做法，一是要求按基本规范做铭文释读工作，即每一篇作业，必须包含下列内容：①器名，何时何地出土；②著录及研究论文；③器形、花纹、铭文位置；④铭文几行几字，按原拓行款写释文；⑤注释；⑥今译；⑦器物时代及断代根据；⑧你认为有什么问题需要研讨。二是按铭文所叙的作器原因分为下列几类：征战立功、颂祖德与封建继承、册命赏赐、蔑曆赏赐、射比赏赐、受命出使巡狩得宾赐、田土纠纷中得田、涉法诉讼中获胜诉、嫁女作媵器、修好作赠器（赂器）、自作器等，各选2~3篇；每一专题安排一名博士生做主题发言，两名硕士生或选修生做补充发言，他们都必须交A4纸打印的发言稿，以备考核；每周一次研讨3小时。三是要求必读《殷本纪》《周本纪》，据铭文中出现的官名、关键语词和专家论文引用情况，选读《周礼》《尚书》《礼记》有关篇章。这些都是针对没有经过四书五经启蒙、缺乏上古史学养的年青一代提出的补救措施。

记得王晶参与的第一次铭文选读研讨课，是讨论只有32字的"利簋铭文"的解读。主题发言同学做了很充分的准备，最后提出"岁鼎克昏（昏或释闻）"四字的标点和释读，专家们的意见各不相同，令人无所适从；20多年发表了20多万字的论文，几乎所有中外中国古文字名家大腕都著文参与了讨论,这是金文研究史上极其罕见的;若按"真理越辩越明""后来居上"的常理取舍,近10年来某老先生的"岁星当顶打败昏君说"较多人采纳,而且据岁星用天文历算确定武王伐纣之年也成了中外学者热门话题,甚至还引出岁星与太岁的争论。但是按此观点标点翻译,总觉得与下文的"王赐利"关联不上。还有,所谓"左史记事,右史记言",早已有人质疑言与事的划分;不然,"右史"与"左史"的职责区别又如何呢?总之,论文越多,看得越糊涂,叫人想"择善而从"都难!其他同学也都很踊跃发言,对众多专家意见,各自取舍不同,争论过后,纷纷表达学习的感想。归纳起来:一是想不到解读商周古文字竟是那么难;二是想不到古文字的学问那么新奇有趣,几个字就能牵动文字、语言、历史、考古、文献、方术、天文、地理等各学科学者的神经,让中外老少学者不同的切入角度和论说风采尽显;三是讨论甲骨文和铜器铭文常有"公说公理,婆说婆理"现象,可能因先天条件未备,暂时不能完全说清,但越学越研究越糊涂,是不正常的,有无"择善而从"的方向指引呢?

为了避免与解读铭文无关的纷扰纠缠,我的意见是:一要有篇章语法概念,二要尽量积累多一点上古人们生活习俗常识,三是熟读可供参考的历史文献。

首先,写文章,作铭文,必定有想告诉人的主题思想(《文心雕龙》称"总义"),围绕这个主题"积字以成句,积句以成章",这是普遍的语言法则。考释字词,解读句子,都不能离开主题。离开篇章主题,为考字而考字,结果可能南辕北辙。在古文字学论文中,因个别字词作梗而写的考释论文,常见这种现象。如利簋之"岁",是钺之古字?假作越?是指岁祭?是指岁星?是指太岁?大腕们言之凿凿,你信哪个?所以一定要有篇章语法概念,联系主题选择。

其次,研读上古文字,应知道上古人们生活习俗常识。如王室、贵族有要事出入、田猎征战、喜庆宴飨、疾病、灾难等必先祭祀占卜,重视预兆和祈求天地与祖先神福佑。又如"吉事尚左、凶事尚右",掌管吉事礼仪、财物之类权责者属左史、左丞,掌管凶事礼仪、用兵行刑之类权责属右史、右丞;债权人、交往或纠纷中应得货财或得田者执左券,以左为上;战事指挥长官、掌发兵之符者居右,握右券,以右为上。又如宾见礼、册命礼、射礼等都有一定的仪式,不同身份有不同位置和行为次序,各有不同的称呼。当时人按习俗说事写文章,往往可以省略,而今人必须理解,才能比较准确把握铭文真意,必要时做出补充说明。

再次，铭文作于特定的历史环境，属当时人说当时事，后人想要准确理解它，须尽可能多地了解它的背景。司马迁出生于史官世家，自小浸淫于金匮石室古籍档案之中，其所叙"武王伐纣"史事特别详尽，对解读利簋铭文特别有帮助。读了那段历史，就知道，某老先生的立论前提，所谓武王所率盟军不足7万，面对70万的敌军，哪里还有时间容许你祭祀占卜，唯有立即投入决战的说法，不攻自破，而且利簋铭文的主题会因有历史背景而更加明晰。

利簋甫出，学界无人不知铭文主题，离不开武王征商胜利后几天赏赐右史利金，利用以作纪念祖先的宝器，那么铭文的篇章构成应是："作器之因＋作器句。""作器之因"部分，赏赐句前必为赏赐原因，所以解读必须紧扣王为什么赏赐利。

"武征商，唯甲子朝，"——利立功时间。以大事记年月，甲子日早晨。

"岁、鼎（贞），克。"——利立功事迹。利主持岁祭、占卜，得吉兆，"克"。为武王下决心誓师攻商提供决策依据。利自作铭文，述右史分内事，省略主语。

"昏夙又（有）商。"——验辞。战事如利所言"克"，武王领盟军昏时攻入商都，夙时挑纣和二嬖女头出城回营。

（以上14字，叙利受赏赐的原因）

"辛未，王在阑㠯，易（赐）又吏（右史）利金。"——赏赐的时间地点。战后第七天，王在军营论功行赏赐利铜。商周之际，史、吏、事三字不别。

（以上25字，是叙作器的原因）

"用乍（作）䍌公宝尊彝。"——利用赏铜铸作纪念祖先的宝器。

利是史官，史笔就是那么简洁、明晰、顺畅，不牵不蔓。右史随军，职责就是主持祭祀占卜事宜，以此向王提供决策参考，同时记写史实。《史记·周本纪》记伐纣前二年（即九年），"东观兵至于孟津，为文王木主载于车，中军"。当时八百诸侯不期而会，皆要伐纣。武王以白鱼跃舟和火覆王屋为不吉，认为是"天命未可也"。可见当时的习俗观念，决定着武王的行止决心。甲骨卜辞研究已知，岁祭乃祭祖先求福佑之祭，而非求年之祭。所以，武王征商甲子朝，先对着中军车上的文王木主岁祭，占卜得吉后，武王才会下决心牧野誓师。历史不像某老先生设想那样紧迫被动迎战，而是做了誓师动员后，主动"使师尚父与百夫致师（挑战），以大卒驰帝纣师。纣师虽众，皆无战之心，心欲武王亟入。纣师皆倒兵以战，以开武王"。战斗从昏时攻城开始，至天亮前武王离开纣宫回营结束。历史记载非常详细清楚，足以佐证铭文"昏夙有商"，说不准《史记》所本就来自当年右史利所书呢。"岁"既非指岁星，大量由其衍生推论之说便失所据。

我在安排王晶准备涉法铭文前，与她谈及西周时案件性质两大类也有不同用词，审理时"两造"必须到场，发现她眼睛呆呆地看着我，与平时聪明敏捷的表情迥异，知她对法律用词尚不熟悉。于是，先送我的论文《师旂鼎铭文讲疏》给她，叫她务必认真阅读《周礼·秋官》和《尚书·吕刑》。待她阅读后，我告诉她：自眉县逨器出土后已有好多论文发表，我想写一篇讨论"讯庶又粦"的文章，现交给你写，认真对照秋官"三刺""三讯"，你会发现与"讯庶又粦"的对应关系，写出一篇有新意的文章来。几天后，她就高兴地把文章交来给我，要我帮她修改。因她平时给我的印象是头脑聪慧，反应敏捷，快人快语，偶尔难免说话冲动偏颇。所以我说，只要你自己多看几遍，一没有不尊重他人的词语，二没有怕别人指摘的矛盾或漏洞，三认定自己确实说清了新见解，就可自主寄出去发表。我历来不让学生按自己的思路亦步亦趋。激发学生学习、研究的兴趣，学会独立自主进行科研活动，比留着题目自己做更有意义；学生的意见不必与己全同，言之有理，持之有据即可。这是从我自己的经历中总结出来的教学理念。

当王晶需要确定博士论文选题时，很自然便选了《西周涉法铭文研究》，而且有兴趣有信心对所牵涉的官职、罪名、刑名及审理案件的程序等进行细致的梳理、考证。因为她有较好的古汉语基础、熟悉金文字形和熟读了有关文献，也注意铭文的篇章语法，往往能在专家们解读过的铭文中发现剩义。

现在王晶对博士论文做一些修改补充后，更名《西周涉法铭文汇释及考证》，准备付梓，索序于我，令我回想起往昔岁月伴随走过的一些事，算是我对王晶学术道路上成长的一些记忆。希望她今后能在她自己喜欢的学术领域，做出更多新成绩。聊以为序。

2013年5月于广州中山大学

（本文原刊王晶《西周涉法铭文汇释及考证》，中国社会科学出版社2013年版）

商艳涛 《西周军事铭文研究》 序

西周时代，社会结构的基础是以父系血统而聚居的家庭、宗族、氏族，再扩大则为若干相近血缘的氏族所组成的部落，其上层是处于同一地区联系较多的若干部落的联合——邦国，最上层是由许多大小不等的邦国联合而成的王国。维持西周王国的物质生活来源，主要是发达的家族自供自足的农耕经济，辅以专业的"百工"手工业经济。维持王国社会生活平稳的是礼制与"刑德"结合的政策和教化。经过成、康时期的封建，逐渐形成了系统化的宗族统治的层级从属礼制，天子、诸侯、大夫、元士、庶士五等贵族间的礼制严密（礼不下庶民），昭、穆时期宗法制度基本完善。因为经济、政治活动都由部落内各氏族的首领具体组织管理，因此守土保家的军事战斗组织与农耕组织一致，以共同的氏族族群利益维系着各师旅协同作战的关系并作为战斗力的保证。于是，维护家庭、宗族、氏族内部和谐团结，成为王国经济、政治、军事、文化生活的基本保障。为此，通过系统制度化的礼仪以使层级服从固化、使官员的权利义务明晰而各司其职；通过常态化的复杂的岁时行事祭祀、出生婚嫁宴飨丧葬等生命礼仪与宗庙祭祀仪式的施行，以养成信天命、崇鬼神、忠君王、孝祖先、和族人的德行。因此，繁缛的礼仪及祭祀仪轨，成为西周至春秋社会生活的大特色。

"国之大事，在祀与戎。"既然社会生活各种事务有百官各司其职，有各氏族首领各管其民，而要天子和邦国诸侯、大夫亲自主持操办的大事，便莫过于祭祀天地鬼神，祈求风调雨顺降福消灾，让天下太平吉祥，并在水旱灾荒瘟疫疾疠面前拯救族人和百姓；莫过于训练军队、准备装备、平定内部的争斗和叛乱以及驱逐或消灭外部的入侵之敌。在当时人的心目中，"祀"与"戎"同样都是关系族人和国、家的生死存亡大事。

基于西周乃至春秋社会存在的基本特征和文化教育与庶民无关等原因，所以春秋以前的历史文献，记载的基本上是王朝天子和诸侯国君的兴衰更迭，及与其相关的重要族群的内争外斗的经过及其因果。相传周公所制之《周礼》，官职繁多，设置要求非常细密复杂，其可操作性早就令人怀疑。人们相信王朝和诸侯大小邦国都有文书档案，不同时期、不同地域有不同需要，设置的官职编制和职权甚至称呼都会有所不同，因此宁可相信它是周公提出，后来不断经人补充的理想化的国家机构构想，有虚有实；或者，它是在周公成康时期建构的《周礼》基础上，历经西周中后期和春秋时期不断增删修订杂糅而成，非一时一国之真实。但不管怎样，它与同时代的《尚书》《诗经》中的相关篇什，都是我们赖以认识西周社会的基础。

西周贵族崇德，敬顺鬼神，忠以事君，孝以事亲；建宗庙，列祭器，陈牲物，至为敬谨。他们铸造了许多青铜器，或作为宗庙祭器，或用于盛典宴飨宾客朋僚和族人。器物铭文，或是器主论撰其先祖之有德善、功烈、声名，或陈述器主承继祖德受册命封赏，或述器主参加征战立功受赏，或述器主从王（侯）巡省辛劳受赐，或述器主考核蔑曆获嘉奖赏赐，或述器主在与外族发生纠纷诉讼时得到有利的裁决，等等，称美不称恶，以显扬先祖，以光宗耀祖，以明于后世。虽然称美不称恶，非事物的全面，但从真实具体的一个侧面，往往可以找到借以认识另一面的根据。如《禹鼎》铭记："用天降大丧于下国，亦唯鄂侯驭方率南淮尸东尸广伐南或西或，至于歷内。王廼命西六师殷八师曰：'扞伐鄂侯驭方，勿遗寿幼！'"历史文献记载了厉王暴虐，国人大反，厉王奔彘，召公保太子静，召公周公立太子为宣王，法文武成康之遗风而中兴。论者提及宣王，总是对中兴之主一片赞歌。在赞歌笼罩下解读《毛诗·韩奕》之"榦不廷方"和毛公鼎铭之"率怀不廷方"，必言对不廷方实施怀柔政策，使其正而直之。然而，验之以《国语·周语》祭公对文武成康昭时政策的论述，特别是《禹鼎》《逨盘》留下的真实而坚硬的青铜证据，可知以往的解释，均属误解。祭公谋父言先王之制曰："甸服者祭，侯服者祀，宾服者享，要服者贡，荒服者王。"对诸侯邦国和从属的夷狄部落规定了服从中央的义务，若有不执行甚或造反者咋办？"于是有刑不祭，伐不祀，征不享，让不贡，告不王。于是有刑罚之辟，有攻伐之兵，有征讨之备，有威让之命，有文告之辞。"可见诸侯不祀不享则加以刑罚，直至于辟；夷狄不来廷岁贡，先文告通知，仍不来廷献贡的，或敢以武力侵扰掠夺的不廷者则征讨之杀伐之。《逨盘》铭追述历史时，谓成王"旁狄（合音辟）不享"，称康王"旁怀（合音败）不廷"，证实传写之《周语》记述与出土之青铜证据一致。"辟不享"，与史书所载成王时"诛武庚管叔，放蔡叔""讨之三年而毕定"相合；《史记》只记"成康之际，天下安宁，刑错四十余年不用"，未记"败不廷"事，但与康王三十五年《小孟鼎》所记两次大规模讨伐并大败鬼方的史实相合。《禹鼎》铭反映的是厉王末年宣王初年所谓"天降大丧"时事，鄂侯驭方率领南淮尸东尸广伐西周的南域西域，直到京畿附近，危及都城和王朝统治，年幼的宣王在召公周公辅佐下，对付猖狂来犯的不廷方只能采取"奸伐鄂侯驭方，勿遗寿幼！"的政策以自保。结合《禹鼎》及《敔簋》铭文，可想见这场战事的广泛和惨烈。鉴于这个历史经验，宣王在后来对付多次来犯的玁狁时，都是采取执（捍御）、羞追、旁怀（败）、率怀（杀）的做法，有《不期簋》《多友鼎》铭文为证。所以，传世文献与铜器铭文参读，可以互补、互证、互正，可使我们对西周社会的历史看得更全面具体真实；古书古注及时贤新论则是入门的钥匙和工具，是否可靠精准，要看能否顺利打开大门，拨开烟雾见到真实。由于青铜器铭文是古人留下的未经流传改易的原始证据，系统全面地整理它，准确地论证解读它，显得尤为重要。

商艳涛君于2003年负笈南来广州中山大学攻读古文字学，2006年获博士学位。他的学位论文，选题为《西周军事铭文研究》。3年相处，切磋，他给我的印象是：其为人也，外朴内秀，其为文也如其人。外表淳朴，不特事修饰；言辞朴实无华；为文做事，则心思精细缜密，勤功用力，力求完善严谨。他的论文，首次对西周铭文中的军事材料做了系统全面的梳理；对铭文反映的军事组织，军事训练，征伐的对象、原因、过程和俘获做了深入的探讨；对许多军事用语，结合语言学、考古学、文献学等多学科进行探索，印证或补充了文献记载，也纠正了一些错误的说法。如他对"捷"字的构形、"孚"字的含义、"征""伐"二字用法之差异等的辨析比较，都体现了其学风的严谨和心思的缜密。唯其能全面系统专题整理了军事铭文材料并与文献相印证，采用语言学、考古学、文献考据学多种方法，严谨深入地比较辨析，所以能在众多学者曾经研究过的基础上，发现一些剩义，纠正一些误解。科学研究含有纠谬、创新二义，我认为商君《西周军事铭文研究》此二义皆具。

商艳涛博士对其学位论文进行了修改补充，今拟出版，索序于余。我自知浅陋，亦不善言辞，无以增其光，赘言几句以表学问同道并喜见其成之忱。聊以为序。

2013年7月中旬写于中山大学

（本文原刊商艳涛《西周军事铭文研究》，华南理工大学出版社2013版）

陈英杰《容庚青铜器学》序

先师容庚（希白）先生毕生以研究中国青铜器及其铭文文字为职志，以书画品评为业余爱好，在世90年，遗世著述上千万字。其中《金文编》和《商周彝器通考》二书，被世人目为其代表作，也是容先生倾注心血最多、最为牵挂的著作。

容先生1925年以《金文编》（贻安堂版）出版而成名，1939年出版重订本（香港商务版），1959年出版新修订本（科学出版社版），1983年去世前还在病榻上一再叮嘱我，尽快将修订好的第四版稿誊清后交中华书局（第四版于1985年出版发行）。容先生终其一生，殚心竭力使《金文编》与时俱进，以满足世人对此专业工具书的急需。其为铜器文字之费心，众所易见，毋庸烦言。

《商周彝器通考》是我国第一部全面系统考论中国青铜器的著作，在还没有电脑互联网的年代，全凭个人手工作坊式的搜集资料、编排分析、研究写作，不仅成书历尽艰辛，想要修补增订也不知费了容先生多少心血，最后只完成了修补意向的登录和小部分章节的重写，便抱憾离世了。缅怀容先生在建立中国青铜器学上的贡献，除了要知道其奠基之不易，还要了解他在后来40年，为构建与时俱进的更完善的中国青铜器学的牵挂和付出。

1927年2月故宫古物陈列所设立古物鉴定委员会，容先生被聘为鉴定委员，开始能摩挲大量的青铜器，并每星期一次同其他6位委员一起讨论铜器的真伪和时代鉴别问题。[①] 于是，容先生的科研兴趣爱好，从单一的铜器铭文文字，扩展为立体的青铜器的各个方面，包括器形、器名与分类、花纹、铭文、断代、著录、铸造技术、出土发现、收藏与流传、真伪鉴别等；于是有《宝蕴楼彝器图录》《武英殿彝器图录》《颂斋吉金图录》的编纂；于是有对宋、清各种金石著作和有关铜器的真伪存佚的清理。1929年8月末，郭沫若从日本寄信到燕京大学，与容先生开始了文字交，每年书信来往

---

① 《颂斋自订年谱》称1926年12月6日内务部函聘为古物陈列所古物鉴定委员会委员。此据《武英殿彝器图录·序》和《颂斋吉金图录·序》。

8～10回，彼此互赠资料、著作，敞开心扉讨论对青铜器各方面的见解，这对容先生全面系统地分析研究青铜器的器形和花纹的命名、发展变化，以及联系铭文的时代地域特征，进行断代和辨伪的综合研究，也起了重要的促成和帮助作用。① 于是，到1933年5月，容先生便有了编写《商周彝器通考》的宏图大计。再经历5年对分散于各地的铜器、著录和拓片、照片的搜集研究，容先生于1938年6月起编纂《商周彝器通考》，至1940年3月完成初稿，修正后于11月送交出版，1941年3月印成面世。②

从上述情况可知《商周彝器通考》成书之不易，它经历了6年的前期实践和资料准备；1933年拟编《商周彝器通考》计划后，再经历了5年后期的资料搜集和分析研究准备；最后又花了3年时间，进行精心的编写，才完成这一部第一次全面系统考论中国青铜器的巨著，使延续了千年的为古董把玩鉴赏和补证经史服务的金石学，蜕变成有完整体系的中国青铜器学科，为中国年幼的考古学奠定了青铜器类型学的初步基础。诚如省吾先生所言："自来各家彝器之书，或只著图铭，或仅释文字，或间加考证，或阐发一端，均无以观其会通。而此书之作，分章辑述，究极原委，甄录载籍，参以己见，撢邃赜，理纷拏，辨群言之得失，成斯学之钤键，洵为空前之创作，稽古之宝典矣。"③

然而，由于日寇侵华战争的迁延，"《通考》在燕大出版时，因纸张不够只印四百部，一部分流传国外。《金文编》重订本一九三九年一月在香港印成，不久香港沦陷，此书几全部毁灭"④。二书在国内传布甚少。

《通考》写成之后，容先生能搜集的铜器资料已基本采用，科研兴趣暂时转向自小喜好的书画的品评购藏。因环境的变化，其教职由燕京大学转伪北京大学、广西大学、岭南大学，至1952年11月转入中山大学，"十余年来，为职务所束缚，已脱离了青铜器研究的工作"⑤。不是容先生不想继续研究青铜器及其铭文和甲骨文字，而是因他在日伪统治的伪北大任教时，除讲授甲骨文、金石学、文字学概要、《说文》四门课程的繁重教务外，还要为养活家人而顾不得教授脸面，登报卖字刻印，其《颂斋鬻书约》云："战事频年，朔饥欲死，支笔锭墨，中人之产，不有所取，其何以堪。五十之

---

① 参见《郭沫若致容庚书简》，文物出版社2009年版。
② 参见容庚《颂斋自订年谱》，见《容庚杂著集》，中西书局2014年版。
③ 于省吾：《商周彝器通考·序》，见《商周彝器通考》，上海人民出版社2008年版。
④ 容庚：《致中国科学院书》，见《容庚法书集》，中华书局2007年版，第235页。
⑤ 容庚：《中国青铜器概论序》，见《颂斋珍丛》，广东人民出版社2009年版，第134页。

年，倏然已至。爰定润例，以当画饼，苟能疗饥，固所欣然；若其不能，亦节劳勚。并世同志，幸勿讥焉。"① 1950 年容先生为曾毅公《甲骨缀合编》写的序言中也说："余南归四年，以事务劳其体，以衣食撄其心，鲜读书之暇，无从游之人；新得甲骨百余片，扃镵箧中，经年不一视，求一拓墨之人而无之；欲如在北京优游研究之乐，此日不再得。"② 20 世纪五六十年代容先生每与同事或学生谈及科研成绩，都会说他的成绩是在北京燕大时候取得的，并沉浸于深深的回忆中：燕大的充足经费和甲骨收藏，故宫把玩过的上千件铜器，琉璃厂丰富的古物收藏和交易，北平市和各大学图书馆的藏书，考古学社同仁的频繁过从研讨，自己废寝忘餐地做照片、拓本、资料整理及写作，等等，都会令他神思驰往。而 1946 年年初南下回粤后，第二年夏才接家眷和数百箱家什回广州。结果，"彝器之撞破者十之三，书画之霉斑者十之二，开箱检视，神思惘然。回粤三年，仅得一陈侯午錞。……书画则未得一中上之品"。只因种种条件限制，使他难于继续研究青铜器，而"书画亦十年精力所聚，未忍听其湮没；聊笔记之，谓此为《卧游录》也可，谓此为《销夏记》亦可"。尽管容先生自少喜好书画品鉴收藏，但对比古文字、青铜器的研究在先生心目中的分量，数百万字的关于书画的著述，只不过是战乱期间"排忧解愠"和环境不安定时"中心好之，期以此自遣"之作。③

1952 年年末广州大专院系调整完毕，容先生跟随岭南大学文、理科并入中山大学。第二年按学习苏联而进行课程改革，容先生与詹安泰、吴重翰教授合作编写了一部《中国文学史》，以应教学之急需。此书曾一度被部分高校当作教科书采用。朝鲜战争结束后，新中国迎来了一个空前安定的建设时期。1954 年上半年，历史系的谭彼岸、张维持等七八位教授、讲师，还有中文系教师和图书馆人员，相约请容先生讲授古铜器方面的问题，每星期五晚讲授 2 小时，常去容家客厅听讲者七八人，最多时达上十人。容先生异常兴奋地备课，每周按时准备好茶水糖果接待同事学生。同时两次致信中国科学院和郭沫若院长，曰："庚是研究古铜器的人，曾著《金文编》和《商周彝器通考》两书，不无'敝帚自珍'，故拟向你院作芹曝的贡献，两次致

---

① 容庚：《颂斋罍书约》，见《容庚杂著集》，中西书局 2014 年版，第 89 页。
② 容庚：《甲骨缀合编·序》，见《颂斋述林》，香港翰墨轩出版有限公司 1994 年版，525 页。
③ 语见《颂斋书画小记序》，见《颂斋述林》，香港翰墨轩出版有限公司 1994 年版，第 535～536 页。

书郭院长，提出三点：①这两书有无改编出版的需要？②怎样改编？③你院能否出版？"郭沫若将信转嘱考古研究所研究作答。答函云："上述两书虽已绝版，但各处流布已广，差足应用，似不必亟亟于重修出版。"① 这托词无疑是给容先生当头一瓢冷水。虽然如此，也不会阻碍容先生继续改编修订两书的努力。

1954 年下半年，中山大学校、系二级均同意，容先生可以一半工作时间改编《金文编》。容先生考虑，既然暂时不能改编《商周彝器通考》，就不如编写个简缩本，以应高校教学和文博事业发展之急需。张维持先生在容先生的指导下，以他的听讲笔记为基础，参照《商周彝器通考》，补充增加了一些国外资料和国内新的研究成果。是年 11 月，容先生在《中国青铜器概论序》中说："我不识外国文，对于外国学者研究青铜器的论文，很少引用，这也是《彝器通考》缺点之一。张维持同志通英、日文，与我合编《中国青铜器概论》，多采用外国学者之说，正可补我的不足。青铜器乃我国殷周文化艺术高度的结晶品，其形制、花纹、文字，皆值得我们深入去探讨。但我国青铜器的图谱虽多，而通论很少，这书的出版，或能引起国人对于研究青铜器的兴趣。《金文编》重订成，继续改编《彝器通考》，这是我所愿望的。"② 60 年后的今天，我们都能从这几句话中，感受到容先生做学问的诚实和对祖国青铜器文化艺术的赤诚热爱，以及对研究工作的无尽牵挂。这本《通考》的简缩本《概论》，经几年听取各方意见、补充修正，1958 年出版时正式命名为《殷周青铜器通论》。

1959 年夏天，容先生带领助手和 4 位副博士研究生北上考古实习，在十三地停留，看到各地博物馆所藏大量传世和出土的文物，抄录了很多青铜器卡片，但照片和拓本则难得到。1962 年夏，容先生再次率领 3 名助手组成考察小组，持文化部证明和康生签署的介绍信，历时 3 个多月，到过 19 个城市，收集和记录了 3000 多件古铜器的资料和部分照片、拓本，其中不少是科学发掘所得，有较明确的年代、地域，对修订《商周彝器通考》，具十分珍贵的学术价值。返校后，考察小组拟订了《商周彝器通考》修改计划和章节提纲，拟对原书的内容和结构做较大的调整和增补，编写成四五十万文字、图版 2000 多幅的著作。为了听取学术界意见，选了部分初稿在刊

---

① 《致中国科学院书》，见《容庚法书集》，中华书局 2007 年版，第 234～235 页。
② 容庚：《中国青铜器概论序》，见《颂斋珍丛》，广东人民出版社 2009 年版，第 134～135 页。

物上先行发表。① 容先生平日翻阅文物考古类的各种书刊，学有所得，即以批注形式写入《殷周青铜器通论》书中，就像看到新的铭文拓本就将新字记入手头的《金文编》一样，不停地求新求完善。

1965年冬敲响了历史文化战线阶级斗争的警钟。次年"文化大革命"一开始，容先生即被扣上"反动学术权威"帽子，打入"牛栏"，常挨批斗，家藏图书资料全部被封存。"四人帮"倒台后的"1978科学春天"到来时，容先生得到政治上的平反，返还了图书资料，已经是84岁高龄了。校长和系主任多次拜访，鼓励容先生带领弟子完成自己想做的工作，表示校、系两级可给予尽可能的支持帮助。10多年饱受凌辱的老人已感到天年无多，每天加紧阅读1973年后恢复出版的文物考古类书刊，不停地在手头的第三版《金文编》和初版《殷周青铜器通论》上增添新知，没有再提修订《商周彝器通考》的事。显然，容先生重复着50年代的想法：既然《商周彝器通考》工程量大，短期难于成就，不如先修订好《金文编》和《殷商青铜器通论》，在有生之年，力所能及地填补"文革"造成的学术空缺。容先生晚年最后努力的成果，一部分体现在第四版《金文编》上，《殷商青铜器通论》在1984年重印时没能反映先生修补校订的意见是一种遗憾，而先生牵挂了大半生的《商周彝器通考》修订流产，则是中国学术史上难以弥补的一项损失。

当然，每一个学者都只能在一个特定的时空中工作生活，天赋、学殖、境遇、性格都不同，各有所长，不会十全十美。1939年圣诞日容先生就曾自我解剖曰："联系社会，能见其大，吾不如郭沫若；非非玄想，左右逢源，吾不如唐立庵；训诂语法，绵针密缕，吾不如于省吾；下笔千言，文不加点，吾不如吴其昌；甲金篆隶，无体不工，吾不如商锡永……"② 容先生长于资料考据，而理论、外文、考古发掘实践是其短板。我们不能以时空的局限苛求于学者。学各有专攻，善学的后来者常可居上。如张光直等的《商周青铜器与铭文的综合研究》，郭宝钧的《商周铜器群综合研究》，林巳

---

① 如《中国青铜器的起源和发展》，载《中山大学学报》（社会科学版）1962年第3期；《评中国青铜器外文著述》，载《中山大学学报》（社会科学版）1965年第3期。详细经历，参阅曾宪通《二十世纪青铜器学的奠基之作——容庚〈商周彝器通考〉重排本前言》，见容庚《商周彝器通考》，上海人民出版社2008年版。

② 1981年一次到容家，容先生跟我谈起自己的不足，取出一本蓝黑色硬皮日记本，翻出当年圣诞节日记给我看。此据记忆，或有小误。导师给学生出示日记，用意明显：学海无涯，各有专攻，善学者取长补短。

奈夫的《殷周青铜器综览》，朱凤瀚的《古代中国青铜器》，吴镇烽的《商周青铜器铭文及图像集成》，等等，为中国青铜器研究在材料内容、方法手段上，在研究的角度、深度、广度上，做了不同的工作，各有特色和贡献。

陈英杰君在纪念容庚先生逝世三十周年和诞辰一百二十周年期间，围绕着容先生关于中国青铜器的各种著作，以《商周彝器通考》和《殷周青铜器通论》（包含有容先生手批校订内容的中华书局2012年《容庚学术著作全集》本）二书为中心，辅以教课用的《金石学》讲义，在材料运用上和整体的理论体系构建上，进行了细致的比较考证，探寻容先生学术思想细微的乃至整体的变化，这样还原一个具体人的思想脉络，看似烦琐，但对读者了解容先生在构建中国青铜器学方面所具有的丰厚学识和追求完善的努力，却很有帮助。陈君以娴熟的考据功力，把容先生在青铜器学上的认识发展，放在学术史的特定位置上，于考据中联系出土物和他人的研究成果，边述边评，则使读者能看到容先生对传统的继承和发展，同时从评议中知道其某些不足，难能可贵。

用证据说话，不喷香水也不讳，实事求是，是评述历史人物和写学术史的正确态度。考据是能使史实还原、论述坐实的有效方法。联系周围环境、比较他人成果，夹叙夹议，是后来人旁观者评价前人和议论前事时为防失公允的可行途径。读者诸君，不知以为然否？

2014年12月于中山大学

（本文原刊陈英杰主编《容庚青铜器学》，学苑出版社2015年版）

附录

张振林自述

1939年12月15日生于广东省兴宁县。1961年毕业于广州中山大学中文系,并被推荐为研究生,1965年冬毕业后留校工作。现任中山大学教授、博士生导师,主要著述有:协助容庚教授增订《金文编》;1979年发表论文《试论铜器铭文形式上的时代标记》;完成增修《金文编》的工作,补充了60、70年代出土的新材料;发表论文《中山靖王鸟篆壶铭之韵读——兼与肖蕴同志商榷》和《关于两件吴越宝剑铭文的释读问题》等。1975—1976年间通过对望山一号楚墓竹简和长沙五里牌楚墓竹简拼复实践,总结出10条拼简依据,对整理极端残碎的竹简有参考价值。

我是"二战"日本投降后开始上学的。邻居中有位在镇上做生意的叔祖,节假日回家,总爱捧出其家藏族谱,给我讲张良、张九龄的故事。他不找自己的儿子和附近几家十几岁的学生哥讲,据说是因为我几年间读遍附近三间小学都名列第一,对兄长能让衣让食,定能理解贤良故事。其实我才七八岁,对那些历史人事并没听懂多少,只是能够恭敬地坐下来听罢了。我想长辈无非希望我从小学好知识本领,将来待机报国,能明辨是非,坚持操守。缺少知识本领,其他便无从谈起。

1951年春,我小学未毕业,考上了初中春季始读班。班上有好多比我大四五岁的同学,成绩比我差,我有点看不起他们。不久我即发现他们能很快理解鸡兔同笼和两车追逐的算题,并且能自设例题讲解,而我自己却只会模仿列式,不知其所以然。经过一场疑惑苦恼后顿悟,考试成绩不是知识才能的唯一指标,打好基础,掌握原理和灵活应用的本领,甚至比榜上成绩更重要。初中三年,我再也不像小学时注意名次,只是喜欢到图书馆看各种杂志,以求拓宽知识面,喜欢悄悄跟着好问的同学,去听他们同老师的讨论,以加深对知识的理解。只为了考试得不到真学问;问中学,学中问,才能不断增加真学问。

初中毕业时我刚满14岁,个子还很矮小。从春天浸谷、播种、防寒、保芽、插秧，到夏天除草、施肥、收割、打场、晒谷，每天跟着母亲雨淋日晒。要在三亩水旱田地上解决一家七口的粮食，哪一天哪一个环节都不敢怠慢。在不到二寸长的秧田里拔除稗草的本领，就是那时学会的。母亲一副肩膀挑一大家担子的艰辛，我看在眼里，使我从不敢吝啬汗水。小肩膀挑破了，插秧除草收割累得腰直不起来，我也绝不在妈跟前流半滴泪。半年停学在家，经历了从播种到收获的全过程，妈把着手教我的不仅是全面系统的耕种知识，还有任劳任怨、坚韧不拔的精神和一粒粮食一滴汗的真理。

全县20间初中的春秋两届毕业生，一起争考4间高中，我考上了。在50年代高考录取比例最小的1957年，考上了中山大学中文系。

1961年大学毕业时我渴望早点参加工作，为父母分担家庭经济重负。系领导则对我说，国际著名的古文字学家容庚、商承祚二教授年事已高，希望我们这一代有人能接班。于是我受宠若惊地当了研究生。头一次拜访容先生，他就搬出一些日本精印书籍给我们看，说："滨田耕作等一些日本学者，认为中国商周宝物出土后研究不了，需要他们才行，我们中国人就要以实际行动证明，我们不仅善编图录，还能在铭文、器物同历史文化的联系综合研究上，做出比日本人好的成绩。郭沫若写了《两周金文辞大系》，我写了《商周彝器通考》，你们准备做些什么呢？总不能让日本人笑话我们不会研究自己的文物吧？"去拜访商先生，我问古代铭文是怎样得知它的年代的。商先生说，除了有些铭文上有人物事件与历史记载相同，作为标准器断代外，不同时代的铭文有不同的神韵，摩挲多了自能逐渐体会。我想，容先生是借日本人来激励我们，提示我们要注意理论、方法和材料的综合研究，商先生所提的可以逐渐体会却不易言传的神韵，不就是一个很好的题目吗？

我在四年制的古文字研究生阶段，抄写了《甲骨文编》《甲骨文续编》《金文编》和《说文解字》的每一个字形，统计了商周各个阶段的"六书"比例变化，将所有铜器铭文做过一次释文卡片，阅读了郭沫若、容庚、于省吾、唐兰、商承祚、杨树达、陈梦家等的古文字论著，都是为了寻找古文字在各个阶段的神韵变化。使这些神韵变化变为可以见形、可以言传，无疑对文字学、考古学、解读未识字，都是有理论和实践价值的。这就是我研究生毕业论文《试论古汉字结构方式的发展及其与识字的关系》的由来。十年"文革"，这篇论文不见了。1979年，我将铜器铭文上神韵变化的可见形式集中扩大系统化，于是就产生了《试论铜器铭文形式上的时代标记》（刊于《古文字研究》第五辑）。研究文字学的人，可以看到汉字及偏旁点画在商周 1000 多年的发展例证，搞考古工作的人多了个文字时代标记做断代参照，虽属草创不够精确完善，有个轮廓，不中不远亦可称便。

张振林

（本文原刊国务院学位委员会办公室编《中国社会科学家自述》，上海教育出版社 1997 年版）

张振林著述年表

(附所指导博士学位论文目录)

1959—1960

张振林等:《汉字学》(油印讲义),1959—1960年中文系语言组部分师生(先后约10人)集体编写。张振林主要负责"汉字改革"章内清代至新中国成立前汉字改革史的编写,王子超在全章统稿时做了一些删节。

1962

张振林:《释栽》,研究生作业,1962年9月。

1963

张振林:《"榙徒"与"一榙飫之"新诠》,载《文物》1963年第3期。

1965

张振林:《试谈古汉字结构方式的发展》,中山大学研究生毕业论文,1965年12月,导师:容庚、商承祚。中山大学中文系档案室收藏。

1974

张振林、黄保算:《贾谊〈治安策〉译注》,载《南方日报》1974年11月26、27日。

陈炜湛、张振林:《〈说文解字〉中的尊孔复古思想必须批判》,载《光明日报》1974年12月25日。

张振林等:《汉字和汉字改革》(讲义),1974年9月为适应教学需要,将集体所编《汉字学》更名打印做教材。全书五章,张写部分为第四章。

1976①

〔明〕宋应星撰，钟广言（集体笔名）注释（李新魁、张维持、张振林、潘允中为主要执笔者）：《天工开物》，广东人民出版社，1976年。

1977②

中文系古文字研究室楚简整理小组（曾宪通、张振林、马国权、孙稚雏执笔）：《江陵昭固墓若干问题的探讨》，载《中山大学学报》1977年第2期。

张振林：《江陵望山一号楚墓竹简考释》，见中山大学古文字学研究室编《战国楚简研究》（三），1977年油印本。

张振林：《长沙五里牌四零六号墓战国楚竹简考释》，见中山大学古文字学研究室编《战国楚简研究》（四），1977年油印本。

张振林：《缂丝史的珍贵资料》，中山大学古文字学研究室编《战国楚简研究》（六），1977年油印本；又载《中山大学学报》（哲学社会科学版）1980年第1期。

1979

张振林：《中山靖王鸟篆壶铭之韵读——兼与肖蕴同志商榷》，见《古文字研究》第一辑，中华书局，1979年；又《考古》1979年第4期摘要刊登。

张振林：《试论铜器铭文形式上的时代标记》，中国古文字研究会第二届年会论文，1979年；见《古文字研究》第五辑，中华书局，1981年；又见中山大学中文系编《古文字学与语言学论集》，中山大学出版社，1986年。

---

① 1976年3月下旬至6月下旬，张振林先生接受当时长江水利办公室所属的长江流域考古队的邀请，偕同孙稚雏、陈炜湛二先生去湖北参加江陵凤凰山汉简的整理，负责简文的摹写和释文。参加整理的还有吉林大学的姚孝遂先生及其弟子和荆州考古队，整理成果完毕后交付主办方。

② 商承祚编著《战国楚竹简汇编》，齐鲁书社1995年出版。该书由张振林、孙稚雏、陈炜湛等协助编纂，张振林负责昭固墓竹简和五里牌遣策的拼接、摹写、考释工作（1977年）。商承祚先生20世纪80年代统编补充修订而成《战国楚竹简汇编》一书。

1980

张振林：《关于更正器名的意见》（节录），载《文物》1980年第7期。

张振林：《先秦古文字材料中的语气词》，中国古文字研究会第三届年会论文，1980年；又载《中国语文研究》（香港）1981年第2期；又见《古文字研究》第七辑，中华书局，1982年；又见中山大学中文系编《古文字学与语言学论集》，中山大学出版社，1986年；又见曾宪通主编《古文字与汉语史论集》，中山大学出版社，2002年。

1981

张振林：《彝铭中的"日"与"易……旂×日用事"鄙见》，中国古文字研究会第四届年会论文，1981年。

张振林：《容庚教授增订〈金文编〉近况》，载《中国语文研究》（香港）1981年第3期。

1983

张振林：《容庚教授谈治学》，载《书林》1983年第3期。

张振林：《关于两件吴越宝剑铭文的释读问题》，见《古文字学论文集续集》，香港中文大学，1983年；又载《中国语文研究》（香港）1985年第7期。

1984

张振林：《汉字的形体演变》，载《刊授指导》（广州中山大学中文刊授中心编）1984年第4期。

张振林：《容庚先生的学术成就和治学方法——为纪念容庚先生诞生九十周年而作》，载《学术研究》1984年第4期；又载《中国语文研究》（香港）1986年第8期；又见东莞市政协编《容庚容肇祖学记》，广东人民出版社，2004年。

1985

容庚编著，张振林、马国权摹补：《金文编》，中华书局，1985年。

张振林（署名林亚璋）：《汉字的产生、性质及其构成》，载《成人教育之友》1985年第3期。

张振林：《希白师治学道路初探》，见《古文字研究》第十二辑，中华书局，1985 年；又见东莞市政协编《容庚容肇祖学记》，广东人民出版社，2004 年。

1987

张振林：《〈文字学〉授课计划》，载《刊授指导》1987 年第 5 期。

张振林（署名亚璋）：《文字小资料》，载《刊授指导》1987 年第 5 期。

张振林：《〈文字学〉自学要点提示》，载《刊授指导》1987 年第 5 期。

张振林（署名林亚璋）：《文字与符号标记》，载《刊授指导》1987 年第 5 期。

张振林：《关于汉字起源的理论》，载《刊授指导》1987 年第 6 期。

张振林（署名林亚璋）：《古文字与隶变》，载《刊授指导》1987 年第 6 期。

张振林：《〈文字学〉复习纲要》，载《刊授指导》1987 年第 7 期。

张振林（署名林亚璋）：《关于汉字发展的规律》，载《刊授指导》1987 年第 8 期。

张振林（署名亚璋）：《请莫放过错别字》，载《刊授指导》1987 年第 8 期。

张振林（署名阿林）：《这些字该怎么读》，载《刊授指导》1987 年第 8 期。

1990

张振林：《对族氏符号和短铭的理解》，中国古文字研究会第八届年会论文，1990 年；又载《中山大学学报》（社会科学版）1996 年第 3 期；人大报刊复印资料《语言文字学》1996 年 9 月转载。

张振林：《秦简文字编》（书稿），未刊，1990 年交中山大学高等学术研究中心。

1992

张振林：《郘右戺戟跋》，见《古文字研究》第十九辑，中华书局，1992 年。

1993

张振林：《赵平安〈隶变研究〉序》，见赵平安《隶变研究》，河北大学出版社，1993 年。

1994

张振林：《毛公鼎考释》，纪念容庚先生百年诞辰暨中国古文字学学术研讨会论文，1994 年；又见《容庚先生百年诞辰纪念文集》，广东人民出版社，1998 年。

1995

张振林：《容庚先生与书画篆刻》，载《广州书画研究院院刊》1995 年 12 月创刊号；又见东莞市政协编《容庚容肇祖学记》，广东人民出版社，2004 年。

张振林：《金文通论》（讲义），1995—2005 年使用，对象为语言文字学研究生。

1996

张振林：《商周铜器铭文校读记》（书稿），1963 年做札记，1974 年整理，1996 年补充，并写序言《商周铜器铭文之校雠》。

1997

张振林：《商周铜器铭文之校雠》，见《训诂学论丛（第三辑）·第一届国际暨第三届全国训诂学学术研讨会论文集》，台湾中山大学中国文学系、中国训诂学会，香港中文大学，1997 年。

张振林：《先秦"要""娄"二字及相关字辨析——兼议散氏盘之主人与定名》，见《第三届国际中国古文字学研讨会论文集》，香港中文大学，1997 年。

张振林辑缀：《容庚自述》，见国务院学位委员会办公室编《中国社会科学家自述》，上海教育出版社，1997 年。

张振林：《张振林自述》，见国务院学位委员会办公室编《中国社会科学家自述》，上海教育出版社，1997 年。

1999

张振林：《石鼓研究之我见》，1999 年初为宝鸡国际秦刻石文化研讨会而作，后会议未开，原稿赠欧初博物馆。

张振林：《〈汉字学教程〉自学考试大纲（上）》，载《刊授指导》1999年第1期。

张振林：《〈汉字学教程〉自学考试大纲（中）》，载《刊授指导》1999年第2期。

张振林：《〈汉字学教程〉自学考试大纲（下）》，载《刊授指导》1999年第3期。

张振林：《容庚先生与青铜器和古文字研究》，见《中国当代社科精华·语言学卷》，黑龙江教育出版社，1999年。

2000

张振林（署名林亚璋）：《小燕子学成语诗词续编》，载《刊授指导》2000年第3期。

张振林：《〈史记〉〈汉书〉之"获若石云"解——石鼓本有名，曰"陈宝"》，见《中山人文学术论丛》第四辑，台湾中山大学中国文学系，2000年。

张振林：《汉字书法欣赏》（讲义），2000—2001年使用，全校选修课。

2001

张振林：《战国期间文字异形面面观》，首届中国文字学国际学术研讨会暨纪念许慎著《说文解字》1900年会议论文，2001年；又见《文字学论丛》第二辑，崇文书局，2004年。

张振林：《古文字中的羡符——与字音字义无关的笔画》，见《中国文字研究》第二辑，广西教育出版社，2001年。

张振林：《开展词本位的汉字族群研究》，古文字信息化处理国际学术研讨会论文，2001年；又见《中国文字研究》第三辑，广西教育出版社，2002年。

2002

张振林：《同音代替繁简字宜作适当调整》，简化字问题学术研讨会论文，2002年6月；又见史定国主编《简化字研究》，商务印书馆，2004年。

张振林：《金文"易"义商兑》，见《古文字研究》第二十四辑，中华书局，2002年。

张振林：《锡永师领我进入科研门》，纪念商承祚教授一百周年诞辰论文，2002 年 8 月。

张振林：《陈双新〈两周青铜乐器铭辞研究〉序》，见陈双新《两周青铜乐器铭辞研究》，河北大学出版社，2002 年。

2003

张振林：《〈说文〉从乇之字皆为形声字说》，广东省语言学会年会论文，2003 年；中国文字学会第二次年会论文，2005 年。又见《汉字研究》第一辑，学苑出版社，2005 年。

2004

张振林：《关于语文工作的两分法与三分法》，见李宇明、费锦昌主编《汉字规范百家谈》，商务印书馆，2004 年。

张振林：《谈谐声的慢声音变——兼谈从由从兔等一类字的读音》，第二届中国文字学国际学术研讨会论文，2004 年；又见《文字学论丛》第三辑，中国戏剧出版社，2006 年。

张振林：《师旂鼎铭文讲疏》，第六届两岸中山大学中国文学学术研究研讨会论文，2004 年；又见《黄盛璋先生八秩华诞纪念文集》，中国教育文化出版社，2005 年；又见《中山人文学术论丛》第六辑，澳门出版社，2005 年。

张振林：《篇章语法分析在铭文解读中的意义（上）》，见《古文字研究》第二十五辑，中华书局，2004 年。

2005

张振林：《试论缓读析言在上古汉语发展中的历史作用》，广东省语言学会年会论文，2005 年；又载《学术研究》2007 年第 1 期。

2006

张振林：《"则繇佳"解》，见《古文字研究》第二十六辑，中华书局，2006 年。

张振林：《"㣇狄不享""㣇裹不廷"与"率裹不廷方"新解——兼释才、㣇二字》，第三届中国文字学国际学术研讨会论文，2006 年；又见《文字学论丛》第四辑，江西教育出版社，2008 年。

2007

张振林:《朱其智〈西周铭文篇章指同及其相关语法研究〉序》,见朱其智《西周铭文篇章指同及其相关语法研究》,河北大学出版社,2007年。

张振林:《释"✧""✦"——兼说规、矩》,中国文字学会第四届年会论文,2007年8月;又见《中国文字学报》第二辑,商务印书馆,2008年。

2008

张振林:《释"立盟成嬰"与"铸保簋用典格伯田"解》,第四届中国文字学国际学术研讨会论文,2008年;又见《文字学论丛》第五辑,线装书局,2010年。

张振林:《何添〈论《说文》四级声子〉序》,见何添《论〈说文〉四级声子》,吉林文史出版社,2008年。

张振林:《陈英杰〈西周金文作器用途铭辞研究〉序》,见陈英杰《西周金文作器用途铭辞研究》,线装书局,2008年。

张振林:《篇章语法分析在铭文解读中的意义(下)》,纪念中国古文字研究会成立三十周年国际学术研讨会暨中国古文字研究会第十七届年会论文,2008年。

2009

张振林:《释分》,中国文字学会第五届年会论文,2009年;又见《中国文字学报》第三辑,商务印书馆,2010年。

刘晓晖、张振林:《西周铭文中的"✦"族为"妘"姓考》,载《湖南科技大学学报》2009年第4期。

2011

张振林:《陈英杰〈文字与文献研究丛稿〉序》,见陈英杰《文字与文献研究丛稿》,社会科学文献出版社,2011年。

2012

张振林:《出土文献中的"万""亏""宾""購"等字的释读》,见《中国文字学报》第四辑,商务印书馆,2012年。

2013

张振林：《"太极"高人——吴宏聪教授》，见《烨烨时光：吴宏聪教授纪念文集》，花城出版社，2013年。

张振林：《王晶〈西周涉法铭文汇释及考证〉序》，见王晶《西周涉法铭文汇释及考证》，中国社会科学出版社，2013年。

张振林：《商艳涛〈西周军事铭文研究〉序》，见商艳涛《西周军事铭文研究》，华南理工大学出版社，2013年。

2014

张振林：《关于容老"保守"的答辩》，载《中山大学报》（新）2014年4月21日第310期。

张振林：《释"✦✦（本）、✦✦（拔）"之我见》，见《古文字研究》第三十辑，中华书局，2014年。

2015

张振林：《陈英杰〈容庚青铜器学〉序》，见陈英杰主编《容庚青铜器学》，学苑出版社，2015年。

2016

张振林：《〈奔梦〉赏析》，载《中山大学报》（新）2016年2月29日第357期。

张振林：《汉字的故事（一）：曲》，载《孔子学院》（中法文对照版）2016年5月总第36期。

张振林：《韩阳戈铭文考释》，2016年9月提交深圳南山博物馆，馆长戚鑫撰文《南山博物馆收藏一件秦始皇平定岭南的兵器》，发表于《中国文物报》2017年5月30日第7版；又见戚鑫主编《南山博物馆藏古越族青铜兵器研究》，文物出版社，2017年。

张振林：《南越铜桶铭文考释》，2016年9月提交深圳南山博物馆；又见戚鑫主编《南山博物馆藏古越族青铜兵器研究》，文物出版社，2017年。

张振林：《一组与✦、✦相关的疑难字释读》，中国古文字研究会第二十一届年会论文，2016年10月。

张振林：《我和第四版〈金文编〉》，首都师范大学甲骨文研究中心讲座,2016 年 10 月 26 日。

张振林:《老师的哪些话,让你终生难忘?——为纪念中山大学古文字学研究室成立六十周年而作》,见《古文字论坛(第二辑)·中山大学古文字学研究室成立六十周年纪念专号》,中西书局,2016 年。

张振林:《清华大学藏战国竹简中罕见的合音字——反切拼音的发明和文字实践的遗迹》,首届古文字与出土文献语言研究国际学术研讨会论文,2016 年 12 月。

2017

张振林:《漫话篆刻》,载《孔子学院》(中法文对照版)2017 年 3 月总第 41 期。

(资料截至 2017 年 11 月 1 日)

附: 所指导博士学位论文目录

1991

赵平安:《隶变研究》,中山大学博士学位论文。

1999

陈双新:《两周青铜乐器铭辞研究》,中山大学博士学位论文。
文术发:《商周祭祀铭文研究》,中山大学博士学位论文。

2004

陈英杰 :《西周青铜器器用铭辞研究》,中山大学博士学位论文。
师玉梅:《西周金文音韵考察》,中山大学博士学位论文。
朱其智:《西周铭文篇章指同及其相关语法研究》,中山大学博士学位论文。

2006

白冰:《白川静金文学之研究》,中山大学博士学位论文。
[日]大柴慎一郎:《〈篆隶万象名义〉文字研究》,中山大学博士学位论文。

商艳涛：《西周军事铭文研究》，中山大学博士学位论文。

2007

刘晓晖：《商周族徽铭文研究》，中山大学博士学位论文。
王晶：《西周涉法铭文研究》，中山大学博士学位论文。

张振林先生的一个重要学术思想和对金文研究的两大贡献

陈英杰

张振林先生,广东省兴宁县人,1939年12月15日(阴历十一月五日)生,著名古文字学家,中山大学中文系教授、博士生导师。先生于1961年中山大学中文系本科毕业后留校,在容希白(庚)、商锡永(承祚)两位著名古文字学家门下当研究生,是二老的入室弟子。余于2001年9月就读中大,忝列先生门下,时承过庭之训,无奈,余性驽钝,于先生之学十之未得一二,今仅就耳目之濡染、心之所感略述之。

先生在金文释读、简牍文字、鸟虫书、战国文字、古文字资料的语言学研究以及文字学理论等方面均有独到的发明和贡献,今我们主要是谈一下先生在文字学理论方面的一个重要学术思想以及在金文研究领域所做出的两大贡献。

一、一个重要学术思想

关于汉字意类符体系和造字法的形成和发展的理论是先生最独到的理论发明,是先生学术思想的核心部分,是先生为中国文字学研究所做出的极为重要的理论贡献。这个思想肇始于20世纪60年代(先生读研究生的时期),在70年代末撰写的《试论铜器铭文形式上的时代标记》[①]一文中正式提出,先生在同期撰写的《先秦古文字材料中的语气词》[②]一文把此理论运用到语气词研究实践的个案之中。2001年10月发表的《古文字中的羡符——与字音字义无关的笔画》[③]一文以"羡符"为切入口对这个理论进行了系统而深入的论述和总结,是一篇凝聚先生数十年研究结晶的具有深远意

---

① 1979年提交中国古文字研究会第二届年会,刊载于1981年1月出版的《古文字研究》第五辑。下简称《标记》。
② 1980年9月提交中国古文字研究会第三届年会,刊载于1981年1月《中国语文研究》第2期。下简称《语气词》。
③ 见《中国文字研究》第二辑,广西教育出版社2001年版。下简称《羡符》。

义的理论文献，它以整个宏观的中国文字学史为立论基础，根据汉字构字机理和文字所处时代背景综合研究，廓清了古文字研究中"羡符"和战国文字异形形成的两个重大理论问题。同期写成的《战国期间文字异形面面观》①是对《羡符》一文的重要补充和深化。

这个理论应该说还包括两个子理论——文字内部发展的不平衡理论和汉字偏旁曾有过试用、滥用的观点。这两个子理论是上述核心理论的基础，是先生关于汉字意类符体系和造字法的形成和发展的理论的不可分割的重要组成部分。

文字内部发展的不平衡理论指出，"尽管文字的结构和书写形式的变化是渐变的，不是骤变的，旧因素的继承总是多于新因素的产生，即大多数的字，经历很长时间，改变不显著"，但"不同时期总是有一些变化较大的字或变化较大的偏旁，尽管其为数不会很多，但它却可以造成不同时期的文字风格"（见《标记》第53页）。这一点是先生《标记》一文立论的理论前提。先生反对"把金文笼统地、静止地当作一种书体，同甲骨文、小篆、隶书、楷书等相提并论，错误地把不同时期的字体与同一时期的异体混合在一起，因此得出金文是象形字，异体字甚多，偏旁多而不稳定等不大正确的结论"（见《标记》第54页）的做法。文字内部发展的不平衡是文字固有的客观规律，"必须用不断发展（动的）和分阶段（静的）相结合的观点"（见《标记》第88页）来看待文字的发展，否则得出的结论是不科学的，不符合文字发展的客观实际，从而有可能忽略一些特有的规律性的东西。

汉字偏旁曾有过试用、滥用的观点，意思也就是汉字偏旁有一个从雏形、试用到成熟的发展过程，比如西周中期以"车"字为构件的汉字组合中，"车"字有繁有简，可有"车"旁，也可没有，这是偏旁试用期最典型的反映。到了西周后期，"车"字繁简二体都被有意识地用作偏旁，构成一批新字，"车"字作为偏旁进入稳定成熟期。春秋以后，"车"繁体淘汰，单字和偏旁都使用简体"车"，这说明"车"字作为偏旁的稳定成熟过程在春秋时代才完成（见《标记》第70～71页）。有的试用则在历史发展过程中被淘汰（见《标记》第77页）。所谓滥用有两种情况，同一字用不同的意符构字和重叠使用多个意符（跟具有分化多义字作用的增加意符的情况有别），前一种滥用的后果是造成意类符的通用、换用，后一种滥用造成汉字的叠床架屋和无谓的繁复，尤其在用字人数激增、用字范围扩大的历史时

---

① 写于2001年6月，刊于《文字学论丛》第二辑，崇文书局2004年版。下简称《战国》。

期，跟文字的简便易写、易认的发展趋势相违背，到后世必然规范简省其中一个意类符（此段论述参考《羡符》第134页①）。滥用是试用造成的一个必然结果。于试用、滥用，先生虽未加深入论述，但它于文字学史的意义仍然是巨大而深远的，它第一次阐释了汉字史上的意类符通用及偏旁重叠现象的文字内因。

文字是为克服语言的局限而产生的代用品——可视符号。文字是为记录语言而存在的，受语言规律的制约。关于文字的起源，有一种书画同源论，它认为可以不通过语言而可以用形象思维直接理解字义，这是不正确的。图画内涵具有不确定性，语言则不同。图画与文字不是一码事，图画不能准确地记录语言，尽管能表达某种意思。早期的造字思维有利用图画形式的一面，如摹形状物，当它跟语言结合时，它便是文字记号，作为文字，摹形更简略，且音义固定。在文字初创时期，象形表意是主要的构字法。但这种构字法有很大局限，能够摹写的东西不多，且"有形可象但差别细微的事物间难以造出区别字，无形可象及难于用事物联想会意的抽象语词无法造字"（见《羡符》第132页），所以从它产生时起，就进入一个不断改进的过程，如"使象形表意字的取象更加明确统一精炼。在约定俗成过程中，将已有的常用字及构件（字素）的形状逐渐固定化。不够明确之处，用加笔、减笔、改笔形等方法改进象形符，或加注指事符，使字义更明确；在音读易生歧误的象形字旁，加注同音字，使读音更准确；或在借形记音的基础上附加象形表意字符，于是产生了早期的形声字"（见《羡符》第131页）。早期形声造字法还处于自发阶段，那么如何使文字满足记录语言的需要，这是古人在不断探索的课题。由于象形表意的种种局限，当时人们急需要做的是探索突破象形表意框框的新造字法，此时便进入假借阶段，据研究，甲骨刻辞同音假借的数量高达70%多。假借即借同音之形来记词，是割裂原有的形义关系，使形变成只记实际用词的音义符号。用有限的符号和读音来记录相当广泛的语词就必然走向假借。假借几乎是跟象形表意同时产生的东西。但是，古汉语单音节词占统治地位，同音词特多，这就出现众多的一形记多个

---

① 先生在《标记》第71页说："所谓滥用，实际上是不必要的错用，只是一种偶然现象，不能成为有关字或偏旁的时代标志。"在第53页先生也认为"偏旁未发展成熟期间的试用"是一种"偶然因素"，在寻找具有时代特征的标志时应把这些因素排除在外。我认为这个观点是值得商榷的。试用、滥用是在形声造字法探索时期产生的必然现象，它的存在不是偶然的，而是汉字偏旁形成过程中的一种普遍现象，它包含着当时人们对文字构形和构义的理解，如"永"字加"止"旁等，它同样是时代的产物，包含着时代的印记。

同音异义词的现象，在离开具体语言环境下，文字的歧义理解使文字的社会功能大受影响。因此，假借仍不能圆满解决文字记录语言的问题。象形表意和假借都逐步趋于黔驴技穷，造字法的发展便不得不进入第三个阶段——形声造字法。商代后期始形声字就成为一种主要趋势，当时的形声造字法，有的是在原有的象形字上加注声符，更多的是在原来的同音假借字上加注意符，这是早期形态。直接用声符和意符拼合造成新字，那是形声造字法成熟以后的事。形声字是形、音、义一体的符号，是最能产的造字法，这一点是所有研究汉字的专家的共识，先生的贡献在于发现了形声造字法成熟所需要具备的条件。形声造字法只有进入音符和意符直接拼合的时期，文字才算进入自由造字时期，在这个自由时期，人们可以根据表达语言、记录语音的需要，按照意义类属，选择相应的意符，然后可任意选择一个同音字（通常多取较简单而常用的同音字）结合而成新字。而这种自由是需要一定条件的，那就是要有足够完善的声符系统和意类符系统，其中起关键作用的是意类符体系的形成，而这个条件需要人类认识的长期积累。意符的类化需要人类对自然、社会、人的心理等进行归类，这需要一个很长的时间。从金文看，自然物方面的意类符较早出现，比较细致的心理活动及通过人类活动开发创造的事物的意类符出现较晚，心理感情活动的意类符产生更晚，如带心旁的字多数是春秋战国时期产生的，西周很少，商代几乎没有。需要人类创造开发以后才认识的事物又需要对它归类，这类意类符产生也比较晚，如金旁。（请注意，先生用的不是意符的概念，而是"意类符"的概念，其着重在"类"）春秋后期至战国时期，人类的造字思维取得前所未有的新的突破，这个时期意类符体系逐渐完成，形声造字法发展成熟且为人们所自觉利用，进入一个充分利用符号表音表意的能力，充分挖掘符号表音表意的能力的阶段，象形表意字符不敷应用的矛盾基本解决，文字本身便从探索造字法阶段，进入以改善文字符号为主要任务的阶段，即要求文字符号简单、音义信息明确、符号化。也是在这个时期逐渐展开古文字的隶变（战国中期开始），隶变是文字发展的必然趋势。

  以前学者谈到战国文字异形的原因，多以《说文解字·叙》"诸侯力政，不统于王"，"分为七国，田畴异亩，车涂异轨，律令异法，衣冠异制，言语异声，文字异形"为经典解释，着重于地区的差异，其实，这只是"文字异形"的外因，而先生《战国》一文基于上述理论背景，从人（用字的人）、社会、语言文字等三个方面分析了异形的内因和外因，论证了异形的必要性、可能性及必然性。同样，由于春秋中期以后，形声字在当时用字中的比重占了优势，满足了用字需要，于是便有了使文字美好的特别追求，因此，羡符的大量出现集中在春秋中期至战国期间也是一种必然现象。有的学者所说的商代文字中的"羡符"，多数属于与字音字义有关的象形或指事符，称之为"羡符"是不科学的。

二、对金文研究的两大贡献

（一）铜器断代

铜器断代方法具体而言，有着眼于铭文的文字学方法、有着眼于铜器的器物学方法、有着眼于地层关系和现代技术的考古学方法，三种方法各有短长，关键在于三种方法的综合运用。另外，由于窖藏铜器的大量发现，利用窖藏铜器群断代是一种新的有活力的方法，李学勤、刘启益等先生对此多有发明。但是在实际工作中，某一方面的专业工作者，往往是使用其中某一种方法。考古学方法适用于发掘品而拙于传世品，器物学方法只能确定其大致年代，有时也很不准确，比如盠驹尊、盠方彝等以前多认为是懿孝时器，而新发现的眉县杨家村窖藏铜器逑盘则证明盠生活在昭穆时期，盠器不可能晚至懿孝时期。这牵涉到与之相关联的一批铜器。文字学方法拙于无铭铜器，但是我们可以据文字学方法建立的标准器确定在器形、纹饰等方面与之相关联的无铭铜器。而且，有大量的铜器只有铭文传世，器物已佚，只能依靠文字来断代。铜器断代的最终目的是使金文作为科学、可信的史料来用，而铭文往往能够提供断代的可靠信息，应该说，迄今为止，文字学方法仍然是最重要的断代方法。当然，在实际断代中，不会是使用单一方法，往往是以某一种方法为主，其他方法为辅的综合断代法。文字学方法包括两个方面，一是依据铭文的内容，即人物、史实、时地、职官等；一是依据文字形体和铭辞表现形式来断代。前者是研究铜器首要利用的方法，但于后者的利用多只是零散的、不成系统的，先生《标记》一文第一次对依据文字形体和铭辞表现形式对铜器进行断代的方法做了系统论述。

《标记》一文根据族氏文字、文字的点画结体、铭辞的章法布局及文辞格式、一些特殊的单字和语词四个方面对铜器进行综合考察，将商周铜器划分为九期：商前期（成汤至盘庚迁殷前，无铭期）、商后期（盘庚迁殷至帝辛失国）、西周前期（武王至昭王）、西周中期（穆王至懿王）、西周后期（孝王至幽王）、春秋前期（平王东迁至匡王末定王初）、春秋后期（定王初至敬王末）、战国前期（前475—约前350年）、战国后期（约前350—前

221 年)。春秋、战国时期的铜器,《殷周金文集成》分为春秋早、中、晚和战国早、中、晚六段,但我们可以发现,这两个时期的铜器有相当一部分只能大致断为春秋或战国,春秋、战国铜器断代还有很多工作要做。西周铜器一般三分,早期没有什么分歧,中期或是穆王到孝王,或是穆王到夷王。先生云:"若将西周大致三等分,孝、夷二王应当列入中期,但是,当我们把注意力放到器类、器形、花纹和文字的综合特点上来时,就发现孝、夷期间的铜器和铭文,应与厉、宣时的铜器和铭文为伍。"据李学勤先生利用窖藏铜器群研究,孝王时期的青铜器已经蕴含了一些向晚期过渡的因素,到夷王时,铜器的各方面(形制、纹饰、字体、组合)都进入了一个新的阶段,所以,西周中期的青铜器的下限应划在孝、夷之间,中期范围应该是穆、恭、懿、孝四王,夷王铜器则已属于西周晚期的范畴了。① 据"夏商周断代工程"研究,懿王在位 8 年,孝王在位 6 年,夷王在位 8 年。应该说孝王铜器处于中期向晚期的过渡时期,其本身可归入上一期,也可归入下一期,李学勤先生和张师之间并没有太大的分歧,先生也说,分为九期,只是为了说明问题的方便,实际上并不存在划一的分界,处于分界间的器铭,可以表现为有些文字具有上一期的特征,而另一些字却具有下一期的特征。应该说,李先生的研究跟张师的研究殊途同归,他们的看法应该是科学而可信的。

(二) 商周铜器铭文之校雠

关于铭文的校勘问题,唐钰明先生《异文在释读铜器铭文中的作用》(载《中山大学学报》1996 年 3 期)一文的第一部分"订正文字"和第二部分"辨识异体"共举八例,与此有关。其实都是"考订文字",其中不其簋"從追女""用從乃事"之"從"或释为"永",对其理解还存在争议。《金文释例》② 共分字体、文体与文法、铭文部位、典制、附器铭略例等五个部分,其中第一章字体的第二部分"考订文字例"和第五部分"铭文夺误例"(包括夺字例、讹误例、别字例)跟铭文校勘有关。陈初生先生《校

---

① 参见李学勤《西周中期青铜器的重要标尺——周原庄白、强家两处青铜器窖藏的综合研究》,载《中国历史博物馆刊》1979 年第 1 期;收入《新出青铜器研究》,文物出版社 1990 年版。

② 胡自逢:《金文释例》,文史哲出版社 1983 年版。先生在文章所引王赞源《周金文释例》(文史哲出版社 1982 年版)当是此书之误记。《周金文释例》是为通读金文而作的今注今译工作,考释利鼎、小臣静簋等 10 件铜器,每件铜器分为 5 个项目论述:器铭、隶定、著录、注解、今译。

勘学与古文字学》① 一文篇幅不大，分"利用古文字材料校勘传世文献""利用传世文献来校勘古文字材料""利用古文字材料校勘古文字材料"三点来说明校勘学在古文字研究中的作用。陈氏此前曾撰有《古文字材料校勘刍议》② 一文归纳出古文字材料本身的主要问题有：脱文、颠倒（词序、字形颠倒）、错别（形近而误、漏笔而误、增笔而误）、位移（笔画位移、偏旁位移、粘连位移）等几类，多是用本校法校勘。

先生《商周铜器铭文之校雠》③ 一文初稿作于 60 年代初期，后从中择取部分内容提交（台湾）第一届国际训诂学研讨会。铜器铭文的校勘若只是在铭文的范围内考虑，有很多问题是无法认识清楚的。先生不仅以一个古文字学家的眼光，而且更以一个青铜器专家的眼光④来对待铭文的校勘问题。铭文的载体是铜器，校勘金文必须关注铜器和铭文两个方面，关注铜器方面就是关注铭文的范铸即铭文制作方法的问题，而关于铭文制作方法是存在颇多争议的（见《校雠》注 23），先生通过细致分析大量铜器铭文，而总结出铭文制作的程序，总结出的这些程序又可进一步解释铭文自身存在的一些特殊现象。其程序为：①先作陶模；②分片翻制出陶外范，风干烧硬；③刻制铭模，拟好铭文草稿，制作一块与陶模内壁弧度相同的陶片，风干后用尖锐器刻出铭文，然后烧硬；④制作陶内范，并用铭模在未干的陶内范上揿印，风干后将铭文外围无字部分均匀磨刮去薄薄的一层（没有磨刮或磨

---

① 见《李新魁教授纪念文集》，中华书局 1998 年版。
② 1992 年 11 月提交中国古文字学研究会第九届学术研讨会，刊于《暨南学报》1995 年 1 期。
③ 发表于《训诂学论丛（第三辑）·第一届国际暨第三届全国训诂学学术研讨会论文集》，1997 年。下简称《校雠》。
④ 先生虽无专门的青铜器方面的论作发表，但先生于青铜器形制、纹饰、器物定名等方面都有自己独到的见解。先生曾为我们开设"青铜器及铭文专题研究"课程，20 世纪 90 年代以前先生招考博士生时设"青铜器"考试科目，后来取消。先生云"在西周初期至中期，盂和簋的造型很相似，中期以后簋扁化，跟盂差别增大"；"商代中期的鼎深腹、尖足、两小耳，跟鬲的区分不太明显，由于是仿陶器，尖足或实心或空心，有三个乳足的与鬲便无多大差别。铸造上，有一耳跟一足在一条直线上，用三块范构成三足与腹的接合痕。商代后期鼎腹稍浅，足基本上直腿实心，耳与腿的关系也变化了，以前耳与足在一条直线上形成四点配置，摆放时不美观，后期则是五点配置，有对称效果，两腿在前，一腿在后，人可看到对着自己一面的鼎壁上的铭文。此时期鼎需用四块范才能铸好"。说到这里，想起多次到博物馆参观，他们展出的器物多不注意摆置方向，当是缺乏这方面的青铜器的常识。先生还说，"西周后期的簋出现圈足带三小足，器身较扁，饰瓦纹。春秋以后或素身，或饰相互勾连之变形龙纹，多数增高些，不再有小足，或铸耳，或套环，器呈扁圆形，这为春秋末敦的产生做了准备，也为盨的产生准备了条件"。罍，在商代，有时在腹下部近足处有一环纽，其用不知为何，先生认为是仿自陶器的，古陶器有尖足的，打水用，靠底部有一环用来穿绳，使器易翻倒打水。关于器物用途，先生云一要据器物自名，然后看与何种器物成套，等等。

刮不够的有铭内范，就会留下揿印的外廓①），将内范烧硬；⑤将内范和多片外范拼合，同时熔炼好铜锡合金液，从陶外范预设的注铜孔倒入青铜汁；⑥冷却后拆除或敲碎陶外范，挖掉陶内范；⑦修整合范缝，磨刮粗糙不平部分，至此新的铜器制作完毕。先生云，"有为制作较长的铭文或是为了同时铸造多件同字数铭文的铜器，而先在一个陶内核上，按字数多寡用薄刃器和尺划好细而直的方格线，烧制成方格印版，印在铭模上，然后在有凸线方格的铭模上刻字，这样刻制的铭模，常见阴刻笔画破坏方格的阳线"。先生还说，"凡是铭文为阳格阴字的西周铜器，除了一些七八十字以上的大器长铭，可能仅是为了安排文字而划格单独铸造外，其他应是有两件或两件以上同字数的同一家器一起铸造"。至于流行于商代的爵、觚、觯等内腔极小，铭文多在鋬内、高圈足内，弧度极大，范围极小，采用铭模翻范法难度较大，所以它们有许多是直接在内范上刻铭，铭文字少，有的风干后刻字，磨平了字口，然后烧硬，有的未风干刻字，又未加工字口，干后烧硬作内范。因此，商代爵、觯等的阳识和双钩阳识比别的器铭高很多。以上是先生关于铭文制作的基本看法。

铭文方面，先生云："我们必须根据铭物的时代、内容的性质、器物的特定用途和特定环境，注意它可能的省略表达形式，避免把正确合理的省略，误认为是错漏脱字。"先生从古人在铸器之前对铭模做过校对修改（或有修改钩识，或脱字旁补，或刮削误字后在旁补字）、衍字、脱字、误字、范损移位、回尾、阴阳款识、活字印范等方方面面对有关校雠的问题进行了详尽细致的讨论。其中回尾关涉铭文读法的问题，比如有一件牺伯卣（见《保利藏金续集》，岭南美术出版社 2001 年版。内中收录马承源先生的《论牺伯卣》一文），其铭马承源先生释为：

庚寅，牺白（伯）諆乍又
丰宝彝。才二月，㞢。亚）（。

其实卣铭第一、二行的末字均不能与上文属读，而是由左往右读，自成一读 "㞢（有）又（佑）"②。

活字印范所关涉的校雠问题可参见先生《关于两件吴越宝剑铭文的释

---

① 铭范上留有揿印铭模外廓的实证，先生在《校雠》注 20 列举了《三代》中的 20 多件鼎。
② 参见拙文《读金小札（五则）·二、关于牺伯卣的几个问题》，见《古文字研究》第二十五辑，中华书局 2004 年版。

读问题》①，其中所谓"攻敔王元剑"为单字印模范铸造，由于"夫""元"极相似而钤错了，从而导致长时间对此剑铭文的误读，先生始一语道破天机②。

范损移位主要是指灌注高温青铜溶液时，有可能对内范铭文字体笔画或偏旁或整字造成毁损、移位，如新出眉县杨家村单氏家族铜器③的叔五父匜的"孙"字左下笔画和"作"字横画即被溶液冲断而移位，逨盘则有几处文字整字缺失。

先生的成就是多方面的，根智驽钝如我只能领会其中之一二，上文只是撮述先生意见，若因学识浅薄，转述有何欠妥处，敬祈先生谅之。

附记：此文写于2003年12月，为先生64岁寿而作。文章写成后，曾呈先生审阅。"关于汉字意类符体系和造字法的形成和发展的理论"，对我影响很大，体会较多，我梳理得也比较细致，在这个理论的启发下，我撰写了《关于汉字史上的简化、隶变和"书同文字"等问题的新探索》一文。

需要说明的是，本文总结的基本上是先生20世纪90年代以前的部分成就，其他方面的成就我们另有系列专文加以论述。近10年来，先生在金文释读方面又不断做出了新的探索，他基于古籍记载的急读、缓读，提出"谐声的慢声音变"的学说，基于此理论，对金文和传世文献中的疑难词语做出新的破译和释读，如"不穀"急读即"僕"，"则繇唯"之"则繇"急读即金文中常见的"戯"（因果连词），"旁狄（不享）"急读即"辟"，"旁裹（不廷）"急读即"败"，表示钟声的拟声词"鍺雍鍺雍"（鍺或从戈从者，异形较多，今仅取其一）急读即"咚咚"，等等，这些成果在古文字或文字学学术会议上演讲（部分已刊于有关刊物），引起了很大反响。这项成就，我们另有专文总结，今不赘述。

循此思路，我们指出晋侯稣钟的"淖列"应读为"聂"，作为地名，又作"郚"，此地裘锡圭先生有考④，在今山东聊城、博平之间，这与钟铭所记战争地点也是相符的。

（本文原刊台湾《中国文字》新32期，艺文印书馆2006年版）

---

① 载《中国语文研究》（香港）1985年3月第7期。
② 参见曹锦炎《越王得居戈考释》，见《古文字研究》第二十五辑，中华书局2004年版。
③ 参见《考古与文物》2003年第3期所刊相关文章。
④ 参见裘锡圭《古文字论集·说"郚""严"》，中华书局1992年版，第102页。

张振林先生的简牍学研究

陈英杰

张振林先生，广东省兴宁县人，1939年12月15日（阴历十一月五日）生，著名古文字学家，中山大学中文系教授、博士生导师。先生于1961年中山大学中文系本科毕业后留校，在容希白（庚）、商锡永（承祚）两位著名古文字学家门下当研究生，是二老的入室弟子。先生在金文释读、鸟虫书、战国文字、古文字资料的语言学研究以及文字学理论等方面均有独到的发明和贡献，本文主要谈一下先生在简牍学方面的研究。

先生从事简帛研究的时间不长，集中在20世纪70年代中后期。

1976年3月下旬至6月下旬，先生接受当时长江水利办公室所属的长江流域考古队的邀请，偕同孙稚雏、陈炜湛二先生去湖北参加江陵凤凰山汉简的整理，负责简文的摹写和释文。①

商老（商承祚先生）在60年代接受了湖南长沙五里牌四零六号墓，长沙仰天湖二十五号墓，长沙杨家湾六号墓，河南信阳长台关一号墓（内含竹书和遣策），湖北江陵望山一、二号墓等七批战国楚简的整理工作，② 由于"文化大革命"的影响，此工作曾一度搁浅。1974年商老将他自己拼接整理的所有竹简，按他的理解编号、摹写、旁附释文，晒成蓝图，寄送国内12位古文字和考古学界的专家朋友征求意见，但是反馈很少。而1975年下半年商老要进京参加银雀山汉简的整理，楚简的整理工作便交付当时中山大学古文字研究室的几位先生。他给每人发了一份晒蓝摹本，将他已写好的四批竹简（长台关两批，望山二号墓和仰天湖二十五号墓各一批）的考释稿和一纸袋望山一号墓及五里牌、杨家湾墓的竹简照片留在办公室，声明他反

---

① 参加整理的还有吉林大学的姚孝遂先生及其弟子和荆州考古队，整理成果完毕后交付主办方，后由于种种原因，此成果至今未能刊布。

② 见《望山楚简》谭维四序，中华书局1995年版。

对集体搞科研，就离开了。1975年秋天，在商老和随员曾宪通先生赴京前夕，由古文字研究室副主任曾宪通先生出面召集会议，① 组成"古文字研究室楚简整理小组"，在商老初步工作的基础上分工整理这七批竹简。② 先生独自承担了望山一号墓和五里牌两批残碎较甚的竹简的拼接、释文、考释工作。整理小组的成果以6期油印本（《战国楚简研究》，1977年印）的形式在学界有少量流传，先生的考释集中在油印本的第三、四两期。③ 1978年先生又对全部楚简的图版做统排工作，并写成《缂丝史的珍贵资料》④ 一文（此文后刊布在《中山大学学报》1980年第1期）。20世纪80年代商老在整理小组成果的基础上进一步修改而成《战国楚竹简汇编》一书，商老去世后，其子商志䪡先生又邀陈炜湛先生一起对书稿进行审视润色。该书于1995年11月由齐鲁书社出版。

望山一号墓竹简内容主要是跟疾病等杂事有关的卜筮祭祷记录，五里牌简为遣策。由于当时卜筮祭祷类的竹简还没有出土，遣策在记录物品同时还记录存放处的情况也极罕见，加之简文残碎、缺佚较甚，又缺乏相关文献的参考，拼接和释读的难度可想而知。⑤ 今天看来，当时的考释不免有一些疏漏和不足，但也有很多意见被后出材料证明是正确的。而且，最重要的是先生根据对这些竹简的拼接，总结出10条竹简整理的方法。下面我们分两部

---

① 当时商老是古文字研究室主任。
② 整理修订工作按年齿认领、分工：张维持先生负责长台关遣策，马国权先生负责望山二号墓遣策，孙稚雏先生负责长台关竹书，陈炜湛先生负责仰天湖遣策，四人各领一份商老的考释稿。剩下的望山一号墓、五里牌四零六号墓、杨家湾六号墓竹简，商老的考释稿主要是概述各墓出土竹简情况和某些字词的考释，所以张师就只认领了照片。几位先生打算将有基础的四批简文修订完成后，再与张师一起攻难关。容老当时年事已高，充当顾问。1977年下半年，孙稚雏又对张维持、马国权两先生的稿子进行了补充。陈炜湛则开始全部考释文字的统一工作。张师负责全部摹本释文稿的复查修订。
③ 由于油印本是小组讨论以后的东西，所以先生的有些观点由于还不成熟而未能写入。先生对竹简的拼接先是利用照片，后又到湖北对原简进行了实物拼接检验，之后再进行释文、考释。
④ 此文依据长台关一号墓和望山二号墓楚简，论证了缂丝工艺远在战国中期，中原一带就已产生，不是魏晋，更非隋唐两宋由西域创制而输入。
⑤ 20世纪70年代初期湖北省博物馆又约请了北京大学中文系朱德熙、裘锡圭、李家浩三位先生重新对望山一、二号墓两批竹简进行考释研究，于1976年完成《望山竹简释文与考释》初稿，1987年定稿，1995年他们与湖北省考古研究所合作编撰出版了《望山楚简》一书（中华书局1995年版）。由《望山楚简》每部分考释后面的"补正"看来，当时他们和中大的各位先生都是分头独自研究的，二者在文字的考释，残简的拼接、缀合，文意的通释等方面存在很多不同之处。《望山楚简》晚出，参考了后来出土的一些文字材料，如睡虎地秦简、天星观楚简（1978年出土）、包山二号楚墓竹简等，望山一号简中的代月名的解决便是一例。

分来简述一下先生在简牍方面的研究贡献。

一、关于竹简拼复方法的探索和总结

在《江陵望山一号楚墓竹简考释》（见油印本第三期）开篇有类似"前言"或"说明"的一篇文章，这是一篇颇有理论见地的文献，在这里先生总结出残简拼复的 10 条依据。这些依据都可以推而广之，裨益于其他竹简或竹简之外的文字资料的整理。为了更好地理解先生创造性的科研方法，我们曾向先生请教过拼简 10 条依据的形成过程。

整理小组分工明确后，大家都各自专心于自己的工作。先生和容老、陈炜湛先生住在学校，天天在研究室上班。先生秉着"吾爱吾师，更爱真理"的精神，认真研读望山一号墓简的商老拼接晒蓝本，首先发现商老准确辨认出了所有简首、简尾，其拼接主要根据为简宽、断口形态和反复出现的文例。因出土竹简时，误以为是一个大泥团，错砍了几锄头，所以很多碎简的断口平直，斜度一致，商老很容易按这三个根据拼出可读的句子来，可是有的拼接虽然文例可通，但字距疏密不当，可断为拼接有误。先生又以他深厚的文字学功底和书法修养，进而发现为数众多的"之"字（及偏旁）、"玉"字（及偏旁）和多见的"瑿祷""赛祷"都有两种异体，分属于两种不同的书法风格，其中一种笔法钉头鼠尾明显，一种不明显，可以断定这批简是两个写手记录的。将不同书风的碎简拼接在一起，肯定错误，绝不可能在同一简上两人轮流各写几字。这一重要发现，使先生非常不安，在商老不在的情况下私自大面积分拆商老拼接的成果，不知将来如何面对老师。于是先生便请陈炜湛先生来一起讨论，请容老见证指导。先生报告了自己的想法后，陈先生很有兴趣参与，并很快找出几处来讨论。两人连续讨论了三天，将晒蓝本中的拼接拆除了 90%。容老耐心地陪了三天，没说半句话。三天后，陈先生赶写他的文章，容老筹划他的《金文编》修订工作。先生对着大堆碎简不知如何下手拼接，不是到图书馆翻阅《册府元龟》，就是在家里翻看《太平御览》和《史记》，希望能找到与望山一号墓简类似的记载，哪怕是一二句类似的句子。结果先生在《史记·甘茂列传》发现楚怀王曾使召滑间于越而越乱楚治的故事，推想此召滑即望山一号墓墓主昭固，墓中出土越王勾践剑也可得到解释；又在《太平御览》卷八百二中发现"周公见申徒狄曰：贱人强气则罚至"的佚文，与长台关竹书文句近似。年终整理小组交流会上，先生报告了读书发现，孙稚雏先生也贡献了召滑、昭固音理可通和昭滑又见于《韩非子·内储说》的意见。1976 年年初先生留在学校度寒假，一面总结拆简①的经验，借以避免重犯错误；一面取出照片核对晒蓝本上未发现问题的拼接简。结果又发现了一处接口的一段照片有明显的泥渍花斑，而另一段照片光亮无痕，表明它们出土前并非同一简；又一处接口的两段照片上竹纤维的粗细很不一致，也可断为误拼；还有一处上下非简首简尾，照片上可以辨认出两段各有一个编连缺口，拼接后的两缺口间只有 10 厘米左右，距离太短，也是误拼。到除夕先生便有了强烈的拼简冲动，先生买来两大张白报纸，将原大黑白照片上的碎简一段一段剪出，按不同书写风格分成两大堆，挑出一端修削平直的简首简尾分别置于二张白报纸的上下部，然后在同一小堆内依文例、断口形态同时考虑残字拼整、字距疏密、简面宽窄、花斑、竹纹是否协调等，不到半月，能拼接的就拼起来了。紧接着便是撰写拼接残简的 10 条依据的初稿。可以说，10 条依据是先生在拆简拼简的实践基础上做出的理论升华。据油印本，拼接残简 10 条依据的具体内容如下：

（1）残字拼整，或上下拼，或左右拼，或上下左右三拼。如第 41、42、43 简，②分别由 4、3、5 根断简拼接，9 个断口都主要依据残字拼整拼合。

（2）简文文例。如从简文中总结出了记时文例，依据此文例，参以其他条件（如断口形状等），记时的断简，大多数可得到拼复。依据文例，还可确定某些简足和简首有前后衔接的关系。

（3）书写风格。按不同风格将断简分类，可以减少拼接上的麻烦，如果将两种不同风格的简拼在一起，可肯定是错误的。先生指出望山一号墓简在笔画和文字结构两方面，明显表现出两种不同风格，可能为两个人所写。先生于书法亦有很深的功力，鉴别书写风格，从笔画的神韵中做出辨别，如先生所言"环""卲（下从心旁）"等字"笔画少弯钩，起笔甚粗大，笔锋明显，收笔尖细"等语，足证先生作为书家的敏锐眼光。

（4）断口形状。特殊的断口，往往可以作为拼接的重要依据，但大多数断口都是平口或斜口，在这种情况下，残字拼合、文例、书写风格，才是拼接的主要依据。

（5）字距疏密。望山一号墓简大多数简字距均匀，字大平均 0.8 厘米，

---

① 即分拆商老拼接的竹简。

② 中山大学古文字研究室楚简整理小组所编油印本中各批竹简的号码，都是经过几位先生重新整理后的自编号码。望山一号墓竹简重新拼接后的编码，是 1976 年夏天曾宪通先生从北京回到中山大学带回秦简的"秦、楚月名对照表"后与张师共同编排的。五里牌简原残存 37 段，无一完简，商老编为 37 号。张师据望山简拼接经验，很快将之拼接成 18 枚基本完整的简，自编号码并做考释。

间距平均为 0.7 厘米，有些简间距甚宽或甚窄。宽窄疏密配搭不当，往往是拼接错误的反映。

（6）简面宽窄，这也可供拼简时参考。先生跟我说过，望山一号墓竹简是根据碎简原大照片，在 1976 年年初春节前后，孤身苦战 3 星期拼接出来的，因此当时所写的拼简 10 条依据，只提到平面依据。当年 7 月，先生携拼接好的照片，到湖北省博物馆进行实物拼接。220 多处拼接无误，但有一个接口虽表面密合，前后二字书法一致、间隔适中、构词合理，就是两段简的厚薄不同，背面竹青的颜色明显有别，可判断拼接有误，必须拆开。因此先生说，除了平面的宽窄依据外，有条件接触实物者，还应考虑断简的厚薄和竹青竹黄显现的老嫩色彩、纹理是否连贯一致。

（7）简首、简足齐平光滑。出土竹简与出土的编筐竹篾不同，两头都经过修削加工，与破坏性残简断口差别更大，容易辨认。拼接时首先把它们置于上下两端，就减少了很多麻烦。

（8）缚组①缺口之间、竹节之间必须有一定距离。制简的竹子，节距以 30~35 厘米居多，如果拼接竹简的节距在 25 厘米之下或 40 厘米之上，就需加倍慎重检查它的可靠性了。竹简的长度有定制，短的有八寸（古尺长 23.3 厘米），长简可至二尺半。纬编有两道、三道、四道，为使编绳缚得稳定牢固，常在竹简右侧加刻小缺口。纬绳间距太密（如 10 厘米以下）费绳费工且无必要，重要的是两端基本平衡以维持稳定。

（9）有些竹简有明显的特有的纤维纹路。竹简用竹不能太嫩，太嫩则水多易变形。竹老则纤维粗颜色深，这一点可帮助辨认拼接是否正确。断口的形态、纤维的粗细和颜色的深浅都密合，拼接则较可靠。

（10）有些竹简简面上有颜色深浅不一的花纹，或是竹青、竹黄上原有的黄褐斑，或是墓中环境造成的水渍、泥渍、衣物染料色块，也可供拼接参考。花斑连接自然和谐就是原貌，否则就是错拼。

在上述 10 条依据中，前 3 条是主要依据，后 7 条是辅助依据，一个断口的拼接往往同时参考几个条件。当 3 个主要依据都不存在时，单靠断简外部形态上的特点拼接，更需要综合考察。

竹简文由文字和竹简两部分组成，先生便是由这两个组成部分表现的特征总结出了具有普遍指导意义的 10 条依据。当然，由于竹简埋葬已久，文字漫漶，简身残断的情况无可避免，有时单靠一批竹简的内部整理还显得不

---

① 缚组指编连竹简的细丝绳或细麻绳，现在多称编绳。张师在此引用商老的常用语词。

够，还需要同地域、同时代的多批竹简参照互证，这可称之为外部整理，以济内部整理之穷。后来在荆州地区出土了多批保存较好较完整的战国卜筮祭祷简，一方面可借以补正先生多年前研究之不足，另一方面也让我们对先生筚路蓝缕开凿之劳表示钦敬。

通过对这批竹简的整理，先生认为：

（1）依据第 34 简（有 7 段拼复的全简，分别见《望山楚简》156、185、93、88、89 号，88 号由三节拼成），原简长度为 59～60 厘米，每简书 40 字左右。

（2）编简的缚组痕迹已看不清，而缚组缺口位置极不固定。有一些竹简无缺口。同时，竹简有宽有窄。因此，这批竹简非由一人于同一时间削制，统一刻缚组缺口的。

（3）从简首文字顶天，简足文字着地或不着地，中间二缺口处有时拉宽字距，有时书写文字，这些现象说明竹简可能在几个月内陆续书写，最后统一编连，而不是先编后写的。

二、竹简考释

（1）关于长台关竹书，先生依据《太平御览》的材料，而推测是《墨子》佚篇。此说后经李学勤先生在湖南、四川等地的学术会议上宣传，造成很大的影响。关于长台关竹书的学派性质还有争论，那是另外一回事，今不赘述。

（2）望山一号简有一"△郢"之称，△写法有多种异体，左下或从人，或从木等，先生读为"栽"，义即"始郢"或"初郢""首郢"。先生在 1962 年据鄂君启节所作《释栽》一文就认为自春秋初期，文王始都郢于纪山之南（前 689 年），从春秋初期至战国中期，楚都数迁，自平王（前 519 年）以后，以郢城为都，称为郢，故以祖祀所在的始都纪南城为"栽郢"。与望山一号墓同期的鄂君启节同时出现"栽郢"与"郢"两个不同的名称，说明"栽郢"与"郢"不是同一个地方。"栽郢"是楚之故都，宗庙之所在，为重要祀典、赐命之地，各国使节聘问拜见楚王都在栽郢；而郢是平王以后的新都城，为政治、经济活动中心。"栽郢"在今江陵县城北十华里处,"郢"在今江陵县城东北三华里处。包山楚简有多个"某郢"的名称。①

关于△字的考释,先生依据的是从木的异体和楚简、鄂君启节中的"岁"字、"载"字的构形模式,而《望山楚简》则是依据天星观一号墓楚简的异体写法,以为字左从"朩"。二者考释路线恰好相反。此字的释读还有商讨的余地。

(3)从"爪"从"豕"的字(下用〇代替),最先见于楚公钟。先生1965年写研究生毕业论文时就据楚帛书女月(二月)吉凶辞"不可以〇女",而判定此字读为家,望山简中也读家,帛书中借为"嫁"。此字郭店楚简用为"邦家"字,可证先生之释读。望山简中又有一从爪从室之字,与〇出现的语言环境相同,先生认为即是"室"字,与〇从爪构意相同。后出的不少楚简中有从爪从卒的字读作"卒",可做又一旁证。《望山楚简》则认为二者一字,从豕或至得声。但此字在望山简中用于"保〇"文例,其意义有待进一步探究。

(4)望山简有一字作大字右上从一撇儿(见《望山楚简》54号),或从示作(见《望山楚简》55、79号)。先生认为是太一神的专字,其礼祭次第必在后土、司命之前,祭品亦有别,显示其为天神之贵者。先生此说未写进油印本,后来跟我谈起过。"太一"之名始见于《庄子·天下》"建之以常无有,主之以太一"。郭店楚简有一篇《太一生水》,但它的"太一"即道家所说的"道",指宇宙万物的本原、本体。不知何时"太一"用为神名,战国宋玉《高唐赋》云"醮诸神,礼太一",《史记·封禅书》云"天神贵者太一"。

其他如关于"赛祷""宜祷""内斋""宫行""胸臘(肋)疾"等的考释,今不一一胪列。

先生后来虽未再做简帛研究,但一直在关注简帛研究的成果及新出简帛材料,《金文编》中的有些字便是依据简帛来释定的。先生现在正做《金文

---

① 其构形,先生依据鄂君启节中的"岁""载"字的构形而认为为从人弋声,读如哉。"𢦏郢"是楚文王始都之处、宗庙所在,因后来的别都、临时首都称郢或某郢,相对而言,始都之处称为"𢦏郢"。滕壬生《楚系简帛文字编》(湖北教育出版社1997年版)第444页亦释为"𢦏"。

编》的修订工作,简帛材料先生尤为重视。① 先生曾说,现在简帛研究成果看都看不过来,他是无法下手了。这不能不说是简帛学研究的一个遗憾。我们已无法再苛求先生,我们唯有不要忘记先生在这块园地上曾经的耕耘。

(本文原刊《简帛》第六辑,上海古籍出版社 2011 年版)

---

① 例如先生最近写了一篇讨论金文"分"字形音义的论文,就附带对郭店楚简和上博藏楚简的一些字的音义解读,发表了自己的独特见解。后来先生因故未能参加 2005 年在安徽大学召开的第五届国际中国古文字学研讨会,此文便留至 2009 年在中国文字学会第五届年会上发表(刊于《中国文字学报》第三辑,商务印书馆 2010 年版)。前段时间跟先生通话时,先生告诉我说,为了更多地找到释读金文文字的线索,现在正集中研读竹简文字,所以《金文编》的修订工作一时进展得比较缓慢。

编 后 记

把老师历年发表的学术论文结集出版,一直是我们的心愿。这在老师 70 岁前,张门弟子就提议过,并初步商定了编辑出版方案,但老师并不积极,说等到 80 岁的时候再说吧。2019 年 12 月 15 日将迎来老师的 80 寿辰,所以,在 2018 年,编辑文集的事就变得比较急迫了。由于其中涉及谁牵头组织编辑文集、出版资助怎么解决、由哪家出版社出版等问题,所以,文集编辑之事停滞了一段时间。文集得以进入实质性编辑阶段,中山大学古文字研究所所长陈伟武老师起了非常关键的作用。2018 年 11 月 16—19 日,陈老师到北京参加"纪念清华简入藏暨清华大学出土文献研究与保护中心成立十周年国际学术研讨会"期间,跟赵平安、陈双新和陈英杰正式提出给张老师编辑文集一事,张门弟子纠结的几个重要问题得以解决。在赵平安、陈双新指导下,陈英杰牵头组成了《张振林学术文集》编辑工作组。2018 年 12 月 23 日,朱其智来京出差,其间与赵平安、陈双新、陈英杰等共同商定了具体的编辑方案。在陈伟武老师的努力下,《张振林学术文集》列入中山大学中文系"中国语言文学文库·学人文库",由中山大学出版社出版。

文集编辑工作得以顺利展开和推进,朱其智的贤公子、清华大学出土文献研究与保护中心的在读博士生朱学斌起到了至关重要的作用。2019 年的春节,朱学斌把老师的所有文章全部扫描成电子版。可以说,没有这一步,文集的编辑时间就会大大延长。文稿的 word 版输入,由张门弟子陈双新、师玉梅、商艳涛、刘晓晖、陈英杰分担,2019 年 3 月底完成了所有文章的电脑输入工作。编辑中比较耗时的工作主要有两方面:一是文稿底本的校勘,一是古文字字形的重新替换。文集所收文章前后也经过数次变动。再者,文稿原来用的是繁体,出版社要求用简体,繁体字转为简化字大大增加了校对的工作量。另外,由于古文字处理技术的原因,古文字字形以及造字最容易出问题,一校、二校处理的主要是这方面的问题。还有,文稿要符合出版规范,不仅包括标点符号,还包括对某些特定内容表述方式的修改等。凡涉重要校改或难以定夺之处,均请老师最后裁定。

给老师编辑文集,输入、校对等,不仅仅有张老师的弟子参加,还有其他人也为之付出了不少辛苦。这里要特别指出，北京语言大学陈双新的研究生刘力国、祝天瑞、曹维平，首都师范大学的研究生吴盛亚、刘浩、王波涛、许淑萍、陈含章、张馨雪、邵旸、武亚帅等出力尤多，他们表现出的认真态度让人感佩，那也是张老师为他的老师容庚先生摹补《金文编》所体现的精神的传承。

老师近一年来由于湿疹缠身，精力不济，难以亲自逐篇校订每篇文章，所以文集前面加了一个编辑说明。由于弟子水平有限，对老师的文章或有理解不妥之处，编校方面一定还会存在种种问题。对此，我们深感愧疚，也向老师深致歉意。希望以后还有进一步完善的机会。

文集的出版事宜现在已告一段落，张门弟子在此过程中所表现出的积极主动、团结协作、尽职尽责的作风，是很值得肯定与称道的，也希望张门弟子今后能将其继续保持和发扬。

中山大学出版社的孔颖琪编辑为文集的编校、排版付出了大量心血，她严谨认真、一丝不苟的工作态度让我们深感钦佩；尤其是三校中，她发现了文章最初发表时的一些排印错误，是我们不曾注意的。对此，我们也深表感谢。

受业诸弟子谨记如上。

《张振林学术文集》编辑委员会
2019 年 12 月 15 日